Kurt Mühler · Karl-Dieter Opp

Region – Nation – Europa

Kurt Mühler · Karl-Dieter Opp
unter Mitarbeit von Michael Mäs und Ralph Richter

Region – Nation – Europa

Die Dynamik regionaler und
überregionaler Identifikation

VS VERLAG FÜR SOZIALWISSENSCHAFTEN

Bibliografische Information Der Deutschen Nationalibliothek
Die Deutsche Nationalbibliothek verzeichnet diese Publikation in der
Deutschen Nationalbibliografie; detaillierte bibliografische Daten sind im Internet über
<http://dnb.d-nb.de> abrufbar.

1. Auflage August 2006

Alle Rechte vorbehalten
© VS Verlag für Sozialwissenschaften | GWV Fachverlage GmbH, Wiesbaden 2006

Lektorat: Monika Mülhausen / Bettina Endres

Der VS Verlag für Sozialwissenschaften ist ein Unternehmen von Springer Science+Business Media.
www.vs-verlag.de

Das Werk einschließlich aller seiner Teile ist urheberrechtlich geschützt. Jede Verwertung außerhalb der engen Grenzen des Urheberrechtsgesetzes ist ohne Zustimmung des Verlags unzulässig und strafbar. Das gilt insbesondere für Vervielfältigungen, Übersetzungen, Mikroverfilmungen und die Einspeicherung und Verarbeitung in elektronischen Systemen.

Die Wiedergabe von Gebrauchsnamen, Handelsnamen, Warenbezeichnungen usw. in diesem Werk berechtigt auch ohne besondere Kennzeichnung nicht zu der Annahme, dass solche Namen im Sinne der Warenzeichen- und Markenschutz-Gesetzgebung als frei zu betrachten wären und daher von jedermann benutzt werden dürften.

Umschlaggestaltung: KünkelLopka Medienentwicklung, Heidelberg
Druck und buchbinderische Verarbeitung: Krips b.v., Meppel
Gedruckt auf säurefreiem und chlorfrei gebleichtem Papier
Printed in the Netherlands

ISBN-10 3-531-15155-X
ISBN-13 978-3-531-15155-7

Inhalt

Vorwort 9

I. Regionale und überregionale Identifikation: Begriffliche Grundlagen und theoretischer Ansatz 17
1. Was heißt „Identifikation" mit einer Region? 18
2. Der Begriff der „Region" 19
3. Wann ist man „deutsch"? Zur alltäglichen Verwendung eines Begriffs 22
4. Die Ursachen und Wirkungen von Identifikation: Der theoretische Ansatz 44
5. Zusammenfassung und Resümee 49

II. Die Untersuchung 53
1. Das Untersuchungsdesign 53
2. Die Vorteile von Paneldaten 54
3. Die Auswahl der Erhebungsgebiete 63
4. Die Durchführung der Untersuchung 64
5. Die Repräsentativität der Stichprobe 66
6. Untersuchung selektiver Ausfalleffekte 72
7. Bedeutung der Ausfälle für unsere Untersuchung 82
8. Zusammenfassung und Diskussion 85

III. Die Messung der Identifikation mit einer Region und das Vorgehen beim Test der Hypothesen 89
1. Die Indikatoren 89
2. Was messen die Indikatoren? 91
3. Die Skalenbildung 102
4. Wie messen andere Studien die Identifikation mit Regionen? 103
5. Zusammenfassung zur Messung der Identifikation mit Regionen 121
6. Das Vorgehen beim Test der Hypothesen 122

IV.	Die Veränderung der Identifikation im Zeitablauf	127
1.	Mögliche Arten der Veränderung von Identifikationen	127
2.	Die Veränderung der Mittelwerte der Identifikationen im Zeitablauf	129
3.	Befragtenspezifische Veränderungen der Identifikation	131
4.	Korrelationen zwischen den Identifikationen	133
5.	Das Steigungsmaß der Identifikationen	135
6.	Regionale Unterschiede: Einige Befunde für Leipzig und den Mittleren Erzgebirgskreis	135
7.	Zusammenfassung	136

V.	Wie sich regionale und überregionale Identifikation gegenseitig beeinflussen	139
1.	Das Argument	140
2.	Einige Probleme des Arguments	143
3.	Sind Identifikationen kausal voneinander abhängig? Einige prüfbare Hypothesen	145
4.	Andere Einflussfaktoren der Identifikation	152
5.	Die Messung der Variablen und Probleme bei den Fragen über Europa	154
6.	Die Vorgehensweise bei der Prüfung der Hypothesen	160
7.	Die Überprüfung der Hypothesen	160
8.	Zusammenfassung und Diskussion	165

VI.	Ursachen regionaler Identifikation	169
1.	Die Erklärung der Intensität regionaler Identifikation mit Hilfe von Sozialisationstheorien	169
2.	Lebensqualität und wahrgenommene Diskriminierung als weitere Bedingungen zur Erklärung von regionaler Identifikation	179
3.	Aspekte des sozialen Charakters regionaler Identifikation	185
4.	Messung der Variablen	188
5.	Ergebnisse der Untersuchung	192
6.	Zusammenfassung	230

VII.	Wirkungen regionaler und überregionaler Identifikation: Ergebnisse der Untersuchung	233
1.	Engagement in der Region: Protest, konventionelle Partizipation, Spenden und Mitarbeit in lokalen Gruppen	233
2.	Abwanderung, Widerspruch und die Loyalität zu regionalen Gruppen. Eine Erweiterung und ein Test der Theorie von Albert Hirschmann	289
3.	Regionale Identifikation als Ursache und Wirkung der Mediennutzung	334
4.	Die Wirkungen von regionaler Identifikation auf die Einstellung zu Ausländern	357

VIII.	Resümee	397
1.	Theorieorientierung	397
2.	Klassifikation oder Theorie?	400
3.	Zur Generalisierbarkeit unserer Ergebnisse	401
4.	Die Auswahl der Messinstrumente	404
5.	Weitere Forschung	404

IX.	Anhang: Skalenbildung	413
1.	Arten regionaler und überregionaler Identifikation	413
2.	Die Messung der übrigen Variablen	414
3.	Kontrollvariablen	439

Literaturverzeichnis 441

Vorwort

Der europäische Einigungsprozess begann im Juli 1953, als der Vertrag über die Gründung der Europäischen Gemeinschaft für Kohle und Stahl in Kraft trat. Seit Mai 2004 umfasst die Gemeinschaft 25 Staaten. Der Beitritt weiterer Staaten ist vorgesehen: Bulgarien und Rumänien werden voraussichtlich 2007 Mitgliedsstaaten. Die Verhandlungen mit Kroatien und der Türkei wurden am 3. Oktober 2005 aufgenommen. Diese gewaltige Staatengemeinschaft wird für den Bürger immer spürbarer. Dies gilt insbesondere für die gemeinsame Währung des Euro seit Beginn des Jahres 2002. Weiter erfolgen laufend wirtschaftliche und politische Veränderungen durch Entscheidungen der Europäischen Kommission oder des Europäischen Gerichtshofes, die den Bürger unmittelbar betreffen.

Die Europäische Gemeinschaft soll nicht nur den wirtschaftlichen Wettbewerb fördern und militärische Konflikte zwischen Staaten verhindern, die Ziele sind subtiler: es ist auch beabsichtigt, dass die alltäglichen Beziehungen zwischen den Bürgern friedfertiger werden. So sollen Vorurteile über oder negative Einstellungen zu Angehörigen anderer Länder abgebaut werden.

Viele Politiker und auch Wissenschaftler glauben, dass diese subtilen Ziele nicht allein durch Verträge erreicht werden können. Dies wird auch für die anderen genannten Ziele behauptet. Der immer wieder beschworene Faktor, der von zentraler Bedeutung zu sein scheint, ist die *europäische Identität*. Diese wird als zentrales Element für die Überlebensfähigkeit der Europäischen Gemeinschaft betrachtet. So wird behauptet, ein Gefühl der Identität sei ein „indispensable factor for achieving and maintaining European unity" (Wistrich 1994). Gleiches glauben auch Politiker. So sagte Ministerpräsident a. D. Prof. Dr. Bernhard Vogel in einem Kolloquium zum Thema „Europäische Identität und Wertorientierung": „Ohne eine gemeinsame Identität, ohne verbindende Werte und Zielvorstellungen ist die Gemeinschaft dauerhaft nicht lebensfähig."[1] Ein anderes Beispiel: der damalige stellvertretende Unionsfraktionsvorsitzende Wolfgang Schäuble sagte im Oktober 2004 in der Kontroverse zu einer künftigen Mitgliedschaft der Türkei, die Europäische Union werde nur dann ein „handlungsfähiger politischer Akteur" in der Welt sein können, wenn sie ihre „europäische Identität" bewahre.[2]

Nicht alle Wissenschaftler oder Politiker schreiben der europäischen Identität eine so große Bedeutung für die Existenz Europas zu. Oft sind die behaup-

---

[1] Das Kolloquium fand am 5. Oktober 2004 statt. Siehe http://www.kas.de/db_files /dokumente/7_dokument_dok_5488_1.pdf.

[2] Siehe: http://www.faz.net/s/Rub99C3EECA60D84C08AD6B3E60C4EA807F/Doc~ EF05044 A5044A54FBE4BC7A5D2CB1F9143278F~ATpl~Ecommon~Scontent.html

teten Wirkungen spezifischer. So wird angenommen, die europäische Identität vermindere die nationale Identität und damit Ausländerfeindlichkeit. Dagegen wird aber auch behauptet, dass verschiedene Identitäten wie nationale und europäische Identität nebeneinander existieren können, dass sie also nicht kausal abhängig sind. Dies ist z.B. eine These des britischen Europa-Ministers Douglas Alexander.[3]

Auch über die *Entstehung* der europäischen Identität und anderer Identitäten kursiert eine Vielzahl von Thesen. So wird angenommen, dass das Zusammenwachsen von Europa sozusagen automatisch eine europäische Identität hervorbringt. In der wissenschaftlichen und politischen Diskussion um den Beitritt der Türkei wird u.a. auch die Meinung vertreten, dass dieser die europäische Identität gefährde. Offensichtlich ist also eine gewisse kulturelle Homogenität der Mitgliedsstaaten für die Entstehung oder den Bestand der europäischen Identität von Bedeutung.

Es gibt eine nicht mehr zu überblickende Anzahl von weiteren Thesen über die Wirkungen und die Entstehung der europäischen Identität und anderer Identitäten. Es ist nicht beabsichtigt und auch nicht erforderlich, diese Thesen hier aufzuzählen. Das, was gesagt wurde, reicht aus, um Folgendes zu illustrieren.

(1) Obwohl die europäische Identität nach Meinung einer Vielzahl von Politikern und auch Wissenschaftlern ein zentrales Phänomen ist, macht sich kaum jemand, der diesen Ausdruck verwendet, auch nur ansatzweise die Mühe auszuführen, was denn darunter zu verstehen ist. Dieser Begriff wird in der sozialwissenschaftlichen Literatur und auch in öffentlichen Diskussionen sehr unterschiedlich und auch unklar verwendet (siehe Kapitel I des vorliegenden Buches). Es wäre deshalb eigentlich zu erwarten, dass diejenigen, die Thesen über die Identität von Europa, über nationale oder regionale Identitäten vertreten, zu Beginn sagen, was sie mit diesen vagen und vieldeutigen Begriffen meinen.

(2) Auch andere zentrale Begriffe in den genannten Thesen und auch in anderen Thesen bleiben unklar. Was ist z.B. unter der „Lebensfähigkeit" der Europäischen Union oder unter einem „handlungsfähigen Akteur" zu verstehen?

(3) Meist werden Thesen über Identität nur behauptet. Kaum jemand fragt einmal, inwieweit es empirische Daten für ihre Gültigkeit gibt. Bei manchen Thesen ist dies nicht verwunderlich, da sie gar nicht überprüft werden können. Wenn etwa behauptet wird, dass Identitäten für die „Lebensfähigkeit" einer Gruppe wichtig sind, dann kann man eine solche These erst dann empirisch überprüfen, wenn geklärt ist, was „Lebensfähigkeit" bedeutet. Aber andere Thesen über Identitäten können überprüft werden. So kann man empirische

---

[3] Siehe dessen Rede unter http://www.britischebotschaft.de/de/news/items/ 051013.htm#up

Untersuchungen durchführen, in denen geprüft wird, ob bei Personen, deren europäische Identität stärker wird, die nationale Identität oder die Ausländerfeindlichkeit sinken. Aber auch hier wird in den Diskussionen nicht versucht, empirische Daten anzuführen, die für oder gegen die genannten Thesen sprechen.

Es liegt nahe zu vermuten, dass deshalb keine Daten angeführt werden, weil keine brauchbaren Untersuchungen vorliegen. Dies ist in der Tat der Fall. Obwohl die Identität mit Regionen als so wichtig angesehen wird, gibt es nur wenige empirische Untersuchungen, in denen Hypothesen über die Beziehungen zwischen den verschiedenen Identitäten, über deren Ursachen und Wirkungen geprüft werden können. Führt z.B. wirklich ein Ansteigen der europäischen Identität dazu, dass die nationale Identität zurückgeht? Die Untersuchungen, die existieren, sind meist eher beschreibender Art oder sind nur geeignet, relativ einfache Thesen zu überprüfen – als Beispiel sei das Eurobarometer angeführt.

Die vorliegende Studie knüpft an diese Probleme an. In einem ersten Schritt legen wir fest, was genau unter „Identität" – wir verwenden den Begriff „Identifikation" – zu verstehen ist. Im Hauptteil dieses Buches stehen zwei Fragen zur Diskussion. (1) Welche Bedingungen führen dazu, dass Personen eine europäische, nationale, oder regionale „Identität" oder, in unserer Terminologie, eine Identifikation mit einer Region wie Europa bzw. mit den Mitgliedern einer Region herausbilden? Wir fragen also: *warum* identifizieren sich Personen mit Regionen oder deren Mitgliedern? (2) Wenn die Identifikation mit Europa oder mit der Nation so wichtig ist, dann kann eine solche Behauptung nur überprüft werden, wenn man im Einzelnen darlegt, worin denn die Wichtigkeit bestehen könnte. „Wichtigkeit" meint vermutlich, dass eine hohe oder niedrige Identität bestimmte Wirkungen hat – wie z.B. die Beeinträchtigung oder Förderung der „Lebensfähigkeit" von Nationen. Wir werden uns in diesem Buch nicht mit solchen vagen Vermutungen begnügen, sondern zunächst einige mögliche *Wirkungen* der Identifikation mit Regionen bzw. deren Mitgliedern klar herausarbeiten. So fragen wir, inwieweit eine hohe Identifikation mit einer Region dazu führt, dass man stärker an Protesten im Interesse der Region teilnimmt. Die zweite Frage, die im Mittelpunkt dieses Buches steht, lautet also: wenn sich jemand mit einer Region identifiziert: welche Wirkungen hat dies?

Dieses Buch baut auf einer früheren Buchpublikation auf (Mühler, Opp und Werner 2004). Bevor wir auf die Unterschiede zwischen diesem und dem vorangegangenen Buch eingehen, wollen wir darlegen, inwieweit sich beide Bücher von anderen Publikationen zum Thema „Regionale und überregionale Identifikation" unterscheiden.

Erstens enthalten beide Bände eine Reihe neuer Hypothesen, die man so in anderen Schriften zu unserem Thema nicht findet. *Zweitens* sind wir – im Gegensatz zu den meisten Schriften zur Identifikation mit Regionen – von generellen handlungstheoretischen Hypothesen ausgegangen, insbesondere von der Theorie rationalen Handelns. Dabei waren Varianten dieser Theorie – z.B. die sozialpsychologische Theorie der sozialen Identität von Henri Tajfel und Koautoren und auch die Theorie von Martin Fishbein und Icek Ajzen hilfreich. Weiter haben wir theoretische Aussagen verwendet, die implizit oder explizit von dieser Theorie ausgehen. Dies gilt vor allem für die Hypothesen von Albert Hirschman über Abwanderung und Widerspruch und für die Theorie kollektiven Handelns, eine Variante der Theorie von Mancur Olson. Wir haben diese theoretischen Aussagen zur Generierung von Hypothesen über die Ursachen und Wirkungen regionaler und überregionaler Identifikation verwendet. Es gibt viele Argumente dafür, dass die Anwendung solcher genereller Theorien eine sinnvolle Strategie zur Formulierung neuer Hypothesen über konkrete soziale Phänomene ist. Diese Strategie wird jedoch in der Literatur zu dem hier behandelten Thema kaum angewendet.

In den einzelnen Kapiteln werden jedoch nicht nur Theorien in ihrer bestehenden Form angewendet, sondern auch *erweitert* und *modifiziert*. Darüber hinaus wird mehrfach ein *Theorienvergleich* vorgenommen: so fragen wir, welches die Unterschiede zwischen der Theorie kollektiven Handelns und der Theorie von Albert Hirschman über „Abwanderung und Widerspruch" sind *und* wie diese Unterschiede zu beurteilen sind.

Beide Bände unterscheiden sich *drittens* von anderen Schriften zur Identifikation mit Regionen darin, dass bei der Analyse der Daten – entsprechend den Hypothesen – der Einfluss einer Vielzahl von Faktoren *gleichzeitig* analysiert wird. Da es hier um die Prüfung komplexer Zusammenhänge geht, müssen multivariate statistische Verfahren angewendet werden. Für Leser, die diese Verfahren nicht kennen, haben wir alle Tabellen und Abbildungen ausführlich erläutert. Außerdem werden die Ergebnisse am Ende eines jeden Kapitels zusammengefasst.

Die Untersuchung, die wir zur Überprüfung unserer Hypothesen in beiden Büchern verwenden, wurde im Rahmen des Leipziger Sonderforschungsbereiches „Regionenbezogene Identifikationsprozesse: Das Beispiel Sachsen", der von der Deutschen Forschungsgemeinschaft gefördert wurde, begonnen. Befragt wurde im Jahre 2000 eine Zufallsauswahl von insgesamt 3.005 Personen in Sachsen. Diese Befragung ist Gegenstand des ersten Bandes. Wir hatten von Anfang an geplant, eine Panelstudie durchzuführen, d.h. die Befragten der ersten Studie sollten mindestens einmal erneut befragt werden. Im Jahre 2002 und 2003 fanden zwei weitere Befragungen statt, die ebenfalls von der Deutschen Forschungsgemeinschaft gefördert wurden. Insgesamt wurden 1153 Personen zu allen drei Zeitpunkten interviewt, also 2000, 2002 und 2003. Dieser Datensatz ist Gegenstand des vorliegenden Buches.

Dieses unterscheidet sich von dem vorangegangenen Band jedoch nicht nur darin, dass unterschiedliche Daten verwendet werden. Der vorliegende Band enthält eine Reihe neuer Hypothesen. Weiter haben wir Hypothesen des ersten Bandes weiter entwickelt. So wurden im ersten Band einige Fragen offen gelassen, da die Richtung der Kausalität mit einer Querschnittsstudie nicht (oder nur schwer) überprüft werden kann. Führt z.B. eine hohe Identifikation mit einer Region dazu, dass man sich für die Region engagiert, oder führt Engagement für die Region dazu, dass man sich stärker mit der Region identifiziert? Eine solche Frage kann man am ehesten mit einer Paneluntersuchung beantworten, also mit einer Untersuchung, in der Personen zu mehreren Zeitpunkten befragt werden. Dies gilt auch für die Frage, inwieweit sich einzelne Identifikationen wechselseitig beeinflussen. Führt z.B. eine starke Identifikation mit Europa dazu, dass man sich auch stark mit Deutschland identifiziert? Oder ist die Konsequenz einer starken europäischen Identifikation, dass die Identifikation mit Deutschland sinkt? Eine Paneluntersuchung ist am ehesten geeignet, solche Fragen zu beantworten.

Es bleibt nicht aus, dass aufgrund der beschriebenen Gemeinsamkeiten in beiden Büchern auch bestimmte Hypothesen gleich sind. Wenn dies der Fall ist, wird auf den vorigen Band verwiesen. Dabei werden Ergebnisse oder Thesen so zusammengefasst, dass sie – so hoffen wir – verständlich sind, ohne dass der erste Band gelesen werden muss. D.h. das vorliegende Buch ist so geschrieben, dass es ohne Kenntnis des Vorgängers gelesen werden kann. Die Untersuchung und auch die zu prüfenden Hypothesen werden ausführlich erläutert. Dies gilt auch für die Vorgehensweise bei der Überprüfung der Hypothesen.

Was ist im Einzelnen der Inhalt dieses Buches? Unser Gegenstand ist die „Identifikation" mit „Regionen". Diese Begriffe werden, wie bereits gesagt, oft in unklarer und mehrdeutiger Weise verwendet. Entsprechend ist es zweckmäßig, in *Kapitel I* zuerst klar zu stellen, was wir in diesem Buch mit „Identifikation" meinen. Den Regionenbegriff verwenden wir in unserem Buch in zwei Bedeutungen. Einerseits als eine Sammelbezeichnung räumlich-geographischer Identifikation. Dies tun wir, wenn Gemeinsamkeiten der Entstehung oder Wirkung dieser verschiedenen Identifikationen betont werden sollen. Andererseits verwenden wir die Bezeichnung „Region" für spezifische räumlich-geographische Gebilde, die kleiner als die Nation sind. Dies ist dann der Fall, wenn wir spezifische Zusammenhänge der Entstehung und Wirkung auf dieser Ebene erklären. Aus dem Zusammenhang geht hervor, welche Bedeutung gemeint ist.

Eine interessante Frage ist weiter, wie die Bürger Regionenbegriffe wie „deutsch" verwenden. Hierzu haben wir in der dritten Welle unserer Panelstudie einen faktoriellen Survey durchgeführt. Mit diesem wurde empirisch ermittelt, was die Befragten mit dem Begriff „deutsch" meinen. Wird eine Person von den Befragten als „deutsch" bezeichnet, wenn sie z.B. die deutsche Sprache perfekt beherrscht, lange in Deutschland gelebt hat, aber nicht in Deutschland geboren ist? Die Ergebnisse unserer Untersuchung werden in Kapitel I beschrieben. Weiter enthält dieses Kapitel eine Darstellung unseres theoretischen

Ansatzes. Wir stellen also die grundlegenden Hypothesen über die Entstehung und Wirkungen der Identifikation mit Regionen vor. Hier handelt es sich sozusagen um ein „Basismodell", das die Grundlage der im Folgenden zu entwickelnden und zu überprüfenden Hypothesen ist. Diese werden in den einzelnen Kapiteln detaillierter ausgearbeitet.

In *Kapitel II* beschreiben wir im Einzelnen unsere Studie. So erläutern wir die Vorteile einer Panelstudie und wir fragen, inwieweit die Ausfälle – d.h. die Befragten, die sich nicht in allen Wellen des Panels befragen ließen – Probleme für die Überprüfung unserer Hypothesen darstellen.

Da im Zentrum dieses Buches die Identifikation mit Regionen bzw. mit deren Mitgliedern steht, befassen wir uns in *Kapitel III* ausführlich mit der Messung der Identifikation. Dabei beschreiben wir im Einzelnen die zur Messung verwendeten Interviewfragen und die Skalenbildung. Darüber hinaus wird zum ersten Mal vergleichend analysiert, wie Identifikation in der empirischen Forschung gemessen wird. Schließlich wird dargelegt, wie wir bei der Auswertung der Daten vorgegangen sind.

In unserer Untersuchung werden, wie bereits gesagt, die verschiedenen Arten der Identifikation zu drei Zeitpunkten gemessen: 2000, 2002 und 2003. Wie hat sich die Identifikation in diesem Zeitraum verändert? Ist z.B. die Identifikation mit Europa gestiegen oder ist sie gesunken – schließlich werden bestimmte Entwicklungen wie die Osterweiterung von vielen Bürgern nicht besonders positiv bewertet? Wie hat sich die Identifikation mit Deutschland entwickelt und mit Regionen wie Sachsen, Leipzig oder dem Mittleren Erzgebirgskreis? Diese Fragen sind Gegenstand von *Kapitel IV*.

Bisher wurde stillschweigend angenommen, dass die einzelnen Identifikationen unabhängig voneinander sind. Ist dies wirklich eine plausible Annahme? Angenommen, die Identifikation mit Europa steigt. Bleibt dies ohne Auswirkung auf andere Identifikationen? In der Literatur wird oft angenommen, dass mit steigender europäischer Identifikation der „Nationalismus", d.h. u.a. die Identifikation mit Deutschland, sinkt. Ist dies tatsächlich der Fall? Warum, d.h. aus welchen theoretischen Gründen, ist dies zu erwarten? In *Kapitel V* geht es um solche Fragen der wechselseitigen kausalen Abhängigkeiten zwischen den verschiedenen Identifikationen.

In Kapitel VI und VII werden die zentralen theoretischen Hypothesen dieses Buches vorgestellt und überprüft: es geht um die Ursachen und Wirkungen regionaler und überregionaler Identifikation. In *Kapitel VI* wird u.a. untersucht, inwieweit die Sozialisation in einer Region die Identifikation mit der Region fördert. Oder spielen die Lebensverhältnisse eine größere Rolle, d.h. führen positive Lebensverhältnisse in einer Region zur Identifikation mit der Region? Diese Fragen der Entstehung regionaler Identifikation sind auch deshalb von Interesse, weil ihre Beantwortung Auskunft darüber gibt, ob es sich bei der Identifikation um eine früh im Leben herausgebildete Einstellung handelt oder ob sie auch zu einem späteren Zeitpunkt erworben werden kann. Mit anderen Worten: ist z.B. regionale Identifikation ein Merkmal von Einheimischen, Sesshaften oder identifizieren sich auch Zugewanderte, unter bestimmten Bedingungen, mit der neuen Region?

Bei den Wirkungen der Identifikation mit einer Region, die Gegenstand von *Kapitel VII* sind, geht es um folgende Fragen: Wie wirkt Identifikation – in der Literatur wird auch oft von „kollektiver Identität" gesprochen – auf Protest? Ist die These zutreffend, dass man bei starker Identifikation mit einer Region nicht in andere Regionen abwandert, sondern dass man eher protestiert, um die Situation in der Region zu verbessern? Hier werden zentrale Hypothesen über Abwanderung, „Loyalität" (d.h. Identifikation mit einer Region) und Widerspruch (d.h. Protest), wie sie von Albert Hirschman formuliert wurden, weiter entwickelt und überprüft. Eine weitere mögliche Wirkung von regionaler und überregionaler Identifikation ist die Nutzung von Medien. Ist es richtig, dass z.B. eine hohe Identifikation mit Leipzig dazu führt, dass man besonders stark regionale Medien nutzt? Die letzte Wirkung von Identifikation, die in Kapitel VII untersucht wird, ist die Einstellung zu Ausländern. Ist es richtig, dass z.B. eine starke Identifikation mit einer Region wie Sachsen oder mit der Nation zu einer negativen Einstellung zu Ausländern führt?

In einem Resümee diskutieren wir schließlich Probleme unserer Studie und Möglichkeiten für die weitere Forschung. Der Anhang beschreibt im Einzelnen die Messung der Variablen.

Obwohl die Verantwortung für die einzelnen Kapitel bei einzelnen Mitgliedern der Arbeitsgruppe liegt (entsprechend sind die Namen der Autoren bei jedem Kapitel in der ersten Fußnote vermerkt), handelt es sich auch um ein Gemeinschaftsprodukt. Wir haben in vielen Sitzungen jedes einzelne Kapitel im Detail diskutiert. Daraufhin wurden die Kapitel modifiziert und erneut diskutiert. So gingen der endgültigen Fassung immer mehrere Revisionen voraus. Trotzdem ist jeder Autor für sein Kapitel verantwortlich.

Aus dem Projekt ist eine Reihe weiterer Publikationen hervorgegangen. Diese sollen hier erwähnt werden – vielleicht sind ja Leser und Leserinnen dieses Buches auch an anderen Schriften zu dem vorliegenden Projekt interessiert. Zunächst sei auf zwei Bücher hingewiesen, die sich mit der Beziehung zwischen Identifikation und Einstellungen zu Minderheiten befassen. Das Buch von Jan Skrobanek (Skrobanek 2004) verwendet dabei den Datensatz der ersten Welle aus dem Jahre 2000, während das Buch von Michael Mäs das gesamte Panel nutzt (Mäs 2005). In unseren Schriften verwenden wir immer wieder Regionenbegriffe wie Europa, Deutschland und Sachsen. Was verstehen die Befragten unter diesen Begriffen? Welche Bedeutung schreiben Personen z.B. dem Begriff „deutsch" zu? Um diese Frage zu beantworten, wurde bei der Befragung von 2003 eine Zusatzstudie – ein sog. faktorieller Survey – durchgeführt. Über die Ergebnisse wird im Detail in einen Artikel berichtet (Mäs,

Mühler und Opp 2005), zusammenfassend siehe auch Kapitel I dieses Buches. Zu den kausalen Interdependenzen zwischen Identifikationen vgl. Opp (2005) – hier werden allerdings nur die beiden ersten Wellen analysiert. In Kapitel V dieses Buches werden die Hypothesen an allen drei Wellen geprüft. Weitere Schriften sind (Mühler 2005) und (Opp 2003).

Dieses Buch wäre ohne die Unterstützung der Deutschen Forschungsgemeinschaft nicht zustande gekommen, bei der wir uns für die Förderung bedanken wollen. Das vorliegende Forschungsprojekt war Teil des von der Deutschen Forschungsgemeinschaft geförderten Sonderforschungsbereichs 417 „Regionenbezogene Identifikationsprozesse. Das Beispiel Sachsen" an der Universität Leipzig. Wir danken den Kollegen für die konstruktive Kritik bei den Diskussionen im Sonderforschungsbereich. Die Arbeit von Michael Mäs an der Fertigstellung des Manuskripts wurde von der NWO (Niederländische Forschungsorganisation) unterstützt. Weiterhin möchten wir uns bei Mandy Weidner für die sorgfältige Redigierung des Manuskripts bedanken.

I. Regionale und überregionale Identifikation: Begriffliche Grundlagen und theoretischer Ansatz[4]

Gegenstand dieses Buches sind die Ursachen und Wirkungen der Identität bzw. Identifikation mit regionalen und überregionalen Gruppen. Diese haben also einen territorialen Bezug: die Regionen sind zum einen bestimmte Wohngebiete (Leipzig und der Mittlere Erzgebirgskreis) als kleinste Einheiten, zum anderen umfassendere Regionen, und zwar Ostdeutschland, ein Bundesland (Sachsen), Deutschland und Europa. Es geht uns aber nicht darum, speziell die Entstehung und Wirkungen der Identität bzw. Identifikation mit den genannten Regionen bzw. Gruppen der Leipziger etc. zu erklären. Unser Ziel besteht vielmehr darin, *generelle Hypothesen* über die Entstehung und Wirkungen der Identifikation mit Regionen bzw. regionalen Gruppen zu formulieren und empirisch zu überprüfen. Die Daten zur Überprüfung dieser Hypothesen beziehen sich auf konkrete Regionen. Ein Problem bei der Erklärung der Ursachen und Wirkungen von Identifikation besteht darin, dass die Begriffe „Region", „Identität" bzw. „Identifikation" in der Literatur in unterschiedlicher Bedeutung und auch oft unklar verwendet werden. In den folgenden Abschnitten 1 und 2 befassen wir uns mit diesen Begriffen.

Wir haben diese Begriffe und verwandte Begriffe wie z.B. „Nationalismus" oder „Loyalität" ausführlich in einem früheren Buch behandelt (Mühler und Opp 2004, Kap. I). In diesem Kapitel wollen wir die Ergebnisse unserer Überlegungen zu den zentralen Begriffen aus dem ersten Band zusammenfassen, präzisieren und weiterführen. Zur Verwendungsweise der Begriffe in der Literatur und zur Diskussion verwandter Begriffe sei auf den genannten ersten Band zu unserer Studie verwiesen. Wir konzentrieren uns hier darauf, wie wir die genannten Begriffe verwenden wollen und welche Probleme sie aufweisen.

In unserer Untersuchung und in vielen anderen Studien werden Regionalbegriffe wie „deutsch" verwendet, ohne dass untersucht wird, welche Bedeutung die Befragten diesen Begriffen zuschreiben. Wir untersuchen dies beispielhaft am Begriff „deutsch": wir prüfen mittels eines faktoriellen Surveys, wie der Begriff „deutsch" von den Befragten verwendet wird (Abschnitt 3).

In Abschnitt 4 skizzieren wir unser theoretisches Grundmodell. Dieses umfasst die allgemeinen Annahmen, die dann in den folgenden Kapiteln dieses Buches zu testbaren Hypothesen ausformuliert werden.

---

[4] Die Abschnitte 1 und 2 sind verfasst von Karl-Dieter Opp. In Abschnitt 3 werden Ergebnisse einer empirischen Untersuchung zu der Frage behandelt, wie der Ausdruck „deutsch" verwendet wird. Dies ist eine gekürzte Fassung des Aufsatzes von Mäs, Mühler und Opp 2005. Abschnitt 4 wurde verfasst von Kurt Mühler und Karl-Dieter Opp.

1. Was heißt „Identifikation" mit einer Region?

Gehen wir davon aus, wie wir die „Identifikation" mit „Regionen" gemessen haben. Wie wir in Kapitel III noch im Einzelnen sehen werden, haben wir ermittelt, inwieweit sich Befragte als Leipziger bzw. Erzgebirger, Ostdeutscher, Sachse, Deutscher und Europäer *fühlen* und inwieweit sie *stolz* sind, Leipziger, Ostdeutscher etc. zu sein. Diese Messung wird in vielen Umfragen zur Operationalisierung von „regionaler Identifikation" bzw. „regionaler Identität" verwendet.

Betrachten wir zunächst die Ausdrücke „sich fühlen als" und „stolz sein auf". Diese bezeichnen Einstellungen oder, gleichbedeutend, Attitüden, also Bewertungen (siehe hierzu Kapitel III). Wenn also jemand sagt, er „fühle sich" als Leipziger oder er „sei stolz", Leipziger zu sein, dann bedeutet dies, dass er die Eigenschaft, „Leipziger" zu sein, mehr oder weniger positiv bewertet. Mit anderen Worten:

> Eine relativ starke *Identifikation* mit einer Kategorie von Personen K (z.B. Leipziger) bedeutet eine relativ starke positive Bewertung von K.

Bei K handelt es sich entsprechend um *Einstellungsobjekte*. Die obige Definition impliziert, dass „Identifikation" eine Beziehung zwischen einer Person einerseits und einer Gruppe oder Kategorie anderer Personen ist. Man könnte diese Beziehung in folgender Weise formaler fassen: „Person a bewertet Objekt b in bestimmter Weise", wobei der Bewertung eine Zahl zugeordnet wird, die das Ausmaß der Bewertung angibt. Anstatt „Bewertung" kann man auch sagen, dass sich eine Person mehr oder weniger stark mit einer Kategorie von Personen (oder mit einer Region) *verbunden* fühlt oder dass eine Person eine mehr oder weniger starke *affektive* oder *emotionale* Beziehung bzw. Bindung hat.[5] In jedem Falle handelt es sich um eine Beziehung zwischen einer Person und einem Objekt.

Identifikation in diesem Sinne ist scharf zu unterscheiden von einer bloßen *kognitiven Überzeugung*. Es geht bei der Identifikation also nicht darum, dass man einem Objekt lediglich bestimmte Eigenschaften zuschreibt, die z.B. typisch für die betreffende Klasse von Objekten – z.B. für Leipziger – sind. Wenn eine solche kognitive Überzeugung gemeint ist, dann könnte man sagen, dass man *als* Leipziger bezeichnet oder dass man *als* Leipziger identifiziert wird. Dies ist „eine emotional neutral gedachte Zugehörigkeit (z.B. einer Person zu einem Territorium)" (Esser 1987, S. 110). Wenn man sich aber *mit* Leipzigern identifiziert, dann bedeutet dies nicht nur, dass man glaubt, dass eine bestimmte Gruppe bestimmte Eigenschaften hat (also Eigenschaften, die z.B. einen

---

5 Diese Definition wird auch häufig in der Literatur verwendet. (Siehe z.B. Gerhards 2000).

„Leipziger" definieren). Es bedeutet darüber hinaus, dass man diese Eigenschaften positiv bewertet. Eine Identifikation *mit* einer der genannten Gruppen setzt also immer voraus, dass man sich *als* zugehörig zu einer Gruppe betrachtet.[6]

Warum haben wir „Identifikation" in der oben beschriebenen Weise und nicht anders definiert? Die Antwort ist, dass uns die Frage interessiert, wie die Entstehung und die Wirkungen emotionaler Bindungen an eine Gruppe von Personen (z.B. Leipziger) erklärt werden können. Dies ist eine Frage, die auch in der Literatur ausführlich behandelt wird. Weiter ist „Identifikation" im oben genannten Sinne auch in vielen anderen Definitionen von „Identifikation" und „Identität", die man in der Literatur findet, enthalten. Unsere Definition ist also vielen anderen Definitionen ähnlich.

2. Der Begriff der „Region"

Wenden wir uns nun dem Identifikationsobjekt zu. Erinnern wir uns noch einmal an unsere Messung der Identifikation: es ging darum, inwieweit sich die Befragten als Leipziger etc. *fühlen* und inwieweit die Befragten *stolz* sind, Leipziger etc. zu sein. Was bedeuten Begriffe wie „Leipziger", „Sachse", „Ostdeutscher", „Deutscher" und „Europäer"?

Zunächst haben diese Begriffe einen geographischen Bezug. So bezieht sich der Begriff „Leipziger" auf Personen, die in irgendeiner Beziehung zu einem bestimmten geographischen Gebiet stehen. Dies gilt auch für die anderen Begriffe wie z.B. „Deutscher". Die betreffenden Gebiete können auf einer Landkarte identifiziert werden. Der geographische Bezug wird deutlich, wenn wir „Leipziger" etc. mit anderen Gruppen wie z.B. Autobesitzer oder Schachspieler vergleichen. Will man einen Schachspieler charakterisieren, so ist dies ohne jeden geographischen Bezug möglich.

Wenn auch Ausdrücke wie „Leipziger" einen räumlich-territorialen Bezug haben, so schließt dies nicht aus, dass Personen den Raum, auf den sich diese Begriffe beziehen, unterschiedlich abgrenzen. Dies dürfte z.B. oft dann gelten, wenn Randgemeinden in eine Stadt verwaltungsmäßig eingegliedert wurden. In diesem Falle werden viele Personen dem Namen der Stadt einen Raum zuordnen, der nicht die Randgemeinden enthält. Eine Untersuchung von Lilli und Diehl (1999) bestätigt dies. Die Autoren stellten Probanden die folgende Frage: „Wenn Sie über Ihre Region (ihren Lebensraum) nachdenken oder darüber reden: Was meinen Sie damit?" Ein Befund war, dass sich bei den Nennungen „ganz überwiegend kulturlandschaftliche (z.B. Odenwald und Ruhrgebiet) und

---

[6] Vgl. zu einer Diskussion dieser Unterscheidung – mit weiteren Literaturhinweisen – z.B Weichart (1990, S. 15-17).

nur wenige verwaltungspolitische Angaben (z.B. Lahn-Dill oder Rhein-Neckar-Kreis) fanden" (S. 104-105). Dies sehen die Autoren als Indizien dafür, dass „Region nicht über administrative Kriterien bestimmt wird" (S. 105).[7]

Welches ist nun aber genau der räumliche Bezug von Begriffen wie „Leipziger" oder „Deutscher"? Ist „Leipziger" jemand, der in Leipzig wohnt oder gewohnt hat? Vielleicht ist auch für die Bezeichnung „Leipziger" von Bedeutung, *wie lange* jemand in Leipzig wohnt oder gewohnt hat. Möglicherweise ist auch von Bedeutung, ob jemand in Leipzig *geboren* wurde. Unklar ist, welches Gewicht diese Dimensionen für die Bezeichnung „Leipziger" haben. Vielleicht ist die Geburt für die Bezeichnung „Leipziger" wichtiger als die Wohndauer?

Begriffe wie „Leipziger" haben jedoch nicht *nur* einen räumlichen Bezug. So werden mit dem Begriff „Sachse" bestimmte kulturelle Merkmale verbunden wie etwa der sächsische Dialekt.

Kann man sich vorstellen, dass „Leipziger" etc. vielleicht doch keinen räumlichen Bezug haben? Angenommen, unsere Befragung habe in Bayern stattgefunden und wir hätten danach gefragt, inwieweit sich die Befragten als „Leipziger" fühlen oder stolz sind, „Leipziger" zu sein. Diese Frage könnte jemand bejahen, der in Leipzig gewohnt hat oder in Leipzig geboren ist – in diesem Falle hat also „Leipziger" etc. einen räumlichen Bezug. Es wäre aber denkbar, dass jemand weder in Leipzig geboren wurde noch jemals dort gewohnt hat und auch niemals in Leipzig gewesen ist. Die Person könnte sich jedoch so intensiv mit der Kultur und Geschichte Leipzigs befasst haben, dass sie angibt, sich als Leipziger zu fühlen. Würde die Person auch sagen, sie sei stolz, Leipziger zu sein? Vermutlich nicht. Hierzu ist schon ein „realer" Bezug zu der Region wie z.B. Geburt in der Region oder eine gewisse Wohndauer in der Region erforderlich.

Diese Überlegungen zeigen, dass man sich vielleicht noch als Leipziger „fühlen" kann, wenn man nie in Leipzig gewesen ist; aber der Stolz-Indikator hat einen räumlichen Bezug. Wenn man sich auch vorstellen kann, dass Ausdrücke wie „Leipziger" etc. keinen räumlichen Bezug haben, so dürfte doch im normalen Sprachgebrauch ein solcher Bezug bestehen. Bayerische Befragte würden vermutlich überwiegend die Frage, inwieweit sie sich als „Leipziger" fühlen, nicht beantworten können, wenn sie nicht in Leipzig gelebt haben.

Halten wir fest: wenn wir uns mit der Frage nach den Ursachen und Wirkungen der Identifikation mit Leipzigern etc. befassen, dann geht es um die Identifikation mit bestimmten Gruppen. Im Gegensatz zu anderen Gruppen (z.B. der internationale Fußballverband) haben die von uns untersuchten Gruppen einen geographischen Bezug. Allerdings sind auch weitere Merkmale – insbesondere die gemeinsame Kultur – von Bedeutung.

---

[7] Man kann diesen Sachverhalt auch so ausdrücken: ein Ortsname „symbolisiert" verschiedene Aspekte des Raums (siehe hierzu Treinen 1965a; Treinen 1965b).

Ist es für unsere weiteren Überlegungen ein Problem, dass nicht klar ist, was *genau* mit „Leipziger" etc., d.h. mit dem Identifikationsobjekt, gemeint ist? Es wäre sicherlich interessant, dies zu wissen. Allerdings ist dieses Wissen für unsere Zwecke nicht erforderlich – so seltsam das zunächst auch klingen mag. Dies wird plausibel, wenn man sich vergegenwärtigt, dass in der Literatur immer über Gruppen – z.B. über die deutsche Friedensbewegung, die Mafia oder die Republikaner in den USA – geschrieben wird, ohne dass bekannt ist, wie diese Gruppen aus der Sicht der Akteure oder auch der Wissenschaftler in präziser Weise zu charakterisieren sind. Die umfangreichen Diskussionen des Begriffs der Gruppe in der Literatur zeigen, dass auch im Alltagsgebrauch nicht klar ist, wer z.B. zu einer Schachgruppe gehört.

Wir gehen davon aus, dass die Befragten zumindest ungefähr wissen, was „Leipzig" etc. bedeutet. Es ist dabei nicht auszuschließen, dass verschiedene Befragte eine unterschiedliche Bedeutung mit bestimmten Begriffen verbinden. Diese wird jedoch nicht erhoben. Wir messen also, inwieweit sich jemand mit Leipzig etc. identifiziert – was auch immer genau mit diesen Begriffen gemeint ist. Allerdings vermuten wir, dass die Befragten die genannten Begriffe relativ einheitlich verwenden. Diese Vermutung können wir allerdings mit unseren Daten nicht überprüfen, sie ist aber für unsere Fragestellung auch nicht von Bedeutung. Wir befassen uns also mit der Identifikation mit Gruppen, die u.a. durch einen regionalen Bezug charakterisiert sind. Dabei lassen wir offen, was genau dieser Bezug ist.

Wir sagten, dass es in diesem Zusammenhang nicht erforderlich ist, genau zu wissen, wie Begriffe wie „Leipziger" etc. verwendet werden. Ist dies wirklich der Fall? Angenommen, wir wüssten genau, wie die Befragten die genannten Begriffe verwenden. Dies würde sicherlich nicht zu einer Veränderung unserer Hypothesen über die Ursachen und Wirkungen von Identifikation führen. Wenn wir uns vorstellen, dass Leipziger die geographischen Grenzen von Leipzig unterschiedlich festlegen, gäbe es keinen Grund, andere Faktoren einzuführen, die Identifikation erklären. Wie auch immer das Einstellungsobjekt abgegrenzt wird: es bleibt ein Einstellungsobjekt und wir wenden entsprechend eine Theorie über die Entstehung und Wirkungen von Einstellungen an. Auch unsere Interviewfragen würden sich nicht ändern: wir würden weiter fragen, inwieweit sich die Befragten als Leipziger etc. „fühlen" bzw. „stolz" sind, Leipziger etc. zu sein. Schließlich würden auch die Daten nicht anders ausgewertet. Diese Überlegungen zeigen, dass Informationen über die genaue Verwendung von Begriffen wie Leipziger für unsere Zwecke nicht erforderlich sind. Trotzdem sind solche Informationen interessant.

Noch eine Anmerkung zum Sprachgebrauch. Wir befassen uns, wie gesagt, mit der Erklärung der Entstehung und der Wirkungen der Identifikation mit bestimmten Kategorien bzw. Gruppen, die u.a. durch eine Zugehörigkeit zu einer Region charakterisiert sind oder, anders ausgedrückt, einen räumlichen Bezug haben. Um unsere Ausdrucksweise nicht unnötig zu komplizieren, sprechen wir oft von „regionaler" bzw. „überregionaler Identifikation" und meinen „Identifikation mit Gruppen, die u.a. durch Zugehörigkeit zu einer Region zu charakterisieren sind". Diese Ausdrucksweise ist unnötig kompliziert und nicht sehr ansprechend. Wir werden deshalb normalerweise einfach von „regionaler" oder „überregionaler" Identifikation sprechen. Diese Redeweise ist auch in der Literatur üblich. Wenn klar ist, was der Gegenstand unserer Untersuchung ist, dürften durch die etwas unpräzisere Ausdrucksweise keine Missverständnisse entstehen.

3. Wann ist man „deutsch"? Zur alltäglichen Verwendung eines Begriffs

Wenn wir auch, wie gesagt, für unsere Zwecke nicht im Einzelnen wissen müssen, welche Bedeutung Begriffe wie Leipziger haben, so ist die Kenntnis der Bedeutung dieser Begriffe doch interessant. Wie aber kann man die Bedeutung solcher Begriffe untersuchen? Wie kann man z.B. ermitteln, welches Gewicht die Wohndauer, die Geburt in der Region oder kulturelle Eigenschaften wie die Beherrschung der Sprache einer Region z.B. für die Bezeichnung einer Person als „Deutscher" hat? Im Folgenden soll eine empirische Untersuchung vorgestellt werden, in der wir zu ermitteln versuchten, wie der Begriff „deutsch" verwendet wird. Unsere Darstellung basiert auf dem Aufsatz von Mäs, Mühler und Opp (2005).

Die Hypothesen

Bei der Bildung von Hypothesen zu der Frage, unter welchen Bedingungen jemand als „deutsch" bezeichnet wird, wollen wir von drei grundlegenden generellen Hypothesen ausgehen, die Bestandteile der Theorie der sozialen Identität (vgl. z.B. Tajfel 1982; Tajfel und Turner 1986) sind. Die erste Hypothese besagt, dass ein positives Selbstbild für Menschen belohnend ist. Wenn dies so ist – so die zweite Hypothese –, dann ist die Wahrscheinlichkeit hoch, dass Menschen handeln, um ein positiveres Selbstbild zu erreichen. Ist ein Selbstbild negativ, ist der Anreiz besonders hoch, dieses Selbstbild zu verbessern (vgl. hierzu bereits Zetterberg 1957).

Die dritte Hypothese informiert darüber, welche Faktoren zu einem positiven Selbstbild beitragen: dieses ist um so wahrscheinlicher, je positiver die Gruppen, in denen man Mitglied ist, im Vergleich zu anderen Gruppen bewertet werden. Wir gehen davon aus, dass eine Gruppe umso positiver bewertet wird, je mehr Mitglieder positiv bewertete Eigenschaften aufweisen. Die Bewertung der Gruppe ist also eine Funktion der Verteilung der Eigenschaften der Mitglieder.

In welchem Zusammenhang steht unser Explanandum – die Zuschreibung der Eigenschaft „deutsch" – mit diesen Hypothesen? Wir vermuten: in je stärkerem Maße Personen die zentralen positiv bewerteten Eigenschaften der Gruppenmitglieder aufweisen, desto eher werden sie als „deutsch" bezeichnet.

Welche Merkmale einer Gruppe werden mehr oder weniger positiv bewertet? Diese Bewertungen sind für die genannten theoretischen Hypothesen Anfangsbedingungen, die empirisch zu ermitteln sind. Wir werden im Folgenden einige Hypothesen über diese Anfangsbedingungen formulieren. Diese beruhen auf Alltagshypothesen, eher intuitiven theoretischen Überlegungen und Forschungsergebnissen. Mögliche *Erklärungen* der Anfangsbedingungen würden den Rahmen dieses Aufsatzes überschreiten und müssen weiterer Forschung vorbehalten bleiben.

Ein zentrales Merkmal nationaler Gruppen dürften die überlieferten kulturellen Eigenschaften sein. Entsprechend ist zu erwarten: Ein Kriterium für die Alltagsbeurteilung, ob eine Person als „deutsch" anerkannt wird oder nicht, dürfte deren *kulturelle Assimilation* sein. Dabei ist die Ähnlichkeit in Bezug auf solche kulturellen Merkmale von Bedeutung, die in einer Gesellschaft als zentral angesehen werden. Es ist plausibel, dass für die Bezeichnung einer Person als „deutsch" aktuelle Gegebenheiten wie z.B. medienpräsente Bedrohungsängste durch Terror oder die vermutete Wegnahme von Arbeitsplätzen oder wahrgenommene Belastung des sozialen Netzes durch diese Personen von Bedeutung sein könnten. Wir vermuten jedoch, dass generell die kulturelle Assimilation am wichtigsten ist.

Diese Annahme wird weiter plausibel, wenn man sich vergegenwärtigt, dass, wie gesagt, bei der Bezeichnung einer Person als „deutsch" faktisch über die Zugehörigkeit zu einer Eigengruppe entschieden wird. Personen werden um so eher als „wirkliche" Mitglieder einer Eigengruppe betrachtet, in je stärkerem Maße sie Merkmale, die in der Gruppe als wichtig betrachtet werden, aufweisen. Unsere erste Hypothese lautet also:

> *Generelle Assimilationshypothese:* Je größer die beobachtbare Anpassung einer Person an die zentralen kulturellen Merkmale einer Nation ist, desto eher wird die Person als dieser Nation angehörig anerkannt.

Eigengruppen unterscheiden sich in dem Maße, in dem sie multikulturell sind. So wird man in einer Gesellschaft wie den USA weniger kulturelle Assimilation erwarten, ehe man jemanden als „Amerikaner" bezeichnet, als in einer Gesellschaft, in der Personen mit unterschiedlicher Hautfarbe und mit unterschiedlicher ethnischer Abstammung selten sind. Was also als kulturell wichtig angesehen wird, dürfte je nach Gesellschaft verschieden sein.

Lassen sich konkretere Hypothesen darüber formulieren, was die relevanten kulturellen Merkmale für die Zuschreibung der Eigenschaft „deutsch" sind? Bei den folgenden Überlegungen über die Anfangsbedingungen gehen wir von Alltagshypothesen und von Ergebnissen vorliegender Forschung (siehe die Einführung) aus. Wenn man die Kommunikationsmöglichkeiten untereinander in einer Gruppe als zentrales Bedürfnis ansieht, dann wird man die *Beherrschung der Sprache* als zentrales Merkmal für die Mitgliedschaft ansehen.[8]

Da moderne westliche Gesellschaften weitgehend säkularisiert sind, dürfte die Zugehörigkeit zu einer christlichen Religion kein zentrales kulturelles Merkmal mehr sein. Gehört jemand jedoch einer Religion an, die einem anderen Kulturkreis entstammt, so dürfte dies dazu führen, dass man eher nicht als deutsch angesehen wird. Die aktuelle und sicher auch langfristig sich kaum verändernde Situation bezüglich der Aktivität verschiedener insbesondere islamischer terroristischer Organisationen ist in diesem Zusammenhang ebenfalls von Bedeutung. Die Auseinandersetzung zwischen Orient und Okzident ist alles andere als eine neue Erscheinung. Sie lässt sich weit in die Geschichte zurückverfolgen (Huntington 1996). Wenn diese kulturelle Differenz heute eine neue Dimension erhalten hat, dann ist dies auch der medialen Vermarktung zuzuschreiben. Eine neue Dimension heißt, dass die Auseinandersetzungen darum auch in das Alltagsbewusstsein eingedrungen sind und sich mit zahlreichen Beurteilungen von Alltagsereignissen vernetzen. Wir vermuten also, dass die *Zugehörigkeit zur Religion des Islam* dazu beiträgt, auch bei hohen Assimilationsleistungen eher *nicht* als „deutsch" eingestuft zu werden. Anders ausgedrückt: wir nehmen an, dass für eine erfolgreiche Bewertung von Assimilationsbemühungen erwartet wird, dass jemand, der als Deutscher gelten will, auch seine religiöse Identität anpasst.

Welche anderen Eigenschaften sollte ein „Deutscher" erfüllen? Gehört zu diesen Eigenschaften ein bestimmtes Wissen zum „Deutschsein" und, wenn ja, welches? Gehören zu einem „echten" Deutschen bestimmte Freizeitaktivitäten und, wenn ja, welche? Vermutlich werden die Meinungen hierüber sehr unterschiedlich sein. Was auch immer konkret als relevant für „deutsch sein" angesehen wird: Deutsche werden davon ausgehen, dass Personen dann, wenn sie relativ *lange in Deutschland gelebt* und einen *deutschen Ehepartner* haben, kulturell gut assimiliert sind, d.h. die relevanten Merkmale für „deutsch sein" aufweisen. Wir wollen diese Merkmale in einer speziellen Assimilationshypothese zusammenfassen:

---

[8] Bestehen in einer Nation wie etwa der Schweiz mehrere Sprachgemeinschaften, dann wird die Beherrschung mindestens einer der Sprachen ein Assimilationserfordernis sein.

Spezielle Assimilationshypothese: Wenn eine Person die deutsche Sprache relativ gut beherrscht, nicht dem Islam angehört, bereits relativ lange Zeit in Deutschland lebt und einen deutschen Ehepartner hat, dann wird die Person in hohem Maße als „deutsch" bezeichnet.

Es ist weiter zu vermuten, dass die terroristischen Ereignisse in den letzten Jahren und ihre Beziehung zu radikalen islamischen Auffassungen zu einem Ausschlusskriterium geführt haben:

Spezielle Hypothese zur kulturellen Ausschließung: Wenn eine Person dem islamischen Glauben angehört, dann wird sie nicht als deutsch bezeichnet, auch wenn sie große Assimilationsbemühungen nachweisen kann.

Die Assimilationshypothese geht davon aus, dass man „deutsch sein" lernen kann und dass der Lernerfolg oder zumindest die Lernbemühung anerkannt wird. Es wäre aber auch plausibel, dass man nur als „deutsch" angesehen wird, wenn man deutsche Eltern hat. D.h. „deutsch sein" kann man nicht erlernen. Dies ist eine Frage der Abstammung. Entsprechend lautet eine weitere Hypothese:

Abstammungshypothese: Wenn eine Person deutsche Eltern hat, dann wird diese Person immer als „deutsch" bezeichnet.

Eine Erweiterung dieser Hypothese könnte noch von Bedeutung sein. In den 90er Jahren sind in großer Zahl Spätaussiedler, insbesondere aus Russland, in die Bundesrepublik gekommen. An diesen Gruppen werden auch soziale Probleme deutlich. Inkompatible Berufsqualifikationen und geringe Sprachkenntnisse haben u.a. dazu geführt, dass die Russlanddeutschen zwar deutsche Staatsbürger sind, kulturell aber z.T. isoliert leben (Hübner 2000; Petschauer 1998). Alltagserfahrungen mit diesen Deutschen könnten dazu führen, dass es nicht ausreicht, deutsche Vorfahren zu haben; man muss vielmehr in Deutschland geboren sein. Eine Erweiterung der Abstammungshypothese soll deshalb dieses empirische Faktum mit berücksichtigen:

Erweiterte Abstammungshypothese: Wenn eine Person deutsche Eltern hat und in Deutschland geboren ist, dann wird diese Person immer als „deutsch" bezeichnet.

Hier wird also ein Interaktionseffekt von „deutsche Eltern haben" und „in Deutschland geboren sein" behauptet.

Angesichts der Wichtigkeit der hier behandelten Fragen sollte man erwarten, dass es detaillierte Theorien und umfangreiche empirische Forschungen zu deren Beantwortung gibt. Dies ist jedoch nicht der Fall. Lediglich im Allbus (Allgemeine Bevölkerungsumfrage in den Sozialwissenschaften) 1996 und im ISSP (International Social Survey Program) 1995 sind Fragen zum Thema dieses Aufsatzes enthalten. Im Allbus 1996 werden den Befragten Kärtchen vorgegeben, „auf denen Dinge stehen, die bei der Entscheidung über die Vergabe der deutschen Staatsbürgerschaft eine Rolle spielen können". Die Befragten werden gebeten, auf einer siebenstufigen Skala anzugeben, wie wichtig ihnen die „Dinge" auf den Kärtchen sind. Dabei werden auch die oben genannten Dimensionen angesprochen. Eine sehr ähnliche Frage enthält der ISSP 1995: „Some people say the following things are important for being [German etc.]. Others say they are not important. How important do you think each of the following is ...?" Auch hier werden u.a. die vorher angesprochenen Dimensionen vorgegeben. In einer Längsschnittstudie von Blank (Blank 1997) werden verschiedene Typen von Personen unterschieden, die verschiedene Merkmale als wichtig für die Zugehörigkeit zu einer Nation betrachten. Diese Untersuchungen ermitteln das *Ausmaß* der Wichtigkeit verschiedener Merkmale für „deutsch sein". Damit ist aber nichts darüber gesagt, ob die Merkmale eine *Wirkung* auf die Einstufung als „deutsch" haben oder wie stark die gemeinsame Wirkung der einzelnen Merkmale ist. Genau dies leistet der faktorielle Survey, der im Folgenden vorgestellt wird.

Eine Studie von Jasso (Jasso 1988) kommt unserer Untersuchung am nächsten: mittels eines faktoriellen Surveys wird ermittelt, inwieweit Mitglieder einer Einwanderungskommission in den USA Personen mit bestimmten Merkmalen als Einwanderer akzeptieren würden. Obwohl einige Merkmale mit den hier verwendeten übereinstimmen, bezieht sich die Studie zu sehr auf die Verhältnisse in den USA und unterscheidet sich auch von unserer Fragestellung, um in diesem Zusammenhang verwendet werden zu können.

Der Untersuchungsplan und die Messung der Variablen

Zur Überprüfung unserer Hypothesen muss ermittelt werden, anhand welcher individuellen Merkmale Deutsche entscheiden, jemanden als Mitglied ihrer Nation zu bezeichnen. In unseren Hypothesen werden sechs konkrete individuelle Merkmale als bedeutsam für die Einstufung als „deutsch" behauptet: das Geburtsland, Nationalität der Eltern, die Wohndauer in Deutschland, die Deutschkenntnisse, die Religionszugehörigkeit und ein deutscher Ehepartner. Um zu messen, welchen Einfluss diese Merkmale auf die Entscheidung haben, jemanden als „deutsch" zu bezeichnen, dürfte der faktorielle Survey (auch

"Vignettenanalyse" genannt) besonders geeignet sein.[9] Im Folgenden wird diese Methode zuerst beschrieben. Sodann stellen wir die Personenstichprobe dar. Es folgt die Darstellung der Ergebnisse.

Die Konstruktion der Vignetten

Bei dem faktoriellen Survey werden Befragten Situationsbeschreibungen, die man *Vignetten* nennt, vorgegeben. Eine Vignette besteht aus einer Kombination von Werten von Variablen. Die Variablen heißen *Vignettendimensionen*. Ein Beispiel mag die Methode illustrieren. Angenommen, unsere Vignetten-Dimensionen bestünden aus „Geburtsland" und „Nationalität der Eltern". Die Werte dieser Vignettendimensionen seien jeweils „Deutschland" und „Türkei". Eine mögliche Vignette, die aus bestimmten *Ausprägungen* dieser Dimensionen gebildet wurde, würde lauten:

> Eine Person ist in Deutschland geboren und die Eltern sind Türken.

Aus den beiden Dimensionen mit den gegebenen Ausprägungen lassen sich insgesamt vier mögliche Vignetten konstruieren.

Zum faktoriellen Survey gehört weiter eine *Beurteilungsdimension*, d.h. die Befragten stufen die Vignetten nach bestimmten Merkmalen ein. Da in diesem Zusammenhang von Bedeutung ist, inwieweit man bestimmte Personen als „deutsch" bezeichnet, bezieht sich die Beurteilungsdimension auf das Ausmaß, in dem Befragte Personen, die die Merkmale einer Vignette aufweisen, die Eigenschaft „deutsch" zuschreiben.

Der Vorteil dieses Verfahrens besteht darin, dass das *Gewicht* der einzelnen Dimensionen ermittelt werden kann, wie die folgende Auswertung unserer Studie illustriert. So ist es möglich zu ermitteln, inwieweit die Abstammung einen stärkeren Einfluss auf die Beurteilungsdimension hat als z.B. die Wohndauer. Eine solche Gewichtung ist nicht möglich, wenn man die herkömmliche Befragungsmethode wie in den erwähnten Untersuchungen des Allbus und ISSP anwendet. Der Grund ist, dass durch die Situationsbeschreibungen der Einfluss der einzelnen Dimensionen und Merkmale *simultan* erhoben wird.

---

[9] Vgl. hierzu Rossi (1979), Rossi und Anderson (1982) und Rossi und Nock (1982). Zu einer neueren Darstellung vgl. Beck und Opp (2001).

Tabelle I.1: Die Dimensionen des faktoriellen Surveys

Die Beurteilungsskala

Die Person würde ich ...

Auf keinen Fall deutsch nennen			unent- schieden			Auf jeden Fall deutsch nennen
-3	-2	-1	0	1	2	3

- 3 bedeutet, dass Sie der Meinung sind, dass Sie persönlich die betreffende Person *auf keinen Fall* als deutsch bezeichnen würden;

0 bedeutet, dass Sie *unentschlossen* sind, ob Sie die Person als deutsch bezeichnen wollen oder nicht; und

+3 bedeutet, dass Sie der Meinung sind, dass Sie die Person *auf jeden Fall* als deutsch bezeichnen würden.

Die Vignettendimensionen

Geburtsland: Bundesrepublik, Frankreich, Türkei.

Staatsangehörigkeit der Eltern: deutsch, französisch, türkisch.

Wohndauer in Deutschland: seit 2 Jahren, seit 8 Jahren, seit 20 Jahren, seit der Geburt.

Beherrschung der deutschen Sprache: fließend, gebrochen, kaum.

Religionszugehörigkeit: ohne Religion, Christ, Moslem.

Nationalität des Ehepartners: deutsch, französisch, türkisch.

Weiter ermöglicht es der faktorielle Survey, befragtenspezifische Analysen durchzuführen. Der Grund ist, dass, wie wir noch sehen werden, jeder Befragte und jede Befragte mehrere Vignetten – in unserem Falle 15 – einstuft. So können für jeden Befragten getrennt multiple Regressionen geschätzt werden.[10] Wir

---

[10] Da die Zahl der Freiheitsgrade (n - k) in diesen Regressionen wegen der eingeschränkten Anzahl an Vignetten pro Befragten (n) begrenzt ist, muss die Zahl der Regressoren (k), d.h. der Vignettendimensionen, gering gehalten werden. Das bedeutet, dass möglichst quantitative Variablen verwendet werden sollten oder dass die verwendeten nicht-quantitativen Variablen mög-

erhalten also Informationen darüber, inwieweit sich die Wirkungen der Dimensionen auf die Beurteilungen bei den Befragten unterscheiden.

Die erste Vignettendimension in unserer Untersuchung ist das *Geburtsland* – siehe hierzu und zum Folgenden Tabelle I.1. Dabei wurden drei mögliche Ausprägungen verwendet. Die vorgestellte Person war entweder in Deutschland, in Frankreich oder in der Türkei geboren. Frankreich und die Türkei wurden gewählt, weil beides typische Herkunftsländer von in Deutschland lebenden Ausländern sind. Weiter wählten wir diese Länder, weil sich die Kultur und die Lebensweise der Franzosen von jener der Deutschen weniger unterscheidet als die der Türken. Entsprechend ist es möglich zu prüfen, ob geringe oder größere kulturelle Unterschiede des Geburtslandes einen Einfluss auf die Einstufung als „deutsch" haben. Auch bei der Herkunft der hypothetischen Personen (bzw. Protagonisten) in den Vignetten, d.h. der *Nationalität der Eltern*, gab es die drei eben beschriebenen Möglichkeiten: die hypothetischen Personen hatten entweder Eltern mit deutscher, französischer oder türkischer Staatsangehörigkeit.

Bei der dritten Dimension - der *Wohndauer in Deutschland* - gaben wir vier Merkmalsausprägungen vor: Die Person lebte seit 2 Jahren, 8 Jahren, 20 Jahren oder seit ihrer Geburt in Deutschland. Wir vermuteten, dass erst eine relativ lange Wohndauer wie etwa 20 Jahre für „deutsch sein" von Bedeutung ist. Die Wohndauer von acht Jahren wurde gewählt, weil, wie bereits erwähnt, nach dem am 1. Januar 2000 in Kraft getretenen Staatsbürgerschaftsrecht ein Ausländer Anspruch auf Einbürgerung hat, wenn er sich u.a. acht Jahre (früher 15 Jahre) rechtmäßig in Deutschland aufgehalten hat. Die letzte Ausprägung hat die Besonderheit, dass eine solche Person zuvor nicht im Ausland gelebt haben konnte. Die Formulierung „lebte seit der Geburt in Deutschland" führt weiterhin dazu, dass diese Variable nicht metrisch gemessen wurde, da das Lebensalter nicht Bestandteil der Vignetten ist.

Die Dimension „*Deutschkenntnisse*" wies wiederum drei Merkmalsausprägungen auf: entweder die beschriebene Person sprach „fließend", „gebrochen" oder „kaum" deutsch. Die möglichen Merkmalsausprägungen der Dimension *Religionszugehörigkeit* waren: Moslem, Christ oder keine Religionszugehörigkeit. Um zu messen, wie wichtig es für den Befragten ist, ob sich die beschriebenen Personen in die deutsche Gesellschaft integrieren, gaben wir an, welche *Nationalität der Ehepartner* der hypothetischen Person hat. Auch hier verwendeten wir die drei Nationalitäten Deutsch, Französisch und Türkisch. Ein Beispiel für eine vollständige Vignette ist:

---

lichst wenige Merkmalsausprägungen aufweisen sollten, da diese, wie noch gezeigt wird, als Dummyvariablen in die Regressionen eingehen.

Eine Person A ist in der Türkei geboren. Die Staatsangehörigkeit der Eltern von A ist türkisch. A lebt seit 8 Jahren in Deutschland. A spricht gebrochen deutsch und ist ohne Religion. A hat einen deutschen Ehepartner.

Die in der Vignette unterstrichenen Ausdrücke sind Ausprägungen der verwendeten Vignettendimensionen.

In einem faktoriellen Survey können nicht beliebig viele Vignettendimensionen vorgegeben werden, da relativ viele Dimensionen zu Schwierigkeiten bei der Beurteilung führen. Wir halten sechs Dimensionen - auch aufgrund von Voruntersuchungen und früheren Studien - für angemessen.

Die Auswahl der Dimensionen beruht auf Hypothesen darüber, welche Variablen für die Beurteilungsdimension relevant sein könnten. Ob diese Hypothesen bestätigt werden, muss die Analyse der Daten zeigen. Eine Vignettenanalyse kann also nur durchgeführt werden, wenn die zu prüfenden Hypothesen formuliert sind.

Insgesamt gibt es $3 \cdot 3 \cdot 4 \cdot 3 \cdot 3 \cdot 3 = 972$ mögliche Vignetten. Ein Teil davon wurde aber nicht verwendet, da einige Kombinationen von Merkmalsausprägungen nicht sinnvoll sind. Beispielsweise ergab ein Pretest, dass Vignetten, bei denen die Person nicht in Deutschland geboren war, aber seit der Geburt in Deutschland lebte, zu Verständnisschwierigkeiten führten. Wie kann man seit der Geburt in Deutschland leben und nicht dort geboren sein? Die einzige Möglichkeit ist, dass man kurz nach der Geburt im Ausland nach Deutschland umgezogen ist. Es war offensichtlich schwierig, sich dies vorzustellen, da solche Fälle wohl auch nur selten vorkommen. Weiter wurden solche Vignetten ausgeschlossen, bei denen die beschriebene Person in Deutschland geboren war und nicht seit der Geburt in Deutschland wohnte. In diesem Falle musste die Person unmittelbar nach der Geburt ins Ausland gezogen sein. Die Verständnisschwierigkeiten der genanten Kombinationen lassen die Annahme plausibel erscheinen, dass bei der Geburt in Deutschland die Wohndauer irrelevant ist.[11] Weiterhin wurden die Kombinationen von Dimensionen ausgeschlossen, bei denen Personen ihr ganzes Leben in Deutschland verbracht haben und nicht fließend deutsch sprachen, da diese Kombinationen unrealistisch sind. Von den 972 möglichen Vignetten fielen insgesamt 441 heraus, so dass insgesamt 531 sinnvolle Vignetten übrig blieben. Dies ist keineswegs ein Problem der Analyse, da ja die eliminierten Vignetten keine sinnvollen Situationsbeschreibungen sind.

---

[11] Man hätte eine weitere Dimension einführen können: das Verhältnis von Wohndauer in Deutschland zu der Zeit, welche die Person zuvor im Ausland verbracht hat. Dies hätte aber das Verständnis der Vignetten sicherlich erheblich erschwert und außerdem weitere Freiheitsgrade gekostet.

Wir entschieden, dass jedem Befragten 15 Vignetten zur Bewertung vorgelegt werden sollen. In anderen Untersuchungen waren die Vignettensets deutlich größer (vgl. z.B. Jasso und Rossi 1977; Rossi et al. 1974). Allerdings dürfte die Beurteilung der dort verwendeten Vignetten einfacher gewesen sein als die unserer Vignetten. Ein weiterer Grund für die Vorgabe von nur 15 Vignetten je Befragter war, dass der Vignettenfragebogen Teil eines anderen Fragebogens war (siehe weiter unten). Da dieser nicht gekürzt werden konnte und da eine größere Befragungsdauer vermutlich zu Ermüdungserscheinungen geführt hätte, erschien keine größere Zahl von Vignetten sinnvoll.[12] Insgesamt wurden 36 unterschiedliche Vignettensets (also Fragebögen von jeweils 15 zufällig zusammengestellten Vignetten) erstellt. Jede sinnvolle Vignette war mindestens in einem Vignettenset enthalten. Die Sets wurden zufällig (ohne Zurücklegen) erstellt und auch zufällig auf die Befragten verteilt. Zur Erstellung der Vignettensets wurde ein von Beck und Opp vorgestelltes Word-Makro verwendet (siehe Beck und Opp 2001).

Die Bewertung der einzelnen Vignetten durch die Befragten erfolgte anhand einer 7-stufigen Skala von „auf *keinen* Fall deutsch nennen" bis „auf *jeden* Fall deutsch nennen". Der Bewertungsmaßstab ist in Tabelle I.1 abgebildet.

Die Befragtenstichprobe

Die Befragten, die einen Vignetten-Fragebogen ausfüllten, waren Teil der dritten Welle unserer Panelbefragung im Jahre 2003. Da für den faktoriellen Survey ca. 500 Befragte ausreichen und auch vorgesehen waren, sollten diese aus den insgesamt 1153 Personen, die in Welle 3 befragt wurden, zufällig ausgewählt werden. Die Stichprobe der Befragten, die einen Vignettenfragebogen ausgefüllt haben, besteht aus 579 Personen. Der Vignettenfragebogen wurde schriftlich ausgefüllt. Dabei wurde die Befragung an einer bestimmten Stelle unterbrochen, und die Befragten wurden gebeten, den Vignettenfragebogen auszufüllen. Jedem der 579 Befragten wurde, wie gesagt, einer der 36 Vignettensets vorgelegt. Somit wurde jede Vignette etwa 16 mal beurteilt.

Für die Überprüfung unserer Hypothesen ist keine repräsentative Stichprobe erforderlich, da wir vor allem generelle Hypothesen testen. Da wir jedoch auch einige deskriptive Auswertungen vorstellen werden, ist es von Interesse, inwieweit die Befragten weitgehend die Grundgesamtheiten der ersten Welle repräsentieren. Unsere Analysen, die hier aus Raumgründen nicht präsentiert werden, zeigen, dass dies weitgehend der Fall ist.

---

[12] Zu einer generellen Diskussion der Größe von Vignettensets siehe Beck und Opp 2001, S. 290.

Ergebnisse

Einige deskriptive Ergebnisse

Betrachten wir zunächst die Verteilung der Urteile in Abbildung I.1. Insgesamt knapp ein Drittel der Urteile (29,4%) wies den höchstmöglichen negativen Wert auf. D.h. die Vignetten wurden so eingestuft, dass auf keinen Fall das Merkmal „deutsch" zuzuordnen ist. Je positiver der Wert des Urteils ist, desto geringer ist der Prozentsatz der Befragten. Nur noch 6,7% der Urteile weisen den höchstmöglichen Wert 3 auf - d.h. der Protagonist einer Vignette ist auf jeden Fall als „deutsch" zu bezeichnen. Dieser „Abwärtstrend" trifft nicht für den Wert 0 zu: auffällig ist, dass 19,3% der Urteile diesen Wert aufweisen - d.h. Befragte sind unentschlossen, ob der Protagonist in einer Vignette mehr oder weniger als „deutsch" bezeichnet werden soll.

Von den insgesamt 8685 vorgegebenen Vignetten (15 Vignetten wurden jedem der 579 Befragten präsentiert) wurden 155 Vignetten nicht eingestuft, d.h. bei den Urteilen gab es 155 fehlende Werte. Diese verteilen sich auf 34 Befragte. Insgesamt 5,9% der Befragten haben also mindestens eine Vignette nicht beurteilt. Insgesamt 47 Befragte haben alle Vignetten gleich beurteilt. Dabei haben 27 Befragte immer den Wert −3 angegeben, 4 den Wert −1, einer wählte nur −2, 14 wählten den Wert 0 und eine Person 3. Je nach den Vignetten, die diesen Befragten vorgelegt wurden, könnten dies durchaus sinnvolle Antworten sein. Wenn man bedenkt, dass der faktorielle Survey bei einer repräsentativen Bevölkerungsstichprobe durchgeführt wurde und dass die Einstufung der verschiedenen Situationen sicherlich nicht einfach ist, dann ist dies kein unerwartetes und auch kein schlechtes Ergebnis.

Die Wirkung der Vignetten-Dimensionen: Wann wird Personen die Eigenschaft „deutsch" zugeschrieben?

Wir wollen zuerst analysieren, inwieweit sich die Mittelwerte der Beurteilungen bei den Ausprägungen der Vignettendimensionen unterscheiden und inwieweit die Urteile je Ausprägung jeweils negativ, null und positiv sind. Sodann wird der Einfluss aller Dimensionen gemeinsam auf die Beurteilungsdimension analysiert.

Abbildung I.1: Die Verteilung der Urteile

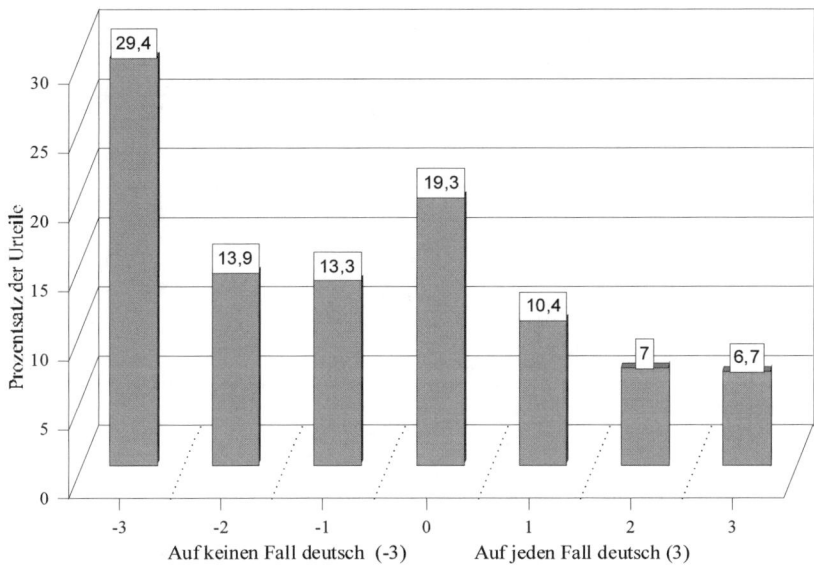

Tabelle I.2 zeigt in der ersten Spalte die Vignettendimensionen und ihre Ausprägungen. Wie stark unterscheiden sich die Mittelwerte der Beurteilungen bei den einzelnen Ausprägungen je Dimension? Ein Blick auf Spalte 2 zeigt, dass die Mittelwerte - mit zwei Ausnahmen - alle negativ sind, d.h. bei fast allen Ausprägungen ist man eher der Meinung, dass der Protagonist der Vignette nicht als „deutsch" zu bezeichnen ist. Die beiden positiven Durchschnittswerte, die mit 0,40 bei einem möglichen Wertebereich von -3 bis +3 relativ gering sind, beziehen sich darauf, dass der Protagonist der Vignetten in der Bundesrepublik geboren ist und seit der Geburt in Deutschland lebt. Diese beiden Ausprägungen der Dimensionen „Geburtsland" und „Wohndauer in Deutschland" sind höher als die aller anderen Ausprägungen. Es ist auffällig, dass die Unterschiede zwischen dem Geburtsländern „Frankreich" und „Türkei" relativ gering sind. Weiter gilt: je länger man in Deutschland gewohnt hat, desto eher wird man als „deutsch" bezeichnet. Es wäre denkbar, dass es einen Schwellenwert der Art gibt, dass ab einer bestimmten Wohndauer jemand als deutsch bezeichnet wird, und dass eine längere Wohndauer die Einstufung nicht ändert. Wenn man die Unterschiede der Mittelwerte bei den einzelnen Ausprägungen der Wohndauer vergleicht, dann gibt es hierfür allerdings keinen Hinweis. Selbst von „seit 20 Jahren" bis zu „seit der Geburt" gibt es einen deutlichen Mittelwertunterschied.

Tabelle I.2: Die Vignettendimensionen und ihre Beurteilung

Vignettendimensionen	Vignettenbeurteilungen				
	Mittelwert	SD	% negativ	% null	% positiv
Geburtsland					
Bundesrepublik	0,40	1,93	30,1	18,5	51,5
Frankreich	-0,99	1,84	59,1	19,3	20,8
Türkei	-0,95	1,86	58,4	19,5	22,1
Staatsangehörigkeit der Eltern					
deutsch	-0,07	1,99	40,1	20,4	39,4
französisch	-1,23	1,72	64,5	18,9	16,6
türkisch	-1,21	1,74	64,4	18,7	16,9
Wohndauer in Deutschland					
seit 2 Jahren	-1,35	1,74	67,8	17,3	14,9
seit 8 Jahren	-0,99	1,83	60,1	18,8	21,1
seit 20 Jahren	-0,59	1,89	50,3	21,9	27,8
seit ‚der Geburt	0,40	1,93	30,1	18,5	51,5
Beherrschung der deutschen Sprache					
fließend	-0,18	2,00	42,0	19,9	38,1
gebrochen	-1,09	1,75	61,6	19,7	18,7
kaum	-1,40	1,67	68,8	18,3	12,9
Religionszugehörigkeit					
ohne Religion	-0,89	1,89	57,3	19,9	22,8
Christ	-0,60	1,96	51,1	19,2	29,4
Moslem	-1,05	1,81	61,0	18,9	20,1
Nationalität des Ehepartners					
deutsch	-0,51	1,93	48,8	20,1	31,1
französisch	-0,93	1,87	58,6	18,8	22,6
türkisch	-1,10	1,84	62,0	19,1	18,8
Beurteilungsskala	-0,85	1,90	56,6	19,3	24,1

Deutliche Mittelwertunterschiede gibt es auch bei den Dimensionen „Staatsangehörigkeit der Eltern" und „Beherrschung der deutschen Sprache". Sind die Eltern deutsch, dann wird dem Protagonisten in deutlich höherem Maße die Eigenschaft „deutsch" zugeschrieben als wenn die Eltern französisch oder türkisch sind. Interessant ist, dass bei den beiden zuletzt genannten Kategorien die Mittelwertunterschiede gering sind. Auch die Sprachbeherrschung spielt eine deutliche Rolle: bei „fließender" Beherrschung der deutschen Sprache wird jemand eher als „deutsch" eingestuft als wenn jemand deutsch „gebrochen" oder „kaum" spricht. Bei den beiden letzten Kategorien ist der Unterschied wieder relativ gering.

Bei der Religionszugehörigkeit wird ein Christ am ehesten und ein Moslem am wenigsten als „deutsch" bezeichnet. Die Unterschiede sind allerdings relativ gering. Dies trifft auch zu für die Nationalität des Ehepartners: ist dieser deutsch, wird auch der Protagonist am ehesten als deutsch bezeichnet; die Unterschiede zwischen „französischem" und „türkischem" Ehepartner sind wiederum relativ gering.

Es sei noch einmal betont, dass die Mittelwertunterschiede der Ausprägungen, bei denen der Protagonist der Vignetten mit Frankreich oder der Türkei assoziiert wird, wenig verschieden sind. D.h. ob jemand in Frankreich oder der Türkei geboren ist, ob die Eltern aus einem dieser Länder stammen oder ob die Nationalität des Ehepartners französisch oder türkisch ist, macht für die Zuschreibung der Eigenschaft „deutsch" kaum einen Unterschied.

Vergleicht man den Prozentsatz positiver und negativer Urteile bei den einzelnen Kategorien, so ist der Prozentsatz positiver Urteile nur bei den beiden Kategorien deutlich größer als der der negativen Urteile, bei denen der Mittelwert positiv ist. Sonst sind durchweg die negativen Urteile höher als die positiven (außer bei deutscher Staatsangehörigkeit der Eltern). Je negativer die Durchschnittswerte sind, desto höher ist auch der Prozentsatz der Urteile im negativen Bereich. Der Prozentsatz der Unentschlossenen ist immer geringer als der der positiven und negativen Urteile.

Das durchschnittliche Urteil für *alle* Vignetten beträgt -0,85. Der Prozentsatz der negativen Urteile ist insgesamt deutlich größer als der der positiven Urteile.

Bevor wir diskutieren, inwieweit diese Ergebnisse unsere Hypothesen bestätigen, wollen wir prüfen, ob die Ergebnisse bestehen bleiben, wenn wir die Wirkungen der Dimensionen simultan analysieren. Die erste Spalte von Tabelle I.3 enthält die Vignettendimensionen. Da die Dimensionen (bestenfalls) ordinale Variablen sind,[13] haben wir jede Dimension in Dummyvariablen umgewan-

---

[13] Bei der Dimension "Wohndauer" sind zwar die ersten drei Kategorien quantitativ, aber da das Alter der Person in der Vignette nicht bekannt ist, wissen wir nicht, welche Wohndauer der Kategorie „seit der Geburt" zuzuschreiben ist. Somit behandeln wir die Dimension „Wohndauer" ebenfalls als Ordinalvariable und wandeln sie in Dummyvariablen um.

delt: *n* Kategorien werden in *n* Dummyvariablen umgewandelt. So wurden für die Dimension „Geburtsland" die drei Dummy-Variablen „Wohnen in Deutschland" (nein/ja), „Wohnen in Frankreich" (nein/ja) und „Wohnen in der Türkei" (nein/ja) gebildet. „Nein" wurde jeweils mit 0 und „ja" mit 1 kodiert. Spalte 2 in Tabelle I.3 enthält die bivariaten Korrelationen jeder Dummyvariable mit der abhängigen Variable. Vergleicht man die Mittelwerte mit den Korrelationskoeffizienten, dann zeigt sich: wenn die Mittelwerte der Kategorien einer Dimension relativ hoch sind, dann sind im Allgemeinen auch die Korrelationskoeffizienten relativ hoch. So ist der Mittelwert des Urteils relativ hoch beim Geburtsland „Bundesrepublik". Entsprechend ist hier der Korrelationskoeffizient positiv und relativ hoch.

Die besonders hohen Korrelationskoeffizienten zeigen: den Protagonisten in den Vignetten wird am ehesten die Eigenschaft „deutsch" zugeschrieben, wenn sie in Deutschland geboren sind, wenn die Staatsangehörigkeit der Eltern deutsch ist, wenn sie seit der Geburt in Deutschland wohnen und wenn sie fließend deutsch sprechen. Für diese Kategorien sind auch die Mittelwerte je Dimension relativ hoch.

Bei den multivariaten Analysen sind wir in zwei Schritten vorgegangen. Zuerst haben wir für die Dummyvariablen jeder Dimension eine getrennte Regressionsanalyse durchgeführt. Diese für jede Dimension getrennt durchgeführten Regressionsanalysen erschienen sinnvoll, um zu prüfen, ob sich die Koeffizienten aufgrund von Multikollinearität bei einer multivariaten Analyse mit allen Dimensionen verändern. Vergleicht man die standardisierten Regressionskoeffizienten der einzelnen Regressionsanalysen, die nicht in der Tabelle enthalten sind[14], mit den Korrelationskoeffizienten, so sind die Unterschiede meist gering.

Ein Problem bei der multivariaten Analyse war, dass aufgrund der weggelassenen Vignettenkombinationen (siehe den vorigen Abschnitt) die Dummyvariablen „Geburtsland Deutschland" und „Wohndauer in Deutschland seit der Geburt" perfekt korrelieren. Schließt man beide Variablen in die Analyse ein, eliminiert SPSS automatisch „Geburtsland Deutschland". Es erschien sinnvoll, eine der beiden Variablen aus der Analyse auszuschließen. Wir vermuten, dass beide Variablen dasselbe oder zumindest sehr Ähnliches messen. Die Befragten dürften davon ausgegangen sein, dass man dann, wenn man seit der Geburt in Deutschland wohnt, auch in Deutschland geboren ist. Da das Geburtsland vermutlich als die wichtigere Kategorie dafür angesehen wird, dass man Deutscher ist, haben wir diese Kategorie beibehalten – siehe Spalte 3 der Tabelle. Bei den anderen Dimensionen sind alle Dummyvariablen in die Analyse einbezogen worden, außer den Referenzkategorien.

---

[14] Siehe hierzu Tabelle 3 in Mäs, Mühler und Opp 2005.

Tabelle I.3: Die Wirkungen der Vignettendimensionen auf die Zuschreibung der Eigenschaft "deutsch" (standardisierte Regressionskoeffizienten)

Unabhängige Variablen (Vignetten Dimensionen)	Abhängige Variable: Zuschreibung der Eigenschaft "deutsch"[1]		
1	2 (r)	3	4
Geburtsland			
Bundesrepublik	,21**	,22**	,20**
Frankreich	-,07**	,02*	
Türkei	-,05**		
Staatsangehörigkeit der Eltern			
deutsch	,28**	,32**	,31**
französisch	-,14**	,02*	
türkisch	-,14**		
Wohndauer in Deutschland			
seit 2 Jahren	-,17**		
seit 8 Jahren	-,05**	,07**	
seit 20 Jahren	,09**	,17**	,13**
seit der Geburt	,21**		
Beherrschung von deutsch			
fließend	,27**	,28**	,25**
gebrochen	-,09**	,06**	
kaum	-,19**		
Religionszugehörigkeit			
Christ	,09**	,04**	
ohne Religion	-,02		
Moslem	-,08	-,07**	-,09**
Nationalität des Ehepartners			
deutsch	,13**	,14**	,14**
französisch	-,03**	,02**	
türkisch	-,09**		
Angepasstes R²		,24**	,23**

* Signifikant auf dem ,05 Niveau;
** signifikant auf dem ,01 Niveau, einseitige Tests.
Hohe Werte bedeuten, dass die Befragten die Person in hohem Maße als „deutsch" bezeichnen würden.

In einem weiteren Modell, das in Spalte 4 dargestellt wird, wurden nur solche Koeffizienten beibehalten, die größer 0,10 oder kleiner als -0,10 sind. Lediglich „Moslem" wurde im Modell belassen, da sich eine unserer Hypothesen, nämlich die „spezielle Hypothese zur kulturellen Ausschließung", auf diese Variable bezieht. Die Größe der hoch signifikanten Koeffizienten ändert sich nicht, wenn man die Variablen mit relativ geringen Koeffizienten weglässt. Das Modell in Spalte 4 zeigt, dass *die Staatsangehörigkeit der Eltern den stärksten Effekt auf „deutsch sein" hat, gefolgt von der Beherrschung der deutschen Sprache und drittens von dem Geburtsland*. Deutlich geringere Koeffizienten weisen die deutsche Staatsangehörigkeit der Ehepartner und eine relativ lange Wohndauer in Deutschland auf.

Inwieweit haben sich unsere Hypothesen bestätigt? Die Daten sind mit der *speziellen Assimilationshypothese* in einer Hinsicht nicht vereinbar: wir haben erwartet, dass „Moslem" einen sehr starken negativen Effekt auf die Zuschreibung der Eigenschaft „deutsch" hat. Dies ist aber nicht der Fall: im Modell in Spalte 4 ist der Effekt mit -0,09 gering, aber statistisch signifikant. Es scheint, dass die Terroranschläge seit dem 11. September 2001 keine oder kaum Wirkungen auf die Ausschließung bestimmter Personengruppen bezüglich einer möglichen Staatsangehörigkeit hatten. Sonst wäre ein deutlich stärkerer Effekt zu erwarten gewesen. Unsere Ergebnisse erlauben eine genauere Formulierung der genannten Hypothese, indem sie um die Stärke der Wirkungen der Dimensionen erweitert wird, wie im vorigen Absatz ausgeführt wurde.

Die *spezielle Hypothese zur kulturellen Ausschließung* besagt, dass ein Moslem trotz hoher Assimilationsbemühungen nicht als „deutsch" bezeichnet wird. Aufgrund dieser Hypothese würde man voraussagen, dass sich der Effekt von „Moslem" nicht ändert, wenn man in eine multivariate Analyse Variablen einbezieht, die Assimilationsbemühungen messen. Diese sind insbesondere „deutscher Ehepartner" und „fließende Beherrschung der deutschen Sprache". Unsere Daten bestätigen diese Erwartung: vergleicht man den Korrelationskoeffizienten der Variable „fließende Beherrschung der deutschen Sprache" in Spalte 2 von Tabelle I.3 (r = 0,27) mit dem im multivariaten Modell in Spalte 4 (Beta = 0,25), dann ergibt sich kaum ein Unterschied. Allerdings sind diese Ergebnisse kaum als Test der genannten Hypothese geeignet, da die Dimensionen der Vignetten aufgrund des quasi-experimentellen Untersuchungsplans nicht oder nur wenig korrelieren. Die Koeffizienten in Spalte 2 und Spalte 10 müssen also schon aufgrund des Untersuchungsplans ähnlich sein.

Aus diesem Grund haben wir die Hypothese in folgender Weise getestet: Wir haben die Korrelationen zwischen „Moslem" und den Urteilen bei zwei Gruppen von Vignetten miteinander verglichen: Vignetten, in denen der Protagonist *hohe* Assimilationsbemühungen zeigt (also fließend deutsch spricht *und* einen deutschen Ehepartner hat) und in denen der Protagonist *niedrige* Assimilationsbemühungen zeigt (also nicht fließend deutsch spricht *und* keinen deutschen Ehepartner hat). Für jede dieser Extremgruppen haben wir die Korrelation zwischen „Moslem" und unserer Beurteilungsskala berechnet. Es zeigte sich: (1) bei den Vignetten mit einem Protagonisten mit *niedrigen* Assimilationsbemühungen betrug die Korrelation zwischen „Moslem" und dem Urteil -0,03 (N=3603). (2) Bei den Vignetten mit einem Protagonisten mit *hohen* Assimilationsbemühungen korrelierten die genannten Variablen mit -0,22 (N=1037). Dies bedeutet zunächst eine Bestätigung der zuletzt genannten Hypothese, dass nämlich Assimilationsbemühungen nicht dazu beitragen, dass man eher als „deutsch" bezeichnet wird. Das Gegenteil ist der Fall: *Bei hohen Assimilationsbemühungen wird man eher nicht als deutsch eingestuft!*

Wie könnte dies erklärt werden? Vielleicht handelt es sich um einen Dissonanzeffekt: es erscheint zumindest ungewöhnlich, wenn ein Moslem einen deutschen Ehepartner hat und fließend deutsch spricht. Vielleicht wird eine solche Anpassungsleistung dann auch nicht dadurch honoriert, dass die Person als Mitglied der Eigengruppe (eben als „deutsch") ausgezeichnet wird. Dies könnte dadurch erklärt werden, dass die Anpassungsleistung aufgrund der nicht geänderten Religionszugehörigkeit wenig glaubwürdig erscheint. Es ist nicht unplausibel, dass dieser Effekt vielleicht durch die terroristischen Anschläge in jüngster Vergangenheit entstanden ist. Dies sind Spekulationen, die weiter untersucht werden müssten.[15]

Die *Abstammungshypothese* wird klar bestätigt: wer deutsche Eltern hat, wird als „deutsch" bezeichnet. Wie gesagt, diese Variable hat die stärkste Wirkung. Unsere Daten zeigen, dass die Befragten das Abstammungskriterium zusammen mit den anderen Faktoren bei der Zuschreibung der Eigenschaft „deutsch" verwenden. Die Abstammungshypothese ist also keine Alternativhypothese.

Der in der erweiterten Abstammungshypothese vermutete Interaktionseffekt von Geburtsort der Eltern in Deutschland und Geburt des Protagonisten in Deutschland auf die Einstufung als „deutsch" liegt nicht vor. Wir haben eine Regressionsanalyse mit den beiden Einzelvariablen und dem aus diesen gebildeten multiplikativen Term durchgeführt. Obwohl die Multikollinearität relativ niedrig war, hatte der Interaktionsterm keinen Effekt.

---

[15] Diese Befunde legen die Vermutung nahe, dass ein Interaktionseffekt zwischen "Moslem" und den beiden genannten (und vielleicht auch den anderen) Vignettendimensionen existiert. Wir haben die Wirkungen aller möglichen multiplikativen Terme in Modell 10 (Tabelle 3), bestehend jeweils aus zwei Dummyvariablen (d.h. die Werte aller möglichen Paare von Dummyvariablen wurden multipliziert), und den additiven Variablen auf die Beurteilungsdimension in einer multivariaten Analyse geprüft. Kein Interaktionseffekt hatte ein kleineres Beta als -0,06 und ein größeres Beta als 0,06. Die Werte der additiven Variablen waren denen in den Modellen 9 und 10 von Tabelle 3 sehr ähnlich. Ein Interaktionseffekt konnte also statistisch nicht nachgewiesen werden.

Befragtenspezifische Analysen

Die Befragten haben jeweils 15 Vignetten beurteilt. Prinzipiell lassen sich also multivariate Analysen für jeden einzelnen Befragten durchführen. Die Ergebnisse der Regressionsanalysen, über die bisher berichtet wurde, beziehen sich nur auf die Urteile. Ob sich die Wirkung der Urteile bei den einzelnen Befragten unterscheidet, blieb dabei außer Betracht. Es wäre denkbar, dass alle oder vielleicht auch nur Gruppen von Befragten ihr Urteil darüber, wann jemand als „deutsch" zu bezeichnen ist, völlig unterschiedlich bilden. Wenn dies der Fall ist, dann wären Analysen, in denen nur die Urteile als Einheiten verwendet werden, problematisch. Dies lässt sich durch befragtenspezifische Regressionsanalysen untersuchen. Damit zeigt sich ein weiterer Vorteil von faktoriellen Surveys: im Gegensatz zu normalen Surveys können hier Analysen für jeden einzelnen Befragten durchgeführt werden.

Bei den befragtenspezifischen Regressionsanalysen haben wir das Modell in Spalte 4 von Tabelle I.3 verwendet. Dies geschah deshalb, weil dieses Modell nur aus 6 Variablen besteht. Bei 15 Urteilen je Befragter sind entsprechend genug Freiheitsgrade vorhanden, um die befragtenspezifischen Regressionen durchzuführen zu können. Die unstandardisierten Regressionskoeffizienten und die erklärte Varianz je Befragter wurden in der Datei, die für die Datenanalysen verwendet wurde, gespeichert, so dass die Verteilungen dieser Koeffizienten untersucht werden konnten.[16]

Unsere Analysen zeigten erstens, dass sich die unstandardisierten Koeffizienten je Befragter sowohl bezüglich der Vorzeichen als auch bezüglich der Größe sehr stark voneinander unterschieden. So variierte der Koeffizient für „Geburtsland Deutschland" (für das Modell in Spalte 4 von Tabelle I.3) zwischen -2,85 und 6, mit einem Durchschnitt von 0,95 und einer Standardabweichung von 1,42. Auch die erklärten Varianzen zeigten deutliche Unterschiede. Die erklärte (angepasste) Varianz des Modells in Spalte 10 beträgt 0,23. Betrachtet man die erklärten Varianzen dieses Modells für die einzelnen Befragten, dann findet man eine erklärte Varianz von geringer als oder gleich 0,30 nur bei 3% der Befragten. Weiter ergab sich, dass erklärte Varianzen unter 0,50 relativ selten sind. Insgesamt 47,6% der Befragten weisen eine erklärte Varianz auf, die größer als 0,80 ist. Diese Auswertungen zeigen, dass sich die Befragten sehr stark darin unterscheiden, wie sie das Urteil, ob jemand deutsch ist, bilden.[17]

Die deutlichen Unterschiede zwischen den Befragten zeigen sich auch, wenn man unsere Hypothesen mittels einer Mehrebenenanalyse überprüft.[18]

---

[16] Dies erfolgte mit dem Statistikprogramm Stata. Siehe Beck und Opp (2001).
[17] Siehe genauer die Abbildung 2 in Mäs, Mühler und Opp (2005).
[18] Hierzu gibt es mittlerweile eine umfangreiche Literatur. Vgl. einführend Kreft und de Leeuw (1998). Vgl. weiter die Lehrbücher von Engel (1998), Langer (2004), Raudenbush und Bryk 2002) sowie Snijders und Bosker (1999).

Hox, Kreft und Hermkens (1991) halten eine normale Regression nicht für angemessen, weil die einzelnen Urteile nicht unabhängig seien (d.h. ein bestimmtes Urteil einer Person dürfte mit den anderen Urteilen der Person empirisch korrelieren) und weil Daten eines faktoriellen Surveys eine Mehrebenenstruktur aufweisen: die Urteile sind dabei die erste und die Befragten die zweite Ebene. Diese Ebenen werden bei einer einfachen Regression außer Acht gelassen. Die Gleichungen für die durchgeführten Mehrebenenanalysen finden sich in Mäs, Mühler und Opp (2005, S. 130). Aus Raumgründen wollen wir hier nur über die Ergebnisse berichten.

In diesem Zusammenhang ist zunächst von Bedeutung, inwieweit die Koeffizienten der Mehrebenenanalyse und der einfachen Regressionsanalyse verschieden sind. Die von uns geschätzten Mehrebenenmodelle weisen fast identische unstandardisierte Koeffizienten auf.[19] Es erübrigt sich also, die entsprechenden Ergebnisse hier darzustellen. Weiter bestätigen die Ergebnisse der Mehrebenenanalyse, dass die Koeffizienten der Befragten unterschiedlich sind. Die Mehrebenenanalyse bestätigt also die Ergebnisse der einfachen Regressionsanalyse. Wir haben die Ergebnisse der Regressionsanalyse präsentiert, weil diese weniger kompliziert als eine Mehrebenenanalyse ist.

Das Problem einer einfachen Regressionsanalyse (OLS) ist, wie gesagt, dass die Messungen pro Person nicht unabhängig sind. Diese Annahme lässt sich prüfen, indem man sog. robuste Standardfehler (Huber 1967) berechnet. Dies ist mit dem Programm Stata möglich. Unsere Analysen zeigten keinerlei Unterschiede in den Werten der Koeffizienten. Nur die Standardfehler unterschieden sich erwartungsgemäß. Die Unterschiede waren jedoch geringfügig.

Diskussion der Ergebnisse

Ist damit zu rechnen, dass sich die Ergebnisse unserer Analysen unterscheiden, wenn die Untersuchung bei anderen Personengruppen durchgeführt wird? Würden z.B. die Ergebnisse anders sein, wenn eine ähnliche repräsentative Studie in der Bundesrepublik, in Nordrhein-Westfalen oder in Bayern durchgeführt würde? Hierzu kann man nur spekulieren. Die Verteilung der Urteile (siehe Abbildung I.1) lässt sich so beschreiben, dass die Zuschreibung der Eigenschaft „deutsch" von den Befragten restriktiv gehandhabt wird. D.h. die Urteile sind in sehr hohem Maße negativ, so dass nur bei wenigen Vignetten die Eigenschaft „deutsch" zugeschrieben wird. Vielleicht sind ja die Sachsen relativ „konservativ", so dass es nicht unplausibel wäre, wenn die Beurteilungen sich bei anderen Stichproben unterscheiden.

---

[19] Das von uns verwendete Statistikprogramm MlwiN gab keine standardisierten Koeffizienten aus.

Die Frage ist aber, ob sich dann, wenn die *Verteilung* der Urteile in unterschiedlichen Bundesländern oder Gruppen verschieden ist, auch die kausalen *Wirkungen* der Dimensionen auf die Urteile unterscheiden. Unsere Daten geben hierzu Hinweise. Die Einbeziehung demographischer Variablen der Befragten (also nicht der Protagonisten in den Vignetten) wie Alter, Familienstand (ledig - nicht ledig), Geschlecht, Schulbildung und Einkommen zeigten kaum Wirkungen auf die Urteile. Dies gilt nicht für die Links-Rechts-Skala. Wir fanden einen quadratischen signifikanten Effekt, der allerdings sehr stark einem linearen Effekt gleicht: starke Rechtsorientierung führt zu einem relativ geringen positiven Urteil. Der rein lineare Effekt ist allerdings gering: der standardisierte Regressionskoeffizient beträgt -0,06. Vergleicht man ein Modell, das nur die Links-Rechts-Skala enthält, mit einem Modell, in das zusätzlich die quadrierte Links-Rechts-Variable aufgenommen wurde, so zeigt sich kein Unterschied in der korrigierten erklärten Varianz. Auch dies zeigt, dass der Effekt einer Links-Rechtsorientierung gering ist. Vielleicht spielen auch Stadt-Land-Unterschiede eine Rolle. Es zeigte sich, dass die Bewohner des Mittleren Erzgebirgskreises geringfügig negativere Urteile abgaben als Bewohner von Leipzig.[20] Unsere Daten legen also die Vermutung nahe, dass die kausalen Wirkungen der Vignettendimensionen auf die Urteile nicht verschieden sind, wenn die Untersuchung bei anderen Stichproben durchgeführt wird.

Dringend erforderlich ist die Entwicklung theoretischer Hypothesen zu folgenden Fragen: (1) Erstens sollte versucht werden zu erklären, warum die Befragten bestimmte Vignettendimensionen als bedeutsam für die Zuschreibung der Eigenschaft „deutsch" betrachten. Wir haben, wie wir bereits sagten, diese als Anfangsbedingungen behandelt und nicht weiter erklärt. Da es sich hier um Bewertungen bestimmter Eigenschaften, also um Einstellungen, handelt, könnte zu deren Erklärung z.B. die gut bestätigte Theorie von Martin Fishbein und Icek Ajzen (z.B. Ajzen 1988) angewendet werden.

(2) Eine andere theoretische Frage wäre die Erklärung der Urteile, und zwar nicht nur durch die Vignettendimensionen, sondern zusätzlich durch Merkmale von Befragten. So könnte man annehmen, dass die Identifikation mit Deutschland einen negativen Effekt auf das Urteil hat: diejenigen, die sich stark mit der Eigengruppe identifizieren, werden eher restriktiv in Bezug auf die Aufnahme von Ausländern sein - und damit restriktiv in der Zuschreibung der Eigenschaft „deutsch".

(3) Es wäre auch sinnvoll, die befragtenspezifischen (unstandardisierten) Regressionskoeffizienten zu erklären. Wie lässt es sich z.B. erklären, wenn Be-

---

[20] Wir haben das Modell 4 (Tabelle I.3) erneut geschätzt, indem wir die genannten demographischen Variablen und "Gebiet" (0=Wohnort Leipzig, 1= Wohnort Mittlerer Erzgebirgskreis), einschließlich der einfachen und quadrierten Links-Rechts-Skala, einbezogen. Alle standardisierten Regressionskoeffizienten lagen zwischen -0,04 und 0,02. Lediglich der Koeffizient für Gebiet betrug -0,09.

fragte ein relativ hohes Gewicht der deutschen Abstammung zuordnen (d.h. wenn der befragtenspezifische unstandardisierte Regressionskoeffizient für die Variable „Eltern sind Deutsche" im Vergleich zu den anderen Koeffizienten hoch ist)?

In einem faktoriellen Survey kann nur eine beschränkte Anzahl von Vignettendimensionen aufgenommen werden, da sonst die Antworten der Befragten nicht in der Lage sind, die Vignetten zu beurteilen. Forscher wählen solche Vignetten aus, von denen sie annehmen, dass sie die stärkste Wirkung auf die Beurteilungsdimension haben. Diese Auswahl basiert also auf Hypothesen, die falsch sein können. Es wäre sinnvoll, in weiteren Untersuchungen zu prüfen, ob andere Merkmale relevant sind wie z.B. demokratische Einstellungen, die Bereitschaft zur „Integration" (d.h. die Kultur des Gastlandes zu übernehmen), die Bereitschaft zur Aufgabe der alten Staatsbürgerschaft oder Vorstrafen (wobei vielleicht auch die Art der begangenen Delikte von Bedeutung ist). Diese Merkmale könnten mit den Dimensionen kombiniert werden, die sich in unserer Untersuchung als wichtig erwiesen haben. Bei solchen Untersuchungen könnte auch die Wirkung anderer *Ausprägungen* der von uns verwendeten Dimensionen geprüft werden. Wir erwähnten bereits, dass vielleicht das Lebensalter, ab dem man in Deutschland wohnt, von Bedeutung sein könnte. Weiter haben wir nur Frankreich und Deutschland als Nationen berücksichtigt. Vielleicht sind andere Ergebnisse zu erwarten, wenn afrikanische Länder wie der Sudan oder Namibia einbezogen werden.

Unsere Untersuchung versuchte zu ermitteln, unter welchen Bedingungen Personen - den Protagonisten der Vignetten - die Eigenschaft „deutsch" zugeschrieben wird. Welche Art von Aussagen wird hier geprüft? (1) Eine Möglichkeit ist, dass die Befragten ein *normatives Urteil* darüber abgeben, unter welchen Bedingungen Personen die deutsche Staatsbürgerschaft zuerkannt werden soll. Dagegen spricht, dass durchaus jemand eine Person als deutsch bezeichnen kann, ohne gleichzeitig der Meinung zu sein, dass diese Person deutscher Staatsbürger werden sollte. Man könnte z.B. der Meinung sein, dass gegenwärtig die wirtschaftliche Lage so schlecht ist, dass grundsätzlich Personen, die noch nicht deutsche Staatsbürger sind, die aber die erforderlichen Merkmale für „deutsch sein" aufweisen, vorläufig die deutsche Staatsbürgerschaft nicht erhalten sollen. Für die „normative Interpretation" spricht, dass die verwendeten Vignettendimensionen faktisch Kriterien der Einbürgerung sind und dass wir im Laufe der theoretischen Überlegung davon ausgegangen sind, dass das Urteil das Ausmaß der Akzeptierung als Gruppenmitglied bedeutet. (2) Zweitens könnte es sich bei unseren Analysen um die Ermittlung der *Bedeutung des Ausdruckes „deutsch"* handeln. Ein anderes Beispiel mag dies erläutern: angenommen, es werde durch einen faktoriellen Survey ermittelt, unter welchen Bedingungen „sexuelle Belästigung" vorliegt. Auch hier geht es nur um die Bedeutung dieses Ausdruckes, nicht darum, wie gut oder schlimm „sexuelle

Belästigung" ist oder ob und ggf. wie diese bestraft werden soll. Wir vermuten entsprechend, dass *unsere Untersuchung ein Beitrag zu einer Bedeutungsanalyse des Ausdruckes „deutsch" ist.* Es ist aber nicht unplausibel, dass eine *empirische Beziehung* besteht zwischen dem genannten normativen Urteil, jemandem solle die deutsche Staatsbürgerschaft zuerkannt werden, und der Bedeutung des Ausdruckes deutsch. D.h. wenn jemand als „deutsch" eingestuft wird, dann ist die Wahrscheinlichkeit hoch, dass die Meinung besteht, diese Person sollte auf Wunsch deutscher Staatsbürger werden. Inwieweit diese Hypothese zutrifft, müsste empirisch untersucht werden.[21]

Man könnte empirisch prüfen, welche der Interpretationen zutrifft oder ob die genannten empirischen Beziehungen vorliegen: in einer neuen Untersuchung könnte man neben unserer eigenen (Tabelle I.1) eine weitere Beurteilungsdimensionen vorgeben wie z.B.: Wie sehr glauben Sie, dass die Person auf Antrag deutscher Staatsbürger werden sollte? Eine andere Möglichkeit wäre, am Ende des Vignettenfragebogens die Befragten zu bitten anzugeben, woran sie bei ihre Urteilen gedacht haben: ging es um Staatsbürgerschaft oder einfach darum, was man unter „deutsch" versteht.

4. Die Ursachen und Wirkungen von Identifikation: Der theoretische Ansatz

Im Folgenden soll die theoretische Konzeption dargestellt werden, die dem Projekt zugrunde liegt. Eine detailliertere Darstellung enthält das Buch von Mühler und Opp (2004, Kapitel II und III). Das darzustellende theoretische Grundmodell bietet orientierende Hypothesen, auf deren Grundlage detailliertere Hypothesen in den einzelnen Kapiteln vorgeschlagen und empirisch geprüft werden. Abbildung I.2 fasst das theoretische Modell zusammen: sie zeigt die Variablen und die Beziehungen zwischen diesen Variablen in Form eines Kausaldiagramms.

Unser Forschungsprojekt versucht insbesondere, zwei theoretische Fragen zu beantworten. (1) Welche Bedingungen führen dazu, dass sich Personen in mehr oder weniger hohem Maße mit ihrer Region identifizieren? (2) Welche Wirkungen treten auf, wenn sich Personen mehr oder weniger stark mit ihrer Region bzw. den Bewohnern der Region identifizieren?

Zur Erklärung der Identifikation mit einer Region werden drei konkurrierende Hypothesen aufgestellt: die Hypothese der Lebensqualität, die Hypothese der Primärsozialisation und die Konflikthypothese. Diese Hypothesen werden

---

[21] Ein Ansatz für eine solche Forschung bietet die bereits zitierte Untersuchung von Jasso (1988).

im Folgenden zuerst näher erläutert. Als nächstes befassen wir uns mit den Wirkungen der Identifikation mit einer Region.

Die Hypothese der Lebensqualität

Es wird angenommen, dass man relativ starke affektive Bindungen an eine Region entwickelt, wenn man die Lebensqualität in einer Region relativ positiv einschätzt. Wenn man davon spricht, dass die Lebensqualität in einer Region hoch ist, dann meint man, dass die Region bestimmte *Eigenschaften* hat, die die Befragten relativ positiv *bewerten* (d.h. für mehr oder weniger wichtig halten). Wenn z.B. die Region über viele Bildungseinrichtungen verfügt *und* wenn eine Person diese positiv bewertet – etwa weil sie sich weiterbilden möchte –, dann sind vorliegende Bildungseinrichtungen ein bedeutsamer Aspekt der Lebensqualität. In diesem Falle läge eine hohe Zufriedenheit mit der Lebensqualität vor, die die regionale Identifikation fördert. Der Begriff der Lebensqualität hat also zwei Komponenten: eine faktische (die realen Lebensbedingungen) und eine evaluative. Es ist wichtig zu betonen, dass nur solche Komponenten der Lebensqualität von Bedeutung sind, die von Befragten *wahrgenommen* werden.

Obwohl die Wahrnehmung von den faktisch vorliegenden Aspekten beeinflusst wird – siehe Abbildung I.1 –, könnte es Fehlwahrnehmungen geben. Es kann mittels Umfragen nicht überprüft werden, inwieweit die faktischen Lebensbedingungen auch korrekt wahrgenommen werden. Entsprechend wollen wir hierzu auch keine Hypothesen vorschlagen.

Warum ist die Lebensqualität für die regionale Identifikation von Bedeutung? Eine Region ist ein Einstellungsobjekt, und die Bindung an eine Region ist eine Einstellung gegenüber diesem Objekt. Geht man hiervon aus, kann man eine sozialpsychologische Theorie über die Bildung von Einstellungen zur Erklärung regionaler Identifikation anwenden. Diese Theorie, die von Martin Fishbein und Icek Ajzen (vgl. z.B. Fishbein und Ajzen 1975; Ajzen 1988; Ajzen und Fishbein 1980) formuliert wurde, behauptet, dass die Bewertung eines Objekts (z.B. einer Region) davon abhängt, wie hoch die subjektive Wahrscheinlichkeit ist, dass diesem Objekt Eigenschaften zugeschrieben werden und wie positiv diese Eigenschaften bewertet werden. Wenn also Befragte der Meinung sind, dass einer Region mit hoher Wahrscheinlichkeit viele positiv bewertete Eigenschaften zukommen, entsteht eine starke Bindung an die Region.

Abbildung I.2: Ursachen und Wirkungen regionaler und überregionaler Identifikation. Das theoretische Modell

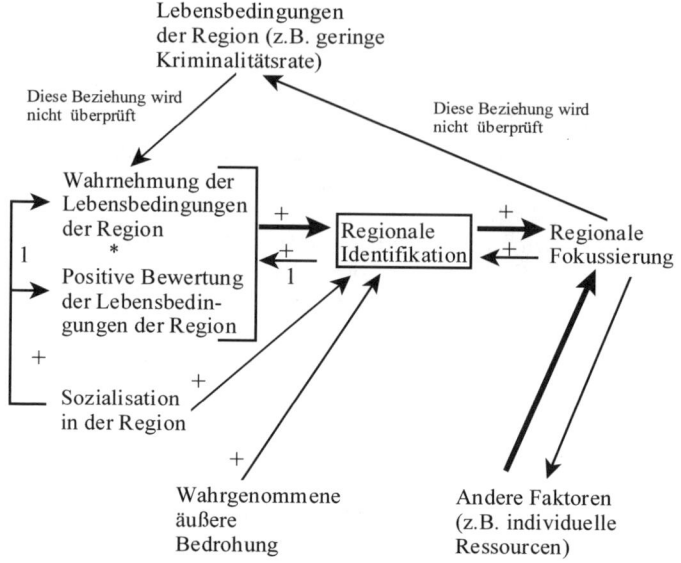

1   symbolisiert, dass solche Eigenschaften wahrgenommen werden, die relativ positiv bewertet werden (d.h. es handelt sich um „framing" Prozesse).
*   bezeichnet einen Interaktionseffekt
+   bedeutet eine positive Beziehung
Fett gezeichnete Pfeile symbolisieren die Haupteffekte
Regionale Fokussierung bezieht sich auf vier Arten von Handlungen und Einstellungen – siehe den Text.

Die Hypothese der Primärsozialisation

Es wird weiter angenommen, dass die Identifikation mit einer Region davon abhängt, ob man in einer Region geboren und aufgewachsen ist. Entsprechend wird jemand, der zugewandert ist, kaum eine starke regionale Identifikation erwerben. Wenn eine solche Beziehung vorliegt, könnte sie ebenfalls mit der Fishbein-Ajzen-Theorie erklärt werden. Es wäre denkbar, dass Personen, die in einer Region geboren und aufgewachsen sind, in so hohem Maße positive Erlebnisse hatten, dass die Identifikation besonders stark ist. Weiter könnte die Identifikation mit der Region durch das Zusammenwirken von Eltern und regionalen Sozialisationsagenten wie Schule und Kindergarten und mangels alternativer regionaler Identifikationsmöglichkeiten stark sein. Dies wird noch plausibler, wenn man davon ausgeht, dass in früher Kindheit erworbene Einstellungen besonders stabil sind.

Es wäre denkbar, dass die Hypothese der Primärsozialisation eine alternative Hypothese zur Hypothese der Lebensqualität ist. D.h. nicht die Lebensqualität, sondern nur die Primärsozialisation ist für die regionale Identifikation von Bedeutung. Es ist aber auch plausibel, dass die Primärsozialisation in der Region ein zusätzlicher Faktor ist, der regionale Identifikation beeinflusst. Diese würde die Theorie von Fishbein und Ajzen nahe legen.

Eine weitere Hypothese ist, dass Personen, die in der Region geboren und aufgewachsen sind, eher positive Eigenschaften wahrnehmen oder die wahrgenommenen Eigenschaften positiv bewerten. Dieser "Framing" Effekt behauptet also eine selektive Wahrnehmung der Lebensbedingungen der Region.[22]

Die Konflikthypothese

Es ist immer wieder beobachtet worden und auch vereinbar mit empirischen Untersuchungen, dass die Gruppenkohäsion dann steigt, wenn die Gruppe bedroht wird. Entsprechend ist es plausibel anzunehmen, dass sich dann, wenn Ostdeutsche sich von Westdeutschen bedroht fühlen, in besonders hohem Maße eine "Ostidentifikation" herausbildet (Mummendey et al. 1999a; Mummendey et al. 1999b). Entsprechend ist zu erwarten: in je stärkerem Maße sich Ostdeutsche (d.h. in Ostdeutschland geborene und lebende Personen) von Westdeutschen abgelehnt oder bedroht fühlen, desto stärker identifizieren sie sich mit Ostdeutschland. Vermutlich geht hiervon auch ein Effekt auf die regionale Identifikation aus: wenn Sachsen sich durch andere Ostdeutsche abgelehnt fühlen, dann ist die Identifikation mit Sachsen hoch.

Rückwirkungen

Wir vermuten, wie bereits gesagt, dass bei der Entstehung regionaler Identifikation "Framing"-Effekte auftreten. D.h. eine hohe regionale Identifikation ist eine Einstellung (ein "Rahmen"), der die Wahrnehmung und die Bewertung der Realität steuert. In Bezug auf regionale und überregionale Identifikation bedeutet dies, dass eine hohe Identifikation mit einer Region dazu führt, dass man nur solche Ereignisse bzw. Aspekte wahrnimmt, die relativ positiv sind und dass

---

[22] Wir gehen hier von der theoretischen Idee aus, dass bestimmte Einstellungen die Wahrnehmung beeinflussen und dass auch gegebene Wahrnehmungen für die Bildung von Einstellungen von Bedeutung sind. Zu der Weiterentwicklung dieser Ideen in der Soziologie vgl. insbesondere Arbeiten von H. Esser (1990; 1993a; 1996; 2001) und S. Lindenberg (1989; 1993a; 1993b).

sich auch die Bewertung der Eigenschaften einer Region insgesamt erhöht. Die Region erscheint sozusagen in einem "rosigen Licht". Je stärker man sich also mit einer Region identifiziert, desto eher nimmt man positive Lebensbedingungen wahr und desto positiver bewertet man diese Lebensbedingungen. Wir erwarten, dass der Haupteffekt – symbolisiert durch den fett gedruckten Pfeil in Abbildung I.1 – von den Lebensbedingungen und deren Bewertung auf die Identifikation verläuft.

Wirkungen regionaler Identifikation: Regionale Fokussierung

Unsere grundlegende theoretische Annahme ist, dass eine hohe Identifikation mit einer Region die Kosten-Nutzenrelationen für eine Reihe von Verhaltensweisen, die auf die Region bezogen sind, ändern. Diese Annahme ist vereinbar mit der Theorie von Albert Hirschman (Hirschman 1970), wonach Loyalität zu Unternehmen die Wahrscheinlichkeit von Abwanderung ("exit") vermindert und der Organisation bei Versagen eine zweite Chance gibt. Für Personen, die "loyal" sind, entstehen relativ hohe psychische Kosten, wenn man der Organisation den Rücken kehrt. Diese Überlegung lässt sich auch auf Regionen anwenden: "Loyalität" kann in diesem Zusammenhang gleichgesetzt werden mit "Identifikation". Entsprechend ist zu erwarten, dass Abwanderung, d.h. Wegzug in eine andere Region, relativ kostspielig und damit relativ unwahrscheinlich wird. Im Einzelnen vermuten wir vier Arten von Wirkungen.

(1) *Regionenorientiertes Verhalten.* Hierzu gehört etwa die Nutzung regionaler Medien, Kauf von Produkten der Region oder das Tragen von Kleidung der Region z.B. bei Festen. Es handelt sich hier also um Verhaltensweisen, die den Gebräuchen bzw. Normen der Region entsprechen oder die Region fördern.

(2) *Regionalpolitisches Verhalten.* Darunter sind Verhaltensweisen zu verstehen, mit denen versucht wird, durch politisches Engagement dazu beizutragen, dass unerwünschte Entwicklungen in der Region vermieden werden. Zu diesen Aktivitäten gehört die Teilnahme an Protesthandlungen.

(3) *Regionale Orientierung.* Damit ist gemeint, dass insgesamt das Interesse an Ereignissen in der Region relativ groß ist. Dies bedeutet, dass man besonders stark an Entwicklungen in der Region interessiert ist. Konkret sagen wir voraus, dass Personen, die sich mit der Region identifizieren, besonders viel über die Region wissen oder auch normalerweise nicht bereit sind umzuziehen.

(4) *Regionenzentrierte Einstellungen.* Hiermit ist gemeint, dass hohe regionale Identifikation zur Abwertung von anderen Regionen und von Personen, die nicht der Region zugehören, führt. Insbesondere wird vorausgesagt, dass hohe regionale Identifikation bei Fehlen anderer raumbezogener Identifikationen mit hoher Ausländerfeindlichkeit und positiver Typisierung der Eigengruppe einhergeht.

Wir bezeichnen diese verschiedenen Wirkungen regionaler Identifikation als *regionale Fokussierung*. Je größer also die regionale Identifikation ist, desto größer ist die regionale Fokussierung, d.h. in desto höherem Maße liegen die vier genannten Dimensionen vor.

Andere Ursachen regionaler Fokussierung

Wir vermuten, dass nicht nur die regionale Identifikation regionale Fokussierung beeinflusst. So weiß man aus der politischen Partizipationsforschung, dass für politisches Engagement Faktoren wie der wahrgenommene Einfluss, durch Partizipation zur Erreichung politischer Ziele beizutragen, von Bedeutung sind. Einige dieser zusätzlichen Faktoren sind in Abbildung I.1 aufgeführt.

5. Zusammenfassung und Resümee

Die erste Frage, mit der wir uns in diesem Kapitel befasst haben, bezog sich auf die Verwendung des Begriffs der Identifikation. Wir führten folgende Definition ein: Eine relativ starke *Identifikation* mit einer Kategorie von Personen (z.B. Leipziger) bedeutet eine relativ starke positive Bewertung dieser Kategorie von Personen. Entsprechend ist eine Identifikation eine Beziehung zwischen Personen und einem Einstellungsobjekt, nämlich einer Region. Identifikation ist also eine emotionale Beziehung zu einem Objekt. Begriffe wie „Leipziger" – also Regionenbegriffe – haben einen territorialen Bezug: bezeichnet man jemanden als „Leipziger", so bedeutet dies, dass die betreffende Person etwas mit einem Territorium zu tun hat, das man auf einer Landkarte identifizieren kann. Welches ist nun aber genau der räumliche Bezug von Begriffen wie „Leipziger" oder „Deutscher"? Ist „Leipziger" z.B. jemand, der in Leipzig wohnt oder gewohnt hat - vielleicht ist auch die Wohndauer von Bedeutung? Unklar ist, welches Gewicht diese territorialen Dimensionen für die Bezeichnung „Leipziger" haben. Vielleicht ist die Geburt für die Bezeichnung „Leipziger" wichtiger als die Wohndauer? Regionenbegriffe haben jedoch nicht nur einen geographischen Bezug. So dürften z.B. mit dem Begriff „Sachse" auch bestimmte kulturelle Merkmale wie der sächsische Dialekt verbunden sein. Wir gehen davon aus, dass die Befragten zumindest ungefähr wissen, was „Leipziger" etc. bedeutet. Es ist dabei nicht auszuschließen, dass verschiedene Befragte eine unterschiedliche Bedeutung mit bestimmten Begriffen verbinden. Diese wird jedoch nicht erhoben. Wir messen also, inwieweit sich jemand mit Leipzig etc. identifiziert – was auch immer genau mit diesen Begriffen gemeint ist. Allerdings vermuten wir, dass die Befragten die genannten Begriffe relativ einheitlich verwenden. Diese Vermutung können wir allerdings mit unseren Daten nicht überprüfen, sie ist aber für unsere Fragestellung auch nicht von Bedeutung. Wir befassen uns also mit der Identifikation mit Gruppen, die u.a. durch einen regionalen Bezug charakterisiert sind. Dabei lassen wir offen, was genau dieser geographische Bezug ist. Dies geschieht auch üblicherweise in der Literatur.

Im nächsten Kapitel 3 versuchen wir exemplarisch, die Alltagsbedeutung eines Regionenbegriffs zu ermitteln: es geht um die Frage, welche Eigenschaften eine Person haben muss, damit man sie als „deutsch" bezeichnet. Aufbauend auf allgemeinen theoretischen Überlegungen haben wir folgende Hypothesen formuliert. Unsere *generelle Assimilationshypothese* lautet: Je größer die beobachtbare Anpassung einer Person an die zentralen kulturellen Merkmale einer Nation ist, desto eher wird die Person als dieser Nation zugehörig anerkannt. Was aber sind diese zentralen kulturellen Merkmale? Diese Frage beantwortet unsere *spezielle Assimilationshypothese*: Wenn eine Person die deutsche Sprache relativ gut beherrscht, nicht dem Islam angehört, bereits relativ lange Zeit in Deutschland lebt und einen deutschen Ehepartner hat, dann wird die Person in hohem Maße als „deutsch" bezeichnet. Aufgrund der terroristischen Anschläge in der Vergangenheit haben wir eine Zusatzhypothese formuliert: Wenn eine Person dem islamischen Glauben angehört, dann wird sie nicht als deutsch bezeichnet, auch wenn sie große Assimilationsbemühungen nachweisen kann. Eine alternative Hypothese – die *Abstammungshypothese* – besagt, dass eine Person dann als deutsch bezeichnet wird, wenn sie deutsche Eltern hat. Zusätzlich könnte noch von Bedeutung sein, dass die Person in Deutschland geboren ist.

Zur Überprüfung dieser Hypothesen haben wir einen faktoriellen Survey durchgeführt. Dabei waren die Dimensionen die vorher genannten Eigenschaften, die für die Zuschreibung der Eigenschaft „deutsch" von Bedeutung sein könnten. Jede dieser Dimensionen hat bestimmte Ausprägungen. So hat „Geburtsland" die Ausprägungen „Bundesrepublik", „Frankreich" und „Türkei". Jede Situationsbeschreibung enthält also eine Kombination der Ausprägungen der Dimensionen. Aus allen sinnvollen Kombinationen der Ausprägungen dieser Dimensionen wurden Situationsbeschreibungen konstruiert, die den Befragten vorgelegt wurden. Ein Bespiel für eine Situationsbeschreibung lautet: „Eine Person A ist in der <u>Türkei geboren</u>. Die <u>Staatsangehörigkeit der Eltern</u> von A ist türkisch. A <u>lebt seit 8 Jahren in Deutschland</u>. A spricht <u>gebrochen deutsch</u> und ist <u>ohne Religion</u>. A hat einen <u>deutschen Ehepartner</u>." Die Ausprägungen der Dimensionen sind unterstrichen. Jede Situationsbeschreibung sollte danach beurteilt werden, inwieweit der betreffenden Person die Eigenschaft „deutsch" zuzuschreiben ist.

Unsere Daten zeigen, dass die Staatsangehörigkeit der Eltern die stärkste Wirkung auf die Zuschreibung des Merkmals „deutsch" hat, gefolgt von der Beherrschung der deutschen Sprache und drittens von dem Geburtsland. Deutlich geringere Koeffizienten weisen die deutsche Staatsangehörigkeit der

Ehepartner und eine relativ lange Wohndauer in Deutschland auf. Die Daten sind mit der *speziellen Assimilationshypothese* in einer Hinsicht nicht vereinbar: wir haben erwartet, dass „Moslem" einen sehr starken negativen Effekt auf die Zuschreibung der Eigenschaft „deutsch" hat. Dies ist aber nicht der Fall: der Effekt mit einem standardisierten Koeffizienten von -0,09 (Tabelle I.3, Spalte 4) ist gering, aber statistisch signifikant. Es scheint, dass die Terroranschläge seit dem 11. September 2001 keine oder kaum Wirkungen auf die Ausschließung bestimmter Personengruppen bezüglich einer möglichen Staatsangehörigkeit hatten. Sonst wäre ein deutlich stärkerer Effekt zu erwarten gewesen. Weiter zeigten unsere Analysen, dass man als Moslem bei hohen Assimilationsbemühungen eher *nicht* als deutsch eingestuft wird. Wir schlagen eine Erklärung für diesen Befund vor. Die *Abstammungshypothese* wird klar bestätigt: wer deutsche Eltern hat, wird als „deutsch" bezeichnet. Wie gesagt, diese Variable hat die stärkste Wirkung. Unsere Daten zeigen, dass die Befragten das Abstammungskriterium zusammen mit den anderen Faktoren bei der Zuschreibung der Eigenschaft „deutsch" verwenden. Die Abstammungshypothese ist also keine Alternativhypothese.

Abschließend wurde unser theoretisches Grundmodell vorgestellt (siehe Abbildung I.2). Bezüglich der Ursachen regionaler und überregionaler Identifikation gehen wir von drei Hypothesen aus: Die Hypothese der Lebensqualität behauptet, dass die Identifikation mit einer Region von den Lebensverhältnissen in der Region abhängt. Wenn man glaubt, dass die Region relativ viele positive Eigenschaften hat, wird man sich in relativ starkem Maße mit ihr identifizieren. Die Hypothese der Primärsozialisation geht davon aus, dass man sich relativ stark mit einer Region identifiziert, wenn man lange in der Region gewohnt hat und wenn man dort geboren ist. Bei der Konflikthypothese wird angenommen, dass die Identifikation relativ hoch ist, wenn die Gruppe bedroht wird. Wenn man z.B. Konflikte mit Westdeutschen wahrnimmt, dann, so erwarten wir, ist die Identifikation mit der Region hoch.

Bezüglich der Wirkungen von Identifikation vermuten wir, dass eine hohe Identifikation mit einer Region zu einer Reihe von Handlungen beiträgt, die einen starken regionalen Bezug haben. Hierzu gehört z.B., dass man sich durch Protest für die Region einsetzt, dass man besonders stark regionale Medien nutzt oder besonders aktiv in regionalen Gruppen ist.

Wir vermuten weiter Rückwirkungen. So wäre es denkbar, dass eine hohe Identifikation dazu führt, dass man die Region positiv wahrnimmt. Eine hohe Lebensqualität könnte also zu hoher Identifikation führen; diese könnte dann zu bestimmten selektiven Wahrnehmungen von Eigenschaften der Region beitragen.

Dieses Erklärungsmodell ist als Orientierung für die Formulierung detaillierterer Hypothesen gedacht, die in den einzelnen Kapiteln vorgeschlagen und geprüft werden.

II. Die Untersuchung

In den Jahren 2000 bis 2003 wurde eine umfangreiche Längsschnittuntersuchung durchgeführt. Zum einen sollte dabei der Frage nachgegangen werden, wie regionale und überregionale Identifikation entsteht. Zum anderen ging es um den Nachweis von Wirkungen, die durch die Identifikation hervorgerufen werden. Im Unterschied zu Untersuchungen, die sich auf konkrete soziale Probleme beziehen, handelt es sich hier vorrangig um Grundlagenforschung. Das stellt besondere Anforderungen an das Untersuchungsdesign. Dieses wird zu Beginn vorgestellt. Im zweiten Abschnitt diskutieren wir die Vorteile unserer Paneldaten. Weiter werden Fragen zur Auswahl der Erhebungsgebiete, zur Stichprobenziehung und zur praktischen Durchführung behandelt. Darauf folgend prüfen wir die Repräsentativität der Stichprobe im Panelverlauf. Genauer geht es um die *Wirkungen* von Befragtenausfällen auf unsere Panelstichprobe. Im vorletzten Abschnitt wird eine Teiluntersuchung vorgestellt, in der handlungstheoretische Erklärungen für selektive Ausfalleffekte geprüft werden. Im Gegensatz zum Repräsentativitätstest stehen hier die *Ursachen* der Ausfälle von Befragten im Mittelpunkt. Was bedeuten die Ergebnisse für unsere Untersuchung? Diese Frage wird im letzten Abschnitt dieses Kapitels beantwortet.

1. Das Untersuchungsdesign[23]

Die Erhebung wurde als dreiwellige Panelbefragung durchgeführt. In den Jahren 2000, 2002 und 2003 wurden dafür Personen wiederholt aufgesucht und um die Teilnahme an Face-to-Face-Interviews gebeten. Paneluntersuchungen haben den Vorteil, dass kausale Ursache-Wirkungszusammenhänge besser geprüft werden können als in Querschnittsuntersuchungen. Die Interviewsituation erlaubt gegenüber postalischen und telefonischen Befragungen eine deutlich bessere Kontrolle durch den Interviewer. Ein weiterer Vorteil betrifft das Messinstrument – hier ein standardisierter Fragebogen –, welches vergleichsweise umfangreich sein kann.

Der Fragebogen wurde um einen Zusatzbogen zum Selbstausfüllen ergänzt. Dieser diente der Anonymisierung besonders „sensibler" Informationen, wie solchen zur politischen Einstellung und zur Einkommenshöhe. In der dritten Erhebungswelle kam ein Vignettenfragebogen hinzu, der rund der Hälfte der

---

[23] Verfasst von Ralph Richter.

Interviewten vorgelegt wurde. Ziel der Zusatzerhebung war die Untersuchung der Frage, wann einer Person die Eigenschaft „deutsch" zugeschrieben wird.[24]

2. Die Vorteile von Paneldaten[25]

Für unsere statistischen Analysen haben wir einen Paneldatensatz verwendet. Die Besonderheit von Paneldaten gegenüber Daten aus Querschnittsuntersuchungen ist, dass sie Informationen dazu enthalten, welche Merkmalsausprägungen eine Reihe von Untersuchungsobjekten *nicht zu einem, sondern zu mehreren Zeitpunkten* haben. In unserem Fall bedeutet das, dass die von uns ausgewählten Personen zu drei verschiedenen Zeitpunkten (2000, 2002 und 2003) eine Reihe von Fragen beantwortet haben. Wichtig ist, dass in allen drei Erhebungswellen identische Messinstrumente verwendet wurden.

Die Erhebung solcher Daten ist sehr aufwendig. Nicht nur, dass mehrmals gemessen werden muss. Man muss auch klarstellen, dass man die erhobenen Informationen den richtigen Personen zuordnet. Das ist nicht nur praktisch sehr aufwendig, sondern auch datenschutzrechtlich kompliziert. Schließlich erhebt man teilweise sehr private Informationen (Einkommen, Wahlentscheidungen). Gleichzeitig muss man aber die Adressen der Befragten speichern, um sie in den Folgewellen wieder kontaktieren zu können. Es besteht die Gefahr, dass diese Informationen missbraucht werden, was zu erheblichen Schäden für die Befragten führen kann. Aus diesem Grunde hat der Gesetzgeber eine Reihe von sehr restriktiven Einschränkungen entwickelt, die der praktischen Forschung große Probleme bereiten. In der Umfrageforschung kommt das Problem der Panelmortalität hinzu. Aus den unterschiedlichsten Gründen ist es oft nicht möglich, Personen mehrmals zu befragen (siehe Kapitel II.6). Um trotzdem eine ausreichend große Zahl von Untersuchungsobjekten zu erhalten, damit statistische Schlüsse gezogen werden können, ist es vor allem in den ersten Erhebungswellen nötig, sehr viele Personen zu befragen.

Trotzdem lohnt es sich, diesen Aufwand zu betreiben. Im Folgenden werden wir die wichtigsten Vorteile von Paneldaten vorstellen. Ziel soll es sein, Lesern, die mit den hier verwendeten Methoden nicht vertraut sind, die wichtigsten Vorteile der Panelanalyse zu verdeutlichen. Außerdem soll diesen Lesern ermöglicht werden, unsere statistischen Ergebnisse selbst interpretieren zu können.

Für Leser, die sich ausführlicher mit Panelanalysen beschäftigen wollen, findet man mittlerweile eine große Zahl von sehr guten Publikationen zur

---

[24] Vgl. Mäs, Mühler und Opp (2005). Siehe dazu auch den Beitrag I.3 in diesem Buch.
[25] Verfasst von Michael Mäs.

Analyse von Paneldaten. Als Einführung eignen sich besonders die Bücher von Finkel (1995) sowie Kessler und Greenberg (1981). Außerdem finden sich in ökonometrischen Lehrbüchern oft sehr gute und kurze Einführungen (z.B.: Gujarati 2003).

Vorteil 1: besondere Informationen von Paneldaten

Als einen ersten Vorteil von Panelerhebungen könnte man Folgendes anführen: Paneluntersuchungen sind sozusagen mehrfach durchgeführte Querschnittserhebungen. Hat man nun bei der Analyse der Daten einer Erhebungswelle eine Hypothese bestätigt, kann man mit den Folgewellen testen, ob dieses Ergebnis reproduzierbar ist. Dabei handelt es sich um einen strengeren Test der Hypothese als bei Querschnittsbefragungen, denn schließlich besteht eine größere Chance die Hypothese zu widerlegen, wenn man sie mehrmals einem Test unterzieht. Das ist sicher ein Vorteil von Panelstudien, aber bestimmt nicht ihr wichtigster. Im Gegenteil: Würde man nur Ergebnisse einer Einfacherhebung replizieren wollen, dann sollte man bei den Folgeerhebungen neue Stichproben ziehen – also andere Personen befragen – denn so kann ausgeschlossen werden, dass man in der ersten Erhebung nur deshalb bestimmte Ergebnisse erhalten hat, weil man nur ganz bestimmte Personen befragt hat.

Ein viel wichtigerer Vorteil von Panelanalysen ist, dass sie Informationen über *Veränderungen* auf der Ebene der untersuchten Objekte erlauben. An einem Beispiel wird klar, was das bedeutet: Heute wird in regelmäßigen Abständen die so genannte Sonntagsfrage gestellt. Dabei wird immer wieder aufs Neue eine Stichprobe von Wahlberechtigten gezogen und danach gefragt, welche Partei die Befragten momentan wählen würden. Es handelt sich dabei nicht um Panelbefragungen, da bei jeder neuen Erhebung neue Personen ausgewählt werden. Aus den Antworten der Personen werden dann bestimmte Kennzahlen aggregiert. Vor allem werden Stimmenanteile und auf deren Grundlage die Sitzverteilung im Parlament berechnet. Weiterhin wird dann die Entwicklung dieser Kennzahlen über die Zeit untersucht. Man kann beispielsweise untersuchen, wie sich die Summe der Stimmen, die eine bestimmte Partei bekommen hat, entwickelt. Bei diesen Kennzahlen handelt es sich aber um Merkmale der gezogenen Stichprobe und nicht der einzelnen befragten Personen. Sie enthalten also keine Informationen darüber, wie sich die Parteienpräferenz von Befragten X entwickelt hat. Bei Paneldaten ist das anders. Da die gleichen Personen zu verschiedenen Zeitpunkten die gleichen Fragen beantworten, kann man direkt messen, wie sich ihre Antworten verändert haben.[26] Wenn man diese

---

[26] Man könnte entgegenhalten, dass man auch bei Querschnittsbefragungen mit Hilfe von Retrospektivfragen Informationen zu Veränderungen erheben kann. Das ist aber oft nur schwer möglich. Beispielsweise ist es kaum zweckmäßig, unsere Indikatoren für die regionale

Änderungen messen kann, dann kann man auch Hypothesen über die Ursachen und Folgen der Veränderungen testen. Darin liegt ein zentraler Vorteil von Paneldaten. Sie erlauben den Test von dynamischen Hypothesen.

Worin besteht der zentrale Unterschied zwischen der statistischen Analyse von Querschnittdaten und Paneldaten? Angenommen man will eine Hypothese testen, die einen Effekt der Variablen X auf die Variable Y behauptet. Mit Querschnittsdaten würde man folgendes Regressionsmodell schätzen:

$$Y_t = \beta_0 + \beta_1 \cdot X_t + \varepsilon \qquad \text{(Modell 1)}$$

In diesem Modell sind der Einfachheit halber keine Kontrollvariablen aufgenommen. ε fasst alle zufälligen Einflüsse auf Y zusammen – wir kommen weiter unten darauf zu sprechen. Würde β_1 einen positiven (negativen) und signifikant von Null unterschiedlichen Wert annehmen, würde man das folgendermaßen interpretieren: *Je größer der Wert, der einer Person bei der Variablen X zugeordnet wurde, desto größer (kleiner) ist der Wert, der der Person bei der Variablen Y zugeordnet wurde.*

Liegen Paneldaten vor, dann würde man Modell 1 um die zeitverzögerte abhängige Variable erweitern (siehe Modell 2). Solche Modelle werden als *static-score Modelle* bezeichnet.

$$Y_t = \beta_0 + \beta_1 \cdot X_t + \beta_2 \cdot Y_{t-1} + \varepsilon \qquad \text{(Modell 2)}$$

Neben der schon in Modell 1 enthaltenen unabhängigen Variable X_t wurde hier noch die abhängige Variable aus einer der Vorwellen (Y_{t-1}) aufgenommen. β_2 misst die Stabilität der abhängigen Variablen. Je größer β_2 desto weniger ändert sich Y zwischen den Zeitpunkten t – 1 und t. Der wichtige Unterschied zwischen Modell 1 und 2 liegt in der Interpretation von β_1. Subtrahiert man in Modell 2 Y_{t-1}, erhält man Modell 3

$$Y_t - Y_{t-1} = \beta_0 + \beta_1 \cdot X_t + (\beta_2 - 1) \cdot Y_{t-1} + \varepsilon \qquad \text{(Modell 3)}$$

Links vom Gleichheitszeichen steht nun nicht mehr nur Y_t, sondern $Y_t - Y_{t-1}$. Dabei handelt es sich um die *Änderung* von Y im Zeitraum zwischen t – 1 und t. Somit können nun die Effekte der unabhängigen Variable X_t als Effekt auf die Änderung von Y interpretiert werden. Nimmt β_1 einen positiven (negativen) und von Null unterschiedlichen Wert an, würde man sagen, dass *je größer X ist, desto stärker erhöht (verringert) sich Y*. Das ist eine deutlich andere Interpretation als

---

Identifikation retrospektiv zu verwenden. Was würden Befragte antworten, wenn sie beispielsweise angeben sollen, wie stolz sie vor einem Jahr waren, Sachse zu sein?

die von Modell 1[27]. Wichtig ist, dass sich der Term $\beta_1 \cdot X_t$ durch die Subtraktion von Y_{t-1} nicht verändert hat. Man kann diese Interpretation also schon bei Modell 2 anwenden.

Modell 2 kann auch noch um eine zeitverzögerte unabhängige Variable erweitert werden (siehe Modell 4).

$$Y_t = \beta_0 + \beta_1 \cdot X_t + \beta_2 \cdot Y_{t-1} + \beta_3 \cdot X_{t-1} + \varepsilon \qquad \text{(Modell 4)}$$

Setzt man den folgenden definitorischen Zusammenhang in Modell 4 ein (wobei ΔX für die Änderung von X steht), erhält man Modell 5.

$$X_t = X_{t-1} + \Delta X$$

$$Y_t = \beta_0 + \beta_2 \cdot Y_{t-1} + (\beta_1 + \beta_3) \cdot X_{t-1} + \beta_1 \cdot \Delta X + \varepsilon \qquad \text{(Modell 5)}$$

β_1 misst in Modell 5 den Effekt, den die Änderung von X (ΔX) auf Y_t hat. Diese Interpretation kann auch wieder auf Modell 4 übertragen werden. *β_1 misst also den Effekt, den die Änderung von X auf die Änderung von Y hat.*

Wir haben gezeigt, dass Paneldaten eine dynamische Interpretation der Regressionskoeffizienten zulassen. Liegen dynamische Hypothesen vor, können diese also direkt mit Paneldaten getestet werden. Das ist mit Daten aus Einmalerhebungen nicht auf so direkte Weise möglich.

Paneldaten enthalten noch weitere wichtige Informationen, an denen Wissenschaftler oft interessiert sind. Sie erlauben die direkte Modellierung von *simultanen* und *zeitverzögerten* Effekten. Oft haben Phänomene kurzfristig andere Effekte als langfristig. Ein einfaches Beispiel macht das klar: Alkoholkonsum. Angenommen man fragt eine Reihe von Personen, wie wohl sie sich gerade fühlen (Messung zu Zeitpunkt t). Danach lässt man diese Personen einige Gläser Wein trinken. Fragt man sie nun wieder, wie wohl sie sich fühlen (t+1), ist davon auszugehen, dass sich die meisten Befragten wohler fühlen. Somit hat der Konsum von Alkohol einen positiven Effekt. Würde man aber diese Frage am nächsten Morgen stellen (t+2), ist zu erwarten, dass einige der Befragten verkatert sind und sich schlechter fühlen als zum Zeitpunkt t. Somit hat die Alkoholgabe zum Zeitpunkt t einen negativen Effekt auf das Wohlfühlen der Befragten zu t+2.

Angenommen man würde eine Einmalbefragung zu t+1 durchführen. Das heißt, man würde messen, ob die Befragten zwischen t und t+1 Alkohol ge-

---

[27] Viele Forscher interpretieren auch die Koeffizienten aus Modell 1 dynamisch. Das ist aber nur korrekt, wenn man bestimmte Annahmen verwendet. In Modell 2 sind diese Annahmen nicht notwendig, denn die Änderung der abhängigen Variable wird ja direkt gemessen und in das statistische Modell aufgenommen.

trunken haben und sie fragen, wie wohl sie sich gerade fühlen. Die statistischen Modelle würden ergeben, dass Alkoholkonsum einen positiven Effekt auf das Wohlfühlen hat. Würde man diese Einmalbefragung zu t+2 durchführen, ergäbe sich das Gegenteil: ein negativer Effekt würde sich zeigen. Bei einer Panelbefragung würde man zu beiden Zeitpunkten messen. Somit könnten die statistischen Modelle auch die beiden Effekte unterscheiden. Das ist bei Einmalbefragungen nicht möglich. Will man also Thesen testen, die zwischen zeitverzögerten und simultanen Effekten unterscheiden, muss man auf Paneldaten zurückgreifen.

Vorteil 2: besserer Test von Thesen zu kausalen Zusammenhängen

Wissenschaftler suchen nach Antworten auf Warum-Fragen – sie suchen also nach Kausalaussagen. Die Besonderheit von Kausalaussagen ist, dass sie nur mit Hilfe von Theorien gewonnen werden können. Man kann nicht beobachten, dass ein bestimmtes Phänomen die Ursache für ein anderes Phänomen ist.

Hat der Wissenschaftler nun eine Erklärung für ein Phänomen gefunden, muss er sie einem empirischen Test unterziehen. Dabei leitet er aus der Theorie und Randbedingungen mit logischen Schlüssen deskriptive Sätze ab. Das sind entweder Aussagen über die Verteilung von Variablen oder über statistische Zusammenhänge zwischen Variablen[28]. Diese Sätze können direkt an der Realität getestet werden, d.h. man kann beobachten, welche Verteilung eine Variable hat bzw. ob zwei Variablen korrelieren.

Angenommen, aus der zu testenden Theorie folgt eine Korrelation zwischen zwei Variablen. Würde der empirische Test nun zeigen, dass diese Korrelation nicht vorliegt, dann muss man davon ausgehen, dass wenigstens einer der Sätze, mit denen der deskriptive Satz hergeleitet wurde, falsch ist[29]. Somit kann man durch den Test von abgeleiteten deskriptiven Sätzen indirekt auch Kausalaussagen einem Test an der Realität unterziehen.

Angenommen, man hat nun hergeleitet, dass eine Variable A einen Effekt auf die Variable B hat und hat auch eine statistisch signifikante Korrelation zwischen A und B gefunden. Diese Korrelation kann fünf Ursachen haben:

(1) A hat einen Effekt auf B (das wurde hergeleitet)
(2) B hat einen Effekt auf A
(3) A und B beeinflussen sich gegenseitig

---

[28] In den Sozialwissenschaften leitet man meist Hypothesen zu statistischen Zusammenhängen (Korrelationen) zwischen Variablen her. Hypothesen zu Verteilungen von Variablen sind deshalb eher selten, weil meist die Messinstrumente keine Messung auf Intervallskalenniveau erlauben.

[29] Es ist auch möglich, dass Fehler in der Messtheorie liegen (Popper 2002).

(4) A und B werden von einer dritten Variable C beeinflusst
(5) bei der Messung von A und B wurden gleiche Messfehler gemacht

Es ist nun die Aufgabe des Wissenschaftlers zu zeigen, dass A wirklich einen Effekt auf B hat und nicht eine der anderen Ursachen für die Korrelation vorliegt. Dazu werden statistische *Mehrgleichungsmodelle* geschätzt. Wie der Name sagt, bestehen diese statistischen Modelle aus mehreren Gleichungen. Ein Beispiel ist Modell 6 (siehe auch Abbildung II.1). In diesem sehr einfachen Modell gibt es zwei abhängige (endogene) Variablen, nämlich B und C. Die Variable A wird selbst nicht erklärt und wird als exogene Variable bezeichnet. In diesem sehr einfachen Modell gibt es keine Rückwirkungen. Das bedeutet, dass eine Variable entweder von einer anderen Variablen beeinflusst wird, oder selbst einen Effekt auf die Variable hat oder dass keine Beziehung zwischen zwei Variablen besteht. Es kommt nicht vor, dass zwischen zwei Variablen eine (direkte oder indirekte) Wechselwirkung besteht. Solche Modelle werden als rekursive Modelle bezeichnet.

$$B = \beta_0 + \beta_1 A + \varepsilon$$
$$C = \gamma_0 + \gamma_1 A + \gamma_2 B + \nu \qquad \text{(Modell 6)}$$

Abbildung II.1:   Zwei Mehrgleichungsmodelle

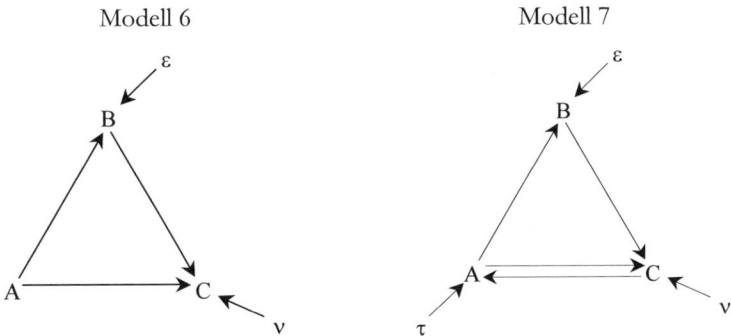

Auch aus schätztechnischer Sicht sind rekursive Modelle sehr einfach. Man kann die Koeffizienten schätzen, indem man zwei Einzelregressionen (mit B und C als abhängige und A bzw. A und B als unabhängige Variablen) schätzt.

Man kann aus den Ergebnisse der Regressionen auch zwischen den direkten und indirekten Effekten von A auf C unterscheiden (siehe dazu: Opp und Schmidt 1976). Deutlich komplizierter ist das bei nicht-rekursiven Modellen wie Modell 7 (siehe wieder Abbildung II.1).

$$A = \alpha_0 + \alpha_1 C + \tau$$
$$B = \beta_0 + \beta_1 A + \varepsilon$$
$$C = \gamma_0 + \gamma_1 A + \gamma_2 B + \nu \qquad \text{(Modell 7)}$$

In Modell 7 gibt es drei endogene Variablen. Wichtig ist auch, dass es zwischen den Variablen A und C eine direkte Wechselwirkung gibt. Außerdem besteht noch eine indirekte Wechselwirkung zwischen C und B, denn zum Ersten hat B einen direkten Effekt auf C und zum Zweiten hat C noch einen indirekten Effekt auf B (über A).

Nicht-rekursive Modelle können nicht mit mehreren Einzelregressionen geschätzt werden. Warum? Beim Schätzen der Regressionsgleichungen macht man immer bestimmte Annahmen über die Fehlerterme (τ, ε und ν in Modell 7). Diese symbolisieren den Teil der Streuung der jeweiligen abhängigen Variablen, der nicht durch die unabhängigen Variablen erklärt werden kann. Wichtig ist die Annahme, dass diese Fehlerterme zufällig sind. Insbesondere bedeutet das, dass die Fehlerterme nicht miteinander und nicht mit den unabhängigen Variablen korrelieren dürfen. Ist diese Annahme verletzt, werden die Regressionskoeffizienten nicht unverzerrt geschätzt.

Betrachten wir dazu Modell 7 genauer. Laut der ersten Gleichung ist A von C und dem zufälligen Fehlerterm τ abhängig. Gleichzeitig besagt die dritte Gleichung, dass C von A abhängig ist. Somit hängt C mittelbar von τ ab. Das verletzt aber eine zentrale Annahme des klassischen linearen Regressionsmodells (Gujarati 1999), denn C ist in der ersten Gleichung eine unabhängige Variable. Korreliert eine unabhängige Variable mit den Fehlertermen, dann verlieren die Schätzer für die α_i ihre BLUE-Eigenschaft[30] (Gujarati 1999). Somit gilt, dass nicht-rekursive Modelle *nicht* durch getrennte Berechnung der einzelnen Gleichungen geschätzt werden können.

In diesem Fall ist es aber möglich, die Gleichungen simultan zu schätzen. Um ein nicht-rekursives Mehrgleichungsmodell aber simultan schätzen zu können, muss es mathematisch lösbar sein (Opp und Schmidt 1976). Das bedeutet, das Modell muss genügend Informationen enthalten, damit die enthaltenen Koeffizienten eindeutig berechnet werden können. Ist das der Fall, bezeichnet man das Modell als identifiziert[31].

---

[30] Das bedeutet vor allem, dass die Koeffizienten verzerrt geschätzt werden.
[31] Das Identifikationsproblem wird bei Opp und Schmidt (1976) ausführlich und leicht verständlich erklärt.

Insbesondere ist es wichtig, dass das Modell ausreichend *ausgeschlossene Variablen* enthält[32]. Als ausgeschlossen werden solche Variablen bezeichnet, die eine der sich wechselseitig beeinflussenden Variablen entweder direkt oder indirekt beeinflusst und *keinen* Effekt auf die zweite Variable hat. In Modell 7 findet sich so eine Variable nicht. Somit ist Modell 7 auch nicht schätzbar.

Will man dennoch dieses Modell schätzen, hat man zwei Möglichkeiten. Entweder man muss enthaltenen Koeffizienten einen bestimmten Wert zuweisen[33], oder man nimmt eine weitere Variable in das Modell auf, die direkt oder indirekt auf eine der sich wechselseitig beeinflussenden Variablen wirkt *ohne* aber die zweite Variable zu beeinflussen. Oft wird es schwer sein, so eine Variable zu finden. Deshalb wird man der verwendeten Variable oft einfach unterstellen müssen, dass sie keinen Effekt auf die zweite Variable hat.

Welchen Weg man auch immer wählt, man muss also immer bestimmte Annahmen treffen und es wird sich oft die Frage stellen, ob diese Annahmen gerechtfertigt sind (Opp und Schmidt 1976).

Liegen Paneldaten vor, müssen solche Annahmen auch gemacht werden, jedoch sind die Annahmen hier meist deutlich plausibler. Betrachten wir einmal Modell 8. Abbildung II.2 stellt Modell 8 grafisch dar.

$$Y_t = \beta_1 \cdot Y_{t-1} + \beta_2 \cdot X_t + \varepsilon$$
$$X_t = \gamma_1 \cdot X_{t-1} + \gamma_2 \cdot Y_t + \eta \qquad \text{(Modell 8)}$$

Abbildung II.2: Modell 8

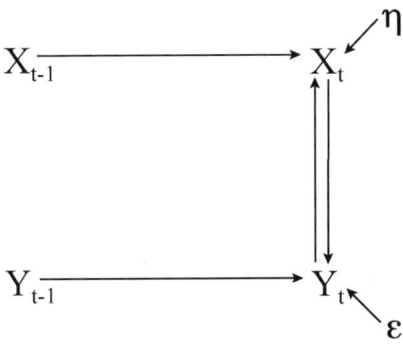

---

[32] Das ist eine notwendige aber keine hinreichende Bedingung für die Identifikation eines Modells. Es ist weiterhin wichtig, dass zwischen den Gleichungen keine lineare Abhängigkeit besteht (Gujarati 2003).
[33] Beispielweise könnte man annehmen, dass β_1 den Wert Null annimmt.

Modell 8 enthält eine simultane Interdependenz zwischen den Variablen X und Y zum Zeitpunkt t. Gleichzeitig werden beide Variablen jeweils von ihrer zeitverzögerten Variable (also der gleichen Variable zu t-1) erklärt. Dieses Modell ist identifiziert, denn die beiden zeitverzögerten Variablen sind ausgeschlossene Variablen. Dieses Modell beruht auf der Annahme, dass es keine cross-lagged Effekte gibt. Das sind Effekte von X_{t-1} auf Y_t bzw. von Y_{t-1} auf X_t. Jedoch wird diese Annahme in vielen Fällen plausibel sein.

Die zweite Möglichkeit, ein unteridentifiziertes Modell berechenbar zu machen, ist, bestimmte Annahmen über die zu schätzenden Koeffizienten einzuführen (Finkel 1995; Kessler und Greenberg 1981). Auch das ist bei Panelmodellen oft leichter möglich. Angenommen man will testen, ob eine Variable X einen simultanen Effekt auf die Variable Y hat. Liegen Daten aus drei Erhebungswellen vor, dann wird man den Effekt einer Variable X auf eine Variable Y zu mehreren Wellen ins Modell aufnehmen. Um das Modell berechenbar zu machen, könnte man nun annehmen, dass die Effekte in den unterschiedlichen Wellen immer gleich stark sind. Somit nimmt man an, dass die Koeffizienten der Effekte immer den gleichen Wert annehmen (siehe dazu: Finkel 1995; Kessler und Greenberg 1981). Diese Annahme wird in vielen Fällen tragbar sein.

Insgesamt kann also festgestellt werden, dass Paneldaten das Schätzen von nicht-rekursiven Mehrgleichungsmodellen erleichtern. Liegen nur Daten aus Einmalbefragungen vor, muss der Wissenschaftler oft sehr unplausible Annahmen machen, um diese Modelle schätzen zu können. Auch mit Paneldaten müssen eine Reihe von Annahmen gemacht werden, um solche Modelle schätzen zu können. Jedoch sind bei Paneldaten die gemachten Annahmen oft plausibler. Somit erlauben Paneldaten auch einen besseren Test von kausalen Zusammenhängen zwischen Variablen (siehe oben). Mit Paneldaten kann man oft ohne Zuhilfenahme von unplausiblen Annahmen testen, welcher der fünf oben genannten Gründe für eine beobachtete Korrelation vorliegt. Darin liegt der wohl wichtigste Vorteil von Paneldaten.

Vorteil 3: Umgang mit nicht gemessenen Variablen und Messfehlern

Ein weiterer bedeutender Vorteil von Paneldaten ist folgender. Angenommen man will den Zusammenhang zwischen zwei Variablen A und B untersuchen. Man hat außerdem den Verdacht, dass die Korrelation zwischen den beiden Variablen unter anderem durch eine dritte Variable C, die man jedoch nicht gemessen hat, verursacht wird. Liegen Paneldaten aus drei Wellen vor und macht man bestimmte (leider oft sehr restriktive) Annahmen zu den Effekten der nicht gemessenen Variablen, dann kann man den Zusammenhang zwischen

A und B untersuchen und dabei nach den Effekten der nicht gemessenen Variablen kontrollieren.

Es sollte auch erwähnt werden, dass man mit Paneldaten auch besser mit Messfehlern umgehen kann, als wenn Querschnittsdaten vorliegen. Wieder gilt, dass man beim Schätzen der Modelle auf weniger restriktive Annahmen zurückgreifen muss.

Da wir in diesem Buch auf diese Techniken aber nicht zurückgreifen, sollen sie hier nicht weiter erläutert werden. Der Leser findet bei Finkel (1995) einen kurzen Überblick über Panelmodelle mit nicht gemessenen Variablen und auch zu Messfehlermodellen.

Fazit

Wir haben gezeigt, dass Paneldaten besondere Informationen enthalten. Sie erlauben damit vor allem die statistische Untersuchung von Veränderungen auf der Ebene der Befragten. Ihr zweiter zentraler Vorteil ist, dass sie es ermöglichen, die Thesen über kausale Zusammenhänge zwischen Variablen einem strengen Test zu unterziehen ohne dabei auf oft unplausible Annahmen, welche bei Querschnittsanalysen gemacht werden müssen, zurückgreifen zu müssen.

Es ist ein zentraler Vorteil der hier berichteten Forschung gegenüber anderen Studien, dass hier auf Paneldaten zurückgegriffen wurde.

3. Die Auswahl der Erhebungsgebiete[34]

Für die Untersuchung wählten wir zwei Gebiete im Bundesland Sachsen. Einmal handelt es sich dabei um Leipzig, d.h. um ein städtisches Erhebungsgebiet. Die zweite Wahl viel auf den ländlich geprägten Mittleren Erzgebirgskreis, der sich an der Grenze zur Tschechischen Republik befindet. Da es uns vor allem um die Erforschung allgemeiner Hypothesen geht, ist die Wahl des Erhebungsgebietes im Grunde unerheblich. Die Ergebnisse sollten an beliebigen anderen Orten reproduzierbar sein. Darüber hinaus interessieren uns aber auch aktuelle Prozesse, wie zum Beispiel die Entwicklung der Identifikation mit Europa im Zuge der Euro-Einführung und der EU-Osterweiterung. Um die Auswirkungen letzterer Maßnahme zu messen, erscheint die Wahl des grenznahen Mittleren Erzgebirgskreises günstig, da die Menschen von den Auswirkungen der Erweiterung direkt betroffen sind. Ein weiterer konkreter Vorteil ostdeutscher Erhebungsgebiete ist die vergleichsweise kurze Zugehörigkeit zum

---

[34] Verfasst von Ralph Richter.

Bundesgebiet und zur Europäischen Union. Hierdurch erwarten wir stärkere Veränderungen der Identifikation mit der Nation und mit Europa im Zeitverlauf – sei es auf Grund langfristiger Anpassungen seit der Wiedervereinigung oder sei es auf Grund einer größeren Sensibilität der Ostdeutschen bei politischen Veränderungen.

Die Trennung in ein städtisches und in ein ländliches Erhebungsgebiet dient der Kontrolle des Einflusses, den ein rurales bzw. urbanes Lebensumfeld auf die Ursachen und Wirkungen der Identifikation haben kann. Die wesentlichsten Unterschiede betreffen den Anteil der Zugewanderten, der in unserer Leipziger Stichprobe mit 29 Prozent der Befragten deutlich über dem der Erzgebirgischen Stichprobe (13 Prozent) liegt. Weiterhin ist die soziale Kontrolle im ländlichen Raum stärker als in Städten und nicht zuletzt existieren in Städten vor allem im Freizeit- und Kulturbereich deutlich bessere Opportunitäten als auf dem Land. Die Opportunitäten sind besonders wichtig im Zusammenhang mit der Hypothese der Lebensqualität.

4. Die Durchführung der Untersuchung[35]

Die Auswahl der Stichprobe erfolgte nach einem mehrstufigen Verfahren, das eine bestmögliche Zufallsauswahl garantieren soll. Zunächst wurden per Zufall 155 Sample Points in Leipzig und 154 Sample Points im Mittleren Erzgebirgskreis ausgewählt. Diese dienten als Ausgangspunkt für Begehungen des Umfeldes nach dem Random Route Verfahren. Aus den dabei gewonnenen 50 Adressen je Sample Point wurden wiederum zufällig 20 Adressen gezogen, die die Zielhaushalte der anschließenden Vor-Ort-Befragung bildeten. Die Auswahl der Zielpersonen, die mindestens 14 Jahre alt sein mussten, geschah schließlich anhand des Schwedenschlüssels. Im Ergebnis erhielten wir auf diese Weise 6180 Bruttoadressen, von denen nach Abzug qualitätsneutraler Ausfälle durch unbewohnte Wohnungen und nicht benötigte Anschriften 5145 Adressen übrig blieben. Der große Adress- und Stichprobenumfang ist im Hinblick auf die zu erwartende Panelmortalität notwendig.

Mit der Stichprobenziehung wie mit der anschließenden Längsschnittbefragung wurde das Berliner Erhebungsinstitut USUMA beauftragt. In der Erstbefragung, die zwischen Mai und Juli 2000 stattfand, wurden 136 geschulte Interviewer eingesetzt. Für die Zweitbefragung (April bis Juni 2002) benötigte man 82 Interviewer und für die Drittbefragung (April bis Juni 2003) noch 75 Interviewer. In der ersten Erhebungsrunde konnten in Leipzig 1500 Personen und im Mittleren Erzgebirgskreis 1505 Personen befragt werden. Die Anfangs-

---

[35] Verfasst von Ralph Richter.

stichprobe betrug also 3005 Personen, was gegenüber der Nettostichprobe eine sehr zufriedenstellende Ausschöpfungsquote von 58 Prozent ergibt.

Abbildung II.3: Realisierte Interviews in der Gesamtstichprobe und in den beiden Teilstichproben über drei Panelwellen

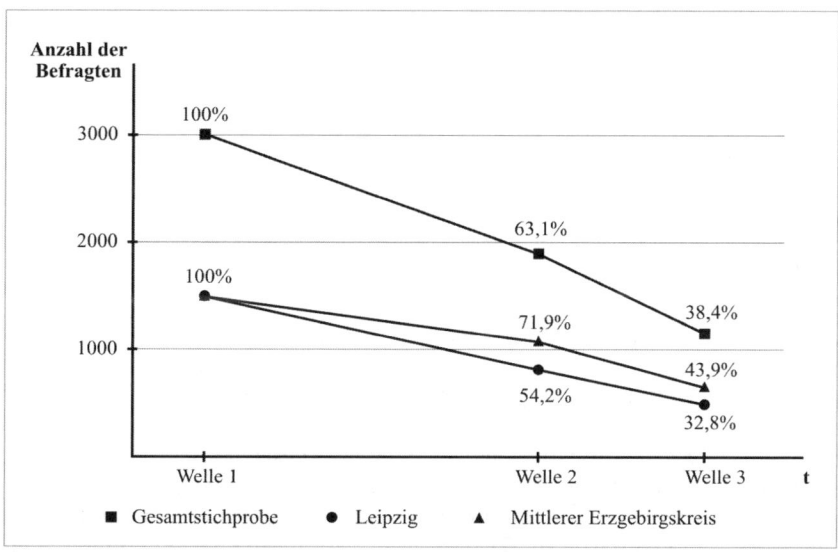

In der Zweiterhebung wurden noch 1895 Interviews realisiert (813 Leipziger und 1082 Erzgebirger), d.h. 63 Prozent der Erstbefragten nahmen wieder teil. Besonders auffallend an diesem Ergebnis ist die im Vergleich zu Leipzig (54 Prozent) deutlich höhere Wiederholungsrate im Mittleren Erzgebirgskreis (72 Prozent). Wie weitere Auswertungen ergaben, lag das vor allem an der deutlich höheren Mobilität der Leipziger. Da keine Möglichkeit bestand, fortgezogene Personen wieder zu kontaktieren, fielen diese aus unserer Stichprobe. In der Drittbefragung sank die Wiederholungsrate leicht auf 61 Prozent, was 1153 durchgeführten Interviews entspricht (492 Leipziger und 661 Erzgebirger). Hier äußerte sich der Stadt-Land-Gegensatz nicht mehr in selektiven Mobilitätseffekten.

Die Ausfälle von Befragten lassen sich drei allgemeinen Ursachen zuordnen: 1. der Selbstselektion, 2. der Nichterreichbarkeit und 3. Krankheit oder Tod. Von Selbstselektion sprechen wir, wenn eine Person die Teilnahme direkt verweigert. Das kann z.B. beim Erstkontakt geschehen. Zur Selbstselektion kann es aber auch am Ende eines Interviews kommen, wenn die Frage nach der Teilnahmebereitschaft an der nächsten Welle verneint wird oder durch die

Verweigerung bei der Wiederholungsbefragung trotz vormaliger Teilnahmebereitschaft. Ähnlich viele Ausfälle wie durch Selbstselektion werden durch Nichterreichbarkeit hervorgerufen. Hierzu zählen Ausfälle, die durch den Fortzug von Befragten entstehen oder dadurch, dass Personen trotz viermaligen Aufsuchens nicht anzutreffen waren.

Tabelle II.1: Art der Ausfälle von Befragten aus der Panelstichprobe

Ausfälle	Selbstselektion (Anzahl)	Nichterreichbarkeit (Anzahl)	Krankheit, Tod (Anzahl)	Ausfälle gesamt (Anzahl)
...in Welle 2	477	556	77	1110
...in Welle 3	400	305	37	742

Die Kontrolle der Interviewer geschah durch den Versand von Kontrollkarten. Etwa ein Viertel der Befragten erhielt nach der jeweiligen Erhebung Postkarten mit der Bitte um Rücksendung zugeschickt. Die Rücklaufquote betrug zwischen 10 und 15 Prozent der jeweiligen Stichprobengröße. Dabei wurde zu 100 Prozent die korrekte Durchführung der Interviews bestätigt.

Um die Befragtenausfälle möglichst gering zu halten, gibt es verschiedene Maßnahmen zur Panelpflege. In unserer Untersuchung wurde am Ende jedes Interviews die Bereitschaft zur Teilnahme an der Folgebefragung ermittelt. Die Befragten wurden auf diese Weise nicht nur über die geplante Fortsetzung der Untersuchung informiert, sondern konnten später im Fall einer geringen Teilnahmemotivation an ihre Selbstverpflichtung erinnert werden. Weiterhin wurden jeweils im Dezember Postkarten mit Weihnachtsgrüßen verschickt, um die Untersuchung in Erinnerung zu rufen.

5. Die Repräsentativität der Stichprobe[36]

In der Methodenliteratur ist der Terminus „repräsentative Stichprobe" umstritten. Häufig wird eingeschränkt, dass von einer repräsentativen Stichprobe nur dann die Rede sein könne, wenn die Stichprobenauswahl rein zufällig erfolgt (vgl. Esser, Hill und Schnell 1995, S. 286). Bezogen auf das Verfahren der Stichprobenziehung sollte dieser Vorgabe gefolgt werden. Solange aber Menschen frei für oder gegen die Teilnahme an einer Erhebung entscheiden kön-

---

[36] Verfasst von Ralph Richter.

nen, wird die Nettostichprobe im oben genannten Sinn nicht repräsentativ sein können. Der Grund ist, dass die Entscheidungen bestimmten Mustern folgen, dass sie nicht zufällig sondern selektiv sind. Dazu ein kurzes Beispiel. Menschen sind in unterschiedlichem Maß kontaktfreudig. Im Moment der Entscheidung für oder gegen die Teilnahme an einer Befragung wird diese Eigenschaft vermutlich zum Tragen kommen. Weniger Kontaktfreudige werden häufiger verweigern, so dass in Befragungsstichproben Kontaktfreudige überrepräsentiert sind. Die Stichprobe ist, bezogen auf das Merkmal „Kontaktfreude", nicht repräsentativ. Die enge Definition des Begriffes „Repräsentativität" macht diesen in gewisser Weise nutzlos. Wenn man dagegen akzeptiert, dass vollkommene Repräsentativität unmöglich ist, dann sollte der Verwendung des Begriffes als relative Größe nichts im Weg stehen. In diesem Sinn verstehen wir die „Repräsentativität einer Stichprobe" als den Grad der Übereinstimmung von Merkmalsverteilungen zwischen einer Stichprobe und der definierten Grundgesamtheit.

Praktisch beschränken sich Repräsentativitätstests auf die Schnittmenge solcher Merkmale, die zum einen in der Untersuchung erhoben wurden und für die zum anderen Referenzdaten der amtlichen Statistik verfügbar sind. Für die vorliegende Untersuchung sind das die demografischen Angaben Geschlecht und Alter sowie die sozio-ökonomischen Merkmale Bildung und Einkommen.

Es soll angenommen werden, dass die Stichprobenziehung zuverlässig erfolgte und eine bestmögliche Zufallsauswahl garantierte. Somit können etwaige Abweichungen von der Grundgesamtheit auf systematische Ausfälle zurückgeführt werden. Wir prüfen also die *Wirkung* der Ausfälle auf die Panelstichprobe. Der Nachweis systematischer Abweichungen besitzt nicht allein deskriptiven Wert, sondern erlaubt theoretische Vorhersagen über die generelle Teilnahme- und Ausfallwahrscheinlichkeit von Personen in Panelbefragungen. Die Ergebnisse für unsere Untersuchung werden nachfolgend im Kontext der Ausfallcharakteristiken weiterer empirischer Untersuchungen vorgestellt.

Geschlecht

Analysen in früheren Untersuchungen zeigten, dass das Geschlecht keinen signifikanten Einfluss auf die Teilnahmewahrscheinlichkeit hatte (vgl. Rendtel 1990, S. 291; Schützenmeister 2002, S. 146). Entsprechend erwarten wir für unsere Stichprobe eine große Übereinstimmung mit der Geschlechterverteilung der Grundgesamtheit.

Tabelle II.2: Test auf Repräsentativität: Das Geschlechterverhältnis in der Stichprobe und in der Population

	Welle 1		Welle 2		Welle 3	
	Männer	Frauen	Männer	Frauen	Männer	Frauen
Stichprobe (in %)	47,3	52,7	47,4	52,6	47,6	52,4
Population[1] (Sachsen) (in %)	48,4	51,6	48,5	51,5	48,6	51,4

n=3005 (Welle 1); n=1895 (Welle 2); n=1153 (Welle 3)
[1] Quelle: (Internetressource Statistisches Landesamt des Freistaates Sachsen), Stichtag der Zählung war jeweils der 31.12. des Vorjahres.

Das Geschlechterverhältnis in der Stichprobe weicht in Welle 1 um 1,1 Prozent vom Vergleichswert der Population ab. In Welle 2 beträgt die Differenz ebenfalls 1,1 Prozent und verringert sich in Welle 3 auf 1,0 Prozent. Der Unterschied liegt weit unterhalb der fünfprozentigen Toleranzgrenze und ist deshalb vernachlässigbar. Die Erwartung, dass die Teilnahme an Panelbefragungen geschlechtsunabhängig ist, bestätigt sich.

Alter

Die Erkenntnisse über altersbedingte Teilnahmeeffekte sind uneindeutig. Während beispielsweise Schützenmeister in einer Ausfalluntersuchung keine Alterseffekte fand (vgl. Schützenmeister 2002, S. 146), ermittelten andere Autoren vor allem unter sehr jungen und sehr alten Personen überdurchschnittlich viele Ausfälle (vgl. Hoag 1981, S. 9f.; Rendtel 1995, S. 194). Außerdem kann die Erreichbarkeit von Personen eine Rolle spielen, die laut Hoag bei Ledigen und bei Personen in Ein- und Zwei-Personen-Haushalten gering ist (vgl. Hoag 1981, S. 12). Da die genannten Merkmale vor allem auf junge Menschen zutreffen, wollen wir von der Annahme ausgehen, dass die jüngste Befragtengruppe und in geringerem Maß auch die älteste Befragtengruppe in der Stichprobe unterrepräsentiert ist. Entsprechend wären die mittleren Altersgruppen überrepräsentiert. Die Ergebnisse enthält Tabelle II.3.

Der Anteil der 15- bis 29-Jährigen liegt bereits in Welle 1 um 5,4 Prozent unter dementsprechenden Anteil in der Population. Diese Differenz vergrößert sich bis zur Welle 3 auf 12,5 Prozent. Auch die zweitjüngste Gruppe (30- bis 49-Jährige) ist in der Ersterhebung unterrepräsentiert. Hier bleibt die Differenz bis zur 3. Welle aber weitgehend konstant. Ein umgekehrtes Bild zeigen die beiden älteren Gruppen, die bereits in der Ersterhebung überrepräsentiert sind. Über die drei Erhebungswellen vergrößert sich die Differenz zwischen Stichprobe und Population besonders bei den 50- bis 64-Jährigen (von 3,4 Prozent auf 8,5 Prozent). Die älteste Gruppe bleibt konstant überrepräsentiert.

Tabelle II.3: Test auf Repräsentativität: Verteilung der Altersgruppen in der Stichprobe und in der Population

	Welle 1				Welle 2[2]				Welle 3[2]			
	15-29 Jahre	30-49 Jahre	50-64 Jahre	>=65 Jahre	15-29 Jahre	30-49 Jahre	50-64 Jahre	>=65 Jahre	15-29 Jahre	30-49 Jahre	50-64 Jahre	>=65 Jahre
Stichprobe (in %)	15,9	30,0	26,4	27,7	11,3	29,6	28,6	30,5	8,4	29,1	31,7	30,8
Population[1] (Sachsen) (in %)	21,3	35,0	23,0	20,7	20,8	34,1	23,1	21,9	20,9	33,5	23,2	22,5

n=2962 (Welle 1); n=1893 (Welle 2); n=1151 (Welle 3)

[1] Quelle: (Internetressource Statistisches Landesamt des Freistaates Sachsen), Stichtag der Zählung war jeweils der 31.12. des Vorjahres.

[2] Die Zunahme des Alters wurde gegenüber der Erstbefragung herausgerechnet, um altersbedingte Ausfälle sichtbar zu machen.

Unsere Annahme bestätigt sich nur hinsichtlich der jüngsten Gruppe. Diese konnte bereits für die Ersterhebung weniger gut kontaktiert werden und fiel in den Folgeerhebungen überdurchschnittlich stark aus der Stichprobe. Hingegen kann unsere Vorhersage, nach der die älteste Gruppe in der Stichprobe unterrepräsentiert ist, nicht gestützt werden. Diese besaß über alle drei Wellen einen deutlich überproportionalen Anteil. Insgesamt ergibt sich ein deutlicher Alterseffekt. Danach steigt mit zunehmendem Alter einer Person die Wahrscheinlichkeit, dass diese für die Teilnahme an der Erstbefragung gewonnen werden kann und dass diese für Wiederholungsbefragungen zur Verfügung steht.[37]

Weiterhin zeigte sich beim Alter ein deutlicher Stadt-Land-Effekt. Während im ländlichen Erhebungsgebiet die jüngste Gruppe über alle drei Erhebungen konstant stark unterrepräsentiert blieb, lag der Anteil der 15- bis 29-Jährigen aus dem städtischen Gebiet in der Ersterhebung noch auf dem Niveau der Population (20,1 zu 21,3 Prozent). Erst in der Folge brach der Anteil der jüngsten Gruppe auf nur noch 8,3 Prozent in Welle 3 ein. Was ist der Grund dafür? Am Ende jeder Befragung hatten die Interviewten die Möglichkeit, die Teilnahme an Wiederholungsbefragungen abzulehnen (Selbstselektion). Davon machten eher

---

[37] Da die Referenzdaten der amtlichen Statistik nur den Vergleich von Altersgruppen und nicht von Einzelfällen erlauben, kann der ermittelte Zusammenhang nicht ohne weiteres generalisiert werden.

Ältere als Jüngere Gebrauch. Bezogen auf die bewusste Entscheidung waren die Jüngeren offensichtlich sogar eher zur Befragungsteilnahme bereit. So kann vermutet werden, dass die stärkeren Ausfälle der Jüngeren durch deren schlechtere Erreichbarkeit entstehen. Zieht man die hohe Wohnmobilität in Leipzig in Betracht, von der vor allem junge Menschen Gebrauch machen, dann ergibt sich ein plausibler Grund für das Stadt-Land-Gefälle. Vor allem die jungen Leipziger wechseln sehr häufig ihre Wohnung und fallen daher überdurchschnittlich oft aus der Stichprobe.

Einkommen

Häufig beobachtet wurde der Zusammenhang, dass mit steigendem Einkommen Menschen eher für Befragungen zu gewinnen sind (vgl. Diekmann 1995, S. 271; Mika 2002, S. 39). Diese Beobachtung ist Teil des als „Mittelschicht-Bias" bekannten Phänomens. Im Einzelnen werden vor allem viele Ausfälle unter Niedrigverdienern berichtet (vgl. Rendtel 1995, S. 223; Schützenmeister 2002, S. 147). Personen mit überdurchschnittlichen Einkommen scheinen demgegenüber überrepräsentiert zu sein, wobei der Anteil der Spitzenverdiener wiederum unter dem in der Population liegt (vgl. Becketti, entnommen Rendtel 1995, S. 197). Wir nehmen daher an, dass die Wahrscheinlichkeit der Befragungsteilnahme mit zunehmendem Einkommen steigt. Einschränkend vermuten wir, dass Spitzenverdiener in unserer Stichprobe unterrepräsentiert sind.

Tabelle II.4: Test auf Repräsentativität: Verteilung der Einkommensgruppen in der Stichprobe und in der Population

	Welle 1				Welle 2				Welle 3			
	<500 Euro/ Monat	500-1099 Euro/ Monat	1100-1699 Euro/ Monat	>=1700 Euro/ Monat	<500 Euro/ Monat	500-1099 Euro/ Monat	1100-1699 Euro/ Monat	>=1700 Euro/ Monat	<500 Euro/ Monat	500-1099 Euro/ Monat	1100-1699 Euro/ Monat	>=1700 Euro/ Monat
Stichprobe (in %)	16,6	63,0	17,4	2,9	11,3	59,6	24,5	4,6	10,5	56,3	27,4	5,8
Population[1] (Sachsen) (in %)	18,8	51,5	22,7	6,9	17,5	48,9	24,9	8,7	18,1	47,5	25,6	8,8

n=2270 (Welle 1); n=1472 (Welle 2); n=912 (Welle 3)
[1] Quelle: (Statistisches Landesamt des Freistaates Sachsen 2001, 2003, 2004), Die Angaben entstammen dem Mikrozensus 2000, 2002 und 2003.

Die Annahme eines Mittelschicht-Bias bestätigt sich anhand der Verteilungen nicht. Vor allem liegt das daran, dass Personen mit leicht unterdurchschnittlichen Einkommen über alle drei Wellen in der Stichprobe deutlich überrepräsentiert sind. Hingegen wird die Annahme, dass der Anteil der Spitzenverdiener in der Stichprobe unter dem Wert in der Population liegt, gestützt. Im Panelverlauf sind die Niedrigverdiener überproportional von Ausfällen betroffen. Dieses Ergebnis deckt sich mit den beschriebenen Erkenntnissen früherer Untersuchungen. Vergleicht man zusätzlich die Einkommens-Mittelwerte in Stichprobe und Population, stößt man auf identische bzw. fast identische[38] Werte.

Schulbildung

Ein weiterer Aspekt des Mittelschicht-Bias ist die Annahme, dass mit dem Bildungsgrad die Kooperationsbereitschaft steigt und deshalb in Umfragen Personen mit überdurchschnittlicher Bildung überrepräsentiert sind (vgl. Diekmann 1995, S. 361). Dieser Effekt, auch Bildungs-Bias genannt, soll für unsere Panelstichprobe anhand der Schulbildung geprüft werden. In früheren Ausfalluntersuchungen reichen die Ergebnisse vom Fehlen eines Bildungseffektes (vgl. Mika 2002, S. 41) bis zum Nachweis eines positiven Zusammenhangs zwischen dem Bildungsgrad und der Teilnahmebereitschaft (vgl. Schützenmeister 2002, S. 147). Tabelle II.5 zeigt unsere Ergebnisse.

In der Ersterhebung weicht die Verteilung nach Schulabschlüssen an den Stichprobenrändern leicht von den Werten der Population ab. D.h. Personen mit Abitur und solche mit dem Abschluss der 8. Klasse sind leicht überrepräsentiert, während der Anteil der Befragten mit 10. Klassen-Abschluss um fünf Prozent unter dem der Population liegt. Die Werte befinden gerade noch innerhalb der fünfprozentigen Toleranzgrenze – zu gering, um die Bereitschaft zur Ersttteilnahme auf Bildungsunterschiede zurück zu führen. Anders das Bild in den Wellen 2 und 3. Völlig unerwartet steigt der Anteil von Personen mit niedrigem Schulabschluss, während insbesondere die Abiturienten überdurchschnittlich zu den Ausfällen gehören. Entgegen unserer Erwartung zeigt sich im Panelverlauf ein umgekehrter Bildungs-Bias. Je geringer die Schulbildung einer Person war, desto höher war die Chance, dass sie an allen drei Befragungen teilnahm.

---

[38] In Welle 1 beträgt der Einkommens-Median jeweils 869 Euro. In Welle 2 liegt der Einkommens-Median der Population bei 908 Euro, in der Stichprobe bei 900 Euro, in der Dritterhebung ist das Verhältnis 917 zu 900 Euro.

Tabelle II.5: Test auf Repräsentativität: Schulabschlüsse in der Stichprobe und in der Population

	Welle 1			Welle 2			Welle 3		
	Volks- und Hauptschulabschluss	POS[1]/ Realschule (10. Kl.)	(Fach-) Hochschulreife	Volks- und Hauptschulabschluss	POS[1]/ Realschule (10. Kl.)	(Fach-) Hochschulreife	Volks- und Hauptschulabschluss	POS[1]/ Realschule (10. Kl.)	(Fach-) Hochschulreife
Stichprobe (in %)	37,9	41,7	20,5	45,1	38,3	16,6	46,3	38,0	15,7
Population (Sachsen)[2] (in %)	35,3	46,7	18,0	34,4	47,0	18,5	33,8	47,0	19,2

n=2864 (Welle 1); n=1862 (Welle 2); n=1147 (Welle 3)
[1] POS, d.h. Polytechnische Oberschule der ehem. DDR mit dem Abschluss der 10. Klasse.
[2] Quelle: (Statistisches Landesamt des Freistaates Sachsen 2000, 2002, 2003), Die Angaben entstammen dem Mikrozensus 2000, 2002 und 2003.

6. Untersuchung selektiver Ausfalleffekte[39]

Ausfälle von Befragten sind in Paneluntersuchungen fast unvermeidlich. Sie sind ein unerwünschter Effekt, weil sich die Anzahl der Befragten verringert und deshalb die Stichprobe an Aussagekraft einbüßt. Ein zusätzliches Problem entsteht, wenn die Ausfälle nicht zufällig erfolgen, sondern sich in spezifischen Merkmalen von der verbliebenen Stichprobe unterscheiden, d.h. wenn Ausfälle selektiv sind. Die Folge ist eine Verzerrung der Stichprobe in den betroffenen Merkmalen und damit ein Qualitätsverlust. Für Paneluntersuchungen haben selektive Ausfälle eine größere Bedeutung als in Querschnittserhebungen, da Selektionsprozesse die Stichprobe in jeder Befragungswelle ein Stück mehr ausdünnen. So ist beispielsweise denkbar, dass sich in Panelstichproben Personen konzentrieren, die starkes Interesse am Befragungsthema haben. Die Ergebnisse einer solchen „Expertenbefragung" können sich deutlich von jenen bei einem ausgeglichenen Interessensverhältnis unterscheiden. Die Untersuchung selektiver Ausfalleffekte dient deshalb zum einen der Qualitätskontrolle für jene Merkmale, die nicht anhand statistischer Referenzdaten überprüft werden können. Zum anderen sollen die *Ursachen* dafür ermittelt werden,

---

[39] Verfasst von Ralph Richter.

weshalb Personen an Befragungen teilnehmen oder sich verweigern. Das ist der Hauptunterschied zum Repräsentativitätstest, wo die *Wirkung* der Ausfälle auf die Zusammensetzung der Stichprobe beschrieben wird. Weiterhin soll nachfolgend geprüft werden, inwieweit Merkmalen in gesetzmäßiger Weise selektiv auf Ausfälle wirken. Durch das Ermitteln von Ausfallcharakteristiken besteht die Chance, Rückschlüsse auf die Grundgesamtheit zu ziehen und Prognosen für zukünftige Ausfälle aufzustellen.

Die Hypothese

Welche selektiven Ausfalleffekte sind theoretisch zu erwarten? Die meisten Ausfalluntersuchungen beschränken sich auf Aussagen über demografische und sozio-ökonomische Effekte. Aus handlungstheoretischer Sicht kann das aber nicht befriedigen, denn allgemeine menschliche Merkmale sind zunächst unerheblich für die Entscheidung für oder gegen die Teilnahme an einer Befragung. Vielmehr, so wird angenommen, drücken sich sozio-demografische Merkmale in spezifischen Einstellungen aus, die die Kosten- und Nutzen-Aspekte im Moment der Entscheidung beeinflussen (vgl. Schützenmeister 2002, S. 140f). Sozio-demografische Merkmale wirken demzufolge nur indirekt über befragungsrelevante Einstellungen auf die Entscheidung für oder gegen die Teilnahme an Befragungen. Aus diesem Grund müssten Einstellungen eine größere Erklärungskraft für die Befragtenausfälle besitzen als die sozio-demografischen Merkmale.

In einem Beitrag von Esser (1986) werden weitere Aussagen über Kosten- und Nutzenaspekte in Entscheidungssituationen getroffen. Nach Esser ist die Wahl für oder gegen die Befragungsteilnahme entweder wertrational vorgeprägt oder durch Indifferenz gekennzeichnet. Wertrationale Argumente beruhen auf Einstellungen, wie zum Beispiel dem Interesse für gesellschaftliche Belange. In Situationen der Indifferenz entscheiden hingegen situationsspezifische Anreize: Findet der Interviewer die richtigen Worte, um zur Teilnahme zu motivieren? Erweckt sein Auftreten Vertrauen? Fühlt sich der Befragte vom Thema der Befragung angesprochen?

Folgt man Esser, dann wäre die Entscheidungssituation weitaus öfter von Indifferenz als von wertrationalen Einstellungen bestimmt, da die Kosten- und Nutzenaspekte von Einstellungen oft nur gering ausgeprägt sind (vgl. Esser 1986, S. 39). Wenn diese Aussage zutrifft, dann müssten situationsspezifische Anreize einen größeren Erklärungsanteil an den Ausfällen haben als die Einstellungen.

Für die Erklärung selektiver Befragtenausfälle gibt es also zwei Annahmen:
1. Sozio-demografische Merkmale erklären Ausfälle schlechter als Einstellungen

und 2. Einstellungen erklären Ausfälle schlechter als situationsspezifische Anreize. Beide Aussagen finden sich in der zentralen Hypothese wieder.

Hypothese selektiver Befragtenausfälle: Wenn die Ausfälle von Befragten in Paneluntersuchungen selektiv sind, dann erklären situationsspezifische Anreize die Ausfälle am besten, gefolgt von befragungsrelevanten Einstellungen, die einen mittleren Erklärungsanteil besitzen, und gefolgt von sozio-demografischen Merkmalen, die die Ausfallvarianz am wenigsten erklären.

Die Operationalisierung

Die Operationalisierung befragungsrelevanter Einstellungen und situationsspezifischer Anreize ist vergleichsweise schwierig, da sie nicht per se Gegenstand der Paneluntersuchung waren. Es muss also darum gehen, aus den vorhandenen Daten Indikatoren zu extrahieren, die stellvertretend Einstellungen und Anreize für die Teilnahme an der Befragung gemessen haben. In der Literatur wird eine Reihe von Merkmalen genannt, die selektiv auf Befragtenstichproben wirken. Anhand dieser wurden in Frage kommende Indikatoren ausgewählt und einer Faktorenanalyse unterzogen. Berücksichtigt wurden Variablen, die am deutlichsten auf dem jeweiligen Faktor luden oder deren Wirkung auf die Teilnahmeentscheidung entsprechend früherer Ausfallanalysen plausibel war. Im nächsten Schritt kodierten wir diese zu metrischen oder quasi metrischen Skalen um, wobei die niedrigste Ausprägung jeweils 0 und die höchste Ausprägung +1 war. Die Vereinheitlichung garantiert die Vergleichbarkeit der Skalen und erleichtert die Interpretation der Ergebnisse. Tabelle II.6 zeigt, auf welche Weise die interessierenden Variablen gemessen wurden.

Tabelle II.6: Selektive Ausfalleffekte: Operationalisierung

Name der Variablen	Bedeutung der Variablen, Wertebereich
Situationsspezifische Anreize (unabhängige Variablen)	
Betroffenheit (Regionalismus)	...misst die Stärke der regionalen Orientierung. Die Annahme lautet, dass Personen, die sich vom Befragungsthema betroffen fühlen, eine höhere Teilnahmebereitschaft haben. Da die Befragung von der Identifikation mit der Region handelt, sollte zwischen regionaler Orientierung und Teilnahmebereitschaft ein positiver Zusammenhang bestehen. Von 0 = „keine Betroffenheit" (keine regionale Orientierung) bis +1 = „große Betroffenheit" (sehr starke regionale Orientierung)

Betroffenheit (Kosmopolitismus)	...misst die Stärke der überregionalen Orientierung. Die Annahme lautet wie oben. Zwischen überregionaler Orientierung und Teilnahmebereitschaft sollte ein negativer Zusammenhang bestehen. Von 0 = „große Betroffenheit" (keine überregionale Orientierung) bis +1 = „keine Betroffenheit" (sehr starke überregionale Orientierung)
Teilnahmeverhalten	...misst die Bereitschaft, sensible Fragen zu beantworten. Gemessen werden die fehlenden Werte auf die Fragen „Wie hoch ist Ihr monatliches Nettoeinkommen?" und „Wenn am nächsten Sonntag Bundestagswahl wäre, welche Partei würden Sie dann wählen?". Es wird angenommen, dass Personen, die auf sensible Fragen nicht antworten, ein geringeres Vertrauen in die Interviewsituation haben und deshalb an Wiederholungsbefragungen seltener teilnehmen. In der Literatur gilt die Nichtbeantwortung von Fragen (itemnonresponse) als untrügliches Zeichen für spätere Ausfälle (unit-nonresponse) (vgl. Schützenmeister 2002, S. 144f). Von 0 = „geringe Antwortbereitschaft" (fehlende Werte) bis +1 = „hohe Antwortbereitschaft" (keine fehlenden Werte)

Befragungsrelevante Einstellungen (unabhängige Variablen)

Kontaktfreude	...misst das Vorhandensein von Freunden vor Ort und von Nachbarschaftsbeziehungen. Die Annahme ist, dass viele soziale Kontakte außerhalb der Familie auf hohe Kontaktfreude hindeuten und dies die Teilnahmebereitschaft begünstigt. Auf der anderen Seite wird ein Zusammenhang zwischen wenigen sozialen Kontakten, geringer Kontaktfreude und Teilnahmeablehnung vermutet. Von 0 = „geringe Kontaktfreude" bis +1 = „hohe Kontaktfreude".
Lebenseinstellung	...misst die Zufriedenheit einerseits mit der persönlichen Lebenssituation („Wie würden Sie Ihre gegenwärtige Lebenssituation einschätzen?", „Würden Sie sich persönlich eher als Gewinner oder Verlierer der Wende bezeichnen?") und andererseits mit der gesellschaftlichen Situation („Wie zufrieden sind Sie mit der Situation in Sachsen?"/„...mit der Situation in der Bundesrepublik?"). Die Annahme ist, dass eine hohe Gesamtzufriedenheit einer positiven Lebenseinstellung entspricht und diese die Teilnahmechance erhöht. (vgl. Hoag 1981, S. 14) Entsprechend würde eine geringe Zufriedenheit die Teilnahmechance vermindern. Von 0 = „negative Lebenseinstellung" bis +1 = „positive Lebenseinstellung".
Politisches Interesse	...misst die Antwort auf die Frage: „Wie stark interessieren Sie sich für Politik?" Die Annahme lautet, dass politisches Interesse in positivem Zusammenhang zur Befragungsteilnahme steht, da beide Aspekte Teil eines generellen Interesses für gesellschaftliche Belange sind. Von 0 = „in sehr geringem Maße oder überhaupt nicht" bis +1 = „in sehr hohem Maße".

Demografische und sozio-ökonomische Merkmale (unabhängige Variablen)

Geschlecht	...misst das Geschlecht der Befragten. Es wird angenommen, dass das Geschlecht keinen Einfluss auf die Teilnahmewahrscheinlichkeit hat. 0 = „Frau", 1 = „Mann"

Alter	...misst das Alter der Befragten. Unter Berücksichtigung der Ergebnisse aus dem Repräsentativitätstest lautet die Annahme, dass keiner oder ein schwach positiver Zusammenhang zwischen dem Alter und der Teilnahmewahrscheinlichkeit besteht. Die Bildung von Altersgruppen dient der besseren Interpretierbarkeit der Ergebnisse. 0 = „15-29 Jahre", 0.33 = „30-49 Jahre", 0.66 = „50-64 Jahre", 1 = „>=65 Jahre"
Einkommen	...misst das monatliche Nettoeinkommen der Befragten. Unter Berücksichtigung der Ergebnisse aus dem Repräsentativitätstest lautet die Annahme, dass kein oder ein schwach positiver Zusammenhang zwischen dem Einkommen und der Teilnahmewahrscheinlichkeit besteht. Die Bildung von Einkommensgruppen dient der besseren Interpretierbarkeit der Ergebnisse. 0 = „<500 €", 0.33 = „500-1099 €", 0.66 = „1100-1699 €", 1 = „>=1700 €"
Schulbildung	...misst den höchsten Schulabschluss eines Befragten. Unter Berücksichtigung der Ergebnisse aus dem Repräsentativitätstest lautet die Annahme, dass kein oder ein schwach positiver Zusammenhang zwischen der Schulbildung und der Teilnahmewahrscheinlichkeit besteht. 0 = „Volks- oder Hauptschulabschluss", 0.5 = „POS/Realschulabschluss (10. Klasse), 1 = „(Fach-)Hochschulreife"

Kontrollvariablen (unabhängige Variablen)

Erreichbarkeit	...misst die Erreichbarkeit von Personen in ihrer Wohnung. Die additive Skala beruht auf drei Variablen: Wohnort Stadt-Land, Ein-, Zwei- oder Mehrpersonenhaushalt und Familienstand. Laut Hoag (1981, S. 12) gilt, dass ledige Städter, die alleine wohnen, schwerer erreichbar sind als verheiratete Landbewohner in Mehrpersonenhaushalten. Von 0 = „sehr schlecht erreichbar" bis +1 = „sehr gut erreichbar".
Mobilitätsneigung	...misst die Wahrscheinlichkeit, dass eine Person im Befragungszeitraum durch Umzug aus der Stichprobe fällt. Die additive Skala setzt sich aus der Anzahl der Umzüge der letzten zehn Jahre und aus der bekundeten Umzugsbereitschaft zusammen. Von 0 = „mobil" bis 1 = „sesshaft".

Teilnahme an den Wiederholungsbefragungen (abhängige Variablen)

Teilnahme an Welle 2	...misst, ob eine Person, die an der Erstbefragung teilgenommen hat, auch in Welle 2 befragt werden konnte. 0 = „an Welle 2 nicht teilgenommen", 1 = „an Welle 2 teilgenommen"
Teilnahme an Welle 3	...misst, ob eine Person, die an der Zweitbefragung teilgenommen hat, auch in Welle 3 befragt werden konnte. 0 = „an Welle 3 nicht teilgenommen", 1 = „an Welle 3 teilgenommen"

Die Ergebnisse

Als Prüfverfahren wurde die logistische Regressionsanalyse verwendet. Dieses multivariate Verfahren bietet gegenüber bivariaten Tests den Vorteil, dass der Effekt jeder unabhängigen Skala auf die abhängige Variable unter Konstanthaltung aller übrigen Modellvariablen berechnet wird. Anders als beim linearen Regressionsverfahren werden zudem veränderliche Einflussstärken der unabhängigen Variablen bei der Berechnung berücksichtigt.

Die situationsspezifischen Anreize, die befragungsrelevanten Einstellungen und die sozio-demografischen Merkmale bilden die unabhängigen Variablen, deren Einfluss auf den Ausfall bzw. die Teilnahme eines Befragten (abhängige Variable) in der *nachfolgenden* Welle geprüft wird. Zunächst werden drei Einzelmodelle berechnet. Auf diese Weise können die Erklärungsanteile der drei Determinanten für die Teilnahme/Nichtteilnahme an der Wiederholungsbefragung verglichen werden. Eine Aussage bezüglich der Hypothese erlaubt aber erst das Gesamtmodell, das anschließend getestet wird. In den Tabellen II.7 und II.8 werden die Effektkoeffizienten (Exp(B)) angegeben. Durch die Standardisierung der Skalenniveaus aller Modellvariablen auf Werte zwischen 0 und +1 erlauben die Effektkoeffizienten auch den modellinternen Vergleich der Einflussstärken. Tabelle II.7 enthält die Ergebnisse für die 2. Befragungswelle.

Zunächst fällt auf, dass bei den Einzeltests die sozio-demografischen Merkmale die beste Modellschätzung aufweisen ($R^2=0,13**$) und die situationsspezifischen Anreize die geringste Modellgüte besitzen ($R^2=0,11**$). Die Einzeltests scheinen unsere Hypothese auf den Kopf zu stellen. Allerdings sind für das Testen der Hypothese die Ergebnisse des Gesamtmodells entscheidend, da nur dort simultane Effekte zwischen den drei Determinanten kontrolliert werden. Betrachten wir als nächstes die letzte Tabellenzeile. Dort zeigt sich eine ungünstige Tendenz der einbezogenen Fälle, die von N=2738 in Modell 1 auf N=1850 im Gesamtmodell (Spalte 4) zurückgehen. Der Grund dafür sind die vielen fehlenden Werte (Missings) beim Einkommen.[40] Personen, die in der Befragung nicht bereit waren, ihr Einkommen anzugeben, werden im Regressionsverfahren ausgeschlossen. Gerade beim Einkommen bergen fehlende Werte die Gefahr, dass diese nicht zufällig erfolgen und deshalb die dezimierte Stichprobe verzerrt ist. Beispielsweise könnten Personen mit hohen Einkommen weniger zur Angabe ihrer Einkommenshöhe bereit sein, als Niedrigverdiener. Wie also soll mit den fehlenden Werten umgegangen werden?

Die Möglichkeit, das Einkommen im Modell unberücksichtigt zu lassen, scheidet aus. Zum einen ist das Einkommen vergleichsweise effektstark und zum anderen ist es wichtig für das Überprüfen der Hypothese. Wir haben uns

---

[40] In Welle 1 gaben 2270 Befragte ihr Einkommen an, während 735 Personen dazu nicht bereit waren. In Welle 2 betrug das Verhältnis 1472 zu 423 und in Welle 3 912 zu 241.

für die nicht unumstrittene Möglichkeit entschieden, fehlende Werte durch den Einkommensmittelwert der vorhandenen Daten zu ersetzen. Dabei bedienen wir uns eines Verfahrens, das auf Cohen und Cohen (1975, entnommen Schnell 1986, S. 18) zurückgeht. Es sieht zusätzlich zur Imputation fehlender Werte das Setzen einer sogenannten Flag-Variable vor. Diese wird in das Regressionsmodell eingefügt, um etwaige Verzerrungen, die durch die Imputation hervorgerufen werden können, zu kontrollieren.[41] (vgl. Schnell 1986, S. 123) In der vorliegenden Untersuchung wird das Gesamtmodell einmal unter Beibehaltung der Missings und einmal mit den eingesetzten Werten berichtet (grau hinterlegt). Die Flag-Variablen erwiesen sich in beiden Modellen als vollkommen einflusslos, so dass die Imputation als zulässig gelten kann. Für die Interpretation des Gesamtmodells beschränken wir uns auf das Modell mit den imputierten Werten und den entsprechend geringeren Missings.

Wenn man von den Kontrollvariablen absieht, dann erweisen sich im Gesamtmodell die befragungsrelevanten Einstellungen am einflussstärksten. Der Effektkoeffizient von 2,51 bei der Lebenseinstellung bedeutet, dass eine Person, die mit ihrer persönlichen und gesellschaftlichen Situation sehr zufrieden ist (Lebenszufriedenheit=1), mit einer um das 2,51-fach höheren Wahrscheinlichkeit an der Zweitbefragung teilnam als eine Person mit sehr geringer Zufriedenheit (Lebenszufriedenheit=0). (vgl. Urban 1993, S. 62f) In gleicher Weise können die anderen Koeffizienten interpretiert werden: Für einen Befragten mit hoher Kontaktfreude lag die Chance der wiederholten Teilnahme um das 2,32-fache höher als für einen Befragten, der keine sozialen Kontakte am Wohnort pflegt. Als einzige Einstellungsvariable weist das politische Interesse keinen signifikanten Einfluss auf die Ausfall- bzw. Teilnahmewahrscheinlichkeit eines Befragten auf.

Von großer Vorhersagekraft ist die Betroffenheit vom Thema der Befragung. Je stärker sich eine Person vom Befragungsthema angesprochen fühlte (starke regionale Orientierung), mit desto höherer Wahrscheinlichkeit nahm sie an der Wiederholungsbefragung teil. Gleichfalls entspricht unserer Erwartung, dass starke überregionale Orientierung eine geringe Betroffenheit kennzeichnet und die Ausfallwahrscheinlichkeit erhöht. Diese liegt für Personen mit sehr starker überregionaler Orientierung um das 2,86-fache (1/(0,35)) höher als für Personen, die sich nicht überregional identifizieren.

---

[41] Die Flag-Variable besitzt zwei Ausprägungen: „0" markiert die Fälle ohne imputierte Einkommenswerte, „1" die Fälle mit imputierten Werten.

Tabelle II.7: Selektive Effekte auf die Ausfälle der 2. Befragungswelle (Binär logistische Regression)

		Abhängige Variable: Befragungsteilnahme in Welle 2				
Unabhängige Variablen (gemessen in Welle 1)		Modell 1 Exp(B)	Modell 2 Exp(B)	Modell 3 Exp(B)	Gesamtmodell (Einkommen ohne und mit Imputation fehlender Werte) Exp(B)	
Situations- spezifische Anreize	Betroffenheit (Regionalismus)	1,86*			2,24*	1,87*
	Betroffenheit (Kosmopolitismus)	0,45**			0,42**	0,35**
	Teilnahmeverhalten	0,97			0,68	0,87
Befragungs- relevante Einstellungen	Kontaktfreude		2,88**		2,17*	2,32**
	Lebenseinstellung		2,37**		1,71	2,51**
	Politikinteresse		1,25		1,16	1,39
Sozio- demografische Merkmale	Geschlecht			0,84	0,82	0,81*
	Alter			1,61**	1,52*	1,62**
	Einkommen			2,05**	2,15**	1,89*[1]
	Schulbildung			1,14	1,07	1,06
Kon- trollvari- ablen	Erreichbarkeit	3,46**	3,62**	4,83**	4,02**	3,50**
	Mobilitätsneigung	4,45**	4,46**	3,87**	3,33**	3,21**
R² (Nagelkerke)		0,11**	0,12**	0,13**	0,15**	0,14**
N (einbezogene Fälle)		2738	2661	2107	1850	2422

[1] Für die Flag-Variable, die die Fälle mit den imputierten Einkommensmittelwerten markiert, wird ein Effekt-Koeffizient von 0,98 bei einem Signifikanz-Wert von 0,87 ausgegeben.

Die Erklärungsstärken der sozio-demografischen Merkmale haben sich im Gesamtmodell gegenüber dem Einzelmodell wider Erwarten kaum verringert. Offenbar wird die Varianz der sozio-demografischen Werte nicht wesentlich durch andere Modellvariablen erklärt. Dennoch fallen die Effektstärken gegenüber den Einstellungen und situationsspezifischen Anreizen geringer aus. Den signifikantesten Einfluss hat das Alter. Ein Befragter aus der höchsten Altersgruppe (>=65 Jahre) besaß eine um das 1,62-fach höhere Teilnahmechance für die Zweiterhebung als Befragte im Alter zwischen 15 und 29 Jahren. Die Stärke des Einkommenseffektes ist in Folge der Datenimputation nur leicht gesunken.

In jedem Fall besteht ein signifikant positiver Zusammenhang zwischen der Einkommenshöhe einer Person und der Teilnahmewahrscheinlichkeit für die Zweiterhebung. Einen leichten Einfluss hat offenbar auch das Geschlecht. Bei Männern lag die Teilnahmechance für die Wiederholungsbefragung um das 1,23-fache (1/0,81) höher als für Frauen.

Bemerkenswert ist die große Erklärungskraft der Kontrollvariablen Erreichbarkeit und Mobilität. Beide haben entscheidenden Einfluss auf die Wahrscheinlichkeit, mit der eine Person zwischen Welle 1 und Welle 2 ausfällt. Für die Kontrolle der handlungstheoretisch begründeten Determinanten sind sie also enorm wichtig. Das Pseudo-R^2 verbessert sich gegenüber den Einzelmodellen nur leicht auf 0,14.[42] Die noch vorhandenen fehlenden Werte dürften die Modellqualität nicht erheblich schmälern, da sie sich über mehrere Modellvariablen subsummieren.

Unsere Hypothese, wonach selektive Ausfalleffekte in abnehmender Intensität von situationsspezifischen Anreizen, von befragungsrelevanten Einstellungen und von sozio-demografischen Merkmalen hervorgerufen werden, wird durch die Ergebnisse nur zum Teil gestützt. Zwar erklären die Einstellungen und die Anreize (Betroffenheit) die Ausfälle am besten. Dennoch bleibt die Erklärungsstärke der sozio-demografischen Merkmale hoch und wird auch kaum durch die anderen Modellvariablen eingeschränkt. Die Ausfallanalyse für Welle 3 soll zeigen, ob sich die Zwischenergebnisse erhärten oder ob sie relativiert werden müssen. Tabelle II.8 enthält die Ergebnisse.

Besonders auffällig sind die Verschlechterungen der Modellschätzungen, die sich in den niedrigen Pseudo-R^2 ausdrücken. Offenbar wirken die Modellvariablen kaum noch selektiv auf die Ausfälle in Welle 3. Was für die Stichprobengüte von Vorteil ist, erschwert das Testen der Hypothese. Der Blick auf das Gesamtmodell zeigt ähnliche Konstellationen wie beim ersten Test, wobei die Effektstärken insgesamt deutlich niedriger liegen und die Koeffizienten weniger signifikant sind. Bei den situationsspezifischen Anreizen wirkt die Betroffenheit nur noch anhand des Kosmopolitismus. Befragte, die sich stark überregional orientieren und sich dementsprechend weniger vom Befragungsthema angesprochen fühlen, gehörten mit 2,63 (1/0,38) mal höherer Wahrscheinlichkeit zu den Ausfällen in Welle 3 als Personen ohne überregionale Verbundenheit. Wie bei den Ausfällen in Welle 2 bleibt das Teilnahmeverhalten auch hier wieder ohne signifikanten Einfluss. Ob Befragte sensible Fragen beantworten oder ob sie dies nicht tun ist unerheblich für die Vorhersage der Teilnahme/Nicht-Teilnahme.

---

[42] Das Pseudo-R^2 ist lediglich ein modell-relatives Gütemaß. Es ist nicht zu verwechseln mit dem Determinationskoeffizienten R^2, der die Anpassungsgüte eines Modells angibt. Die Pseudo-R^2-Werte liegen üblicher Weise deutlich niedriger als die Determinationskoeffizienten (vgl. Urban 1993, S. 62f).

Unter den Einstellungs-Variablen weist die Kontaktfreude einen konstant hohen Effektkoeffizienten (2,26) auf, so dass sich der positive Zusammenhang zwischen der Kontaktfreude eines Menschen und seiner Bereitschaft, an Befragungen teilzunehmen, bestätigt. Ohne Einfluss erweist sich in Welle 3 die Lebenseinstellung, während das Politikinteresse einen leicht selektiven Effekt hat. So war für stark politisch Interessierte die Teilnahmechance in Welle 3 um das 1,79-fache höher als für Personen ohne politisches Interesse.

Tabelle II.8: Selektive Effekte auf die Ausfälle der 3. Befragungswelle (Binär logistische Regression)

	Unabhängige Variablen (gemessen in Welle 2)	Modell 1 Exp(B)	Modell 2 Exp(B)	Modell 3 Exp(B)		Gesamtmodell (Einkommen ohne und mit Imputation fehlender Werte) Exp(B)
Situationsspezifische Anreize	Betroffenheit (Regionalismus)	1,26			1,82	1,08
	Betroffenheit (Kosmopolitismus)	0,34**			0,47	0,38**
	Teilnahmeverhalten	1,30			1,84*	1,27
Befragungsrelevante Einstellungen	Kontaktfreude		2,44**		1,75	2,26*
	Lebenseinstellung		1,19		0,90	1,07
	Politikinteresse		1,53		1,84*	1,79*
Soziodemografische Merkmale	Geschlecht			1,03	0,92	0,82
	Alter			1,18	1,06	1,07
	Einkommen			1,83*	1,57	1,62 [1]
	Schulbildung			0,75	0,71	0,70*
Kontrollvariablen	Erreichbarkeit	1,26	1,76**	1,60*	1,88*	1,76*
	Mobilitätsneigung	2,57**	1,96**	1,44	1,09	1,61
R² (Nagelkerke)		0,03**	0,03**	0,02**	0,04**	0,05**
N (einbezogene Fälle)		1759	1665	1429	1237	1578

[1] Für die Flag-Variable, die die Fälle mit den imputierten Einkommensmittelwerten markiert, wird ein Effekt-Koeffizient von 1,01 bei einem Signifikanz-Wert von 0,95 ausgegeben.

Günstig im Sinne unserer Hypothese sind die geringen bzw. nicht signifikanten Effektstärken der sozio-demografischen Merkmale. Einzig die Schulbildung wirkt signifikant auf die Ausfälle von Befragten und bestätigt das Ergebnis des Repräsentativitätstests. So lag die Wahrscheinlichkeit für die Teilnahme an der Dritterhebung für Personen mit dem Abschluss der 8. Klasse um das 1,43-fache (1/0,7) höher als für Personen mit Abitur.

Überraschend ist der stark geschrumpfte Einfluss der Kontrollvariablen. Eine Erklärung ist die Selektivität in Welle 2, die die Varianz der Variablen „Erreichbarkeit" und „Mobilität" in der Stichprobe stark geschmälert hat.[43] Wenn kaum noch schlecht erreichbare und mobile Personen in der Stichprobe waren, dann unterschieden sich neuerliche Ausfälle in diesen Merkmalen kaum noch von den in Welle 3 verbliebenen Befragten.

Mit Blick auf die Hypothese bestätigen sich die Aussagen aus dem ersten Test. Die stärkste selektive Wirkung geht von den befragungsrelevanten Einstellungen aus. Bei den situationsspezifischen Anreizen bleibt lediglich der Betroffenheits-Effekt auf Grund überregionaler Orientierung erhalten, der konstant hoch ist. Die sozio-demografischen Merkmale können die Ausfälle kaum noch erklären. In diesem Punkt wird die Hypothese gestützt.

7. Bedeutung der Ausfälle für unsere Untersuchung[44]

Welche Schlüsse lassen die Ergebnisse auf die Qualität der Stichprobe und die Zuverlässigkeit unserer Untersuchung zu? Konsequenzen wären insbesondere dann zu befürchten, wenn sich die Zusammensetzung der Stichprobe auf Grund der selektiven Effekte stark verändert. Ob das der Fall ist, soll anhand der Mittelwerte unserer Modellvariablen über die drei Erhebungswellen geprüft werden. Weiterhin geben wir Prozentwerte für die Verteilung der Merkmalsgruppen an – angefangen vom Anteil der Fälle im untersten Viertel bzw. untersten Drittel des Wertebereichs bis zu den Fällen im obersten Viertel bzw. obersten Drittel des Wertebereichs der jeweiligen Variable. Auf diese Weise werden nichtlineare Veränderungen sichtbar, die der Mittelwert nicht abbildet.

Allerdings besitzen die ausgegebenen Werte nur beschränkte Vergleichskraft. Das hat den einfachen Grund, dass mit Ausnahme des Geschlechts und des Alters[45] alle Werte im Zeitverlauf veränderlich sind. Ein abnehmender Mittelwert der Lebenszufriedenheit lässt deshalb nicht nur die Interpretation zu, dass der Anteil der Zufriedenen in der Stichprobe abnimmt, sondern auch die,

---

[43] Die Varianz der „Erreichbarkeit" sank von 0,074 in Welle 1 auf 0,061 in Welle 2. Der Rückgang in Welle 3 auf 0,058 war vergleichsweise gering. Ähnlich das Bild für die Mobilität: 0,062 (Welle 1), 0,045 (Welle 2) und 0,042 (Welle 3).
[44] Verfasst von Ralph Richter.
[45] Gemeint ist das Alter nach Abzug der verstrichenen Zeit gegenüber der Erstbefragung.

dass die Menschen insgesamt unzufriedener geworden sind. Mit dem Wissen um diese Einschränkung sollen die Mittelwerte in Tabelle II.9 vorsichtig gedeutet werden.

Bemerkenswert sind die geringen Veränderungen der Mittelwerte bei den Einstellungen und den situationsspezifischen Anreizen. Demgegenüber zeigen die sozio-demografischen Merkmale und die Kontrollvariablen vergleichsweise starke Veränderungen. Die Ergebnisse unterscheiden sich deutlich von den Resultaten der Regressionsverfahren, wo sich die Einstellungen und die Anreize gegenüber den sozio-demografischen Merkmalen als einflussreicher erwiesen. Weshalb führen die Ausfalleffekte zu keinen deutlichen Mittelwertverschiebungen bei den Einstellungen und Anreizen? Generell liefern multivariate Analyseverfahren andere Ergebnisse als bivariate oder deskriptive Verfahren. Das liegt daran, dass sich in multivariaten Verfahren die unabhängigen Variablen gegenseitig kontrollieren. Die so ermittelten Einflussstärken sind ursächlich für das zu erklärende Phänomen, weichen aber häufig von den Beobachtungswerten ab.

Markant ist die Zunahme des Anteils von Befragten mit starker regionaler Orientierung, der von 42,8 Prozent in Welle 1 auf 53,5 Prozent in Welle 3 steigt. Gleichzeitig ist eine Zunahme von Personen mit sehr geringer regionaler Orientierung (von 3,4 Prozent in Welle 1 auf 6,9 Prozent in Welle 3) erkennbar. Die Veränderung ist insofern relevant, als dass sie eine der zentralen Variablen unserer Untersuchung betrifft. Allerdings ist auch eine Stärkung der Verteilungsränder in der Stichprobe zu beobachten, die nur die 1153 Teilnehmer aller drei Wellen enthält.[46] Die Veränderung beruht offensichtlich nicht allein auf Ausfalleffekten sondern zusätzlich auf Einstellungsänderungen. Ob diese parallel auch in der Grundgesamtheit auftreten oder durch einen Lerneffekt der Wiederholungsteilnehmer verursacht sind, kann nicht abschließend beurteilt werden. Die Annahme eines Lerneffektes erscheint allerdings plausibler. Bei aller Vorsicht lässt sich konstatieren, dass die Merkmalsverschiebung nicht sehr stark ist und der Einfluss auf die statistischen Auswertungen entsprechend gering wäre.

---

[46] In der reinen Panelstichprobe stieg der Anteil der Befragten mit geringer regionaler Orientierung (unterstes Viertel des Wertebereichs) von 2,3% in Welle 1 auf 6,9% in Welle 3 und der Anteil der Personen mit starker regionaler Orientierung (oberstes Viertel des Wertebereichs) von 44,5% in Welle 1 auf 53,5% in Welle 3.

Tabelle II.9: Veränderung der Mittelwerte und der Merkmalsverteilungen über 3 Wellen

Modellvariablen		Welle 1	Welle 2	Welle 3
Betroffenheit (Regionalismus)	Mittelwert[1]	0,72	0,73	0,74
	Verteilung[2]	3,4–11,2–42,6–42,8	4,8–10,8–37,0–47,4	6,9–8,4–31,2–53,5
Betroffenheit (Kosmopolitismus)	Mittelwert[1]	0,51	0,53	0,51
	Verteilung[2]	15,0–39,7–39,5–5,8	11,4–40,0–42,1–6,5	18,0–35,4–41,2–5,4
Teilnahmeverhalten	Mittelwert[1]	0,76	0,75	0,76
	Verteilung[2]	9,4–29,9–60,7	10,1–29,1–60,8	8,8–30,4–60,8
Kontaktfreude	Mittelwert[1]	0,58	0,58	0,60
	Verteilung[2]	7,0–25,4–60,5–7,1	6,9–21,9–64,6–6,6	4,6–17,0–70,9–7,5
Lebenseinstellung	Mittelwert[1]	0,53	0,49	0,48
	Verteilung[2]	3,8–35,8–57,7–2,7	5,2–43,2–50,3–1,3	6,1–46,1–46,9–0,9
Politikinteresse	Mittelwert[1]	0,50	0,50	0,51
	Verteilung[2]	29,8–41,4–21,1–7,7	29,4–42,9–21,5–6,2	28,2–40,8–25,1–5,9
Geschlecht	Mittelwert[1]	0,47	0,47	0,48
Alter	Mittelwert[1]	0,55	0,59[3]	0,61[3]
	Verteilung[2]	16,2–29,9–26,3–27,6[4]	11,4–29,6–28,6–30,4[4]	8,6–29,1–31,7–30,7[4]
Einkommen	Mittelwert[1]	0,35	0,40	0,42
	Verteilung[2]	16,6–63,0–17,7–2,7[4]	11,3–59,6–25,0–4,1[4]	10,5–56,3–28,7–4,5[4]
Schulbildung	Mittelwert[1]	0,41	0,36	0,35
	Verteilung[2]	37,9–41,7–20,5[4]	45,1–38,3–16,6[4]	46,3–38,0–15,7[4]
Erreichbarkeit	Mittelwert[1]	0,59	0,63	0,64
	Verteilung[2]	16,8–27,7–22,5–33,0	12,0–26,4–22,5–39,1	11,5–26,2–21,7–40,6
Mobilitätsneigung	Mittelwert[1]	0,80	0,86	0,87
	Verteilung[2]	5,9–19,8–22,2–52,1	2,8–12,4–21,2–63,6	2,5–11,9–20,4–65,2

[1] Das Skalenminimum liegt jeweils bei 0, das Maximum bei +1,0.
[2] Angaben in %. Dargestellt sind die Anteile der Fälle, die in die jeweiligen Teile des Wertebereichs – vom untersten Viertel/untersten Drittel bis zum obersten Viertel/Drittel – fallen.
[3] Die Zunahme des Alters gegenüber der Erstbefragung wurde herausgerechnet.
[4] Unter Berücksichtigung der Befragten mit 14 Jahren. Diese fehlten in den Tabellen II.3 bis II.5, weshalb die Merkmalsverteilungen von den hier angegebenen Werten leicht abweichen.

Hinsichtlich der übrigen Einstellungsvariablen ist eine Verschiebung hin zu kontaktfreudigeren Befragten und die deutliche Abnahme der Lebenszufriedenheit erwähnenswert. Diese Merkmale zählen nicht zu den zentralen Variablen der Untersuchung. Eine Wirkung auf die Untersuchungsergebnisse ist deshalb unwahrscheinlich. Dasselbe gilt für die Kontrollvariablen Sesshaftigkeit und Mobilität, die erwartungsgemäß die deutlichsten Verschiebungen der Merkmalsverteilung aufweisen.

Betrachten wir abschließend die sozio-demografischen Merkmale. Unsere Stichprobe ist bezüglich der Schulbildung und vor allem beim Alter verzerrt. Dennoch sind die Auswirkungen für unsere Untersuchung gering. Zum einen ist die Stichprobe sehr groß, so dass Befragte mit unterrepräsentierten Merkmalen noch ausreichend vertreten sind. Zum anderen untersuchen wir kausale Zusammenhänge, die unabhängig von sozio-demografischen Merkmalen Gültigkeit besitzen sollen. Gleichwohl erlauben multivariate Analyseverfahren die Kontrolle dieser Merkmale. Für andere Untersuchungen – vor allem wenn sie deskriptiver Natur sind – kann die Verzerrung der Stichprobe zu größeren Problemen führen. Diesen kann durch eine quotierte Stichprobenauswahl begegnet werden oder indem beispielsweise größere Anstrengungen bei der Kontaktierung jüngerer Befragter unternommen werden.

8. Zusammenfassung und Diskussion[47]

In diesem Kapitel wurden vier Ziele verfolgt. Zunächst ging es um die Vorstellung der Paneluntersuchung. Hier standen das Untersuchungsdesign, die Diskussion der Vorteile von Paneldaten, die Auswahl der Erhebungsgebiete und die Stichprobenziehung im Mittelpunkt. Im mittleren Abschnitt prüften wir die Wirkung von Befragtenausfällen auf die Qualität unserer Stichprobe (Repräsentativitätstest), wobei die sozio-demografischen Daten der amtlichen Statistik als Referenzwerte dienten. Im darauffolgenden Teil wurde die Entscheidung für oder gegen die Befragungsteilnahme handlungstheoretisch untersucht. Schließlich beantworteten wir die Frage, was die Ergebnisse für unsere Untersuchung bedeuten.

Die Diskussion um die Vorteile von Paneldaten hat gezeigt, dass diese besondere Informationen enthalten. Paneldaten erlauben damit vor allem die statistische Untersuchung von Veränderungen auf der Ebene der Befragten. Ihr zweiter zentraler Vorteil ist, dass sie es ermöglichen, die Thesen über kausale Zusammenhänge zwischen Variablen einem strengen Test zu unterziehen und dabei oft unplausible Annahmen, welche bei Querschnittsanalysen gemacht

---

[47] Verfasst von Michael Mäs und Ralph Richter.

werden müssen, nicht nötig sind. Es ist deshalb ein zentraler Vorteil der hier berichteten Forschung gegenüber anderen Studien, dass auf Paneldaten zurückgegriffen wurde.

Der Test auf Repräsentativität ergab für die Merkmale „Alter" und „Schulbildung" deutliche Abweichungen von den Werten der Grundgesamtheit. Während die Jüngeren in der Stichprobe unterrepräsentiert waren, lag der Anteil der älteren Befragten über dem in der Population (Sachsen). Deutlicher noch wurde dieses Ungleichgewicht im Panelverlauf, als sich auf Grund von Ausfällen der Anteil der älteren zu Ungunsten der jüngeren Befragten weiter vergrößerte. Bei der Schulbildung haben wir es in der Anfangsstichprobe mit einer ausgeglichenen Merkmalsverteilung zu tun. Erst die Ausfälle im Panelverlauf erzeugen ein Ungleichgewicht zu Gunsten der Befragten mit niedrigen Schulabschlüssen. Dieses Ergebnis überrascht, wird doch in der Literatur das Gegenteil berichtet, nämlich die Überrepräsentanz von höher Gebildeten. Der als Bildungs-Bias bekannte Effekt kehrt sich in unserer Panelstichprobe um. Es wäre interessant festzustellen, ob diese Charakteristik auch in anderen Paneluntersuchungen auftritt.

Vergleichsweise gut deckt sich die Einkommensverteilung in der Stichprobe mit der in der Grundgesamtheit. Die höheren Ausfälle unter Geringverdienern entsprechen den Ergebnissen früherer Ausfalluntersuchungen. Allerdings kann das als Mittelschicht-Bias bekannte Phänomen, wonach der Einkommensdurchschnitt in Stichproben über dem in der Population liegt, nicht bestätigt werden.[48] Keine Unterschiede zwischen Stichprobe und Grundgesamtheit bestehen beim Geschlechterverhältnis.

Bei der Untersuchung selektiver Ausfalleffekte stand die individuelle Entscheidung zur Teilnahme/Nichtteilnahme im Mittelpunkt. Gibt es Merkmale, die systematisch darauf Einfluss haben, ob sich eine Person für oder gegen die Teilnahme entscheidet? Welche sind das? Als Anhaltspunkt zur Beantwortung dieser Fragen dienten handlungstheoretische Annahmen, die wir zu einer zentralen Hypothese zusammengefasst hatten. Kurz gesagt lautete diese, dass in abnehmender Intensität situationsspezifische Anreize, befragungsrelevante Einstellungen und sozio-demografische Merkmale selektiv auf die Ausfälle bzw. die Teilnahmebereitschaft wirken.

Die Hypothese bestätigte sich nur zum Teil. So haben die Einstellungen „Kontaktfreude" und der situationsspezifische Anreiz „Betroffenheit/Kosmopolitismus" in beiden Wellen die höchsten Effektkoeffizienten. Andere Einstellungs- und Anreizvariablen wirken nur in einer Welle (Betroffenheit/Regionalismus, Lebenseinstellung, Politikinteresse), während vom Teil-

---

[48] Die Untersuchung der bewussten Entscheidung für oder gegen die Teilnahme in Welle 2 offenbart einen signifikanten Einkommenseffekt (siehe Tabelle II.7). Dieser wird offenbar von anderen Merkmalen überlagert und hat deshalb keinen Effekt auf die Stichprobenzusammensetzung.

nahmeverhalten kein Effekt ausgeht. Letzteres ist bemerkenswert, da es der Annahme widerspricht, dass auf die Nichtbeantwortung einzelner Fragen durch einen Befragten (unit-nonresponse) in Paneluntersuchungen mit höherer Wahrscheinlichkeit der Ausfall des Befragten (item-nonresponse) folgt. Die geringeren Effektstärken der sozio-demografischen Merkmale entsprechen unserer Hypothese. Zudem erlangt keiner dieser Werte in beiden Modellen Signifikanz.

Die Einflussstärken der drei Determinanten Anreize, Einstellungen und sozio-demografische Merkmale in eine abschließende Reihenfolge zu bringen, wie es unsere Hypothese verlangt, will dennoch nicht gelingen. Zum einen ist dafür die Wirkung der verwendeten Einstellungs- und Anreizvariablen zu uneinheitlich. Zum anderen verlieren die sozio-demografischen Merkmale im Gesamtmodell kaum an Erklärungskraft. Es scheint, als könnte der Einfluss soziodemografischer Merkmale auf die Teilnahmebereitschaft in Befragungen nicht vollständig durch Einstellungen erklärt werden. Weiterhin soll auf die Möglichkeit hingewiesen werden, dass z.B. die situationsspezifischen Anreize mit den zur Verfügung stehenden Stellvertretervariablen nicht ganz adäquat operationalisiert werden konnten.

Dennoch, die Ursachenuntersuchung brachte eine Reihe wichtiger Ergebnisse. Offenbar beeinflussen Einstellungen und Anreize in der Entscheidungssituation entscheidend die Wahl zwischen Teilnahme und Verweigerung. Für die Teilnahme stimmten vor allem Personen mit hoher Kontaktfreude, während die Verweigerung bei Personen mit geringer thematischer Betroffenheit (starke überregionale Orientierung) deutlich wahrscheinlicher war.[49] Eine generell positive Lebenseinstellung und die Betroffenheit vom Thema der Befragung (Regionalismus) erhöhten die Bereitschaft zur Teilnahme an Welle 2. Auffallend ist ferner die starke Kontrollwirkung der Erreichbarkeit und der Mobilitätsneigung in Welle 2. Allerdings brach diese in Welle 3 ab, wie auch die Modellschätzung für Welle 3 insgesamt schlechter wurde.

Schließlich überprüften wir die Auswirkungen der selektiven Ausfalleffekte anhand von Mittelwert- und Verteilungsänderungen im Panelverlauf. Überraschend ist die geringe Wirkung bei den Einstellungs- und Anreizvariablen, während bei den sozio-demografischen Merkmalen sowie bei den Kontrollvariablen Sesshaftigkeit und Mobilität deutliche Verschiebungen in der Stichprobe erkennbar wurden. Von selektiven Ausfalleffekten als Ursache von Befragtenausfällen kann offenbar nicht direkt auf die Wirkung in der Stichprobe geschlossen werden. Ein Grund sind vermutlich Multikollinearitäten, die zwischen Einstellungs- und Anreizvariablen größer sind als zwischen sozio-demografischen Merkmalen. Auffällig war die Konzentration an den Vertei-

---

[49] Dieses Resultat fügt sich ein in die Untersuchungsergebnisse von Groves et al., die einen positiven Zusammenhang zwischen dem Interesse am Thema einer Befragung und der Bereitschaft zur Befragungsteilnahme ermittelt haben. (vgl. Groves, Presser und Dipko 2004, S. 25)

lungsrändern der Regionalismus-Variable. Im Panelverlauf stieg sowohl der Anteil der Befragten mit sehr starker regionaler Orientierung als auch der Anteil von Personen mit sehr schwacher regionaler Orientierung. Obschon die Verschiebungen nicht sehr stark sind, können Auswirkungen dieses Befunds auf die Untersuchungsergebnisse nicht gänzlich ausgeschlossen werden.

Die Ausfälle in den beiden untersuchten Wellen zeichnen ein charakteristisches Bild. Waren diese zunächst deutlich selektiv, verringerte sich der Einfluss der getesteten Variablen auf die Ausfälle in Welle 3. Wir schlussfolgern daher, dass durch selektive Ausfalleffekte Stichproben in den betroffenen Merkmalen an Homogenität gewinnen und sich nachfolgende Ausfälle in diesen Merkmalen nicht mehr signifikant von der verbliebenen Stichprobe unterscheiden. Das führt zu der abschließenden Hypothese:

> Je mehr Befragungswellen ein Panel aufweist, desto eher sind die dabei entstehenden Befragtenausfälle zufällig und nicht selektiv.

Für die Rekonstruktion der Merkmalsverteilung in der Grundgesamtheit hieße das, dass die Ausfälle vor der Erstbefragung noch deutlich selektiver wären. Variablen, die die Entscheidung für oder gegen die Teilnahme in Welle 2 gut erklären, wirkten dann noch stärker auf die Erstausfälle. Die Prognose für mehrwellige Panel lautet, dass die Ausfälle immer zufälliger erfolgen und die Merkmalsverteilungen in der kleiner werdenden Stichprobe kaum noch Verschiebungen aufweisen.

III. Die Messung der Identifikation mit einer Region und das Vorgehen beim Test der Hypothesen[50]

In diesem Kapitel gehen wir auf zwei methodische Fragestellungen genauer ein. Zum Ersten beschäftigen wir uns hier mit der Frage, wie wir die Identifikation mit Regionen gemessen haben. Wir beschäftigen uns nun also mit der Operationalisierung des Begriffes „Identifikation mit einer Region". Im ersten Teil dieses Kapitels stellen wir zunächst die von uns verwendeten Interviewfragen vor. In Teil 2 wird dann diskutiert, ob diese Indikatoren wirklich die Identifikation mit Regionen messen. Im Anschluss (Abschnitt III.3) daran wird gezeigt, wie wir die in den statistischen Analysen verwendeten Skalen gebildet haben und wie wir unser Vorgehen bei der Skalenbildung begründen.

Mittlerweile wurde eine große Zahl von Messinstrumenten zur Messung von Identifikation entwickelt. Es stellt sich deshalb die Frage, warum wir uns ausgerechnet für die hier verwendeten entschieden haben. Im vierten Teil dieses Kapitels wird deshalb eine Auswahl von in anderen Studien verwendeten Indikatoren vorgestellt und diskutiert. In Abschnitt III.5 fassen wir die wichtigsten Aussagen zur Messung der Identifikation mit Regionen zusammen.

Das zweite Ziel dieses Kapitels ist es, unsere Strategie bei den statistischen Analysen vorzustellen. Wir haben in Kapitel II.2 gezeigt, dass es bei der Analyse von Paneldaten sinnvoll ist, Mehrgleichungsmodelle zu schätzen. Da solche Modelle, gerade wenn Paneldaten vorliegen, oft sehr viele Variablen enthalten und deshalb sehr komplex sind, sollte dargestellt werden, wie wir die Mehrgleichungsmodelle geschätzt haben. Das bedeutet, wir wollen zeigen, in welcher Reihenfolge wir Variablen und Effekte zwischen Variablen in die Modelle aufgenommen haben.

1. Die Indikatoren

Wir haben zwei Indikatoren zur Messung der Identifikation mit einer Region verwendet. Zum Ersten wollten wir von den Befragten wissen, wie stark sie sich z.B. als Leipziger oder als Sachse *fühlen*. Zweitens haben wir gefragt, wie *stolz* sie sind, z.B. Leipziger oder Sachse zu sein. Diese Fragen wurden in allen drei Wellen gleich zu Beginn des Interviews gestellt. Abbildung III.1 zeigt die beiden Fragen, wie sie im Fragebogen stehen.

---

[50] Verfasst von Michael Mäs.

Abbildung III.1: Die Interviewfragen zur Messung der Identifikation mit Regionen. Auszug aus dem Fragebogen

3	Wie stark fühlen Sie sich als Europäer, Bundesbürger, Ostdeutscher, Sachse und Leipziger bzw. Erzgebirger? *INT: Bitte Liste 2 vorlegen!*					
		sehr stark	stark	mittel	schwach	sehr schwach
3a	Europäer	☐¹	☐²	☐³	☐⁴	☐⁵
3b	Bundesbürger	☐¹	☐²	☐³	☐⁴	☐⁵
3c	Ostdeutscher	☐¹	☐²	☐³	☐⁴	☐⁵
3d	Sachse	☐¹	☐²	☐³	☐⁴	☐⁵
3e	Leipziger/ Erzgebirger	☐¹	☐²	☐³	☐⁴	☐⁵

4	Wie stolz sind Sie, Europäer, Bundesbürger, Ostdeutscher, Sachse und Leipziger bzw. Erzgebirger zu sein? *INT: Bitte Liste 4 vorlegen!*					
		sehr stolz	stolz	teils stolz/teils weniger stolz	weniger stolz	überhaupt nicht stolz
4a	Europäer	☐¹	☐²	☐³	☐⁴	☐⁵
4b	Bundesbürger	☐¹	☐²	☐³	☐⁴	☐⁵
4c	Ostdeutscher	☐¹	☐²	☐³	☐⁴	☐⁵
4d	Sachse	☐¹	☐²	☐³	☐⁴	☐⁵
4e	Leipziger/ Erzgebirger	☐¹	☐²	☐³	☐⁴	☐⁵

Das Interview lief folgendermaßen ab. Zuerst las der Interviewer dem Befragten die Frage 3 vor. Danach legte er eine Liste vor, auf der die Antwortmöglichkeiten (sehr stark, stark, mittel, schwach und sehr schwach) notiert waren. Nun wurde der Befragte gebeten, für jede der 5 Gruppen (Europäer, Bundesbürger, Ostdeutscher, Sachse und Leipziger bzw. Erzgebirger) getrennt die Frage 3 zu beantworten. Bei Frage 4 wurde analog vorgegangen. Wir haben somit für insgesamt 5 Regionen die Stärke der Identifikation gemessen.

2. Was messen die Indikatoren?

Im Folgenden werden wir diskutieren, ob die eben vorgestellten Indikatoren wirklich das messen, was wir untersuchen möchten: die Identifikation mit Regionen. Bei einer Operationalisierung werden dem zu messenden Begriff (hier Identifikation mit Regionen) beobachtbare Ereignisse zugeordnet. Diese Zuordnung kann auf zwei Weisen geschehen: durch analytische oder empirische Zuordnungssätze. Dementsprechend wird auch zwischen analytischer und empirischer Operationalisierung (Opp 1999b) unterschieden.

Bei der analytischen Operationalisierung besteht eine logische Beziehung zwischen dem zu operationalisierenden Begriff und den verwendeten Begriffen im Messinstrument. Eine logische Beziehung zwischen zwei Begriffen liegt dann vor, wenn man durch die bloße Analyse der verwendeten Begriffe feststellen kann, dass die Beziehung wirklich vorliegt. Es handelt sich also um eine definitorische Beziehung.

Im Unterschied dazu besteht bei einer empirischen Operationalisierung eine empirische Beziehung zwischen dem zu operationalisierenden Begriff und den Begriffen im Messinstrument. Empirische Beziehungen können im Unterschied zu analytischen falsch sein. Es handelt sich also um Hypothesen. „Gegen diese Vorgehensweise ist nichts einzuwenden, wenn die folgenden Bedingungen erfüllt sind: (1) Die angewendeten Hypothesen müssen wahr sein, d.h. praktisch: Sie müssen strengen empirischen Prüfungen unterzogen worden sein und sich dabei im Großen und Ganzen bewährt haben. (2) Die Beziehungen zwischen den Variablen der angewendeten Hypothese müssen relativ eng sein, so dass damit gerechnet werden kann, dass das zu erhebende Merkmal auch vorliegt, wenn der „Indikator" ermittelt wird." (Opp 1999b, S. 120)

Wir haben in unserer Untersuchung eine analytische Operationalisierung verwendet. Wir meinen also, dass die Begriffe „sich als ... fühlen" und „stolz sein, ein ... zu sein" die gleiche *Bedeutung* haben wie der Begriff „Identifikation". Diese Begriffe drücken unserer Ansicht nach eine emotionale Bindung, also eine Bewertung, aus. Dabei gilt, dass je höher eine Gruppe (z.B. die Sachsen) von den Befragten bewertet wird, desto stärker geben sie an, dass sie sich zum Beispiel als Sachse fühlen. Es würde sich logisch widersprechen, wenn eine Person z.B. die Gruppe der Sachsen positiv bewertet und gleichzeitig angibt, sie fühle sich *nicht* stark als Sachse[51]. In Bezug auf den zweiten Indikator gilt: je höher die Bewertung einer Gruppe, desto stärker sind die Befragten stolz auf ihre Region. Auch hier ist es logisch ausgeschlossen, dass Befragte eine hohe Identifikation mit einer Gruppe haben und gleichzeitig *nicht* stolz sind, Mitglied in der Gruppe zu sein.

---

[51] Das Gleiche gilt für die anderen Regionen auch.

Es scheint aber so zu sein, dass eine Person, die angibt, sehr *stolz* darauf zu sein, Sachse zu sein, damit eine besonders starke emotionale Bindung an ihre Region ausdrückt. Wenn eine Person angibt, sie *fühle* sich stark als Sachse, dann muss sie nicht zwangsläufig auch sehr *stolz* darauf sein, ein Sachse zu sein. Es ist aber zu erwarten, dass eine solche Person, wenigstens ein wenig stolz darauf ist, Sachse zu sein.

Fassen wir kurz zusammen: Eine Bedeutungsanalyse der in den Indikatoren enthaltenen Begriffe und des Begriffs *Identifikation* ergab, dass die Indikatoren die Identifikation mit einer Gruppe messen. Das ist ein analytischer Zusammenhang.

Es könnte aber sein, dass die Befragten eine andere Vorstellung davon haben, was die in den Indikatoren verwendeten Begriffe bedeuten. In diesem Fall würden unsere Indikatoren nicht das messen, was wir erwarten. Suchen wir also nach empirischen Hinweisen darauf, was die Indikatoren messen. Erste Hinweise erhält man, wenn man sich Kreuztabellen mit unseren Indikatoren ansieht. Tabelle III.1 ist eine Kreuztabelle für die beiden Indikatoren für die Identifikation mit Sachsen aus der ersten Erhebungswelle. Bei den anderen Regionen und in den anderen Wellen zeigt sich ein gleiches Bild. Aus Platzgründen wird aber darauf verzichtet, weitere Kreuztabellen zu berichten. Für diese Tabelle wurden die beiden Indikatoren so kodiert, dass hohe Werte einer hohen Identifikation entsprechen.

Tabelle III.1: Kreuztabelle der Indikatoren für die Identifikation mit Sachsen aus der ersten Erhebungswelle

		Wie stark fühlen Sie sich als Sachse?					
		1	2	3	4	5	Σ
Wie stolz sind Sie, Sachse zu sein?	1	32	33	34	20	5	124
	2	7	31	90	46	4	178
	3	4	41	207	217	63	532
	4	0	3	108	1004	324	1439
	5	0	1	7	166	517	691
	Σ	43	109	446	1453	913	2964

n=3005, 41 Befragte haben bei wenigstens einem der Indikatoren keine verwertbare Antwort gegeben

Man erkennt zunächst, dass die meisten Fälle auf der Diagonalen der Kreuztabelle zu finden sind (1791 Fälle von 3005 möglichen Fällen). Das bedeutet, dass

Personen, die bei einem der Indikatoren einen hohen Wert haben, mit hoher Wahrscheinlichkeit auch bei dem anderen Indikator einen gleich hohen Wert haben. Weiterhin erkennt man, dass unter der Diagonalen (337 Fälle) deutlich weniger Fälle liegen als über der Diagonalen (836 Fälle). Vergleichsweise viele der Befragten haben also bei der Fühlen-Frage mit höheren Werten geantwortet, als bei der Stolz-Frage. Das bestätigt unsere Annahme, dass Personen, die angeben, sich stark als Sachse zu *fühlen*, nicht zwangläufig auch sehr *stolz* sind, Sachse zu sein. Drittens erkennt man, dass die Antwortkombinationen, wo bei einer Frage mit sehr hohen und bei der anderen mit sehr niedrigen Werten geantwortet wurde, sehr selten gewählt wurden. Das ist ein deutliches Zeichen dafür, dass die beiden Indikatoren das gleiche Phänomen messen.

Es kann also festgehalten werden, dass die beiden Indikatoren Begriffe enthalten, welche eine emotionale Bindung ansprechen. Außerdem scheint es, also ob sie dasselbe messen. Unterschiede ergeben sich vor allem in der Intensität der durch den jeweiligen Indikator gemessenen Identifikation.

Wenn die beiden Indikatoren wirklich dasselbe messen, dann sollten sie auch hoch miteinander korrelieren. Tabelle III.2 zeigt die bivariaten Korrelationen zwischen den Identifikationsindikatoren für die erste Erhebungswelle. Auch hier werden aus Platzgründen nur die Ergebnisse aus der ersten Welle berichtet. In den anderen Wellen zeigt sich aber auch hier das gleiche Bild.

Tabelle III.2: Korrelationen zwischen den Identifikationsindikatoren der ersten Welle

Sich fühlen als ...	Stolz ... zu sein				
	Leipziger/ Erzgebirger	Sachse	Ostdeutscher	Bundes- bürger	Europäer
Leipziger/ Erzgebirger	**,69**	,52	,37	,24	,15
Sachse	,53	**,62**	,41	,27	,23
Ostdeutscher	,37	,39	**,57**	,18	,17
Bundesbürger	,17	,23	,15	**,56**	,48
Europäer	,13	,23	,20	,39	**,72**

n ≥ 1105

Es wurden nur die Befragten aufgenommen, die in allen drei Wellen teilgenommen haben.

Die Werte, die in Tabelle III.2 fett gedruckt sind, sind die Korrelationen zwischen den beiden Indikatoren, die sich auf die gleiche Region beziehen. Beispielsweise korrelieren die Indikatoren für die Identifikation mit den Leipzigern bzw. den Erzgebirgern mit ,69. Das ist für sozialwissenschaftliche Verhältnisse ein sehr hoher Wert. Es fällt nun auf, dass die fett gedruckten Werte jeweils die höchsten in ihrer Zeile und Spalte sind. Auch das spricht dafür, dass die beiden von uns verwendeten Indikatoren das gleiche Phänomen messen.

Da zwischen den beiden Indikatoren und der Identifikation analytische Beziehungen bestehen, müssten die Korrelationskoeffizienten streng genommen den Wert 1 annehmen. Ein Grund dafür, dass das nicht der Fall ist, könnte sein, dass es bei den Befragten leichte Unterschiede hinsichtlich der Bedeutung der in den Fragen enthaltenen Begriffe gibt. Da die Korrelationskoeffizienten aber sehr hohe Werte annehmen, gehen wir davon aus, dass diese Unterschiede in der Bedeutung der Begriffe relativ gering sind.

Damit sind eine Reihe von deutlichen Hinweisen darauf zusammengetragen, dass die beiden Indikatoren für die Identifikation mit Regionen dasselbe messen. Es stellt sich aber noch die Frage, ob die Indikatoren auch wirklich das messen, was sie messen sollen. Messen sie wirklich die *Bewertung* einer Gruppe von Menschen (z.B. den Bundesbürgern)? Beispielsweise könnte es sein, dass die Befragten bei der Beantwortung der Frage, wie stark sie sich als Bundesbürger *fühlen*, nicht angegeben haben, wie hoch sie die Bundesbürger bewerten, sondern ob sie sich selbst das Merkmal „Bundesbürger zu sein" zuschreiben.

Mit den Worten von Heider (Heider 1967, zuerst 1946) handelt es sich bei der Identifikation mit einer Region um eine „liking relation". Davon zu unterscheiden sind „unit relations". Eine „unit relation" ist vergleichbar mit einem *belief* im Sinne von Fishbein und Ajzen (1975). Ein belief wiederum ist eine Wahrscheinlichkeitsaussage, die einem Objekt ein bestimmtes Attribut zuschreibt. Ein Beispiel für ein belief (oder eine „unit relation") ist die Aussage: „Ich bin ein (100 %-iger) Sachse.". Im Unterschied dazu wäre eine „liking relation": „Ich finde Sachsen gut.". Die erste Aussage ist eine empirische, die zweite ist eine Bewertung. Wir hatten die Identifikation als eine Einstellung – als eine Bewertung – definiert. Wenn sich also eine Person z.B. mit Sachsen identifiziert, dann besteht eine positive „liking relation".

Es stellt sich nun die Frage, ob unsere Messinstrumente wirklich eine solche „liking relation" messen. Diese Frage kann eigentlich nur mit Hilfe eines weiteren Messinstruments für die Identifikation mit Regionen beantwortet werden. Da aber heute kein unumstrittenes Messinstrument existiert, können wir diesen direkten Test nicht durchführen. Wir können aber testen, ob wir bestimmte Dinge (für die Messinstrumente vorliegen) *nicht* messen (vgl. Wilkinson 1999). Deshalb möchten wir testen, ob unser Messinstrument *keine* „unit relation" erfasst.

Ungefähr in der Mitte des Interviews haben wir die Befragten mit folgender Frage konfrontiert: „Alles in allem: Würden Sie sich als typischer Sachse bzw. als typische Sächsin bezeichnen?" Auch hier gab es 5 Antwortmöglichkeiten (von „auf jeden Fall" bis „auf gar keinen Fall"). Wir gehen davon aus, dass diese Frage die subjektive Mitgliedschaft in der Gruppe der Sachsen (also eine „unit relation") misst. Wenn eine Person angab, dass sie sich „auf jeden Fall" als typischen Sachsen bezeichnet, dann nehmen wir an, dass eine starke „unitrelation" besteht und vice versa.

Wie hoch korrelieren die Identifikationsindikatoren mit dieser Frage? Tabelle III.3 zeigt, dass relativ hohe Korrelationen vorliegen. Die Korrelationen zwischen dem Indikator für die subjektive Mitgliedschaft und dem Fühlen-Indikator sind höher als die mit dem Stolz-Indikator. Außerdem fällt auf, dass die Korrelationen über die Zeit abnehmen.

Tabelle III.3: Korrelationen zwischen den Identifikationsindikatoren und dem Indikator für die subjektive Mitgliedschaft

		Wie stark fühlen Sie sich als Sachse?			Wie stolz sind Sie, Sachse zu sein?		
		Welle 1	Welle 2	Welle 3	Welle 1	Welle 2	Welle 3
Würden Sie sich als	Welle 1	,45			,39		
typischer Sachse	Welle 2		,45			,34	
bezeichnen?	Welle 3			,30			,19

n ≥ 1136
Es wurden nur die Befragten aufgenommen, die in allen drei Wellen teilgenommen haben.

Wie sind diese relativ hohen Korrelationen zu erklären? Zwei Ursachen kommen in Betracht: Erstens könnte es sein, dass die drei Indikatoren zumindest teilweise dasselbe messen. Zweitens könnte es kausale Beziehungen zwischen der Bewertung der Sachsen und der subjektiven Mitgliedschaft in Sachsen geben. Wir meinen, dass hier eine kausale Beziehung vorliegt. Warum?

Fritz Heider stellt in seinem berühmten Artikel (Heider 1967, zuerst 1946) eine Theorie zur Erklärung von Änderungen in kognitiven Strukturen vor. Kognitionen sind die eben schon erwähnten „unit -" und „liking relations". Die kognitive Struktur, die uns an dieser Stelle interessiert, besteht aus genau zwei Kognitionen: einer „unit" und einer „liking relation". Wenn sich eine Person z.B. mit Sachsen identifiziert, dann besteht laut unserer Definition eine *positive* „liking relation"[52]. Meint die Person dann auch noch, ein Sachse zu sein, dann besteht gleichzeitig eine *positive* „unit relation"[53].

Der zentrale Begriff in Heiders Theorie ist die „Balanciertheit" („balance"). Eine kognitive Struktur, welche aus zwei Elementen besteht, ist genau dann balanciert, wenn entweder beide Kognitionen positiv oder beide Kognitionen negativ sind. Heider behauptet nun, dass dann, wenn eine kognitive Struktur nicht balanciert ist, „forces towards this state will arise" (Heider 1967, S. 39).

---

[52] Eine *negative* „liking relation" läge vor, wenn sich die Person nicht mit Sachsen identifiziert, bzw. wenn sie die Sachsen negativ bewertet.
[53] Eine negative „unit relation" läge vor, wenn sich die Person nicht als Sachse bezeichnet.

Die Ursache dafür ist, dass Unbalanciertheit mit psychischen Kosten verbunden ist. Diese, so kann man Heiders Aussagen explizieren, wollen Menschen vermeiden. Das geschieht, indem eine der zwei Kognitionen geändert wird. Wir erwarten, dass dann, wenn die Kosten der Änderung einer der Kognitionen geringer sind als die Kosten, die durch den Zustand der Unbalanciertheit entstehen, Änderungen zu beobachten sind (Mäs 2005).

Können wir solche Änderungen in unseren Daten beobachten? Zur Beantwortung dieser Frage haben wir die Teilnehmer an unserer Untersuchung, die an allen drei Wellen teilgenommen haben, in vier Gruppen geteilt. In der ersten Gruppe befinden sich nur die Befragten, die sich in der ersten Erhebungswelle als „typischen Sachsen" bezeichnen, und die gleichzeitig eine hohe Identifikation mit Sachsen haben[54]. In die zweite Gruppe wurden die Befragten aufgenommen, die sich in der ersten Welle *nicht* als „typischen Sachsen" bezeichnen und die sich nicht mit Sachsen identifizieren. Laut Heider befinden sich die Befragten in diesen zwei Gruppen in einem balancierten Zustand, denn in ihrem kognitiven System sind entweder beide Kognitionen positiv (Gruppe 1) oder negativ (Gruppe 2). Die beiden anderen Gruppen setzen sich aus Personen zusammen, die in der ersten Erhebungswelle ein unbalanciertes kognitives System haben. Sie haben entweder eine positive „unit -" und eine negative „liking relation". Oder sie haben eine negative „unit -" und eine positive „liking relation". Abbildung III.2 zeigt, wie diese Befragten reagiert haben.

Dargestellt sind sog. Blasendiagramme für die vier eben vorgestellten Gruppen. Das Diagramm oben rechts enthält die Befragten aus der ersten Gruppe. Das Diagramm unten links enthält die Befragten aus der zweiten Gruppe. In den beiden anderen Diagrammen sind die Befragten mit unbalancierten kognitiven Systemen aufgenommen. Unten rechts sind die Befragten, die sich in der ersten Erhebungswelle hoch mit Sachsen identifizieren und sich nicht als typischer Sachse bezeichnen. Oben links sind die Personen, die sich als typischen Sachsen bezeichnen aber die Sachsen nicht positiv bewerten, aufgenommen. Der grau hinterlegte Teil jedes Diagramms zeigt an, wo sich die jeweils aufgenommenen Befragten in der *ersten* Erhebungswelle befanden. Die Blasen zeigen, welche Kombination von Identifikation und subjektiver Mitgliedschaft die Befragten in der *dritten*[55] Welle hatten. Dabei gilt: je größer die Blase, desto mehr Befragte nehmen die jeweilige Merkmalskombination ein.

Als erstes sollte darauf hingewiesen werden, dass alle vier Gruppen stark besetzt sind. Das ist ein erstes klares Zeichen dafür, dass die von uns gebildete

---

[54] Wir haben die beiden Identifikationsindikatoren hierfür zu einer Skala zusammengefügt. Dazu haben wir die beiden Indikatoren addiert und dann durch 2 dividiert. Die Skala wurde so kodiert, dass hohe Werte einer hohen Identifikation mit Sachsen entsprechen.

[55] Fertigt man diese Abbildung, statt für die dritte, für die zweite Welle an, ergibt sich ein identisches Bild.

Skala für die Identifikation mit Sachsen etwas anderes misst als die Frage, ob die Befragten sich als typischer Sachse bezeichnen.

Abbildung III.2: Der Zusammenhang zwischen Identifikation mit Sachsen und der subjektiven Mitgliedschaft in der Gruppe der Sachsen

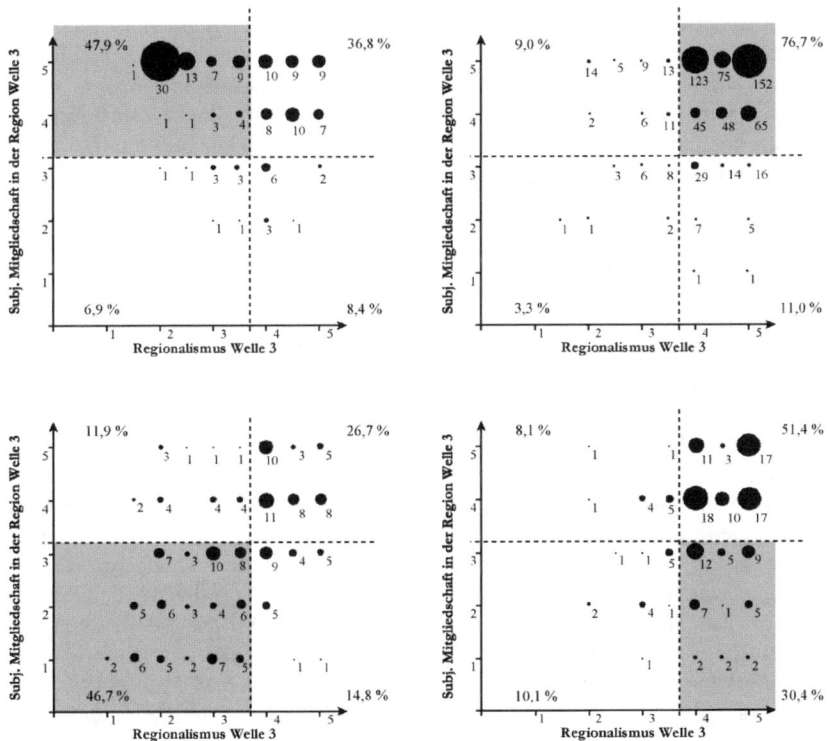

Betrachten wir zunächst das Blasendiagramme für die unbalancierten Zustände. 148 Befragte haben in der ersten Erhebungswelle eine hohe Einstellung zu Sachsen und bezeichnen sich gleichzeitig eher nicht als typischen Sachsen (siehe das Blasendiagramm unten rechts). Der Grossteil dieser Personen verändert seine Kognitionen. Nur 30,4 % bleiben in diesem unbalancierten Zustand. Jedoch ändern 51,4 % das Vorzeichen ihrer „unit relation" und bezeichnen sich in der dritten Welle als typischen Sachse. Nur wenige der Befragten vermindern ihre Bewertung der Sachsen. In dieser Gruppe zeigt sich also deutlich, dass hier eine Änderung des kognitiven Systems hin zur Balanciertheit vorliegt.

97

Beim zweiten unbalancierten Zustand (siehe das Blasendiagramm oben links) ist das weniger eindeutig zu erkennen. Aber auch hier wechseln 36,8 % der 144 Befragten in dieser Gruppe in die Gruppe oben rechts. Trotzdem bleiben fast die Hälfte in ihrem unbalancierten Zustand. Das könnte darauf zurückgeführt werden, dass die Kosten der Erhöhung der „liking relation" in diesem Zusammenhang relativ hoch sind[56]. Trotzdem zeigt sich auch hier eine Tendenz zur Balanciertheit des kognitiven Systems.

Zu den beiden Gruppen mit den balancierten Zuständen macht Heiders Theorie leider keine Aussagen (Opp 1984). Man erkennt aber, dass diese Zustände relativ stabil sind. Von den 662 im Blasendiagramm oben rechts aufgenommen Personen haben in der dritten Erhebungswelle 76,7 % unveränderte Kognitionen. Ähnlich ist es bei der Gruppe unten links. Hier bleiben 46,7 % der 169 Personen in ihrer Gruppe. Nur wenige wechseln in einen unbalancierten Zustand.

Es zeigen sich also Zusammenhänge zwischen der Bewertung der Sachsen und der subjektiven Mitgliedschaft in der Gruppe der Sachsen. Somit erklären sich auch die hohen Korrelationen der Indikatoren. Vor allem macht das aber klar, dass unsere Indikatoren für die Identifikation mit Regionen nicht die Mitgliedschaft in Regionen misst. Das zu zeigen, war hier unser Ziel.

Im Folgenden soll noch diskutiert werden, inwieweit die Formulierung unserer Fragen problematisch sein könnte.

Hatten die Befragten Probleme bei der Beantwortung der Fragen? Es wäre zum Beispiel denkbar, dass manche Befragte Skrupel bei der Beantwortung der Frage „Wie stolz sind Sie, Bundesbürger zu sein?" hatten, da hier evt. eine nationalistische Tendenz wahrgenommen wurde. Ein guter Indikator dafür, wie schwer die Beantwortung der Fragen fiel, ist die Anzahl der fehlenden Antworten. Tabelle III.4 zeigt, wie sich die Anzahl der fehlenden Werte in den drei Wellen verteilt. In diese Tabelle wurden nur die Befragten aufgenommen, die in allen drei Erhebungswellen an der Untersuchung teilgenommen haben.

Zu erkennen ist zunächst, dass die meisten fehlenden Werte bei der Frage „Wie stolz sind Sie, Europäer, zu sein?" in der ersten Welle vorliegen. Hier haben 47, also 4,08 % der Befragten, nicht geantwortet. Bei allen anderen Fragen gibt es aber deutlich weniger fehlende Werte. Es fällt auf, dass die Stolz-

---

[56] Man kann generell annehmen, dass die Änderung von Bewertungen eines Objekts i kostspieliger ist, als die Änderung eines beliefs, welches i einem anderem Objekt zuschreibt. Wieso? Fishbeins Attitüden-Theorie (Fishbein und Ajzen 1975) behauptet, dass eine Bewertung durch eine Reihe von beliefs entsteht. Diese beliefs ordnen dem Objekt i eine Reihe von Merkmalen zu. Diese Merkmale sind (das folgt aus Heiders Balance-Theorie) entweder alle positiv oder alle negativ bewertet. Soll nun die Einstellung zu i geändert werden, dann müssen entweder alle Merkmale umbewertet werden oder die Merkmale werden nicht länger i zugeschrieben. Es müssen also eine große Zahl von Kognitionen geändert werden. Viel weniger Aufwand sollte aber entstehen, wenn einfach das belief, welches i einem anderen Objekt zuschreibt, geändert wird. Hier wird ja nur *ein* belief geändert.

Fragen mehr fehlende Antworten produzierten als die Fühlen-Fragen. Von den 387 fehlenden Werten, die bei diesen Fragen in den drei Wellen auftraten, sind nur 155 (also 40,05 %) bei den Fühlen-Fragen entstanden. Deutlich ist auch, dass bei den Europa-Fragen mehr Antworten fehlen als bei den anderen Fragen. Je größer die Region, desto mehr fehlende Antworten sind aufgetreten. Außerdem entstand fast die Hälfte (46,51 %) aller fehlenden Werte in der dritten Welle. Es fehlt bisher eine Erklärung für diese Systematiken.

Tabelle III.4: Anzahl der fehlenden Werte bei den Identifikationsindikatoren

	Welle 1	Welle 2	Welle 3	Σ	kum. Häufig.
Fühlen als Leipziger/Erzgebirger	2	3	13	18	18
Fühlen als Sachse	1	7	12	20	38
Fühlen als Ostdeutscher	3	3	15	21	59
Fühlen als Bundesbürger	7	4	18	29	88
Fühlen als Europäer	21	19	27	67	155
Stolz sein, Leipziger/Erzgebirger zu sein	9	3	14	26	181
Stolz sein, Sachse zu sein	12	1	13	26	207
Stolz sein, Ostdeutscher zu sein	17	6	19	42	249
Stolz sein, Bundesbürger zu sein	15	8	21	44	293
Stolz sein, Europäer zu sein	47	19	28	94	387
Σ	134	73	180	387	

Aufgenommen wurden nur die Befragten, die an allen drei Erhebungswellen teilgenommen haben (n=1153)

Insgesamt muss man aber sagen, dass die Fragen wohl eher wenige Probleme bereitet haben. Immerhin beträgt der Stichprobenumfang 1153. Bei diesen 30 Variablen liegen im Durchschnitt 1,12 % fehlende Werte vor. Das ist für sozialwissenschaftliche Verhältnisse sehr wenig.

Eine weitere Frage, die sich in Bezug auf die Formulierung der Indikatoren stellt, ist folgende: *Inwieweit ist es problematisch, den Begriff „Bundesbürger" zu verwenden?* Wäre hier evt. etwas anderes gemessen worden, wenn wir an seiner Stelle den Begriff ‚Deutscher' verwendet hätten? Diese Fragen können mit einer empirischen Bedeutungsanalyse der Begriffe „Bundesbürger" und „Deutscher" beantwortet werden. Dazu haben wir Messinstrumente in die Fragebögen der zweiten und dritten Erhebungswelle aufgenommen. In der zweiten und dritten Welle wollten wir wissen, in welchem Maße die Befragten *Bundesbürgern* und *Deutschen* eine Reihe von positiv und negativ bewerteten Merkmalen zuordneten.

Dazu verwendeten wir ein sog. Semantisches Differential (siehe Abbildung III.3).

Abbildung III.3: Das Semantische Differential für die empirische Bedeutungsanalyse der Begriffe „Bundesbürger" und „Deutscher". Auszug aus dem Fragebogen

200	Wir möchten nun gerne wissen, was Ihnen einfällt, wenn Sie das Wort „Deutscher" hören. Zu diesem Begriff geben wir Ihnen eine Reihe von Eigenschaften vor, z. B.: fleißig oder faul. Wenn Sie z. B. das Wort „Deutscher" hören, denken Sie dann eher an „fleißig" oder „faul"? Oder trifft für Sie eher ein Wert dazwischen zu? Bitte sagen Sie mir jeweils, was für Sie am ehesten zutrifft. *INT: Bitte **Liste 200** vorlegen!*						
200a	aggressiv	☐^{1}	☐^{2}	☐^{3}	☐^{4}	☐^{5}	friedliebend
200b	fleißig	☐^{1}	☐^{2}	☐^{3}	☐^{4}	☐^{5}	faul
200c	solidarisch	☐^{1}	☐^{2}	☐^{3}	☐^{4}	☐^{5}	egoistisch
200d	gehorsam	☐^{1}	☐^{2}	☐^{3}	☐^{4}	☐^{5}	rebellisch

201	Nun möchten wir gerne wissen, was Ihnen einfällt, wenn Sie das Wort „Bundesbürger" hören. Wir geben Ihnen wieder zu diesem Begriff die in der vorigen Frage genannten Eigenschaften vor. Bitte sagen Sie mir wieder jeweils, was für Sie am ehesten zutrifft. *INT: Bitte **Liste 200** liegen lassen!*						
201a	aggressiv	☐^{1}	☐^{2}	☐^{3}	☐^{4}	☐^{5}	friedliebend
201b	fleißig	☐^{1}	☐^{2}	☐^{3}	☐^{4}	☐^{5}	faul
201c	solidarisch	☐^{1}	☐^{2}	☐^{3}	☐^{4}	☐^{5}	egoistisch
201d	gehorsam	☐^{1}	☐^{2}	☐^{3}	☐^{4}	☐^{5}	rebellisch

Wie man sieht, konfrontierten wir die Befragten mit einer Reihe von Gegensatzpaaren. Diese Gegensatzpaare bezogen sich auf Merkmale, die man Menschen zuschreiben kann. Ein Pol war immer die positiv bewertete Ausprägung eines Merkmals. Der jeweilige Gegenpol war die negativ bewertete Ausprägung. Die Befragten wurden gebeten anzugeben, in welchem Maße sie *Bundesbürgern* und *Deutschen* diese Merkmale zuordnen.

Insgesamt zeigt sich, dass es nur geringe Unterschiede gibt. Statistische Tests ergaben zwar, dass diese Unterschiede alle hoch signifikant sind, das ist aber bei einem so hohen Stichprobenumfang nicht verwunderlich.

Betrachten wir einmal die Mittelwerte der Antworten aus der zweiten Erhebungswelle (siehe Tabelle III.5). In der dritten Welle ergab sich ein vergleichbares Bild, weshalb hier auf die Darstellung verzichtet wird.

Tabelle III.5: Auswertung des Semantischen Differentials für die zweite Welle: Arithmetisches Mittel, Standardabweichung, Anzahl der fehlenden Werte und bivariate Korrelationen

	Aggressiv/ friedliebend		fleißig/ faul		solidarisch/ egoistisch		gehorsam/ rebellisch	
	Deutscher	Bundesbürger	Deutscher	Bundesbürger	Deutscher	Bundesbürger	Deutscher	Bundesbürger
arithm. Mittel	3,72	3,59	1,82	2,03	2,46	2,82	2,41	2,69
Standardabw.	,95	,91	,78	,83	,97	1,06	,83	,89
fehl. Werte	12	15	2	7	6	7	14	18
Korrelation	,65		,61		,58		,60	

n=1895

Wie wurden die Variablen kodiert? Niedrige Werte bedeuten, dass die Person den Deutschen bzw. den Bundesbürgern die in Tabelle III.4 erstgenannte Merkmalsausprägung des jeweiligen Gegensatzpaares zuschreibt. Einer Person wurde dann ein hoher Wert zugewiesen, wenn sie den Deutschen bzw. den Bundesbürgern eher die zweite Merkmalsausprägung zuschreibt.

Im Durchschnitt betrachten die Befragten die Deutschen als friedliebender, fleißiger, solidarischer und gehorsamer als die Bundesbürger. Die Unterschiede zwischen den Mittelwerten sind aber nicht sehr groß (aber alle signifikant). Auch bei der Streuung der Variablen gibt es nur geringe Unterschiede.

Es fällt aber auf, dass bei dem Semantischen Differential für die Deutschen etwas weniger fehlende Werte als bei dem Semantischen Differential für die Bundesbürger entstanden sind. Anscheinend fiel das Erste leichter als das Zweite. Aber auch hier gibt es nur geringe Unterschiede.

Was uns vor allem davon überzeugt hat, dass wirklich nur geringe Unterschiede vorliegen, sind die sehr hohen Korrelationen, die in der letzen Zeile der Tabelle berichtet werden. Alle haben einen Wert deutlich über 0,5[57]. Das bedeutet, dass die Befragten den Bundesbürgern und den Deutschen die von uns gefragten Merkmale in einem ähnlich starken Maß zuschreiben. Da laut Fishbeins Attitüden-Theorie (Fishbein und Ajzen 1975) solche Merkmale die Ursache für die *Bewertung* der Bundesbürger und der Deutschen sind, können wir davon ausgehen, dass es keinen großen Unterschied macht, ob man in unseren Indikatoren für die Identifikation mit der Bundesrepublik an Stelle von „Bundesbürger" „Deutsche" schreibt.

---

[57] Bei Faktorenanalysen (Varimax-Rotation) mit den 8 Variablen wurde ein Faktor extrahiert.

3. Die Skalenbildung

Da die beiden von uns verwendeten Indikatoren für die Identifikation mit Regionen wohl dasselbe messen, ist es sinnvoll, die Einzelindikatoren zu Skalen zusammenzufassen. Wir haben deshalb für jede der fünf Regionen die beiden Indikatoren addiert und dann durch 2 dividiert. Die Skalen sind so kodiert, dass hohe Werte eine hohe Identifikation bedeuten. Mit diesen Skalen wurden die Analysen, die weiter unten vorgestellt werden, durchgeführt.

Es stellt sich die Frage, ob diese Skalen weiter zusammengefasst werden können. Aus diesem Grunde haben wir Hauptkomponentenanalysen durchgeführt.

Tabelle III.6: Ergebnisse der Hauptkomponentenanalysen (Varimax-Rotation) mit den 10 Identifikationsindikatoren für alle drei Erhebungswellen

	Welle 1		Welle 2		Welle 3	
	Faktor 1	Faktor 2	Faktor 1	Faktor 2	Faktor 1	Faktor 2
Fühlen als Leipziger/Erzgebirger	,793	,023	,853	,115	,849	,078
Stolz sein, Leipziger /Erzgebirger zu sein	,850	,161	,817	,334	,848	,280
Fühlen als Sachse	,776	,135	,829	,181	,842	,352
Stolz sein, Sachse zu sein	,830	,261	,805	,422	,841	,115
Fühlen als Ostdeutscher	,645	,087	,654	,244	,753	,407
Stolz sein, Ostdeutscher zu sein	,738	,256	,693	,502	,646	,137
Fühlen als Bundesbürger	,095	,777	,162	,779	,289	,861
Stolz sein, Bundesbürger zu sein	,345	,722	,392	,792	,197	,859
Fühlen als Europäer	,040	,842	,206	,843	,035	,794
Stolz sein, Europäer zu sein	,190	,857	,311	,848	,420	,782
Kumulierte erklärte Gesamtvarianz in %	65.260		72.675		72.657	

Aufgenommen wurden nur die 1153 Fälle, die in allen drei Wellen teilgenommen haben.

Dabei ergibt sich ein sehr einheitliches Bild. In allen drei Wellen zeigt sich eine klare Zwei-Faktoren-Struktur. Auf dem ersten Faktor laden die Indikatoren für die Identifikation mit Leipzig bzw. dem Erzgebirge, mit Sachsen und Ostdeutschland. Auf dem zweiten Faktor laden die vier Indikatoren für die Identifikation mit der Bundesrepublik und mit Europa. Dieses Bild zeigt sich ähnlich eindeutig, wenn man die Faktorenanalysen getrennt für die beiden Erhebungsgebiete (Leipzig und Mittleres Erzgebirge) durchführt und wenn man die

Befragten in die Analyse aufnimmt, die nur in der ersten bzw. nur in der ersten und zweite Welle an der Befragung teilgenommen haben.

Anscheinend gibt es zwei Gruppen von Menschen[58]: Die einen – wir nennen sie *Regionalisten* – identifizieren sich stark mit Leipzigern bzw. Erzgebirgern, mit Sachsen und Ostdeutschen. Das sind alles relativ kleine Gruppen. Gleichzeitig identifizieren sie sich weniger stark[59] mit den Bundesbürgern und den Europäern. Die zweite Gruppe identifiziert sich eher mit Bundesbürgern und Europäern und weniger stark mit den kleinen Gruppen. Diese Personen bezeichnen wir als *Kosmopoliten*.

Wir haben auf Grund dieses Ergebnisses zwei weitere Skalen gebildet. Die Regionalismusskala wurde durch Addition der Identifikationsindikatoren für die Leipziger bzw. die Erzgebirger, die Sachsen und die Ostdeutschen erstellt. Die Kosmopolitismusskala wurde dementsprechend durch die Addition der Indikatoren für die Bundesbürger und die Deutschen gebildet. Beide Skalen wurden auf einen Wertebereich zwischen 1 und 5 transformiert und so kodiert, dass hohe Werte einer hohen Identifikation mit den jeweiligen Gruppen entsprechen. Analysen ergaben, dass diese Skalen eine sehr hohe Reliabilität haben. Cronbachs Alpha liegt für die beiden Skalen in allen drei Wellen zwischen 0,87 und 0,91.

4. Wie messen andere Studien die Identifikation mit Regionen?

Es gibt heute eine große Zahl von empirischen Studien zur Identifikation mit Regionen. Leider gibt es aber keine einheitliche Verwendung des Begriffes ‚Identifikation'. Oft wird dieser Begriff – wie hier auch – als eine *Bewertung* definiert (z.B.: Blank und Schmidt 2003, siehe auch Kapitel I des vorliegenden Buches). In anderen Studien wird unter Identifikation hingegen eine Mitgliedschaftsaussage (z.B. „X ist Sachse.") verstanden (z.B.: Ellemers 1993). Das wäre aber eine „unit relation" im Sinne von Heider und *keine* Bewertung. Weiterhin herrscht Uneinigkeit darüber, ob sich die Identifikation auf ein geographisches Gebiet (z.B. „X identifiziert sich mit der Bundesrepublik") oder auf eine Gruppe von Menschen (z.B. „X identifiziert sich mit den Bundesbürgern") bezieht. Zu allem Überfluss gibt es noch eine große Zahl von Publikationen, in denen der Begriff ‚Identifikation' zwar verwendet, aber nicht oder nicht ausreichend

---

[58] Wie gesagt, haben wir mit der Faktorladungsmatrix eine Varimax-Rotation durchgeführt. Dabei sind die Faktoren unabhängig voneinander, was diese Interpretation erlaubt.

[59] Wir zeigen im nächsten Kapitel, dass das nicht bedeutet, dass Regionalisten eine *negative* Einstellung zu Bundesbürgern oder Europäern haben.

klar definiert wird. Noch viel undurchsichtiger ist die Literatur bei der Verwendung der Messinstrumente. Manche Studien verwenden zum Beispiel unsere Indikatoren und messen damit nicht die *Bewertung* einer Region sondern die subjektive *Mitgliedschaft* in der Region. Da eine enge empirische Beziehung zwischen diesen beiden Variablen besteht (siehe oben), ist dieses Vorgehen durchaus vertretbar. Oftmals ist es aber sinnvoll, zwischen der Identifikation und der wahrgenommenen Mitgliedschaft zu unterscheiden, da diese unterschiedliche Folgen haben (siehe Kapitel VII.4, und die Studien von Bollen und Hoyle (1990) sowie Paxton und Moody (2003)).

Wieder andere Forscher verwenden eine sehr große Zahl von Indikatoren – darunter sowohl solche, die eine *Bewertung* als auch solche, die wohl eher die *Mitgliedschaft* in der Region ansprechen.

Im Folgenden werden nicht die verschiedenen Definitionen diskutiert. Das ist eigentlich auch nicht nötig, solange immer klar definiert wird (Opp 1999b; Popper 1994). Es geht uns hier darum, eine Reihe von häufig verwendeten Indikatoren zusammenzutragen. Wir wollen mit einer Bedeutungsanalyse untersuchen, was diese Indikatoren messen könnten und überlegen, ob es zweckmäßig ist, sie zu verwenden, wenn man Identifikation mit einer Region wie in der vorliegenden Untersuchung als eine Bewertung einer sozialen Gruppe definiert. Es ist in diesem Rahmen nicht möglich, alle in der Literatur verwendeten Indikatoren zusammenzutragen. Wir beschränken uns hier vor allem auf relativ aktuelle Studien. Wir werden hier auch eine Reihe von Messinstrumenten vorstellen, die üblicherweise zur Operationalisierung von Begriffen wie „Nationalismus" und „Patriotismus" verwendet werden. Wir halten das für sinnvoll, weil diese Begriffe oft nicht scharf vom Begriff „Identifikation mit einer Nation" getrennt werden. Oft wird auch „Nationalismus" auf die gleiche Weise definiert, wie „Identifikation mit der Bundesrepublik" in der vorliegenden Studie. Oder es wird behauptet, dass Nationalismus und Patriotismus Dimensionen von Identifikation mit einer Nation sind (Blank 2003; Blank und Schmidt 2003; Dekker, Malová und Hoogendoorn 2003).

Worin unterscheiden sich die unterschiedlichen Indikatoren für die Identifikation mit Regionen? Zunächst lassen sie sich danach unterscheiden, auf welche Art von Objekt sie sich beziehen. Zwei Varianten findet man in der Literatur: entweder die Indikatoren beziehen sich auf eine soziale Gruppe (z.B. die Leipziger) oder auf ein geographisches Gebiet (z.B. die Stadt Leipzig). Wie gesagt, sind wir an der Bewertung von sozialen Gruppen interessiert. Da diese beiden Gruppen von Indikatoren aber oft vermischt werden (z.B.: Dekker, Malová und Hoogendoorn 2003), sollen sie hier beide aufgenommen werden.

Zweitens lassen sich die Indikatoren nach analytischen und empirischen Indikatoren unterscheiden (siehe oben). Wie beschrieben, behaupten Wissenschaftler, die empirische Indikatoren verwenden, dass ein empirischer Zusammenhang zwischen dem Phänomen, welches ein empirischer Indikator *direkt* misst, und dem Phänomen, das untersucht werden soll (hier die Bewertung eines Objektes), besteht. Die empirischen Indikatoren lassen sich demnach weiter danach unterscheiden, welches Phänomen mit der Bewertung einer Region hoch korrelieren soll. In der Literatur findet man folgende: Merkmale der Region, die subjektive Mitgliedschaft in der Region, die Salienz der Region, bestimmte soziale Normen und die relative Bewertung der Region.

Außerdem findet man Indikatoren, bei denen nicht klar ist, was sie messen könnten. Tabelle III.7 fasst diese Klassifizierung zusammen. Man erkennt, dass man insgesamt 11 Gruppen von Indikatoren unterscheiden kann. Eine Zelle der Tabelle ist leer. Es ist logisch unmöglich, Mitglied in einem geographischen Gebiet (im Sinne der Mitgliedschaft in einer Gruppe) zu sein. Demzufolge gibt es hierfür auch keine Indikatoren.

Tabelle III.7: Klassifizierung von Indikatoren, die zur Messung der Bewertung von Regionen verwendet werden

	Analytische Indikatoren	Empirische Indikatoren				
		Merkmale	Mitgliedschaft	Salienz	Norm	relative Bewertung
Objekt ist eine soziale Gruppe	(1)	(2)	(3)	(4)	(5)	(6)
Objekt ist ein geographisches Gebiet	(7)	(8)	-	(9)	(10)	(11)

Im Folgenden werden wir Beispiele für Indikatoren der 11 Gruppen zusammentragen und diskutieren. Grundlage für die Einordnung der Indikatoren war auch hier eine Bedeutungsanalyse der in den Indikatoren verwendeten Begriffe (also nicht die Ausführungen der jeweiligen Autoren[60]). Indikatoren, in denen identische Begriffe verwendet wurden, haben wir zusammengefasst.

Beginnen wir mit Gruppe (1) aus Tabelle III.7. Die Indikatoren, die in diese Gruppe fallen, messen die Bewertung einer sozialen Gruppe (z.B. den Deutschen). Es handelt sich um analytische Indikatoren für die Bewertung einer sozialen Gruppe, weil sie Begriffe enthalten, die eine emotionale *Bedeutung* haben. Die Begriffe mit einer emotionalen Bedeutung haben wir in der folgenden Auflistung fett gedruckt.

---

[60] Es muss ohnehin festgestellt werden, dass sich in der Literatur nur in sehr wenigen Fällen Aussagen dazu finden, warum bestimmte Indikatoren verwendet werden.

Es sei an dieser Stelle darauf hingewiesen, dass die Indikatoren 1a bis 1n unterschiedliche Grade der Identifikation mit Regionen messen. Wir hatten zu Beginn dieses Kapitel gezeigt, dass beispielsweise der Stolz-Indikator (1b) eine stärkere Bewertung misst als der Fühlen-Indikator (1a).

(1a) „Wie stark **fühlen** Sie sich als Deutscher?" (Billiet, Maddens und Beerten 2003; Dekker, Malová und Hoogendoorn 2003; Mühler und Opp 2004; Mummendey et al. 1999a; Mummendey et al. 1999b)
(1b) „Wie **stolz** sind Sie, Deutscher zu sein?" (Blank 2003; Blank und Schmidt 2003; Dekker, Malová und Hoogendoorn 2003; Hong et al. 2003; Mühler und Opp 2004)
(1c) „Sind sie mit Ihrer Gemeinde (und ihren Bürgern) **gefühlsmäßig** *stark, ziemlich, wenig gar nicht* **verbunden**" (Allbus 2000; Mühler und Opp 2004; Rippl 2003)
(1d) „I **enjoy** being Dutch" (Dekker, Malová und Hoogendoorn 2003)
(1e) „In general, I **like** the Dutch" (Dekker, Malová und Hoogendoorn 2003)
(1f) „I **feel** I share a common origin with other Dutch people" (Dekker, Malová und Hoogendoorn 2003)
(1g) „I **feel** I am a member of one Dutch **family**" (Dekker, Malová und Hoogendoorn 2003)
(1h) „I **feel** I have Dutch blood" (Dekker, Malová und Hoogendoorn 2003)
(1i) „In general, I do not **feel** comfortable being among Dutch people" (Dekker, Malová und Hoogendoorn 2003)
(1j)[61] „The Netherlands can be **proud** of what it represents" (Dekker, Malová und Hoogendoorn 2003)
(1k) „I am **ashamed** to be Dutch" (Dekker, Malová und Hoogendoorn 2003)
(1l) „The Netherlands should be **ashamed** of what it represents" (Dekker, Malová und Hoogendoorn 2003)
(1m) „In general, I am **disgusted** with the Dutch" (Dekker, Malová und Hoogendoorn 2003)
(1n) „In general, I **hate** the Dutch" (Dekker, Malová und Hoogendoorn 2003)

Bei den Indikatoren 1a bis 1j wird gefragt, ob die Befragten eine Reihe von *positiven* Gefühlen („stolz"; „enjoy"; „like") zu einer Gruppe und deren Mitgliedern haben. Die Indikatoren 1k bis 1n hingegen fragen umgekehrt. Sie enthalten *negative* Gefühle („hate"; „ashamed"; „disgusted"). In dieser Gruppe von Indikatoren sind auch die von uns verwendeten Indikatoren (1a und 1b) enthalten. Diese beiden Indikatoren sind die in der Literatur am häufigsten verwendeten. Besonders der Stolz-Indikator ist in vielen Fragebögen enthalten. Wir haben uns auch deshalb für diese beiden Indikatoren entschieden, weil es einen besseren Vergleich zwischen unseren Ergebnissen und den Ergebnissen anderer Studien ermöglicht (vgl. Lazarsfeld 1959).

Auch die Indikatoren aus Gruppe (7) sind analytische Indikatoren für die Bewertung eines Objektes. Jedoch ist hier das Objekt nicht eine soziale Gruppe, sondern ein geographisches Gebiet. Auch hier haben wir die Begriffe mit einer

---

[61] Es sei darauf hingewiesen, dass Dekker, Malová und Hoogendoorn 1j und 1l zur Messung *verschiedener* Phänomene nutzen. Ist das sinnvoll? Nein, denn die beiden Indikatoren unterscheiden sich nur in dem Attribut, dass einer Gruppe zugeschrieben wird. Hinzukommt, dass diese beiden Attribute in einer logischen Beziehung zueinander stehen: sie sind Gegensätze. Man erkennt also durch eine Bedeutungsanalyse der Begriffe in den Indikatoren, dass hier das *gleiche* Phänomen gemessen wird.

emotionalen Bedeutung fett gedruckt. Wie bei Gruppe (1) werden sowohl positive (7a bis 7h) als auch negative Bewertungen (7i und 7j) verwendet.

(7a)	„Wie **verbunden fühlen** Sie sich mit den alten Bundesländern"(DJS 2004)
(7b)	„I **love** my Vaterland …" (Blank 2003)
(7c)	„I **feel** that the Netherlands is my country" (Dekker, Malová und Hoogendoorn 2003)
(7d)	„I **like** the Netherlands" (Dekker, Malová und Hoogendoorn 2003)
(7e)	„I do **feel at home** in the Netherlands" (Dekker, Malová und Hoogendoorn 2003)
(7f)	„I **feel** that the Netherlands is my country" (Dekker, Malová und Hoogendoorn 2003)
(7g)	„I am **enthusiastic** about …" (Bollen und Hoyle 1990)
(7h)	„I am **happy** to live in …" (Bollen und Hoyle 1990)
(7i)	„I am **disgusted** with the Netherlands" (Dekker, Malová und Hoogendoorn 2003)
(7j)	„I **hate** the Netherlands" (Dekker, Malová und Hoogendoorn 2003)

Wie gesagt, hat die vorliegende Studie *nicht* das Ziel, die Bewertung von geographischen Gebieten (z.B. Holland) zu untersuchen. Könnte es aber sinnvoll sein, diese Indikatoren als *empirische* Indikatoren für die Bewertung von *sozialen Gruppen* (z.B. den Holländern) zu verwenden? Das würde dann sinnvoll sein, wenn ein starker empirischer Zusammenhang zwischen der Bewertung des geographischen Gebietes und der dort ansässigen sozialen Gruppe besteht. Unser Fragebogen enthält in der zweiten und dritten Welle auch Indikatoren für die Bewertung von geographischen Gebieten. Im Folgenden sollen diese genutzt werden, um nach empirischen Hinweisen auf solche Zusammenhänge zu suchen.

Wir fragten, ob die Regionen Europa, Bundesrepublik, Ostdeutschland, Sachsen und Leipzig bzw. das Erzgebirge als *Heimat* bezeichnet werden (siehe Abbildung III.4). Welche Bedeutung hat dabei der Begriff *Heimat*? Wir gehen davon aus, dass die Befragten nur solche geographischen Gebiete als ihre Heimat bezeichnen, in denen sie leben oder eine längere Zeit gelebt haben. Außerdem impliziert der Begriff Heimat eine positive Bewertung des Gebiets. Wenn also eine von uns befragte Person angibt, dass z.B. Sachsen ihre Heimat ist, dann lebt oder lebte diese Person eine längere Zeit in Sachsen und sie bewertet dieses Gebiet positiv.

Betrachten wir zunächst die Verteilung der Heimat-Indikatoren. Dazu haben wir die Indikatoren auf einen Wertebereich zwischen 1 und 5 transformiert. Hohe Werte bedeuten, dass die Befragten das jeweilige Gebiet in hohem Maße als ihre Heimat bezeichnen. Um die Ergebnisse aus den beiden Wellen vergleichen zu können, haben wir bei den folgenden Analysen die Fälle ausgewählt, die in allen drei Wellen teilgenommen haben. Wir haben getestet, ob diese Entscheidung Einfluss auf die Ergebnisse hat: Das ist nicht der Fall. Tabelle III.8 fasst die wichtigsten Verteilungsmaße zusammen.

Abbildung III.4: Die Heimat-Indikatoren

202	Angenommen, jemand fragt Sie nach Ihrer Heimat. Inwieweit würden Sie zustimmen, dass Europa, die Bundesrepublik, Ostdeutschland, Sachsen oder Leipzig/Erzgebirge Ihre Heimat ist? INT: *Bitte* **Liste 300** *vorlegen!*				
	stimme voll zu	stimme eher zu	teils/teils	stimme eher nicht zu	stimme überhaupt nicht zu
202a Europa	☐¹	☐²	☐³	☐⁴	☐⁵
202b Bundesrepublik	☐¹	☐²	☐³	☐⁴	☐⁵
202c Ostdeutschland	☐¹	☐²	☐³	☐⁴	☐⁵
202d Sachsen	☐¹	☐²	☐³	☐⁴	☐⁵
202e Leipzig/ Erzgebirge	☐¹	☐²	☐³	☐⁴	☐⁵

Die fünf Variablen haben in beiden Wellen ein-gipflige Verteilungen. Betrachten wir deshalb zunächst die arithmetischen Mittel der Variablen (siehe Spalten 1 und 2). In beiden Wellen finden sich sehr hohe Mittelwerte. Bei den kleinsten Gebieten (Leipzig bzw. Erzgebirge) haben die Befragten in der zweiten Welle im Durchschnitt einen Wert von 4,61 angegeben. Das ist sehr nah an der Skalenobergrenze. Weiterhin zeigt sich, dass in beiden Wellen der Mittelwert umso kleiner ist, je größer das Gebiet ist. Mit anderen Worten: Je kleiner das Gebiet ist, desto mehr wird das Gebiet als Heimat bezeichnet. Das ist insofern interessant, als die kleinen Gebiete ja Teile der großen sind. Anscheinend werden aber kleine Gebiete eher als Heimat bezeichnet. Die Unterschiede zwischen den Wellen sind gering. Signifikante Unterschiede (t-Test) finden sich hier nur bei den Heimat-Fragen für die Bundesrepublik und Europa (gekennzeichnet durch die Sternchen in Spalte 2 von Tabelle III.8).

Die Variablen haben eine relativ geringe Streuung (siehe die Spalten 3 und 4). Eine Streuung von 0,75 bei der Frage, ob Leipzig bzw. das Erzgebirge als die Heimat bezeichnet wird (Welle 2), bedeutet, dass die durchschnittliche Abweichung vom Mittelwert nur 0,75 Skalenpunkte beträgt. Die Streuung steigt mit der Größe der Region. Auch hier gibt es nur geringe Unterschiede zwischen den beiden Erhebungswellen.

Die hohen Mittelwerte deuten bereits darauf hin, dass die Variablen extrem schief verteilt sind (siehe die Spalten 5 und 6). Alle Variablen haben eine negative Schiefe und sind somit rechtssteil verteilt. Diese Schiefe ist umso größer, je kleiner die Region ist.

Tabelle III.8: Deskriptive Statistik für die Heimat-Indikatoren (Welle 2 und 3)

Heimat ist ...	Mittelwert		Standard-abweichung		Schiefe (Standardfehler)		Stabilität
	Welle 1 Spalte 1	Welle 2 Spalte 2	Welle 1 Spalte 3	Welle 2 Spalte 4	Welle 1 Spalte 5	Welle 2 Spalte 6	(r) Spalte 7
Leipzig/ Erzgebirge	4,61	4,64	,75	,68	-2,20 (,07)	-2,16 (,07)	,58**
Sachsen	4,47	4,45	,78	,74	-1,75 (,07)	-1,52 (,07)	,50**
Ostdeutschland	4,15	4,11	,85	,87	-1,06 (,07)	-1,62 (,07)	,38**
Bundesrepublik	3,76	3,64*	,83	,85	-,46 (,07)	-,47 (,07)	,40**
Europa	3,19	3,09**	1,12	1,21	-,39 (,07)	-,28 (,07)	,56**

Die Variablen haben einen Wertebereich zwischen 1 und 5. Je höher die Werte, desto eher bezeichnen die Befragten die jeweilige Region als ihre Heimat.
Es wurden nur die Befragten aufgenommen, die in allen drei Wellen teilgenommen haben.

In Spalte 7 wird die bivariate Korrelation zwischen den Indikatoren aus Welle 2 und 3 berichtet (zur Diskussion des pearsonschen Korrelationskoeffizienten als Stabilitätsmaß siehe: Kessler und Greenberg 1981). Die Koeffizienten nehmen Werte zwischen 0,38 und 0,58 an. Das sind im Vergleich zu anderen Variablen in unserem Fragebogen keine besonders hohen Stabilitäten. Das zeigt, dass die Zuschreibung des Attributes ‚Heimat' zu einem Gebiet variabel ist. Ein Gebiet wird also nicht immer in gleichem Maße als Heimat bezeichnet. Die sinkenden Mittelwerte bei den Heimat-Indikatoren für die Bundesrepublik und Europa deuten darauf hin, dass die Zuschreibung des Attributes ‚Heimat' nicht nur von der Zeit abhängt, die Menschen in einer Region leben[62]. Das stützt unsere Annahme über die Bedeutung, die unsere Befragten dem Begriff ‚Heimat' zuschreiben.

Diese einfachen Analysen zeigen, dass die hier gewählte Formulierung der Heimat-Frage unzweckmäßig ist. Die extrem hohe Schiefe bei den Indikatoren für die kleinen Regionen und ihre geringe Streuung führen zu erheblichen Problemen bei der Datenanalyse[63]. Für zukünftige Untersuchungen sollte die Frage also umformuliert oder auf andere Indikatoren zurückgegriffen werden.

Betrachten wir nun die Korrelationen zwischen den Heimat-Indikatoren und den Identifikationsskalen. In Tabelle III.9 werden die Korrelationskoeffi-

---

[62] Zwischen den beiden Wellen ist ein Jahr vergangen. Somit haben alle Befragten ein weiteres Jahr in der jeweiligen Region gelebt. Würde die Zuschreibung des Attributes ‚Heimat' nur von der Dauer des Aufenthalts in der Region abhängen, müssten die Mittelwerte ansteigen.
[63] Zu deskriptiven Analysen der Identifikationsskalen siehe Kapitel IV.

zienten berichtet. Der erste Wert in einer Zelle ist der Koeffizient für die zweite Welle. Der zweite Wert ist der entsprechende Wert in der dritten Welle. Die Koeffizienten der jeweils zusammengehörenden Region bzw. Gruppe sind fett gedruckt. Alle Korrelationen haben signifikant von Null unterschiedliche Koeffizienten und ein positives Vorzeichen. Die fett gedruckten Werte nehmen Werte zwischen 0,50 und 0,76 an und sind jeweils die größten in ihrer Zeile und Spalte. In einem vergleichbaren Wertebereich liegen auch die Korrelationen zwischen den Einzelindikatoren für die Identifikation (siehe Tabelle III.2). Das alles spricht deutlich für eine Verwendung von Heimat-Fragen als empirische Indikatoren für regionale Identifikation.

Tabelle III.9: Korrelationen zwischen den Identifikationsskalen und den Heimat-Indikatoren für die Wellen 2 und 3

Heimat-Indikatoren	Identifikationsskalen				
	Leipziger/ Erzgebirger	Sachse	Ostdeutscher	Bundes- bürger	Europäer
Leipzig/Erzgebirge	**,66 / ,72**	,55 / ,63	,40 / ,43	,30 / ,32	,26 / ,28
Sachsen	,54 / ,54	**,59 / ,62**	,43 / ,43	,28 / ,30	,23 / ,28
Ostdeutschland	,35 / ,30	,39 / ,39	**,50 / ,59**	,23 / ,21	,20 / ,28
Bundesrepublik	,25 / ,09	,29 / ,17	,23 / ,14	**,51 / ,58**	,38 / ,48
Europa	,35 / ,34	,39 / ,40	,39 / ,40	,53 / ,55	**,68 / ,76**

Es wurden nur die Befragten aufgenommen, die in allen drei Wellen teilgenommen haben.

Außerdem liegt die Korrelation zwischen dem Heimat-Indikator für die Region Sachsen und dem Indikator für die subjektive Stärke der Mitgliedschaft in der Region in der zweiten Welle bei 0,41 und in der dritten 0,24. Auch das entspricht ungefähr den Korrelationen der Identifikationsskala mit dieser Variable (siehe Tabelle III.3).

Gleiche Ergebnisse zeigen sich, wenn man diese Korrelationen zwischen den Einzelindikatoren für die Identifikation (siehe Abbildung III.1) und den Heimat-Indikatoren berechnet.

Bringt man die fünf Identifikationsskalen und die fünf Heimat-Indikatoren einer Welle in eine Faktorenanalyse ein, dann zeigt sich die schon vorn beschriebene Faktorenstruktur[64] (siehe Tabelle III.6). Auf dem ersten Faktor laden die Variablen mit Bezug auf Leipzig/Erzgebirge, Sachsen und Ostdeutschland. Auf dem zweiten laden die Bundesrepublik- und Europa-Variablen. In Erhebungswelle 2 erklären die beiden Faktoren 67,2 % der Gesamtvarianz, in Welle 3 sind es 67,8 %.

---

[64] In der zweiten Welle mussten dabei zwei Faktoren erzwungen werden. Das Ergebnis nach Kaiser-Kriterium zeigte 3 Faktoren und war nicht klar interpretierbar.

Wir haben daraufhin Faktorenanalysen getrennt für die Regionen Leipzig/Erzgebirge, Sachsen und Ostdeutschland einerseits und für die Bundesrepublik und Europa andererseits durchgeführt. In beiden Analysen und in beiden Wellen wurde bei Kaiser-Normalisierung nur ein Faktor extrahiert. Es besteht also ein sehr enger Zusammenhang zwischen den Variablen.

Fassen wir die Ergebnisse zu den Indikatoren aus der Gruppe 7 zusammen. Wir hatten die Frage aufgeworfen, ob Indikatoren, welche die Bewertung von geographischen Gebieten abfragen, ein zweckmäßiger empirischer Indikator für die Identifikation mit regionalen Gruppen sind. Unsere empirischen Analysen ergaben, dass das durchaus der Fall ist. Die Korrelationsanalysen zeigen, dass die Heimat-Indikatoren und die Identifikationsskalen eng miteinander zusammenhängen. Das kann mehrere Ursachen haben. Erstens könnte es sein, dass die Bewertung von geographischen Gebieten und die Identifikation mit regionalen Gruppen eng kausal miteinander verbunden sind. Zweitens könnte es sein, dass beide Phänomene gleiche Ursachen haben. Die dritte Möglichkeit ist, dass die Befragten bei der Beantwortung einfach keinen Unterschied zwischen geographischen Gebieten und regionalen Gruppen machen. Viertens könnte der Zusammenhang auf hohe Messfehlerkorrelationen zurückgeführt werden. Wir können hier nicht abschließend klären, was davon der Fall ist. Die durchgeführten Faktorenanalysen scheinen aber die dritte Interpretation zu stützen, denn bei den anderen Ursachen, sollten Faktorenanalysen die beiden Phänomene trotzdem trennen können.

Wir haben die Heimat-Indikatoren trotzdem nicht zur Messung der Identifikation mit regionalen Gruppen verwendet. Zum Ersten deshalb, weil die Heimat-Indikatoren nur in der zweiten und dritten Welle im Fragebogen enthalten waren. Zweitens hatten wir auf die extrem schiefe Verteilung der Indikatoren hingewiesen. Da unsere Identifikationsindikatoren ohnehin recht schief verteilt sind, hätte eine Aufnahme der Heimat-Indikatoren unsere statistischen Analysen deutlich erschwert.

Kommen wir nun zu den restlichen Gruppen von Indikatoren (siehe Tabelle III.7). Alle Messinstrumente, die nun noch vorgestellt werden, sind empirische Indikatoren: es wird also ein empirisch testbarer Zusammenhang zwischen dem, was der Indikator misst, und der Identifikation mit der jeweiligen Region angenommen. Wir werden deshalb mit einer Bedeutungsanalyse der in den Indikatoren enthaltenen Begriffe feststellen, was sie messen und dann überlegen, welcher Zusammenhang zwischen dem, was die Indikatoren messen, und der Identifikation mit Regionen besteht. Leider finden sich in der Literatur keine Aussagen dazu, warum solche Zusammenhänge vorliegen könnten[65].

Beginnen wir mit Gruppe (2) aus Tabelle III.7. Diese Indikatoren messen die Bewertung einer Reihe von Merkmalen, welche die Befragten sozialen

---

[65] Implizit müssen die unterschiedlichen Autoren aber solche Zusammenhänge postulieren, sonst würden sie nicht diese Indikatoren verwenden.

Gruppen zuordnen. Hier wurden die in den Indikatoren angesprochenen Merkmale fett gedruckt.

(2a) „If our neighbours of the former Eastern bloc accepted more of **what we do here**, they would be better off." (Weiss 2003)

(2b) „On the German **history** I am ..." (1: not proud at all; 5: very proud) (Blank 2003; Mummendey, Klink und Brown 2001)

(2c) „On the German **success in sport** I am ..." (1: not proud at all; 5: very proud) (Allbus 2000; Blank 2003; Blank und Schmidt 2003; Mummendey, Klink und Brown 2001)

(2d) „On the German **democratic institutions** I am ..." (1: not proud at all; 5: very proud) (Allbus 2000; Blank 2003; Coenders und Scheepers 2003)

(2e) „The **moral** of the Germans should be a role model for other nations" (Blank und Schmidt 2003)

(2f) „I like the Dutch **language**" (Dekker, Malová und Hoogendoorn 2003)

(2g) „I am proud of what the Dutch **people have done**" (Dekker, Malová und Hoogendoorn 2003)

(2h) „Wie stolz sind Sie persönlich auf das **politische System** und die **demokratischen Institutionen** Deutschlands." (Blank und Schmidt 2003; Mummendey, Klink und Brown 2001)

(2i) „Wie stolz sind Sie persönlich auf den **politischen Einfluss** Deutschlands in der Welt." (Coenders und Scheepers 2003; Mummendey, Klink und Brown 2001)

(2j) „Wie stolz sind Sie persönlich auf die **wirtschaftlichen Erfolge** Deutschlands." (Allbus 2000; Mummendey, Klink und Brown 2001)

(2k) „Wie stolz sind Sie persönlich auf die **sozialstaatlichen Leistungen** in Deutschland." (Allbus 2000; Blank 2003; Blank und Schmidt 2003; Mummendey, Klink und Brown 2001)

(2l) „Wie stolz sind Sie persönlich auf die **technischen und wissenschaftlichen Erfolge** Deutschlands." (Coenders und Scheepers 2003; Mummendey, Klink und Brown 2001)

(2m) „Wie stolz sind Sie persönlich auf die deutsche **Kultur**." (Allbus 2000; Mummendey, Klink und Brown 2001)

(2n) „Wie stolz sind Sie persönlich auf den toleranten **Umgang mit Minderheiten** in Deutschland." (Mummendey, Klink und Brown 2001)

(2o) „Wie stolz sind Sie persönlich auf **Bürgerinitiativen** in Deutschland." (Mummendey, Klink und Brown 2001)

(2p) „Wie stolz sind Sie persönlich auf die **Spendenbereitschaft** der Deutschen." (Mummendey, Klink und Brown 2001)

(2q) „Wie stolz sind Sie persönlich auf die **Toleranz** innerhalb unserer Gesellschaft." (Mummendey, Klink und Brown 2001)

(2r) „Wie stolz sind Sie persönlich auf die **politischen Mitbestimmungsmöglichkeiten**". (Blank 2003; Blank und Schmidt 2003; Mummendey, Klink und Brown 2001)

(2s) „Do you„**get tears in [your] eyes** while seeing the Basque flag being hoisted at a sports ceremony"(Dekker, Malová und Hoogendoorn 2003)

(2t) „On the Germany is **No. 1 in Europe** I am ..." (1: not proud at all; 5: very proud) (Blank 2003)

(2u) „Due to Germany's **economic superiority**, we rightly dominate international decisions" (1:fully disagree;7: fully agree) (Blank und Schmidt 2003)

(2v) „I am ashamed of what the Dutch **people have done**" (Dekker, Malová und Hoogendoorn 2003)

Bei vielen dieser Indikatoren ist nicht klar, ob sie sich auf eine soziale Gruppe oder auf ein geographisches Gebiet beziehen. Beispielsweise fragen Mummendey et al. (2001) nach dem Stolz auf die „wirtschaftlichen Erfolge Deutschlands" (Indikator 2j). Dieser Indikator bezieht sich auf ein geographisches Gebiet und nicht auf eine Gruppe. Jedoch kann ein geographisches Gebiet nicht wirtschaftlich erfolgreich sein. Das ist eindeutig das Merkmal einer Gruppe[66].

Die Items 2a bis 2v behaupten implizit, dass bestimmte Merkmale einer Gruppe zugeschrieben werden können. Sie messen dann die Bewertung dieser Merkmale. Ist es sinnvoll, diese Indikatoren zur Messung der Bewertung von Gruppen zu verwenden? Wie gesagt, ist es dann sinnvoll, wenn ein starker Zusammenhang zwischen dem gemessenen Phänomen (hier die Bewertung von Merkmalen wie der Geschichte einer Gruppe) und dem zu messenden Begriff (hier der Bewertung der Gruppe) besteht. Aus der Attituden-Theorie von Fishbein (Fishbein und Ajzen 1975; siehe auch: Jonsson 1998; Lüdemann 2000a)[67] folgt, dass eine Beziehung vorliegt. Fishbein behauptet, dass Menschen immer dann eine Einstellung (also eine Bewertung) zu einem Objekt entwickeln, wenn sie dem Objekt eine Reihe von Merkmalen zuschreiben. Ob die jeweilige Person eine positive oder negative Einstellung zu dem Objekt entwickelt, hängt davon ab, wie die Merkmale bewertet werden. Ordnet eine Person dem Objekt eine Reihe von positiv bewerteten Merkmalen zu, dann wird die Person eine positive Einstellung gegenüber dem Objekt entwickeln.

Ein kleines Beispiel: Herr Müller ist großer Fußballfan. Eines Tages liest er in der Zeitung, dass sein Fußballklub einen neuen Trainer bestimmt hat. Zunächst hat Herr Müller keine Informationen über diesen. Somit kann er auch keine Einstellung zu dieser Person haben. In der Folgezeit werden aber einige Informationen verbreitet: Der neue Trainer ist in der gleichen Stadt geboren wie Herr Müller, er hat zwei Kinder, und ist von Beruf Arzt. Das sind alles Merkmale, die von Herrn Müller positiv bewertet werden. Unterstellt man, dass diese Merkmale salient für die Einstellungsbildung von Herrn Müller sind, dann ist zu erwarten, dass Herr Müller eine positive Einstellung zum neuen Trainer haben wird.

Fishbein behauptet also einen Zusammenhang zwischen der Bewertung eines Objektes und der Bewertung von Merkmalen, die dem ersten Objekt zugeschrieben werden. Es handelt sich hier um eine häufig getestete Theorie, die sich im Großen und Ganzen gut bewährt hat (Jonsson 1998; Lüdemann 2000a). Somit ist es durchaus sinnvoll, diese Indikatoren zu verwenden.

Trotzdem kommen diese Indikatoren für uns nicht in Frage. Warum? Ein Ziel unserer Untersuchung soll es sein, Ursachen für die Bewertung von Regionen zu finden und unsere Thesen dazu zu testen. Wenn Fishbeins Theorie stimmt (und das nimmt man an, wenn man diese Indikatoren verwendet), dann sollte man die Bewertung von einzelnen Merkmalen, die Regionen zugeschrie-

---

[66] Merkmale eines geographischen Gebiets wären beispielsweise eine schöne Landschaft.
[67] Fishbein nennt seinen Ansatz nicht eine Theorie, sondern eine Definition. Dem folgen wir nicht. Wir verstehen seine Aussagen als empirische Sätze.

ben werden, getrennt von der Bewertung der Region erheben. Würde man die Bewertung einer Region mit ihren Ursachen messen und dann Zusammenhänge zwischen der Bewertung der Region und diesen Ursachen testen, würde man analytische Beziehungen testen. Das macht keinen Sinn. Aber es gilt: Es ist vom Ziel der Untersuchung abhängig, ob man diese Indikatoren verwenden sollte.

Auch in unserem Fragebogen ist eine Batterie von Fragen enthalten, welche in diese Gruppe von Tabelle III.7 einzuordnen sind. Wir haben aber erstens getrennt erhoben, in welchem Maße die Befragten einer sozialen Gruppe eine Reihe von Merkmalen zuschreiben und wie diese Merkmale bewertet werden. Das ist bei den Fragen 2a bis 2v nicht der Fall. Zweitens haben wir diese Fragen nicht zur Messung der Identifikation mit einer Gruppe verwendet, sondern haben sie als eine Ursache regionaler Identifikation verstanden (siehe Kapitel VI).

Wie sieht es mit der dritten Gruppe aus? Diese Indikatoren messen die Stärke der subjektiven Mitgliedschaft in einer sozialen Gruppe. Sie messen also, in welchem Ausmaß sich die Befragten ein Merkmal zuschreiben. Das ist ein „belief" im Sinne von Fishbein (siehe oben). Bei den Indikatoren 3a und 3d ist nicht ganz klar, ob wirklich eine Mitgliedschaft gemessen wird, da das Wort „feel" enthalten ist. Wegen der Begriffe „belonging" und „member" haben wir diese Indikatoren in die dritte Gruppe eingeordnet.

(3a) „Würden Sie sich als typischen Sachsen bezeichnen" (Mühler und Opp 2004; Mummendey, Klink und Brown 2001)
(3b) „I consider myself as belonging to the East Germans" (Mummendey et al. 1999a)
(3c) „I feel a sense of belonging to ..." (Bollen und Hoyle 1990)
(3d) „I feel that I am a member of the ... community." (Bollen und Hoyle 1990)
(3e) „I see myself as part of the ... community." (Bollen und Hoyle 1990)

Wie oben gezeigt wurde (siehe Abbildung III.2), besteht ein Zusammenhang zwischen der subjektiven Mitgliedschaft in einer Gruppe und der Bewertung der Gruppe. Somit handelt es sich bei der dritten Gruppe um relativ gute Indikatoren. Aber auch hier gibt es Theorien, die behaupten, dass die subjektive Mitgliedschaft in einer Gruppe eine *Wirkung* auf die Bewertung der Gruppe hat (siehe vorn). Will man die Bewertung der Gruppe erklären, dann ist es nicht sinnvoll, diese Indikatoren zu verwenden.

Zu den Indikatoren der Gruppe (4): Diese beiden Indikatoren enthalten den Begriff „important". Er deutet darauf hin, dass hier die *Salienz* einer Gruppenmitgliedschaft gemessen wird (Fishbein und Ajzen 1975; Mühler und Opp 2004). Eine Gruppenmitgliedschaft wird dann als salient bezeichnet, wenn sie in einer Situation die Entscheidung eines Menschen beeinflusst[68]. Meint eine

---

[68] Beeinflusst werden können die Präferenzen, die Wahrnehmung von Restriktionen und die Wahl der Entscheidungsregel, die bei der Handlungswahl herangezogen werden. (vgl. Diekmann und Voss 2004).

Person, dass ihr eine bestimmte Gruppenmitgliedschaft *nicht wichtig* ist, dann hat diese Gruppenmitgliedschaft auch keinen Einfluss auf Entscheidungen, welche die Person trifft.

(4a) „For me, the fact that I am a Citizen of the Federal Republic of Germany is ..." (1: not **important** at all; 7: very important) (Blank 2003; Blank und Schmidt 2003)
(4b) „It is **important** to me to be a German" (Mühler und Opp 2004; Mummendey, Klink und Brown 2001)

Warum können die Indikatoren 4a und 4b zur Messung der Bewertung von Gruppen verwendet werden? Wir halten folgende Annahme für plausibel: Je höher Menschen eine soziale Gruppe bewerten, desto salienter ist diese Gruppe für sie. Somit nehmen wir an, dass die Bewertung einer Gruppe einen Einfluss darauf hat, ob die Mitgliedschaft in der Gruppe in Entscheidungen berücksichtigt wird. Ist dieser Zusammenhang ausreichend eng (korrelieren die beiden Variablen hoch miteinander), dann sind die Indikatoren 4a und 4b gute Indikatoren für die Bewertung der Gruppe.

Trotzdem lassen sich zwei Einwände finden. Zum Ersten wird angenommen, dass die Salienz von Gruppenmitgliedschaften situational unterschiedlich ist. Ein Beispiel: Herr Müller ist großer Fußballfan. Spiele seiner Vereinsmannschaft und der deutschen Nationalmannschaft schaut er immer live im Stadion an. Wenn er nun gerade ein Revierderby zwischen seiner Vereinsmannschaft und einem anderen Team anschaut, dann ist zu erwarten, dass für Herrn Müller die Mitgliedschaft in seinem Verein salient ist. Seine Nationalität ist in diesem Moment eher unwichtig, obwohl er seine Nation trotzdem hoch bewertet. Anders ist es, wenn Herr Müller ein Spiel der Nationalmannschaft besucht. Hier feuert er auch deutsche Spieler an, die sonst in einem gegnerischen Verein spielen. Das würde er beim Revierderby nie tun. Bei einem Spiel der Nationalmannschaft ist aber nicht die Mitgliedschaft im Verein, sondern die Nationalität salient.

Man erkennt: Die Salienz einer Gruppenmitgliedschaft ist situational unterschiedlich, was die Bewertung einer Gruppe nicht ist. Somit ist der Zusammenhang zwischen Salienz und Bewertung einer Gruppe situational unterschiedlich. Nicht in jeder Situation ist eine hoch bewertete Gruppe auch salient. Man benötigt deshalb zusätzliche Annahmen darüber, wie stark der Zusammenhang in der Befragungssituation ist.

Ein zweiter Nachteil kann Folgender sein. Eine Gruppenmitgliedschaft wird dann als salient bezeichnet, wenn sie auf irgendeine Weise eine Entscheidung, die eine Person trifft, beeinflusst. Es ist deshalb zu erwarten, dass die Bewertung einer Gruppe nur dann Folgen auf das Handeln einer Person hat, wenn die Mitgliedschaft in dieser Gruppe gerade salient ist (Mühler und Opp 2004). Somit ist die Salienz einer Gruppenmitgliedschaft eine zentrale Variable, wenn man die Folgen der Bewertung der Gruppe untersuchen möchte. In diesem Fall ist es also unzweckmäßig, wenn man die Bewertung der Gruppe mit Indikatoren zur Messung der Salienz misst. Dieses Argument gegen die Verwendung der Indikatoren 4a und 4b gilt nur dann, wenn man, wie wir, Folgen der Bewertung einer Gruppe untersuchen möchte.

Die folgenden Indikatoren der Gruppe (5) fragen, in welchem Maße die Befragten bestimmten Soll-Aussagen zustimmen. Sie messen also eine soziale Norm (Opp 2001). Anscheinend gehen die Autoren, die solche Indikatoren verwenden, davon aus, dass Menschen, die eine bestimmte Gruppe hoch bewerten, auch bestimmte Normen akzeptieren. In welchem Maße die Befragten diese Normen akzeptieren, wird dann gemessen. Auch dieses Vorgehen ist nur dann gerechtfertigt, wenn ein ausreichend starker Zusammenhang zwischen diesen Normen und der Bewertung der Region besteht. Ob dieser Zusammenhang ausreichend eng ist, sollte zunächst empirisch getestet werden. Unseres Wissens gibt es bisher keine empirischen Studien, die einen engen Zusammenhang finden konnten.

(5a) „It is the foremost **duty** of each youth to honor the national history and its heritage" (Weiss 2003)
(5b) „Because of our important historical experiences we **should** have more to say in international affairs" (Weiss 2003)
(5c) „All the Dutch **should** live in the Netherlands" (Dekker, Malová und Hoogendoorn 2003)
(5d) „The non-Dutch living in the Netherlands **should** leave the Netherlands" (Dekker, Malová und Hoogendoorn 2003)
(5e) „The Dutch **should** not mix with other nationalities" (Dekker, Malová und Hoogendoorn 2003)
(5f) „Flanders, that part of Belgium where people speak Dutch, **should** unite with the Netherlands" (Dekker, Malová und Hoogendoorn 2003)

Auch die folgenden Indikatoren der sechsten Gruppe messen die Bewertung einer sozialen Gruppe nicht direkt. Sie unterscheiden sich von den analytischen Indikatoren dadurch, dass sie eigentlich nicht die Höhe der Bewertung einer Gruppe messen, sondern vielmehr Vergleiche mit anderen Gruppen anstellen. Sie messen also nicht die *absolute* Bewertung der Gruppe, sondern die *relative*.

(6a) „I **prefer** being a Dutch citizen more than any other citizenship in the world" (Dekker, Malová und Hoogendoorn 2003)
(6b) „In general, I **prefer** to have Dutch people for my personal contacts more than people from other countries" (Dekker, Malová und Hoogendoorn 2003)
(6c) „In general, I **like** Dutch people more than people from other countries" (Dekker, Malová und Hoogendoorn 2003)
(6d) „The Durch nationality is the **best** nationality to have" (Dekker, Malová und Hoogendoorn 2003)
(6e) „In general, Dutch people are **better** than other nationalities" (Dekker, Malová und Hoogendoorn 2003)
(6f) „In general, Dutch people are the **best** people to have for my personal contacts" (Dekker, Malová und Hoogendoorn 2003)

(6g) „I would **rather** be a Citizen of [country] than of any other country in the world" (Coenders und Scheepers 2003)

(6h) „The world would be a **better** place if people from other countries were more like the [nationality]" (Coenders und Scheepers 2003)

Verwendet man diese Indikatoren zur Messung der *absoluten* Bewertung von Gruppen, dann muss man annehmen, dass es einen Zusammenhang zwischen relativer und absoluter Bewertung gibt. Betrachten wir beispielhaft den Indikator 6a: Wir halten es hier durchaus für möglich, dass manche Personen nicht angeben, dass sie ihre Staatsbürgerschaft jeder anderen vorziehen und gleichzeitig eine hohe Bewertung der Eigengruppe (bei 6a den Niederländern) haben. Das wäre genau dann der Fall, wenn die befragte Person mindestens eine Gruppe gleichhoch wie ihre Eigengruppe bewertet. Auch diese Indikatoren sind also nur bedingt nutzbar.

In der dritten Erhebungswelle haben wir folgende Frage gestellt:

„Wenn Sie alles zusammen betrachten, was Sie an Sachsen gut oder schlecht finden, meinen Sie dann, dass die Sachsen den Angehörigen anderer Regionen überlegen sind?"

Die 5 Antwortmöglichkeiten reichten von „auf jeden Fall überlegen" bis „auf keinen Fall überlegen". Diese Frage haben wir auch in Bezug auf „die Deutschen" gestellt. Diese Instrumente messen die *relative* Bewertung einer Gruppe und sind vergleichbar mit den Indikatoren 6a bis 6h. Wenn die Indikatoren 6a bis 6h zweckmäßige Indikatoren für die *absolute* Bewertung einer Gruppe sind, dann müssten unsere Überlegenheitsfragen hoch mit den Identifikationsskalen korrelieren. Tabelle III.10 zeigt diese Korrelationen. Die Überlegenheitsfragen wurden so kodiert, dass hohe Werte bedeuten, dass die befragte Person die jeweilige Gruppe als „auf jeden Fall überlegen" ansieht.

Tabelle III.10: Bivariate Korrelationen der Überlegenheitsindikatoren für die Sachsen und die Deutschen mit den entsprechenden Identifikationsskalen

	Überlegenheitsfragen	
	Sachsen	Deutsche
Identifikation mit Sachsen	,109**	,008
Identifikation mit den Bundesbürgern	-,035	,015

n ≥ 1126

Die Korrelationskoeffizienten zwischen den Überlegenheitsindikatoren und den Identifikationsskalen sind sehr gering. Für die Fragen nach den Deutschen unterscheiden sich die Koeffizienten nicht einmal signifikant von Null. Wir gehen somit davon aus, dass kein ausreichend starker Zusammenhang zwischen der relativen und der absoluten Bewertung einer Gruppe besteht. Es ist also nicht sinnvoll, Interviewfragen, die die relative Bewertung einer Gruppe erfragen, zur Messung der absoluten Bewertung einer Gruppe zu verwenden.

Die Gruppen (8) bis (11) aus Tabelle III.7 bestehen auch aus empirischen Indikatoren. Sie beziehen sich aber alle auf ein geographisches Gebiet und nicht auf eine soziale Gruppe. Der Indikator 8a misst die Wohnzufriedenheit in einem geographischen Gebiet. Laut der schon vorgestellten Attitüden-Theorie von Fishbein wird hier eine Ursache für die Bewertung des Gebietes gemessen. Die Indikatoren 9a und 9b messen die Salienz eines geographischen Gebietes. Darauf deutet der Begriff „means" hin. 10a bis 10c messen wieder, ob die Befragten bestimmte Normen akzeptieren. Diese Normen beziehen sich im Gegensatz zu den Indikatoren der Gruppe (5) auf ein geographisches Gebiet. Aber auch hier kann man darüber streiten, ob nicht doch ein Bezug auf eine soziale Gruppe vorliegt! Die Indikatoren der Gruppe (11) messen die relative Bewertung eines geographischen Gebietes.

(8a)   „Wie gut finden Sie es, hier in Sachsen zu **wohnen**?" (Mühler und Opp 2004)
(9a)   „To have an inner obligation to Germany **means** to me …" (1: absolutely nothing; 7: a lot) (Blank 2003)
(9b)   „For me, to have an **inner tie** to Germany **means** …" (1: nothing at all; 7: very much) (Blank und Schmidt 2003)
(10a) „People **should support** their country even if the country is in the wrong" (Coenders und Scheepers 2003)
(10b) „One **should only help** other countries if this is to the advantage of one's own country" (Weiss 2003)
(10c) „International cooperation with other countries overburdens the Netherlands and, therefore, **should** be stopped" (Dekker, Malová und Hoogendoorn 2003)
(11a) „I **prefer** to live in the Netherlands more than in any other country" (Dekker, Malová und Hoogendoorn 2003)
(11b) „The Netherlands is the **best** country in which to live" (Dekker, Malová und Hoogendoorn 2003)
(11c) „For me, Germany is the **best** country in the world" (Blank und Schmidt 2003)
(11d) „… is one of the best cities in the nation" (Bollen und Hoyle 1990)

Diese Indikatoren beziehen sich alle auf ein geographisches Gebiet und nicht auf eine soziale Gruppe. Außerdem haben sie die gleichen Schwächen, wie die empirischen Indikatoren mit Bezug auf eine soziale Gruppe, die in Tabelle III.7 jeweils in der gleichen Spalte aufgenommen sind. Aus diesen Gründen gehen wir davon aus, dass die Indikatoren der Gruppen (8) bis (11) für unsere Untersuchung nicht zweckmäßig sind.

Das lässt sich auch empirisch stützen. In der ersten Erhebungswelle enthielt unser Fragebogen den Indikator 8a. Es gab 5 Antwortmöglichkeiten von „sehr gut" bis „sehr schlecht". Diese Frage wurde auch für Leipzig bzw. das Erzgebirge gestellt. Beide Indikatoren wurden so kodiert, dass hohe Werte einer hohen Wohnzufriedenheit entsprechen. Die beiden Indikatoren korrelieren zwar positiv mit den Identifikationsskalen für die jeweilige Region. Die Korrelation zwischen dem Indikator 8a und der Identifikationsskala für Sachsen beträgt 0,42. Die entsprechende Korrelation für Leipzig/Erzgebirge beträgt 0,47. Diese beiden Korrelationen sind aber deutlich geringer als die Korrelationen zwischen den Identifikationsskalen und den Heimatindikatoren (siehe Tabelle III.9). Es handelt sich um relativ schlechte Indikatoren.

Wir haben weiterhin eine Faktorenanalyse mit diesen beiden Variablen und den Einzelindikatoren für die Identifikation mit den Sachsen und den Leipzigern bzw. Erzgebirgern durchgeführt. Das Ergebnis wird in Tabelle III.11 berichtet.

Tabelle III.11: Ergebnisse der Hauptkomponentenanalysen (Varimax-Rotation) mit den Identifikationsindikatoren und den „Finden-Indikatoren" für Sachsen und Leipzig/Erzgebirge (nur erste Welle)

	Faktor 1	Faktor 2
Stolz sein, Sachse zu sein	,880	,137
Stolz sein, Leipziger/Erzgebirger zu sein	,871	,183
Fühlen als Sachse	,812	,238
Fühlen als Leipziger/Erzgebirger	,782	,343
Wie finden Sie es, hier in Leipzig/Erzgeb. zu wohnen?	,215	,882
Wie finden Sie es, hier in Sachsen zu wohnen?	,219	,870
kumulierte erklärte Gesamtvarianz in %	77,68	

n = 2946

Bei der Faktorenanalyse mit Kaiser-Normalisierung wurden zwei klar trennbare Faktoren extrahiert. Auf dem ersten laden die Indikatoren mit einem Bezug auf eine soziale Gruppe. Auf den zweiten laden die Indikatoren mit Bezug auf ein geographisches Gebiet. Auch das war bei den Analysen mit den Heimatindikatoren anders. Dort ergab sich, wie berichtet, nur ein Faktor. Somit entschieden wir uns auch gegen den Indikator 8a.

Damit haben wir alle 11 Gruppen von Indikatoren aus Tabelle III.7 behandelt. Alle diese Indikatoren sind unserer Ansicht nach mehr oder weniger gut in der Lage, die Identifikation mit Regionen zu messen. Leider findet man auch eine Reihe von Indikatoren die absolut unzweckmäßig sind. Auch dafür sollen einige Beispiele genannt werden.

Ein Indikator, der sehr häufig verwendet wird, ist folgender:

(u1) „Wie stark **identifizieren** Sie sich mit Land/Gruppe?" (Hong et al. 2003; Mummendey et al. 1999a; Mummendey, Klink und Brown 2001; Mummendey et al. 1999b)

Wir halten es nicht für sinnvoll, diesen Indikator zur Messung der Identifikation mit Regionen zu verwenden. Wir halten es für unwahrscheinlich, dass die Befragten dem Begriff „identifizieren" eine einheitliche Bedeutung zuschreiben. Man muss sich vor Augen halten, dass nicht einmal in der Wissenschaft eine einheitliche Verwendung dieses Begriffes vorhanden ist. Es ist generell nicht sinnvoll, Fremdwörter in Fragebögen zu verwenden.

Die Indikatoren u2 und u3 werden von Blank und Schmidt zur Messung von *Patriotismus* verwendet (eine ausführliche Kritik des Ansatzes von Blank und Schmidt findet sich bei Mäs (2005)). Sie definieren Patriotismus als eine Form von Identifikation mit einer Nation. Diese soll eine „overall positive **emotion** toward the nation"(Blank und Schmidt 2003, S. 290, Hervorhebung: M. Mäs) sein. Es handelt sich also um die Definition, die wir auch verwenden. Bei Patriotismus[69] ist die Nation „not idealized, but instead **evaluated** from the basis of a critical conscience" (Blank und Schmidt 2003, S. 292, Hervorhebung: M. Mäs). Patriotismus wird von Blank und Schmidt also auch als eine Bewertung definiert.

(u2) „When I criticize the Federal Republic of Germany, I do that out of allegiance to my country" (1: totally disagree; 7: totally agree) (Blank und Schmidt 2003)

(u3) „If one feels allegiant to one's country, one should strive to mend its problems" (1:totally disagree; 7: totally agree) (Blank und Schmidt 2003)

Diese Indikatoren messen aber *nicht* die Bewertung einer Nation. Sie messen wahrscheinlich, *warum* die Befragten ihre Nation kritisieren. Angenommen eine Person identifiziert sich stark mit ihrer Nation und kritisiert diese sehr häufig, weil sie unzufrieden mit der momentan amtierenden Regierung ist. Eine solche Person würde beispielsweise bei Indikator u2 nicht zustimmen, obwohl sie sich stark mit der Nation identifiziert. Wir halten daher diese Indikatoren für nicht zweckmäßig zur Messung einer Bewertung.

Auch der Indikator u4 ist von Blank und Schmidt:

(u4) „I **appreciate** the German democratic system very much, but I am **willing to criticize** it in order to achieve further improvement" (1: totally disagree; 7: totally agree) (Blank und Schmidt 2003)

Der erste Teil dieses Indikators kann als analytischer Indikator für die Bewertung des deutschen „democratic system" verwendet werden. Der zweite Teil misst jedoch ein anderes Phänomen. Dieser Indikator ist schon deshalb nicht

---

[69] Patriotismus und Nationalismus werden von Blank und Schmidt als zwei Formen von Identifikation mit einer Nation verstanden. Dabei bilden Patriotismus und Nationalismus zwei Pole *einer Skala*. Eigenartiger Weise verwenden die Autoren für die Pole der Skala getrennte Messinstrumente (gleiches Vorgehen bei: Dekker, Malová and Hoogendoorn 2003). Das macht natürlich keinen Sinn. Beispielsweise misst man das Alter von Menschen auch nur mit einem Messinstrument und erstellt nicht für die Alten ein anderes Messinstrument als für die Jungen.

verwendbar, weil er zwei Behauptungen enthält und weil nicht klar ist, auf welche der Behauptungen sich die Antworten der Befragten beziehen.

5. Zusammenfassung zur Messung der Identifikation mit Regionen

Zur Messung der Identifikation mit Regionen haben wir zwei Indikatoren verwendet. Zum Ersten fragten wir, wie stark die Befragten sich z.B. als Sachse fühlen. Zweitens fragten wir, wie stolz sie sind, z.B. Sachse zu sein. Wir gehen davon aus, dass es sich hierbei um analytische Indikatoren handelt. Das bedeutet, dass die Begriffe „sich fühlen als" und „stolz sein" die gleiche Bedeutung haben wie der Begriff „Identifikation". Alle beziehen sich auf eine Bewertung. Wir haben empirische Hinweise darauf präsentiert, dass die befragten Personen den Begriffen aus den Indikatoren auch diese Bedeutung zuschreiben. Somit gehen wir davon aus, dass die Indikatoren auch wirklich die Identifikation mit Regionen, wie sie in Kapitel I definiert wurde, messen.

Für die statistischen Analysen, die in den folgenden Kapiteln vorgestellt werden, haben wir den Fühlen-Indikator und den Stolz-Indikator für die jeweilige Region addiert und durch zwei dividiert. Faktorenanalysen ergaben, dass die Identifikationsskalen für die Regionen Leipzig/Erzgebirge, Sachsen, Ostdeutschland, Bundesrepublik und Europa weiter zusammengefasst werden können. Wir bildeten eine Regionalismus-Skala, indem wir die Skalen für die Regionen Leipzig/Erzgebirge, Sachsen und Ostedeutschland addierten und durch drei dividierten. Die Kosmopolitismusskala entstand durch Addition der Skalen für die Bundesrepublik und Europa und Division durch zwei.

In Kapitel III.4 haben wir eine große Zahl von Indikatoren, die in anderen Studien verwendet wurden, zusammengetragen und klassifiziert. Es zeigte sich jedoch, dass ein großer Teil dieser Indikatoren für uns wenig brauchbar war. Meist war der Grund, dass es sich um empirische Indikatoren handelte und für deren Verwendung empirische Hypothesen notwendig sind. Diese Thesen wollen wir jedoch entweder selbst testen, oder wir halten die Zusammenhänge, die in diesen Thesen postuliert werden, für nicht eng genug, um sie zur Bildung von empirischen Indikatoren zu verwenden.

6. Das Vorgehen beim Test der Hypothesen

Wie in Kapitel II.2 beschrieben wurde, ist es sinnvoll, zur Analyse von Paneldaten, Mehrgleichungsmodelle zu schätzen. Im diesem Abschnitt wollen wir beschreiben, wie wir beim Schätzen unserer Mehrgleichungsmodelle vorgegangen sind. Wir haben alle unsere Modelle mit LISREL 8.5 erstellt.

Prinzipiell sind wir so vorgegangen, dass wir zunächst nur Zusammenhänge zwischen zwei Variablen untersucht haben. Das bedeutet, wir haben Mehrgleichungsmodelle erstellt, in denen zwei Variablen, die jeweils zu drei Zeitpunkten gemessen wurden, aufgenommen wurden. Eine der beiden Variablen war immer die jeweilige abhängige Variable der hergeleiteten Hypothesen.

Dieses Modell wurde dann schrittweise um weitere unabhängige Variablen erweitert. Dabei wurden immer auch Effekte zwischen den unabhängigen Variablen aufgenommen. Das geschah immer auf der Grundlage von theoretischen Überlegungen, auch wenn diese aus Platzgründen nicht immer dargelegt werden.

Dieses Vorgehen wird als „bottom-up"-Ansatz bezeichnet, weil man das Modell schrittweise um zusätzliche Variablen erweitert. Im Gegensatz dazu könnte man auch zu erst ein Modell mit allen Variablen schätzen und dann nach und nach alle insignifikanten Effekte entfernen. Dieses Vorgehen entspräche dem „top-down"-Ansatz. Bei Mehrgleichungsmodellen ist es aber in der Regel nicht möglich, nach dem „top-down"-Ansatz vorzugehen, weil ein Modell mit allen möglichen Effekten zwischen den Variablen nicht identifiziert – also nicht berechenbar – ist.

Der Nachteil des „bottom-up"-Ansatzes ist, dass die ersten Modelle, die man schätzt, nur wenige Variablen beinhalten und mit hoher Wahrscheinlichkeit fehlspezifiziert sind. Somit sind die Schätzer für die Koeffizienten verzerrt. Man entscheidet aber auf Grundlage dieser Schätzer, welche Effekte im Modell verbleiben, bevor man weitere Variablen aufnimmt. Man trifft diese Entscheidungen also auf einer schlechten Grundlage.

Wir haben deshalb immer wieder getestet, ob plausible Effekte, die einmal aus einem Modell genommen wurden, auch in späteren Modellen insignifikant waren[70]. Außerdem haben wir am Ende der Analysen Stabilitätsuntersuchungen durchgeführt. Damit testeten wir, ob einmal entfernte Effekte im Endmodell doch wieder signifikant waren.

Um das Endmodell zu erhalten, mussten also eine Vielzahl von Einzelmodellen geschätzt werden. Beim Schätzen jedes Mehrgleichungsmodells sind wir immer in zwei Schritten vorgegangen.

---

[70] Außerdem verwendeten wir die von LISREL ausgegebenen „Modification Indizes" als Hinweise darauf, welche einmal entfernten Effekte in späteren Modellen doch wieder aufgenommen werden sollten.

Schritt 1: „cross-lagged-Modelle"

Als erstes haben wir immer so genannte „cross-lagged-Modelle" geschätzt. Das sind Modelle, in denen nur Effekte zwischen Variablen, die zu unterschiedlichen Zeitpunkten gemessen wurden, enthalten sind.

Abbildung III.5: Die allgemeine Form eines „cross-lagged-Modells"

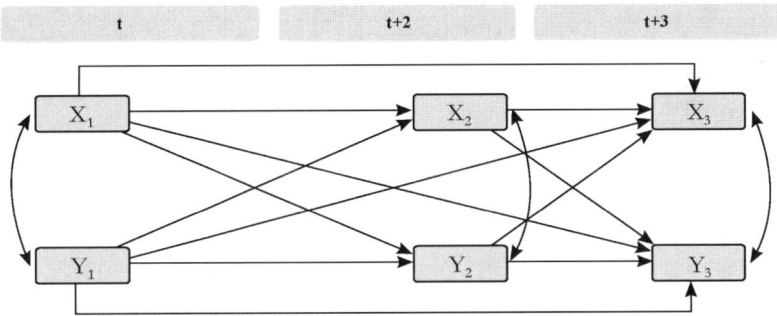

Abbildung III.5 zeigt ein „cross-lagged-Modell" mit zwei Variablen (X und Y), die zu drei Zeitpunkten gemessen wurden. In diesem Modell sind zum einen die Stabilitäten der Variablen (siehe die waagerechten Pfeile) und zum Zweiten die zeitverzögerten Effekte der Variablen (siehe die diagonalen Pfeile) aufgenommen. Außerdem sind Korrelationen zwischen den Fehlertermen der vier endogenen Variablen enthalten (symbolisiert durch die Doppelpfeile[71]). Die Variablen der ersten Welle sind als reine exogene Variablen aufgenommen. Sie werden also nicht erklärt. Der Grund dafür ist, dass durch dieses Vorgehen die Modelle identifiziert sind (siehe Kapitel II.2).

Nachdem ein „cross-lagged-Modell" geschätzt war, wurden schrittweise alle insignifikanten Effekte und Korrelationen entfernt. Die verbliebenen zeitverzögerten Effekte erlauben die in Kapitel II.2 beschriebene dynamische Interpretation der Koeffizienten, da die endogenen Variablen immer durch eine zeitverzögerte Variable erklärt werden.

„Cross-lagged-Modelle" haben die Besonderheit, dass die enthaltenen Effekte auf keinen Fall in umgekehrter Richtung verlaufen können, da die abhängigen Variablen der verschiedenen Gleichungen zeitlich später gemessen

---

[71] Auch diese Effekte wurden nur aufgenommen, wenn sie theoretisch begründbar und das Vorzeichen der Koeffizienten plausibel war.

wurden als die unabhängigen Variablen. Das heißt aber nicht, dass ein signifikanter Effekt in einem „cross-lagged-Modell" auch wirklich vorliegt. Es könnte unter anderem sein, dass der Effekt von X_2 auf Y_3 nur deshalb vorliegt, weil der Effekt von X_3 auf Y_3 nicht im Modell enthalten ist.

Schritt 2: Aufnahme der simultanen Effekte

„Cross-lagged-Modelle" beruhen auf der sehr strikten Annahme, dass keine simultanen Effekte vorliegen. Damit nimmt man an, dass der kausale Effekt, den eine Variable hat, eine relativ langfristige Wirkung hat. Oftmals zeigen sich Wirkungen aber schon nach sehr kurzer Zeit. Da zwischen den Erhebungswellen unserer Untersuchung relativ viel Zeit verging (mindestens ein Jahr) können solche Effekte mit unseren Daten nicht als zeitverzögerte Effekte modelliert werden.

Folgendes Beispiel zeigt aber, wie mit diesem Problem umgegangen werden kann. Betrachten wir dazu Abbildung III.6. Nehmen wir an, dass die beiden Variablen X und Y zu den Zeitpunkten t1 und t3 gemessen wurden (gemessene Variablen sind in Abbildung III.6 von einem Viereck eingerahmt).

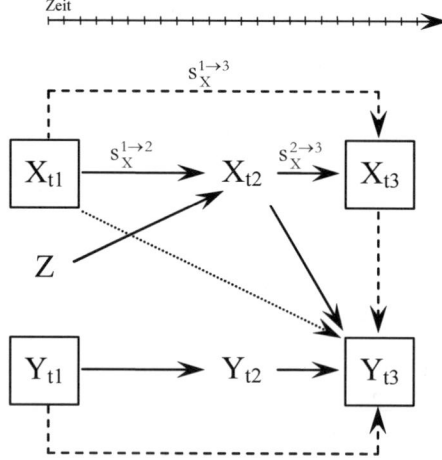

Abbildung III.6: Die Modellierung von sehr kurzfristigen Effekten

Nehmen wir außerdem an, dass die Variable X zum Zeitpunkt t_2 (an dem nicht gemessen wurde) durch die Variable Z beeinflusst wird und sich ändert. Somit ist die Stabilität von X ($s_X^{1\to 2}$) kleiner als 1. Nehmen wir weiter an, dass die Änderung von X einen kausalen Effekt auf Y zum Zeitpunkt t_3 hat. Faktisch liegen also die Effekte von Abbildung III.6 vor, die durch durchgezogene Pfeile dargestellt sind. Würden wir nun einen zeitverzögerten Effekt zwischen X_{t1} und Y_{t3} testen (siehe den gepunkteten Pfeil), dann sollte sich kein signifikanter Effekt finden. Man könnte daraus schließen, dass X keinen Effekt auf Y hat. Wie wir wissen, wäre das eine falsche Interpretation, denn dieses Ergebnis ist darauf zurückzuführen, dass die Messzeitpunkte falsch gewählt wurden.

Man kann sich dann aber folgendermaßen behelfen. Wenn die Zeit, die zwischen t_2 und t_3 verstrichen ist, relativ kurz ist, dann ist damit zu rechnen, dass sich X in dieser Zeit nur wenig verändert hat. Somit sollte $s_X^{2\to 3}$ nahe 1 sein. Ist das der Fall, dann sollte sich ein signifikanter simultaner Effekt von X auf Y zu t_3 (siehe den vertikalen gestrichelten Pfeil in Abbildung VIII.2) finden lassen. Wir gehen deshalb davon aus, dass wir kurzfristige zeitverzögerte Wirkungen durch simultane Effekte modellieren können.

Deshalb haben wir im nächsten Schritt simultane Effekte zwischen den Variablen der zweiten und dritten Welle in die statistischen Modelle aufgenommen. Dabei haben wir zunächst immer Effekte in der kausalen Richtung aufgenommen, die von den hergeleiteten Hypothesen oder anderen theoretischen Überlegungen vorhergesagt wurden. Wieder haben wir alle insignifikanten Effekte entfernt.

Danach haben wir untersucht, ob simultane Effekte in der umgekehrten kausalen Richtung vorliegen. Wieder wurden nur die Effekte im Modell belassen, die laut t-Test signifikant waren.

Das Modell, das entstand, wurde nun, wie oben beschrieben, um eine weitere Variable erweitert. Dazu fügten wir zunächst wieder „cross-lagged-Effekte" zwischen den Variablen ein (Schritt 1) und erweiterten dann um simultane Effekte (Schritt 2).

Welche Bedeutung hatten die Fit-Indizes beim Schätzen der Modelle? Fit-Indizes messen, wie gut die im Modell enthaltenen Thesen mit den empirischen Daten übereinstimmen. In den folgenden Kapiteln berichten wir zum einen den P-Wert des χ^2. Dieser misst die Anpassung der vom theoretischen Modell vorhergesagten Korrelationsmatrix an die durch die Maximum-Likelihood-Schätzung ausgegebene Korrelationsmatrix. Ein Modell wird üblicherweise dann akzeptiert, wenn P einen Wert über 0,5 annimmt. Der P-Wert hat jedoch einige Nachteile. Zum Ersten unterschätzt er die Güte von Modellen mit vielen Variablen. Da wir teilweise sehr komplexe Modelle geschätzt haben, konnten wir den P-Wert also oft nicht interpretieren. Außerdem beruht die Berechnung von χ^2 und damit auch P auf einer Reihe von Annahmen, die meist nicht erfüllt sind. Vor allem wird angenommen, dass die Variablen im Modell eine Normalverteilung besitzen. Das ist nicht immer der Fall.

Als zweites berichten wir den RMSEA (Root Mean Square Error of Approximation). RMSEA ist ein Maß für die Menge an nicht erklärter Varianz im Modell. Er ist vergleichbar mit dem Standardfehler in der Regressionsanalyse. Nimmt RMSEA einen Wert unter 0,05 an, spricht man von einem guten Modell.

Die Güte des Gesamtmodells war bei unseren Analysen aber zweitrangig, da die Fit-Indizes beim Test von einzelnen Thesen oft keine sinnvollen Aussagen erlauben. Zum Ersten ist es in Modellen, in denen eine große Zahl von Variablen enthalten ist, oft der Fall, dass sich die Fit-Indizes durch die Hinzunahme eines weiteren Effektes verbessern, selbst wenn dieser neue Effekt nicht signifikant ist. Es kommt auch das Gegenteil vor – nämlich, dass ein neu aufgenommener Effekt zwar signifikant ist, aber die Fit-Indizes schlechter sind als in einem Modell ohne diesen Effekt. Es ist sogar möglich, ein in Bezug auf die Fit-Indizes perfektes Modell zu erstellen – auch wenn dieses Modell fast nur aus insignifikanten Effekten besteht. Zweitens kommt hinzu, dass Modelle, in denen unterschiedliche Effekte aufgenommen sind, identische Fit-Indizes haben können (MacCallum et al. 1993). Fit-Indizes sind also als *alleinige* Entscheidungsgrundlage ungeeignet.

Wir achteten vor allem darauf, dass alle Effekte in einem Modell plausibel sind[72], dass alle enthaltenen Effekte signifikant ($p < 0{,}05$) sind und dass das Modell nicht durch Aufnahme weiterer signifikanter Effekte erweiterbar ist. Die Erfahrung lehrt, dass Modelle, die diese Forderungen erfüllen, in der Regel auch einen guten Gesamt-Fit haben.

---

[72] Unplausibel sind zum Beispiel Effekte einer Variablen aus der dritten Erhebungswelle auf eine Variable aus einer der Vorwellen.

IV. Die Veränderung der Identifikation im Zeitablauf[73]

Wie haben sich die verschiedenen regionalen und überregionalen Identifikationen, die Gegenstand dieses Buches sind, im Zeitablauf verändert? Ist z.B. die Identifikation mit Europa in den Jahren 2000, 2002 und 2003 – also zu den Erhebungszeitpunkten unserer Panelstudie – gestiegen, wie man vielleicht aufgrund der fortschreitenden Einigung Europas erwarten könnte? Oder fand eine Verringerung der Identifikation mit Europa statt, da viele Bürger zumindest bestimmten Aspekten der Vereinigung – z.b. der EU-Erweiterung – eher skeptisch gegenüberstehen? Solche Fragen sind Gegenstand dieses Kapitel. Dabei wird der Schwerpunkt auf der *Beschreibung* der Veränderungen und nicht auf deren Erklärung liegen. Ein Grund ist, dass die Erklärung der vielen Veränderungen (oder auch Stabilitäten), die beschrieben werden, sehr umfangreich werden würde. Weiter wären zur Erklärung der Veränderungen Hypothesen erforderlich, die aber erst später in diesem Buch entwickelt werden. Trotzdem glauben wir, dass die Beschreibung der Veränderungen der verschiedenen Arten der Identifikation auch ohne detaillierte theoretische Erklärung von Interesse ist.

1. Mögliche Arten der Veränderung von Identifikationen

Man kann vier Arten der Veränderung unterscheiden. (1) Erstens ist die durchschnittliche Veränderung der Identifikationen von Interesse. Wir fragen also, wie sich die Mittelwerte der einzelnen Identifikationen zwischen 2000 und 2003 verändert haben.

(2) Diese Art der Veränderung sagt nichts über die Änderungen bei einzelnen Individuen. So könnte die Identifikation mit Leipzig zwischen 2000 und 2002 relativ stabil gewesen sein, aber bei den Individuen könnten starke Veränderungen stattgefunden haben: bei vielen Individuen könnte die Identifikation stark gesunken, bei anderen stark gestiegen sein, so dass sich die individuellen Veränderungen kompensieren. Dies würde zu stabilen Mittelwerten führen – bei starken individuellen Veränderungen. Man wird sich also mit der Berechnung von Mittelwertänderungen nicht begnügen, sondern auch untersuchen, wie sich die Identifikationen bei den Individuen geändert haben. Wie man dabei vorgeht, werden wir in Abschnitt 3 zeigen.

---

[73] Verfasst von Karl-Dieter Opp.

(3) Weiter untersuchen wir, wie die Identifikationen im Zeitablauf korrelieren. Gilt z.B., dass diejenigen, die sich im Jahre 2000 stark mit Leipzig identifizieren, sich auch im Jahre 2002 relativ stark identifizieren? Entsprechend sind die bivariaten Korrelationen von Interesse.

(4) Gehen wir einmal davon aus, Identifikationen korrelieren positiv miteinander. Dies ist, wie wir sahen, bei unseren Daten der Fall. Die Beantwortung folgender Frage ist von Interesse. Angenommen, eine bestimmte Identifikation ist bei einer Person B im Jahre 2000 um eine Einheit höher als bei einer Person A. Um wie viel stärker ist die Identifikation bei B im Jahre 2002? Hier geht es also um das Steigungsmaß der Identifikation.

Abbildung IV.1: Zwei Arten der Veränderung von Identifikation

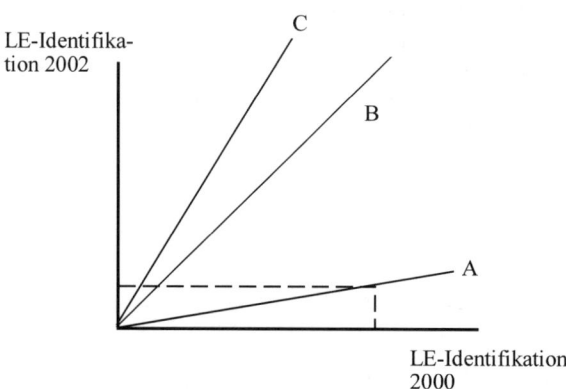

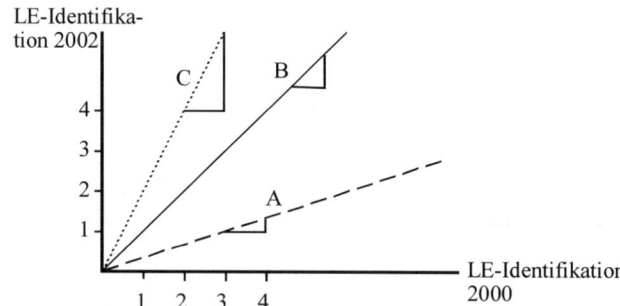

Die genannten Unterschiede in den Veränderungen seien an Abbildung IV. 1 erläutert. Angenommen, die Korrelation von LE-Identifikation 2002 und 2003 beträgt 1. Die Punkte für die Befragten liegen auf der Linie A in der folgenden oberen Abbildung IV.1. In diesem Beispiel ist Identifikation 2002 für jeden Befragten niedriger als 2000. Nun sei wieder angenommen, die Korrelation der beiden Identifikationsvariablen betrage 1, aber die Punkte liegen auf Linie B. Hier sind die beiden Identifikationen 2000 und 2002 identisch. Wiederum sei die Korrelation der beiden Identifikationen 1 - dieses Mal sollen die Punkte auf Linie C liegen. Die Identifikation 2002 ist jetzt größer als die von 2000. Die Abbildung illustriert folgenden generellen Sachverhalt: Korrelationskoeffizienten sagen nur: Je größer (kleiner) der Wert einer Variablen zu einem bestimmten Zeitpunkt ist, desto größer (kleiner) ist der Wert zu einem anderen Zeitpunkt. Sie sagen nicht, *wie stark* sich der Wert einer abhängigen Variablen ändert, wenn der Wert der unabhängigen Variablen um eine Einheit steigt oder sinkt.

Betrachten wir nun die untere Graphik von Abbildung IV.1. Bei der Linie B sei das Steigungsmaß 1. B = 1 bedeutet also: wenn eine Person B eine um eine Einheit höhere Identifikation im Jahre 2000 als eine andere Person A hat, dann hat B im Jahre 2002 ebenfalls eine um eine Einheit höhere Identifikation.

B < 1 bedeutet (siehe Linie A): wenn eine Person B eine um eine Einheit höhere Identifikation im Jahre 2000 als eine andere Person A hat, dann hat B im Jahre 2002 eine um weniger als eine Einheit höhere Identifikation.

B > 1 bedeutet (siehe Linie C): wenn eine Person B eine um eine Einheit höhere Identifikation im Jahre 2000 als eine andere Person A hat, dann hat B im Jahre 2002 eine um mehr als eine Einheit höhere Identifikation.

Wir betrachten im Folgenden alle vier Möglichkeiten der Veränderungen. Wir beginnen mit den Mittelwerten.

2. Die Veränderung der Mittelwerte der Identifikationen im Zeitablauf

Wir haben folgende Arten von Identifikation unterschieden (siehe Kapitel III): Identifikation mit Leipzig oder dem Mittleren Erzgebirgskreis (abgekürzt: LE-Identifikation), mit Sachsen, mit Ostdeutschland, mit Deutschland und mit Europa. Die drei ersten Identifikationen haben wir zusammengefasst in der Skala „Regionalismus", die Identifikation mit Deutschland und Europa bilden die Skala „Kosmopolitismus". Wie haben sich die Mittelwerte dieser Identifikationen im Zeitablauf verändert?

Betrachten wir zuerst die Mittelwertänderungen der drei Identifikationen, die wir als Regionalismus bezeichnet haben. Der erste oberste Balken in der folgenden Abbildung IV.2 bezeichnet den Mittelwert von 2000, es folgen die Mittelwerte von 2002 und 2003. Vergleicht man die Länge der Balken je Identifikation, dann zeigt sich, dass die Balken ungefähr gleich lang sind. So entwickelt sich die LE-Identifikation von durchschnittlich 4,22 (2000) zu 4,19 (2002) und 4,25 (2003). Ähnlich geringe Veränderungen finden wir auch für die Identifikation mit Sachsen, Ostdeutschland und Deutschland. Lediglich die Identifikation mit Europa steigt von 2000 zu 2002 relativ stark an, und zwar von 2,69 auf 2,92; sie bleibt auf diesem Niveau 2003 (2,89). Ausgehend vom Jahr 2000 beträgt der Anstieg bis 2002 immerhin um ca. 8 %. Nur die Identifikation mit Europa ist also bei unseren Befragten leicht gestiegen.

Abbildung IV.2: Mittelwertveränderungen der Identifikationen

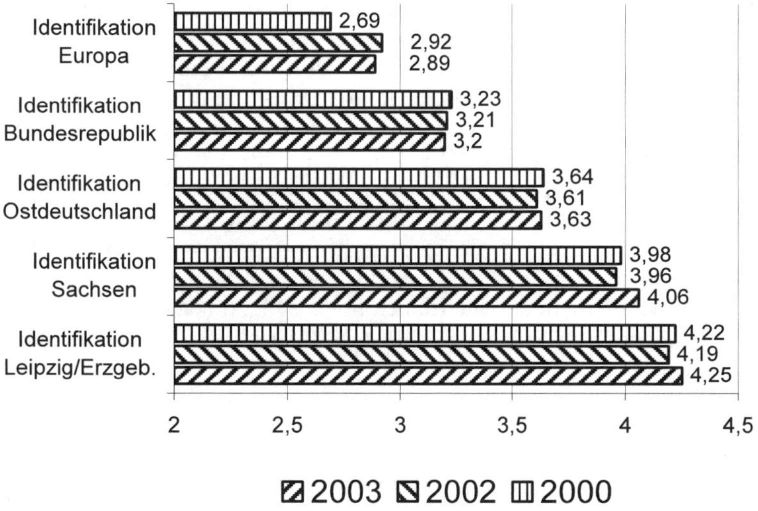

Identifikation	2000	2002	2003
Europa	2,69	2,92	2,89
Bundesrepublik	3,23	3,21	3,2
Ostdeutschland	3,64	3,61	3,63
Sachsen	3,98	3,96	4,06
Leipzig/Erzgeb.	4,22	4,19	4,25

▨ 2003 ▧ 2002 ⊞ 2000

Bemerkenswert ist, dass insgesamt der Mittelwert der Identifikationen mit der Größe der Einheit sinkt. Am stärksten identifizieren sich Personen also mit ihrer unmittelbaren Umgebung, nämlich mit Leipzig oder dem Mittleren Erzgebirgskreis; am geringsten ist die Identifikation mit Europa.

Ein weiterer Befund ist von Interesse. Der Zeitabstand von Welle 1 zu Welle 2 betrug zwei Jahre, der von Welle 2 zu Welle 3 ein Jahr. Man könnte nun vermuten, dass die Mittelwertänderungen von Welle 1 zu Welle 2 größer als von Welle 2 zu Welle 3 sind. Der Grund könnte sein, dass in einem längeren Zeitabstand mehr passiert, so dass die Veränderungen auch relativ groß sind. Ein Blick auf Abbildung IV.2 zeigt jedoch, dass ein solcher Zusammenhang nicht besteht.

3. Befragtenspezifische Veränderungen der Identifikation

Wie berechnet man die Veränderung der Identifikation bei den Befragten zwischen zwei Wellen? Wir erläutern dies am Beispiel der Tabelle IV.1. Hier werden die individuellen Veränderungen der Identifikation mit Europa zwischen Welle 1 und Welle 2 dargestellt. In der ersten Spalte sind die Werte der genannten Identifikation von Welle 2, in den darauf folgenden Spalten die Werte von Welle 1 aufgeführt.[74] Die Tabelle ist so zu lesen: wenn sich jemand in Welle 1 in bestimmtem Maße mit Europa identifiziert, dann hat seine Identifikation in Welle 2 eine bestimmte Verteilung, die in der entsprechenden Spalte aufgeführt ist. So weisen von denjenigen, die in Welle 1 den Wert 1 haben (Spalte 2 der Tabelle), 33,3 % (N = 43) in Welle 2 ebenfalls den Wert 1 auf. Bei ungefähr 33 % der Befragten mit einer Identifikation von 1 in Welle 1 blieb also die Identifikation in Welle 2 stabil. Allgemein gesagt: in der Diagonalen der Tabelle finden wir den Prozentsatz bzw. die Anzahl der Befragten, deren Identifikation in den beiden Wellen stabil geblieben ist. Diese Werte sind in unserer Tabelle fett gedruckt und unterstrichen. Eine stabile Identifikation haben also 43 + 65 + 195 + 144 + 8 = 455 Personen, dies sind – bei 1078 gültigen Fällen – insgesamt 455/1078 = 42,2 %.

Was bedeuten die Werte *unterhalb* der Diagonalen? Diese Werte zeigen die Personen, deren Identifikation in Welle 2 größer als in Welle 1 ist. Für die Befragten, die z.B. in Welle 1 einen Wert von 2 haben (siehe Spalte 3 der Tabelle), zeigen die Werte unterhalb der Diagonalen höhere Werte von Welle 2, nämlich 3, 4 und 5 (siehe die erste Spalte der Tabelle), insgesamt also 101 + 29 + 3 = 133 Fälle. Bei diesen ist also die Identifikation von Welle 1 zu Welle 2 gestiegen. D.h. unterhalb der Diagonalen sind diejenigen Befragten aufgeführt, deren Identifikation von Welle 1 zu Welle 2 zunahm.

Entsprechend sind *oberhalb* der Diagonalen die Fälle aufgeführt, bei denen die Identifikation in Welle 2 geringer als in Welle 1 ist, deren Identifikation also von Welle 1 zu Welle 2 gesunken ist. So haben von den Personen mit einem Wert von 2 in Welle 2 (siehe Spalte 3 der Tabelle) insgesamt 36 Personen einen Wert von 1 in der zweiten Welle.

Wir können nun für jede Art der Identifikation jeweils von Welle 1 zu Welle 2 und weiter von Welle 2 zu Welle 3 die individuellen Veränderungen berechnen. Hierzu konstruieren wir eine Tabelle wie die vorangegangene für jede Art der Identifikation, jeweils getrennt für Welle 1 und 2 und weiter für Welle 2 und 3. Dabei weisen wir das Computerprogramm an, jeweils die Zahlen in der

---

[74] Die Identifikationsvariablen sind Skalen, die durch Addition mehrerer Indikatoren gebildet und durch die Anzahl der Indikatoren dividiert wurden. Entsprechend besteht der Wertebereich auch aus Dezimalzahlen. Der Einfachheit halber wurden die Wertebereiche gerundet. Unsere Ergebnisse gelten also für die gerundeten Skalen.

Diagonalen, die Zahlen oberhalb und unterhalb der Diagonalen zu addieren und die betreffenden Prozentsätze zu berechnen.

Tabelle IV.1: Individuelle Veränderungen der Identifikation mit Europa, Welle 1 und Welle 2

Identifikation mit Europa Welle 2	Identifikation mit Europa, Welle 1				
	1	2	3	4	5
1	**33,3** **(43)**	15,4 (36)	3,1 (12)	0,7 (2)	2,1 (1)
2	20,2 (26)	**27,8** **(65)**	13,5 (53)	4,3 (12)	2,1 (1)
3	32,6 (42)	43,2 (101)	**49,7** **(195)**	33,7 (93)	25,5 (12)
4	14,0 (18)	12,4 (29)	29,8 (117)	**52,2** **(144)**	53,2 (25)
5	0 (0)	1,3 (3)	3,8 (15)	9,1 (25)	**17,0** **(8)**
N	129	234	392	276	47
Prozentsatz	100,0	100,0	100,0	100,0	100,0

Wenn wir diese Auswertungen vornehmen, zeigt sich Folgendes. Die Stabilitäten (also die Fälle in den Diagonalen) oszillieren um 50%: meist haben zwischen 45 % und 55 % der Befragten von Welle 1 zu Welle 2 oder von Welle 2 zu Welle 3 ihre Identifikation nicht verändert. Die größte Stabilität finden wir für LE-Identifikation von Welle 2 zu Welle 3: hier zeigen 63,2 % der Befragten eine stabile Identifikation. Die geringste Stabilität von 42,3 % und 42,2 % fanden wir für die Identifikation mit Ostdeutschland von Welle 1 auf Welle 2 und für die Identifikation mit Europa von Welle 1 auf Welle 2. Die Stabilitäten für Regionalismus und Kosmopolitismus liegen zwischen ca. 48 % und 54 %. Dabei sind die Stabilitäten für Regionalismus insgesamt etwas größer als für Kosmopolitismus. Die Unterschiede sind aber gering.

Betrachten wir nun die individuellen Veränderungen der Identifikationen. Im Allgemeinen sind die Veränderungen je Identifikation – also die Zahlen oberhalb und unterhalb der Diagonalen – relativ ähnlich. So hat sich bei der LE-Identifikation von Welle 1 zu Welle 2 bei insgesamt 23,2 % der Befragten die Identifikation vermindert, während sie sich bei 22,1 % erhöht hat. Bei insgesamt 54,7 % war die Identifikation stabil.

Bei zwei Identifikationen finden wir stärkere Unterschiede: bei der Identifikation mit Sachsen von Welle 2 zu Welle 3 betrugen die betreffenden Zahlen 19,2 % (Verminderung der Identifikation) und 28,4 (Erhöhung der Identifikation). Hier hat sich also bei relativ vielen Befragten die Identifikation erhöht. Ähnliches gilt für die Identifikation mit Europa von Welle 1 zu Welle 2 – siehe die vorangegangene Tabelle: hier hat sich bei 22,9 % der Befragten die Identifikation vermindert; bei 34,9 % der Befragten stieg die Identifikation dagegen.

Diese beiden relativ – im Vergleich zu den anderen Mittelwertänderungen – starken Veränderungen sind zu erwarten, wenn die Mittelwertänderungen individuellen Veränderungen entsprechen. Wie Abbildung IV.21 zeigt, liegen nur bei der Identifikation mit Sachsen von Welle 2 zu Welle 3 und bei der Identifikation mit Europa von Welle 1 zu Welle 2 relativ große Mittelwertänderungen vor. Dies zeigen auch die Berechnungen der Fälle oberhalb und unterhalb der Diagonalen. Entsprechend fanden wir auch bei den individuellen Veränderungen, dass sich bei relativ vielen Personen die Identifikation erhöht hat.

Sind die Stabilitäten geringer zwischen Welle 1 und 2 als zwischen Welle 2 und 3? Wir erinnern uns, dass der zeitliche Abstand zwischen den ersten beiden Wellen zwei Jahre und zwischen den Wellen 2 und 3 ein Jahr betrug. In der Tat zeigt sich, dass für alle Identifikationen die Stabilität (also der Prozentsatz der Personen, die ihre Identifikation nicht verändert haben) von Welle 1 zu Welle 2 kleiner ist als zwischen Welle 2 und 3. Dies gilt für alle Identifikationen, wenn auch die Unterschiede zuweilen gering sind: sie betragen zwischen 9 % (LE-Identifikation: hier betrug die Stabilität von Welle 1 zu Welle 2 54 %, von Welle 2 zu Welle 3 63 %; Identifikation mit Deutschland: hier betrugen die entsprechenden Stabilitäten 46 % und 55 %) und 3 % (Identifikation mit Sachsen).

4. Korrelationen zwischen den Identifikationen

Wie hoch sind die Korrelationen der genannten Identifikationen zwischen den drei Wellen? Wie korreliert z.B. die LE-Identifikation von Welle 1 mit der LE-Identifikation von Welle 2? Wir haben für alle fünf Identifikationen jeweils die Korrelationen zwischen Welle 1 und Welle 2 und weiter zwischen Welle 2 und Welle 3 berechnet. Dies ergibt zehn Korrelationskoeffizienten. Diese sind in

Tabelle IV.2 in den Spalten 2 und 4 aufgeführt. Folgende Sachverhalte sind von Wichtigkeit.

Tabelle IV.2: Korrelationen und Steigungsmaße der Identifikationen, Welle 1 und 2 und Welle 2 und 3

Arten der Identifikation	Welle 1 - Welle 2		Welle 2 - Welle 3	
	r	B	r	B
1	2	3	4	5
LE-Identifikation	,53	,61	,69	,69
Identifikation Sachsen	,50	,59	,65	,67
Identifikation Ostdeutschland	,44	,49	,59	,60
Identifikation Bundesrepublik	,43	,48	,59	,58
Identifikation Europa	,52	,50	,62	,66
Regionalismus	,55	,66	,72	,73
Kosmopolitismus	,51	,53	,64	,65

In Spalte 2 – hier geht es um die Korrelationen der Identifikationen zwischen Welle 1 und 2 – oszillieren die Korrelationen um 0,50: sie reichen von 0,43 bis 0,55. Deutlich höher sind die Korrelationen der Identifikationen von Welle 2 und Welle 3: hier oszillieren die Korrelationen um 0,60: sie reichen von 0,59 bis 0,69. Dies bedeutet, dass die Korrelationen zwischen den Wellen mit dem kurzen Zeitabstand deutlich größer sind als die Korrelationen zwischen den Wellen mit dem großen Zeitabstand.

Für die Regionalismus-Variablen haben wir weiter Messmodelle mit dem Programm Lisrel berechnet. Dabei wurden als Indikatoren die Skalen für die LE-Identifikation, Identifikation mit Sachsen und Ostdeutschland verwendet. Wir ermittelten also, wie das Konstrukt „Regionalismus Welle 1" mit dementsprechenden Konstrukt von Welle 2 korreliert; weiter berechneten wir die Korrelationen zwischen Regionalismus in Welle 2 und Welle 3. Die betreffenden Korrelationen sind geringfügig um 0,04 (Welle 1 zu Welle 2) und 0,05 (Welle 2 zu Welle 3) höher als die betreffenden Korrelationen in der Tabelle. Die Modelle haben eine gute Qualität. Die Qualität der Modelle für „Kosmopolitismus" ist relativ schlecht. Da nur zwei Indikatoren vorlagen (mit einem Freiheitsgrad), konnten die Modelle nicht „gefittet" werden. Die Stabilität für Kosmopolitismus von Welle 1 zu Welle 2 betrug 0,57, die von Welle 2 zu 3 0,75. Hier sind die Abweichungen zu den Korrelationskoeffizienten in der Tabelle also größer.

5. Das Steigungsmaß der Identifikationen

Tabelle IV.2 enthält in den Spalten 3 und 5 die Steigungsmaße, also die unstandardisierten Regressionskoeffizienten. In der Größenordnung ähneln sie den Korrelationskoeffizienten. Es ist auffällig, dass kein Koeffizient größer als 1 ist. Es ist also nicht der Fall, dass eine Identifikation zwischen zwei Wellen in überproportionalem Ausmaß steigt (siehe Linie C in Abbildung IV.1).

Es ist weiter auffällig, dass die Koeffizienten für die Welle mit den kürzeren Zeitabständen höher sind. Trotzdem liegen die Werte deutlich unter 1.

6. Regionale Unterschiede: Einige Befunde für Leipzig und den Mittleren Erzgebirgskreis

Unsere Befragten stammen aus Leipzig und dem Mittleren Erzgebirgskreis. Die Frage liegt nahe: Unterscheiden sich die Befragten des städtischen und ländlichen Gebietes hinsichtlich der verschiedenen Arten der Stabilität? Um diese Frage zu beantworten, haben wir alle bisherigen Auswertungen jeweils getrennt für beide Regionen wiederholt. Eine detaillierte Darstellung dieser Befunde würde sehr umfangreich werden und wohl kaum auf breites Interesse stoßen. Wir werden uns deshalb darauf beschränken, über die Befunde in allgemeiner Weise zu berichten.

Betrachten wir zunächst die Mittelwerte der Identifikationsskalen für Leipzig und den Mittleren Erzgebirgskreis. Für alle drei Wellen gilt: je umfassender die Region, desto geringer sind die Unterschiede zwischen der Identifikation der Befragten aus Leipzig und dem Mittleren Erzgebirgskreis. So ist die durchschnittliche Identifikation mit dem Ort sehr viel höher im mittleren Erzgebirgskreis (für alle Wellen ca. 4,5) als in Leipzig (für alle Wellen ca. 3,8). Die Identifikation mit Europa ist mit ca. 3,2 fast identisch bei Leipzigern und Bewohnern des Mittleren Erzgebirgskreises.

Für die Stabilitäten (d.h. für den Prozentsatz derjenigen, deren Identifikation in jeweils zwei Wellen identisch ist) gilt ein ähnlicher Trend: je umfassender die Region, desto geringer wird die Stabilität bei den Erzgebirgern. Weiter ist die Differenz zur Identifikation mit den Leipzigern zunächst positiv (die Erzgebirger weisen eine höhere Stabilität auf) und wird dann negativ (die Erzgebirger wiesen eine niedrigere Stabilität auf). So ist die Stabilität der Identifikation mit dem Ort von Welle 1 zu Welle 2 bei den Erzgebirgern 63 %, bei den Leipzigern 43,6 %. Die Stabilität der Identifikation mit Europa ist dagegen bei den Erzgebirgern 38 % und bei den Leipzigern 47,3 %.

Bei den bivariaten Korrelationen und den Steigungsmaßen gibt es einen klaren Befund: für die Wellen 2 und 3 sind die bivariaten Korrelationen und Steigungsmaße für Leipziger deutlich höher als für Erzgebirger, und sie sind die höchsten aller Koeffizienten. Ein Beispiel: die Korrelationen für Welle 2 und 3 für Leipziger variieren zwischen 0,71 und 0,80; die entsprechenden Koeffizienten für Erzgebirger reichen von 0,41 bis 0,51.

7. Zusammenfassung

Wir unterscheiden in diesem Buch fünf Arten der Identifikation: Identifikation mit Leipzig bzw. dem Mittleren Erzgebirgskreis (LE-Identifikation), mit Sachsen, Ostdeutschland, Deutschland und Europa. Eine aus den ersten drei Identifikationen gebildete Skala heißt „Regionalismus"; die Skala, die aus den beiden zuletzt genannten Identifikationen besteht, haben wir „Kosmopolitismus" genannt. In diesem Kapitel befassen wir uns mit den Veränderungen dieser Identifikationen zwischen den Erhebungszeitpunkten 2000, 2002 und 2003. Diese Veränderungen können verschiedener Art sein.

Die durchschnittlichen Werte der einzelnen Identifikationen sind weitgehend stabil (siehe Abbildung IV.2). Lediglich die Identifikation mit Europa steigt von 2000 auf 2002 relativ stark (um 8 %) an. Interessant ist auch, dass der Mittelwert der Identifikationen mit der Größe der Einheit sinkt. Am stärksten identifizieren sich Personen also mit ihrer unmittelbaren Umgebung, nämlich mit Leipzig oder dem Mittleren Erzgebirgskreis; am geringsten ist die Identifikation mit Europa.

Wie stark haben die Befragten ihre Identifikationen geändert? Meist haben zwischen 45 % und 55 % der Befragten von Welle 1 zu Welle 2 oder von Welle 2 zu Welle 3 ihre Identifikation nicht verändert. Die größte Stabilität finden wir für LE-Identifikation von Welle 2 zu Welle 3: hier zeigen 63,2 % der Befragten eine stabile Identifikation. Die geringste Stabilität von 42,3 % und 42,2 % fanden wir für die Identifikation mit Ostdeutschland von Welle 1 auf Welle 2 und für die Identifikation mit Europa von Welle 1 auf Welle 2. Die Stabilitäten für Regionalismus und Kosmopolitismus liegen zwischen ca. 48 % und 54 %.

Dabei sind die Stabilitäten für Regionalismus insgesamt etwas größer als für Kosmopolitismus. Die Unterschiede sind aber gering.

Gibt es besonders starke individuelle Veränderungen? Bei zwei Identifikationen finden wir stärkere Unterschiede: bei der Identifikation mit Sachsen von Welle 2 zu Welle 3 betrugen die betreffenden Zahlen 19,2 % (Verminderung der Identifikation) und 28,4 (Erhöhung der Identifikation). Hier hat sich also bei relativ vielen Befragten die Identifikation erhöht. Ähnliches gilt für die Identifikation mit Europa von Welle 1 zu Welle 2 – siehe die vorangegangene Tabelle: hier hat sich bei 22,9 % der Befragten die Identifikation vermindert; bei 34,9 % der Befragten stieg die Identifikation dagegen.

Ein weiterer interessanter Befund ist, dass für alle Identifikationen die Stabilität (also der Prozentsatz der Personen, die ihre Identifikation nicht verändert haben) von Welle 1 zu Welle 2 kleiner ist als zwischen Welle 2 und 3. Dies gilt für alle Identifikationen, wenn auch die Unterschiede zuweilen gering sind.

Wie hoch sind die Korrelationen zwischen den einzelnen Identifikationen im Zeitablauf? Unsere Daten zeigen, dass diese für Welle 1 und 2 um 0,50 oszillieren: sie reichen von 0,43 bis 0,55. Deutlich höher sind die Korrelationen der Identifikationen von Welle 2 und Welle 3: hier oszillieren die Korrelationen um 0,60: sie reichen von 0,59 bis 0,69. Dies bedeutet, dass die Korrelationen zwischen den Wellen mit dem kurzen Zeitabstand deutlich größer sind als die Korrelationen zwischen den Wellen mit dem großen Zeitabstand.

Unsere Befragten stammen aus Leipzig und dem Mittleren Erzgebirgskreis. Die Frage liegt nahe: Unterscheiden sich die Befragten des städtischen und ländlichen Gebietes hinsichtlich der verschiedenen Arten der Stabilität? Um diese Frage zu beantworten, haben wir alle bisherigen Auswertungen jeweils getrennt für beide Regionen wiederholt. Folgende Befunde sind von besonderem Interesse. Betrachten wir zunächst die Mittelwerte der Identifikationsskalen. Für alle drei Wellen gilt: je umfassender die Region, desto geringer sind die Unterschiede zwischen der Identifikation der Befragten aus Leipzig und dem Mittleren Erzgebirgskreis. So ist die Identifikation mit dem Ort sehr viel höher im mittleren Erzgebirgskreis (für alle Wellen ca. 4,5) als in Leipzig (für alle Wellen ca. 3,8). Die Identifikation mit Europa ist mit ca. 3,2 fast identisch bei Leipzigern und Bewohnern des Mittleren Erzgebirgskreises.

Für die Stabilitäten (d.h. für den Prozentsatz derjenigen, deren Identifikation in jeweils zwei Wellen identisch ist) gilt: je umfassender die Region ist, desto geringer wird die Stabilität bei den Erzgebirgern. Weiter ist die Differenz zur Identifikation mit den Leipzigern zunächst positiv (die Erzgebirger weisen eine höhere Stabilität auf) und wird dann negativ (die Erzgebirger weisen eine niedrigere Stabilität auf). So ist die Stabilität der Identifikation mit dem Ort von Welle 1 zu Welle 2 bei den Erzgebirgern 63 %, bei den Leipzigern 43,6 %. Die Stabilität der Identifikation mit Europa ist dagegen bei den Erzgebirgern 38 % und bei den Leipzigern 47,3 %.

V. Wie sich regionale und überregionale Identifikation gegenseitig beeinflussen[75]

Im Mittelpunkt dieses Kapitels steht ein zentrales Argument über die Auswirkungen einer sich weiter entwickelnden Europäischen Union (EU): es wird behauptet, dass die Integration von Nationalstaaten in ein geeintes Europa nur erfolgreich sein kann, wenn sich eine europäische Identifikation entwickelt. Eine andere Behauptung lautet, dass die Einigung Europas eine solche notwendige Identifikation hervorbringt. Weiter werde diese Identifikation die Identifikationen mit Einheiten unterer Ebenen – also mit der Nation oder mit sub-nationalen Einheiten – vermindern. Da die Identifikation mit der Nation ein Aspekt des Nationalismus ist, impliziert das Argument, dass die Entwicklung der EU den Nationalismus zurückdrängt.

Dieses Argument wirft mehrere Fragen auf. Warum ist zu erwarten, dass eine Institution wie die Europäische Gemeinschaft eine Identifikation mit sich selbst schafft? Warum sollte diese europäische Identifikation andere Identifikationen beeinflussen? Die Hypothese, dass eine sich entwickelnde europäische Identifikation zur Veränderung anderer Identifikationen führt, lässt vermuten, dass kausale Abhängigkeiten zwischen den Identifikationen bestehen. Welcher Art sind diese Abhängigkeiten? Wenn es sie gibt, dann ist kaum anzunehmen, dass sich allein die Identifikationen beeinflussen. Andere Faktoren dürften für die Veränderung der Identifikationen von Bedeutung sein. Aber welches sind diese anderen Faktoren? Es gibt kaum theoretische Abhandlungen und empirische Untersuchungen, die sich mit diesen Fragen befassen. In diesem Kapitel werden einige Hypothesen zu diesen Fragen entwickelt. Dabei werden mehrere Theorien angewendet, die zur Familie der Theorie rationalen Handelns gehören: die Fishbein-Ajzen-Theorie über die Entstehung von Einstellungen, die Soziale Identitätstheorie in der Version von H. Tajfel und die „balance theory", die auf dem Werk von Fritz Heider basiert. Die Hypothesen werden dann mit unseren Daten überprüft.

Wir werden im Folgenden zuerst das beschriebene Argument über die wechselseitigen kausalen Abhängigkeiten von Identifikationen genauer darstellen und dessen Probleme diskutieren. Sodann werden auf dieser Grundlage einige testbare Hypothesen formuliert und empirisch überprüft.

---

[75] Verfasst von Karl-Dieter Opp. Dieses Kapitel ist eine veränderte Fassung von Opp (2005). Die Modifikation dieses Aufsatzes besteht insbesondere darin, dass in diesem Kapitel das dreiwellige Panel benutzt wird, während der genannte Aufsatz nur von den ersten beiden Wellen ausgeht.

1. Das Argument

Die große Wichtigkeit, die der Bildung und Veränderung von Identifikationen mit Europa, der Nation und mit sub-nationalen Einheiten zugeschrieben wird, lässt die Frage entstehen, warum diese Identifikationen als so wichtig angesehen werden. Es wird angenommen, dass die „successful integration of Europe might demand an iconography of identity that would complement, but not necessarily replace, national, regional and local identities" (Graham 1998, S. 42-43). Andere Autoren sind weniger zurückhaltend. Sie betrachten die Entstehung einer europäischen Identität nicht nur als wichtig, sondern als notwendig für eine erfolgreiche europäische Integration: „People in general need clear and tangible concepts in order to develop a sense of belonging. And that sense of identity is an indispensable factor in achieving and maintaining European unity" (Wistrich 1994, S. 80). Dieser Autor zitiert Jean Monnet, der meinte, dass „most of the issues of monetary, taxation, trade and other matters are overshadowed by political considerations shaped by values which largely spring from distinct cultural attitudes and identities" (Wistrich 1994, S. 80). Genauer gesagt: eine europäische Identität vermindert den öffentlichen Widerstand gegen das Zusammenwachsen von Europa (Jacobs und Maier 1998, S. 28). Ein Indiz für die Wichtigkeit der europäischen Identität aus der Sicht der Repräsentanten der EU ist, dass der Europarat im Jahre 1984 eine Kommission gründete, die Wege vorschlagen sollte, wie die europäische Identität und das Erscheinungsbild der Gemeinschaft gestärkt werden könnte (Wistrich 1994, S. 90). In einem Bericht der Repräsentanten verschiedener europäischer Länder über Probleme der europäischen Einigung merkten die Herausgeber an, dass einige der Teilberichte „place great emphasis on this issue (der europäischen Identität – KDO) as a *sine qua non* for real European integration" (The National Institute 1993, S. 38).

Obwohl diese und andere Autoren ihre Thesen nur in sehr vager Weise formulieren, wie unten noch ausgeführt wird, und auch keine empirischen Daten zur Stützung ihrer Hypothesen anführen, gehen wir davon aus, dass es von Interesse ist, sich mit der Frage zu befassen, in welcher kausalen Abhängigkeit die Identifikationen mit Europa, der Nation und sub-nationalen Regionen stehen und dass es auch wichtig ist, solche Hypothesen empirisch zu überprüfen.

Die erste Annahme des Arguments, das im Mittelpunkt dieses Kapitels steht, lautet, dass das Zusammenwachsen der europäischen Staaten eine europäische Identifikation hervorruft. Ein Autor drückt dies in folgender Weise aus: „Institutions ... provide purpose and legitimacy to rules and practices. They equip individuals with an identity and constitutive belonging, cultural affiliations and boundaries, and interpretations and accounts which help individuals make sense of life" (Olsen 1996, S. 251).

Der Nationalstaat wird aber trotz der europäischen Einigung nicht unwichtig. Viele Autoren betonen, dass die europäischen Nationalstaaten immer noch die wichtigsten Entscheidungsträger sind (siehe z.B. Jenkins (2000, S. 64) und Sakwa und Stevens (2000, S. 256)). Der Nationalstaat hat jedoch zunehmend „to share its importance as a solidarity-forming entity with both regions and blocks of states" (Allardt 1993, S. 96). Diese abnehmende Wichtigkeit hat eine Wirkung auf die Identifikation mit den Nationalstaaten: „A diminution in the capacity of the nation-state to secure desired policy outcomes promotes dissatisfaction and disillusionment which, in turn, threatens to undermine the basis of national identity"(Mitchell und Russell 1988, S. 163-164; siehe auch Wallace 1995; Wilson 2000, S. 139)

Dieses Argument kann auch auf sub-nationale Einheiten wie die Bundesländer angewendet werden. Wenn die Souveränität und Bedeutung der Nation sinkt, dann auch die der sub-nationalen Einheiten. Deshalb müssten sich nicht nur die nationalen, sondern auch die sub-nationalen oder regionalen Identifikationen vermindern. Mit anderen Worten: das Argument impliziert, dass eine negative Korrelation zwischen europäischer, nationaler und sub-nationaler Identifikation besteht.

Obwohl dies einleuchtet, lässt die Rede vom „Europa der Regionen" vermuten, dass der Nationalstaat überflüssig wird und durch sub-nationale Einheiten ersetzt wird. Diese werden dann wichtiger werden. Somit werden die Identifikationen mit den Regionen steigen und nicht sinken. Diese Entwicklung hat jedoch bisher nicht stattgefunden (siehe z.B. Loughlin 1997). Ein Autor drückt dies in folgender Weise aus: „there is no single relationship" zwischen Regionen und der EU (Jones 1995, S. 289). D.h. das „Europa der Regionen" mit einer abnehmenden Bedeutung des Nationalstaates und einer wachsenden Bedeutung der Regionen ist noch nicht Realität, wird aber in Zukunft zu erwarten sein (Bullmann 1997, S. 17). Wenn es aber im Allgemeinen keine wachsende Stärke sub-nationaler Einheiten gibt, dann impliziert das vorangegangene Argument, dass die Wichtigkeit der Regionen abnimmt mit einem Machtverlust der Nationalstaaten. Es ist somit zu erwarten, dass mit dem Fortschreiten der europäischen Einigung sowohl nationale als auch sub-nationale Identifikationen sinken.

Fassen wir zusammen. (1) Die Entwicklung einer europäischen Identifikation ist von zentraler Bedeutung für den Erfolg der EU. (2) Die Entwicklung der EU schafft eine europäische Identifikation. (3) Die Entwicklung der EU vermindert die Wichtigkeit der Nationen und sub-nationalen Einheiten. (4) Die abnehmende Wichtigkeit der Nationen und sub-nationalen Einheiten vermindert die Identifikation mit diesen Einheiten. Die *Schlussfolgerung* ist: (5) Es besteht eine *negative Korrelation* zwischen europäischer, nationaler und sub-nationaler Identifikation. (6) Wenn die europäische Identifikation so wichtig ist, dann ist auch zu erwarten, dass diese einen direkten *negativen kausalen Effekte* auf die nationale und sub-nationale Identifikationen hat. Wenn also die europäische Identifikation zunimmt, gehen nationale und sub-nationale Identifikationen zurück. (7) Weiter legen die vorangegangenen Zitate die Vermutung nahe, dass nationale und sub-nationale Identifikationen nicht *nur* durch die europäische Identifikation beeinflusst werden, sondern dass andere Faktoren ebenfalls eine Rolle spielen. Dieses Argument wird als Kausalmodell in Abbildung V.1 zusammengefasst.

Abbildung V.1: Wirkungen der europäischen Identifikation

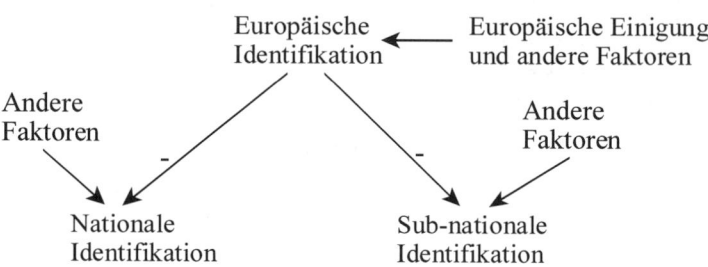

Obwohl dieses Argument von einer Vielzahl von Autoren vertreten wird (vgl. z.B. Guervina (2002), Jorgensen, Cristiansen und Wiener (2001) sowie Miller (2001)), finden wir auch andere Hypothesen in der Literatur. Es wird manchmal behauptet, dass eine Entwicklung der europäischen Identität stattfindet, „which is held in tandem with a national identity" (Miall 1994, S. 8). Inglehart behauptet, dass mit der abnehmenden Wichtigkeit des Nationalstaats (Inglehart 1977, S. 70-71) eine „cosmopolitan identity" (1977, S. 342) entsteht – damit könnte eine europäische Identität gemeint sein. Das erste Argument würde eine positive Korrelation zwischen europäischer und nationaler Identifikation implizieren, während bei Inglehart wiederum eine negative Korrelation zu erwarten ist. Gleichzeitig sieht Inglehart aber auch ein Anwachsen (und nicht einen Rückgang) regionaler Identitäten (S. 243 ff.). Mit anderen Worten, die europäische Identifikation korreliert positiv mit sub-nationalen Identifikationen. Keating meint, dass „territorial identities ... do not necessarily displace national identities but are supplementary to them" (Keating 1998, S. 94). Dies bedeutet ebenfalls, dass eine positive Korrelation zwischen regionaler und nationaler Identifikation zu erwarten ist, aber „not necessarily", wie der Autor hinzufügt. Andere Autoren diagnostizieren ein „new self-consciousness" von Regionen (Loughlin 1997, S. 147). Wenn dies zutrifft, dann ist eine positive Korrelation zwischen europäischer und sub-nationalen Identifikationen (zunehmende europäische geht Hand in Hand mit zunehmender sub-nationaler Identifikation) und eine negative Korrelation zwischen nationaler und sub-nationaler Identifikation (abnehmende nationale Identifikation führt zum Anstieg der Identifikation mit Regionen) zu erwarten.

Die erste Annahme des Arguments, aufgrund dessen eine europäische Identifikation wichtig für den Erfolg eines geeinten Europas ist, kann ebenfalls bezweifelt werden. Es könnte behauptet werden, dass die Erreichung der Ziele der EU auf der Art der Institutionen beruht, die geschaffen werden, und nicht auf schwer fassbaren Phänomenen wie Identitäten. Allerdings ist die Art der Institutionen ein Ergebnis politischer Entscheidungen, die wiederum von den politischen Parteien abhängen, die an der Macht sind; die Ergebnisse von Wahlen hängen u.a. wiederum ab von den Präferenzen der Wähler. Hier könnte die Identifikation mit Europa zur Präferierung bestimmter Parteien und damit indirekt zur Ausgestaltung der Institutionen führen. Wir wollen die Frage, inwieweit die obige Annahme 1 zutrifft, offenlassen, weil wir sie mit unseren Daten nicht überprüfen können.

Bezüglich der kausalen Beziehungen zwischen den Identifikationen scheint es so, dass fast alle möglichen Beziehungen behauptet werden. Das vorangegangene Argument scheint jedoch am häufigsten vertreten zu werden und ist auf den ersten Blick nicht unplausibel. Wie vorher gesagt, steht dieses Argument im Mittelpunkt dieses Kapitels. Wir werden jedoch auch alternative Hypothesen testen, so dass sich herausstellen wird, inwieweit dieses Argument gültig ist.

2. Einige Probleme des Arguments

Das besprochene Argument weist vier Probleme auf: wichtige Begriffe sind unklar, die genauen kausalen Beziehungen zwischen den Identifikationen werden nicht klar herausgearbeitet, es wird keine allgemeine Theorie angewendet, die erklärt, unter welchen Bedingungen Identifikationen sich ändern, und es werden keine Daten angeführt, die die Hypothesen der Autoren stützen könnten. Wir wollen diese Probleme der Reihe nach diskutieren.

(1) Die grundlegenden Begriffe in den vorangegangenen Hypothesen – insbesondere „Identität" und „Nationalismus" – werden meist nicht klar definiert oder werden in unterschiedlicher Bedeutung verwendet. Wir haben uns bereits ausführlich mit diesen und anderen Begriffen in Kapitel I befasst. Zur Erinnerung: wir verwenden den Begriff „Identifikation" (statt „Identität") und verstehen darunter eine positive Einstellung[76] zu Europa, zur Nation und zu subnationalen Einheiten. In diesem Sinne wird der Begriff der Identifikation schon seit langer Zeit verwendet (siehe z.B. Johnston 1969, S. 7-12). Es scheint, dass

---

[76] Noch einmal: Eine Einstellung ist "a psychological tendency that is expressed by evaluating a particular entity whith some degrees of favor or disfavor" (Eagly und Chaiken 1993, S. 1).

„Identifikation" sicherlich zu den Sachverhalten gehört, auf die man sich in den beschriebenen Thesen bezieht. Wenn z.B. gesagt wird, dass aufgrund einer abnehmenden Wichtigkeit der Nationen „nationale Identität" zurückgeht, dann ist sicherlich u.a. gemeint, dass die Einstellung oder auch, gleichbedeutend, die Bindung an eine Nation zurückgeht. Der Begriff „Nationalismus" ist sicher nicht identisch mit „nationale Identifikation", aber „Identifikation mit einer Nation" ist eine Eigenschaft von Nationalismus. Im Folgenden befassen wir uns also mit der *Identifikation* mit Europa, mit der Nation und mit sub-nationalen Einheiten.

Wenn unsere Entscheidung, den Begriff der Identität im Sinne von Identifikation zu verwenden, kritisiert werden sollte, dann wäre es sinnvoll, den Identifikationsbegriff durch einen anderen, klaren Begriff zu ersetzen und dann die zu formulierenden Hypothesen zu testen. Man kann dann sehen, welche der alternativen Hypothesen sich besser bestätigt.

(2) Die Vertreter des beschriebenen Arguments schlagen normalerweise keine detaillierten Hypothesen über die kausalen Abhängigkeiten der Identifikationen mit Europa, der Nation oder sub-nationalen Einheiten vor. Könnte z.B. nicht eine starke nationale Identifikation auch die Identifikation mit Europa beeinflussen? Wenn sich Personen sehr stark mit sub-nationalen Regionen wie z.B. einem Bundesland identifizieren, könnte dies nicht einen kausalen Effekt auf nationale Identifikation haben?[77] Weiter finden wir keine klaren Hypothesen darüber, welche anderen Faktoren die Identifikationen beeinflussen.

(3) Es ist weiter typisch, dass Vertreter des vorangegangenen Arguments keine generelle Theorie anwenden, die ihre Behauptungen stützen könnte. Vielmehr finden wir singuläre Ursachenbehauptungen wie „A ist die Ursache von B" – z.B. „ein Rückgang der Wichtigkeit einer Nation verursacht die Abnahme der Identifikation mit der Nation". Bestenfalls finden wir anstatt Theorien soziologische Orientierungen. So wird behauptet, dass regionale Identität „may be rooted in historical traditions and myths but, in its contemporary form, it is a social construction, forged in a specific context under the influence of social, economic and political pressures" (Keating 1998, S. 87). Diese Behauptung kann für alle zu erklärenden sozialen Sachverhalte aufgestellt werden. Was genau die Variablen sind, die im Allgemeinen regionale „Identität" in welcher Weise beeinflussen, erfahren wir nicht.

(4) Verfechter des Arguments führen typischerweise keine empirischen Daten an, die für ihre Thesen sprechen könnten. Dabei gibt es eine Reihe von Untersuchungen, die positive Korrelationen zwischen Identifikationen berichten (siehe z.B. Bornewasser und Wakenhut 1999, S. 58). Beispiele sind das ISSP

---

[77] Huice et al. (1997) behaupten, „that where there is a hierarchy of categories, the meaning and relevance of the lower-order category will depend on the degree of identification with the higher-order level" (S. 100). Es besteht also ein kausaler Effekt von Identifikation mit einer Region höherer Ordnung auf die Identifikation mit einer Region niedriger Ordnung.

(International Social Survey Program) von 1995 (siehe Gerhards 2000, S. 126), der Allbus (Allgemeine Bevölkerungsumfrage in den Sozialwissenschaften) von 1990, wo Indikatoren darüber, inwieweit man sich mit Regionen verbunden fühlt, positiv korrelieren (eigene Analysen, siehe die Variablen v124 und v128). Selten werden in der Literatur negative Korrelationen berichtet (Bornewasser und Wakenhut 1999, S. 58; Huici et al. 1997, S. 104).

3. Sind Identifikationen kausal voneinander abhängig? Einige prüfbare Hypothesen

In dem vorangegangenen Argument wird u.a. angenommen, dass die Entwicklung der EU eine Identifikation mit Europa schafft. Warum ist dies zu erwarten? Schafft jede Institution eine Identifikation mit sich selbst? Es gibt Institutionen wie Diktaturen, bei denen dies sicherlich nicht zutrifft. Bei anderen Institutionen ist die Entstehung von Identifikationen dagegen plausibel wie z.B. für europäische Wohlfahrtsstaaten wie Deutschland vor zwanzig Jahren, als soziale Zuwendungen bei fast allen persönlichen Problemen gewährt wurden. Die Frage ist, unter welchen Bedingungen zu erwarten ist, dass Institutionen eine positive oder negative Identifikation mit sich selbst schaffen. Eine ähnliche Frage könnte man für die obige These 3 stellen, die behauptet, dass ein erstarkendes Europa eine negative Identifikation mit der Nation und mit subnationalen Einheiten schafft. Warum ist dies zu erwarten?

Einige theoretische Überlegungen von Verfechtern des Arguments geben einen Hinweis zur Beantwortung dieser Frage. Es wird – mehr oder weniger explizit – angenommen, dass die Bevölkerung die fortschreitende europäische Vereinigung im Allgemeinen positiv bewertet. Die positiven Eigenschaften der europäischen Union sind z.B. ökonomischer Wohlstand oder das „Schmieden eines gemeinsamen Erbes" (Banús 2002, S. 163). Die abnehmende Souveränität der Nationen und entsprechend deren Wichtigkeit scheint eine negative Eigenschaft zu sein. Die implizite Hypothese dürfte sein, dass negative Eigenschaften eines Einstellungsobjekts generell zu einer negativen Bewertung dieses Objekts führen. Genau dies ist die grundlegende Idee einer gut bestätigten sozialpsychologischen Theorie. Diese werden wir anwenden, um Hypothesen zur Erklärung der Beziehungen zwischen den drei Identifikationen zu formulieren: wir meinen die Theorie geplanten Verhaltens (TPB - „theory of planned behavior"), basierend auf der Theorie von Fishbein und Ajzen (Ajzen 1988; Ajzen 1991; Ajzen 1996b; Fishbein und Ajzen 1975). Die Theorie erklärt, wie im Allgemeinen Einstellungen entstehen und kann somit auch auf die Erklärung der Einstellungen zu territorialen Einheiten bzw. zu deren Bewohnern oder zu Institutionen wie der EU, der Nation oder sub-nationalen Einheiten angewendet werden. Die

Theorie behauptet, dass eine positive Einstellung gegenüber einem Einstellungsobjekt relativ stark ist, wenn Personen glauben, dass diesem mit hoher Wahrscheinlichkeit relativ viele positiv bewertete Eigenschaften zukommen. So ist eine positive Einstellung zu einer Region bzw. zu deren Mitgliedern eine Funktion der Vorteile, die der Region zugeschrieben werden. Wenn z.B. die Konsequenzen einer fortschreitenden europäischen Einigung wie z.B. Reiseerleichterungen, eine gemeinsame Währung, oder steigender ökonomischer Wohlstand von den Bürgern als relativ vorteilhaft angesehen und mit hoher Wahrscheinlichkeit erwartet werden, dann wird sich eine positive Identifikation mit Europa im Zeitablauf entwickeln.

Welche Voraussagen folgen aus der TPB im Hinblick auf die negativen Effekte einer zunehmenden europäischen Identifikation auf nationale und sub-nationale Identifikationen (siehe Abbildung V.1)? Wenn die Eigenschaften von Europa, der Nation und von sub-nationalen Einheiten die entscheidenden Faktoren sind, die Identifikationen hervorbringen, dann ist zu erwarten:

> *Hypothese 1:* Wenn die europäische Vereinigung mit positiv bewerteten Eigenschaften verbunden wird und gleichzeitig zu negativ bewerteten Eigenschaften der Nation und von sub-nationalen Einheiten führt, dann ist zu erwarten, dass die europäische Einigung die Identifikation mit der Nation und sub-nationalen Einheiten vermindert.

Sind die Bedingungen, die in Hypothese 1 genannt werden, wirklich gegeben? Gehen wir von der Annahme in dem genannten Argument aus, dass der EU zunehmend positive Eigenschaften zugeschrieben werden. Warum sollte dies die Meinung der Bevölkerung ändern, dass die Existenz von Nationalstaaten ebenfalls Vorteile hat? Wenn der Nationalstaat immer noch die wichtigsten Entscheidungen in der EU trifft, warum sollten dann die Bürger die Übertragung gewisser Rechte an die EU negativ bewerten? D.h. der Verlust nationaler Souveränität im Laufe der europäischen Einigung dürfte keineswegs negativ bewertet werden. Weiter wird argumentiert, dass nur eine eigenständige Kultur Identifikation fördert. Selbst wenn die kulturelle Eigenständigkeit von Nationen und sub-nationalen Einheiten im Verlauf der europäischen Einigung abnimmt, gibt es weiter viele kulturelle Eigenarten, die fortbestehen und die für die Bürger am wichtigsten sein könnten. Weiter könnten neue Produkte und Firmen (Starbucks, McDonalds) begrüßt werden und aus der Sicht der Bürger kulturelle Vielfalt bedeuten. Im Alltagsleben könnten die sub-nationalen Einheiten und die Nationen weiter als die wichtigsten Einheiten im europäischen Einigungsprozess wahrgenommen werden. Mit anderen Worten, Europa könnte als eine neue Institution gesehen werden, die mit vielen Vorteilen verbunden ist und die keineswegs die nationalen und kulturellen Wurzeln der Nation und sub-nationaler Regionen antastet. Faktisch existiert ein komplexer Interaktionsprozess zwischen den Bundesländern und der Nation einerseits und zwischen diesen und der EU andererseits. So tragen Nationen zur Bildung eines geeinten Europas bei, indem sie Rechte an die EU übertragen. Wenn dies von den Bürgern als vorteilhaft angesehen wird, dann haben die Nationen und untergeordneten Einheiten wie Bundesländer zu diesem Prozess beigetragen, und zwar freiwillig. Wenn es ein solches „Geben" und „Nehmen" zwischen Regionen gibt und wenn dies zu Ergebnissen führt, die als positiv angesehen werden, erscheint es plausibel, dass diese Ergebnisse *allen* Einheiten zugeschrieben werden. Entsprechend erwarten wir *positive Korrelationen* zwischen den drei Identifikationen.

Negative Korrelationen zwischen diesen Identifikationen sind weiter aus folgendem Grund unplausibel. Die Bundesländer sind *Teil von* Deutschland und dieses ist *Teil von* Europa. In der Terminologie der „balance"-Theorie von F. Heider (Heider 1958) stehen diese Regionen in einer *„unit relation"*. Die zweite Art von Beziehung ist eine *„liking relation"*. Kognitives Gleichgewicht (d.h. ein psychisches Wohlbefinden) existiert, wenn beide Beziehungen übereinstimmen, d.h. wenn gleichzeitig eine „unit"- und eine „liking"-Beziehung vorliegt. Wenn z.B. eine Person P mit einer anderen Person O regelmäßig interagiert (Interaktion ist eine „unit relation") und wenn P den O mag („Zuneigung" ist eine „liking relation"), dann liegt Gleichgewicht vor. Bezüglich der Objekte, die Gegenstand dieses Kapitels sind, besteht kognitives Gleichgewicht, wenn die „unit relations" zwischen Individuum/Europa/Deutschland/Bundesländern mit „liking relations" einhergehen. Mit anderen Worten: wenn man realisiert, dass man Teil eines Bundeslandes ist und dass das Bundesland Teil der Nation ist, dann besteht Gleichgewicht, wenn man gleichzeitig das Bundesland und die Nation mag. Die „balance"-Theorie impliziert weiter, dass die Entstehung einer neuen Einheit wie Europa, die die Nation und sub-nationale Einheiten einschließt (d.h. die Entstehung einer „unit relation"), „liking relations" erzeugt.

Diese Beziehungen betreffen auch die *Eigenschaften* der Einheiten. Wenn z.B. Bürger ihrer Nation und ihrem Bundesland positive Eigenschaften zuschreiben, dann ist zu erwarten, dass eine entstehende Einheit einer höheren Ebene wie Europa ebenfalls mit positiven Eigenschaften in Zusammenhang gebracht wird. Die „balance"-Theorie impliziert also eine *Angleichung von Identifikationen*. Entsprechend erwarten wir statistisch positive Korrelationen zwischen den Identifikationen.

Politiker bestärken die Einschätzung, dass die europäischen Länder eine Einheit sind. Ein typisches Argument für eine EU-Mitgliedschaft ist, dass das entsprechende Land faktisch zu Europa gehört, dass es Teil der europäischen Kultur ist usw. (Brusis 2001, S. 55). Gegner der EU-Erweiterung durch die Türkei argumentieren, dass die Türkei nicht ein „wirkliches" europäisches Land ist, weil es eine andere Kultur hat. Aus der Sicht der „balance"-Theorie versuchen Politiker eine „unit relation" zwischen bestimmten Ländern und Europa zu konstruieren oder sie argumentieren, dass keine „unit relation" besteht.

Folgt aus der TPB und der „balance"-Theorie eine Voraussage über die kausalen Beziehungen zwischen den Identifikationen? Wir vermuten erstens, dass der Prozess der Identifikationen von oben nach unten verläuft – es handelt sich also um einen kausalen Prozess der *Abwärts-Identifikation* (siehe den oberen Teil von Abbildung V.2) –, wenn drei Bedingungen gegeben sind: (1) Es entwickelt sich eine neue institutionelle oder, in diesem Falle gleichbedeutend, regionale Hierarchie wie die EU. (2) Eine Institution – die EU – wird als ein zentraler Agent für die Schaffung der Hierarchie von Institutionen betrachtet. (3) Diese Hierarchie wird von den Bürgern als vorteilhaft angesehen. Wenn diese Bedingungen gegeben sind, dann ist zu erwarten, dass eine zunehmende europäische Identifikation positive Effekte auf die Identifikationen mit Einheiten niedrigerer Ordnung hat. In diesem Falle sagt die TPB voraus, dass Identifikationen sukzessive mit der Entwicklung der Institutionen entstehen. Positive Eigenschaften von Europa werden der Nation und auch regionalen Einheiten niedrigerer Ordnung zugeschrieben. Der Grund ist, dass das, was dem Ganzen zukommt, auch eine Eigenschaft seiner Teile ist. Es entsteht also ein Prozess der Abwärts-Identifikation.

Unsere zweite Hypothese ist, dass es einen Prozess der *Aufwärts-Identifikation* gibt (siehe den unteren Teil von Abbildung V.2). Identifikationen mit einer Region oder mit Institutionen entwickeln sich in der Kindheit. Das Kind erfährt zunächst seine unmittelbare Umwelt. Die Theorie geplanten Verhaltens sagt voraus: wenn die Kindheitserfahrungen eher positiv sind, entwickelt sich eine positive Identifikation zuerst mit der unmittelbar gegebenen Region.[78] Kinder entwickeln also zuerst eine Identifikation mit lokalen geographischen Einheiten und deren Bewohnern. Erst später entstehen Identifikation mit Einheiten höherer Ordnung wie der Nation oder Europa. In diesem Prozess wirkt eine sich entwickelnde Identifikation kausal auf die Identifikation mit Einheiten höherer Ordnung. Dabei wirkt der Mechanismus der kognitiven Gleichgewichtsbildung: es ist kognitiv konsistent, wenn sich z.B. eine Identifikation mit der Wohnregion gebildet hat und die Identifikation mit der Region höherer Ordnung ebenfalls positiv wird. Dies sind die Prozesse, die bereits vorher beschrieben wurden.

Es gibt also zwei kausale Prozesse: (1) Eine sich entwickelnde europäische Identifikation verstärkt nationale und sub-nationale Identifikationen, d.h. es entsteht eine hierarchische Abwärts-Identifikation. (2) Der Sozialisationsprozess ruft eine hierarchische Aufwärts-Identifikation hervor. Beide Hypothesen gehen davon aus, dass es positive Korrelationen zwischen den drei Identifikationen gibt, aber die kausalen Mechanismen differieren.

---

[78] Zur Rolle der Sozialisation beim Erwerb einer nationalen Identität siehe Dekker, Malová und Hoogendoorn (2003, S. 351-353) mit weiteren Literaturhinweisen.

Abbildung V.2: Abwärts- und Aufwärts-Identifikation

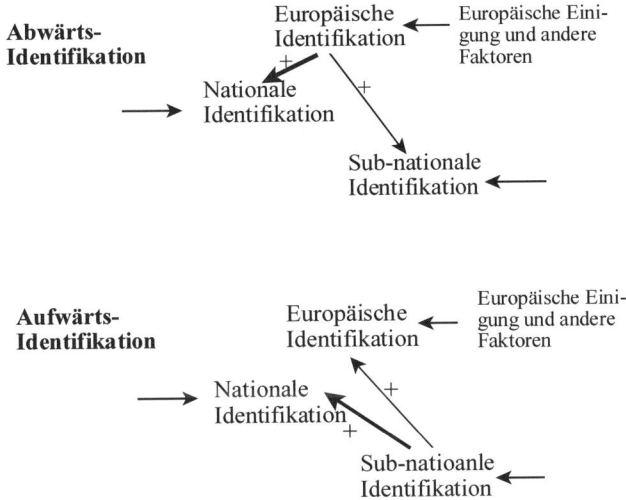

Anmerkung: Fett gedruckte Pfeile symolisieren starke Effekte. Horizontale Pfeile, die auf nationale und sub-nationale Identifikation zeigen, sollen andeuten, dass andere Faktoren die betreffenden Identifikationen beeinflussen.

Ist es plausibel, dass die Abwärts- und Aufwärts-Transmission der Identifikationen alle Einheiten der Hierarchie in gleicher Stärke betrifft? Am stärksten wird immer die Wirkung einer Identifikation mit der nächsten Einheit der Hierarchie sein. Es wird deshalb angenommen, dass eine sub-nationale Identifikation einen relativ starken Effekt auf die Identifikation mit der Nation und einen schwächeren Effekt auf die Identifikation mit Europa hat. Eine europäische Identifikation hat einen relativ starken Effekt auf die Identifikation mit der Nation und einen schwächeren Effekt auf die Identifikation mit sub-nationalen Einheiten. Wir fassen diese Überlegungen in folgender Hypothese zusammen:

Hypothese 2: (a) Es bestehen positive Korrelationen zwischen europäischer, nationaler und sub-nationalen Identifikation. (b) Sub-nationale Identifikationen haben einen positiven Effekt auf nationale Identifikationen und einen schwächeren Effekt auf die europäische Identifikation. (c) Die europäische Identifikation hat einen positiven Effekt auf nationale und einen schwächeren Effekt auf sub-nationale Identifikationen.

Die Modelle in Abbildung V.2 stellen diese Prozesse dar.

Wie wir oben sagten, wurden in empirischen Untersuchungen sowohl positive als auch negative Korrelationen zwischen Identifikationen gefunden. Dies lässt vermuten, dass die vorangegangenen Hypothesen nur unter bestimmten Bedingungen gelten. Wir nehmen an, dass eine Bedingung für eine positive Korrelation zwischen den Identifikationen ist, dass *keine Konfliktbeziehungen* zwischen den Einheiten oder Regionen bestehen (siehe auch Huici et al. 1997, S. 107-109). Um dies zu illustrieren, sei angenommen, dass eine Supermacht Deutschland, Frankreich und Belgien erobert hat und eine übergreifende Institution bildet, die der EU gleicht. Die Bürger werden keine „unit relation" zwischen den Einheiten dieser Hierarchie wahrnehmen. Entsprechend wird die „balance"-Theorie voraussagen, dass sich keine „liking relations" entwickeln. Weiter werden der Hierarchie keine Vorteile zugeschrieben, so dass auch gemäß der TPB zu erwarten ist, dass keine positiven, sondern negative Korrelationen zwischen den bestehenden und der neuen Einheit auftreten werden.

Eine andere Situation könnte sein, dass die Bürger einer sub-nationalen Einheit der Nation viele negative Eigenschaften zuschreiben, und dass die Bürger nicht mehr Mitglied der Nation sein wollen. Dagegen wird Europa positiv bewertet. Dies würde zu einer positiven Korrelation zwischen sub-nationaler und europäischer, aber einer negativen Korrelation zwischen sub-nationaler und nationaler Identifikation führen. Die Vorzeichen der Abwärts- und Aufwärts-Identifikation verändern sich also (siehe Abbildung V.2). Die angewendeten Theorien können also unterschiedliche Vorzeichen der Beziehungen zwischen den Identifikationen voraussagen. Was die Situation in Deutschland betrifft, auf die sich unsere Daten beziehen, so gibt es keine Konfliktbeziehungen zwischen den Bundesländern, Deutschland und Europa. Da wir entsprechend unsere Thesen, dass Konfliktbeziehungen für die kausalen Beziehungen zwischen Identifikationen relevant sind, nicht testen können, wollen wir uns nicht weiter damit befassen.

Wenn auch keine Konfliktbeziehungen zwischen den großen Regionen wie Bundesländern, Nationen und Europa bestehen, so gibt es doch problematische Beziehungen zwischen Gruppen innerhalb der Einheiten. So fühlen sich Ostdeutsche oft von Westdeutschen schlecht behandelt. Wir werden hierauf noch zurückkommen.

Bisher haben wir generelle theoretische Hypothesen angewendet, um Identifikationen zu erklären. Eine häufig angewendete Theorie, die speziell die Entstehung von Identifikationen behandelt, ist die „social identity theory" (SIT).[79] Eine ihrer Hypothesen besagt, dass jede Mitgliedschaft in einer salienten Gruppe eine Eigengruppen-Identifikation und eine Fremdgruppen-Feindschaft (also eine negative Identifikation mit Fremdgruppen) schafft. Wendet man diese

---

[79] Siehe z.B. Tajfel (1982) und Tajfel und Turner (1986).

Theorie an, um die Beziehungen zwischen den drei Identifikationen zu erklären, entsteht die Frage, was saliente Gruppenmitgliedschaften sind. Unsere Daten zeigen, dass sich die Befragten relativ stark mit Sachsen und deutlich weniger stark mit Deutschland oder Europa identifizieren (siehe Kapitel IV). Dies würde zu folgender Voraussage führen:

> Hypothese 3: Identifikation mit sub-nationalen Regionen führt zu negativen Identifikationen mit den höherrangigen Regionen.[80]

Das Modell in Abbildung V.3 stellt diese Hypothese dar.

Abbildung V.3: Negative Wikrungen sub-nationaler Identifikation

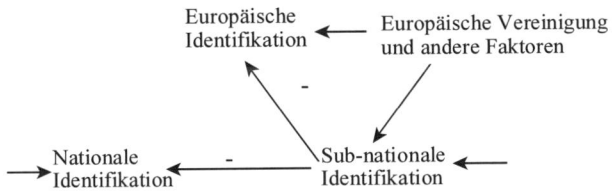

Anmerkung: Waagerechte Pfeile, die auf nationale und subnationale Identifikation zeigen und nicht von einer Variable ausgehen, symbolisieren, dass zusätzlich andere kausale Faktoren wirken.

Diese Hypothese ist jedoch unplausibel für die Situation, die im Mittelpunkt dieses Kapitels steht: die Identifikationsobjekte stehen in einer hierarchischen Beziehung, ohne dass Konflikte zwischen ihnen bestehen. Es hat sich zwar gezeigt, dass in Experimenten in einer „minimal group situation", in der die Mitglieder sich nicht kennen, Antipathie gegen Nicht-Mitglieder auftritt; aber wenn wir uns eine Situation vorstellen, in der eine Gruppe A Teil einer Gruppe B und in der B Teil von C ist, und wenn Interaktionen zwischen den Mitgliedern dieser Gruppen (oder zwischen Repräsentanten der Gruppen) stattfinden, deren Ergebnisse die Wohlfahrt jeder Gruppe verbessern, dann ist es äußerst zweifelhaft, ob allein die Mitgliedschaft in A negative Identifikationen mit B und C erzeugt. Wir werden jedoch empirisch prüfen, ob Hypothese 3 zutrifft.

---

[80] Wenn die saliente Gruppe die Nation ist, würden wir erwarten, dass eine starke nationale Identifikation eine negative europäische und auch negative sub-nationale Identifikationen erzeugt. Wenn Europa die saliente Gruppe ist, dann führt eine hohe europäische Identifikation zu niedriger nationaler und sub-nationaler Identifikation. Diese Hypothese ist identische mit Modell 1 von Abbildung V.2.

4. Andere Einflussfaktoren der Identifikation

Wir sagten, dass eine gegebene Identifikation nicht nur durch andere Identifikationen, sondern auch durch weitere Faktoren beeinflusst wird. Welches sind diese anderen Faktoren? Abbildung V.4 fasst unsere Hypothesen zusammen. Um diese Faktoren zu bestimmen, müssen wir gemäß der TPB positive und negative Eigenschaften der Regionen finden, die die Identifikation beeinflussen könnten. Welche Aspekte der EU könnten positive oder negative Identifikationen hervorrufen? Wir unterscheiden zwei Arten von Eigenschaften. Die erste bezieht sich auf die *Institutionen der EU*: diese sind zuerst einmal eine gigantische Bürokratie, deren Entscheidungen eine starke Wirkung auf die Entwicklung der EU hat, wohingegen ein demokratisches Element das europäische Parlament ist. Ausgehend von der TPB vermuten wir: je positiver die Arbeit dieser Institutionen bewertet wird, desto stärker ist die Identifikation mit Europa. Die zweite Art von Eigenschaften der EU sind die *Ergebnisse der EU-Politik* wie z.B. das Ausmaß, in dem Bürger die neue Währung des Euro beurteilen (zu Einzelheiten siehe die Messung in Tabelle V.1).

Ein intensiv diskutiertes Problem in Deutschland ist die Einwanderung, Staatsbürgerschaft und Integration von Ausländern. Einerseits wünschen viele Bürger in Zeiten hoher Arbeitslosigkeit eine Beschränkung der Einwanderung. Andererseits werden viele einfache Arbeiten nicht von Deutschen nachgefragt, und es ist bekannt, dass wegen der schiefen Altersverteilung jüngere Ausländer dringend gebraucht werden. Das lange und intensiv diskutierte Einwanderungsgesetz illustriert, als wie wichtig diese Probleme eingeschätzt werden. Generell vermuten wir, dass das Ausmaß, in dem Bürger mit der Behandlung von Ausländern in Deutschland zufrieden sind, einen positiven Effekt auf die Identifikation mit Deutschland hat.

In Bezug auf Sachsen vermuten wir, dass die positive Bewertung verschiedener Eigenschaften von Sachsen wie dessen Geschichte und Kultur zu einer hohen Identifikation mit Sachsen führt - siehe die Variable „positive Bewertung sächsischer Kollektivgüter".

Auch wenn es keine Konflikte zwischen den Regionen gibt, so bestehen doch, wie bereits gesagt, Konflikte zwischen Gruppen innerhalb von Regionen. Es ist bekannt, dass zwischen Ostdeutschen und entsprechend zwischen Sachsen einerseits und Westdeutschen andererseits gewisse Vorbehalte existieren oder sogar Ablehnung besteht. Wir vermuten, dass eine solche feindselige Einstellung zu einer Fremdgruppe die Identifikation mit der Eigengruppe erhöht, weil eine wahrgenommene Diskriminierung durch andere die Salienz der positiven Eigenschaften der Eigengruppe erhöht. D.h. wahrgenommener Konflikt mit Westdeutschen müsste einen positiven Effekt auf die Identifikation mit Sachsen haben.

Abbildung V.4: Zusammenfassung der Hypothesen über die „anderen Faktoren", die die Identifikation beeinflussen

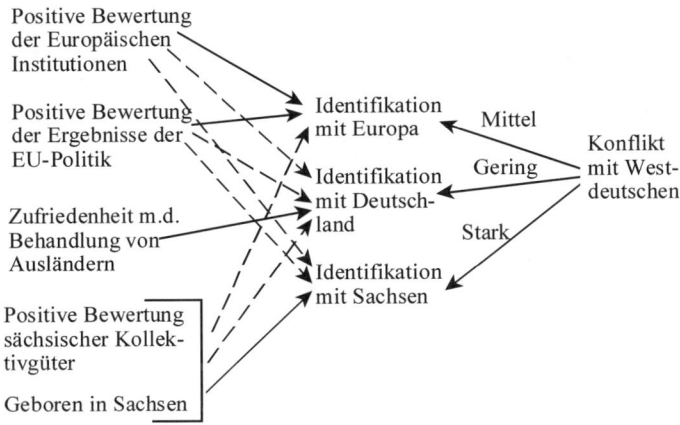

Anmerkung. Alle Wirkungen sind positiv. Zu den kausalen Abhängigkeiten der Identifikationen siehe Abbildung V.2.

Welche Wirkungen könnte der Konflikt mit Westdeutschen auf die Identifikation mit Deutschland haben? Eine negative Identifikation mit Deutschland würde wahrscheinlich kognitiv dissonant sein, weil Sachsen Teil von Deutschland ist und stark von den Transfers der Bundesregierung und damit auch von Westdeutschland abhängt. Es scheint plausibel, dass eine niedrige positive Identifikation mit Deutschland die beste Möglichkeit ist, kognitive Dissonanz zu vermindern.

Wie wirkt Konflikt mit Westdeutschen auf die Identifikation mit Europa? Sachsen ist nur ein kleiner Teil von Europa. Eine Konfliktbeziehung mit Westdeutschland würde sicherlich keine negative Identifikation mit Europa hervorrufen. Sachsen fühlen sich ja nicht von Bürgern der EU zurückgewiesen, sie sind vielmehr Europäer. Wir vermuten, dass wahrgenommener Konflikt mit Westdeutschen nicht nur die Salienz von positiven Eigenschaften der Eigengruppe erhöht, sondern auch positive Eigenschaften anderer Mitgliedschaftsgruppen wie z.B. Europa erhöht, von denen man sich nicht diskriminiert fühlt. Wir vermuten deshalb, dass wahrgenommener Konflikt mit Westdeutschen einen schwachen positiven Effekt auf die Identifikation mit Europa und einen noch schwächeren Effekt auf die Identifikation mit Deutschland hat.

Die letzte Variable unseres Modells ist die Geburt in Sachsen. Wir nehmen an, dass Personen, die in Sachsen geboren sind, sich in hohem Maße mit Sachsen identifizieren. Wie bereits gesagt, die meisten Kinder haben positive

Sozialisationserfahrungen und verbinden deshalb positive Eigenschaften mit ihrer unmittelbaren Umwelt. Die Implikation ist, dass „Geburt in Sachsen" einen positiven Effekt auf die Identifikation mit Sachsen hat.

Wenn Beziehungen zwischen den Identifikationen bestehen (siehe Hypothese 2), dann sollte wenigstens einer der „anderen Faktoren" Wirkungen auf mehrere Identifikationsvariablen haben. D.h. es sollten Abwärts- und Aufwärts-Effekte existieren – siehe die gestrichelten Pfeile in Abbildung V.4. Jedoch sollte „Zufriedenheit mit der Behandlung von Ausländern in Deutschland" nur einen Effekt auf die Identifikation mit Deutschland haben, weil es hier keine Abwärts- oder Aufwärts-Identifikation gibt (siehe Hypothese 2). Wir nehmen an, dass die Wirkung einer Variablen, die sich direkt auf eine Eigenschaft von Europa, Deutschland oder Sachsen bezieht, einen signifikanten und relativ starken Effekt auf die Identifikation mit der entsprechenden Region hat.

5. Die Messung der Variablen und Probleme bei den Fragen über Europa

Die Operationalisierungen der Variablen sind in Tabelle V.1 zusammengefasst. Die einzelnen Indikatoren, die ermitteln sollten, wie die Befragten verschiedene Eigenschaften von Europa einschätzten, findet man in der ersten Spalte von Tabelle V.2.

Tabelle V.1: Messung der Variablen

Name der Variablen	Messung, möglicher Wertebereich
Abhängige Variablen	
Identifikation mit Europa, Deutschland, Sachsen	Wie ausführlich in Kapitel III beschrieben wurde, haben wir die Befragten u.a. gebeten anzugeben, wie stark sie sich als Europäer, Deutsche und Sachsen *fühlen* und wie *stolz* sie sind, Deutsche, Europäer und Sachsen zu sein. Jeweils aus den Fühlen- und Stolz-Indikatoren wurden je Region Skalen gebildet. "Identifikation mit Deutschland" ist also eine additive Skala aus den Fühlen- und Stolz-Indikatoren. Hohe Werte bedeuten eine starke Identifikation.
Unabhängige Variablen	
Positive Bewertung europäischen Institutionen	Dies ist eine additive Skala, die aus den Indikatoren 1 bis 3 von Tabelle V.2 besteht.
Positive Bewertung europäischer Politik	Dies ist eine additive Skala, die aus den Indikatoren 4 bis 6 von Tabelle V.2 besteht.

Name der Variablen	Messung, möglicher Wertebereich
Zufriedenheit mit der Behandlung von Ausländern in Deutschland	Additive Skala aus zwei Indikatoren, die sich auf das Ausaß beziehen, in dem Befragte zufrieden mit der Asylpolitik in Deutschland und mit der Anzahl von Ausländern in Deutschland sind. Jeder Indikator hatte fünf Antwortkategorien, von „sehr zufrieden" (1) bis „sehr unzufrieden" (5).
Positive Bewertung sächsischer Kollektivgüter	Befragten wurden verschiedene Eigenschaften Sachsens vorgegeben und sie wurden gefragt, wie positiv sie diese bewerten (fünf Kategorien, von „sehr schlecht" mit Kodierung 1 bis „sehr gut" mit Kodierung 5). Die Indikatoren beziehen sich auf die Geschichte Sachsens, seine Kultur, Wirtschaft, wissenschaftliche Erfolge, Sprache, Tradition und Brauchtum, sportliche Erfolge.
Konflikt mit Westdeutschen	Eine Skala, die aus zwei Indikatoren besteht, denen man mehr oder weniger zustimmen konnte, von „stimme voll zu" („stimme überhaupt nicht zu" mit Kodierung 1 bis „stimme voll zu" mit Kodierung 5). (1) Ein Ostdeutscher kann sich anstrengen wie er will, er wird niemals das Gleiche erreichen wie ein Westdeutscher; (2) Wenn man sieht, wie wir Ostdeutschen behandelt werden, platzt einem allmählich der Kragen.
Geboren in Sachsen	Kategorie 0 bedeutet „nicht geboren in Sachsen", 1 bedeutet „geboren in Sachsen".

Tabelle V.2: Einstellungen gegenüber der Europäischen Union (EU)

Art der Indikatoren		Sch	M	Gut	NB	KA	D
Europäische Institutionen							
(1) Arbeit des	W2	28,7	61,5	9,8	581	0	2,78
Europaparlaments	W3	23,0	67,0	10,1	535	0	2,85
(2) Bürokratie in Brüssel[1]	W2	54,6	31,4	14,1	467	4	2,41
	W3	65,5	22,5	12,0	352	5	2,14
Europäische Politik							
(3) Einfluss von Brüssel	W2	41,2	52,4	6,4	494	2	2,58
auf deutsche Politik	W3	42,9	52,3	4,9	417	5	2,57
(4) Euro	W2	39,7	31,7	28,6	26	1	2,80
	W3	37,7	30,8	31,5	16	3	2,87
(5) Offene Grenzen	W2	21,5	27,9	50,6	120	1	3,28
der BRD	W3	23,0	35,5	41,5	93	5	3,21
(6) Osterweiterung	W2	29,1	42,3	28,6	130	2	2,94
	W3	33,6	38,9	27,4	107	3	2,89
Allgemeine Bewertung der EU							
(7) Alles in allem, wie hat	W2	13,0	68,1	19,0	353	3	3,05
sich die EU entwickelt?	W3	18,5	64,6	17,0	236	5	2,97

N=1153; 1 *Antwortkategorien* sind: auf keinen Fall gerechtfertigt (1), nicht gerechtfertigt (2), teils/teils (3), gerechtfertigt (4), auf jeden Fall gerechtfertigt (5). *Interviewfrage:* Was finden Sie gut und was finden Sie schlecht an Europa? Der genauere Wortlaut findet sich in Tabelle VI.1. *Abkürzungen:* Sch = sehr schlecht/schlecht; M = mittel; Gut = gut/sehr gut; NB = kann ich nicht beurteilen; KA = keine Antwort; D = Durchschnitt (arithmetisches Mittel).

Betrachten wir die Antworten der Befragten zu diesen Eigenschaften von Europa etwas genauer. Zu den Europafragen hatten die Befragten fünf Antwortmöglichkeiten: sehr gut, gut, mittel, schlecht, sehr schlecht, kann ich nicht beurteilen. Darüber hinaus bestand auch die Möglichkeit, die Frage nicht zu beantworten. In diesem Falle erhielt ein Befragter einen fehlenden Wert. Die Antwortkategorien „gut/sehr gut" und „schlecht/sehr schlecht" werden in der Tabelle zusammengefasst. Die Tabelle führt weiter je Indikator die Anzahl der Antworten „kann ich nicht beurteilen" (abgekürzt NB), die fehlenden Werte (KA für „keine Antwort") und die Mittelwerte je Indikator (Spalte „M") auf. Folgende Sachverhalte sind von besonderem Interesse.

(1) Auffällig ist zunächst die überwiegend negative Bewertung der verschiedenen Eigenschaften der EU (Indikatoren 1 bis 6). Vergleicht man die Prozentsätze der Kategorien „sehr schlecht/schlecht" mit denen von „sehr gut/gut", dann zeigt sich, dass die Prozentsätze der ersten Kategorie – mit einer Ausnahme – immer höher sind. Zum Teil sind die Unterschiede dramatisch. So finden die Bürokratie in Brüssel in Welle 2 54,6 % der Befragten sehr schlecht oder schlecht und nur 14,1 % gut oder sehr gut. In Welle 3 ist die Beurteilungsdifferenz noch größer. Die Ausnahme ist die Beurteilung der offenen Grenzen: hier findet man eine Mehrheit, die diese gut oder sehr gut einschätzt.

Bei der allgemeinen Bewertung der Entwicklung der EU (siehe Inikator 7) sieht in Welle 2 eine Mehrheit diese positiv, während in Welle 3 das Umgekehrte der Fall ist. Instruktiv ist auch ein Vergleich der Mittelwerte in der letzten Spalte: die Werte oszilieren meist um den Skalenmittelpunkt von 2,5.

(2) Zweitens ist der hohe Prozentsatz derjenigen, die die mittlere Kategorie ankreuzten, ungewöhnlich. Dies sind Personen mit einer „mittleren" Bewertung zwischen gut und schlecht. Hier halten sich die positiven und negativen Bewertungen die Waage. Es wäre aber auch denkbar, dass viele Personen die mittlere Kategorie gewählt haben, die sich noch kein Urteil gebildet haben.

(3) Drittens ist die hohe Zahl der Personen auffällig, die angeben, nicht beurteilen zu können, ob bestimmte Eigenschaften der EU eher gut oder schlecht sind – siehe die schattierte Spalte. Die Zahlen variieren zwischen 581 und 16. Bei der Beurteilung der Arbeit des Europaparlaments hat etwa die Hälfte der Befragten angegeben, sie können nicht beurteilen, ob dessen Arbeit eher gut oder schlecht ist. Beim Euro dagegen ist die Zahl der „kann ich nicht beurteilen"-Antworten am geringsten.

(4) Viertens ist der Unterschied bei den Antworten zwischen Welle 2 und Welle 3 interessant: es scheint, dass die Befragten nachgedacht haben: generell ist die Anzahl der „kann ich nicht beurteilen"-Antworten in der dritten Welle geringer als in der zweiten Welle.

Wie sollte man die „kann ich nicht beurteilen"-Antworten statistisch analysieren? (1) Man kann diesen Antworten fehlende Werte zuordnen. Dies erscheint gerechtfertigt. Wenn nämlich angenommen wird, dass bestimmte kognitive Überzeugungen über Europa die Identifikation mit Europa beeinflussen, dann haben Personen, die „kann ich nicht beurteilen" bei einer der Europafragen antworteten, solche kognitiven Überzeugungen nicht. Diese Personen sollten also von der Analyse ausgeschlossen werden. (2) Es ist jedoch möglich, dass Personen mit den genannten Antworten trotzdem eine besonders starke positive oder negative Einstellung zu Europa haben. Wenn sich aber zeigt, dass die genannten Antworten die abhängige Variable nicht beeinflussen, dann ist es gerechtfertigt, diesen Antworten fehlende Werte zuzuschreiben. Um diese Annahme zu testen, haben wir die „kann ich nicht beurteilen"-Antworten in die statistischen Analysen einbezogen, indem wir für jede Welle und für jeden Indikator von Tabelle V.2 Dummyvariablen konstruierten. So erhielt für Indikator 1 von Welle 2 die erste Dummyvariable den Wert 1 für „sehr schlecht" und 0 für alle anderen Werte; die zweite Dummyvariable für denselben Indikator erhält Wert 1 für „schlecht" und Wert 0 für alle anderen Werte u.s.w.; die sechste Dummyvariable für Indikator 1 erhält Wert 1 für „kann ich nicht beurteilen" und den Wert 0 für alle anderen Werte. Es ist nun möglich, die Dummyvariablen für alle Indikatoren in Regressionsanalysen aufzunehmen, indem man jeweils eine Kategorie jedes Indikators ausschließt und als Referenzkategorie behandelt. Diese Analysen, durchgeführt jeweils für Welle 2 und 3, enthalten eine Vielzahl von Variablen. Dabei sind, wie zu erwarten, die Multikollinearitäten hoch. Im Allgemeinen haben die Dummyvariablen nur geringe Effekte auf die Identifikationsvariablen.

Um diese Probleme zu vermeiden, sind wir noch in anderer Weise vorgegangen: wir konstruierten je Welle getrennt für jeden der ersten sechs Indikatoren von Tabelle V.2, die sich auf spezielle Eigenschaften der EU beziehen, nur eine Dummyvariable: sie erhielt den Wert 1, wenn die betreffende Person mit „kann ich nicht beurteilen" geantwortet hat, und den Wert 0 für jede andere Antwort. Diejenigen, die keine Antwort gaben, erhielten, wie vorher, einen fehlenden Wert. Die Korrelationen der sechs Dummyvariablen mit den abhängigen Variablen (Identifikation mit Europa, Deutschland und Sachsen) waren im Allgemeinen niedrig.

In einem nächsten Schritt konstruierten wir für jeden Befragten eine weitere Variable: Anzahl der „kann ich nicht beurteilen"-Antworten, und zwar getrennt für Welle 2 und Welle 3. Von den 1153 Befragten gaben in Welle 2 35,1% keine „kann ich nicht beurteilen"-Antwort; 19,2 % gaben eine, 18.6% gaben zwei und 15.4% drei dieser Antworten. Insgesamt 5,1 % der Befragten konnten vier der sechs Indikatoren nicht beantworten. Bei Welle 3 ist die Anzahl derjenigen, die keine, eine oder zwei Behauptungen nicht beurteilen konnten, um ca. 3 % größer. In Welle 2 konnten insgesamt 11,7 % vier und mehr Behauptungen nicht beurteilen, in Welle 3 waren es 7,9 %. Es gab also nur einen kleinen Prozentsatz von Befragten, die nicht in der Lage waren, mehr als drei der sechs Indikatoren nicht zu beantworten. Die Korrelationen dieser Variablen für Welle 2 mit den abhängigen Variablen betragen -,04 (Identifikation mit Europa), -,05 (Identifikation mit Deutschland) und ,05 (Identifikation mit Sachsen). Die entsprechenden Korrelationen für Welle 3 betrugen -,05, -,09 und -,09. Für beide Wellen gilt also: die Korrelationen zwischen der Anzahl der

Behauptungen zu Europa, die Befragte nicht beurteilen konnten, und den Identifikationen mit Europa, Deutschland und Sachsen ist relativ gering.

Weiter haben wir die Modelle aus Abbildung V.5 nicht als Strukturgleichungsmodelle, sondern als einfache Regressionsanalysen (OLS) geprüft, und zwar mit der Option *missing pairwise*. Für jede der abhängigen Identifikationsvariablen von Welle 2 und 3 wurden die unabhängigen Variablen aus Abbildung V.5 einbezogen. Sodann wurde die gleiche Regression berechnet, dieses Mal aber wurde zusätzlich die genannte Variable „Anzahl der kann-ich-nicht-beurteilen-Antworten" einbezogen (und zwar aus derselben Welle wie die abhängige Variable). Die Modelle bestehen entsprechend aus sechs abhängigen Variablen (Identifikation mit Europa, Deutschland und Sachsen, jeweils aus Welle 2 und 3). Zunächst zeigte sich, dass die Variable „Anzahl der kann-ich-nicht-beurteilen-Antworten" keinen signifikanten Effekt auf die europäische und nationale Identifikation hatte.[81] Es lag weiter kein Effekt auf Identifikation mit Sachsen von Welle 2 vor. Das Beta für die Wirkung auf die Identifikation mit Sachsen von Welle 3 betrug -,09. Hier gilt also: Wenn man wenig Informationen über Europa hat (d.h. wenn man viele der vorgegebenen Behauptungen über Europa nicht beurteilen kann), dann ist die Identifikation mit den Sachsen in Welle 3 gering.

Dieselben Analysen wurden ohne die Variablen „positive Bewertung der europäischen Institutionen" und „positive Bewertung europäischer Politik" durchgeführt. Diese Variablen haben eine große Zahl fehlender Werte, da wir aufgrund der vorher beschriebenen Analysen den Antworten „kann ich nicht beurteilen" fehlende Werte zuwiesen. Die im vorigen Abschnitt berichteten Ergebnisse sind fast identisch mit den Regressionsanalysen ohne die Europa-Variablen: Die Wirkung der Variablen „kann ich nicht beurteilen" auf Identifikation mit Sachsen in Welle 3 ist signifikant (wieder ist Beta = -.09). Zusätzlich ist noch die Wirkung auf Identifikation mit Deutschland in Welle 3 signifikant (Beta = -,08). Die Wirkungen der genannten Variablen sind insgesamt schwach.

Wichtiger ist noch, dass sich die Koeffizienten der anderen Variablen kaum verändern, wenn die genannte Variable in die Analysen eingeschlossen wird: keine der anderen Variablen, die vorher signifikant waren, wird insignifikant; und keine der anderen Variablen, die nicht signifikant waren, wird signifikant.

Diese Befunde lassen es sinnvoll erscheinen, den „kann ich nicht beurteilen"-Antworten fehlende Werte zuzuweisen. Aber der Ausschluss dieser Befragten von allen Analysen (d.h. *listwise deletion*) würde bedeuten, auf die vorliegenden Informationen über die Werte anderer Variablen zu verzichten. Wir wählen deshalb das Verfahren *pairwise deletion*. Regressionsanalysen mit „listwise deletion" zeigen, dass die Ergebnisse beider Verfahren fast identisch sind.

---

[81] Da keine Hypothesen über die Vorzeichen vorlagen, haben wir hier zweiseitige Tests verwendet.

6. Die Vorgehensweise bei der Prüfung der Hypothesen

Das Modell in Abbildung V.4 enthält keine Zeitdimension. Beim Test dieses Modells mittels unseres Panels sind wir wieder so vorgegangen, wie in Kapitel III.6 beschrieben wurde: die abhängigen Variablen – hier also die Identifikationen – wurden in Welle 2 und 3 gemessen. Weiter wurden immer die zeitverzögerten abhängigen Variablen eingeschlossen. Bei den unabhängigen Variablen wurden zuerst die zeitverzögerten Variablen einbezogen. Falls diese nicht wirkten, verwendeten wir die simultanen unabhängigen Variablen. Es ist wichtig zu beachten, dass wir die Eigenschaften der EU nur in Welle 2 und 3, also nicht in Welle 1 gemessen haben.

7. Die Überprüfung der Hypothesen

Die Korrelationen zwischen den Identifikationen

Eine unserer Hypothesen lautete, dass alle drei Identifikationen positiv miteinander korrelieren. Tabellen V.3a bis V.3c zeigen die Ergebnisse unserer Analysen. Folgende Befunde sind wichtig.

(1) Alle Korrelationen sind positiv, und jede Korrelation ist hoch signifikant. Dies ist eine klare Falsifikation von Hypothesen, die eine negative Korrelation zwischen den verschiedenen Identifikationen behaupten.

(2) Wenn wir die Größe der Koeffizienten betrachten, fällt Folgendes auf. Korrelationen zwischen den Identifikationen mit Deutschland und Europa sind immer größer als Korrelationen zwischen diesen Variablen und Sachsen. So beträgt die Korrelation zwischen der Identifikation mit Europa und Deutschland in Welle 1 (siehe Tabelle V.3a) ,63; die Korrelation zwischen der Identifikation mit Europa und Sachsen hat einen Wert von 0,32, und die Korrelation zwischen der Identifikation mit Deutschland und Sachsen beträgt ,40. Diese beiden Koeffizienten sind deutlich niedriger als der Koeffizient von ,63.

Tabelle V.3a: Welle 1: Korrelationen zwischen den Identifikationen mit Europa, Deutschland und Sachsen

Identifikation mit:	Identifikation mit:		
	Europa	Deutschland	Sachsen
Europa		,63	,32
Deutschland			,40
Sachsen			

Tabelle V.3b: Welle 2: Korrelationen zwischen den Identifikationen mit Europa, Deutschland und Sachsen

Identifikation mit:	Identifikation mit:		
	Europa	Deutschland	Sachsen
Europa		,73	,55
Deutschland			,58
Sachsen			

Tabelle V.3c: Welle 3: Korrelationen zwischen den Identifikationen mit Europa, Deutschland und Sachsen

Identifikation mit:	Identifikation mit:		
	Europa	Deutschland	Sachsen
Europa		,73	,47
Deutschland			,51
Sachsen			

Alle Koeffizientenlen in den Tabellen sind mindestens auf dem 0,05 Niveau signifikant.

Das theoretische Modell

Inwieweit hat sich unser theoretisches Modell bestätigt? Abbildung V.5 fasst die Ergebnisse unserer Analysen zusammen. Der obere Teil der Abbildung enthält nur die Beziehungen zwischen den Identifikationen. Im unteren Teil werden nur die Wirkungen der zusätzlichen Faktoren auf die Identifikationen einbezogen. Es ist wichtig zu beachten, dass es sich um ein einziges Modell handelt.

Betrachten wir zuerst die Beziehungen zwischen den Identifikationen im oberen Teil der Tabelle. Wir vermuteten (siehe Hypothese 2):

(2b) Sub-nationale Identifikation hat einen starken positiven Effekt auf nationale Identifikation und einen schwächeren positiven Effekt auf europäische Identifikation – dies ist die Hypothese der *Aufwärts-Identifikation*.

(2c) Europäische Identifikation hat einen starken positiven Effekt auf nationale und einen schwächeren positiven Effekt auf sub-nationale Identifikation – dies ist die Hypothese der *Abwärts-Identifikation*.

Fragen wir zuerst, inwieweit diese Hypothesen für die *abhängigen Variablen von Welle 2* bestätigt werden. Was Hypothese (2b) betrifft, so finden wir einen simultanen Effekt von sächsischer Identifikation auf nationale Identifikation von .11 und einen zeitverzögerten Effekt auf europäische Identifikation von .10. Dies ist insofern eine Bestätigung der Hypothese der Aufwärts-Identifikation, als die beiden behaupteten Effekte vorliegen. Allerdings stimmt unsere Vermutung über die relative Größe der Koeffizienten nicht: der Unterschied von 0,01 ist so gering, dass wir davon ausgehen können, dass beide Koeffizienten gleich sind.

Hypothese (2c) stimmt mit unseren Daten überein, da eine Wirkung der europäischen auf die nationale Identifikation (Beta =.41) und die sächsische Identifikation (Beta= .30) besteht. Die behaupteten Effekte liegen vor und auch die Annahme über deren relative Größe ist korrekt.

Was die *abhängigen Variablen von Welle 3* betrifft, so sind die Hypothesen (2b) und (2c) bestätigt: sowohl eine Aufwärts- als auch eine Abwärts-Identifikation liegen vor. Unsere Vermutungen über die relativen Größen der Koeffizienten bestätigen sich allerdings nicht.

Abbildung V.5: Beziehungen zwischen Identifikationen und die Wikrungen weiterer Faktoren: das bestätigte Modell

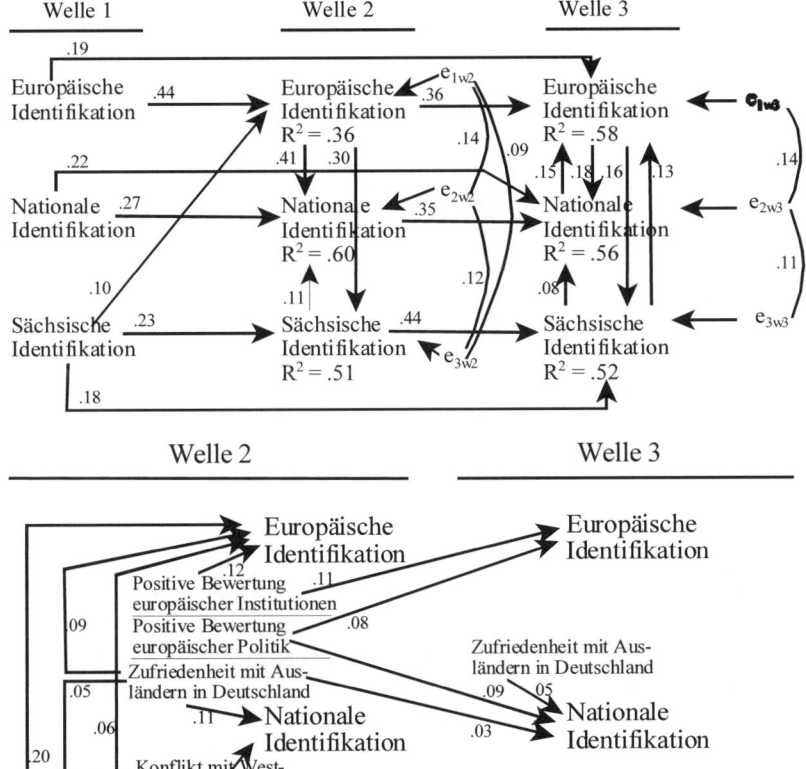

Anmerkung: Es handelt sich hier um ein einziges Modell, das in zwei Abbildungen dargestellt ist. Koeffizienten sind standardisiert und mindestens auf dem 0,05 Niveau signifikant, einseitige Tests.
Chi-square 104,97; df = 41; p=.000; RMSEA=.037.

Befassen wir uns mit den Wirkungen der „anderen Faktoren" auf die Identifikationen (siehe den unteren Teil der Abbildung V.5). Wir erwarteten, dass die Variablen „positive Bewertung europäischer Institutionen" und „positive

Bewertung der Ergebnisse europäischer Politik" (siehe Abbildung V.4) Effekte auf die europäische Identifikation von Welle 2 und Welle 3 haben. Auf „europäische Identifikation" von Welle 2 wirkt jedoch nur die positive Bewertung europäischer Institutionen. Die europäische Identifikation von Welle 3 wird von beiden Variablen beeinflusst. Die Wirkungen sind jedoch gering: sie liegen zwischen ‚08 und ‚12. Wir hätten eher erwartet, dass die konkreten, fühlbaren Entscheidungen – die Skala enthält Entscheidungen wie die Einführung des Euro, die offenen Grenzen und die EU-Osterweiterung – besonders starke Effekte haben.

Die Zufriedenheit mit der Behandlung von Ausländern in Deutschland beeinflusst mehrere Identifikationen. In beiden Wellen finden wir eine Wirkung auf die nationale Identifikation. In Welle 2 beeinflusst die Variable auch die europäische und sächsische Identifikation. Allerdings sind die einzelnen Wirkungen schwach.

Der Konflikt mit Westdeutschen hat dagegen zwei relativ starke Effekte auf die europäische und sächsische Identifikation in Welle 2 und einen schwachen Effekt auf die sächsische Identifikation von Welle 3. Wir hatten besonders starke Effekte auf die sächsische Identifikation vorausgesagt (siehe Abbildung V.4). Immerhin liegen zwei Wirkungen auf die sächsische Identifikation vor. Die Wirkung auf die europäische Identifikation in Welle 2 ist schwächer als die auf sächsische Identifikation, was unserer Erwartung entspricht. Da keine Wirkungen auf die nationale Identifikation vorliegen, sind diese definitionsgemäß geringer als die vorher genannten Wirkungen (die größer als null sind).

„Geboren in Sachsen" hat Effekte auf die Identifikation mit Sachsen in Wellen 2 und 3. Dabei ist nur der Effekt auf die sächsische Identifikation in Welle 2 relativ stark (Beta = ‚15).

Die positive Bewertung sächsischer Kollektivgüter hat erwartungsgemäß signifikante Effekte auf die Identifikation mit Sachsen. Wieder ist die Wirkung auf die sächsische Identifikation in der zweiten Welle mit ‚18 deutlich stärker als auf sächsische Identifikation in Welle drei mit ‚05. Die Variable hat auch Effekte auf andere Identifikationen, aber die Wirkungen auf die sächsische Identifikation sind am stärksten.

Generell wird die Hypothese der abgestuften Effekte der unabhängigen Variablen insofern bestätigt, als die erwarteten Haupteffekte im Allgemeinen vorliegen. So wirkt die Geburt in Sachsen nur auf die Identifikation mit Sachsen. Die Hypothese, dass die Effekte immer niedriger werden, je höher oder niedriger die betreffende Region in der Hierarchie ist, konnte jedoch nur manchmal bestätigt werden.

Betrachten wir die Wirkungen der zeitverzögerten Identifikationsvariablen. Ihre Effekte sind sehr verschieden. Den niedrigsten Effekt hat die Identifikation mit Sachsen von Welle 1 auf Welle 2 (Beta = ‚23); die stärkste Wirkung hat die Identifikation mit Europa von Welle 1 auf Welle 2 und weiter die Identifikation mit Sachsen von Welle 2 auf Welle 3 (Beta = ,44). Da der Abstand zwischen Welle 2 und 3 nur ein Jahr beträgt, wäre zu erwarten, dass zeitverzögerten Effekte der Identifikationsvariablen von Welle 2 auf 3 größer als die von Welle 1 auf 2 sind. Dies ist aber nur für die nationale und sächsische Identifikation der Fall; bei der europäischen Identifikation ist der Effekt von Welle 1 zu Welle 2 (,44) größer als der von Welle 2 auf Welle 3 (,36).

8. Zusammenfassung und Diskussion

Viele Politiker und auch Wissenschaftler behaupten, dass die europäische Vereinigung nur erfolgreich sein kann, wenn sich eine europäische Identifikation entwickelt. Diese Identifikation entsteht im Verlauf der Vereinigung. Es wird weiter behauptet, dass die europäische Identifikation die Identifikation mit der Nation und mit sub-nationalen Einheiten wie z.B. Bundesländern verringert. Dieses Argument impliziert, dass Identifikationen sich wechselseitig beeinflussen. Wie genau sind die kausalen Abhängigkeiten? In diesem Kapitel wurden Hypothesen zur Beantwortung dieser Frage formuliert.

Ausgangspunkt ist die Theorie geplanten Verhaltens von M. Fishbein und I. Ajzen, nach der die Einstellung zu einem Einstellungsobjekt (wie z.B. Europa) um so positiver ist, je mehr positive Eigenschaften diesem Objekt zugeschrieben werden und je sicherer man ist, dass das Objekt diese Eigenschaften hat. Da die Identifikation mit Europa eine Einstellung zu Europa ist, impliziert die Theorie, dass eine positive Einstellung zu Europa um so stärker ist, je mehr positive Eigenschaften man Europa zuschreibt. Wenn eine negative Korrelation zwischen der Identifikation mit Europa einerseits und der Identifikation mit der Nation und sub-nationalen Einheiten andererseits vorliegen würde, dann wäre zu erwarten, dass die positiven Eigenschaften von Europa dazu führen, dass der Nation und sub-nationalen Einheiten negative Eigenschaften zugeschrieben werden. Wir argumentieren, dass dies unplausibel ist: die Nation und die sub-nationalen Einheiten wie die Bundesländer treffen nach wie vor die wichtigsten Entscheidungen. Wenn die Nation und die sub-nationalen Einheiten auch durch den Transfer von Rechten an Europa weniger mächtig wurden, so vollzog sich dieser Transfer freiwillig. Weiter dürfte dieser Transfer generell als vorteilhaft angesehen werden. Es ist deshalb eher damit zu rechnen, dass die Korrelationen zwischen den drei Identifikationen positiv sind. Hierfür spricht weiter, dass Bundesländer, Deutschland und Europa jeweils in einer Inklusionsbeziehung stehen: Sachsen ist ein Teil Deutschlands und Deutschland ein Teil Europas. Nach der kognitiven Gleichgewichtstheorie von Fritz Heider entwickelt sich in einer solchen Situation, in der „unit relations" zwischen den Einheiten bestehen, eine „liking relation". D.h. wenn Personen eine solche

Inklusionsbeziehung wahrnehmen, dann entwickeln sie eine positive Einstellung zu den Teilen. Auch aufgrund dieser theoretischen Überlegung erwarten wir *positive Korrelationen* zwischen den Identifikationen.

Aufgrund der genannten theoretischen Hypothesen von Fishbein, Ajzen und Heider erwarten wir folgende kausalen Beziehungen zwischen den Identifikationen. Es existieren zwei kausale Prozesse: der erste ist ein Prozess der *Abwärts-Identifikation*: wenn eine neue Institution entsteht und positiv bewertet wird, dann hat dies einen positiven Effekt auf die Identifikation mit Einheiten, die unterhalb der Gruppenhierarchie liegen. Man würde also erwarten, dass eine steigende Identifikation mit Europa zu einer steigenden Identifikation mit der Nation als Teil von Europa und mit den sub-nationalen Einheiten führt. Dies ist, kurz gesagt, deshalb der Fall, weil positive Eigenschaften von Europa auch den Einheiten zugeschrieben werden, die in der Hierarchie unterhalb liegen. Dies führt zu kognitivem Gleichgewicht. Zu den Bedingungen, unter denen diese Hypothese vermutlich gilt, vgl. den Text.

Zweitens vermuten wir einen Prozess der *Aufwärts-Identifikation*: Identifikationen mit einer Region oder mit Institutionen entwickeln sich in der Kindheit. Das Kind erfährt zunächst seine unmittelbare Umwelt. Die Theorie geplanten Verhaltens sagt voraus: wenn die Kindheitserfahrungen eher positiv sind, entsteht eine positive Identifikation zuerst mit der unmittelbar wahrgenommenen Region. Kinder entwickeln also zuerst eine Identifikation mit lokalen geographischen Einheiten und deren Bewohnern. Erst später entstehen Identifikationen mit Einheiten höherer Ordnung wie der Nation oder Europa. Wir vermuten weiter, dass die Effekte auf die nächste Identifikation in der Hierarchie besonders stark sind.

Zusammengefasst ist also zu erwarten: Sub-nationale Identifikation hat einen relativ starken positiven Effekt auf nationale Identifikationen und einen schwächeren positiven Effekt auf die europäische Identifikation. Die europäische Identifikation hat einen starken positiven Effekt auf nationale und einen schwächeren positiven Effekt auf sub-nationale Identifikation.

Diese Thesen haben sich insgesamt bestätigt – mit Ausnahme der Voraussagen über die unterschiedliche Stärke der Effekte. Weiter zeigte sich, dass alle Identifikationen positiv miteinander korrelieren. Dies gilt auch für die Beziehungen zwischen der europäischen und nationalen Identifikation: je größer die nationale Identifikation, desto größer ist auch die europäische Identifikation und umgekehrt.

Es ist wenig plausibel, dass eine Identifikation *nur* durch andere Identifikationen beeinflusst wird. Entsprechend haben wir weitere Hypothesen über Bedingungen formuliert, die die einzelnen Identifikationen beeinflussen (siehe Abbildung V.4). Gemäß der Theorie geplanten Verhaltens muss es sich hier um positive oder negative Eigenschaften der Regionen handeln. Wir wollen hier nur einige Ergebnisse zusammenfassen. Wir erwarteten, dass die *positive Bewertung europäischer Institutionen* und die *positive Bewertung der Ergebnisse europäischer Politik* Effekte auf die europäische Identifikation von Welle 2 und von Welle 3 haben. Auf „europäische Identifikation" von Welle 2 wirkt jedoch nur die positive Bewertung europäischer Institutionen. Wir hätten eher erwartet, dass die konkreten, fühlbaren Entscheidungen – die Skala enthält Entscheidungen wie die Einführung des Euro, die offenen Grenzen und die EU-Osterweiterung – besonders stark wirken. Die Wirkungen sind jedoch relativ schwach.

Die *Zufriedenheit mit der Behandlung von Ausländern in Deutschland* hat auf mehrere Identifikationen Wirkungen, allerdings sind diese schwach. Der wahrgenommene Konflikt mit Westdeutschen hat dagegen relativ starke Effekte auf die Identifikationen in Welle 2 und 3. Am stärksten wirkt diese Variable auf die Identifikation mit Sachsen sowohl in Welle 2 als auch in Welle 3. *Geboren in Sachsen* hat nur Effekte auf die Identifikation mit Sachsen in den Wellen 2 und 3. Damit schließen wir die Zusammenfassung unserer Ergebnisse ab.

Abschließend sollen noch einige Fragen diskutiert werden, die unsere Hypothesen und Ergebnisse aufwerfen. Wir haben nicht erwartet, dass die Wirkungen der Eigenschaften Europas – also die Bewertung der europäischen Institutionen und der europäischen Politik – so schwach sind. Eine Erklärung könnte sein, dass die Aspekte der EU nicht besonders positiv bewertet werden, wie wir sahen. Vielleicht besteht ein *Schwelleneffekt* in dem Sinne, dass Einstellungen zu einem Objekt durch die Eigenschaften des Objekts nur dann beeinflusst werden, wenn die Bewertungen und Wahrscheinlichkeiten besonders hoch sind, d.h. einen bestimmten Schwellenwert überschreiten.

Es ist eine schwierige Frage, welche Aspekte einer Region bzw. der Mitglieder einer Region die Identifikationen beeinflussen. In unserem Fragebogen haben wir eine Vielzahl verschiedener Indikatoren für Merkmale von Regionen verwendet. So erhoben wir unterschiedliche Arten der politischen Unzufriedenheit mit Sachsen und Deutschland. Auch die Mitgliedschaft in verschiedenen Netzwerken von Nachbarn und Freunden wurde gemessen. Alle diese Variablen haben keinen Einfluss auf die Identifikationen.

Die Theorie geplanten Verhaltens sagt voraus, dass nur solche Merkmale von Einstellungsobjekten eine Einstellung verändern, die „salient" sind. Dieser Ausdruck könnte bedeuten, dass die Verteilung einer Bewertung alle Werte des möglichen Wertebereichs enthält und nicht nur relativ niedrige Werte enthält. Dies war der Fall für die Variablen, deren Wirkung wir ermittelten – mit Ausnahme der Europafragen. Es könnte jedoch behauptet werden, dass auch dann, wenn ein Merkmal sehr positiv bewertet wird, „Salienz" im Sinne von „wichtig für ein Individuum" nicht vorzuliegen braucht. Angenommen, jemand fühlt sich als Deutscher und ist stolz, Deutscher zu sein. Trotzdem könnte das Merkmal „deutsch" keine „saliente" (oder wichtige) Eigenschaft sein. Unsere Daten bestätigen dies nicht. Wir fragten, wie wichtig es für unsere Befragten ist, Sachse zu sein. Wenn wir diesen Indikator mit den „fühlen als"- und „stolz sein"-Fragen korrelieren, finden wir Korrelationen mit Werten größer als ‚70. Es scheint also, dass eine hohe Bewertung (d.h. Identifikation) auch zu einer hohen Salienz führt und dass deshalb eine hohe Korrelation vorliegt.

Es ist nicht unplausibel, dass die Fishbein-Ajzen-Theorie in diesem Zusammenhang nicht zutrifft. Wenn der Sozialisationsprozess wichtig für die Entwicklung einer Identifikation ist, dann könnte die Theorie zu einem relativ frühen Zeitpunkt während der Sozialisation zutreffen, in dem die positiven Aspekte eines Einstellungsobjekts eine Wirkung haben. Aber wenn sich eine Identifikation in den prägenden Jahren entwickelt hat, dann dürfte sie stabil bleiben und sich nur bei dramatischen Änderungen von Eigenschaften des Einstellungsobjekts ändern. Dies ist plausibel aus der Sicht der Dissonanztheorie: es ist kognitiv mit hohen Kosten verbunden, solche lange bestehenden Einstellungen zu ändern, da diese mit vielen anderen Einstellungen zusammenhängen. Veränderungen einer Identifikation führen also zu hoher Dissonanz.

Diese Spekulationen könnten erklären, warum bestimmte unabhängige Variablen für die Identifikation mit Sachsen relativ starke Effekte haben: die Skala „positive Bewertung sächsischer Kollektivgüter", die einen relativ hohen Einfluss hat, bezieht sich auf Eigenschaften, die in der Geschichte Sachsens verwurzelt sind. Vielleicht sind dies Eigenschaften, die beim Erwerb der Identifikation in einer frühen Phase des Sozialisationsprozesses von Bedeutung waren und entsprechend immer hoch mit der Identifikationsvariablen korrelieren. Weiter könnten die bestehenden Lebensverhältnisse deshalb weitgehend irrelevant sein – was unsere Daten auch zeigen – , weil die bestehenden Identifikationen so stark sind, dass eine mehr oder weniger große Zufriedenheit mit den Lebensverhältnissen für eine Änderung der Identifikation nicht ausreicht.

VI. Ursachen regionaler Identifikation[82]

In unserem theoretischen Modell gehen wir davon aus, dass die Intensität regionaler Identifikation in einem hohen Maß durch Sozialisation beeinflusst wird. Hinsichtlich der Sozialisationstheorien soll anhand einer differenzierten Darstellung von Grundannahmen geprüft werden, inwieweit aus den beiden Grundrichtungen – besondere Nachhaltigkeit früher Sozialisation versus lebenslange Sozialisation – Konsequenzen für die Aufstellung von Hypothesen unseres Erkärungsmodells folgen. Die beiden anderen Hypothesen zur Wirkung der Lebensqualität und wahrgenommenen Diskriminierung, die wir bereits in unserem Buch (Mühler und Opp 2004) entwickelt haben, bilden eine Modellergänzung. Zunächst werden theoretische Grundlagen einer differenzierten Sozialisationshypothese erläutert. Daran schließen sich Erläuterungen der beiden ergänzenden Hypothesen an. Zusätzlich zur Erklärung der Intensität regionaler Identifikation wollen wir die Erklärung des Heimatgefühls mit diesem Modell prüfen.

Im Anschluss daran werden wir die Hypothesen überprüfen. Dabei geht es zuerst darum, ob sich die Hypothesen über mehrere Erhebungszeitpunkte hinweg bestätigen, oder ob und in welchem Maß sich die Annahmen zur Sozialisation, Lebensqualität und wahrgenommenen Diskriminierung wechselseitig bei der Erklärung regionaler Identifikation ergänzen bzw. bedingen.

1. Die Erklärung der Intensität regionaler Identifikation mit Hilfe von Sozialisationstheorien

Annahmen zur nachhaltigen Wirkung von Internalisierungen in der Primär- und frühen Sekundärsozialisation

Sozialisationstheorien haben nicht den besten Ruf in den Sozialwissenschaften. Dies liegt wahrscheinlich nicht zuletzt an der Überdehnung ihrer Aussagefähigkeit in der strukturfunktionalistischen Theorie von Parsons. Wrong fasste das aufkommende Unbehagen gegenüber jenem übersozialisierten Menschen zusammen, indem er auf Bedingungen aufmerksam machte, unter denen sich Menschen Sozialisationswirkungen widersetzen (Wrong 1973). Wenn unsere

---

[82] Verfasst von Kurt Mühler.

soziologische Theorie die Stabilität und Integration der Gesellschaft überbetont, werden wir in der Vorstellung landen, dass der Mensch das körperlose, vom Gewissen getriebene und statussuchende Phantom der modernen Theorie sei (Wrong 1973, S. 238).

Auf der Grundlage eines rigorosen normativen Determinismus erhielt die soziologische Sozialisationstheorie das Etikett eines starren und empirisch nicht prüfbaren Diktats. Der so entworfene (funktionalistische) homo sociologicus will dieser Theorie folgend das, was er den Grundwerten und Normen einer Kultur zufolge soll. Frey polemisiert gegen diese unbedingte theoretische Festschreibung sozialen Verhaltens anhand eines Beispiels zur Erklärung des Niedergangs der patriarchalischen Familie in China (Frey 1990, S.83 f). Strukturfunktionalistisch betrachtet gerinnen demnach die Effekte sozialer Strukturen infolge fixierter Internalisierung zu Tradition und Rollenbindung. Auf diese Weise wird das soziale Verhalten der Menschen lebenslang determiniert. Die Entgegensetzung von sehr detaillierten und flexiblen Erklärungen individualistischer Annahmen des ökonomischen Theorieprogramms einerseits und den strikten strukturfunktionalistischen Annahmen andererseits hinterlassen einen etwas plakativen Eindruck. Dennoch zeigt Frey, dass die strukturfunktionalistische Grundlage der Sozialisationstheorie kaum eine Möglichkeit zulässt, Veränderungen bzw. Rollendistanz im Individualverhalten zu erklären. Diese klassische soziologische Sozialisationstheorie ist demnach nur dann in der Lage, Verhalten vorherzusagen, wenn sich die sozialen Bedingungen nicht ändern. Streng genommen ist eine solche Theorie für die Verhaltensvorhersage weitgehend wertlos. Ideengeschichtlich allerdings lässt sich Parsons Bemühen aber zumindest verstehen. Die ursprüngliche Absicht bestand weder darin, theoretische Annahmen über die Eigenwilligkeit des Sozialverhaltens noch theoretische Annahmen über die Eigenmächtigkeit seiner Effekte auf soziale Strukturen zu formulieren. Vielmehr lag seiner theoretischen Arbeit die Intention zugrunde, den Einfluss des kulturellen Wert- und Normsystems auf das Sozialverhalten zu begründen. Dies war zweifellos ein historisch wichtiger Schritt im Hinblick auf die Bestrebungen der Biologie, das soziale Verhalten des Menschen auf seine Natur zu reduzieren. Dennoch wird gerade in seiner kritischen Bewertung der Freudschen Persönlichkeitstheorie deutlich, dass Parsons zumindest einen Schritt zu weit gegangen ist. Trotz seiner Beteuerung, eine voluntaristische Handlungstheorie entwerfen zu wollen (Schütz und Parsons 1977, S. 26 f), vollzieht er die theoretische Stilllegung des freien Willens. Parsons kritisiert Freud dahingehend, dass dieser eine wirklichkeitsfremde Trennung zwischen Über-Ich und Ich eingeführt habe, der zufolge nur das Über-Ich als ein internalisiertes Kulturprodukt anzusehen sei (Parsons 1999, S. 32 f). Für Parsons ist es offensichtlich, dass auch das Ich internalisiert ist. Die Unterscheidung, die Freud zwischen dem Über-Ich und dem Ich trifft – dass Ersteres durch Identifizierung verinnerlicht wird und Letzteres eher aus Antworten auf die äußere

Wirklichkeit als aus verinnerlichter Kultur zu bestehen scheint – ist nicht haltbar (Parsons 1999, S.33). Was bleibt, ist ein durch Sozialisation festgelegter Mensch, der als Energielieferant, reduziert auf seinen domestizierten Triebhaushalt (Es), für die Erhaltung sozialer Strukturen sorgt. Im berühmt gewordenen Allgemeinen Handlungssystem liefert das Subsystem Persönlichkeit denn auch die Handlungskapazität unter der Kontrolle von Kultur- und Sozialsystem. Da bleibt im Grunde keine individuelle Autonomie gegenüber den gesellschaftlichen Strukturen mehr übrig. Sozialisationstheoretisch bemerkenswert ist schließlich, dass Parsons Fragmente der behavioristischen Lern- und Austauschtheorie, einer sozialisationstheoretischen Alternative, auf der untersten Ebene des Allgemeinen Handlungssystems, im Verhaltenssystem untergebracht hat. Bemerkenswert ist dies insofern, als diese konkurrierenden theoretischen Annahmen nicht ignoriert, sondern kontrolliert berücksichtigt werden. Die Anpassungsfähigkeit des Verhaltenssystems wird durch Reiz-Reaktionsmechanismen bestimmt. Eine soziale Bedeutsamkeit kann man Prozessen auf der untersten Stufe der AGIL-Funktionen nicht beimessen.

Mit einer solch strikten Formulierung sozialisatorischer Wirkung steht Parsons in der Ideengeschichte aber nicht allein. Zumindest solange, wie die Entwicklungspsychologie die menschliche Entwicklung in zwei Phasen teilte, die lernende und die fertige Phase, kann man ähnliche Konstruktionen auch außerhalb des Strukturfunktionalismus beobachten. Das Bild vom fertigen, normalen Erwachsenen, welcher sich in der Primär- und frühen Sekundärsozialisation jene soziale Kompetenz aneignete, welche er in der zweiten Lebensphase anwendet, prägte lange Zeit auch die grundlegenden Auffassungen in der Entwicklungspsychologie (Kohlberg 1974; Piaget 1973). Erst mit der Lebenslaufforschung der 70er Jahre und der programmatischen Annahme lebenslanger Sozialisation (Kohli 1973; Lehr 1978; Rosenmayr 1978) änderte sich allmählich diese starre Unterteilung von lernenden und anwendenden Menschen. Trotz aller modernen Bemühungen um lebenslange Aufnahmefähigkeit und Veränderung menschlicher Dispositionen bleibt die Grundannahme erhalten, dass die primäre und frühe sekundäre Sozialisation eine Sonderstellung in der sozialen Entwicklung des Menschen einnehmen. Demzufolge sind die frühen Internalisierungen die wirkungsvollsten im Hinblick auf Orientierung und Verhalten des Menschen. Bereits Karl Mannheim (Mannheim 1928) benötigte eine Annahme von der besonderen Nachhaltigkeit früher Internalisierungen. In seiner theoretischen Auffassung von der Generationslagerung, welche er als eine unverzichtbare Komplementärbetrachtung zu Marx Klassenlagerung verstand, wird eine prägungsoffene Phase im individuellen Lebenslauf theoretisch benötigt. Mit ihr soll begründet werden, warum sich die Angehörigen unterschiedlicher Generationen in ihren Werten und Sozialverhalten voneinander unterscheiden. Es geht hier also darum, die Existenz einer Lebensphase theoretisch zu begründen, die besonders prägungsoffen ist. Mit anderen Worten, es wird eine Lebensphase angenommen, in welcher die Besonderheiten einer konkreten historischen Situation (des Makro- und Mikromilieus) auf die Ausbildung individueller Wertmuster wirkt. Diese Werte führen zu unverwechselbaren Lebensgewohnheiten (Habitualisierungen). Wenn eine solche prägungsoffene Phase angenommen wird, dann folgt daraus auch, dass die folgenden Lebensphasen eher prägungsresistent sind. In abgewandelter Form wird auch von bestimmten Zeitfenstern für spezifische kulturelle oder politische Sozialisation gesprochen.

Auf Berger und Luckmann geht die begriffliche Unterscheidung zwischen Primär- und Sekundärsozialisation zurück. Damit war ein Schritt auch begrifflich vollzogen worden, Sozialisationsprozesse als lebenslange Prozesse zu begreifen und dennoch ein spezifisches Gewicht der frühen Internalisierungen theoretisch zu bewahren. Gleichwohl wird von ihnen das sich daraus ergebende Problem nicht bewältigt, nämlich einerseits die Annahme der Irreversibilität der Primärsozialisation zu erhalten und andererseits dennoch Prozesse der Sekundärsozialisation hinzuzufügen, ohne die erste Sozialisationsphase zu begrenzen (Berger und Luckmann 1991). Berger/Luckmann liefern für die Nachhaltigkeit der Wirkung früher Internalisierungen eine originäre Begründung. Der zufolge stellt die Kindheit die einzige Phase der Identitätsbildung dar, die generell betrachtet ohne innere Konflikte und Brüche abläuft. Dies wird dadurch möglich, dass die Grundlage der eigenen ersten Identitätsbildung in der Übernahme der wahrgenommenen Identität eines signifikanten Anderen besteht (Internalisierung durch Identifizierung). Weil diese Identität als konsistente und problemfreie Identität in der Wahrnehmung existiert, wirkt sie auf das Selbstbild harmonisierend und geschlossen. Erst später, wenn diese Identität aufgebrochen und eine eigene Identität aufgebaut wird, entstehen Krisen und Probleme, welche in Kontrast zu dieser frühen Identität stehen. Aus ihrer Geschlossenheit wird denn auch hauptsächlich ihre nachhaltige Wirkung begründet (Berger und Luckmann 1991, S.140 ff).

Die Habitustheorie Bourdieus stellt eine weitere Variante dar, mit welcher eine nachhaltige Wirkung früher Internalisierungen begründet wird. Demnach arrangieren sich Menschen in ihrer frühen Sozialisation mit den für ihre Schicht typischen Ressourcen und Möglichkeiten (Hysteresis-Effekt des Habitus). Menschen werden in eine schichtspezifische kulturelle Praxis eingebunden, die es ihnen ermöglicht, sich mehr oder weniger frustrationsfrei in ihren Restriktionen einzurichten. Demnach definieren sich Menschen über ihren sozialen Habitus als Angehörige einer schichtspezifischen Kultur mit fest gefügten Geschmacks- und Verhaltenseigenheiten. Diese Grundannahme lässt deutliche Anleihen auch an Durkheims theoretische Annahme über die grundlegende Bedeutung der Bedürfnisbegrenzung für die Stabilität sozialer Ordnung erkennen. Z.B. am Titelkapital wird der Hysteresis-Effekt sichtbar, demzufolge einem veränderten Stand des Titelmarktes noch die Wahrnehmungs- und Bewährungskategorien appliziert werden, die einem früheren Stand der Einschätzung der objektiven Chancen entsprachen. Hier gilt: der Hysteresis-Effekt ist umso ausgeprägter, je größer der Abstand zum Schulsystem ist (Bourdieu 1991, S. 238).

Schließlich ist die Annahme eines Primacy-Effekts zu nennen. Primacy-Effekte sind experimentell gut in der Sozialpsychologie nachgewiesen (Anderson 1965). Die Erklärungen dafür weisen eine gewisse Varianz auf und sind auch in unterschiedlicher Weise auf das hier interessierende Problem anwendbar, also warum frühe Internalisierungen von Werten besonders stabil sind und eine nachhaltige Wirkung im Lebenslauf entfalten. So ist die Auffassung anzutreffen, dass das Gewicht von Informationen im Zeitablauf abnimmt. Mit jeder nachfolgenden Position in der Informationsgebung ist mit einer Abnahme des Gewichts dieser Information zu rechnen. Auch wenn damit eine relativ gute Vorhersage in experimentellen Situationen getroffen werden kann, liefert dies noch keine Erklärung, warum es so ist. Erklärungen können darin bestehen, dass die Aufmerksamkeit abnimmt. In einer weiteren Erklärung wird davon ausgegangen, dass wahrgenommene Inkonsistenzen nachfolgender Informationen bezogen auf die ersten Informationen zur Abwertung nachfolgender Informationen führen. Und schließlich: Anfängliche Informationen werden als Fixierung verwendet, an die nachfolgende, auch dazu inkonsistente Informationen angepasst werden (Bierhoff 2000, S. 218 f). Insbesondere die letzte Auffassung kommt jener Erscheinung sehr nahe, mit welcher in den Sozialisationstheorien das besondere Gewicht der Primärsozialisation betont wird. Dennoch ist diese Erklärung letztlich ebenfalls ergänzungsbedürftig. Ein Kriterium dafür, warum frühe Informationen mehr Gewicht oder Einfluss aufweisen als spätere, kann mit dem Kosten-Nutzen-Argument erklärt werden. Demnach wird das Gewicht einer Information oder hier besser einer Einstellung (Wertorientierung, Überzeugung) aus den Kosten erklärt, welche aus einer Einstellungsänderung folgen würden. Wenn man die Werte- und normativen Überzeugungen eines Menschen als ein System auffasst, in welchem die verschiedenen Dispositionen miteinander durch das Bemühen um Konsistenz verbunden sind, dann wird deutlich, dass die Änderungskosten in dem Umfang zunehmen, in dem die Grundsätzlichkeit (Bedeutsamkeit) einer Disposition zunimmt. Je umfangreicher die Änderungen sind, um vorhandene Dispositionen einem neuen konsistenten Zustand anzupassen, desto wahrscheinlicher ist es, dass die ursprünglichen Einstellungen beibehalten und neue Wahrnehmungen diesen angepasst werden. Im Grunde ist durch die Rationalitätsannahme auch erklärbar, warum empirisch ebenso das Gegenteil eines Primacy-Effekts (der Recency-Effekt) beobachtbar ist. Nämlich dann, wenn die Änderungskosten sinken, wächst auch die Wahrscheinlichkeit, dass ältere Einstellungen zugunsten neuerer Wahrnehmungen geändert werden. Dabei ist von Bedeutung, wie wichtig eine Einstellung ist. Nach Fazio kann man Einstellungen hinsichtlich ihrer Zugänglichkeit bzw. Wichtigkeit beurteilen. Diese Merkmale von Einstellungen sind die Folge assoziativen Lernens. Je häufiger demnach eine Einstellung im Alltag abgerufen wird, was bedeutet, je häufiger eine Bewertung mit einem Einstellungsobjekt verbunden wird, desto stärker ist diese Assoziation und folglich, desto höher ist die Zugänglichkeit (Wichtigkeit) einer Einstellung (Fazio 1986b). Aus der Stärke der Assoziation zwischen Bewertung und Objekt, woraus die Wichtigkeit einer Einstellung folgt, kann man folgern: Je wichtiger eine Einstellung ist, desto höher sind die Kosten ihrer Änderung. Damit ist die Frage nach dem Zeitpunkt einer Einstellungsbildung von untergeordneter Bedeutung. Solche Vorgänge sind jedoch nur sehr bedingt als bewusster Vorgang aufzufassen. Menschen haben im Prinzip keinen direkten Zugriff auf ihre Einstellungen. Denn wenn Einstellungen willkürlich veränderbar wären, nach welchem Prinzip sollte dies erfolgen? Letztendlich würden Einstellungen auf der Grundlage von Einstellungen geändert. Denkbar ist also, dass diese Kostenabwägungen empirisch vorrangig affektiv ablaufen. Das würde bedeuten, dass durch die Möglichkeit der Änderung von Einstellungen negative Affekte mobilisiert werden. Je bedrohter eine grundlegende Einstellung wahrgenommen wird, desto stärker sind unangenehme Affekte zu erwarten. Dies erfüllt empirisch das Rationalitätsargument. Ferner, dies soll hier nur angedeutet werden, verweisen die einschlägigen Arbeiten Freuds auf einen solchen Zusammenhang. Nach Freud sind die früh ausgebildeten und internalisierten Bestandteile des Über-Ich deshalb so nachhaltig für die Persönlichkeitsbildung wirksam, weil sie von affektiven Prozessen begleitet wurden (vgl. auch Berger und Luckmann: Änderungen grundlegender Einstellungen im Erwachsenenalter werden als Krisen erlebt).

Diese Theorien sind bedeutsam für eine erste Sozialisationshypothese. Es zeigt sich insgesamt, dass Erklärungen eher selten sind und stattdessen empirische Beobachtungen bzw. Deskriptionen dominieren. In der Soziologie ist darüber hinaus eine gewisse Selbstverständlichkeit für die herausgehobene Bedeutung der Primärsozialisation verbreitet, sogar die Rede von einer Irreversibilität ist anzutreffen, welche sich aus Ergebnissen der Entwicklungspsychologie der 60er und 70er Jahre herleitet. Man kann mit diesen Annahmen, übertragen auf unser Forschungsobjekt, davon ausgehen, dass regionale Identifikation, wie andere grundlegende Wertorientierungen auch, in der Primär- und frühen Sekundärsozialisation geprägt werden. Das heißt, man muss in einer Region geboren und aufgewachsen sein, um sich mit dieser Region identifizieren zu können. Die in der Primär- und frühen Sekundärsozialisation ausgebildete regionbezogene Identifikation weist deshalb auch eine gewisse Resistenz gegen spätere Einflüssen auf. Wenn also Personen territorial mobil sind, dann werden sie dieser Annahme zufolge wahrscheinlich keine neue regionale Identifikation aufbauen, sondern sich zunehmend mit jenem räumlichen Zusammenhang identifizieren, der am ehesten ihrem „Mobilitätsradius" entspricht. Wer innerhalb der Bundesrepublik mobil ist, mehrere Wohnorte in verschiedenen Bundesländern hatte, der wird sich in erster Linie mit der Bundesrepublik identifizieren, weil dieser Raumbezug seiner Lebenserfahrung entspricht. Personen wiederum, die in verschiedenen Ländern Europas ihren Wohnsitz hatten, werden sich demzufolge wahrscheinlich am stärksten als Europäer fühlen. Komplementär dazu folgt aus dieser Sozialisationshypothese, dass territorial immobile Personen am ehesten eine kleinräumige regionale Identifikation ausbilden und stabilisieren können. Gegenprüfen kann man diese Annahme mit unseren Daten dadurch, dass nach Sachsen zugewanderte Personen keine regionale Identifikation mit Sachsen aufweisen. Die entsprechende *Hypothese zur Wirkung der Primärsozialisation* lautet:

(1) Wenn eine Person in Sachsen geboren und aufgewachsen ist, dann bildet sie wahrscheinlich eine intensive regionale Identifikation mit Sachsen aus.

Implizit ist in dieser Annahme enthalten, dass die Ausbildung regionaler Identifikation auf einer Assoziation positiver Erlebnisse mit dem Leben in der Region basiert. Überlagert werden könnte diese Annahme dadurch, dass die Wohndauer konditionierend wirkt. Demnach wäre regionale Identifikation eine Art adaptive Präferenzänderung (bzw. Präferenzverstärkung). Wenn die Mobilitätschancen gering sind, könnte also ein Mechanismus im Sinne saurer Trauben wirken. Die komplementäre Hypothese geht dann davon aus, dass die regionenrelevante Prägung bereits abgeschlossen ist und zu einem späteren Zeitpunkt im Lebenslauf keine neue Ausbildung regionaler Identifikation stattfindet. Regionale Identifikation wäre dann in diesem Fall eine Art konserviertes Heimatgefühl gegenüber der Geburtsregion ohne aktuelle Verhaltensrelevanz. Demnach wäre anzunehmen:

(2) Wenn eine Person nach Sachsen zugewandert ist, dann bildet sie keine regionale Identifikation aus.

Annahmen zur Wirkung von Verstärkungen aus Interaktionen im Erwachsenenalter (Tertiärsozialisation)

Der Begriff der Tertiärsozialisation wird hier verwendet, um diese Sozialisationsphase explizit auf das Erwachsenenalter zu konzentrieren. Es geht demnach um die Frage, ob gegenstandsrelevante Veränderungen in grundlegenden Einstellungen auch im Erwachsenenalter eintreten und relativ emanzipiert gegenüber den frühen Internalisierungen insbesondere der Primärsozialisation aufgefasst werden können.

Obwohl sich die Auffassung lebenslanger Sozialisation eigentlich durchgesetzt hat, wird in manchen Theoriekontexten nun von einem besonderen Gewicht der Primärsozialisation gesprochen[83]. Auf welchem Mechanismus basiert die lebenslange Sozialisation? Im Kern geht es darum zu klären, ob lebenslange Sozialisation eine Verlängerung oder Ergänzung der vorangegangenen Sozialisationsphasen darstellt oder einen eigenständigen Zusammenhang aufweist und vielleicht auch nicht auf alle Menschen überhaupt zutrifft. Die theoretischen Auffassungen in dafür einschlägigen Arbeiten sind insgesamt nicht sehr präzise, was die Erklärung des Mechanismus lebenslanger Sozialisation betrifft. Das Verdienst Berger/Luckmanns besteht in erster Linie darin, auf die theoretische Relevanz lebenslanger Sozialisation hingewiesen und eine begriffliche Grundlage dafür entwickelt zu haben. In zahlreichen Arbeiten zur Lebenslaufforschung in den 70er und 80er Jahren wurden aufschlussreiche empirische Belege für lebenslange Sozialisation und Zusammenhänge von Prozessen im Lebenslauf erbracht. Insbesondere in Arbeiten von Kohli, Lehr und Rosenmayr wurden langfristige Prozesse untersucht, mit denen ein Nachweis von Dispositionsänderungen gelang sowie Versuche unternommen wurden, diese Veränderungen mit einer Art struktureller Gesetzmäßigkeit des Lebenslaufs in Beziehung zu setzen. In den 90er Jahren hat insbesondere das Modell Hurrelmanns von der produktiven Realitätsverarbeitung als theoretische Grundlage der Sozialisationsforschung Aufmerksamkeit erhalten. Die Neuerung dieses Modells besteht nach Hurrelmann darin, Sozialisation konsequent als Interaktion zwischen Mensch und Gesellschaft zu erfassen und charakterisiert dies als mehrdimensionale kontextualistische Theoriekonzeption, was bedeutet, dass innere Realität und Persönlichkeit sowie äußere Realität in Interaktionsprozesse eingebunden sind (Hurrelmann 1990, S. 72). Ferner bezeichnet Hurrelmann die soziale Interaktion als einen Prozess eigener Art (Hurrelmann 1990, S. 68). Die sieben Maximen, welche diese Feststellung inhaltlich fixieren sollen, enthalten jedoch durchweg nur Beschreibungen und Forderungen an Interaktionen. Harte, empirisch prüfbare Kriterien für die Ausbildung von Handlungskompetenz, dem Ziel der Sozialisation, sind demgegenüber nicht zu erkennen. Als Begründung dafür wird die besondere Schwierigkeit des anvisierten Modells herangezogen, welche darin besteht, Untersuchungen der gesellschaftlichen und sozialen Strukturen einschließlich der Interaktionsstrukturen, die für Sozialisation relevant sind, und zugleich Untersuchungen der Interpretationen und Deutungen dieser objektiven Gegebenheiten durch die Individuen methodisch kontrolliert zu erfassen (Hurrelmann 1990, S. 90). In der Tat lassen sich kaum

---

[83] Unverkennbar z.B. in Bourdieus Habitustheorie. Darin wird angenommen, daß die Herkunftsmerkmale des kulturellen Kapitals lebenslang erhalten bleiben.

soziale oder psychische Prozesse benennen, die nicht für ein solches Modell relevant wären. Es ist schlichtweg überkomplex.

Eine in der Soziologie fast in Vergessenheit geratene Sozialisationstheorie leitet sich aus der behavioristischen Lerntheorie her. Insbesondere George Homans Versuch, die Entstehung sozialer Normen mittels einer darauf basierenden Austauschtheorie zu erklären, kennzeichnet einen wichtigen Abschnitt soziologischer Theorieentwicklung. Im Kern liefert diese Theorie etwas, woran es vielen „klassisch" soziologischen Theorien mangelt, die Charakterisierung eines Mechanismus, welcher Kriterien für die zu erklärenden Prozesse liefert (Homans 1972). Es wird versucht, die beobachtbare Varianz eines Lernprozesses in Abhängigkeit systematisch auftretender Bedingungen zu erklären. Demnach reagieren Menschen auf Belohnung und Bestrafung. Eine Erkenntnis, die bereits vor 2500 Jahren von Epikur als Dualität von Lust und Schmerz im Sinne menschlichen Verhaltens beobachtet wurde und für die Ausarbeitung seiner Gesellschaftslehre eine zentrale Bedeutung besaß (Epikur 1973, S. 347 ff). Nicht selten wird dieser Theoriezweig von Soziologen auch lediglich kritisch abwertend erwähnt, indem darauf verwiesen wird, dass der Mensch darin lediglich eine reagierende, passive Bedeutung habe. Ein eigentlich verwunderlicher Sachverhalt, denn bereits mit Skinner wird der Übergang vom klassischen (reaktiven Verhalten) zum operanten (aktiven Verhalten) Konditionieren vollzogen (Skinner 1978). In den Erziehungswissenschaften ist dieser Unterschied bemerkenswerterweise bekannter. Das operante Konditionieren (Lernen am Erfolg) bietet eine solide theoretische Grundlage für die Erklärung lebenslanger Sozialisation. Empirisch allerdings ergibt sich eine Schwierigkeit, die Esser als Lernbiographie bezeichnet (Esser 1993b, S. 185 ff). Um demnach eine Verhaltensvorhersage treffen zu können, benötigt man Kenntnisse über den Verlauf des Auf- bzw. Abbaus von Reizen als Belohnungen oder Bestrafungen. Die empirische Prüfung eines entsprechenden Modells ist also äußerst aufwendig. Die Modellentwicklung ist dennoch sehr weit fortgeschritten. So sind die Mechanismen, welche die verhaltensrelevanten Wirkungen positiver und negativer Verstärker, der Kontinuität von Verstärkungen sowie von Reaktionsquoten (Correll 1978; Opp 1972) erklären, sehr gut ausgearbeitet und experimentell bestätigt. Hier liegt eine klare Theorie vor, in welcher die Wirkungen von Verstärkern, welche aus Interaktionen hervorgehen, nachgewiesen sind. Dabei ist es ohne Bedeutung, ob solche Verstärkungen intendiert oder zufällig auftreten. Es kann sowohl das Verschwinden eines bestimmten Verhaltens als auch das Entstehen eines Verhaltens erklärt werden. Aus den jeweiligen Interaktionsbeziehungen und ihrem normativen Rahmen werden bestimmte Verhaltensweisen durch Verstärkung „ausgelesen" (Skinner 1978, S. 23).

Anwendung gefunden haben Verstärkertheorien z.B. in der Kriminologie. In Weiterführung von Sutherlands Theorie der differentiellen Kontakte, wonach kriminelles Verhalten erlernt ist, indem die Akzeptanz positiver Bewertung von Gesetzesverletzungen dann eintritt, wenn die Mehrheit der (intimen) sozialen Bezugspersonen Gesetzesverletzungen positiv bewertet (Sutherland 1968). Diese Annahme enthält allerdings keinen empirisch prüfbaren Hinweis darauf, unter welchen Bedingungen das Überwiegen positiver Bewertung zustande kommt. Erst die Reformulierung als Theorie der differentiellen Verstärkung ermöglichte es, jene Bedingungen modellhaft zu formulieren und empirisch zu prüfen (Burgess und Akers 1966; Opp 1974). Dadurch wird es möglich, eine geschlossene Theorie darüber zu formulieren, unter welchen Bedingungen eine positive Bewertung kriminellen Verhaltens aufgrund aktiven Verhaltens einer Person entsteht, sich stabilisiert und gegebenenfalls wieder verschwindet. Die Interaktionen, insbesondere im Core-Netzwerk, liefern demnach die positiven oder negativen Verstärker für diese individuelle Bewertung und ein darauf basierendes Verhalten. Diese sozialen Beziehungen eines Menschen bilden ein lebenslanges Lernumfeld. Dieser Prozess ist vielgestaltig. So werden in engen sozialen Beziehungen Verhaltensmodelle, von denen ein Anreiz zur Nachahmung ausgehen kann, Belohnungen und Bestrafungen für verschiedene Verhaltensweisen und schließlich Bewertungen von Verhaltensweisen zur Verfügung gestellt, über die Personen Erwartungen internalisieren und in ihrem Verhalten auszuführen bestrebt sind.

Für unseren Untersuchungsgegenstand bedeutet dies, dass die Intensität regionaler Identifikation als eine Folge differenzieller Verstärkung aufgefasst werden kann. Wir können mit unserem Datensatz keine strikte empirische Prüfung einer solchen Annahme durchführen. Deshalb müssen die erforderlichen Bedingungen für eine Prüfung reduziert werden. Wir operationalisieren das Geschehen einer solchen Verstärkung als die subjektive Wahrnehmung regionenbezogener normativer Erwartungen durch wichtige Interaktionspartner. Dies geschieht vom Standpunkt des Befragten aus; also sowohl die Wahrnehmung als auch die Auswahl wichtiger Personen unterliegt der subjektiven Einschätzung derer, bei denen wir Verstärkung nachweisen wollen. Es wäre demgegenüber wenig sinnvoll, von objektiv wichtigen und objektiven normativen Erwartungen ausgehen zu wollen. Wir formulieren dementsprechend folgende *Hypothese zur Wirkung normativer Erwartungen* auf die Intensität regionaler Identifikation:

(3) Je stärker eine Person von für sie wichtigen Personen normative Erwartungen wahrnimmt, die Region, in der sie lebt, positiv zu bewerten, desto höher ist die Intensität ihrer regionalen Identifikation.

Konkurrierend zur Verstärkung regionaler Identifikation nehmen wir an, daß im Falle überregional orientierter normativer Erwartungen die Intensität regionaler Identifikation abnimmt:

(4) Je stärker eine Person von für sie wichtigen Personen normative Erwartungen wahrnimmt, überregionale Aktivität positiv zu bewerten, desto geringer ist die Intensität ihrer regionalen Identifikation.

Von diesem Mechanismus kann man annehmen, dass er lebenslang wirkt. Es ist demnach unerheblich, ob in einem weit zurückliegenden Zeitraum eine Internalisierung stattfand oder nicht. Die Orientierungen von Menschen sind ein zeitnahes Produkt ihrer aktuellen Interaktionsbeziehungen. Somit können Wandlungen von Einstellungen und Verhalten in allen Lebensphasen eines Menschen auftreten. Damit ist auch ein Grund für die grundsätzliche Kritik an klassischen soziologischen Sozialisationstheorien beseitigt, nämlich, dass Veränderungen im Erwachsenenalter nicht erklärbar sind bzw. von einer dauerhaften Stabilität von Einstellung und Verhalten ausgegangen wird.

2. Lebensqualität und wahrgenommene Diskriminierung als weitere Bedingungen zur Erklärung von regionaler Identifikation

Wirkung der Lebensqualität auf die Intensität regionaler Identifikation

Im Unterschied zu den Sozialisationstheorien ist die Grundlage für die folgende Annahme zur Intensität regionaler Identifikation eher schlicht. Als theoretischer Hintergrund dient dabei die Modellvorstellung rationaler Akteure. Demnach wird das Handeln von Akteuren durch individuelle Präferenzen geleitet, durch subjektive, wie objektive Restriktionen bedingt, und es wird das Ziel verfolgt, einen höchstmöglichen Nutzen zu erreichen (siehe dazu Esser (1991a, S. 231 ff.), Esser (1991b S. 50 ff.), Lüdemann (2000b), Opp (1997a, S. 225 ff.), Opp (1997b, S. 57ff.), Schimank (2000), Voss und Diekmann (2004)). Rationalität wird als subjektive Rationalität behandelt, was bedeutet, dass sie durch Wahrnehmung und subjektive Information bestimmt ist, im Unterschied zur neoklassischen Tradition oder harten Variante der Rational Choice Theorie.

Demnach würde die Intensität regionaler Identifikation hauptsächlich durch den individuell wahrnehmbaren Handlungsertrag bestimmt, der durch regionale Gegebenheiten beeinflusst wird. Eine solche Beziehung weist deutlich mehr Implikationen auf, als jene, welche sich aus der Sozialisationsannahme ergibt. Zunächst setzt eine rationale Auseinandersetzung voraus, dass zentrale, d.h. vom individuellen Akteur präferierte Handlungen, als in der Region besonders begünstigt wahrgenommen werden. Mit anderen Worten, individuelle

Akteure müssten reflektieren, dass bestimmte individuell relevante Handlungsziele, z.B. kulturelles Entertainment, berufliche Karriere, sportliche Betätigungen in einer Region auf besonders günstige Bedingungen ihrer Erfüllung treffen. Es ist demnach zu unterscheiden zwischen der regionalen Begünstigung individueller Bemühungen und den individuellen Bemühungen selbst. Es ist vorstellbar, dass sich eine solche Unterscheidung spontan herausbilden kann und zwar vor allem bei Personen, die in ihrem Lebenslauf sehr verschiedene Regionen kennen gelernt haben. Sie werden verschiedene Orte, an denen sie schon gelebt haben, wahrscheinlich hinsichtlich der erlebten Handlungsmöglichkeiten und individuellen Handlungserträge miteinander vergleichen. Solche Vergleiche können sich aber auch über Medienrezeption und indirekt, über die Berichte und Lebenserfahrungen von Interaktionspartnern einstellen. Wir gehen deshalb davon aus, dass Personen eine Vorstellung darüber haben, inwiefern ihre Region im Vergleich mit anderen Regionen Vorzüge und Nachteile aufweist und sich dies in einer mehr oder weniger stabilen Beurteilung der Region niederschlägt. Je günstiger demnach die wahrgenommenen Lebensbedingungen sind, desto größer könnte ihr Einfluss auf die Entstehung und Intensität regionaler Identifikation sein. Im zeitlichen Zusammenhang interessiert dabei zum einen, wie stabil diese Wahrnehmungen sind und ob deren Effekt auf die Intensität regionaler Identifikation in Richtung und Intensität erhalten bleibt. Dabei ist zugleich eine hohe Relativität der Urteile gegeben. Schließlich wird die Wahrnehmung von Bedingungen und deren vermuteter Effekt auf Einstellungen stark durch das individuelle Anspruchsniveau vermittelt. Dies werden wir in der Hypothesenprüfung berücksichtigen, indem wir die subjektive Wichtigkeit ausgewählter Lebensbedingungen am Ort in das Modell einbeziehen.

Neben der Wahrnehmung der Lebensbedingungen beziehen wir die Lebenszufriedenheit als unabhängige Variable in das Modell ein. Erhoben wurde eine gegenwärtige Gesamtbilanzierung, also wie zufrieden eine Person mit ihrem gegenwärtigen Leben insgesamt ist. Wir erwarten, dass einer Zufriedenheit mit der Lebenssituation auch eine Assoziation mit den Lebensbedingungen zugrunde liegt. Demnach identifizieren sich Personen, die mit ihrem Leben zufrieden sind, eher mit einer Region als Personen, die unzufrieden sind. Unsere *Hypothese zur Wirkung der Lebensqualität* lautet:

> (5) Je subjektiv zufrieden stellender eine Person ihre gegenwärtige Lebenssituation sowie die örtlichen Lebensbedingungen einschätzt, desto intensiver identifiziert sie sich mit der Region, in der sie lebt. Je stärker dabei das individuelle Anspruchsniveau mit dem Niveau der wahrgenommenen Lebensbedingungen übereinstimmt, desto wahrscheinlicher ist der angenommene Zusammenhang zwischen Zufriedenheit und der Intensität regionaler Identifikation.

Wirkung wahrgenommener Diskriminierung als Ostdeutscher auf die regionale Identifikation

Die theoretische Begründung dieser Hypothese entnehmen wir der experimentellen Kleingruppenforschung. Insbesondere Forschungen über die Ausbildung und Aktivierung von Eigen- und Fremdstereotypen eröffnen Einsichten in Identifikationsprozesse unter spezifischen Bedingungen.

Eines der grundlegenden sozialwissenschaftlich relevanten Ergebnisse, welche schon sehr früh, aber eher induktiv zum Instrumentarium politischer Auseinandersetzungen gehört, lautet, dass die Identifikationsbereitschaft mit einer definierten Eigengruppe dann zunehmen wird, wenn eine aktuelle Gefahr bzw. ein aktueller *Konflikt* wahrgenommen wird, die bzw. der von außerhalb dieser Eigengruppe stammt. Sherif (Sherif 1967) hat in seinen Ferienlagerstudien experimentell den Mechanismus der Kohäsionssteigerung durch Wettbewerb mit bzw. Bedrohung durch Fremdgruppen nachgewiesen. Er sieht darin auch ein beliebtes Mittel, um eine Nation hinter ihre Führung zu scharen. In neueren sozialwissenschaftlichen Untersuchungen haben Mummendey und Koautoren diesen Zusammenhang in der Hinsicht bestätigt, dass sich dann, wenn Ostdeutsche sich von Westdeutschen bedroht fühlen, d.h. sich ihnen gegenüber systematisch benachteiligt fühlen, in besonders hohem Maße eine „Ostidentifikation" herausbildet (Mummendey et al. 1999a). Entsprechend ist zu erwarten: In je stärkerem Maße sich Ostdeutsche (d.h. in Ostdeutschland geborene und lebende Personen) von Westdeutschen abgelehnt oder bedroht fühlen, desto stärker identifizieren sie sich mit Ostdeutschland. Wir vermuten, dass hiervon auch ein Effekt auf die regionale Identifikation ausgeht.

Rabbie et al. (1974) machen aber bereits auf eine Alternative zu einer solchen Steigerung der Gruppenkohäsion aufmerksam. Demnach führt der Wettbewerb zwischen Gruppen nur dann zu einer Steigerung der Kohäsion, wenn die Gewinnaussichten als hoch von den Gruppenmitgliedern eingeschätzt werden. Sinken die Gewinnaussichten, dann sinkt auch die Binnenkohäsion.

Es lassen sich weitere Relativierungen aufzeigen. Zum einen relativiert sich der Zusammenhang dadurch, dass die definierte Eigengruppe als solche wahrgenommen werden muss. Das setzt voraus, dass die ihr typischen Merkmale auch als eigene Merkmale definiert werden.

Die Wahrnehmung der Zugehörigkeit zu einer Gruppe aufgrund von persönlichen Merkmalen, welche die Gruppe definieren, und die Wahrnehmung der Bedrohung aufgrund dieser Merkmale sowie der Gruppenzugehörigkeit bilden die Voraussetzung für die Annahme, dass diese Bedrohung die Identifikation mit der Eigengruppe fördert.

Bedrohung kann dabei von physischer Bedrohung bis zu sozialer Diskriminierung, d.h. systematischer Benachteiligung und Ausgrenzung, reichen. Dabei wird immer vorausgesetzt, dass ein solcher Zustand subjektiv so wahrgenommen wird. So können sich aber auch Diskriminierungen ereignen, die als solche nicht wahrgenommen werden, sondern z.b. mit als Defiziten empfundenen persönlichen Merkmalen in Beziehung gesetzt werden. So kann z.b. ein rassisch diskriminierter Mensch die Benachteiligung in einem diskriminierenden Milieu bei der Jobsuche damit erklären, dass er sich noch nicht genügend anstrengt. Merton entwickelt z.b. prototypische Reaktionsweisen von Juden und Schwarzen im Hinblick auf ihre Diskriminierung durch Weiße in den USA (Merton 1995, S. 409ff). Des Weiteren können in einem sozialen Milieu individuelle Erfahrungen dazu führen, dass Frustrationen als Folge von Diskriminierung durch Fremdgruppenangehörige definiert werden, obwohl keine Diskriminierung stattfindet.

Die Reaktionen auf wahrgenommene Diskriminierung sind ebenfalls nicht alternativlos. So kann eine Reaktion darin bestehen, die Zugehörigkeit zu einer diskriminierten Gruppe zu leugnen. Dies gilt z.B. dann, wenn jemand in Sachsen geboren und aufgewachsen ist, aber Anstrengungen unternimmt, um seine regionale Herkunft zu verbergen. Menschen besitzen die Freiheit, ihre Gruppenzugehörigkeiten modifizierend zu definieren. Demgegenüber fixieren administrative Definitionen, die auf objektive Merkmale Bezug nehmen wie z.B. Nationalität, Geschlecht usw. Personen mit dem Bedürfnis nach Eindeutigkeit und Endgültigkeit.

Eine weitere Reaktion besteht darin, sich mit einer Fremdgruppe zu identifizieren. Dabei könnte z.B. deren Lebensstil, Sprache und Geschmack übernommen werden oder man ändert die persönlichen Netzwerke.

Schließlich, und dem folgt unsere Annahme, kann wahrgenommene Diskriminierung dazu führen, sich mit der diskriminierten Eigengruppe zu identifizieren. Wir wollen herausfinden, inwieweit wahrgenommene Diskriminierung an der Intensität regionaler Identifikation beteiligt ist. Unsere Hypothese *zur wahrgenommenen Diskriminierung* lautet:

(6) Je höher die wahrgenommene Diskriminierung der Eigengruppe ist, desto intensiver ist die Identifikation mit dieser Gruppe. Je höher die wahrgenommene Diskriminierung gegenüber Ostdeutschen ist, desto intensiver ist die regionale Identifikation nicht nur mit Ostdeutschland, sondern auch mit der ostdeutschen Subregion, in welcher die Person lebt.

Mit dem Beitritt der ehemaligen DDR zum Bundesgebiet wurden nahezu alle institutionellen Regelungen der Bundesrepublik übernommen. Dies führte zu einer Situation, in der ein nicht geringer Teil der ostdeutschen Bevölkerung politische Entfremdungssymptome entwickelte, die teilweise bis heute vorhanden sind (Diewald et al. (1995), Kropp (1998, S. 33 ff, S. 116 ff), Gabriel (1996), Kropp, Mühler und Wippler (2001)). Für die Bewertung des politischen und rechtlichen Systems hat dies z.B. Noelle-Neumann in einer empirischen Studie 1994 (Noelle-Neumann 1995) herausgearbeitet, worin die nachhaltigen neuralgischen Punkte des Institutionenverständnisses zwischen Ost- und Westdeutschen bestehen. Ein weiteres problematisches Moment besteht darin, dass Menschen sich, wenn sie sich nicht gerade in einer Ausbildungssituation befinden oder ein entsprechendes Hobby betreiben, nicht mit speziellem Wissen und Informationen bevorraten. Dagegen ist eher anzunehmen, dass sie über spezielles Wissen, insbesondere über die Funktionsweise von Institutionen, verfügen, wenn sie von deren Wirkungen betroffen werden. Wenn aber Wissen über Institutionen erst aus der Auseinandersetzung mit ihnen angeeignet wird, verstärkt sich die Möglichkeit, dass Entfremdung trotz nachträglich angeeignetem Wissen steigt, wenn die persönlichen Erfahrungen daraus negativ sind. So zeigte sich z.B. in einer Studie Anfang der 90er Jahre, dass diejenigen, die nicht mehr in ihrem Arbeitsverhältnis (in dem sie vor der Wende tätig waren) arbeiteten, ihr Wissen über das übernommene Arbeitsrecht als signifikant besser einschätzten als jene, die ihren Arbeitsplatz nicht wechselten oder nicht entlassen worden waren (Mühler und Wilsdorf 1995). Eine Entfremdung von den politischen Institutionen bzw. im Sonderfall Ostdeutschlands sollte man von einem Fremdbleiben der nach der Wende übernommenen Institutionen sprechen, äußert sich u.a. über den individuellen Eindruck, Institutionen nicht beeinflussen zu können. Anders ausgedrückt, die subjektive Meinung geringer politischer Wirksamkeit führt zur Wahrnehmung, diskriminiert zu werden. Unsere *Hypothese zur Institutionenentfremdung* lautet:

> (7) Je wirkungsloser sich eine Person gegenüber den existierenden politischen Institutionen betrachtet, desto intensiver ist ihre Diskriminierungswahrnehmung. Unter der Bedingung, dass ein Zusammenhang zu einer benachteiligten Gruppe hergestellt wird, fördert die wahrgenommene Diskriminierung die Identifikation mit der als diskriminiert wahrgenommenen Gruppe.

In diesem Zusammenhang stellt sich die Frage, ob sich auch Rückwirkungen von der regionalen Identifikation auf die wahrgenommene Diskriminierung feststellen lassen. In diesem Fall wäre eine Alternativhypothese als Framing denkbar. Derzufolge verstärkt die Intensität regionaler Identifikation das Gefühl, diskriminiert zu werden. Dies setzt allerdings voraus, dass die regionale Identifikation bereits durch defizitäre Bedingungen zustande kommt bzw. regionale Identifikation ein schließendes Konzept darstellt. Wenn regionale Identifikation eine individuelle Abwehrhaltung gegenüber Fremdem oder Veränderungen darstellt, dann wäre der Einfluss auf die Diskriminierungswahrnehmung als eine Rechtfertigung dieser Art von Bewertung aufzufassen. Demzufolge ergibt sich aus der Gruppenidentifikation eine Definition der

Eigenwahrnehmung. Folgende *Hypothese zur Begünstigung von Diskriminierungswahrnehmungen* durch regionale Identifikation ergibt sich daraus:

(8) Je intensiver sich eine Person mit einer Region identifiziert, desto stärker ist ihre Wahrnehmung, durch Fremdgruppen diskriminiert zu werden.

Zusammenfassung

Wir haben drei zunächst theoretische Hintergründe zur Ableitung von Hypothesen über Ursachen der Entstehung regionaler Identifikation vorgestellt (siehe auch Abbildung 1). Diese theoretischen Grundlagen stehen relativ kontrovers zueinander. Auch im Hinblick auf die Sozialisationsannahme hatte sich gezeigt, dass grundsätzlich zwei Herangehensweisen theoretisch begründbar sind und daraus Konsequenzen auch für die theoretische Bewertung des Charakters regionaler Identifikation folgen. Zum einen ist regionale Identifikation bei Hervorhebung des lebenslang prägenden Einflusses früher Sozialisation eine Art Geburtsmerkmal. Erwerben kann sie nur, wer in einer Region geboren und aufgewachsen ist. Diese notwendige Bedingung schließt nicht nur alle Zugewanderten aus, sondern erfordert zudem das Auftreten hinreichender Bedingungen, wie z.B. die Assoziation der Region mit positiven Erlebnissen in Kindheit und Jugend. Zum anderen ist es mithilfe der Theorie lebenslanger Sozialisation möglich, regionale Identifikation als eine Folge von Verstärkung durch relevante Interaktionspartner zu begründen. Diese flexible Auffassung ermöglicht zu erklären, warum auch in eine Region Zugewanderte eine Identifikation mit ihr ausbilden können und warum man Identifikation auch wieder „verlernen" kann. Demgegenüber erfordert der zweite theoretische Hintergrund zumindest eine minimale Reflexion des Zusammenhangs von Lebensqualität und regionalen (operationalisiert als örtliche) Lebensbedingungen. Eine solche rationale Beziehung ist durchaus auch im Lebensalltag anzutreffen, indem die Lebenssituation als abhängig von bestimmten sozialen, politischen und kulturellen Verhältnissen betrachtet wird. Ob dies auch in Bezug auf regionale Zusammenhänge der Fall ist, soll anhand der empirischen Daten geprüft werden. Schließlich, so hatten wird vermutet, kann regionale Identifikation auch eine mentale Rückzugsposition darstellen, indem das individuelle Lebensschicksal mit dem einer Gruppe verbunden wird. Demzufolge ist die systematisch empfundene Benachteiligung durch eine Fremdgruppe ein starker Anreiz, sich mit der benachteiligten Gruppe, sofern man sich ihr zugehörig definieren kann, zu identifizieren. Diese drei theoretischen Bezüge können aber auch als Facetten der Verursachung regionaler Identifikation verstanden werden, die in unterschiedlicher Stärke auch gemeinsam auftreten können. Um auch diesen Fall zu prüfen, wird am Ende dieses Kapitels ein Gesamtmodell vorgestellt.

Abbildung VI.1: Zusammenfassung der theoretischen Bezugnahmen zur Hypothesenbildung

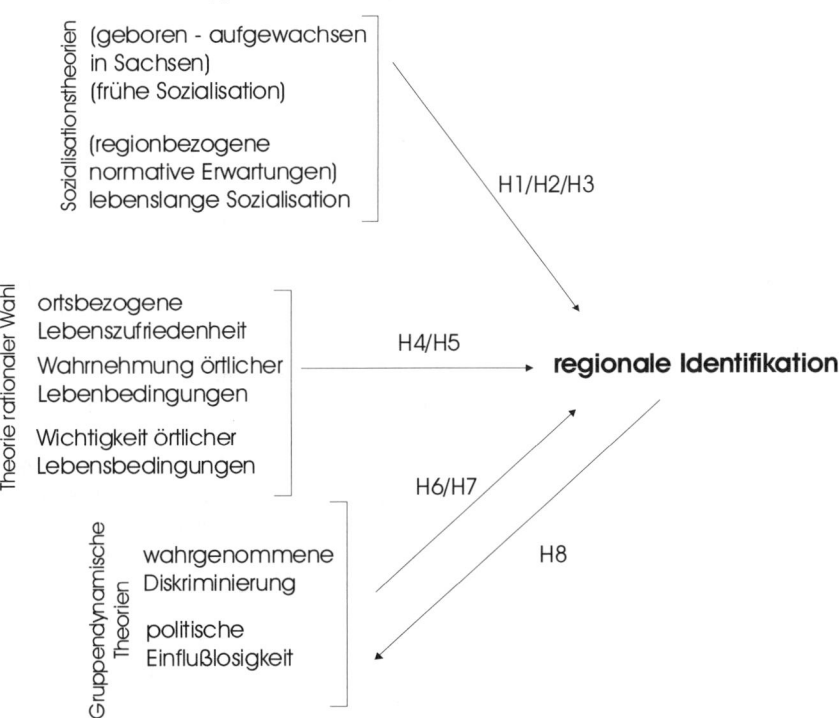

3. Aspekte des sozialen Charakters regionaler Identifikation

Im Folgenden soll auf mögliche Konsequenzen eingegangen werden, die sich aus der Art des Zustandekommens regionaler Identifikation, wie sie in den vorangegangenen Hypothesen angenommen wurde, ergeben. Eine Betrachtung möglicher Konsequenzen ist nicht theoretischer Selbstzweck. Damit soll abgewogen werden, inwieweit die Ursachen regionaler Identifikation auch eine Abschätzung des sozialen Charakters regionaler Identifikation zulassen. Damit ist gemeint, ob es sich um eine konservative oder progressive Disposition handelt. Die vage Bezeichnung modern steht hier lediglich für nichtkonservativ.

Wenn sich die Sozialisationshypothese (Primär- und frühe Sekundärsozialisation) bestätigt, wonach besonders Personen, die in Sachsen geboren und aufgewachsen sind, regionale Identifikation ausbilden, dann müsste von einer konservativen Konsequenz dieser Disposition ausgegangen werden. Der zufolge würden Veränderungen in den regionalen Gegebenheiten sowohl materieller wie auch institutioneller Art wahrscheinlich negativ wahrgenommen und bewertet. Wenn die entscheidende Ursache der Ausbildung und Intensität regionaler Identifikation nur in einer zurückliegenden und hinsichtlich ihrer Resultate konservierten Lebensphase gefunden werden kann, dann ist anzunehmen, dass auch die Wirkungen dieser Einstellung auf andere Dispositionen konservativen Charakter tragen. Damit würde sich die Herausbildung regionaler Identifikation auch aktueller Einflüsse entziehen, zumindest bei Personen im Erwachsenenalter. Des Weiteren ließe sich eine (aus)schließende Konsequenz erwarten. Das bedeutet, dass z.B. Zugewanderte als Fremde definiert werden, weil die Innen-Außen-Differenz als bedeutsam angesehen wird. Regionale Identifikation wird so auch im Selbstverständnis als etwas, das zur Voraussetzung die Exklusivität des immer schon hier Gewesenseins ausbildet. Im Extremfall könnte sich sogar eine Vorstellung über soziale Vererbbarkeit von Zugehörigkeit bzw. Nicht-Zugehörigkeit ausbilden, d.h., auch die Kinder von Zugewanderten bleiben Zugewanderte. Damit kann sich in der Tendenz die Bewertung der Eigengruppe verklären und Zugewanderte werden entsprechend ihrer wahrgenommenen Differenz zur Eigengruppe abgewertet. In diesem Sinne wird regionale Identifikation sowohl in der Literatur als auch in Alltagsmeinungen nicht selten als eine tradierte oder nichtmoderne Einstellung betrachtet.

In Bezug auf die zweite Sozialisationshypothese (lebenslange Sozialisation) sind die anzunehmenden Konsequenzen regionaler Identifikation ganz anderer Art. Hier war angenommen worden, dass regionale Identifikation ein Produkt interaktiver Verstärkung ist. Eine positive oder negative Bewertung oder Definition der Region wird demnach maßgeblich durch die engen Kontakte einer Person und deren Bewertungen beeinflusst.

Zum Ersten kann mit einer innovativen Konsequenz gerechnet werden. Wenn die Ausprägung und Intensität regionaler Identifikation eine Folge von Interaktionen in regionorientierten Netzwerken ist, dann kann man zum einen erwarten, dass regionbezogene Einstellungen nicht als etwas schon immer Gegebenes (im Sinne einer natürlichen Einstellung bei Schütz) von den beteiligten Personen wahrgenommen werden. Zum anderen kann man annehmen, dass auch in eine Region Zugewanderte regionale Identifikation ausbilden und dies ebenfalls nicht als ungewöhnlich angesehen wird. Daraus folgt, dass die wahrgenommene Veränderlichkeit und Bedingtheit der eigenen Einstellung zur

Region auch auf eine positive Bewertung von Veränderungen in der Region projiziert wird.

Zum Zweiten kann mit einer öffnenden Konsequenz gerechnet werden. Die regionale Herkunft hat in diesem Zusammenhang keine dominante Bedeutung bei der Bewertung von Personen bzw. ihrer (ursprünglichen) regionalen Gruppenzugehörigkeit. Demzufolge würde es auch nicht zu Zurückweisungen kommen, wenn sich Zugewanderte mit der neuen Region identifizieren und dies z.B. auch symbolisch im Alltag ausdrücken. Ganz anders, als wenn die Geburt ausschlaggebend für die Ausbildung regionaler Identifikation ist. Denn dann würde, aufgrund der Exklusivität infolge der Bindung regionaler Identifikation an die Geburt in der entsprechenden Region, eine regionale Assimilation von Zugewanderten im geringsten Falle zu Schmunzeln und wahrscheinlich aber ein solches Bemühen auch zu negativen Sanktionen durch die in der Region Geborenen führen. Denn dann gilt es, regionale Identifikation und regional orientiertes Verhalten und Darstellen des Regionalen gegen Veränderungen oder Profanisierung durch Fremde zu schützen.

Im Sinne einer öffnenden Konsequenz regionaler Identifikation könnte man von einer progressiven oder modernen Disposition sprechen. Sowohl Veränderungen in der Region als auch der Erwerb von Gruppenzugehörigkeit wären mit dieser Disposition vereinbar. Allerdings schließt dies nicht aus, dass der Mechanismus der Verstärkung auch geeignet ist, den konservativen Charakter regionaler Identifikation, wie er aus der ersten Sozialisationshypothese folgt, zu stützen.

Hinsichtlich der Verursachung regionaler Identifikation durch eine hohe wahrgenommene Lebensqualität kann man dagegen generell von einem offenen und modernen Charakter dieser Disposition ausgehen. Wenn eine Region positiv bewertet wird und sich dadurch regionale Identifikation ausbildet, dann wäre dies nicht vereinbar mit einer Auffassung der Exklusivität der Gruppenzugehörigkeit aufgrund eines unbeeinflussbaren Merkmals wie der Geburt in der Region. Stattdessen ist eher davon auszugehen, dass Leistung und Innovation als Produktionsfaktoren für Lebensqualität hoch bewertet werden. Damit würden Prozesse, welche diese Merkmale aufweisen oder Personen, die solche Merkmale fördern positiv bewertet. Demnach wäre regionale Identifikation eine moderne, offene und Veränderungen gegenüber aufgeschlossene Disposition.

In Bezug auf den vierten Mechanismus der Verursachung regionaler Identifikation, der wahrgenommenen Diskriminierung, kann dagegen von einer schließenden Konsequenz ausgegangen werden. Wenn eine wahrgenommene Bedrohung oder Diskriminierung einer Eigengruppe zur Steigerung der Binnenkohäsion führt, dann gewinnen Merkmale vermeintlicher prädestinierter Gruppenzugehörigkeit besondere Bedeutung. Ein Zugewanderter würde demnach nicht zur Eigengruppe gerechnet. Eine Steigerung der Bewertungen von Eigenschaften des Eigenstereotyps verbindet sich dann auch mit einer gesteigerten Abwertung von als fremd definierten Personen. Des Weiteren würde das an die Gruppe gebundene Selbstbild einer Person über die Aufwertung zugeschriebener Gruppeneigenschaften gesteigert.

Schließlich kann man auch mit einer nostalgischen Konsequenz rechnen. Sofern ein früherer Zustand in einer nicht diskriminierten Situation zum Meinungskonsens gehört, werden auch Institutionen und Gegebenheiten dieser Zeit zunehmend positiv bewertet. Im Grunde besteht bereits seit dem Altertum eine solche geistige Tendenz, dass im Falle einer negativen Bewertung der Gegenwart die Vergangenheit positiv verklärt wird.

Zusammenfassend lässt sich feststellen, dass sich die Mechanismen der Verursachung regionaler Identifikation hinsichtlich ihrer Folgen in dynamische und statische unterscheiden lassen. Zu den ersten Mechanismen zählen die die Wirkung der wahrgenommenen Lebensqualität und die Verstärkungen regionaler Identifikation durch Interaktionen. Demgegenüber führen Geburt und Aufgewachsensein in der Region sowie die wahrgenommene Diskriminierung als Mechanismen zu statischen Konsequenzen. Im Zusammenhang mit diesem Mechanismus wird Zugehörigkeit zur regionalen Gruppe eher zugeschrieben und nicht erworben. Es stellt sich damit die Frage, ob sich tatsächlich zwei Varianten regionaler Identifikation empirisch beobachten lassen: auf der einen Seite eine konservative und ausschließende sowie auf der anderen Seite eine innovative und offene Variante regionaler Identifikation.

4. Messung der Variablen

Die Zusammenfassung von Indikatoren zu Skalen erfolgt grundsätzlich nach der Prüfung der Dimensionalität durch Faktorenanalysen sowie der Ermittlung des Reliabilitätskoeffizienten für die neue Skala. Dabei werden die üblichen Richtwerte für Skalenbildungen verwendet. Zusätzlich sind alle in den Modellen (Abbildung VI.1) verwendeten Variablen in Tabelle VI.1 erläutert. Zur Beschreibung der verwendeten Variablen und der erfolgten Rekodierungen siehe auch den Anhang.

Tabelle VI.1: Die Messung der Variablen zur Erklärung regionaler Identifikation

Name der Variablen	Bedeutung der Variablen, Wertebereich
Zu erklärende Variable	
Identifikation mit Sachsen	Zwei additiv zusammengefügte Skalen; Skalenwerte 1-5, Wie stark fühlen Sie sich als Sachse? Wie stolz sind Sie Sachse zu sein? Siehe Kapitel III
Sachsen als Heimat	Angenommen, jemand fragt Sie nach Ihrer Heimat. Inwieweit würden Sie zustimmen, dass Sachsen oder Leipzig/Erzgebirge Ihre Heimat ist? (1) stimme überhaupt nicht zu (5) stimme voll zu
Sozialisation in der Region Sachsen (erklärende Variable)	
Geboren in Sachsen	Wo sind Sie geboren? Offene Frage, Erfassung des Ortes; die Rekodierung umfasst zwei Kategorien: nicht in Sachsen (0), in Sachsen (1),
Aufgewachsen in Sachsen	Wo haben Sie die meiste Zeit bis zum 15. Lebensjahr gewohnt? Die Rekodierung erfolgte auf die gleiche Weise wie jene der vorangegangenen Variable;
Wohndauer	Seit wann wohnen Sie in diesem Ort? Offene Angabe in Jahren;
Bewertung sächsischer Eigenschaften	
Positive Sachseneigenschaften	Drei additiv zusammengefügte Skalen; reduziert auf Skalenwerte 1-5; Was ist typisch für Sachsen? Wie sehr stimmen Sie folgenden Behauptungen zu? traditionsbewusst, gemütlich, verträglich, 1-5 / stimme überhaupt nicht zu (1) stimme völlig zu (5)
Positive Bewertung Sächsischer Kollektivgüter	Sechs additiv zusammengefügte Skalen; reduziert auf Skalenwerte 1-5; Was finden Sie an Sachsen eher gut bzw. eher schlecht? Geschichte, Kultur, Wirtschaft, wissenschaftliche Erfolge, Tradition und Brauchtum, sportliche Erfolge; eine siebte Variable (Sprache) wurde aufgrund unzureichender Ergebnisse einer Faktoranalyse nicht aufgenommen; 1-5, sehr schlecht (1) sehr gut (5)
Positive Bewertung der sächsischen Sprache	Wie gut finden Sie die sächsische Sprache? 1-5, sehr schlecht (1) sehr gut (5)
Normative Erwartungen	
Überregionales politisches Engagement	Denken Sie einmal an Personen, die Ihnen wichtig sind... Inwieweit erwarten diese Personen, dass Sie die folgenden Dinge tun? Drei additiv zusammengefasste Variablen: hochdeutsch sprechen; an politischen Wahlen teilnehmen; eine Partei wählen, die für mehr Rechte der Ausländer, die hier in Deutschland leben, eintritt; 1-5, in geringem Maße oder überhaupt nicht (1) in sehr hohem Maße (5)

Regionalpolitisches Engagement	Drei additiv zusammengefasste Variablen: in regionalen Vereinen mitarbeiten; sich politisch engagieren (z.B. Teilnahme an Demonstrationen oder Unterschriftensammlungen für die Region); für die Erhaltung regionaler Kulturgüter spenden; 1-5, in geringem Maße oder überhaupt nicht (1) in sehr hohem Maße (5)
Regionorientiertes Alltagsverhalten	Drei additiv zusammengefasste Variablen: sächsische Produkte kaufen; an regionalen Festen oder Feierlichkeiten teilnehmen; sächsisch sprechen. 1-5, in geringem Maße oder überhaupt nicht (1) in sehr hohem Maße (5)

Zufriedenheit mit der Lebensqualität

Zufriedenheit mit der Lebenssituation am Ort	Alles in allem: wie würden Sie ganz allgemein Ihre gegenwärtige Lebenssituation in Leipzig/am Ort einschätzen? Sind Sie insgesamt eher zufrieden oder eher unzufrieden? sehr unzufrieden (1) sehr zufrieden (5)
Wohnzufriedenheit	Skalenwerte 1-5, sehr unzufrieden (1) sehr zufrieden (5)
Gute wahrgenommene örtliche Lebensbedingungen	Sechzehn additiv zusammengefügte Skalen (Sportangebot, kulturelles Angebot, Gesundheitsversorgung, Freizeitangebot, öffentliche Verkehrsmittel, Einkaufsmöglichkeiten, Angebot an preiswerten Wohnungen, Möglichkeiten nette Leute kennen zu lernen, bessere Arbeitsstelle zu finden, Bildungsmöglichkeiten, Kinderspielplätze, Kindertagesstätten, Alten- und Pflegeeinrichtungen, öffentliche Sicherheit, Lärmfreiheit, saubere Luft, Skalenwerte 1-5, gibt es hier in sehr geringem Maße (1) gibt es hier in sehr hohem Maße (5)
Hohes Anspruchsniveau an die Lebensbedingungen	Sechzehn additiv zusammengefügte Skalen je Lebensbedingung (siehe vorher); die Lebensbedingung ist völlig unwichtig (1) sehr wichtig (5)
Zufriedenheit mit der Situation in Sachsen	Additiv zusammengesetzt aus Zufriedenheit mit Umwelt in Sachsen, Lebenshaltungskosten, Asylpolitik, öffentliche Sicherheit, Anzahl der Ausländer, Maßnahmen gegen Arbeitslosigkeit, Möglichkeiten zur Weiterbildung, Skalenwerte 1-5, sehr unzufrieden (1) sehr zufrieden (5)

Wahrgenommene Diskriminierung

Institutionenalternative	Der Sozialismus war im Grunde eine gute Idee, die nur schlecht verwirklicht wurde. Skalenwerte 1-5, stimme überhaupt nicht zu (1) stimme voll zu (5)
Geringer politischer Einfluss	Additiv aus vier Variablen gebildet: Politiker kümmern sich nicht um das, was Leute wie ich denken; neben Wahlen gibt es keinen anderen Weg, um Einfluss zu nehmen; Leute wie ich haben sowieso keinen Einfluss; die ganze Politik ist viel zu kompliziert; Skalenwerte 1-5, trifft überhaupt nicht zu (1) trifft voll zu (5)

Hohe politische Entfremdung	Additiv aus vier Variablen gebildet: die Politiker in Berlin vertreten konsequent die Interessen der Bevölkerung in den neuen Ländern; die Gerichte in der Bundesrepublik garantieren einen fairen Prozess; die grundlegenden Rechte der Bürger werden in der Bundesrepublik geschützt; ich stehe unserer Demokratie positiv gegenüber; Skalenwerte 1-5, stimme voll zu (1) stimme überhaupt nicht zu (5);
Beruflicher Erfolg	Operationalisiert als Berufsprestige; der angegebene Beruf wird in einen Wert der Wegenerschen Magnitude Prestigeskala übersetzt; Skalenwerte: 20-186,8
Verlierer der Wende	Würden Sie sich persönlich eher als Gewinner oder Verlierer der Wende bezeichnen? Skalenwerte 1-5, Gewinner (1) Verlierer (5);
Externe Kontrollüberzeugungen	Additiv aus drei Variablen gebildet: Erfolg ist oft weniger von Leistung, sondern vielmehr von Glück abhängig; ich habe häufig das Gefühl, dass ich wenig Einfluss darauf habe, was mit mir geschieht; bei wichtigen Entscheidungen orientiere ich mich oft an dem Verhalten anderer; Skalenwerte 1-5, stimme überhaupt nicht zu (1) stimme voll zu (5)
Wahrgenommene Diskriminierung	Additiv aus zwei Variablen gebildet: ein Ostdeutscher kann sich anstrengen wie er will, er wird niemals das Gleiche erreichen wie ein Westdeutscher; wenn man sieht, wie wir Ostdeutschen behandelt werden, platzt einem allmählich der Kragen; Skalenwerte 1-5, stimme überhaupt nicht zu (1) stimme voll zu (5)

Einstellungen zu Europa: Was finden Sie gut, was finden Sie schlecht an Europa?

Europäisches Parlament	Die Arbeit des Europäischen Parlaments; (1) sehr schlecht (5) sehr gut
einheitliche Währung	Die einheitliche Währung des Euro; (1) sehr schlecht (5) sehr gut
Entscheidungen in Brüssel	Das Ausmaß, in dem Entscheidungen in Brüssel die deutsche Politik beeinflussen; (1) sehr schlecht (5) sehr gut
offene Grenzen	Die offenen Grenzen Deutschlands gegenüber den Nachbarstaaten der Europäischen Union; (1) sehr schlecht (5) sehr gut
Osterweiterung	Die Osterweiterung der EU; (1) sehr schlecht (5) sehr gut
Entwicklung EU	Alles in allem: wie gut oder schlecht finden Sie es, wie sich die Europäische Union bisher entwickelt hat? (1) sehr schlecht (5) sehr gut
Einigung schon zu weit	Finden Sie, dass die Einigung Europas schon zu weit gegangen ist oder finden Sie, dass die Einigung Europas nicht weit genug gegangen ist oder ist sie gerade richtig? (1) Einigung ist nicht weit genug gegangen (2) Einigung ist gerade richtig, (3) Einigung ist zu weit gegangen

Brüssel kostet zu viel	Es wird oft behauptet, dass der Beamtenapparat in Brüssel zuviel kostet. Andererseits wird behauptet, dass ein so komplizierter Prozess wie die Europäische Einigung einen hohen Personalaufwand erfordert. Was ist Ihre Meinung? (1) auf keinen Fall gerechtfertigt (5) auf jeden Fall gerechtfertigt
Scheitern EU bedauern	Wenn man Ihnen morgen berichten würde, dass die Europäische Union gescheitert ist, würden Sie das sehr bedauern, wäre Ihnen das gleichgültig oder würden Sie erleichtert sein? (1) erleichtert sein (2) gleichgültig (3) sehr bedauern
Kontrollvariable	
Alter	Offene Frage nach dem Lebensalter
Gebiet	Leipzig, Mittlerer Erzgebirgskreis
Schule	Welchen allgemeinbildenden Schulabschluss haben Sie? Noch Schüler (1), ohne Abschluss (2), Volks-/Hauptschulabschluss (3), Mittlere Reife (4), Fachhochschulreife (5), Hochschulreife (6)

5. Ergebnisse der Untersuchung

Wir haben raumbezogene Identifikation hinsichtlich fünf Bezugsgruppen (Leipziger/Erzgebirger, Sachsen, Ostdeutsche, Bundesbürger, Europäer) erhoben. Die folgenden Ausführungen richten sich auf die Bezugsgruppe der Sachsen. Die Identifikation mit dieser Gruppe bezeichnen wir als *regionale Identifikation*. In Bezug auf Sachsen haben wir in unserer Untersuchung die meisten Indikatoren eingesetzt, die als unabhängige Variablen zur Erklärung von raumbezogener Identifikation verwendet werden können. Anliegen der Analyse ist es vor allem, zu prüfen, ob sich im Sinne der dargelegten Hypothesen zeitlich stabile Muster der Verursachung regionaler Identifikation beobachten lassen. Aus diesem Grund wird einem in den Wellen wiederkehrenden Wirkungsmechanismus der Vorzug vor einer höheren Modellkomplexität auf der Grundlage von, zwischen den Wellen, inkonsistenten Wirkungszusammenhängen gegeben. Mit anderen Worten, wenn sich im Hinblick auf einzelne Variablen erstens lediglich in einer Welle Wirkungen beobachten lassen, in allen anderen dagegen nicht und zweitens die Modellanpassung durch diese Variablen nur unbedeutend oder überhaupt nicht beeinflusst wird, dann wird der Klarheit eines zeitlich stabilen Mechanismus gegenüber einer höheren Modellkomplexität der Vorzug gegeben. Am Ende dieses Kapitels wird das Gesamtmodell aus der Zusammenfügung dieser Mechanismen geprüft.

Prüfung der Sozialisationshypothesen

In den folgenden Abschnitten werden die abgeleiteten Hypothesen in zwei Schritten geprüft. Im ersten Schritt werden einzelne Regressionsanalysen (OLS) durchgeführt. Dabei bilden die Intensität der regionalen Identifikation der zweiten Welle die abhängige Variable und die aus den Hypothesen hervorgehenden unabhängigen Variablen der Welle 1 und 2 sowie die zeitverzögerte abhängige Variable ein Modell. Danach wird diese Vorgehensweise für die Welle 2 und 3 wiederholt. Im zweiten Schritt erfolgt dann eine Zusammenführung der Modelle zu einem Mehrgleichungsmodell.

In unseren Hypothesen zur Sozialisation vermuten wir zum einen, dass regionale Identifikation vorrangig in der Primärsozialisation entsteht und eine nachhaltige Wirkung im Lebenslauf davon ausgeht. Zum anderen wollen wir die Möglichkeit prüfen, ob sich die Wirkung von Sozialisation auf regionale Identifikation im Lebenslauf verändern kann. Das würde bedeuten, dass deren Intensität durch normative Erwartungen aus den Interaktionen einer Person maßgeblich beeinflusst wird. Da die engen Bindungen persönlicher Netzwerke im Regelfall als langfristig stabil angesehen werden können, kann man ferner erwarten, dass auch die uns interessierende regionale Identifikation als relativ stabil angesehen werden kann.

Zunächst zu den Variablen, mit denen die Hypothese zur Primärsozialisation geprüft werden soll. Die Variablen Geburt, Aufgewachsen in der Region und Wohndauer dienen dafür als Kernvariablen. Die Wohndauer ist zweifellos eine vermittelnde Variable, über die eine mögliche Langzeitkonditionierung sichtbar wird. In zahlreichen Untersuchungen verbindet sich mit dieser Variablen eine deutliche Erklärungskraft. In unserer Untersuchung dagegen erweist sich deren Einfluss als nahezu bedeutungslos. Zu den Kernvariablen werden die Variablen zur Bewertung sächsischer Kollektivgüter, des sächsischen Dialekts sowie positiver Eigenschaften der Sachsen hinzugenommen.

Die bivariaten Korrelationen erweisen sich bis auf eine Ausnahme als akzeptabel im Sinne der Hypothesenprüfung. Lediglich die Wohndauer zeigt im Grunde keinen Zusammenhang mit der regionalen Identifikation. Dies gilt für beide Modelle (Tabellen VI.2a und VI.2b). Die Werte liegen nahe 0 und sind nicht signifikant. Darauf wird noch zurückzukommen sein.

Die Variablen „geboren in Sachsen" und „aufgewachsen in Sachsen" erweisen sich dagegen in einem jeweils signifikanten und stabilen Zusammenhang mit der regionalen Identifikation. Bemerkenswert sind die relativ hohen Korrelationswerte der „positiven Bewertung der sächsischen Sprache" in beiden Modellen. Die Regressionsmodelle zeigen ein differenziertes Bild. Zunächst kann infolge von Multikollinearität zwischen „geboren in Sachsen" und „aufgewachsen in Sachsen" nur eine der beiden Variablen in das Modell aufgenommen werden. Dabei erweist sich die Variable „geboren in Sachsen" als jene mit dem höheren Effekt.

Tabelle VI.2a: Erklärung regionaler Identifikation durch Primärsozialisation (Welle 2)

Unabhängige Variable Welle 1 (W1) und Welle 2 (W2)	Abhängige Variable: Intensität regionaler Identifikation Welle 2		
	r	1	2
Geboren in Sachsen	,23**	,06	,06*
Aufgewachsen in Sachsen	,21**	,00	
Wohndauer in Sachsen W1	,05	,04	
Wohndauer in Sachsen W2	,01	-,09*	
Positive Bewertung sächsischer Kollektivgüter W1	,09**	-,07*	
Positive Bewertung sächsischer Kollektivgüter W2	,21**	,07*	,06*
Positive Sachseneigenschaften W1	,16**	-,03	
Positive Sachseneigenschaften W2	,21**	,05	
Positive Bewertung sächsische Sprache W1	,34**	,10*	,09*
Positive Bewertung sächsische Sprache W2	,44**	,27**	,28**
Regionale Identifikation W1	,50**	,37**	,35**
Angepasstes R^2		,36**	,36**

Dennoch wird deutlich, dass diese Variable zwar in beiden Modellen vertreten ist, aber jeweils nur mit einem schwachen Effekt. Aufgrund der theoretischen Annahmen zur Wirkung der Primärsozialisation müsste man eine deutlichere Wirkung erwarten. Zur Erklärung der regionalen Identifikation der zweiten Welle ist zwar die Variable „positive Bewertung der sächsischen Sprache" gut vertreten, nicht jedoch zur Erklärung der dritten Welle. In diesem Zusammenhang erreicht die Variable erst, wenn sie gegen die Variablen zu den Kollektivgütern ausgetauscht wird, wieder einen spürbaren Effekt von Beta =,11**.

Insgesamt spielen aber auch die Variablen „positive Bewertung sächsischer Kollektivgüter" und „positive Sachseneigenschaften" nur eine marginale Rolle.

Tabelle VI.2b: Erklärung regionaler Identifikation durch Primärsozialisation (Welle 3)

Unabhängige Variable Welle 2 (W2) und Welle 3 (W3)	Abhängige Variable: Intensität regionaler Identifikation Welle 3		
	r	1	2
Geboren in Sachsen	,23**	,08*	,08*
Aufgewachsen in Sachsen	,19**	-,02	
Wohndauer in Sachsen W2	,00	,00	
Wohndauer in Sachsen W3	,01	-,04	
Positive Bewertung sächsischer Kollektivgüter W2	,13**	-,07	
Positive Bewertung sächsischer Kollektivgüter W3	,22**	,13**	,09*
Positive Sachseneigenschaften W2	,15**	-,06*	
Positive Sachseneigenschaften W3	,29**	,12*	,08⁺
Positive Bewertung sächsische Sprache W2	,34**	,05	
Positive Bewertung sächsische Sprache W3	,28**	,00	
Regionale Identifikation W2	,65**	,60**	,60**
Angepasstes R^2		,48**	,46**

Im Grunde verbessert die Hinzunahme möglicherweise konditionierter positiver Bewertungen verschiedener regionaler Gegebenheiten nicht die Wirkung der Geburtsvariablen auf die Intensität regionaler Identifikation. Es wäre zu erwarten gewesen, dass Personen, die in einer Region geboren sind, auch einen besonderen Zugang zu so etwas Unverwechselbarem wie der regionalen Geschichte, bestimmten Leistungen sowie generalisierter Eigenschaften der Bewohner dieser Region aufweisen und dadurch die Wirkung der Geburt verstärken. Insgesamt lässt sich feststellen, dass sich zwar ein Einfluss der

Primärsozialisation auf die Intensität regionaler Identifikation mit der Variable „geboren in Sachsen" nachweisen lässt, dieser Einfluss jedoch deutlich unter den Erwartungen bleibt. Mit Sicherheit kann eine letztliche Einschätzung allerdings nur erfolgen, wenn weitere Variablen, die das Umfeld dieser Sozialisationsphase betreffen, mit einbezogen werden könnten. Dabei geht es insbesondere um Variablen, die abklären, inwieweit auch intendierte (erzieherische) Bemühungen und Anregungen um die Herausbildung regionaler Identifikation eine Rolle gespielt haben oder sich anhand nachhaltig wirkender Ereignisse positive Assoziationen gegenüber der Region ausbildeten. Dennoch sind die hier entstandenen Ergebnisse deutlich. Mit der Geburt in einer Region verbindet sich nicht zwangsläufig auch eine hohe Intensität regionaler Identifikation.

Betrachtet man das Ergebnis hinsichtlich des Auffindens eines Mechanismus der Verursachung regionaler Identifikation, dann sind „geboren in Sachsen" und die „positive Bewertung der sächsischen Sprache" am ehesten geeignet, die Hypothese von der Primärsozialisation zu stützen. Überzeugend fällt das Ergebnis allerdings nicht aus.

Die Überprüfung dieses Ergebnisses mit einem Mehrgleichungsmodell bestätigt letztlich das Ergebnis der Regressionsanalysen (vgl. AbbildungVI.2).

Die Anpassung des Modells ist zufriedenstellend. Es zeigt sich jedoch, dass „geboren in Sachsen" nur in der zweiten Welle entsprechend der theoretischen Erwartung auf die Intensität der regionalen Identifikation wirkt. Allerdings ist diese Wirkung sehr schwach. In der dritten Welle schließlich erreicht die Wirkung keine Signifikanz mehr. Die Wohndauer und (aus genannten Gründen) „aufgewachsen in Sachsen" sind in allen Wellen nicht signifikant. Die „positive Bewertung der sächsischen Kollektivgüter" erreicht ebenfalls in keiner Welle signifikante Effekte. Bemerkenswert ist, dass von der „positiven Bewertung des sächsischen Dialekts" in Welle 2 und 3 eine deutliche simultane Wirkung auf die regionale Identifikation ausgeht. Die Wirkungen liegen deutlich höher als jene der Geburtsvariable und sind zeitlich stabil. Zudem wird die Bewertung des sächsischen Dialekts nicht durch die Variable „geboren in Sachsen" beeinflusst. Aus diesem Grund kann in dieser Variable eine eigenständige Indikation von Wirkungen der Primärsozialisation gesehen werden.

Abbildung VI.2: Wirkungen von geboren in Sachsen und sächsischer Dialekt auf regionale Identifikation

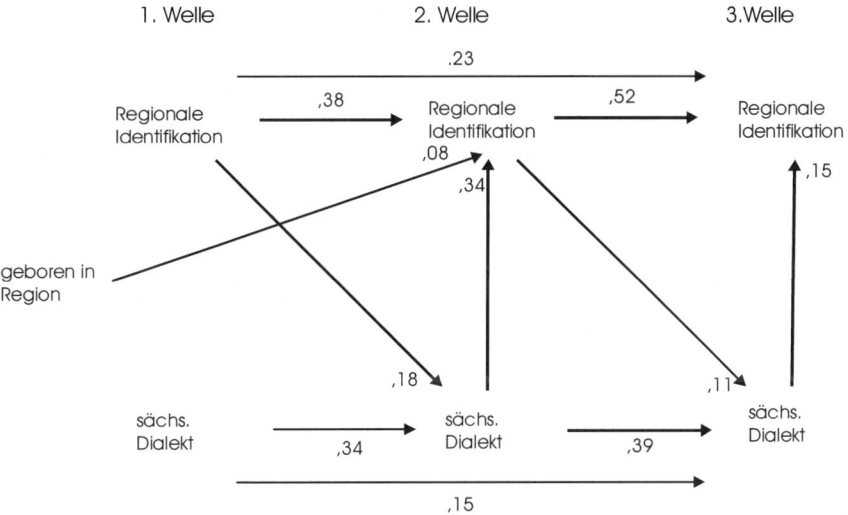

Einige Bemerkungen zu diesem Ergebnis. Ungeachtet der besonderen Stigmatisierung des sächsischen Dialekts kann man im Prinzip für jeden Dialekt feststellen, dass er für diejenigen, die nicht mit ihm aufgewachsen, also von frühester Kindheit an die Sprachmelodie sowie spezifische Benennungen gewohnt sind und damit ein hoher Grad an Habitualisierung eingetreten ist, ein Dialekt eher befremdlich ist. Dessen ungeachtet gibt es eine Art Hitliste von Dialekten. Manche Dialekte werden als amüsant oder sympathisch angesehen. Andere wiederum werden eher abgelehnt. Eine positive Bewertung dürfte sich aber eher selten einstellen und deshalb sehr stark auf eine besondere Beziehung hinweisen, eben jene des in einem solchen Dialektmilieu Aufgewachsenseins. Damit könnte ein Hinweis auf eine nachhaltige Wirkung der Primärsozialisation anhand der positiven Bewertung des sächsischen Dialekts gegeben sein. Die Eigenständigkeit der Anzeige primärsozialisatorischer Wirkungen besteht darüber hinaus darin, dass sie nicht direkt durch die Geburtsvariable beeinflusst wird. Wir wollen dies dahingehend auffassen, dass die Variable sächsischer Dialekt einen eigenständigen Erklärungsbeitrag zur regionalen Identifikation beisteuert. Auffällig sind ferner zeitverzögerte Rückwirkungen der Intensität regionaler Identifikation auf die positive Bewertung des sächsischen Dialekts. Man kann davon ausgehen, dass hier über die Zeit eine geschlossene Verstärkung zwischen beiden Variablen vorliegt und die positive Bewertung des

Dialekts auch nicht ausschließlich aus der Primärsozialisation erwächst, sondern auch aus der aktuellen Intensität der regionalen Identifikation. Die Hinzufügung simultaner Rückwirkungen (von der Intensität regionaler Identifikation auf die positive Bewertung des sächsischen Dialekts in der gleichen Welle) ergibt dagegen unplausible Ergebnisse. Diese sind nahe 1 und negativ, was durch auftretende Multikollinearität bedingt ist. Werden die zeitverzögerten Rückwirkungen gegen simultane ausgetauscht, kann das Pfadmodell nicht berechnet werden. Damit bestätigt sich das ursprüngliche Modell, wonach die Intensität regionaler Identifikation zeitverzögert auf den Dialekt zurückwirkt und der Dialekt simultan die Intensität regionaler Identifikation verstärkt. Hier lässt sich zunächst festhalten, dass sich zwei primärsozialisatorische Wirkungen beobachten lassen. Dabei ist die Geburt in der Region von eher untergeordneter Bedeutung. Von der positiven Bewertung des regionalen Dialekts geht ein stabiler Einfluss aus. Damit ist insgesamt ein konsistentes Modell gegeben.

In unserer alternativen Hypothese gehen wir davon aus, dass die Intensität regionaler Identifikation nichts Starres ist. Im Gegenteil, sie ist ein Produkt von dynamischen Verstärkungsprozessen. Entsprechend experimentell bestätigter Ergebnisse von Verstärkertheorien kann man davon ausgehen, dass, angewendet auf unsere abhängige Variable, zunehmende Belohnungen aus Interaktionen oder auch institutioneller Art zu einem Ansteigen der Intensität regionaler Identifikation führen. Dagegen würde die Nichtbeachtung regionaler Identifikation in den Interaktionsbeziehungen einer Person, wenn sie also weder belohnt noch bestraft würde, dazu führen, dass die Intensität regionaler Identifikation sehr gering ist. Es ist aber auch das Auftreten negativer Verstärker zu erwarten. Negative Verstärkung löscht ein Verhalten nicht, sondern kann zu Gegenreaktionen führen. Wir gehen hier aber davon aus, dass sich unter Vereinfachung der Randbedingungen Menschen in ihren intimen Interaktionen nicht Personen auswählen, mit denen sie in einem beständigen Konflikt leben (im Unterschied dazu können sich Kinder ihre Eltern nicht aussuchen und normalerweise auch nicht entfliehen, weshalb negative Verstärkung in diesen Interaktionen nachgewiesenermaßen erfolglos ist). Beim Auftreten negativer Verstärkung erwarten wir also ein Sinken der Intensität regionaler Identifikation. Die Indikation von Verstärkungsprozessen sehen wir in der Wahrnehmung normativer Erwartungen seitens wichtiger Interaktionspartner der Befragten. Wenn eine Person wahrnimmt, dass mit ihr in enger Interaktion stehende Personen erwarten, dass sie sich im Alltag für die Region unterstützend verhält, dann ist es wahrscheinlich, dass von diesen Personen ein entsprechend vollzogenes Verhalten auch belohnt wird und sich dadurch eine positive Einstellung zur Region entwickelt. Dementgegen sinkt die Intensität, wenn überregional orientierte normative Erwartungen bzw. keinerlei normative Erwartungen dieser Art auftreten.

Die Prüfung der Hypothese erfolgt in den gleichen Schritten wie zuvor die Hypothese zur Primärsozialisation geprüft wurde. Zunächst wird die regionale

Identifikation der Welle 2 hinsichtlich ihrer Erklärbarkeit durch die Variablen zu den normativen Erwartungen der Wellen 1 und 2 geprüft. Im nächsten Schritt geschieht dies mit der regionalen Identifikation der Welle 3. Damit soll herausgefunden werden, ob sich in allen Wellen jeweils die gleichen Mechanismen beobachten lassen und ob es Hinweise auf zeitverzögerte Wirkungen gibt. Im dritten Schritt werden dann die Modelle zu einem Mehrgleichungsmodell zusammengefasst.

Tabelle VI.3a: Erklärung regionaler Identifikation durch normative Erwartungen (Welle 2)

Unabhängige Variable Welle 1 (W1) und Welle 2 (W2)	Abhängige Variable: Intensität regionaler Identifikation Welle 2		
	r	1	2
Regionorientierte normative Erwartungen W1	,26**	,08*	,05
Regionorientierte normative Erwartungen W2	,31**	,28**	,29**
Normative Erwartungen regionalpolitisches Engagement W1	,06*	-,05	
Normative Erwartungen regionalpolitisches Engagement W2	,12*	,01	
Überregional orientierte normative Erwartungen W1	-,50	-,04	
Überregional orientierte normative Erwartungen W2	-,04	-,14**	-,17**
Regionale Identifikation W1	,50**	,42**	,42**
Angepasstes R^2		,32**	,32**

Die Regressionsmodelle zeigen ein insgesamt stabiles Ergebnis. Wie theoretisch erwartet, wirken die überregional orientierten normativen Erwartungen auf die Intensität regionaler Identifikation vermindernd und die regionorientierten normativen Erwartungen wirken verstärkend. Dagegen erreichen die normativen Erwartungen an das regionalpolitische Engagement in den Modellen keine Signifikanz. Darüber hinaus wirken die regionorientierten normativen Erwartungen durchweg stärker (Tabelle VI.3a und VI.3b). Vergleicht man die beiden Modelle, dann wird allerdings auch deutlich, dass die Wirkung der Variable zu den normativen Erwartungen zum „überregional politischen Engagement" in der Welle 3 sehr schwach wird und auch die Wirkungen dieser Variablen insgesamt von Welle zu Welle schwächer werden. Dagegen erweisen sich die Wirkungen der Variablen zu den normativen Erwartungen an das „regionalorientierte Alltagsverhalten" als in beiden Modellen zufrieden stellend. Zudem sind sowohl simultane als auch zeitverzögerte Effekte beobachtbar. Demnach handelt es sich um einen stabilen Mechanismus.

Tabelle VI.3b: Erklärung regionaler Identifikation durch normative Erwartungen (Welle 3)

Unabhängige Variable Welle 2 (W2) und Welle 3 (W3)	Abhängige Variable: Intensität regionaler Identifikation Welle 3		
	r	1	2
Regionorientierte normative Erwartungen W2	,38**	,13**	,14**
Regionorientierte normative Erwartungen W3	,41**	,12**	,16**
Normative Erwartungen Regionalpolitisches Engagement W2	,21**	,04	
Normative Erwartungen Regionalpolitisches Engagement W3	,23**	,02	
Überregional orientierte normative Normative Erwartungen W2	-,04	-,08*	-,05*
Überregional orientierte normative Normative Erwartungen W3	,10**	,04	
Regionale Identifikation W2	,65**	,56**	,56**
Angepasstes R²		,48**	,48**

Kann dieses Ergebnis mit Hilfe der Variablen zur „positiven Bewertung sächsischer Kollektivgüter" sowie der „positiven Bewertung der sächischen Sprache" und der „positiven Sachseneigenschaften verbessert werden? Es läßt sich beobachten, dass bei der Erklärung der regionalen Identifikation der dritten Welle die überregional orientierten normativen Erwartungen bis auf jene aus der zweiten Welle keine Signifikanz mehr erreichen bzw. ihr Einfluss nahe 0 liegt. Demgegenüber behaupten sich die regionorientierten normativen Erwartungen aus allen drei Wellen mit Effekten um ,2. Die positive Bewertung des sächsischen Dialekts ist ebenfalls bemerkenswerterweise nicht mehr im Modell vertreten. Wir hatten gesehen, dass diese Bewertung im Zusammenhang mit dem Einfluss der Variable zur Geburt eine wichtige Rolle spielte. Dies stützt die Annahme, dass es sich eventuell hierbei um zwei verschiedene Mechanismen des Zustandekommens regionaler Identifikation handelt. Werden die Stabilitäten der regionalen Identifikation mit hinzugenommen, dann sind im Modell außer regionorientierten normativen Erwartungen keine der hier diskutierten Variablen mehr vertreten. Bei der Betrachtung der Verteilung dieser zwei Gruppen normativer Erwartungen ergibt sich, dass im Durchschnitt die überregionalen Erwartungen geringer ausfallen. Die Korrelation zwischen beiden Erwartungen liegt um ,50**. Es bleibt also später noch zu prüfen, ob die beobachtbare Konsequenz des geringen Effekts überregionaler normativer Erwartungen durch Hinzunahme der Stabilität regionaler Identifikation über die drei Wellen auch aufgehoben wird, wenn die Modellannahmen komplexer werden.

Zum Abschluss dieses Abschnitts werden die Ergebnisse dieser Analysen in ein Mehrgleichungsmodell überführt.

Abbildung VI.3: Erklärung regionaler Identifikation durch normative Erwartungen

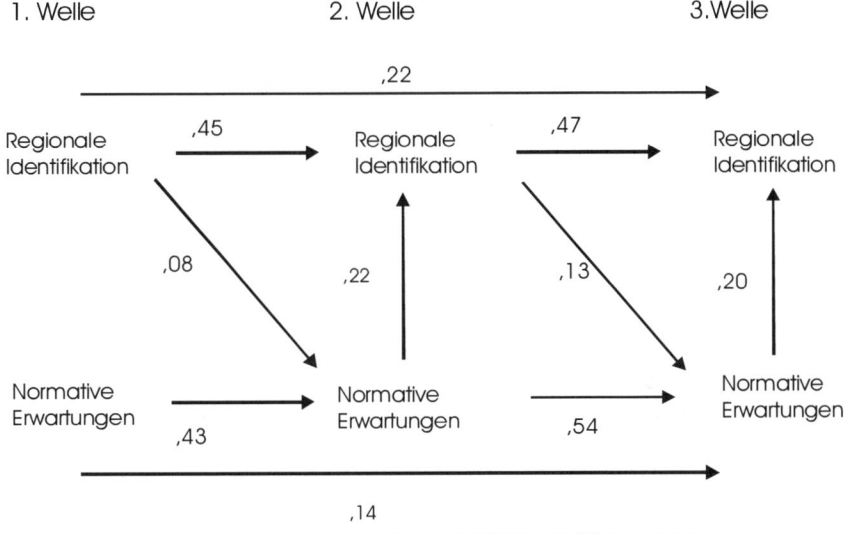

Chi = 17,56 Df = 4 P-value = 0,00150 RMSEA = ,054

Aus Abbildung VI.3 ist ersichtlich, dass die Intensität regionaler Identifikation gut und über die Zeit konsistent durch wahrgenommene (regionorientierte)

normative Erwartungen erklärt werden kann. Diese Effekte sind in allen Wellen in zufriedenstellender und stabiler Stärke ausgeprägt. Ferner lassen sich schwache zeitverzögerte Rückwirkungen der Intensität regionaler Identifikation auf normative Erwartungen erkennen. Simultane Rückwirkungen erreichen keine Signifikanz bzw. destabilisieren das Modell. Ähnlich wie im Fall des Zusammenhangs von Identifikation und Dialekt zeigt sich hier, dass eine Art geschlossener und über die Zeit wirkender verstärkender Kreislauf vorhanden ist. Das bedeutet, die zeitverzögerte Rückwirkung verstärkt in moderatem Umfang die regionorientierten normativen Erwartungen und diese wiederum wirken simultan auf die Intensität der Identifikation. Man kann vermuten, dass auf diese Weise die sozialen Beziehungen in den Netzwerken die regionale Identifikation langfristig stabilisieren. Auch wenn die Modellanpassung insgesamt nicht so überzeugend gelingt, wie im Fall von Geburt und Dialekt, zeigt sich doch, dass in den normativen Erwartungen ein bedeutsamer Teilmechanismus regionaler Identifikation zu sehen ist.

Ein Vergleich zwischen Einheimischen und Zugewanderten hinsichtlich der Wahrnehmung normativer Erwartungen

Einen weiteren Hinweis darauf, ob die Annahme von der verstärkenden Wirkung interaktiver Beziehungen zutrifft, könnte man in einem empirischen Vergleich zwischen Einheimischen (in Sachsen aufgewachsene Personen) und Zugewanderten erhalten. Allerdings ist dieser Vergleich nur eingeschränkt möglich, weil beide Gruppen sehr unterschiedlich stark besetzt sind. Lediglich 13% der Befragten der ersten Welle sind nicht in Sachsen aufgewachsen. Dieser Anteil differiert in den drei Wellen lediglich um 1%.

In Bezug auf die Hypothese zur Primär- und frühen Sekundärsozialisation ist Folgendes zu erwarten. Die Zugewanderten sollten keine nennenswerte Intensität regionaler Identifikation aufweisen, d.h., die Intensität sollte unterhalb des Skalenmittelpunktes liegen. Das wäre hypothesenkonform, denn die Ausprägung regionaler Identifikation ist dieser klassischen Annahme zufolge im Rahmen der Primär- und frühen Sekundärsozialisation verursacht, die bei den Zugewanderten in einer anderen Region stattfand. In Bezug auf die Annahme zur Wirkung von Verstärkungen auf die Intensität regionaler Identifikation dürfte es dagegen hinsichtlich des Wirkungsmechanismus, also welche Variablen die Intensität regionaler Identifikation beeinflussen, keinen Unterschied zwischen beiden Gruppen geben. Für Einheimische und Zugewanderte würde dann gelten, dass regionale Identifikation eine Folge von Verstärkungsprozessen ist.

Zur ersten Annahme. Mittels eines t-Tests lässt sich ermitteln, ob Unterschiede in der Intensität der regionalen Identifikation zwischen beiden Gruppen von Befragten bestehen und ob diese signifikant sind. Zum Ersten lässt sich feststellen, dass es einen erwarteten Unterschied zwischen Einheimischen und Zugewanderten hinsichtlich der gemessenen Intensität regionaler Identifikation gibt. Die Einheimischen weisen in allen drei Wellen einen um ,6 höheren Mittelwert auf der 5stufigen Skala auf. Die Differenz ist signifikant. Der Mittelwert liegt bei den Einheimischen zwischen 4,0 und 4,1 in allen drei Wellen. Auch wenn der Unterschied deutlich ist, lässt sich für die Zugewanderten immerhin ein Mittelwert zwischen 3,4 und 3,5 ermitteln. Dieser Wert liegt deutlich über der Skalenmitte, d.h., man kann von einer relativ hohen Intensität sprechen. Als Fazit kann hier festgestellt werden, dass die frühe Sozialisation durchaus Wirkungen hinterlässt (Differenz der Intensität regionaler Identifikation zwischen Einheimischen und Zugewanderten), jedoch nicht die alleinige Erklärung regionaler Identifikation liefern kann (relativ hohe durchschnittliche Intensität der regionalen Identifikation bei den Zugewanderten). Demnach wird die Annahme des Vorhandenseins zweier Sozialisationsmechanismen gestärkt.

Im Hinblick auf die Verstärkerannahme soll mittels eines Regressionsmodells geprüft werden, ob die Intensität regionaler Identifikation durch normative regionorientierte Erwartungen beeinflusst wird. Dazu wird ein Regressionsmodell, bestehend aus den Variablen der regionorientierten und überregional orientierten normativen Erwartungen zur Erklärung der regionalen Identifikation verwendet. Dieses Modell wird getrennt für die beiden Gruppen berechnet. Welche Erwartungen knüpfen sich an diese Prüfung? Es gilt zu erklären, warum Zugewanderte eine relativ hohe Intensität regionaler Identifikation aufweisen. Da hierfür der Sozialisationsmechanismus nicht in Frage kommt, erwarten wir im Rahmen der hier entwickelten theoretischen Annahmen, dass diese durch Verstärkungsprozesse in den persönlichen Netzwerken verursacht wird.

Zur Prüfung eines solchen Effekts stellen wir in Tabelle VI.4 die Ergebnisse aus der Welle 2 vor. Die Ergebnisse der Welle 3 sind ähnlich, wenngleich etwas schwächer.

Von Interesse für die Hypothesenprüfung sind zunächst nur die Wirkungen der normativen Erwartungen, die sich auf bestimmte Handlungen zur Stärkung der Region richten (regionorientierte normative Erwartungen), weil darin der Verstärkungsvorgang auf die Intensität regionaler Identifikation deutlich wird. Das Ergebnis ist durchaus erstaunlich. Wie aus Tabelle VI.4 ersichtlich ist, lässt sich kein grundsätzlicher Unterschied zwischen beiden Gruppen in Bezug auf die Wirkung dieser normativen Erwartungen feststellen. Bei den Zugewanderten sind die Effekte sowohl aus Welle 1 als auch aus Welle 2 sogar merklich stärker als bei den Einheimischen. Auch die Modellanpassung ist besser. Besonders deutlich zeigt sich das zunächst ohne die zeitverzögerte abhängige Variable aus der Welle 1 (Einheimische Modell 1 und Zugewanderte Modell 1 in Tabelle VI.4). Durch Einbeziehung der zeitverzögerten abhängigen Variable ändert sich das Resultat nur geringfügig, indem der Effekt der regionorientierten normativen Erwartungen aus Welle 1 bei den Zugewanderten nicht mehr signifikant ist. Dagegen ist die simultane Wirkung dieser normativen Erwartungen auf die Intensität der regionalen Identifikation in Welle 2 nach wie vor von beachtlicher Stärke. Das wird deutlich, wenn man diesen Effekt mit dem analogen Effekt bei den Einheimischen vergleicht.

Tabelle VI.4: Unterschiede zwischen in Sachsen Geborenen und Zugewanderten in Bezug auf die Erklärung regionaler Identifikation durch regionbezogene normative Erwartungen (Welle 2)

Unabhängige Variable	Abhängige Variable: regionale Identifikation Welle 2					
	Einheimische			Zugewanderte		
			Modell Nr.			
	r	1	2	r	1	2
Variablen des theoretischen Modells						
regionorientierte normative Erwartungen (w1)	,22**	,19**	,07*	,40**	,26*	,12
überregional orientierte normative Erwartungen (w1)	-,04	-,12*	-,08*	,01	-,11	,03
regionorientierte normative Erwartungen (w2)	,28**	,30**	,26**	,47**	,44**	,36**
überregional orientierte normative Erwartungen (w2)	-,02	-,16**	-,11*	-,03	-,20*	-,23*
regionale Identifikation (w1)	,46**		,39**	,52**		,37**
Angepasstes R^2		,13**	,27**		,29**	,39**

Ferner lässt beobachten, dass bei den Einheimischen wie bei den Zugewanderten überregional orientierte normative Erwartungen die Intensität regionaler Identifikation verringern. Allerdings erreichen diese Effekte der unabhängigen Variable aus Welle 1 bei den Zugewanderten keine Signifikanz. Dennoch zeigt sich auch hier ein etwas stärkerer Effekt der überregional orientierten normativen Erwartungen in Welle 2 gegenüber den Einheimischen. Die gefundenen Ergebnisse bestätigen insgesamt die Wirkung eines Verstärkungsmechanismus sowohl bei den Einheimischen als auch bei den Zugewanderten. Mit anderen Worten, die Intensität regionaler Identifikation kann auch als Resultat interaktiver Verstärkung betrachtet werden und zwar unterschiedslos, ob eine Person in einer Region aufgewachsen ist oder nicht. Der Unterschied zwischen Einheimischen und Zugewanderten besteht aber darin, dass in der Region aufgewachsene Personen eine durchschnittlich höhere Intensität regionaler Identifikation aufweisen. Man könnte vermuten, dass, wenn die relevanten Internalisierungen der Primär- und frühen Sekundärsozialisation im Erwachsenenalter verstärkt werden, eine Kumulation in der Intensität regionaler Identifikation eintreten kann.

Ein weiterer Hinweis auf die Verschränkung beider Mechanismen (Primärsozialisation und Verstärkung) soll durch einen t-Test gewonnen werden. Dazu vergleichen wir die Intensität regionaler Identifikation zwischen Einheimischen und Zugewanderten getrennt nach den Erhebungsgebieten Leipzig und dem Mittleren Erzgebirgskreis. Zu erwarten ist, dass es in einem ländlichen Siedlungsgebiet insgesamt eine höhere informelle soziale Kontrolle gibt, als in einem städtischen. In diesem Zusammenhang lässt sich weiter vermuten, dass zusätzlich zu den Verstärkungen aus den intimen persönlichen Beziehungen noch Verstärkungen aus dem Umfeld schwacher Bindungen hinzukommen. Dies sind entfernte und sehr entfernte Bekannte, Nachbarn usw. Demzufolge ist das Potential von Verstärkungen in ländlichen Siedlungsgebieten insgesamt deutlich größer und weniger auf die starken Bindungen persönlicher Netzwerke beschränkt. Empirisch ist demzufolge zu erwarten, dass im ländlichen Gebiet die Intensität regionaler Identifikation sowohl der Einheimischen als auch der Zugewanderten höher ist als im städtischen. Neben die normativen Erwartungen – im Sprachgebrauch der Wissenssoziologie – signifikanter Interaktionspartner treten nun die wirksamen Erwartungen sonstiger Anderer. Deshalb ist insbesondere der Vergleich zwischen den Zugewanderten beider Gebiete von besonderem Interesse.

Tabelle VI.5: Ergebnisse eines Mittelwertvergleichs zwischen in Sachsen Geborenen und Zugewanderten getrennt nach den beiden Erhebungsgebieten Leipzig und Mittlerer Erzgebirgskreis

Erhebungsgebiet	Einheimische Identifikation mit Sachsen (arithm. Mittel)	Zugewanderte Identifikation mit Sachsen (arithm. Mittel)
Leipzig (w1)	3,87**	3,21**
Mittl. Erzgebirgskreis (w1)	4,19**	3,83**
Leipzig (w2)	3,77**	3,23**
Mittl. Erzgebirgskreis (w2)	4,21*	3,70*
Leipzig (w3)	3,80**	3,34**
Mittl. Erzgebirgskreis (w3)	4,34*	3,95*

Die Signifikanzwerte beziehen sich auf die Differenz zwischen Einheimischen und Zugewanderten

Die t-Tests für beide Gebiete ergeben in allen Wellen, dass die Intensität regionaler Identifikation bei den Einheimischen höher ist als bei den Zugewanderten. Darüber hinaus weisen die Zugewanderten im Mittleren Erzgebirgskreis aber eine nahezu identisch hohe regionale Identifikation wie die Einheimischen in Leipzig auf, in der dritten Welle ist sie sogar leicht höher. Das bedeutet, dass der „Bonus" der Primärsozialisation relativ ist. Es bleiben die relativen Differenzen zwischen Zugewanderten und Einheimischen erhalten, aber die Intensität wird vermutlich deutlich durch die Dichte informeller Kontrolle und die dadurch bereitgestellten Verstärkungen moderiert (vgl. Tabelle VI.5).

Bemerkungen zur geringen Wirkung der Wohndauer auf die Intensität regionaler Identifikation

Zu den Auffälligkeiten unserer Ergebnisse gehört, dass die Wohndauer in einer Region keinen Effekt auf die Intensität regionaler Identifikation aufweist.

Was sind die impliziten Annahmen, welche zur Plausibilität der Erwartung einer positiven Wirkung führen? Ganz sicher gehört jener Mechanismus adaptiver Präferenzänderung dazu, aufgrunddessen ein Verbleib in einer Region zu Einstellungen führt, welche einer nachträglichen Rationalisierung gleichkommen. Je länger man demnach in einer Region lebt, gleichgültig, welche Ursachen dazu führen, desto gerechtfertigter und selbstverständlicher erscheint dies. Zu diesem Resultat könnte auch ein sunk-cost Effekt beitragen. Hinzukommende Vertrautheit und Routine in der Lebensbewältigung verstärken sicher eine solche Anpassung an die Gegebenheiten.

Unsere Ergebnisse dagegen weisen darauf hin, dass regionale Identifikation nicht die Folge einer bloßen Gewöhnung ist, sondern vielmehr einen Prozess darstellt, der über Alltagsinteraktionen sukzessiv positiv oder negativ verstärkt wird. Daraus folgt, dass sich ebenso eine dauerhafte negative Verstärkung vollziehen kann, z.B. in dem Fall, in dem die Lebenszufriedenheit gering ist und die Ressourcen für einen Wegzug nicht ausreichen. Mit anderen Worten, es kann nicht angenommen werden, dass regionale Identifikation allein aus Unzufriedenheit entsteht, wenngleich dies eine Voraussetzung sein kann. Konform mit unseren Annahmen zur Tertiärsozialisation kann man auch davon ausgehen, dass eine Person, die in einem Netzwerk agiert, in dem keine regionorientierten normativen Erwartungen auftreten, ebenfalls bei langer und sehr langer Wohndauer keine regionale Identifikation ausbildet. Diese Konstellation unterläuft die vorweg zugrunde gelegte Plausibilität, wonach die Dauer des Wohnens in einer Region zu einem positiv konditionierenden Effekt führt und beseitigt auch den Schwachpunkt, wonach ein Akteur isoliert betrachtet wird. Zudem wird in der Annahme, dass die bloße Dauer des Wohnens in einer Region bereits zu einer

Identifikation mit ihr führt, nicht beachtet, dass es von vorn herein auch Alternativen zur raumbezogenen Identifikation gibt.

Zum Zweiten kann eine Annahme zur Wirkung der Wohndauer dahingehend modifiziert werden, dass eine indirekte Wirkung zu beobachten ist. So ist denkbar, dass die Wohndauer über die Wertschätzung regionaler Kollektivgüter und regionaler Eigenschaften wirken kann. Es lassen sich mittels Korrelationsanalyse – wenngleich auch nur sehr schwache – signifikante Zusammenhänge zwischen der Wohndauer, der Wertschätzung sächsischer Kollektivgüter sowie zugeschriebener sächsischer Eigenschaften nachweisen. Diese Korrelationen liegen durchweg um ,10**. Diese Beziehung bleibt jedoch nicht in einem Regressionsmodell bestehen, welches die drei Wellen verbindet. Im Regressionsmodell bleibt die Variable Wohndauer auch unter Hinzuziehung von Kontrollvariablen wie Alter und Bildung sehr deutlich insignifikant. Somit kann man in gewisser Weise zwar von einem sehr schwachen indirekten Effekt auf die regionale Identifikation sprechen, welcher aber weit unter den theoretischen Erwartungen liegt.

Hier lässt sich festhalten, dass von der Wohndauer keine gerichtete Wirkung ausgeht. Es lässt sich kein Effekt im Sinne einer Anpassung beobachten. Zu vermuten ist, dass die Intensität regionaler Identifikation als Resultat positiver und negativer Verstärkung variiert. Weil positive oder negative Verstärkung keine Funktion der Wohndauer ist, kann von Wohndauer auch nur eine diffuse Wirkung ausgehen. Es bleibt dennoch die Möglichkeit offen, ob sich die Variable Wohndauer eventuell im Zusammenhang mit der Wirkung der Lebenszufriedenheit auf die Intensität regionaler Identifikation bewährt.

Das Gefühl der Heimat - ein Geburtsprivileg?

Die Erklärung des Zustandekommens des Heimatgefühls verdient eigentlich umfassende Aufmerksamkeit. Zunächst scheint es plausibel, dass das Heimatgefühl ganz eng an den Geburtsort bzw. die Geburtsregion gebunden ist und eine lebenslange Assoziation bleibt. Interessant ist deshalb z.B. zu erklären, weshalb auch ein sehr großräumiges Heimatgefühl zustande kommen kann, wie z.B. Europa als Heimat zu betrachten. Hier soll aber zunächst nur darauf Bezug genommen werden, inwieweit eine vermutete Beziehung von Geburt und Heimat im Sinne von Region tatsächlich nachweisbar ist. Demnach müsste sich das Modell zur Erklärung regionaler Identifikation mithilfe der Variable Geburt noch besser zur Erklärung eines regionalen Heimatgefühls eignen.

Zunächst soll jedoch eine Analyse des Zusammenhangs der Heimatvariablen mit der Variablen zur regionalen Identifikation erfolgen. Entsprechend der bisher geprüften Annahmen geschieht das auf der Ebene regionaler Identifikation bzw. Sachsen als Heimat. Dabei geht es darum, ob das Heimatgefühl überhaupt etwas anderes ausdrückt als regionale Identifikation. Prüft man den Zusammenhang mittels Korrelation, dann ergeben sich Werte von ,59** und ,62** zwischen regionaler Identifikation und Heimat Sachsen in Welle 2 und 3. Zunächst stellt sich die Frage, ob die Geburtsvariable, wie erwartet, auf die Intensität des regionalen Heimatgefühls wirkt. In beiden Wellen erklären beide Variablen (geboren und aufgewachsen in Sachsen) das Heimatgefühl signifikant. Die Modellanpassung insgesamt ist aber eher gering (R^2 = ,14** und R^2 = ,08**). Die Erwartung, dass die „positive Bewertung der Kollektivgüter" und die „positiven Sachseneigenschaften" die Erklärung verbessern, erfüllt sich nicht. Analog dem Ergebnis in Abbildung VI.2 trägt lediglich die „positive Bewertung des sächsischen Dialekts" etwas zur Verbesserung des Modells bei.

Die Überführung in ein Mehrgleichungsmodell bestätigt die Voranalyse. Es entsteht ein gut angepasstes Modell, in dem die positive Bewertung des sächsischen Dialekts neben der Variable „aufgewachsen in Sachsen" einen stabilen Effekt auf die Intensität des regionalen Heimatgefühls aufweist (vgl. Abbildung VI.4).

Abbildung VI.4: Erklärung des Heimatgefühls durch Sozialisationsvariablen

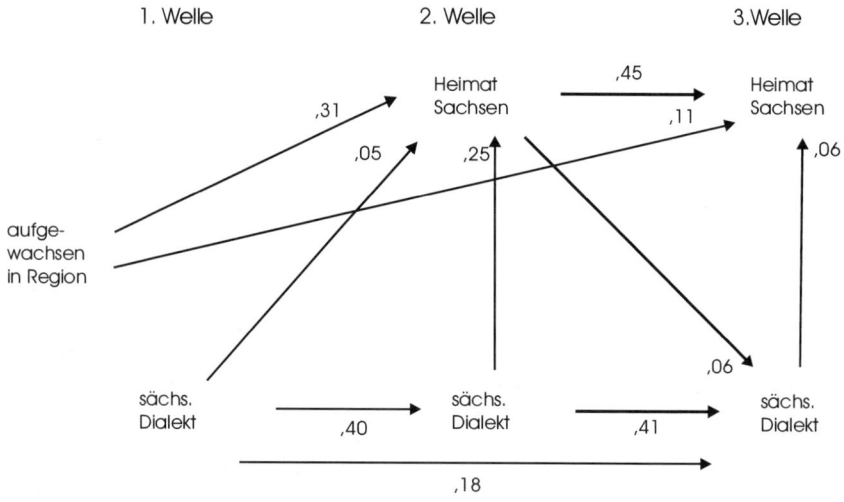

Auffällig ist, dass die Variable „aufgewachsen in Sachsen" zu einer etwas besseren Modellanpassung beiträgt als die Variable „geboren in Sachsen". Beide Variablen können aufgrund der hohen Kollinearität nicht zusammen in das Modell aufgenommen werden. Zum einen, bestätigt sich die besondere Bedeutung in einer Region geboren zu sein für die Ausbildung eines Heimatgefühls. Zum anderen wird jedoch deutlich, dass das Aufwachsen in dieser Region entscheidend ist. Mit dem Aufwachsen in einer Region verbindet sich die Chance der Entstehung positiver Assoziationen mit bestimmten Gegebenheiten in dieser Region. Diese wirken auf die Entstehung eines Heimatgefühls verstärkend. Schließlich war theoretisch zu erwarten, dass auch ein Effekt von der Variable „aufgewachsen in Sachsen" auf die positive Bewertung des sächsischen Dialekts ausgeht. Die Modellprüfung ergab zwar einen sehr schwachen Effekt auf die positive Bewertung des sächsischen Dialekts, aber dieser erreichte zudem keine Signifikanz. Das Modell wird instabil, sobald zusätzlich ein Effekt auf die positive Bewertung des sächsischen Dialekts in der dritten Welle geprüft wird. Man kann also davon ausgehen, dass von beiden unabhängigen Variablen eigenständige und relativ starke Effekte auf das regionale Heimatgefühl ausgehen.

Eine klare Differenz in der Erklärung zwischen dem Heimatgefühl und der regionalen Identifikation besteht darin, dass sich das Modell, welches sich auf regionorientierte normative Erwartungen stützt (vgl. Abbildung VI.3), nicht zur Erklärung des regionalen Heimatgefühls eignet. Es ist zugleich plausibel, dass eine Region als Heimat zu betrachten, wahrscheinlich nicht normativ erwartet wird. Damit lässt sich festhalten, dass sich Unterschiede im Zustandekommen des regionalen Heimatgefühls und regionaler Identifikation beobachten lassen. Zum ersten ist das Aufwachsen in einer Region von etwas größerer Erklärungskraft als die Geburt in der Region und zum Zweiten kann festgestellt werden, dass das Heimatgefühl kein Resultat von Verstärkungsprozessen ist.

Prüfung der Hypothese zur Lebensqualität

Die Hypothese zur Wirkung der Lebensqualität verhält sich im Grunde alternativ zu den Sozialisationsannahmen. Zum einen setzt sie voraus, dass Menschen sich rational und reflexiv verhalten. Das führt dazu, dass eine Beziehung zwischen dem Niveau der Lebensbedingungen und der Identifikation mit einer Region entsteht. Zum anderen wird dieser Zusammenhang über die Ausbildung von Zufriedenheitsurteilen vermittelt. Demzufolge ist zu erwarten, dass die Wahrnehmung der Lebensbedingungen weitestgehend über die subjektive Zufriedenheit auf die Intensität regionaler Identifikation wirkt. Wir haben somit drei Arten unabhängiger Variablen: Erstens das Anspruchsniveau, operationalisiert als die Wichtigkeit bestimmter Lebensbedingungen, zweitens die subjektive Wahrnehmung bestimmter Lebensbedingungen, operationalisiert als Einschätzung des Vorhandenseins bestimmter Gegebenheiten am Ort und drittens das Zufriedenheitsurteil, operationalisiert als „Zufriedenheit mit der Lebenssituation am Ort". Zusätzlich wollen wir prüfen, ob die Selbsteinschätzung, sich als Verlierer der Wende zu fühlen, die Modellanpassung beeinflusst.

Zunächst sollen die Regressionsmodelle näher betrachtet werden. Die Ergebnisse dieser Modelle sind in den Tabellen VI.6a und VI.6b wiedergegeben. Insgesamt zeigen sich nur geringe Effekte der unabhängigen Variablen. Bereits aus diesem Überblick wird deutlich, dass die in der Hypothese zur Wirkung der Lebensqualität verwendeten Variablen nur geringe Erklärung für die Intensität der regionalen Identifikation liefern können. Die Korrelationswerte verdeutlichen zudem wechselnde Schwerpunkte. Mit anderen Worten: es lässt sich kein in allen Wellen konstanter Zusammenhang erkennen. Die „Zufriedenheit mit den Lebensbedingungen am Ort", von der im Sinne der Annahme ein deutlicher Effekt zu erwarten wäre, weist nur in Welle 2 einen einigermaßen zufriedenstellenden Zusammenhang mit der regionalen Identifikation auf.

Tabelle VI.6a: Erklärung regionaler Identifikation durch die individuelle Wahrnehmung der Lebensqualität (Welle 2)

Unabhängige Variable Welle 1 (W1) und Welle 2 (W2)	Abhängige Variable: Intensität regionaler Identifikation Welle 2		
	r	1	2
Gute wahrgenommene Lebensbedingungen am Ort W1	-,03	-,03	
Gute wahrgenommene Lebensbedingungen am Ort W2	,08*	-,06	
Hohes Anspruchsniveau an die Lebensbedingungen W1	,01	-,07	
Hohes Anspruchsniveau an die Lebensbedingungen W2	,09**	,18**	,09*
Zufriedenheit mit der Lebenssituation am Ort W1	,08**	,02	
Zufriedenheit mit der Lebenssituation am Ort W2	,06*	,10*	,08*
Verlierer der Wende W1	,02	,02	
Verlierer der Wende W2	,01	,05	
Regionale Identifikation W1	,50**	,49**	,50**
Angepasstes R^2		,27**	,26**

Im Vergleich aller Korrelationswerte erweisen sich die beobachtbaren Zusammenhänge am ehesten in Welle 3 einigermaßen den Erwartungen entsprechend. Lediglich zwischen Lebenszufriedenheit und regionaler Identifikation entsteht kein Zusammenhang. Die Erklärungskraft der Regressionsmodelle unterscheidet sich lediglich durch die Stabilitätswirkung der regionalen Identifikation. Es lässt sich kein zeitlich konstantes Erklärungsmuster erkennen.

In Welle 2 erklären das Anspruchsniveau sowie die Zufriedenheit mit den Lebensbedingungen am Ort, wenn auch mit sehr geringen Effekten die Intensität der regionalen Identifikation. In Welle 3 hingegen bleibt nur das Anspruchsniveau erhalten und es kommen die wahrgenommenen Lebensbedingungen sowie die subjektive Einschätzung, Verlierer der Wende zu sein, hinzu.

Tabelle VI.6b: Erklärung regionaler Identifikation durch die individuelle Wahrnehmung der Lebensqualität (Welle 3)

Unabhängige Variable Welle 2 (W2) und Welle 3 (W3)	Abhängige Variable: Intensität regionaler Identifikation Welle 3		
	r	1	2
Gute wahrgenommene Lebensbedingungen am Ort W2	,03	-,10*	
Gute wahrgenommene Lebensbedingungen am Ort W3	,14**	,20**	,15**
Hohes Anspruchsniveau an die Lebensbedingungen W2	,12**	,03	
Hohes Anspruchsniveau an die Lebensbedingungen W3	,15**	,01	,05*
Zufriedenheit mit der Lebenssituation am Ort W2	-,01	-,04	
Zufriedenheit mit der Lebenssituation am Ort W3	,01	,06	
Verlierer der Wende W2	,06	,04	
Verlierer der Wende W3	,13**	,06*	,08*
Regionale Identifikation W2	,65**	,66**	,65**
Angepasstes R^2		,50**	,47**

Das Anspruchsniveau an die örtlichen Lebensbedingungen weist in beiden Wellen einen signifikanten Effekt auf die regionale Identifikation auf. Diese Variable ist nunmehr die einzige, welche die Hypothese zum Einfluss der Lebensqualität stützt. Eingeschränkt wird dieses Ergebnis jedoch dadurch, dass die Wirkungsrichtung in den Wellen nicht die gleiche ist.

Im letzten Schritt wird die Hypothese nun mit einem Mehrgleichungsmodell geprüft. Damit kommt die Möglichkeit hinzu, herauszufinden, welche Effekte zwischen den unabhängigen Variablen sowie welche Rückwirkungen, simultane Wirkungen und zeitverzögerte Rückwirkungen beobachtbar sind. Folgendes soll geprüft werden: Zum Ersten wird ein Modell geprüft, in dem die wahrgenommenen örtlichen Lebensbedingungen und die Einschätzung, Verlierer der Wende zu sein, auf die Einschätzung der ortsbezogenen Lebenszufriedenheit wirkt und diese die regionale Identifikation beeinflusst. Dem liegt die Vermutung zugrunde, dass die ortsbezogene Lebenszufriedenheit diese Effekte der anderen unabhängigen Variablen gebündelt an die Intensität der regionalen Identifikation „weitergibt". Zum Zweiten soll mit den ausgewählten hypothesenbezogenen unabhängigen Variablen die bestmögliche Modellanpassung erzielt werden.

Die Frage, ob die ortsbezogene Lebenszufriedenheit die Effekte der wahrgenommenen Lebensbedingungen, das Anspruchsniveau gegenüber den örtlichen Lebensbedingungen und der Einschätzung, Verlierer der Wende zu sein, aufnimmt und an die regionale Identifikation weitergibt, kann z.T. positiv beantwortet werden, wie in Abbildung VI.5 dargestellt ist. So lässt sich beobachten, dass es eine theoretisch plausible Wechselwirkung zwischen Anspruchsniveau und ortsbezogener Lebenszufriedenheit gibt. Demnach wirkt die Lebenszufriedenheit in beiden Wellen anspruchssteigernd.

Ein erreichtes Maß an Lebenszufriedenheit weckt so weitere Ansprüche. Umgekehrt wirkt ein steigendes Anspruchsniveau zufriedenheitsreduzierend. In der theoretischen Begründung der Hypothesen wurde bereits konform mit einschlägigen Forschungsergebnissen auf die Relativität von Zufriedenheitsurteilen in Abhängigkeit des individuellen Anspruchsniveaus hingewiesen. Hier zeigt sich nun, dass in dem Maß, in dem das Anspruchsniveau steigt, sich die Lebenszufriedenheit vermindern kann bzw. umgekehrt für einen Teil der Population gilt, dass Lebenszufriedenheit nicht als veränderungshemmendes Regulativ zu betrachten ist, sondern Erwartungen steigert. Die wahrgenommenen örtlichen Lebensbedingungen wiederum weisen einen positiven Effekt auf die Lebenszufriedenheit auf. Auch dies ist theoretisch plausibel. Je besser die wahrgenommenen Lebensbedingungen sind, desto eher kann man erwarten, dass sich ein bestimmtes Zufriedenheitsniveau einstellt. Über die gerade erläuterte Dynamik hinsichtlich des Anspruchsniveaus kommt es dadurch aber nicht zu einer immer größeren Lebenszufriedenheit und damit einer möglichen Urteilsstagnation.

Abbildung VI.5: Zur Konstitution von ortsbezogener Lebenszufriedenheit

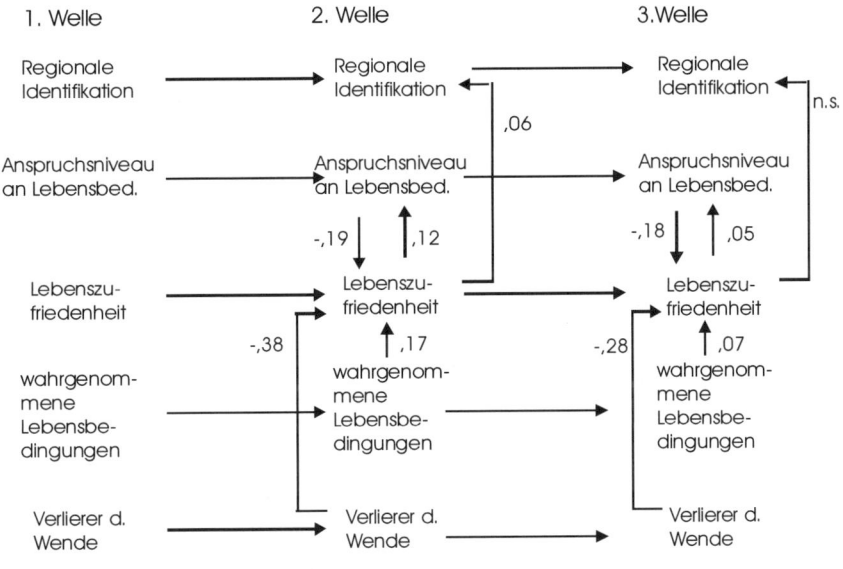

Chi = 345,62 Df = 70 P-value = 0,00000 RMSEA = ,059

Schließlich weist die individuelle Einschätzung, Verlierer der Wende zu sein einen deutlichen Effekt auf die Lebenszufriedenheit auf. In beiden Wellen lassen sich recht starke negative Effekte beobachten. Je mehr sich demnach ein Befragter als Verlierer der Wende sieht, desto unzufriedener ist er. Eine Prüfung von Effekten über die hier referierten hinaus, hat keine signifikanten Ergebnisse erbracht bzw. erzielte keine positiv definierte Kovarianzmatrix. Es ließ sich also auch kein Framing nachweisen, welches sich etwa durch diese subjektive Selbsteinschätzung auf die Wahrnehmung örtlicher Lebensbedingungen auswirkt.

Im Hinblick auf die Hypothesenprüfung ergibt sich allerdings keine positive Einschätzung. Zum einen bleiben die erwarteten „akkumulierten" Effekte der Lebenszufriedenheit auf die Intensität regionaler Identifikation aus. In der zweiten Welle lässt sich ein nur sehr schwacher Effekt beobachten und in der dritten Welle ist er noch schwächer und nicht signifikant. Die Modellanpassung ist ebenfalls unzureichend. Trotz der guten Ergebnisse zur Beeinflussung der Lebenszufriedenheit trägt das Modell nicht zur Annahme der Hypothese zur Lebensqualität bei.

Abbildung VI.6: Schlussmodell zum Effekt der wahrgenommenen Lebensqualität auf die Intensität regionaler Identifikation

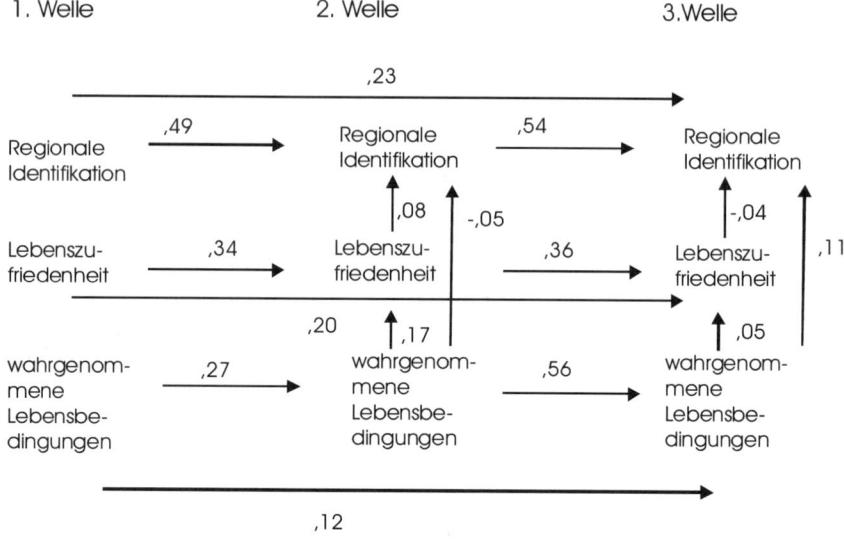

Chi = 34,54   Df = 17   P-value = 0,00962   RMSEA = ,029

Zum Abschluss wird eine direkte Prüfung der Hypothese mittels eines Mehrgleichungsmodells vorgenommen. In diesem Modell wird der direkte Effekt aller vier unabhängigen Variablen auf die Intensität der regionalen Identifikation geprüft. Es wird also nicht wie im vorangegangenen Modell davon ausgegangen, dass es eine vermittelnde unabhängige Variable gibt. Zunächst zeigt sich Folgendes: Mit den Variablen Verlierer der Wende und Anspruchsniveau kann keine Modellspezifikation erzielt werden. Sie wurden deshalb aus dem Modell herausgenommen. Im Modell sind nun noch die unabhängige Variablen ortsbezogene Lebenszufriedenheit und gute wahrgenommene Lebensbedingungen vertreten. Im Prinzip werden die Ergebnisse der vorgestellten Regressionsmodelle bestätigt. Der Effekt der wahrgenommenen Lebensbedingungen auf die Lebenszufriedenheit aus Abbildung VI.5 bleibt erhalten. So wie aus dem Regressionsmodell 5 in Tabelle VI.6 ersichtlich wurde, weisen die wahrgenommenen Lebensbedingungen in Welle 3 einen signifikanten Effekt auf. In Welle 2 dagegen ist er deutlich schwächer und negativ. Auch dieses Ergebnis erbrachten die vorgestellten Regressionsmodelle. Insgesamt ergibt sich damit kein erkennbarer erklärender Mechanismus. Die in Abbildung VI.6 dargestellten Ergebnisse verdeutlichen, dass die Hypothese, wonach die wahrgenommene Lebensqualität einen Einfluss auf die Intensität regionaler Identifikation aufweist, nicht bestätigt werden kann.

Prüfung der Hypothese zur wahrgenommenen Diskriminierung

Mit der Hypothese zur wahrgenommenen Diskriminierung nehmen wir eine dritte Ursachengruppe an, welche insbesondere den politischen Aspekt regionaler Identifikation berücksichtigt. Wie im Abschnitt zur theoretischen Begründung der Hypothese ausgeführt, geht es hier darum, dass die sehr rasche Übernahme politischer und anderer Institutionen, man kann sagen des gesamten institutionellen Rahmens sozialer Ordnung, bei einem Personenkreis eine soziale Desorientierung hervorgerufen hat. Diese Desorientierung wiederum kann zu einer Diskriminierungswahrnehmung gegenüber demjenigen Bevölkerungsteil führen, welcher für diese Institutionen verantwortlich gemacht bzw. als prädestinierter Nutznießer dieser Institutionen angesehen wird. Wir nehmen weiter an, dass eine solche Wirkung hauptsächlich dann entsteht, wenn Personen am Nutzen politischer und wirtschaftlicher Dynamik infolge dieser Institutionenübernahme nicht teilhaben. Wir haben dies anhand der subjektiven Einschätzung, Verlierer der Wende zu sein, sowie an der Wahrnehmung, politisch ohne Einfluss zu sein, operationalisiert. Demzufolge sollen nun die beiden Hypothesen geprüft werden. Der ersten Hypothese nach hat die Diskriminierungswahrnehmung einen direkten Einfluss auf die Intensität regionaler Identifikation. Die zweite Hypothese beinhaltet, dass diese Diskriminierungswahrnehmung durch die Einschätzung politischer Einflusslosigkeit verstärkt wird.

Zunächst werden wiederum einzelne Regressionsmodelle in jeder Welle gerechnet. Damit soll geprüft werden, ob sich ein wiederkehrender Mechanismus der Verursachung regionaler Identifikation beobachten lässt, welcher sich aus dem Kreis der hypothesenbezogenen unabhängigen Variablen ergibt. Die folgenden Ausführungen beziehen sich auf die in den Tabellen VI.7a und VI.7b dargestellten Ergebnisse.

Insgesamt lässt sich einschätzen, dass die Regressionsmodelle, akzeptable Anpassungswerte (R^2) erzielen. Hinsichtlich der unabhängigen Variablen zeigt sich, dass die Diskriminierungswahrnehmung und die politische Entfremdung allen Wellen einen mittleren bis starken hoch signifikanten Effekt auf die Intensität regionaler Identifikation aufweist. Dieser Effekt behauptet sich auch in der dritten Welle.

Ferner lässt sich beobachten, dass auch die „hohe politische Entfremdung" in zwei von den drei Wellen einen Effekt auf die regionale Identifikation aufweist. Demnach nimmt die Intensität regionaler Identifikation mit wachsender Entfremdung von den politischen Institutionen zu.

Hinsichtlich der Einschätzung des politischen Einflusses bleiben dagegen die Effekte unter den Erwartungen. In der zweiten Welle sind die Effekte sehr gering und nicht signifikant. In der dritten Welle wird der Effekt negativ. Demnach schwächt ein geringer wahrgenommener politischer Einfluss die Intensität regionaler Identifikation ab.

Instabil sind schließlich auch die Variablen, wonach sich Befragte als Verlierer der Wende einschätzen. Nur im Regressionsmodell der Welle 2 läßt sich ein Effekt feststellen, der allerdings ebenfalls negativ ist.

Tabelle VI.7a: Erklärung regionaler Identifikation durch die individuelle Wahrnehmung von Diskriminierung (Welle 2)

Unabhängige Variable Welle 1 (W1) und Welle 2 (W2)	Abhängige Variable: Intensität regionaler Identifikation Welle 2		
	r	1	2
Wahrgenommene Diskriminierung W1	,19**	-,04	
Wahrgenommene Diskriminierung W2	,44**	,29**	,32**
Geringer politischer Einfluss W1	,25**	,06	
Geringer politischer Einfluss W2	,29**	,04	
Hohe politische Entfremdung W1	,07	-,04	
Hohe politische Entfremdung W2	,19**	,10*	,08*
Verlierer der Wende W1	,02	-,03	
Verlierer der Wende W2	,01	-,10*	-,11**
Regionale Identifikation W1	,50**	,39**	,39**
Angepasstes R^2		,35**	,34**

Als Zwischenbilanz lässt sich feststellen, dass entsprechend der theoretischen Erwartung die wahrgenommene Diskriminierung einen akzeptablen und zeitlich stabilen Effekt auf die Intensität regionaler Identifikation ausübt. Darüber hinaus beeinflusst auch eine „hohe politische Entfremdung" die regionale Identifikation, wenngleich diese Effekte sehr schwach sind. Beide Variablen zusammen ergeben einen zeitlich stabilen Zusammenhang.

Tabelle VI.7b: Erklärung regionaler Identifikation durch die individuelle Wahrnehmung von Diskriminierung (Welle 3)

Unabhängige Variable Welle 2 (W2) und Welle 3 (W3)	Abhängige Variable: Intensität regionaler Identifikation Welle 3		
	r	1	2
Wahrgenommene Diskriminierung W2	,36**	,06	
Wahrgenommene Diskriminierung W3	,34**	,06	,08*
Geringer politischer Einfluss W2	,16**	-,12**	-,08*
Geringer politischer Einfluss W3	,17**	,03	
Hohe politische Entfremdung W2	,25**	,09*	,08*
Hohe politische Entfremdung W3	,32**	,09*	,10*
Verlierer der Wende W2	,06	-,01	
Verlierer der Wende W3	,13**	,01	
Regionale Identifikation W2	,65**	,59**	,60**
Angepasstes R²		,46**	,45**

Im nächsten Schritt wird dieses Ergebnis wiederum mit einem Mehrgleichungsmodell geprüft. Auch hier interessiert die Frage, ob sich simultane und zeitverzögerte Rückwirkungen auffinden lassen, die in den Regressionsmodellen bisher nicht geprüft werden konnten. Zuerst stellt sich die Frage, ob sich diese Zwischenbilanz in ein Mehrgleichungsmodell überführen lässt.

Im Grunde ist dies nur getrennt für die beiden Variablen wahrgenommene Diskriminierung und Entfremdung von den politischen Institutionen möglich. Ein gemeinsames Modell, indem beide Variablen zur Erklärung regionaler Identifikation beitragen, erreicht keine zufrieden stellende Anpassungswerte. Diese verbessern sich auch nicht, wenn man mehrstufig, jeweils eine der beiden Variablen als direkte und die andere als indirekte erklärende Variable für die regionale Identifikation einsetzt. Hier macht sich bemerkbar, dass der Effekt der Entfremdung von den politischen Institutionen zeitlich nicht stabil ist und sich erst in den letzten beiden Wellen beobachten lässt. Demgegenüber erreichen beiden Variablen in getrennten Modellen jedoch zufrieden stellende Anpassungswerte. In Abbildung VI.7 ist der Mechanismus für die Variable wahrgenommene Diskriminierung dargestellt.

Hier zeigt sich zum einen eine stabile Wirkung dieser unabhängigen Variable auf die regionale Identifikation und eine stabile zeitverzögerte Rückwirkung.

Man kann hier von einem stabilen Mechanismus sprechen. Dafür steht insbesondere, dass die regionale Identifikation rückwirkend über die Zeit das Gefühl verstärkt, diskriminiert zu werden. In gewisser Weise stärken sich Einstellungen im Sinne von Konsistenzerhöhung wechselseitig, im Sinne eines geschlossenen Kreislaufs. Die Hinzuziehung der anderen in den Regressionsmodellen verwendeten Variablen, verschlechtert das Modell deutlich, sodass diese Modelle nicht für eine Hypothesenprüfung herangezogen werden können.

Abbildung VI.7: Erklärung der Intensität regionaler Identifikation durch die wahrgenommene Diskriminierung (Konfliktwahrnehmung)

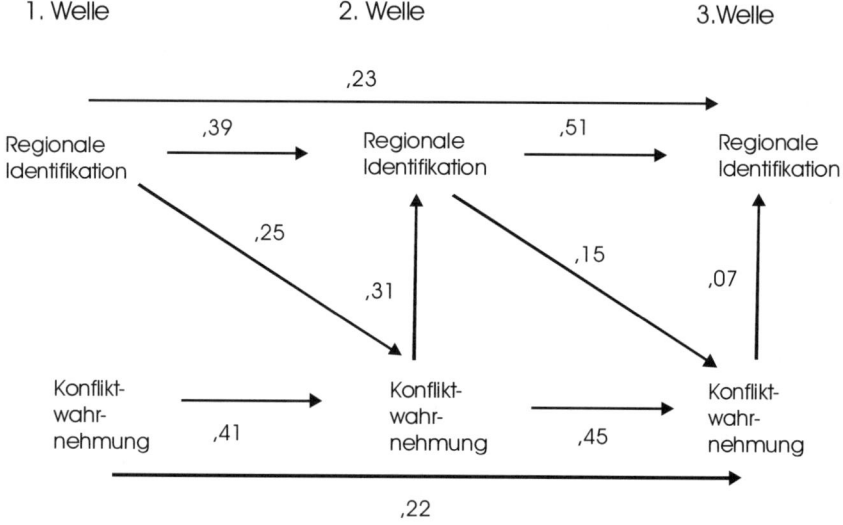

Chi = 8,17 Df = 4 P-value = 0,08546 RMSEA = ,030

Die Variable Entfremdung von den politischen Institutionen bewirkt für sich genommen eine ähnlich stabile Wirkung auf die regionale Identifikation und steht unter dem Einfluss einer ebensolchen zeitverzögerten Rückwirkung. Lediglich die Anpassungswerte sind schlechter als jene des Diskriminierungsmodells (p-value = ,01583 und RMSEA = ,042). Wie zu erwarten, werden die zeitverzögerten Rückwirkungen von der regionalen Identifikation auf die Entfremdung von den politischen Institutionen stärker (von ,05 in Welle 2 auf ,15 in Welle 3). Dagegen ist die simultane Wirkung der Entfremdung von den politischen Institutionen auf die regionale Identifikation in beiden Wellen stabil (,14 und ,15), aber geringer. Dem Modell, welchem die wahrgenommene Diskriminierung zugrunde liegt, ist also eher der Vorzug zu geben.

Abschließend soll noch der Frage nachgegangen werden, ob es simultane Rückwirkungen von der regionalen Identifikation auf die wahrgenommene Diskriminierung gibt. Grundsätzlich könnte auch eine alternative Hypothese begründet werden, wonach die wahrgenommene Diskriminierung eine Folge der Intensität regionaler Identifikation ist. Theoretisch lässt sich dies wie folgt begründen. Regionale Identifikation wird durch primäre Sozialisation bewirkt. Eine so zustande gekommene regionale Identifikation ist von vorn herein eine tradierte und schließende Einstellung (vgl. Tabelle VI.1), die dazu führt, andere Gruppen als fremd und bedrohlich wahrzunehmen. Dieses theoretische Argument lässt sich nicht völlig zurückweisen. Mit anderen Worten, es lässt sich ein solcher Wirkungszusammenhang auffinden. Dennoch: Erstens ist die Modellanpassung deutlich schlechter als jene der Wirkungen wahrgenommener Diskriminierung auf die regionale Identifikation. Zweitens erreichen die Effekte nicht die Stärke und zeitliche Stabilität. Werden simultane Wirkungen und Rückwirkungen in ein Modell aufgenommen, dann erreichen beide keine Signifikanz und das Modell ist unzureichend angepasst. Im Grunde aber repräsentiert das Modell in Abbildung VI.7 durch die zeitverzögerte Rückwirkung aber bereits diese theoretische Auffassung. Demnach verstärkt regionale Identifikation zeitverzögert die wahrgenommene Diskriminierung und führt so zu einem sich selbst verstärkenden Kreislauf.

Lassen sich unterschiedliche Arten regionaler Identifikation empirisch nachweisen?

Die bisherigen Ergebnisse konnten das konservative Image regionaler Identifikation im Grunde nicht entkräften. Deshalb sollen vor einer Gesamtbewertung der Ergebnisse die im Abschnitt VI.3 entwickelten Vermutungen, wonach die Art des Zustandekommens regionaler Identifikation auch einen bestimmten Typ (sozialen Charakter) regionaler Identifikation prägt, noch einmal aufgenommen werden. Diesen Vermutungen entsprechend kann man zwei Typen regionaler Identifikation erwarten. Zum einen einen tradierten, konservativen und zum anderen einen modernen, innovativen Typ regionaler Identifikation. Je nachdem, so haben wir angenommen, wie regionale Identifikation zustande kommt, führt dies tendenziell zu einem der beiden Typen und damit verbunden zu Konsequenzen für andere Dispositionen. Wir wollen deshalb sehen, ob sich überhaupt empirische Hinweise dafür finden lassen, dass es verschiedene Typen regionaler Identifikation gibt. Die Frage ist also: Lassen sich Variablen fixieren, von denen ein trennscharfer Effekt auf die regionale Identifikation zu erwarten ist?

Dieser Exkurs zu den Ursachen wird in zwei Schritten erfolgen. Im ersten Schritt wollen wir sehen, ob sich empirisch zwei solche Typen, welche für eine schließende, konservative und eine offene, innovative stehen, auffinden lassen.

Im zweiten Schritt wollen wir dann exemplarisch prüfen, ob sich für das Auftreten dieser beiden Typen Prädiktoren in anderen Einstellungen auffinden lassen, die gegeneinander trennscharf sind. Im ersten Schritt also wollen wir basierend auf unseren Hypothesen diese beiden Typen regionaler Identifikation bilden: Für den ersten Typ, der für eine konservative Ausprägung steht, wird die wahrgenommene Diskriminierung als dominante Ursachenvariable ausgewählt. Für die Rekodierung des zweiten, progressiven und offenen Typs regionaler Identifikation, verwenden wir die Variable des Anspruchsniveaus an die örtlichen Lebensbedingungen. Die Hypothesenprüfung hat gezeigt, dass die wahrgenommene Diskriminierung mit wahrgenommener Einflusslosigkeit und Institutionenentfremdung in Beziehung steht. Dies legt die Vermutung nahe, dass so beeinflusste regionale Identifikation wahrscheinlich keine progressive und offene Disposition darstellt. Auf der anderen Seite steht das Anspruchsniveau an die örtlichen Lebensverhältnisse: hier bestehen Zusammenhänge mit Bildung, Einkommen, Prestige usw., also Variablen, die zu einem offenen und progressiven Typ regionaler Identifikation führen können. Sie können als Ergebnisse von Flexibilität und Leistung betrachtet werden und weisen in diesem Zusammenhang darauf hin, daß Akteure über ausgeprägte Ressourcen zur Erreichung ihrer Ziele verfügen. Mit der Rekodierung der Variable regionale Identifikation auf der Grundlage dieser beiden Variablen (Diskriminierung und Anspruchsniveau an die Lebensbedingungen) verbindet sich also die Erwartung, dass sich möglicherweise zwei kontrastierende Arten regionaler Identifikation aufdecken lassen. Im ersten Schritt wollen wir also prüfen, in welchem Maße sich die durch diese Variablen beeinflusste regionale Identifikation überschneidet bzw. differenziert. Dazu wird untersucht, ob der Zusammenhang zwischen der Intensität regionaler Identifikation und wahrgenommener Diskriminierung systematisch durch das Anspruchsniveau beeinflusst wird. Das Anspruchsniveau an die Lebensverhältnisse am Ort fungiert dabei als eine Drittvariable. Es wird erwartet, dass, je stärker die Drittvariable ausgeprägt ist, desto schwächer wird die Korrelation zwischen regionaler Identifikation und wahrgenommener Diskriminierung. Wie aus Tabelle VI.8 ersichtlich wird, lässt sich diese Annahme weitestgehend bestätigen. Auch wenn die Deutlichkeit zwischen den Wellen variiert, ist die Tendenz doch die gleiche.

Am klarsten zeigt sich in Welle 3, dass bei einem geringen Anspruchsniveau an die örtlichen Lebensbedingungen ein stärkerer Zusammenhang zwischen regionaler Identifikation und wahrgenommener Diskriminierung existiert. Mit steigendem Anspruchsniveau sinkt hier der Korrelationszusammenhang merklich bis er beim höchsten Skalenwert des Anspruchsniveaus negativ (wenn auch nicht signifikant) wird. Mit anderen Worten: Je höher das Anspruchsniveau an die örtlichen Lebensbedingungen ist, desto geringer ist die Bedeutung wahrgenommener Diskriminierung für die regionale Identifikation bzw. spielt die wahrgenommene Diskriminierung überhaupt keine Rolle für die Intensität regionaler Identifikation. Es sei hier nochmals darauf hingewiesen, dass die beiden Variablen „Anspruchsniveau an die örtlichen Lebensbedingungen" und „wahrgenommene Diskriminierung" als Indikationen für grundsätzliche Werthaltungen gedacht sind. Sie sollen stellvertretend für Zusammenhänge in den Dispositionen stehen, die von der Tendenz her als konservativ oder progressiv bezeichnet werden können.

Tabelle VI.8: Stärke des Zusammenhangs zwischen wahrgenommener Diskriminierung und regionaler Identifikation kontrolliert über das Anspruchsniveau (Pearsonkorrelationen)

	Pearsonkorrelationen zwischen wahrgenommener Diskriminierung und regionaler Identifikation				
	Anspruchsniveau an die örtlichen Lebensbedingungen				
	1 (niedrig)	2	3	4	5 (hoch)
Welle 1	n.b.[1]	,24*	,23**	,13**	,05
Welle 2	n.b.	,43**	,53**	,26**	,02
Welle 3	n.b.	,60**	,38**	,14**	-,12

[1] nicht besetzt

Im zweiten Schritt wird nun eine Variable rekodiert, die sowohl hohe Werte in der Variable wahrgenommene Diskriminierung aufweist (Skalenwerte 4 oder 5) als auch hohe Werte bei der regionalen Identifikation (ebenfalls Skalenwerte 4 oder 5). Bezüglich des zweiten Typs wird ebenso verfahren. Es werden diejenigen Fälle in einer Variable zusammengefasst, die hohe Werte im Anspruchsniveau an die Lebensbedingungen am Ort sowie hohe Werte in der regionalen Identifikation aufweisen. Die Erwartung ist, dass die auf diese Weise gebildeten zwei Variablen regionaler Identifikation sich möglichst klar unterscheiden, d.h. eine nur sehr geringe Überschneidung aufweisen. Tabelle VI.9 enthält das Ergebnis.

Insgesamt zeigt sich für alle drei Wellen eine nur geringe Überschneidung zwischen 15 und 17%. Das ist der Anteil an Fällen, bei denen sowohl hohe wahrgenommene Diskriminierung als auch ein hohes Anspruchsniveau an die Lebensbedingungen am Ort zu einer hohen regionaler Identifikation führen. Wie die Prüfung der beiden Hypothesen bereits ergab, geht von den Variablen zur Lebensqualität im Gegensatz zur wahrgenommenen Diskriminierung eine nur sehr geringe Wirkung auf die Intensität regionaler Identifikation aus. Dennoch zeigt sich, dass dieser Typ regionaler Identifikation empirisch relativ klar zu erkennen ist, indem er in den drei Wellen immerhin einen Anteil zwischen 12 und 16 % der Befragten der Stichprobe aufweist. Der Anteil hoher regionaler Identifikation, welcher mit der wahrgenommenen Diskriminierung in Zusammenhang steht, ist dagegen deutlich höher. Ausschlaggebend für das Anliegen dieses Exkurses ist jedoch, dass die Überscheidung zwischen beiden Variablen relativ gering ausfällt. Das soll als ein Anhaltspunkt dafür gewertet werden, dass tatsächlich zwei verschiedene Typen regionaler Identifikation bestehen.

Tabelle VI.9: Kreuztabellierung möglicher Typen regionaler Identifikation

			regionale Identifikation und wahrgenommene Diskriminierung		Cramers-V
			0	1	
Welle 1	region. Identität und hohes Anspruchsniveau	0	428 37,1 %	366 31,7 %	
		1	186 16,1 %	173 15,0 %	,019
Welle 2	region. Identität und hohes Anspruchsniveau	0	444 38,5 %	350 30,4 %	
		1	163 14,1 %	196 17,0 %	,098*
Welle 3	region. Identität und hohes Anspruchsniveau	0	455 39,5 %	368 31,9 %	
		1	136 11,8 %	194 16,8 %	,127**

Die zweite Zeile je Zelle bezeichnet die Prozentwerte bezogen auf N = 1153.

Eine Möglichkeit, empirische Hinweise für das Zutreffen einer solchen Typisierung regionaler Identifikation besteht darin, den Zusammenhang der beiden Typen mit anderen Einstellungen zu prüfen. Von diesen Einstellungen müsste relativ sicher feststehen, dass man auf sie entweder die Eigenschaften modern, offen und innovativ oder tradiert, schließend und konservativ in Beziehung setzen kann. Auf der Grundlage dieser Eigenschaften können sie dann als Prädiktoren für die Typen regionaler Identifikation fungieren. In den Erhebungen der zweiten und dritten Welle haben wir Einstellungen zur Arbeitsweise politischer Institutionen der EU und zur Osterweiterung gestellt. Die Einstellung zur EU sollten sich insgesamt gut eignen, um vorhersagen zu können, ob z.B. bei einer positiven EU-Einstellung der offene und innovative Typ regionaler Identifikation auftritt.

Tabelle VI.10 enthält die Ergebnisse aus einem t-Test. Die beiden Typen regionaler Identifikation sind so rekodiert, dass im Ergebnis der Tabelle VI.8 keine Überscheidungen aufweisen. Das bedeutet, dass jeder Fall nur in einem Typ regionaler Identifikation vertreten ist. Insgesamt zeigt sich, dass diejenigen Befragten, die dem Typ 1 (hohes Anspruchsniveau an die Lebensbedingungen am Ort und hohe regionale Identifikation) entsprechen, durchweg eine teilweise sogar deutlich positivere Einstellung zur EU aufweisen. Das gilt für beide Wellen.

Tabelle VI.10: Mittelwertdifferenzen in den EU-Einstellungen zwischen den beiden Typen regionaler Identifikation

		Typen regionaler Identifikation 1	2	Mittlere Differenz
Welle 2	Europäisches Parlament	2,82	2,63	,18*
	einheitliche Währung	2,90	2,46	,44**
	Entscheidungen in Brüssel	2,82	2,27	,55**
	offene Grenzen	3,41	3,38	,03
	Osterweiterung	3,03	2,68	,34**
	Entwicklung EU	3,15	2,93	,22*
	Einigung schon zu weit	1,88	2,28	-,40**
	Scheitern EU bedauern	2,46	2,23	,65**
Welle 3	Europäisches Parlament	2,95	2,77	,18*
	einheitliche Währung	3,28	2,77	,50**
	Entscheidungen in Brüssel	2,73	2,43	,30**
	offene Grenzen	3,66	3,04	,62**
	Osterweiterung	3,13	2,73	,40**
	Entwicklung EU	3,13	2,82	,31**
	Einigung schon zu weit	1,79	2,34	-,54**
	Scheitern EU bedauern	4,09	3,73	,36*

Eine zentrale Frage betrifft die Bewertung des Verhältnisses politischer Entscheidungen auf EU- und nationaler Ebene. Gerade weil jede Kompetenzerweiterung der EU in gewisser Weise eine Einschränkung nationaler Autonomie bedeutet, sehen wir darin einen wichtigen Indikator für die Verträglichkeit regionaler Identifikation mit Offenheit und Innovation. Die Beurteilung, ob das Ausmaß, in dem Entscheidungen in Brüssel die deutsche Politik beeinflussen, gut oder schlecht ist, weist eine klare Differenz auf. In Welle 2 urteilen die Befragten des Typs 1 immerhin mit ,55** und in Welle 3 mit ,30** positiver als die Befragten des Typs 2. Es zeigt sich also eine eher abwehrende Einstellung zu diesem Fakt von den Befragten, welche wir dem Typ tradiert und konservativ zugeordnet hatten. Auch die Einschätzung der EU-Entwicklung bis heute wird von den Befragten des Typs 1 positiver bewertet. Hier sind die Mittelwertdifferenzen zwar nicht ganz so hoch, aber signifikant und in beiden Wellen nahezu gleich. Für außerordentlich aussagekräftig halten wir schließlich auch die Frage, ob ein Scheitern der Europäischen Union bedauert würde. Auch hier lässt sich in beiden Wellen eine signifikante Differenz zwischen beiden Typen regionaler Identifikation beobachten. Insgesamt wird deutlich, dass sich die beiden Typen regionaler Identifikation in den neuralgischen Punkten bei der

Beurteilung der EU, welche in öffentlichen Diskussionen und dem Alltagsverständnis eine große Rolle spielen, wie z.B. in Brüssel wird zu viel entschieden oder die Einigung geht insgesamt zu weit, besonders gut im theoretisch erwarteten Sinn unterscheiden.

Insgesamt kann man sagen, dass sich auf das hier ausgewählte Einstellungsobjekt bezogen, die beiden Typen regionaler Identifikation in der erwarteten Weise unterscheiden. Dieses Ergebnis wird auch durch eine Diskriminanzanalyse unterstützt. Die Variablen aus Tabelle VI.10 werden als Vorhersagevariablen für die Zuordnung zu einem der beiden Typen regionaler Identifikation verwendet. In beiden Wellen ergibt sich ein signifikantes Ergebnis. Nimmt man die statistische Minimalerwartung zur Grundlage der Beurteilung des Ergebnisses, so kann man einschätzen, daß diese Variablen das Vorhersageergebnis deutlich steigern. Bei zwei Gruppen würde eine Zufallszuordnung im Durchschnitt zu 50% richtigen Zuordnungen führen. Für die Welle 2 wurden 68% der Befragten richtig dem Typ 1 (moderner, offener Typ regionaler Identifikation) und 65% der Befragten richtig dem Typ 2 (tradierter, geschlossener Typ regionaler Identifikation) zugeordnet. Das Gesamtergebnis, der aufgrund der Vorhersageindikatoren richtigen Zuordnungen beträgt 66.7% und unterscheidet sich damit von einer zufällig richtigen Zuordnung. Für die Welle 3 sind dies 70% und 65% bei einem Gesamtergebnis 67.3% von richtiger Zuordnungen. In beiden Wellen sind die Variablen aus Tabelle VI.10 etwas besser geeignet um die Zugehörigkeit zum modernen Typ regionaler Identifikation vorherzusagen, als die Zugehörigkeit zum tradierten Typ. Insgesamt erweisen sich diese Variablen als geeignete Prädiktoren für die Unterscheidung dieser zwei Typen regionaler Identifikation.

Gesamtmodell und Diskussion

Abschließend zur Prüfung der Hypothesen der Verursachung regionaler Identifikation wollen wir die getrennt geprüften Mechanismen zusammenführen. Zum einen soll damit herausgefunden werden, ob diese Zusammenhänge im Kontext der anderen Mechanismen noch nachweisbar sind und zum anderen, ob sich Verflechtungen zwischen diesen Mechanismen beobachten lassen.

Das aus den vier Mechanismen zusammengefügte Modell weist insgesamt eine relativ zufrieden stellende Anpassung auf (vgl. Abbildung VI.8).

Einerseits zeigt sich, dass sich die Ergebnisse aus den einzelnen Hypothesenprüfungen in diesem Mehrgleichungsmodell im Prinzip behaupten können. Die gefundenen Zusammenhänge sind z.T. leicht modifiziert. In Anbetracht der Komplexität der Variablen ist dies jedoch auch zu erwarten gewesen. Allgemein zeigt sich, dass die Erklärung regionaler Identifikation in der zweiten Welle komplexer ist als in der dritten. Sowohl die Stärke der Effekte als auch die Anzahl der erklärenden Variablen ist hier höher.

Abbildung VI.8: Gesamtmodell zu Ursachen regionaler Identifikation

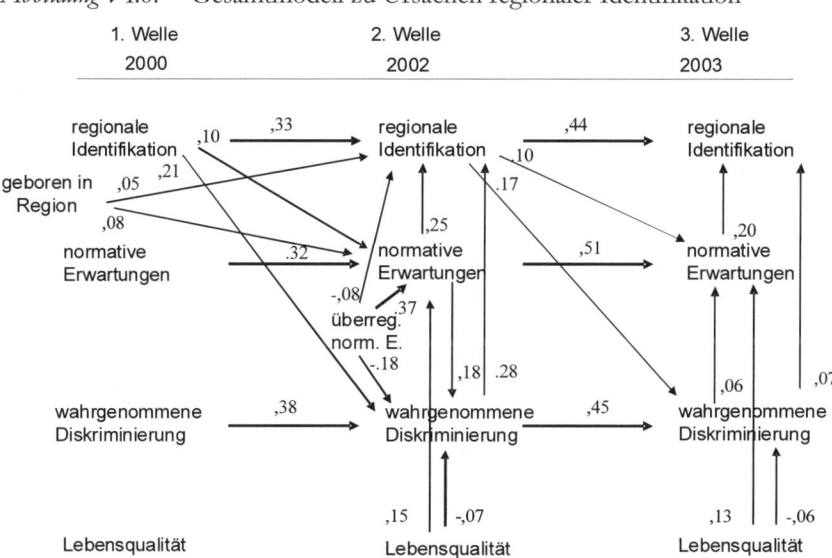

Chi= 89,36 df= 28 P-value= ,00000 RMSEA = ,044

Hinsichtlich der Sozialisationshypothese (Primär- und frühe Sekundärsozialisation) ist lediglich die Variable Geburt in Sachsen im Modell vertreten. Zudem sind die Effekte sehr gering und nur in der Erklärung regionaler Identifikation in der zweiten Welle nachweisbar. Der in Abbildung VI.2 gefundene Zusammenhang mit der positiven Bewertung des sächsischen Dialekts fand in das Gesamtmodell keinen Eingang. Diese Variablen waren in allen Wellen nicht signifikant und haben die Anpassungswerte des Modells spürbar verschlechtert. Demnach beeinflusst die Geburtsvariable wie im Einzelmodell (Abbildung VI.2) nur in der zweiten Welle die Intensität regionaler Identifikation. Ein Effekt von ,05 kann allerdings im Grunde vernachlässigt werden.

Die Prüfung der Hypothese zur Lebensqualität hatte ergeben, dass sich eine stabile Wirkung im Sinne der theoretischen Annahmen nicht beobachten lässt. Auch die Prüfung einer gestuften Wirkung, wonach die ausgewählten Variablen auf die örtliche Lebenszufriedenheit wirken und diese dann auf die regionale Identifikation hat zu keinem zufrieden stellenden Ergebnis geführt. Lediglich die Konstituierung der Variable zur Lebenszufriedenheit war plausibel und von den Effekten her akzeptabel (vgl. Abbildung VI.5). Im Schlussmodell schließlich hat sich jedoch nur die Variable zur Lebenszufriedenheit (Zufriedenheit mit den Lebensverhältnissen am Ort, vgl. Abschnitt VI.4), die multiplikativ aus den wahrgenommenen Lebensbedingungen und deren subjektiv eingeschätzten Wichtigkeit gebildet wurde, in das Modell zufrieden stellend eingefügt. Da sich aber bereits in der Einzelprüfung kein stabiler Mechanismus erkennen ließ, wird auf die Wirkungen dieser Variable erst im Zusammenhang mit den Verflechtungswirkungen zwischen den Mechanismen eingegangen. Die Einfügung einer Stabilität der Lebenszufriedenheit zwischen den Wellen verschlechtert die Modellanpassung deutlich, sodass keine zufrieden stellenden Werte mehr erreicht werden können. Wahrscheinlich wird durch diese Hinzufügung die Modellkomplexität zu hoch.

Dagegen sind die beiden anderen Mechanismen, jene der wahrgenommenen regionbezogenen normativen Erwartungen und der wahrgenommenen Diskriminierung, im Gesamtmodell so vertreten, wie sie in der Einzelprüfung beobachtbar waren. Das eingangs Gesagte, wonach sich die Verursachung regionaler Identifikation in der zweiten Welle klarer beobachten lässt als in der dritten, trifft auf beide Mechanismen zu. Die Effekte der unabhängigen Variablen werden merklich schwächer. Dennoch sind Zusammenhänge und Wirkungsrichtungen stabil. Die Zusammenhänge zwischen der regionalen Identifikation und diesen unabhängigen Variablen bestehen aus zeitverzögerten Rückwirkungen der regionalen Identifikation und simultanen Wirkungen dieser Variablen auf die regionale Identifikation. Dies ist ein zeitlich stabiler Mechanismus aus Wirkung und Rückwirkung. Es zeigt sich, dass die zeitverzögerten Rückwirkungen der regionalen Identifikation auf die wahrgenommene Diskriminierung in beiden Wellen stärker ist als jene auf die wahrgenommenen normativen Erwartungen. Im Grunde sind damit die im Rahmen unserer Untersuchung theoretisch begründeten und empirisch prüfbaren Ursachen regionaler Identifikation benannt.

Über diese Ergebnisse hinaus lässt sich eine Verflechtung der Mechanismen erkennen. In beiden geprüften Wellen werden die wahrgenommenen regionorientierten normativen Erwartungen und die wahrgenommene Diskriminierung durch die rekodierte Variable Zufriedenheit mit den Lebensverhältnissen am Ort beeinflusst. Während diese Variable auf die normativen Erwartungen positiv wirkt, lässt sich im Hinblick auf die wahrgenommene Diskriminierung eine negative Wirkung beobachten. Mit anderen Worten, je geringer die Zufriedenheit mit den Lebensverhältnissen ist, desto höher ist die wahrgenommene Diskriminierung. Dieser Effekt stimmt mit der theoretischen Erwartung überein, wonach sich wahrgenommene Diskriminierung aus Frustration ergibt. Demzufolge trägt auch die dadurch beeinflusste regionale Identifikation eher konservativen, abwehrenden Charakter. Auch wenn die Effekte gering sind, spricht immerhin die zeitliche Stabilität für eine solche Interpretation. Der zweite Effekt stärkt wie bereits bemerkt die wahrgenommenen regionorientierten normativen Erwartungen. Je höher demnach die Zufriedenheit mit den Lebensverhältnissen am Ort desto stärker werden normative Erwartungen wahrgenommen, die sich auf die Region richten. In beiden Wellen sind die Effekte nahezu gleich stark. Man kann also auch hier von stabilen Effekten sprechen.

Die gefundenen Beziehungen zwischen der wahrgenommenen Diskriminierung und dem wahrgenommenen regionorientierten normativen Erwartungen weisen dagegen keine solche Stabilität auf. Während in Welle 2 ein positiver Effekt von den normativen Erwartungen auf die wahrgenommene Diskriminierung beobachtbar ist, kehrt sich dieser Effekt in Welle 3 um. Es lassen sich jeweils keine simultanen Rückwirkungen in das Modell einfügen. In diesem Fall erreichen jeweils Wirkung und Rückwirkung keine Signifikanz. Daraus können keine zuverlässigen Schlüsse gezogen werden. Generell aber wird deutlich, dass sich in den wahrgenommenen normativen Erwartungen Effekte verschiedener theoretisch begründeter unabhängiger Variablen bündeln. So wird in Welle 3 deutlich, dass zugleich die Zufriedenheit mit den Lebensverhältnissen am Ort sowie die wahrgenommene Diskriminierung auf die wahrgenommenen normativen Erwartungen wirken. Zwei Variablen also, mit denen sich unterschiedliche theoretisch begründete soziale Charakteristika regionaler Identifikation verbinden.

Die Prüfung der Hypothese zur lebenslangen Sozialisation hatte ergeben, dass die wahrgenommenen überregional orientierten normativen Erwartungen (überregionales politisches Engagement) nicht die erwarteten signifikanten Wirkungen aufwiesen, sondern nur die regionorientierten (vgl. Tabelle VI.1). Im Gesamtmodell hingegen ist diese Variable zumindest in der zweiten Welle signifikant. Die beobachtbaren Effekte entsprechen den theoretischen Erwartungen. Zum einen wird die wahrgenommene Diskriminierung beeinflusst. Je stärker von wichtigen Interaktionspartnern überregional orientierte normative Erwartungen wahrgenommen werden, desto geringer ist die wahrgenommene Diskriminierung. Theoretisch hatten wir begründet, dass die Wahrnehmung, diskriminiert zu werden, eine Gruppenidentifikation begünstigt, welche einen konservativen, nostalgischen und schließenden Charakter aufweist. Wenn wichtige Interaktionspartner jedoch normative Erwartungen hegen, welche überregionale Handlungen betonen, dann steht dies im Gegensatz zum Vorgenannten. Wenn sich also Interaktionspartner mit solchen normativen Erwartungen in den persönlichen Netzwerken befinden, dann sinkt die Wahrscheinlichkeit, dass eine Person sich diskriminiert fühlt. Es zeigt sich jedoch auch, dass normative Erwartungen, die überregional orientiert sind und solche die regional orientiert sind, sich nicht ausschließen müssen, sondern überschneiden können. Demnach können zum einen normative Erwartungen sowohl regionaler als auch überregionaler Art auftreten und zum anderen normative Erwartungen, welche nur regional orientiert sind und mit großer

Wahrscheinlichkeit an die Wahrnehmung von Diskriminierung in solchen Netzwerken gebunden sind. Ist Letzteres nicht der Fall, dann sind regionale und überregionale normative Erwartungen vereinbar. Diese gefundene Ambivalenz drückt sich auch in dem geringen negativen Effekt der überregionalen normativen Erwartungen auf die Intensität der regionalen Identifikation aus. Über eine Drittvariablenkontrolle lassen sich Hinweise für die Bestätigung dieser Vermutung finden (vgl. Tabelle VI.11). Einschränkend für eine Analyse erweist sich allerdings, dass die normativen überregionalen Erwartungen schief verteilt sind, d.h. die höchste Ausprägung sehr schwach besetzt ist. Dennoch ergeben sich in Bezug auf das Gesagte unterstützende Hinweise.

Tabelle VI.11: Der Zusammenhang regionorientierter normativer Erwartungen und wahrgenommener Diskriminierung kontrolliert durch überregionale normative Erwartungen

	Pearsonkorrelationen zwischen regionorientierten normativen Erwartungen und wahrgenommener Diskriminierung				
	Intensität wahrgenommener überregional orientierter normativer Erwartungen				
	1 (niedrig)	2	3	4	5 (hoch)
Welle 1	,04	,11*	,16*	,06	n.b.[1]
Welle 2	,01	,45*	,27**	,25*	-,12
Welle 3	,13**	,38**	,21**	,26	n.b.

[1] unter n= 5

Insgesamt zeigt sich, dass wenn intensive überregionale normative Erwartungen wahrgenommen werden, der Zusammenhang (als Pearsonkorrelation) deutlich geringer ist, als in den Fällen, in denen diese normativen Erwartungen gering sind. Anders ausgedrückt: im Gesamtmodell lässt sich in der Welle 2 beobachten, dass ein positiver Effekt von den überregionalen auf die regionalen normativen Erwartungen ausgeht, aber auch ein positiver Effekt von letzteren auf die wahrgenommene Diskriminierung. Im kontrollierten Vergleich der Korrelationswerte zwischen regional orientierten normativen Erwartungen und wahrgenommener Diskriminierung zeigt sich nun, dass dieser Zusammenhang dann signifikant und eine gewisse Stärke aufweist, wenn die überregionalen normativen Erwartungen eher schwach oder mittelmäßig stark sind. Das spricht für die geschilderte Ambivalenz der regionalen normativen Erwartungen.

Diskussionswürdig ist das Ergebnis, wonach es theoretisch wie praktisch sinnvoll ist, zwischen Grundvarianten regionaler Identifikation zu unterscheiden. So hatte die erkundende Analyse ergeben, dass sich sichere Prädiktoren in den Einstellungen dafür finden lassen, wonach man zwischen einem tradierten – schließenden und einem modernen – offenen Typ regionaler Identifikation unterscheiden kann. Demnach wirkt sich das Zustandekommen regionaler Identifikation auf den Typ regionaler Identifikation aus. Anders ausgedrückt ist damit zu rechnen, dass im Sinne von Dissonanzbewältigung regionale Identifikation in den Zusammenhang anderer grundlegender Dispositionen eingebettet ist. Dies ist insofern bedeutsam, als regionale Identifikation als eine tradierte, konservative Orientierung gilt. Das mag u.a. auch damit zusammenhängen, daß dies wahrscheinlich die empirisch dominierende Art der regionalen Identifikation ist. Wir konnten jedoch nachweisen, dass eine andere Grundorientierung regionaler Identifikation vorliegt, wenn man zwischen den Ursachen ihres Zustandekommens unterscheidet. Wir hatten die (positive) Einstellung zur EU als Prädiktor verwendet, um das Auftreten des modernen Typs regionaler Identifikation vorherzusagen. Denkbar wäre in diesem Zusammenhang auch, eine (negative) Einstellung zu Migranten als Prädiktor für das Auftreten des tradierten Typs regionaler identifikation zu prüfen. (siehe Unterkapitel VII.4)

Betrachtet man das Gesamtergebnis, dann ergeben sich vor allem zwei Fragen: Warum wirken die Variablen, die im Zusammenhang mit der Primärsozialisation operationalisiert wurden nicht auf die Intensität regionaler Identifikation? In der Literatur trifft man weitestgehend einen Konsens darüber an, dass in einer Region geboren zu sein oftmals bereits aus Gründen der Plausibilität eine Vorrangstellung in der Erklärung regionaler Identifikation eingeräumt wird. In unserer Untersuchung ergibt sich nun, unter den Bedingungen konkurrierender Mechanismen, faktisch eine Bedeutungslosigkeit dieser Variablen. Auch eine Einbindung in den Mechanismus der wahrgenommenen normativen Erwartungen brachte keine stabilen Ergebnisse. Das bedeutet, auch indirekt lässt sich die Hauptvariable „geboren in Sachsen", nicht in das Modell aufnehmen. Effekte auf die wahrgenommenen Erwartungen waren in keiner Welle signifikant. Im Zusammenhang mit der Begründung dieser Hypothese hatten wir bereits angemerkt, dass die Geburt allein nicht ausreichend ist, um regionale Identifikation zu auszubilden. Deshalb waren wir implizit davon ausgegangen, dass erst das Auftreten positiver Assoziationen mit der Region im Verlauf des Aufwachsens einen solchen Effekt hervorbringt. Wir können mit den zur Verfügung stehenden Daten nicht kontrollieren, ob solche Assoziationen auftreten. Es wäre jedoch in künftigen Untersuchungen empfehlenswert, solche Assoziationen zu operationalisieren und zu prüfen, ob sich bei deren Auftreten die Wirkung der Geburtsvariable erhöht. Darüber hinaus lässt sich aber der Schluss ziehen, dass diese Variable sich ebenso wenig wie die Variable Wohndauer eignet, um die Intensität regionaler Identifikation direkt zu erklären. Das zeigt sich letztlich auch in der deutlich stärkeren Wirkung der inhaltlichen Variablen, wie der normativen Erwartungen und der wahrgenommenen Diskriminierung. Nicht geklärt werden kann ferner, warum sich die Variable positive Bewertung des sächsischen Dialekts nicht im Gesamtmodell behaupten kann. In der direkten Prüfung der Hypothese hatten sich deren Wirkungen auf die regionale Identifikation als durchaus zufriedenstellend gezeigt.

Die zweite Frage ist, warum die Lebensqualität bzw. die Lebenszufriedenheit nicht oder nur sehr schwach die regionale Identifikation beeinflusst. Zwar haben sich Effekte auf andere Variablen beobachten lassen, welche die Intensität regionaler Identifikation erklären, aber direkte Wirkungen auf die regionale Identifikation ließen sich bereits im Einzelmodell nicht nachweisen. Bemerkenswert ist, dass sowohl die aus 18 Variablen rekodierte Gesamtvariable als auch die direkt gemessene Zufriedenheit keine beobachtbaren Effekte aufweisen. Vermuten lässt sich, dass diese Variablen ebenfalls in ihrer Wirkung ambivalent sind. Demnach (Abschnitt Prüfung der Hypothese zur Lebensqualität) wird die Wirkung von Zufriedenheitsurteilen durch das Anspruchsniveau reguliert. Das Anspruchsniveau wiederum steht mit weiteren Variablen wie Bildung, Einkommen und Status in Beziehung. So gesehen, könnten sich Wirkungen auf die regionale Identifikation gegenseitig aufheben, d.h. einerseits regionale Identifikation und andererseits überregionale Identifikation begünstigen.

6. Zusammenfassung

Die Ursachen regionaler Identifikation werden mittels Hypothesen über die Wirkung primärer und lebenslanger Sozialisation, die wahrgenommene Lebensqualität sowie die Konfliktwahrnehmung geprüft. Dabei geht es insbesondere darum, herauszufinden, ob die im Querschnitt gefundenen Wirkungen auch zeitlich stabil sind.

Zu den überraschenden Ergebnissen zählt, dass die Geburt und das Aufwachsen in einer Region keine dominante Wirkung auf die Intensität regionaler Identifikation aufweisen. Es lässt sich zwar ein stabiler Effekt beobachten, aber dieser ist eher schwach. Das spricht für die Erwartung, dass die Geburt oder das Aufwachsen in einer Region allein noch nicht ausreichend für die Ausbildung regionaler Identifikation sind. Stattdessen sind dafür positive Assoziationen mit Gegebenheiten in der Region erforderlich, welche sich in der Primärsozialisation ausbilden können. Wir haben einen Hinweis dafür gefunden, dass die positive Bewertung des regionalen Dialekts eine solche Assoziation mit einer regionalen Gegebenheit darstellt. Demzufolge ist die Geburt in einer Region eine notwendige und diese positive Bewertung des regionalen Dialekts eine hinreichende Bedingung für die Entstehung regionaler Identifikation.

Die Wohndauer ist eine weitere in der Literatur oft genannte Variable, die regionale Identifikation fördert. Wir konnten in keiner Welle direkte Effekte auf die Intensität regionaler Identifikation feststellen. Auch von einem Interaktionseffekt zwischen Wohndauer und Lebensalter geht keine Beeinflussung der Intensität regionaler Identifikation aus.

Demgegenüber zeigt sich die Ausbildung und Entstehung regionaler Identifikation als ein lebenslanger Lernprozess. Wir haben einen zeitlich stabilen Mechanismus finden können, demzufolge regionorientierte normative Erwartungen wichtiger Interaktionspersonen die Intensität regionaler Identifikation steigern. Demzufolge kann regionale Identifikation als Ergebnis eines Verstärkungsprozesses angesehen werden, welcher über persönliche Netzwerke zustande kommt. Diese Perspektive liefert theoretische Erklärungen für zwei empirische Ereignisse: Zum einen dafür, dass regionale Identifikation „verlernt" werden kann und kein geburtserzeugtes Persönlichkeitsmerkmal ist. Zum anderen kann erklärt werden, dass regionale Identifikation erlernt wird, d.h. auch Zugewanderte werden sich, bei Eintreten stabiler positiver Verstärkungen, mit der Region identifizieren.

Hinsichtlich auf die Bezeichnung einer Region als Heimat ergibt sich eine Abweichung in der Erklärung. Das regionale Heimatgefühl wird insbesondere durch den Umstand gefördert, in einer Region geboren und vor allem aufgewachsen zu sein. Zusammen mit der positiven Bewertung des regionalen (sächsischen) Dialekts lassen sich positive Effekte auf die Intensität des regionalen Heimatgefühls beobachten. Im Unterschied zur regionalen Identifikation ist das regionale Heimatgefühl aber keine Folge von Verstärkungsprozessen.

Die wahrgenommene Lebensqualität bildet keine zeitliche stabile Wirkung auf die Intensität regionaler Identifikation aus. Das bedeutet, die Zufriedenheit mit den örtlichen Lebensbedingungen beeinflusst im Grunde nicht die Intensität regionaler Identifikation. Vermutlich haben wir diesbezüglich zu voraussetzungsvolle theoretische Erwartungen an die direkt kalkulierende Bewertung der Region durch die Befragten gestellt.

Schließlich lässt sich eine stabile Wirkung einer wahrgenommenen Diskriminierung der Eigengruppe auf die Intensität regionaler Identifikation nachweisen. Während differenzierte Variablen, wie politische Entfremdung oder wahrgenommener politischer Einfluss nicht stabil in ihren Wirkungen sind, bewährt sich die Wahrnehmung von Diskriminierung als eine gute Erklärung für regionale Identifikation.

Aufgrund der empirischen Befunde liegt die Vermutung nahe, dass es eine Differenzierung innerhalb regionaler Identifikation gibt. Folgende Beobachtungen stützen diese Vermutung: Zum einen erweist sich regionale Identifikation sehr stark als Folge von Verstärkungen, was dazu führt, dass auch Zugewanderte regionale Identifikation ausbilden. Zum anderen lässt sich nachweisen, dass die Wahrnehmung einer Diskriminierung der regionalen Eigengruppe ebenfalls einen positiven Effekt auf die Intensität regionaler Identifikation ausübt. Wenn dies an den gleichen Personen stattfinden würde, dann müsste man von zwei gegensätzlichen, eigentlich sich ausschließenden, Mechanismen sprechen, denn es wäre theoretisch nicht begründbar, warum Zugewanderte im Sinne der

Dissonanzbewältigung nicht die Zugehörigkeit zur diskriminierten Gruppe leugnen sollten, wenn diese Gruppe diskriminiert wird. Für Zugewanderte würden daraus nur geringe Kosten folgen. Also besteht die Möglichkeit, dass es sich um verschiedene Arten regionaler Identifikation mit einem unterschiedlichen Sozialcharakter handelt: einerseits einen schließenden und konservativen und andererseits einen offenen und innovativen Sozialcharakter regionaler Identifikation. Zuerst haben wir zwei Arten regionaler Identifikation gebildet. Dazu diente zum einen das gleichzeitige Auftreten von hoher regionaler Identifikation und hoher Diskriminierungswahrnehmung und zum anderen das gleichzeitige Auftreten hoher regionaler Identifikation mit einem hohen Anspruchsniveau an die örtlichen Lebensbedingungen. Diese Zusammenhänge zur Aufstellung der beiden Typen regionaler Identifikation leitet sich aus dem Ergebnis her, wonach der empirisch nachweisbare bivariate Zusammenhang zwischen regionaler Identifikation und wahrgenommener Diskriminierung mit steigendem Anspruchsniveau an die Lebensbedingungen spürbar sinkt und schließlich ganz verschwindet. Eine Kreuztabellierung in allen drei Wellen ergibt, dass zwischen diesen beiden Typen regionaler Identifikation (einmal im Zusammenhang mit wahrgenommener Diskriminierung und einmal mit einem hohen Anspruchsniveau) nur eine sehr kleine Überschneidung (zwischen 15 und 17 Prozent der Befragten) auftritt. Mit anderen Worten, die beiden angenommenen Arten regionaler Identifikation können als trennscharf bezeichnet werden.

Im nächsten Schritt haben wir Prädiktoren geprüft, wonach man aufgrund bestimmter anderer Einstellungen vorhersagen kann, ob ein Befragter dem einen oder anderen Typ regionaler Identifikation angehört. Als solche Prädiktoren mussten Einstellungen verwendet werden, die wir nicht im Zusammenhang mit der Verursachung regionaler Identifikation geprüft haben. Ausgewählt wurden deshalb Bewertungen der Arbeitsweise und Erwünschtheit verschiedener Institutionen der Europäischen Union. Dabei lässt sich beobachten, dass der offene und innovative Typ regionaler Identifikation eine deutlich positive Bewertung der Europaindikatoren aufweist und der schließende Typ davon signifikant abweichend negative Bewertungen.

Selbstverständlich muss dieses Ergebnis noch durch andere Untersuchungen geprüft werden. Die wissenschaftliche wie auch praktische Bedeutung dieses Ergebnisses liegt zweifellos darin, dass die Möglichkeit besteht, dass regionale Identifikation, der das Etikett konservativ und antiquiert anhängt, durchaus auch eine moderne und offene Seite aufweist. Das bedeutet, nicht jeder der sich mit seiner Region identifiziert ist ein „Hinterwäldler" oder konservativ. Regionale Identifikation kann demzufolge auch als ein modernes Konzept angesehen werden, das sich mit Europa und sozialem Wandel verträgt.

VII. Wirkungen regionaler und überregionaler Identifikation: Ergebnisse der Untersuchung

Gegenstand dieses Kapitels sind die Wirkungen regionaler und überregionaler Identifikation. Wir fragen also: wenn sich jemand mehr oder weniger stark mit Regionen (oder, genauer, mit den Bewohnern von Regionen) identifiziert: welche Wirkungen hat dies? Im ersten Teil geht es darum, inwieweit die Identifikation mit Leipzig und dem Mittleren Erzgebirgskreis einerseits und die Identifikation mit Deutschland und Europa, also kosmopolitische Identifikation, andererseits dazu beitragen, dass sich Personen *für die Region engagieren*.

Ein zweiter Schwerpunkt dieses Kapitels ist die Frage, inwieweit die Identifikation mit der Region und überregionale Identifikation dazu führen, dass man sich entschließt, die *Region zu verlassen*. Ist es z.B. richtig, dass die Weiterentwicklung eines geeinten Europas und die Zunahme europäischer Identifikation dazu führen, dass die Bürger eher bereit sind, einen Ortswechsel vorzunehmen?

Drittens fragen wir, inwieweit die Identifikation mit der Region die *Nutzung von Medien* beeinflusst. Führt z.B. hohe regionale Identifikation dazu, dass man häufig regionale Zeitungen liest?

Unser abschließendes Thema ist die *Einstellung zu Ausländern*. Es ist immer wieder behauptet worden, dass z.B. eine starke nationale Identifikation zu „Ausländerfeindlichkeit" führt. Inwieweit ist dies zutreffend? Fördert tatsächlich die Identifikation mit Europa die positive Einstellung zu Ausländern?

1. Engagement in der Region: Protest, konventionelle Partizipation, Spenden und Mitarbeit in lokalen Gruppen[84]

Im Mittelpunkt dieses Teilkapitels steht die Frage, inwieweit Identifikation mit Regionen vier Arten des Engagements für Regionen beeinflusst: Die erste Art ist *Protest*. Da sich Proteste, wie auch unsere Daten zeigen, meist auf Probleme der Region beziehen, ist Protest eine Art von Engagement für die Region. Sodann werden wir uns nur sehr kurz mit der Wirkung von regionaler und überregionaler Identifikation auf weitere Aktivitäten befassen: Gegenstand ist erstens *konventionelle Partizipation* wie z.B. die Unterstützung eines Kandidaten im Wahlkampf; weiter fragen wir, inwieweit Personen, die sich in hohem Maße mit

---

[84] Verfasst von Karl-Dieter Opp.

der Region identifizieren, eher für die Region *spenden* und relativ stark *in lokalen Gruppen mitarbeiten*. Protest steht deshalb im Mittelpunkt des ersten Teils, weil sich die Literatur hauptsächlich mit den Wirkungen von Identifikation oder, wie häufig gesagt wird, mit den Wirkungen „kollektiver Identität" auf Protest befasst. Insofern ist es interessant, Hypothesen dieser umfangreichen Literatur anzuwenden, weiterzuentwickeln und empirisch zu überprüfen. Da die Entwicklung dieser Hypothesen und deren Überprüfung bereits sehr umfangreich geraten sind, werden wir uns mit den zuletzt genannten drei Arten des Engagements nur sehr kurz befassen.

Im Folgenden werden zunächst die Überlegungen unseres theoretischen Teils (siehe Kapitel III) weiterentwickelt. Das Ergebnis wird ein theoretisches Modell sein, das dann in einem nächsten Schritt mit unseren Daten überprüft wird.

Die Beziehung zwischen Identifikation und Protest scheint klar und einfach zu sein: in der Literatur über soziale Bewegungen wird davon ausgegangen, dass die Identifikation mit einer politischen Gruppe wie z.B. mit einer sozialen Bewegung dazu führt, dass man sich für die Ziele der Gruppe engagiert. Entsprechend ist „kollektive Identität" eine – in der Literatur als besonders wichtig angesehene - Determinante politischen Protests. Wir nennen diese Hypothese die *Identitätshypothese*.

Obwohl es eine kaum mehr zu überblickende Literatur zu dieser Hypothese gibt, sind mehrere Fragen immer noch weitgehend offen. Eine dieser Fragen betrifft die theoretische Begründung der Identitätshypothese: aufgrund welcher Theorie ist zu erwarten, dass Identität politisches Handeln beeinflusst? Eine theoretische Fundierung der Identitätshypothese ist u.a. deshalb wichtig, weil damit die Beantwortung einer anderen, ebenfalls offenen Frage möglich wird: welche anderen Faktoren – außer Identifikation – sind Determinanten politischen Handelns? Dass nicht allein die Identifikation mit einer Gruppe politisches Handeln bestimmt, wird allgemein akzeptiert. Es ist aber unklar, welche anderen Faktoren von Bedeutung sind.

Eine weitere These von Vertretern der Identitätshypothese ist, dass die kausale Richtung des Einflusses nicht nur von Identität zu politischem Handeln verläuft, sondern dass politisches Handeln auch die Identität verstärkt oder dass durch politisches Handeln Identität erst entsteht. Bestehen solche reziproken kausalen Effekte von Protest zu Identität und von Identität zu Protest?

In der Literatur wird meist angenommen, dass Identität einen direkten Effekt auf Protest hat. Identität könnte aber Protest auch indirekt beeinflussen, und zwar dadurch, dass Identität auf Determinanten politischen Handelns wirkt. Wenn z.B. Personen eine starke kollektive Identität entwickelt haben, könnte dies zu einer relativ starken wahrgenommenen Verpflichtung zu politischem Engagement führen. Eine solche Protestnorm könnte wiederum einen direkten Effekt auf Protest haben. Hier läge also ein indirekter Effekt von Identifikation auf Protest – über die Akzeptierung einer Protestnorm als intervenierende Variable - vor. Gibt es solche Effekte und, falls ja, welcher Art sind sie?

Wenn Identität ein so wichtiger Einflussfaktor für politisches Handeln ist, wäre dann nicht zu erwarten, dass es eine Vielzahl von empirischen Studien gibt, die die Identitätshypothese überprüfen? Obwohl viele Einzelfallstudien vorliegen, fehlen Untersuchungen, die die Identitätshypothese in systematischer und strenger Weise testen und dabei auch andere Faktoren berücksichtigen. Weiter fehlen Studien, die Rückwirkungen und indirekte Effekte prüfen.

Im Folgenden wollen wir uns mit den genannten Fragen befassen. Unser Ausgangspunkt ist die Theorie kollektiven Handelns von Mancur Olson (Olson 1965). In einem ersten Schritt wird gezeigt, dass die Identitätshypothese in die Theorie kollektiven Handelns integriert werden kann. Sodann erweitern wir die Theorie, indem wir Hypothesen über die gegenseitige Abhängigkeit von Identität, Protest und anderen Determinanten von Protest vorschlagen. Schließlich werden wir diese Hypothesen mittels unserer Panelstudie überprüfen.

Der Gegenstand dieses Buches sind nicht soziale Bewegungen, sondern regionale Gruppen wie Leipziger oder Deutsche. Obwohl sich die Literatur über soziale Bewegungen und speziell die Identitätshypothese nicht explizit auf solche Gruppen bezieht, müssten die Hypothesen aus dieser Literatur auch für regionale Gruppen gelten. Warum sollte eine starke Identifikation mit einer sozialen Bewegung anders wirken als eine starke Identifikation mit einer regionalen Gruppe?

In der Literatur, auf die wir uns im Folgenden beziehen, wird von „Identität" und „kollektiver Identität" und seltener von „Identifikation" gesprochen. Das, was in diesem Buch als „Identifikation" bezeichnet wird – nämlich eine positive Einstellung zu einem Identifikationsobjekt –, ist oft gleichbedeutend mit „Identität" oder „kollektiver Identität"; zuweilen ist auch die „Identifikation" mit einer Gruppe ein Definitionsmerkmal der Begriffe „Identität" und „kollektiver Identität". Dies bedeutet, dass unsere Überlegungen über die „Identifikation" mit Gruppen auch für die Hypothesen und Forschungsergebnisse von Bedeutung sind, die den Begriff der Identität verwenden.[85] Schließlich erscheint es auch plausibel, dass die Identitätshypothese zutrifft, wenn „Identifikation" in der genannten Bedeutung verwendet wird: ist es nicht eigentlich evident, dass man sich für eine Gruppe einsetzt, wenn man eine emotionale Bindung an die Gruppe hat?

---

[85] Zu den verschiedenen Definitionen des Identitätsbegriffs vgl. den ersten Band zu dem vorliegenden Projekt (Mühler und Opp 2004) und in dem vorliegenden Buch Kapitel I. Zum Begriff der Identität oder kollektiven Identität in der Literatur sozialer Bewegungen vgl. insbesondere Polletta und Jasper (2001, S. 285), de Werd und Klandermans (1999) und Melucci (1989), außerdem die Übersicht bei Hunt und Benford (2004).

Theoretische Grundlagen

Bevor wir die zu prüfenden Hypothesen entwickeln, wollen wir die generelle Struktur unseres theoretischen Modells beschreiben, das den folgenden Hypothesen zugrunde liegt – siehe die zusammenfassende Darstellung in Abbildung VII.1.1. Der Ausgangspunkt ist die Identitätshypothese (Pfeil 1). Wir nehmen an, dass neben der Identifikation auch andere Faktoren Protest beeinflussen (Pfeil 2). Die Frage, um welche Faktoren es sich dabei handelt, wird später auf der Grundlage der Theorie kollektiven Handelns beantwortet.

Abbildung VII.1.1: Das Basismodell über die Beziehungen von Identifikation, Anreizen und Protest

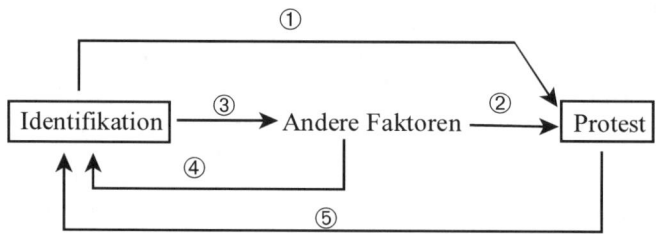

In einem nächsten Schritt wird dieses Modell erweitert. Es wird zuerst angenommen, dass Identifikation nicht nur einen direkten Effekt, sondern auch einen indirekten Effekt auf Protest hat: steigende Identifikation verändert die Determinanten von Protest (Pfeil 3). Wenn z.B. die Identifikation mit einer sozialen Bewegung zunimmt, dann könnte sich der wahrgenommene politische Einfluss ändern, der wiederum einen direkten Effekt auf Protest hat.

Die kausalen Effekte verliefen bisher von Identifikation zu Protest. Es könnten aber auch reziproke Wirkungen vorliegen. Erstens könnten die Determinanten von Protest die Identifikation beeinflussen (Pfeil 4). So könnte eine zunehmende wahrgenommene Verpflichtung, sich zu engagieren, die Identifikation mit einer Gruppe weiter verstärken. Weiter könnte starkes Engagement für eine soziale Bewegung dazu führen, dass man sich in höherem Maße mit der Bewegung identifiziert (Pfeil 5). Ausgehend von diesem Basismodell besteht die Aufgabe nun darin, Hypothesen über die Art der „anderen Faktoren" und über die im Basismodell dargestellten kausalen Beziehungen zu formulieren.

Identifikation, selektive Anreize und kollektives Handeln

Im Folgenden wird zuerst argumentiert, dass die Identifikation mit einer Gruppe ein selektiver Anreiz und somit eine Variable der Theorie kollektiven Handelns ist. Wir werden dann – basierend auf empirischen Untersuchungen über kollektives Handeln – weitere Anreize spezifizieren, die Determinanten kollektiven Handelns sind. Es geht es also um die Beziehungen 1 und 2 in unserem Basismodell (Abbildung VII.1.1).

Identifikation als selektiver Anreiz. Die Theorie kollektiven Handelns erklärt, unter welchen Bedingungen Personen zur Herstellung eines Kollektivgutes beitragen.[86] Nach Olson ist eine Bedingung für eine Beitragsleistung eines Individuums zur Herstellung eines Kollektivgutes die *Präferenz* für das Kollektivgut, d.h. das Ausmaß, in dem man an der Herstellung des Gutes interessiert ist. Ein solches Interesse reicht jedoch nicht aus. Man wird sich nur dann für die Herstellung eines Kollektivgutes einsetzen, wenn man glaubt, dass das persönliche Engagement erfolgreich ist. D.h. von Bedeutung ist weiter der *wahrgenommene Einfluss*, durch eigenes Handeln zur Herstellung des Kollektivgutes beitragen zu können. Eine der zentralen Hypothesen Olsons lautet, dass in einer großen Gruppe der Einfluss eines Einzelnen auf die Herstellung von Kollektivgütern extrem gering oder nicht vorhanden ist. Daher rühren auch die besonderen Probleme der Herstellung von Kollektivgütern in großen Gruppen.

Wenn dennoch Mitglieder großer Gruppen zur Herstellung eines Kollektivgutes einen Beitrag leisten, dann ist dies auf *selektive Anreize* zurückzuführen. Dies sind Nutzen oder Kosten, die auftreten, wenn ein Individuum einen Beitrag oder auch keinen Beitrag leistet. Soziale Anerkennung bei der Teilnahme an Protesten wäre ein selektiver positiver Anreiz, da Protest ein Beitrag zur Herstellung eines Kollektivgutes ist, für das sich eine soziale Bewegung einsetzt. Eine Bestrafung bei einer Steuerhinterziehung ist ein negativer selektiver Anreiz, da Steuerzahlung ein Beitrag zu einem ganzen Paket von Kollektivgütern ist wie z.B. Sicherheit vor Kriminalität. Im Gegensatz zum Nutzen eines Kollektivgutes, das jedes Mitglied einer Gruppe konsumieren kann – auch wenn es keinen Beitrag zu seiner Herstellung geleistet hat – , erhält man also selektive Anreize definitionsgemäß nur dann, wenn man einen Beitrag geleistet oder auch einen Beitrag verweigert hat.

Die Theorie kollektiven Handelns hat zu einer Vielzahl theoretischer Diskussionen und empirischer Forschungen geführt. Für die folgende Argumentation sind zwei empirische Befunde von besonderer Wichtigkeit. (1) Obwohl Olson annimmt, dass der tatsächliche Einfluss einer Person in einer großen

---

[86] Ein Kollektivgut oder, gleichbedeutend, ein öffentliches Gut ist definitionsgemäß ein Gut (d.h. alles, was positiven oder negativen Nutzen stiftet), das, wenn es einmal hergestellt ist, allen Mitgliedern einer Gruppe zugute kommt. Mit anderen Worten, niemand kann zweckmäßigerweise („feasibly" – Olson 1965, S. 14) von der Nutzung des Gutes ausgeschlossen werden.

Gruppe korrekt wahrgenommen wird, hat die Forschung gezeigt, dass viele Personen ihren politischen Einfluss überschätzen und dass der wahrgenommene politische Einfluss variiert (Finkel und Muller 1998; Finkel, Muller und Opp 1989; Gibson 1991; Moe 1980; Muller und Opp 1986; Opp 1988; Opp und Hartmann 1989). Dies impliziert, dass auch in großen Gruppen die Präferenz für ein Kollektivgut eine Determinante für eine Beitragsleistung ist, da viele Gruppenmitglieder glauben, die Herstellung durch ihren eigenen Beitrag beeinflussen zu können. Der Grund ist, dass die Theorie einen Interaktionseffekt von Kollektivgutpräferenzen und Einfluss annimmt; wenn also der Einfluss hoch ist, dann haben Kollektivgutpräferenzen einen starken Effekt auf politisches Handeln. Da weiter der wahrgenommene Einfluss zwischen den Mitgliedern einer Gruppe variiert, ist es wichtig, in empirischen Studien diesen Einfluss zu messen.

(2) Olson konzentriert sich vor allem auf materielle Anreize. Besonders bei politischem Handeln in westlichen Demokratien sind aber nicht-materielle Anreize wie z.B. eine internalisierte Protestnorm oder die Integration in politische Gruppen, in denen soziale Belohnungen für Protest auftreten, wichtige Determinanten für politisches Handeln (siehe z.B. Chong 1991; Marwell und Ames 1979; Muller 1979; Opp 1986; Opp und Hartmann 1989). Auch hier gilt, dass die Anreize für verschiedene Personen unterschiedlich sind. Es ist deshalb wichtig, in empirischen Studien die „weichen" Anreize zu ermitteln.

Wie passt nun „Identifikation" in die Theorie kollektiven Handelns? Die Variablen der Theorie sind Kosten und Nutzen. „Identifikation" kann deshalb nur dann eine Variable der Theorie sein, wenn Personen, die sich mit einer Gruppe identifizieren, Nutzen und Kosten erfahren, wenn sie sich engagieren oder nicht engagieren. Dies wird implizit in der Theorie Hirschmans behauptet (Hirschman 1970), auf die später noch eingegangen wird. Die Theorie erklärt, wie Personen reagieren, wenn sich die Qualität eines Produkts einer Firma verschlechtert. Die hier interessierende Variable in Hirschmans Theorie ist die „Loyalität" zu einer Organisation. Hirschman definiert „Loyalität" als „attachment to an organization" (S. 77-78) oder als „affection for an organization" (S. 78). Diese Definition entspricht genau unserer Definition von „Identifikation". Eine von Hirschmans Hypothesen lautet, dass die Loyalität zu einer Firma „exit" (d.h. den Kauf des Produktes einer anderen Firma) weniger wahrscheinlich macht. Weiter behauptet Hirschman, dass bei loyalen Kunden „voice" wahrscheinlicher ist. „Voice" bedeutet, dass man etwas tut, um zur Qualitätsverbesserung des Produkts einer Firma beizutragen. Hirschmans Hintergrundtheorie ist die Theorie rationalen Handelns. Damit entsteht die Frage, in welcher Beziehung Loyalität einerseits und Kosten und Nutzen andererseits stehen. Nach Hirschman sind Loyalisten „unhappy" (S. 88), wenn sie sich einer anderen Organisation zuwenden. D.h. Loyalität ist eine „penalty for exit" die „internalisiert" ist (S. 98). Loyalität wird also als eine *intrinsische Motivation* zur

Verbesserung der Situation einer Organisation betrachtet. Mit anderen Worten, wenn sich Personen mit einer Organisation oder Gruppe identifizieren, dann ist es für sie mit (internem) Nutzen verbunden, wenn sie handeln, um die Situation der Gruppe zu verbessern; es ist dagegen kostspielig, wenn sie sich nicht engagieren.

Bei der Diskussion der Wirkungen von Parteiidentifikation auf Protest argumentieren Finkel und Opp (Finkel und Opp 1991), dass „individuals who identify with particular parties will attempt to adhere to the behavioral cues and expectations of the party leadership or party organization" (S. 344). Diese Hypothese ist vereinbar mit der Literatur über Parteiidentifikation (siehe, mit weiteren Hinweisen, (Clarke et al. 2004; Clarke 1995; Evans 2004) und mit zentralen Hypothesen der soziologischen Bezugsgruppentheorie (siehe Finkel und Opp 1991, S. 344 mit weiteren Literaturhinweisen). Wenn sich also Personen mit einer Gruppe identifizieren, dann sind sie in hohem Maße motiviert, normativen Erwartungen der Gruppenmitglieder zu folgen. Dem Individuum entstehen Kosten in Form von Scham oder schlechtem Gewissen, wenn es den Gruppenerwartungen nicht folgt. Die Ausführung von Handlungen zugunsten der Gruppe ist also ein „interner" Nutzen in dem Sinne, dass Individuen ein gutes Gewissen haben, wenn sie „ihre" Gruppe unterstützen. Wiederum gilt: hohe Identifikation geht einher mit einer starken Motivation, zugunsten der Gruppe zu handeln.[87]

Die Theorie der kognitiven Dissonanz und die Balance-Theorie (Festinger 1957; Harmon-Jones und Mills 1999; Heider 1958) sind ebenfalls mit der Hypothese vereinbar, dass die Identifikation mit einer Gruppe kostspielig ist, wenn sich die Situation der Gruppe verschlechtert und wenn sich das Individuum nicht für die Gruppe einsetzt. D.h. wenn sich eine Person mit der Gruppe identifiziert und zur gleichen Zeit realisiert, dass Protest (oder „voice") der Gruppe nützt, dann ist es dissonant (d.h. mit psychischen Kosten verbunden), wenn man sich nicht für die Gruppe engagiert.[88]

---

[87] Es ist zutreffend, dass „Identifikation" nicht explizit in Olsons Theorie erwähnt wird. Dies hat zu der Schlussfolgerung geführt, dass in „individual utilitarian models such as Olson's (1965), the absence of a collective identity is assumed" (Gamson 1992). Eine generelle Theorie enthält jedoch nie alle spezifischen Anfangsbedingungen, die Individuen in konkreten Situationen motivieren könnten, in bestimmter Weise zu handeln. Diese besonderen Bedingungen müssen empirisch ermittelt werden. Sie sind, in der Terminologie der Logik der Erklärung, Anfangs- oder Randbedingungen (Hempel 1965). Es ist also unzutreffend dass „Identifikation" als Anreiz in der Theorie Olsons ausgeschlossen wird.

[88] Wenn man Heiders POX-System anwendet, dann sind die Einheiten der Analyse P (die Person), O (die Organisation oder Gruppe) und X (Protest); die U- („unit") oder L- („liking") Beziehungen zwischen diesen kognitiven Elementen lauten: P mag (identifiziert sich mit) der Organisation O; P glaubt dass Protest die Organisation O besser stellt (es besteht also eine U-Beziehung zwischen O und X); und P protestiert (d.h. es besteht eine U-Beziehung zwischen P und X). Wenn P nicht protestieren würde (d.h. die Beziehung wzhischen P und X ist negativ), dann würde Ungleichgewicht bestehen, welches mit Kosten verbunden ist.

Wenn die Identifikation mit einer Gruppe mit Kosten und Nutzen für bestimmte Verhaltensweisen verbunden ist, entsteht die Frage, ob diese Kosten und Nutzen Präferenzen für Kollektivgüter sind, sich auf den wahrgenommenen Einfluss oder auf selektive Anreize beziehen. Die vorangegangene Argumentation impliziert, dass Handeln im Interesse eine Gruppe Nutzen bringt, wohingegen Nicht-Handeln kostspielig für diejenigen ist, die sich mit der Gruppe identifizieren. Die Kosten und Nutzen treten also auf, wenn man im Interesse der Gruppe handelt oder nicht handelt. D.h. Identifikation mit einer Gruppe ist ein selektiver Anreiz und nicht ein Kollektivgutanreiz.[89] Die Theorie kollektiven Handelns und die vorangegangene Argumentation stützen also die Identitätshypothese, die im Folgenden zuerst getestet wird:

Hypothese 1: Je stärker sich Personen mit einer Gruppe identifizieren, desto eher führen sie Handlungen zur Unterstützung der Gruppe aus.

Die These, dass Identifikation etwas mit Kosten und Nutzen zu tun hat, ist kontrovers. Es wird argumentiert, dass Identität ein Faktor ist, der unvereinbar mit der Theorie rationalen Handelns ist. Da diese der Theorie kollektiven Handelns zugrunde liegt, gilt die genannte These der Unvereinbarkeit auch für die Theorie kollektiven Handelns. Die Behauptung ist, dass es *zwei Paradigmen* gibt: eines basiert auf Identität, das andere auf Interessen (siehe z.B. Macy (1997) und neuerlich Anthony (2005)). Ein ähnliches Argument findet man auch in der Literatur über soziale Bewegungen. So wird argumentiert, dass „there is much more in being a movement participant than perceived costs and benefits" (Klandermans 2004), und dieses "much more" ist die soziale Identität. Andere Autoren argumentieren detaillierter: „There seem to exist two independent pathways to social movement participation or at least to willingness to participate. One pathway appears to be *calculation* of the costs and benefits of participation (including normative considerations). ... The second pathway seems to be identification with the movement or, in other words, adoption of a distinct activist identity. Here, calculation processes should be of less importance than identification or self-definition processes ..." (Simon et al. 1998, S. 656),

---

[89] Obwohl Friedman und McAdam (1992) ebenfalls davon ausgehen, dass „collective identities function as selective incentives motivating participation" (S. 157) – ohne dies allerdings im einzelnen zu begründen –, behaupten sie weiter, dass kollektive Identität, wenn sie weit verbreitet ist, ein Kollektivgut sei, „that all can consume without contributing to its production" (S. 166). Es ist nicht klar, was genau das Kollektivgut ist, das konsumiert wird. Es ist zwar zutreffend, dass eine weit verbreitete kollektive Identität zur Herstellung eines Kollektivguts *führen* könnte, aber sie *ist* keineswegs ein Kollektivgut: die Nutzen oder Kosten der Identifikation hängen davon ab, ob Individuen einen Beitrag leisten oder nicht leisten. Identifikation ist entsprechend definitionsgemäß ein selektiver Anreiz.

ähnlich (Klandermans 2002) und (Klandermans 2004).[90] Die Frage ist also, ob Personen, die sich mit einer Gruppe identifizieren, die Kosten und Nutzen ihres Handelns kalkulieren bzw. nicht kalkulieren. Zunächst ist es bemerkenswert, dass Autoren, die die These vertreten, dass bei Identifikation nicht oder kaum kalkuliert wird, keine empirischen Untersuchungen anführen, die ihre These stützen. Entsprechend können wir nur spekulieren, ob es plausibel ist, dass generell oder meist nicht kalkuliert wird, wenn sich Personen mit einer Gruppe identifizieren.

Betrachten wir folgendes Beispiel: eine soziale Bewegung plane eine Demonstration gegen ein autoritäres Regime und die Demonstranten erwarten, dass die Polizei Gewalt anwendet. Ist nicht in dieser Situation zu vermuten, dass die Demonstranten überlegen, ob sie an der Demonstration teilnehmen sollen? Wenn z.B. Demonstranten meinen, dass die Demonstration sowieso das Verhalten des Regimes nicht ändern wird und dass die Wahrscheinlichkeit hoch ist, dass man verhaftet oder verletzt wird, dann wird man auch dann überlegen bzw. „kalkulieren", ob eine Teilnahme sinnvoll ist, wenn man sich mit der sozialen Bewegung identifiziert. Dieses Beispiel legt die Vermutung nahe, dass es Fälle gibt, in denen kalkuliert wird, wenn die Identifikation mit einer Gruppe hoch ist.

Aber nehmen wir einmal an, dass die Identifikation mit einer Gruppe immer zu spontanem Handeln zur Unterstützung der Gruppe führt. Impliziert dies, dass zwei *Theorien* erforderlich sind, um Protest zu erklären: eine Theorie, die Kosten und Nutzen als Faktoren enthält, und eine andere Theorie mit Identität als unabhängiger Variable? Wenn dies so ist, dann fragt es sich, wie genau die Theorie, in der Identität die unabhängige Variable ist, lautet. Ist diese „Theorie" identisch mit der genannten Identitätshypothese? Vertreter der These, dass bei Identität ein anderes „Paradigma" anzuwenden ist, geben auf diese Frage keine Antwort.

Es gehört zu den vielen Missverständnissen in der Debatte über die Theorie kollektiven Handelns und die Theorie rationalen Handelns, dass man glaubt, diese Theorien setzten voraus, dass Individuen kalkulierten. Dies war und ist sicherlich eine Annahme vieler neoklassischer Ökonomen. Auch in der Spieltheorie scheint man oft von dieser Annahme auszugehen. In einem weiten Modell rationalen Handels, das in zunehmendem Maße in den Sozialwissenschaften angewendet wird (vgl. im einzelnen Opp 1999a), geht man jedoch nur davon aus, dass individuelles Verhalten durch Nutzen und Kosten gesteuert wird; die Annahme lautet nicht, dass diese Kosten und Nutzen kalkuliert werden. Eine solche Hypothese würde auch in krassem Gegensatz zu all unserem Wissen

---

[90] Ähnlich argumentiert bereits Pizzorno (1978). Siehe auch die Diskussion bei Cohen (1985). Poletta und Jasper (2001) behaupten ebenfalls: „Collectie identity does not imply the rational calculus of evaluating choices that 'interest' does" (S. 285). Auch Melucci (1989, S. 34-35) behauptet: "collective identity is never based solely on cost-benefit calculation."

über menschliches Verhalten stehen (vgl. z.B. Wilson 2002). Auch führende Ökonomen vertreten die weite Version der Theorie rationalen Handelns. So betont Gary Becker (1976): „... the economic approach does not assume that decisions units are necessarily conscious of their efforts to maximize or can verbalize or otherwise describe in an informative way reasons for the systematic patterns in their behavior" (S. 7) – Becker erwähnt Milton Friedman (1953), der dieselbe These vertritt. Herbert Simons Idee der "bounded rationality" basiert auf derselben Idee: "Rationality is bounded when it falls short of omniscience. And the failures of omniscience are largely failures of knowing all the alternatives, uncertainty about relevant exogenous events, and inability to calculate consequences" (Simon 1979). Ähnliche Argumente findet man auch in Lehrbüchern der Spieltheorie (Morrow 1994). Zusammengefasst gilt also: die Theorie rationalen und kollektiven Handelns nimmt nicht an, dass alle Personen bei ihren Entscheidungen kalkulieren, sondern nur, dass die Determinanten ihres Handelns Nutzen und Kosten sind.

Die Theorie rationalen Handelns und auch sozialpsychologische Theorien begnügen sich jedoch nicht mit dieser These, sie gehen einen Schritt weiter: es wird erklärt, unter welchen Bedingungen Personen kalkulieren. Wenn es z.B. sehr kostspielig ist, die „falsche" Handlungsalternative zu wählen, dann „zahlt es sich aus" zu kalkulieren.[91] Sozialpsychologen befassen sich im einzelnen mit Bedingungen für mehr oder weniger spontanes Verhalten (Esser 2001; Fazio 1986a; Fazio 1990). Kurz gesagt, wenn das Risiko (d.h. der mögliche Verlust) einer Entscheidung hoch ist, besteht ein hoher Anreiz für Kalkulation.

Resümierend können wir erstens festhalten, dass die Identifikation mit Gruppen ein selektiver Anreiz und somit eine Art von Nutzen und Kosten ist. Zweitens ist die These der Existenz zweier Paradigmen, die zum einen von Identifikation und zum anderen von kalkulierenden Individuen ausgehen, zweifelhaft. Es kann vielmehr mit der Theorie rationalen Handelns erklärt werden, unter welchen Bedingungen Individuen kalkulieren: „kalkulieren" und „nicht kalkulieren" (oder in mehr oder weniger hohem Maße kalkulieren) sind Handlungsalternativen; welche gewählt wird, ist eine Frage von Nutzen und Kosten. Aber selbst wenn Individuen, die sich mit Gruppen identifizieren, im Allgemeinen nicht oder wenig kalkulieren, impliziert dies keineswegs, dass deren Verhalten nicht von Nutzen und Kosten gesteuert wird.

Diese Argumentation impliziert, dass durchaus zugestanden werden kann, dass es unterschiedliche „pathways" oder *Prozesse* gibt, die zu Protest führen – einer, in dem in hohem Maße kalkuliert wird und ein anderer, der eher spontan abläuft und in dem Identität eine Rolle spielt – , aber dies bedeutet nicht, dass

---

[91] Zu detaillierteren Hypothesen, die das Sammeln von Informationen erklären und die angewendet werden können, um zu erklären, wann Personen kalkulieren, siehe z.B. Riker und Ordeshook (1973).

auch unterschiedliche *Theorien* erforderlich sind, um politischen Protest zu erklären.

Eine Erweiterung des Protestmodells: Kollektivgutanreize, die Akzeptierung einer Protestnorm und Mitgliedschaft in politischen Gruppen. Wir sahen, dass Präferenzen für Kollektivgüter zu den Determinanten von Protest gehören. Welcher Art sind die Kollektivgüter, die bei unseren Befragten zu Protest führen könnten? Wir nehmen an, dass bei den Bewohnern von Leipzig und dem Mittleren Erzgebirgskreis vor allem *politische Unzufriedenheit*, d.h. die Unzufriedenheit mit den konkreten Lebensbedingungen in der Region, ein Anreiz für Protest sein könnte. Darüber hinaus ist, wie wir bereits sagten, der *persönliche politische Einfluss* von Bedeutung, d.h. das Ausmaß, in dem man glaubt, durch Protest die Situation ändern zu können.

Neben der Identifikation sind zwei weitere selektive Anreize von Bedeutung. Eine Reihe von Untersuchungen zeigte, dass die *Akzeptierung einer Protestnorm* (siehe die oben zitierte Literatur) eine Determinante von Protest ist. Von besonderer Bedeutung sind soziale Netzwerke, wie sich ebenfalls in einer Vielzahl von Forschungen gezeigt hat.[92] In unserem Zusammenhang gehen wir davon aus, dass die *Mitgliedschaft in politischen Gruppen*, in denen die Teilnahme an Protesten positiv bewertet wird, eine Determinante von Protest ist. Zusammenfassend formulieren wir folgende Hypothese:

Hypothese 2: Je stärker die politische Unzufriedenheit und der wahrgenommene politische Einfluss sind, in je höherem Maße Personen eine Protestnorm akzeptieren und je häufiger Personen Mitglied in politischen Gruppen sind, desto wahrscheinlicher nehmen sie an Protestaktionen teil.

Eine Erweiterung der Theorie kollektiven Handelns

Bisher haben wir uns mit den Beziehungen 1 und 2 des Basismodells (Abbildung VII.1.1) befasst. Dabei wurde angenommen, dass die Wirkung von Identifikation auf Protest additiv ist, d.h. Interaktionseffekte sind nicht Bestandteil des Modells. Eine weitere Annahme lautete, dass Identifikation immer einen positiven Effekt auf Protest hat. Im Folgenden werden wir zunächst einige Hypothesen entwickeln, die diese Annahmen modifizieren. Sodann werden wir Hypothesen über die indirekten Wirkungen von Identifikation auf Protest – über die Anreize (Beziehung 3 in Abbildung VII.1.1) – und über die Wirkungen

---

[92] Vgl. z.B. Finkel und Muller (1998), außerdem Klandermans (1984), McAdam und Paulsen (1993), Opp und Gern (1993) und Passy (2001). Zum Stand der Forschung siehe Kitts (2000).

von Protest und Protestanreizen auf Identifikation (Beziehungen 4 und 5 von Abbildung VII.1.1) vorschlagen.

Die direkten Wirkungen von Identifikation auf Protest. Die Identitätshypothese geht davon aus, dass diejenigen, die sich mit einer Gruppe identifizieren, interne Belohnungen erhalten, wenn sie die Gruppe unterstützen. Hirschmans Loyalitätshypothese impliziert jedoch, dass Loyalität ein besonders starker Anreiz ist, wenn die Gruppe sich in einer problematischen Situation befindet. Auch in der Literatur über soziale Bewegungen scheint angenommen zu werden, dass eine „strong identification with a group seems to make people prepared to engage in collective action in defense of that group when it is at threat or treated unjust ..." (de Weerd und Klandermans 1999, S. 1074). Eine Gruppe kann in mehr oder weniger hohem Maße in Schwierigkeiten sein. Mit anderen Worten, die Wirkung der Identifikation auf Protest hängt ab von dem *Ausmaß*, in dem eine Gruppe bedroht oder ungerecht behandelt wird. Dies impliziert, dass ein *Interaktionseffekt* von Identifikation und politischer Unzufriedenheit angenommen wird: die Wirkung der Identifikation auf politisches Handeln ist umso stärker, je größer die Unzufriedenheit mit der Situation der Gruppe ist.

Wenn die Motivation derer, die sich mit einer Gruppe identifizieren, darin besteht, die Situation der Gruppe zu verbessern, ist ein weiterer Interaktionseffekt plausibel. Angenommen, diejenigen, die sich mit einer Gruppe identifizieren, glauben, dass Ihre Unterstützung der Gruppe in Wirklichkeit der Gruppe nicht hilft, weil der Einfluss der Personen gering ist. Es dürfte also auch ein Interaktionseffekt von Identifikation und politischem Einfluss bestehen: Identifikation mit einer Gruppe wirkt umso stärker auf Protest, je mehr man glaubt, dass der eigene Protest eine Wirkung auf die Verbesserung der Situation der Gruppe hat. Selbst wenn also die Unzufriedenheit mit der Situation der Gruppe groß ist, wird man die Gruppe insbesondere dann unterstützen, wenn man glaubt, dass eigenes Engagement der Gruppe hilft.[93]

Eine alternative Hypothese ist jedoch ebenfalls plausibel: die Wirkung von Identifikation auf Protest ist additiv, d.h. nicht von bestimmten Bedingungen abhängig. Es gibt keine Gruppe, deren Situation nicht verbessert werden könnte. Selbst wenn man also nicht besonders unzufrieden mit der Situation einer Gruppe ist und wenn man auch nicht glaubt, dass man der Gruppe durch Engagement helfen kann, so könnte man Engagement für eine Gruppe als *Signal für Unterstützung und Solidarität* betrachten. Unterstützung wäre also eine Art expressive Handlung, die intrinsisch belohnend ist bzw. der Gruppe Solida-

---

[93] Ein Beispiel mag diese illustrieren. Die im Jahre 2005 in Kraft getretenen umfangreichen Regulierungen für Arbeitslose (Hartz IV) haben zu hoher Unzufriedenheit bei Arbeitslosen und vielen anderen Personen geführt. Die Identitätshypothese impliziert, dass diejenigen, die sich mit Arbeitslosen identifizieren, relativ häufig protestieren werden. Geht man von dem genannten Interaktionseffekt aus, wird man dagegen annehmen, dass Identifikation mit Arbeitslosen nur dann oder besonders dann zu Protest führt, wenn man glaubt, damit etwas bewirken zu können, also die Regierung zu Modifikationen der Gesetze zu bewegen.

rität signalisieren soll. Diese Annahme wäre mit der Identitätshypothese, die ja von einer additiven Wirkung von Identifikation ausgeht, vereinbar.

Vielleicht sind beide Hypothesen plausibel: es mag Personen geben, die Protest eher als instrumentelles Handeln und andere Personen, die Protest eher als expressives Handeln ansehen. Dies bedeutet, dass sowohl die genannten Interaktionseffekte als auch additive Effekte von Identifikation vorliegen.

Gegenstand unserer Untersuchung ist die Identifikation mit Bewohnern von Regionen. Wir wählen zum einen die Identifikation mit Leipzig (für diejenigen, die in Leipzig wohnen) bzw. dem Mittleren Erzgebirgskreis (für diejenigen die in dieser Region wohnen) – abgekürzt als *LE-Identifikation* („LE" für „Leipzig-Erzgebirgskreis").[94] Hohe politische Unzufriedenheit der Befragten mit Problemen in ihrer Region bedeutet, dass man die Bewohner der Region als „at threat or treated unjust" betrachtet. Wir erwarten also einen Interaktionseffekt von politischer Unzufriedenheit und LE-Identifikation einerseits und von politischem Einfluss und LE-Identifikation andererseits; weiter erwarten wir, dass LE-Identifikation einen additiven Effekt hat. Fassen wir diese Überlegungen in Form einer Hypothese zusammen:

Hypothese 3: (a) Die positive Wirkung der Identifikation mit einer Gruppe auf Protest ist umso stärker, je größer die Unzufriedenheit mit der Situation der Gruppe und (b) je größer der persönliche wahrgenommene Einfluss ist. (c) Identifikation hat weiter einen additiven positiven Effekt auf Protest (siehe Hypothese 1).

Bisher wurde angenommen, dass es nur eine Gruppe gibt, mit der sich Individuen identifizieren können. Gruppen sind aber oft Teil umfassender Gruppierungen. So mag sich jemand mit einer lokalen Friedensgruppe, die Teil der Friedensbewegung ist, und gleichzeitig mit der Friedensbewegung identifizieren. Obwohl in der Literatur zu sozialen Bewegungen solche „multilayered identitites" erwähnt werden (siehe mit weiteren Literaturhinweisen (Hunt und Benford 2004), gibt es kaum testbare und getestete Hypothesen über die Ursachen und Wirkungen solcher Identifikationen.

Bei regionalen Gruppen, die Gegenstand unserer Untersuchung sind, existieren typischerweise Gruppenhierarchien und damit auch hierarchische Identifikationen: so sind die Leipziger eine Teilgruppe von Sachsen, die wiederum

---

[94] Im ersten Band zu diesem Projekt wurde nicht LE-Identifikation sondern die Identifikation mit Sachsen als unabhängige Variable verwendet. Da die Unzufriedenheitsvariablen sich auf den Ort beziehen, ist es plausibler, dass LE-Identifikation mit Unzufriedenheit wirkt. Dies ist der Grund dafür, dass wir nicht Identifikation mit Sachsen verwenden. Wir haben jedoch Modelle auch mit dieser Variable gerechnet. Weiter haben wir Modelle mit der Variablen Regionalismus – eine Skala aus den Identifikationen mit LE, Sachsen und Ostdeutschland - geschätzt. Die Effekte dieser Identifikationsvariablen unterscheiden sich kaum von denen der Variable LE-Identifikation.

eine Teilgruppe von Deutschen sind, die wiederum zu den Europäern gehören. Welche Wirkung könnte die Identifikation mit einer bestimmten Gruppe auf Protest im Interesse dieser Gruppe haben, wenn ein Individuum sich nicht nur mit dieser Gruppe, sondern auch mit einer anderen Gruppe identifiziert, die höher in der Gruppenhierarchie steht? In unserer Untersuchung wurde die Identifikation mit Leipzigern bzw. Erzgebirgern einerseits und mit Gruppen, die in der Hierarchie höher stehen, nämlich mit Deutschen bzw. Europäern, ermittelt. Die Identifikationen mit Deutschland und Europa korrelieren relativ hoch, wie wir früher sahen, so dass aus diesen beiden Arten der Identifikation eine Skala gebildet wurde, die wir *Kosmopolitismus* oder *kosmopolitische Identifikation* genannt haben. Wie wird Protest beeinflusst, wenn man sich nicht nur mit Leipzig bzw. der Region des Mittleren Erzgebirgskreises identifiziert, sondern auch mit Deutschland und Europa? Aufgrund der vorangegangenen Hypothese 3 könnte man vermuten, dass eine Bedingung für Protest ist, inwieweit die höherrangige Gruppe bedroht wird. Wir messen die Unzufriedenheit mit den Lebensbedingungen in der Region, in der die Befragten wohnen. Entsprechend ist die Unzufriedenheit mit den unmittelbaren Lebensbedingungen eher eine Bedrohung der Gruppe auf der niedrigsten Stufe der Hierarchie. Identifikation mit Deutschland oder Europa, also Kosmopolitismus, ist nur ein geringer Anreiz, sich für die Gruppe der niedrigen Ebene zu engagieren. Es mag zwar als eine Bedrohung der Gesamtgruppe angesehen werden, wenn die Gruppe der niedrigsten Stufe in der Hierarchie Hilfe nötig hat, aber Identifikation mit der höherrangigen Gruppe ist ein besonders starker Anreiz für Protest nur dann, wenn die höherrangige Gruppe direkt bedroht wird. Wir vermuten entsprechend:

Hypothese 4: (a) Wenn Personen mit der Situation einer bestimmten Gruppe G unzufrieden sind, dann hat die Identifikation mit einer höherrangigen Gruppe H, die nicht unmittelbar bedroht ist, einen geringeren Effekt auf Protest als Identifikation mit der unmittelbar bedrohten Gruppe G. (b) Interaktionseffekte, die aus der Identifikation mit höherrangigen Gruppen H und Unzufriedenheit bzw. Einfluss bestehen, sind geringer als die betreffenden Interaktionseffekte mit Gruppen der Art G , die aus Identifikationen mit niedrigrangigen Gruppen bestehen.

So ist zu erwarten, dass der Interaktionsterm aus LE-Identifikation und Unzufriedenheit einen stärkeren Effekt auf Protest hat als der Interaktionsterm aus Kosmopolitismus und Unzufriedenheit.

Unter welchen Bedingungen vermindert Identifikation Protest? Das Standard-Szenario in der Literatur über soziale Bewegungen und politischen Protest ist, dass sich eine soziale Bewegung und ein Gegner wie z.B. eine Regierung gegenüberstehen. Der Gegner ist nur dann bereit, sich den Forderungen der Bewegung zu stellen (und damit eine größere Menge eines Kollektivgutes bereitzustellen), wenn die Bewegung eine genügend große Menge von Personen mobilisiert. In diesem Szenario ist Protest im Interesse der sozialen Bewegung und der Gruppe, für die die Bewegung eintritt.[95] Weiter wird angenommen, dass Teilnehmer der Bewegung Protest als ein wirksames Mittel betrachten, um die deprivierten Gruppen besser zu stellen. Es ist plausibel, dass die Identitätshypothese in solchen Situationen gilt.

Die grundlegende Bedingung für die Gültigkeit der Identitätshypothese ist also, dass Protest der deprivierten Gruppe hilft. Die Identitätshypothese ist jedoch vermutlich falsch, wenn diese Bedingung nicht erfüllt ist. Dies ist der Fall für *kohäsive* oder *solidarische Gruppen,* d.h. wenn enge Beziehungen zwischen den Mitgliedern einer Gruppe bestehen und wenn es entsprechend keine Spaltung zwischen den Mitgliedern – wie zwischen einer sozialen Bewegung und deren Gegner – gibt. In einer solchen Situation werden bei Problemen in der Region keine Konfrontationen sondern *Verhandlungen* zwischen den Bewohnern der Region und denen, die politische Entscheidungen treffen, stattfinden. Ein Grund hierfür ist, dass sich in solchen solidarischen Gruppen eine starke *Identifikation* mit den Gruppen entwickelt. Dies ist aufgrund der Fishbein-Ajzen-Theorie zu erwarten: eine positive Einstellung zu einem Einstellungsobjekt wie einer Region entsteht, wenn dieses Objekt relativ viele, positiv bewertete Eigenschaften hat (zu Einzelheiten siehe Ajzen 1988; Ajzen und Sexton 1999), was bei einer solidarischen Gruppe der Fall sein dürfte. In einer solchen solidarischen Gruppe ist es weiter unwahrscheinlich, dass Protest eine akzeptable Alternative ist. Wenn Probleme in der Region bestehen, dann kann man Kontakt zu Repräsentanten der Politik herstellen, die sich mit den Problemen der Bürger befassen und Kompromisse zu finden suchen. Es besteht kein Anreiz, eine Demonstration oder sonstige Protestaktionen gegen die Regierung zu initiieren. Man organisiert keine Protestaktionen gegen gute Freunde.[96]

Wenn es in diesem Szenario eine soziale Bewegung gibt, dann wird diese relativ marginal sein. Weiter dürfte die soziale Bewegung eher keine Oppositionsbewegung sein sondern eher eine Bürgervereinigung, deren Ziel die Interessenvertretung der Bürger ist und die mit der Regierung kooperiert. So könnte die Bürgervereinigung Verhandlungen mit der Regierung über einen Zuschuss

---

[95] Obwohl eine soziale Bewegung meist aus Mitgliedern der deprivierten Gruppen besteht, gibt es Fälle, in denen die Aktivisten einer Bewegung nicht Mitglieder dieser deprivierten Gruppen sind. Dies ist z.B. der Fall, wenn Protestierende von außerhalb einer Stadt kommen, um gegen den Bau einer Autobahntrasse durch einen Ort zu protestieren. Obwohl hier viele Aktivisten nicht direkt betroffen sind, so sind sie doch unzufrieden. Um unnötige Komplikationen in der folgenden Diskussion zu vermeiden, gehen wir davon aus, dass die Mitglieder einer Bewegung zu den deprivierten Personen gehören.

[96] Entsprechend wird man eine Beziehung zu einem guten Freund nicht einfach abbrechen, wenn dieser Probleme hat. Man wird eher abwarten und darauf vertrauen, dass der Freund die Probleme löst als in aggressiver Weise zu intervenieren.

zur Erhaltung lokaler Kulturdenkmäler oder zur Anschaffung neuer Computer für die lokalen Schulen führen. Die Organisation von Demonstrationen oder ähnlichen Protesthandlungen wird hier nicht in Betracht gezogen. Wenn es Probleme gibt, werden eher Treffen mit lokalen Politikern arrangiert, in denen über Lösungen diskutiert und in denen ein Kompromiss gefunden wird.[97] Es ist zu vermuten, dass die Identitätshypothese in dieser Situation nicht gilt: die Identifikation mit den Bewohnern der Region – also der deprivierten Gruppe – wird kein Anreize für Protest sein. Im Gegenteil: es ist zu erwarten, dass hohe Identifikation die Wahrscheinlichkeit von Protest vermindert und nicht erhöht. Der Grund ist, dass Protest der Gruppe nicht hilft sondern eher schadet und dass andere Handlungsalternativen effizienter sind.

Dieses zweite Szenario kann auch in der Terminologie der Perspektive der politischen Opportunitätsstrukturen beschrieben werden: es handelt sich um eine Situation, in der der Zugang zur Regierung relativ offen und damit in hohem Maße *politische Opportunitätsstrukturen* vorliegen. In dieser Situation ist Protest eher nicht zu erwarten ist (Eisinger 1973). Eisinger befasst sich nicht mit der Wirkung von Identifikation mit der Gemeinde oder Region auf Protest. Es ist aber plausibel, dass dann, wenn die politischen Opportunitätsstrukturen relativ offen sind, eine hohe Identifikation mit einer Region eher Protest vermindert. Kurz zusammengefasst: im Standard-Szenario der Literatur über soziale Bewegungen existiert ein Gegner – also eine Außengruppe, gegen die sich Aktionen richten; im zweiten Szenario gehören diejenigen, an die sich Forderungen richten, zur Eigengruppe.

Welche Wirkungen sind zu erwarten, wenn sich Mitglieder solidarischer Gruppen mit einer Gruppe identifizieren, die in der Hierarchie höher einzustufen ist? Wir vermuten, dass diejenigen, die sich mit einer Gruppe höherer Ordnung identifizieren, ebenfalls die Beziehungen zu Politikern nutzen werden, um Probleme zu lösen und entsprechend nicht an Protesten teilnehmen oder Proteste organisieren werden. D.h. diejenigen, die in einer Region wohnen, die ein Beispiel für das zweite Szenario ist, und sich z.B. stark mit Deutschland oder Europa identifizieren, werden ebenfalls von Protesten absehen. Unsere Hypothese – man könnte sie *Solidaritätshypothese* nennen – kann in folgender Wiese formuliert werden:

Hypothese 5: Wenn Personen Mitglieder solidarischer Gruppen sind, dann vermindert Identifikation mit diesen Gruppen und mit Gruppen höherer Ordnung Protest.

---

[97] In Hamburg gibt es viele Bürgervereine dieser Art. Siehe z.B. http://www.bergedorf.de /vereine/bva

Die Solidaritätshypothese impliziert, dass keineswegs immer ein positiver Effekt von Identifikation auf Protest vorliegen muss, wie die Identitätshypothese behauptet. Unser Datensatz besteht z.B. aus Mitgliedern einer solidarischen und nicht-solidarischen Gruppe, wie unten gezeigt wird. Der Gesamteffekt von Identifikation hängt von der Zusammensetzung der Stichprobe ab. Wenn die Solidaritätshypothese zutrifft, ist bei unserem Datensatz nur eine geringe – positive oder negative – Beziehung zwischen Identifikation und Protest zu erwarten.

Identifikation als Determinante der Anreize für Protest. Wenn man sich mit einer Gruppe identifiziert, dann hat dies nicht nur einen direkten Effekt auf Protest, sondern auch indirekte Effekte auf die Faktoren, die Bedingungen für Protest sind. So nimmt die Theorie der sozialen Identität an, dass unter bestimmten Bedingungen diejenigen, die mit dem Status ihrer Gruppe unzufrieden sind, weder abwandern noch protestieren, sondern „kognitive Restrukturierung" wählen (siehe z.B. Tajfel und Turner 1986). Eine solche „kognitive Restrukturierung" könnte auftreten, wenn diejenigen, die unzufrieden mit der Situation ihrer Gruppe sind, sich mit ihrer Gruppe identifizieren. Wir vermuten, dass diese Personen unzufriedener mit der Situation der Gruppe sind als diejenigen, die sich weniger stark mit ihrer Gruppe identifizieren. Hohe Identifikation motiviert in besonderem Maße dazu, sich mit der Situation der Gruppe zu befassen. Dabei wird man vermutlich sein Augenmerk insbesondere auf Probleme der Gruppe richten: wer mit einer Gruppe besonders verbunden ist, wird auch besonders sensibel für Probleme der Gruppe sein. Entsprechend sagen wir voraus, dass hohe Identifikation mit einer Gruppe zu hoher Unzufriedenheit mit der Gruppensituation führt. Da diejenigen, die sich stark mit LE-Bewohnern identifizieren, dieser Gruppe besonders nahe stehen, erwarten wir, dass die Identifikation mit Gruppen niedriger Ordnung einen stärkeren Effekt auf Unzufriedenheit hat als Identifikation mit Gruppen höherer Ordnung (also Kosmopolitismus). Unsere Hypothese lautet entsprechend:

Hypothese 6: Je stärker sich Personen mit einer Gruppe identifizieren, desto höher ist ihre Unzufriedenheit mit der Situation der Gruppe. Identifikation mit Gruppen höherer Ordnung hat einen geringern Effekt auf Unzufriedenheit als Identifikation mit Gruppen geringerer Ordnung.

Wir vermuten weiter, dass Identifikation mit einer Gruppe eine Wirkung auf den wahrgenommenen politischen Einfluss hat. Diejenigen, die sich in hohem Maße mit einer Gruppe identifizieren, sind am meisten an Ereignissen interessiert, die die Gruppe unmittelbar betreffen. Dieses besondere Interesse an der Situation der Gruppe wird dazu führen, dass man sich auch über die Situation der Gruppe in besonderem Maße informiert. Wenn wir davon ausgehen, dass politischer Einfluss eine Funktion politischer Information und auch von politischem Interesse ist, dann ist zu erwarten:

> *Hypothese 7:* Hohe Identifikation mit einer Gruppe hat einen positiven Effekt auf wahrgenommenen politischen Einfluss im Hinblick auf die Aktivitäten, die die Gruppe unmittelbar betreffen und einen negativen Effekt auf generellen politischen Einfluss, der sich auf Gruppen höherer Ebene bezieht.

Entsprechend erwarten wir, dass LE-Identifikation einen negativen Effekt auf generellen wahrgenommenen politischen Einfluss hat, der also über die unmittelbare Region hinausgeht. Dagegen ist zu erwarten, dass Kosmopolitismus einen positiven Effekt auf generellen politischen Einfluss hat.

Ist zu erwarten, dass die Identifikation mit einer Region einen Einfluss auf die wahrgenommene Verpflichtung, sich zu engagieren, also auf die Akzeptierung einer Protestnorm, hat? Wenn generell Identifikation ein Anreiz für Protest ist und wenn Identifikation zu einer größeren Sensibilität für die Bedrohung einer Gruppe führt, dann wird auch die wahrgenommene Verpflichtung, sich zu engagieren, besonders stark sein. Dies ist deshalb zu erwarten, weil Protestnormen konditional sind. Insbesondere fühlen sich Personen besonders zu Engagement verpflichtet, wenn Unzufriedenheit hoch ist (Jasso und Opp 1997). Ein anderes Argument stützt diese Hypothese: wenn eine starke Identifikation mit einer Gruppe damit zusammenhängt, dass man ein besonderes Interesse an dem Wohlergehen der Gruppe hat, dann ist es konsonant, wenn sich eine internalisierte Norm herausbildet, die Unterstützung der Gruppe fordert, wenn diese bedroht wird.

> *Hypothese 8:* Je stärker die Identifikation mit einer Gruppe ist, desto stärker ist die Akzeptierung einer Protestnorm.

Wir vermuten also, dass sowohl LE-Identifikation als auch Kosmopolitismus einen positiven Effekt auf Protest haben.

Es ist wenig plausibel, dass die Identifikation zu Mitgliedschaft in der betreffenden Gruppe führt. Der Grund ist, dass Mitgliedschaft relativ kostspielig ist. Identifikation ist vermutlich nur ein schwacher Anreiz für Protest, der nicht stark genug ist, auch noch die Kosten einer Mitgliedschaft zu tragen. Wir werden prüfen, ob diese Annahme zutrifft.

Protest und Protestanreize als Ursachen von Identifikation. Die empirische Forschung zeigt, dass sich Personen verändern, wenn sie protestieren. In diesem Zusammenhang ist von Interesse, inwieweit Protest die Identifikation mit einer Gruppe beeinflusst. In der Literatur über soziale Bewegungen wird ein solcher Einfluss bejaht (siehe z.B. Calhoun 1991; Klandermans 1992). So behauptet

Teske, dass Aktivisten „develop certain identities for themselves. This is the identity-construction approach to political activism" (Teske 1997). Darüber hinaus führt Aktivismus zu fundamentalen Veränderungen in den kognitiven Überzeugungen, Werten, Normen und Einstellungen der Aktivisten (Teske 1997, Kapitel 4). Was genau diese Wirkungen sind, „varies widely from activist to activist" (S. 123). Drei Konsequenzen werden besonders hervorgehoben: eine ist die Entwicklung intensiver Beziehungen mit anderen Aktivisten (S. 122-123). In der Terminologie unseres Modells bedeutet dies: je häufiger Personen protestieren, desto eher werden sie Mitglied politischer Gruppen. Eine zweite Konsequenz ist, dass sich neue emotionale Bindungen an andere Individuen und Gruppen, d.h. Gruppenidentifikationen, bilden. Der Autor betont weiter die „moralische Bedeutung" („moral meaning") des Aktivismus. In der Terminologie unseres Modells bedeutet dies, dass Aktivismus zur Entstehung wahrgenommener moralischer Verpflichtungen führt, sich zu engagieren. Zur Ableitung seiner Hypothesen wendet der Autor keine Theorie an. Auch die Literatur über Identität und soziale Bewegungen liefert keine theoretischen Begründungen für ähnliche Hypothesen.

Lässt sich die Rational-Choice-Theorie zur Formulierung solcher Hypothesen anwenden? Aus dieser Perspektive sind Rückwirkungen von Protest auf kognitive Überzeugungen und Einstellungen plausibel: Personen sind oft nicht vollständig über die Konsequenzen ihres Handelns informiert. Wenn sie eine Handlung ausführen und wenn die tatsächlich aufgetretenen Konsequenzen nicht den Erwartungen entsprechen, besteht ein Anreiz, ihre kognitiven Überzeugungen auf den neusten Stand zu bringen. Weiter ruft die Ausführung einer Handlung oft kognitive Dissonanz oder Konsonanz hervor. Die „effort-justification"-Hypothese beschreibt eine solche Situation. Die Idee ist, dass „people love what they suffer for" (Eagly und Chaiken 1993). Mit anderen Worten: "the expenditure of effort increases the value placed upon the end sought" (Milburn und Christie 1990). Diese Hypothese wurde in einer Untersuchung über die Proteste in Leipzig im Jahre 1989 bestätigt: es zeigte sich, dass diejenigen, die sich im Jahre 1989 besonders stark bei den Protesten gegen das SED-Regime engagiert haben, zufriedener mit den Resultaten der Proteste und damit der Revolution waren als diejenigen, die sich nicht engagiert haben (Opp 1998).

Wir können diese Hypothese auf Personen anwenden, die für eine Gruppe protestieren. „People love what they suffer for" könnte bedeuten, dass Personen die Gruppe positiver bewerten, wenn sie sich für die Gruppe engagiert haben. Warum? Jede Gruppe hat einige Merkmale, die ein Individuum, das für eine Gruppe protestiert, weniger positiv bewertet als andere Merkmale. Wenn eine Person beim Protest für eine Gruppe hohe Kosten auf sich genommen hat, dann ist dies dissonant mit der Tatsache, dass die Gruppe negative Eigenschaften hat.⁹⁸ Diese Dissonanz kann in zweierlei Weise vermindert werden: erstens könnte die Person die Kosten des Protests herunterspielen, d.h. als gering ansehen. Je größer aber die Kosten sind, desto weniger ist zu erwarten, dass diese Alternative gewählt wird, denn dies würde eine starke Realitätsverzerrung nach sich ziehen und somit neue Dissonanz hervorrufen. Eine zweite Alternative ist „einfacher": man findet die Gruppe attraktiver. Wir erwarten deshalb, dass Protest zur Unterstützung einer Gruppe einen positiven Effekt auf die Identifikation mit der betreffenden Gruppe hat.

Dieses Argument gilt, wie gesagt, wenn die Kosten einer Handlung für eine Gruppe hoch sind. Wenn jedoch Protest eine Handlung mit niedrigen Kosten – wie in unserem Projekt – ist, ist es nicht dissonant, wenn man für eine Gruppe protestiert, der man einige negative Eigenschaften zuschreibt. Wir erwarten entsprechend, dass in unserer Studie Protest nur einen geringen oder vielleicht auch überhaupt keinen Effekt auf Identifikation hat.

Erhöht Protest zur Unterstützung einer Gruppe auch die Identifikation mit Gruppen höherer Ordnung? Ist z.B. zu erwarten, dass Protest für die Verbesserung der Lebensbedingungen in Leipzig auch die Identifikation mit Gruppen höherer Ordnung wie Deutschland oder Europe erhöht? Angenommen, Protest für Leipzig ist sehr kostspielig und die Identifikation mit Leipzig ist hoch; zur gleichen Zeit werden Sachsen negative Eigenschaften zugeschrieben. Da Leipzig eine Subgruppe von Sachsen ist, würde eine unterschiedliche Bewertung von Leipzig und Sachsen wiederum Dissonanz hervorrufen. Wir erwarten deshalb, dass die Ausführung kostspieliger Handlungen zugunsten einer Gruppe die positive Bewertung dieser Gruppe und anderer Gruppen höherer Ordnung erhöht. Fassen wir zusammen:

> *Hypothese 9:* Je größer die Kosten von Protest zugunsten einer Gruppe sind, desto größer ist die Wahrscheinlichkeit, dass Protest einen positiven Effekt auf die Identifikation mit der Gruppe und mit Gruppen höherer Ordnung hat.

Der oben beschriebene Mechanismus – die Dissonanz hoher Kosten von Protest und die Wahrnehmung negativer Eigenschaften der Gruppe, für die man protestiert, führen zur positiveren Bewertung der Gruppe – impliziert, dass die Ausführung von Protesthandlungen zu Identifikation führt, wie in Hypothese 9 behauptet wird. Dieser Mechanismus impliziert aber auch, dass die Kosten

---

[98] Ein ähnliches Argument findet man bei Aronson und Mills (1959). In einem Experiment zeigten die Autoren, dass die Schwierigkeit, Mitglied einer Gruppe zu werden, positiv mit der Bindung an die Gruppe korreliert. Wir vermuten, dass die Schwierigkeit, in eine Gruppe einzutreten, einen ähnlichen Effekt wie die Ausführung kostspieliger Handlungen zugunsten einer Gruppe hat.

– und dies schließt die Nutzen ein –, d.h. starke *Anreize* für Protest, zu Identifikation führen. Wir erwarten deshalb auch:

> *Hypothese 10:* Je stärker die Anreize für Protest sind, desto stärker identifiziert man sich mit der Gruppe, die durch die Proteste unterstützt werden soll.

D.h. sowohl hohe Kosten von Protest als auch starke positive Anreize (d.h. ein hoher Nettonutzen) für Protest führen zu einer Identifikation mit der Gruppe, zu deren Gunsten protestiert wird.

Abbildung VII.1.2: Eine Zusammenfassung der Hypothesen

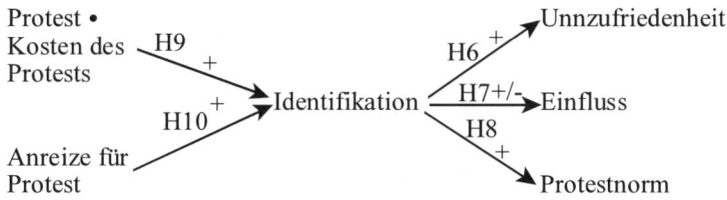

Eine Zusammenfassung des Modells. Die vorangegangenen Hypothesen – außer den Hypothesen über Identifikation mit Gruppen höherer Ordnung – sind in Abbildung VII.1.2 zusammengefasst. Wir unterscheiden zwei Teilmodelle. Protest ist die abhängige Variable im *Protestmodell.* Die Identitätshypothese behauptet einen positiven additiven Effekt von Identifikation mit einer Gruppe auf Protest zur Unterstützung der Gruppe (Hypothese 1). Unter bestimmten Bedingungen ist jedoch die Wirkung von Identifikation negativ (Hypothese 5). Wenn die Identitätshypothese zutrifft, dann gilt Hypothese 1 (die Identitätshypothese nicht); die Wirkung von Identifikation hängt vielmehr von der Art der Gruppe ab. Weiter wirken andere Anreize – Unzufriedenheit und Einfluss, Akzeptierung einer Protestnorm und Mitgliedschaft in politischen Gruppen – auf Protest (Hypothese 2). Es werden weiter drei Interaktionseffekte angenommen (Hypothesen 3 bis 5): Identifikation hat einen besonders starken Effekt, wenn Unzufriedenheit und wahrgenommener politischer Einfluss hoch sind; weiter hat Identifikation einen negativen Effekt auf Protest, wenn Personen Mitglied in solidarischen Gruppen sind.

Im zweiten „Modell mit Identifikation und Anreizen" geht es um die Ursachen und Wirkungen von Identifikation auf die Anreize. Die erste Annahme lautet, dass Identifikation mit einer Gruppe hoch ist, wenn Personen Protesthandlungen ausführen, die mit hohen Kosten verbunden sind (Hypothese 9), und wenn die Anreize für Protest stark sind (Hypothese 10). Identifikation mit einer Gruppe hat drei Wirkungen: auf Unzufriedenheit, persönlichen politischen Einfluss (der unter bestimmten Bedingungen positiv und negativ wirkt) und Akzeptierung einer Protestnorm (Hypothesen 6 bis 8).

Inwieweit ist die Identitätshypothese empirisch bestätigt?

Obwohl die Identitätshypothese generell akzeptiert wird, gibt es erstaunlicherweise nur wenige Untersuchungen, in denen ein Mikromodell, das aus Protestverhalten, Identifikation und anderen Variablen besteht, überprüft wird. Allerdings könnte man behaupten, dass die Anzahl empirischer Untersuchungen nicht wichtig ist, sondern eher die Strenge der Prüfungen und das Ausmaß, in dem die Identitätshypothese in diesen Untersuchungen bestätigt wird. Und das scheint weitgehend der Fall zu sein: die vorliegenden Studien bieten – so wird behauptet - eine „überwältigende" („overwhelming") Unterstützung der Identitätshypothese, d.h. der Annahme, dass „a strong identification with a group makes participation in collective political action on behalf of that group more likely" (Klandermans 2004). Ist die Bestätigung der Identitätshypothese wirklich so „überwältigend"? Im Folgenden wollen wir vier empirische Untersuchungen diskutieren und dabei folgende Fragen stellen: (1) Wird in den Studien Verhalten oder nur die Verhaltensabsicht bzw. Verhaltensbereitschaft erklärt?

Die Identitätshypothese bezieht sich auf Verhalten, und ein strenger Test der Hypothese muss deshalb Verhalten als abhängige Variable enthalten. (2) Messen die Studien Identifikation oder Identität in ähnlicher und auch in befriedigender Weise, so dass wir sicher sein können, dass dieselben Hypothesen geprüft werden und dass die Studien wirklich einen Test darstellen? (3) In welchem Ausmaß bestätigen die Studien die Identitätshypothese? Wir diskutieren die Untersuchungen in alphabetischer Reihenfolge.

Kelly und Breinlinger 1996. Die Autoren führten zwei Untersuchungen durch: eine über die Partizipation in Gewerkschaften, eine andere über Partizipation mit dem Ziel, Veränderungen in Geschlechtsbeziehungen durchzusetzen. Die erste Studie basierte auf einer schriftlichen Befragung von 350 Personen, die Mitglieder einer lokalen Regierungsbehörde in London waren. Leider enthält das Buch (Kelly und Breinlinger 1996) keine detaillierten Informationen über die Messung von Identifikation. Nur in einem Artikel (Kelly und Kelly 1994) wird erwähnt, dass Gruppenidentifikation „z.B." gemessen wird durch den Indikator „I identify strongly with the union". Es wird nicht diskutiert, welche Bedeutung die Befragten dem Ausdruck „identify" zuschreiben. Die Verwendung des Ausdrucks „identifizieren" in einem Fragebogen erscheint wenig sinnvoll. Man sollte in einer Befragung einen Ausdruck vermeiden, den sogar Wissenschaftler in unterschiedlicher oder unklarer Bedeutung verwenden. Es ist weiter unklar, für welche Definition von „Identität" oder „Identifikation" die genannte Messung ein Indikator ist. Schließlich ist problematisch, dass die Autoren die Partizipations*absicht*, also nicht tatsächliche Partizipation, erklären (S. 59). Bezüglich der Ergebnisse stützt die multivariate statistische Analyse, die mehrere Determinanten der Partizipationsabsicht enthält, die Identitätshypothese – wenn man sie für Handlungsabsichten formuliert.

Die Autoren führen weiter eine Panelstudie durch, in der Fragebögen an mehr als 120 Frauengruppen verteilt werden. Welle 1 bestand aus 6120 Fragebögen. Die erste Identifikationsvariable bezieht sich auf die „self-perception as an activist, where respondents rated the extent to which they would describe themselves as ‚someone who is actively involved in promoting women's issues'. This latter measure provides an indication of identification as an activist" (S. 65). Es ist kaum überraschend, dass eine unabhängige Variable, die aus einer Selbstbeschreibung als jemand, der an Protesthandlungen teilnimmt („Aktivist"), mit tatsächlichem Verhalten korreliert. Ein solcher Indikator ist kaum ein sinnvolles Maß für Identifikation. Die andere Messung bezieht sich auf „gender identity" im dem Sinne, dass man sich mit Frauen verbunden fühlt „feel close to women" (siehe S. 189), ist also zum Teil identisch mit unserer eigenen Messung.

Wie nicht anders zu erwarten, hat die Selbstbeschreibung als Aktivist einen starken Effekt sowohl auf die Partizipationsabsicht als auch auf Partizipationsverhalten (S. 72). Geschlechtsidentität (Verbundenheit mit Frauen) hat den erwarteten starken Effekt auf verschiedene Maße für die Partizipationsabsicht

(S. 69). Wenn aber Identifikation als Aktivist und Geschlechtsidentität gleichzeitig Bestandteil einer Regressionsgleichung mit tatsächlicher berichteter Partizipation als abhängige Variable sind, hat Geschlechtsidentität keinen signifikanten Effekt mehr auf die tatsächliche Partizipation (S. 72). Es besteht eine Wirkung auf Partizipationsabsicht zum ersten Zeitpunkt (S. 72). Es ist ein Mangel der statistischen Analyse, dass bei der Analyse der Paneldaten nicht die zeitverzögerte abhängige Variable konstant gehalten wird (siehe Tabelle 3.6 auf S. 72), so dass als nicht die Wirkung von Identifikation auf die *Veränderung* der Partizipation oder Partizipationsabsicht ermittelt wird (Finkel 1995) . Generell scheint es, dass Identifikation einen stärkeren Effekt auf Verhaltensabsicht als auf tatsächliches Verhalten hat. Die Autoren fanden weiter eine Bestätigung für einen Interaktionseffekt von Identifikation mit kollektiver relativer Deprivation und politischem Einfluss, aber die Beziehungen waren nicht besonders stark. Außerdem bieten die Autoren auch keine theoretische Begründung für die Interaktionseffekte.

De Weerd und Klandermans 1999. Die Autoren erklären „action preparedness" und politisches Handeln einer Zufallsauswahl von 168 holländischen Landwirten gegen Maßnahmen der Regierung und der Europäischen Union. Vier Komponenten der Identität werden unterschieden, aber wir werden uns nur mit der dritten affektiven Komponente befassen, die sich auf „the degree of attachment to the group or category" (S. 1077) bezieht. Dieser Identifikationsbegriff wird auch in diesem Buch verwendet. Die Hypothese der Verfasser ist, dass diese Komponente den stärksten Effekt auf die abhängigen Variablen hat.

„Eigengruppen-Identifikation" („ingroup identification") wurde gemessen, indem Bauern gefragt wurden, "whether they identified strongly with other farmers (yes/no)" (S. 1080). Wie bereits gesagt, erscheint es nicht sinnvoll, einen so unklaren und mehrdeutigen Ausdruck wie „Identifikation" in einem Fragebogen zu verwenden. Weiter wurde ermittelt: Identifikation mit anderen Gruppen („outgroup identification"), freiwillige Gruppenmitgliedschaft und Identifikation mit Bauern unterschiedlicher regionaler Ebenen (Region, Nation, Europa). Schließlich enthielt die multivariate Analyse einige weitere Variablen, von denen man einen Effekt auf „willingness to participate" erwartete.

Eine Querschnittsanalyse der ersten Welle des Panels mit der abhängigen Variablen „Partizipationsbereitschaft" zeigte einen statistisch signifikanten standardisierten Regressionskoeffizienten für Identifikation von Beta = .17, aber andere Variablen hatten stärkere Effekte. Eine Querschnittsanalyse der zweiten Welle ergab keinen signifikanten Effekt von Gruppenidentifikation (Tabelle 5). Eine Querschnittsanalyse der ersten Welle mit Protestverhalten zeigt ebenfalls keinen signifikanten Effekt von Gruppenidentifikation. In der Panelanalyse, in der Gruppenidentifikation in einer früheren Welle als Protest gemessen wurde, war Identifikation ebenfalls nicht signifikant (Tabelle 6).

In einem späteren Artikel (Klandermans 2002) bezieht sich Klandermans auf dieselben Daten und behauptet: „Most probably, there is a circular relationship. Group identification makes participation in protest more likely, and in turn participation intensifies group identification" (S. 892). Detaillierte Datenanalysen werden nicht präsentiert.

Mühler und Opp 2004. In der ersten Welle der vorliegenden Untersuchung wurde geprüft, inwieweit ein Zusammenhang zwischen der Identifikation mit Sachsen und Protest besteht. „Identifikation" wurde in der früher beschriebenen Weise gemessen – also mit Fragen danach, inwieweit man sich als Sachse „fühlt" und inwieweit man „stolz" ist, Sachse zu sein. Weiter wurde gefragt, wie *wichtig* es für die Befragten ist, Sachse zu sein. In einer multivariaten Analyse mit Protestverhalten als abhängige Variable wurde der Einfluss von Identifikation mit Sachsen, der Wichtigkeit (d.h. Salienz) dieser Identifikation, eines Interaktionsterms aus Identifikation und Wichtigkeit, und einer Reihe anderer Determinanten von Protest geprüft. Es zeigte sich, dass die additiven Variablen „Identifikation mit Sachsen" und „Wichtigkeit der Identifikation" negative Effekte hatten: d.h. hohe Identifikation und Salienz der Identifikation führten zu geringen Protesten; der Interaktionsterm hatte jedoch einen positiven Effekt (siehe im einzelnen Mühler und Opp 2004, Kapitel VIII.1). Dies bedeutet: wenn die Wichtigkeit der Identifikation sehr hoch ist, dann steigt Protest bei steigender Identifikation.; aber für die meisten – geringeren – Werte der Wichtigkeit der Identifikation gilt: zunehmende Identifikation vermindert Protest. Die Erklärung der Autoren lautet, dass es einen Solidaritätseffekt gibt: ist die Salienz der Identifikation nicht so stark, dann gibt man den Gegnern sozusagen eine zweite Chance. Nur wenn die Salienz der Identifikation hoch ist, führt starke Identifikation zu „voice". Diese Untersuchung bietet also keine Bestätigung der Identitätshypothese.

Simon et al. 1998. Diese Studie zeigt die beste Bestätigung der Identitätshypothese – wenn man sie für Partizipationsabsicht formuliert. Die Autoren berichten über die Ergebnisse zweier empirischer Untersuchungen. Bei der ersten Studie handelt es sich um eine Umfrage bei 95 registrierten Mitgliedern der Seniorenorganisation „Graue Panther". „Identifikation" wird gemessen durch Indikatoren, die sich auf ältere Leute generell und auf die Grauen Panther im besonderen beziehen. Indikatoren für die Identifikation mit älteren Leuten schließen ein „I feel strong ties with other older people", „I identify with the group of old people", „In many respects, I am like most other old people". Die Identifikation mit den Grauen Panthern wurde gemessen, indem "old people" durch "Grey Panthers" ersetzt wurde. Die Indikatoren, die sich auf die Ähnlichkeit beziehen, sind plausibel, wenn man annimmt, dass Ähnlichkeit und emotionale Bindung korrelieren. Eine multivariate Regressionsanalyse mit anderen Determinanten der Partizipationsabsicht ergibt einen signifikanten

Effekt der Identifikation, aber dieser Effekt ist geringer als der der anderen Determinanten in der Regressionsgleichung.

Bei der zweiten Untersuchung handelt es sich um eine Befragung von 117 homosexuellen Männern, die in Treffen von Homosexuellen-Gruppen oder in entsprechenden Cafés in San Diego und San Francisco rekrutiert wurden. Wiederum wird „willingness to participate" erklärt, aber die Autoren messen auch das Ausmaß, in dem die Befragten bereits Handlungen, für die die Handlungsabsicht ermittelt wurde, ausgeführt haben. Diese Handlungsvariable wird als Kontrollvariable in die Gleichungen mit der abhängigen Variable „Handlungsabsicht" einbezogen. Wiederum wurden zwei Arten der Identifikation gemessen: Identifikation mit Homosexuellen allgemein und mit der Homosexuellen-Bewegung. Die Indikatoren sind denen der vorher beschriebenen Studie sehr ähnlich, aber einige Indikatoren sind neu wie z.B. die Furcht vor Sanktionen oder ob man versucht, seine Homosexualität zu verbergen. In multivariaten Analysen finden die Autoren wiederum signifikante Effekte der Identifikation mit der Homosexuellen-Bewegung auf die Handlungsbereitschaft.

Resümee. Man kann wohl kaum behaupten, dass die analysierten Studien eine „überwältigende" Bestätigung der Identitätshypothese darstellen. Die meisten Studien verwenden die Handlungsabsicht bzw. Handlungsbereitschaft und nicht tatsächliches Handeln als abhängige Variable. Nur wenige Studien testen also die Identitätshypothese, in der Verhalten abhängige Variable ist. Weiter enthalten einige Studien problematische Messungen wie z.B. die Verwendung des unklaren und mehrdeutigen Wortes „identifizieren" in den Interviewfragen; problematisch ist auch die Selbstbeschreibung als Aktivist zur Messung von Identifikation. Wenn wir trotz der problematischen Messungen die Studien als Test der Identitätshypothese betrachten, so finden wir klare Widerlegungen dieser Hypothese.

Es ist weiter bemerkenswert, dass die Überprüfung der Hypothesen über die Wirkungen von Identifikation auf Protest relativ einfach ist: die Existenz von Interaktionseffekten wird selten überprüft, und Rückwirkungen werden nur einmal angesprochen, ohne dass allerdings die Daten präsentiert werden. All dies zeigt, dass weitere theoretische und empirische Studien über die Wirkungen von Identifikation auf Protest dringend erforderlich sind.

Die Messung der Variablen

Die Indikatoren, die wir zur Messung der Variablen unseres Erklärungsmodells verwendet haben, sind in Tabelle VII.1.1 aufgeführt. Im Folgenden soll die Tabelle kurz kommentiert werden. Bei der Messung von *Protest* – eine der wichtigsten abhängigen Variablen – wurden die Befragten gebeten anzugeben, inwieweit sie vier politische Handlung in den letzten beiden Jahren ausgeführt haben (siehe die Tabelle). Wichtig ist, dass u.a. abgefragt wurde, ob die Handlungen „nicht in Frage" kamen oder ob sie „das überlegt, aber nicht gemacht" haben. Unsere Hypothese lautet, dass bei sehr schwachen Anreizen für Protest überhaupt nicht in Betracht gezogen wird. Bei steigenden Anreizen überlegt man zuerst, ob man sich engagieren soll. Erst in einem nächsten Schritt wird eine Handlung ausgeführt.

Tabelle VII.1.1:   Die Messung der Variablen

Name der Variablen	Bedeutung der Variablen und deren Wertebereich
Engagement in der Region	
Protest	Teilnahme an und Organisation von (1) Unterschriftensammlungen und (2) Demonstrationen, (3) Mitarbeit in einer Bürgerinitiative, (4) Tragen von Plaketten, Aufklebern etc. mit politischem Inhalt. Antwortmöglichkeiten: kam für mich nicht in Frage (1); habe ich überlegt, aber nicht gemacht (2), habe ich einmal gemacht (3), habe ich mehrmals gemacht (4); 1-4.
Konventionelle Partizipation	Sich im Wahlkampf für eine Partei oder einen Kandidaten einsetzen, in einer Partei mitarbeiten; Antwortmöglichkeiten wie bei Protest; 1-4.
Spenden für die Region	Häufigkeit von Geldspenden für sächsische Kultureinrichtungen; Antwortmöglichkeiten von „nein, noch nie" bis „ja, mache ich regelmäßig"; 1-5.
Mitarbeit in lokalen Gruppen	Stunden pro Monat, die man in lokalen Gruppen verbringt und finanzieller Betrag pro Monat für Gruppen. Beide Variablen wurden auf denselben Wertebereich transformiert und addiert. Wertebereich von 0 bis maximal 0,67. Die Variable betrifft nur Personen, die Mitglieder in Gruppen sind (N zwischen 494 und 570).
Faktoren des Erklärungsmodells	
Identifikationsvariablen	Ausmaß, in dem sich die Befragten als Leipziger/Erzgebirger "fühlen" und "stolz" sind, Leipziger etc. zu sein (LE-Identifikation, „LE" für Leipzig-Erzgebirgskreis). Weiter wurde in diesem Kapitel die Kosmopolitismus-Skala verwendet (Ausmaß, in dem sich die Befragten als Deutsche und Europäer „fühlen" oder „stolz" sind, Deutsche bzw. Europäer zu sein). Je Region wurden die „fühlen"- und „stolz"-Indikatoren addiert und durch zwei dividiert. Siehe genauer Kapitel III. In den hier berechneten Modellen wurden die Skalen zentriert (d.h. jeweils die Abweichung vom Mittelwert wurde verwendet). Wertebereich von -2,04 (geringster Wert) bis 2,04 (höchster Wert).

Unzufriedenheit (d.h. Wichtigkeit örtlicher Lebensbedingungen)	Wahrgenommene Wichtigkeit von verschiedenen Lebensbedingungen (z.B. Einkaufsmöglichkeiten, Sportangebot, Gesundheitsversorgung, öffentliche Verkehrsmittel, oder saubere Luft); Antwortmöglichkeiten von völlig unwichtig (1) bis sehr wichtig (5); 1-5. (Annahme: hohe Wichtigkeit bedeutet hohes Anspruchsniveau an die Lebensbedingungen und damit hohe Unzufriedenheit).
Politischer Einfluss	Indikatoren: (1) Politiker kümmern sich nicht viel darum, was Leute wie ich denken; (2) Neben dem Wählen gibt es keinen anderen Weg, um Einfluss darauf zu nehmen, was die Regierung tut; (3) Leute wie ich haben so oder so keinen Einfluss darauf, was die Regierung tut; (4) Die ganze Politik ist so kompliziert, dass jemand wie ich gar nicht versteht, was vorgeht; Antwortmöglichkeiten von „trifft voll zu" (1) bis „trifft überhaupt nicht zu" (5). Hohe Werte bedeuten hohen Einfluss; 1-5.
Akzeptierung einer Protestnorm	Grad, in dem man glaubt, dass wichtige Dritte (Familie, Freunde u.a.) erwarten, dass man sich politisch engagiert (z.B. an Demonstrationen oder Unterschriftensammlungen für die Region teilnimmt); Antwortmöglichkeiten von „in geringem Maße oder überhaupt nicht" (1) bis „in sehr hohem Maße" (5); 1-5.
Spendenerwartung	Grad, in dem man glaubt, dass wichtige Dritte erwarten, dass man für die Erhaltung regionaler Kulturgüter spendet; Antwortmöglichkeiten wie bei „Akzeptierung einer Protestnorm"; 1-5.
Erwartung von Mitarbeit in regionalen Gruppen	Grad, in dem man glaubt, dass wichtige Dritte erwarten, dass man in regionalen Vereinen mitarbeitet; Antwortmöglichkeiten wie bei „Akzeptierung einer Protestnorm"; 1-5.
Mitglied in politischen Gruppen	Anzahl von Mitgliedschaften in politischen Gruppen wie politische Parteien, Gewerkschaften, Bürgerinitiativen; Wertebereich von 0 bis höchstens 5.
Wohngebiet	Leipzig (0), Mittlerer Erzgebirgskreis (1).

Wenn auch „Protest" die zentrale Variable dieses Kapitels ist, so werden wir ebenfalls prüfen, inwieweit Identifikation und weitere Faktoren auf folgende Handlungen wirken: *konventionelle Partizipation, Spenden für die Region* und *Engagement in lokalen Gruppen*. Die genannte Tabelle enthält die Operationalisierungen dieser Variablen.

Eine der zentralen unabhängigen Variablen ist die *Identifikation* mit einer Region bzw. den Bewohnern eine Region. Generell verwenden wir die Identifikation mit Leipzig bzw. Leipzigern (wenn Befragte in Leipzig interviewt wurden) und mit Erzgebirgern (wenn die Interviews im Mittleren Erzgebirgskreis durchgeführt wurden). Der Grund ist, wie gesagt, dass hierfür die theoretisch relevanten unabhängigen Variablen ermittelt wurden. Weiter wird Kosmopolitismus verwendet. Wie wir bereits früher ausführten, wird Identifikation durch Fragen danach gemessen, inwieweit man sich als Angehöriger einer Region „fühlt" oder inwieweit man „stolz" ist, Angehöriger einer Region zu sein.

Unzufriedenheit mit den Lebensbedingungen wurde gemessen, indem den Befragten eine Liste mit 16 Lebensbedingungen vorgegeben wurde. Wir gehen davon aus, dass man dann, wenn man solche Bedingungen als besonders wichtig einschätzt, den Wunsch hat, dass diese Bedingungen verbessert werden, d.h. man hat ein relativ hohes Anspruchsniveau. Wenn man also relativ viele der Lebensbedingungen als wichtig einschätzt, dann ist man relativ unzufrieden.

Die Indikatoren für den *wahrgenommenen politischen Einfluss* haben wir von anderen Umfragen übernommen. Es handelt sich um Indikatoren, die messen, inwieweit man sich generell als politisch einflussreich ansieht. Wir messen also nicht, inwieweit man glaubt, dass bestimmte Handlungen wie etwa die Teilnahme an Demonstrationen erfolgreich sind.

Die *Akzeptierung einer Protestnorm* misst das Ausmaß, in dem wahrgenommen wird, dass wichtige Dritte politisches Engagement wie die Teilnahme an Demonstrationen erwarten. Diese Variable wurde zur Erklärung von Protest und konventioneller Partizipation verwendet. Zur Erklärung von Spenden für die Region wurde entsprechend die *Spendenerwartung* (d.h. die Erwartung wichtiger Dritter, für die Erhaltung regionaler Kulturgüter zu spenden) und die *Erwartung der Mitarbeit in regionalen Gruppen* (d.h. die Erwartung wichtiger Dritter, in regionalen Vereinen mitzuarbeiten) herangezogen.

Um die *Mitgliedschaft in politischen Gruppen* zu messen, wurden die Befragten gebeten anzugeben, in welcher aus einer Liste von Gruppen sie Mitglied waren. Gruppen unterscheiden sich in dem Ausmaß, in dem die Mitglieder Protesthandlungen positiv bewerten oder ihre Ausführung ermutigen bzw. bestärken. Wir definieren eine Gruppe als „politisch", wenn zu erwarten ist, dass Protest in der Gruppe positiv bewertet oder ermutigt wird. Zu den politischen Gruppen gehören Gewerkschaften, kirchliche Gruppen, Studentenvereinigungen, politische Parteien, Bürgerinitiativen und Protestgruppen wie Umwelt- oder Friedensgruppen. Vor der Wende waren viele Personen, die dem Regime kritisch gegenüberstanden, Mitglieder in Sport- oder Freizeitgruppen. In diesen Gruppen waren relativ offene Diskussionen möglich. Wir nehmen an, dass sich diese Tradition fortgesetzt hat in dem Sinne, dass Mitglieder immer noch die Teilnahme an Protesten positiv bewerten, aber zumindest nicht ablehnen. Unsere Skala „Mitgliedschaft in politischen Gruppen" bezieht sich auf die Anzahl der Mitgliedschaften in den genannten Gruppen.

Ergebnisse

Im Folgenden wollen wir zuerst zeigen, inwieweit sich das Protestmodell (siehe Abbildung VII.1.2) bestätigt hat. Als nächstes werden wir die Ergebnisse für das Modell, in dem es um die Beziehung zwischen Identifikation und Anreizen geht, darstellen.

Die direkten Wirkungen von Identifikation

Befassen wir uns zuerst mit der Identitätshypothese: bestätigen die Daten die erwarteten additiven positiven Effekte der beiden Identifikationsvariablen (LE-Identifikation und Kosmopolitismus), zusammen mit den anderen unabhängigen Variablen – also Unzufriedenheit, Einfluss, die Interaktionsterme aus Unzufriedenheit und Einfluss, Akzeptierung einer Protestnorm und Mitgliedschaft in politischen Gruppen – auf Protest? Bei der Konstruktion des Interaktionsterms von Unzufriedenheit und Einfluss haben wir zuerst die beiden Variablen zentriert (d.h. ihr Mittelwert wurde von den Werten der Variablen für jeden Befragten subtrahiert), um die Multikollinearität zu vermindern. Dann wurden beide zentrierten Variablen multipliziert. Dieser Interaktionsterm und die beiden additiven zentrierten Variablen wurden dann in die zu prüfende Regressionsgleichung einbezogen. In derselben Weise gingen wir auch bei allen anderen Interaktionstermen vor, deren Wirkung überprüft wurde.

Betrachten wir zuerst die bivariaten Korrelationen der Modellvariablen und Protest. Für Protest von Welle 2 als abhängige Variable (siehe Tabelle VII.1.2, Spalte 2) betragen die Korrelationen der beiden Identifikationsskalen, beide gemessen in Welle 2, .08 und .13. Wir verwenden nicht die Identifikationsskalen von Welle 1, weil ihre Korrelationen mit Protest aus Welle 2 noch schwächer sind (r = .01 und .06). Nur die Korrelation des Interaktionsterms aus Unzufriedenheit und Einfluss ist niedriger. Die entsprechenden Korrelationen für Protest von Welle 3 als abhängige Variable (siehe Tabelle VII.1.3, Spalte 2) sind ähnlich niedrig. Die entsprechenden Korrelationen der Identifikationsskalen von Welle 2 sind .02 und .12, also ebenfalls niedriger als die genannten simultanen Korrelationen.

Geht man von den bivariaten Korrelationen aus, wird man kaum erwarten, dass die Effekte der Identifikationsvariablen in den multivariaten Analysen, in denen auch die anderen Modellvariablen enthalten sind, stärker werden. In Modell 1 für Protest als abhängige Variable (Tabelle VII.1.2) ist der standardisierte Koeffizient für LE-Identifikation nur 0,06, Kosmopolitismus hat dagegen überhaupt keinen Effekt (Beta = 0,02). Für Protest von Welle 3 als abhängige Variable (Modell 1 in Tabelle VII.1.3) hat LE-Identifikation sogar einen negativen statistisch signifikanten Effekt von -0,06, obwohl die entsprechende bivariate

Korrelation positiv ist. Das negative Beta ist durch Multikollinearität zu erklären. Kosmopolitismus hat wiederum keinen Effekt.

Tabelle VII.1.2: Protest (Welle 2) als abhängige Variable

Unabhängige Variablen von Welle 1 (W1) oder Welle 2 (W2)	Abhängige Variable: Protest Welle 2			
	r	1	2	3
LE-Identifikation W2	,08**	,06*	,06*	,05*
Kosmopolitismus W2	,12**	,02		
Unzufriedenheit W2	,35**	,21**	,17**	,17**
Einfluss W2	,24**	,07**	,06*	,06*
Unzufriedenheit • Einfluss W2	,05	,07**	,05*	,05*
Akzeptierung einer Protestnorm W1	,30**	,07*	,07*	,07*
Akzeptierung einer Protestnorm W2	,40**	,23**	,23**	,23**
Mitglied in politischen Gruppen W2	,22**	,12**	,12**	,12**
Protest W1	,31**	,16**	,14**	,14**
LE-Identifikation • Unzufriedenheit W2	,01			
LE-Identifikation • Einfluss W2	,17**			
Kosmopolitismus • Unzufriedenheit W2	-,04			
Kosmopolitismus • Einfluss W2	,12**			
Wohngebiet Leipzig/Mittlerer Erzgebirgksreis	-,10**		-,07*	-,07*
LE-Identifikation W2 • Wohngebiet Leipzig/Mittlerer Erzgebirgskreis	-,17**		,03	
Kosmopolitismus W2 • Wohngebiet Leipzig/Mittlerer Erzgebirgskreis	-,26**		-,14**	-,12**
R^2		,27**	,28**	,28**

Anmerkung: N=1153. Das Gesamtmodell (mit Protest von Welle 2 and Welle 3 als abhängige Variable) wurde mittels "maximum likelihood" geschätzt.
* Signikifant auf dem 0,05 Niveau, einseitige Tests (1,65 ≺ t ≤ 2,35); ** signifikant auf dem 0,01 Niveau, einseitige Tests (t ≻2,35).

Tabelle VII.1.3: Protest von Welle 3 als abhängige Variable und seine Determinanten

Unabhängige Variablen von Welle 2 (W2) oder Welle3 (W3)		Abhängige Variable: Protest Welle 3			
	r	1	2	3	4
LE-Identifikation W3	,06*	-,06**	-,008		
Kosmopolitismus W3	,13**	,006			
Unzufriedenheit W2	,33**				,10**
Unzufriedenheit W3	,34**	,18**	,13**	,13**	
Einfluss W3	,27**				
Unzufriedenheit • Einfluss W3	,05*	,09**	,08**	,08**	
Akzeptierung einer Protestnorm W3	,33**	,16**	,18**	,18**	,19**
Mitglied in polit. Gruppen W3	,17**	,06**	,06*	,06*	
Protest W2	,45**	,46**	,44**	,45**	,45**
LE-Identifikation • Unzufrieden. W3	-,03				
LE-Identifikation • Einfluss W3	,14**				
Kosmopolitismus • Unzufried. W3	-,05				
Kosmopolitismus • Einfluss W3	,007				
Wohngebiet Leipzig/ Mittlerer Erzgebirgskreis	-,21**		-,16**	-,15**	-,17**
LE-Identifikation • Wohngebiet Leipzig ...	-,17**		,01		-,06**
Kosmopolitismus W3 • Wohngebiet Leipzig ...	-,16**		-,05		
R^2		,27**	,29**	,29**	,28**

Anmerkung: N=1153. Das Gesamtmodell (mit Protest von Welle 2 and Welle 3 als abhängige Variable) wurde mittels "maximum likelihood" geschätzt.
* Signifikant auf dem 0,05 Niveau, einseitige Tests (1,65 < t ≤ 2,35); ** signifikant auf dem 0,01 Niveau, einseitige Tests (t >2,35).

Die anderen unabhängigen Variablen der Modelle von Welle 2 und 3 haben die erwarteten Wirkungen und sind statistisch signifikant. Es ist interessant, dass die Größe der Wirkungen für diese Variablen unterschiedlich für Protest von Welle 2 und 3 ist. Es ist weiter bemerkenswert, dass in beiden Modellen fast alle unabhängigen Variablen, die signifikant sind, in derselben Welle wie die abhängigen Variablen gemessen wurden. Es handelt sich also immer um simultane Effekte. Wenn man die betreffenden unabhängigen Variablen der jeweils früheren Welle einfügt, sind sie nicht signifikant.[99]

Unser theoretisches Modell besteht aus vier Interaktionstermen. Jeder von Ihnen enthält eine der Identifikationsvariablen: wir vermuteten, dass die Wirkungen jeder Identifikationsvariable auf Protest abhängt von Unzufriedenheit und wahrgenommenem politischen Einfluss. Diese vier Interaktionsterme wurden als zusätzliche Variablen in Modell 1 mit Protest von Welle 2 und Welle 3 als abhängige Variable eingefügt. Keiner der Interaktionsterme hatte einen signifikanten Effekt und kommt nicht einmal in die Nähe der Signifikanz (die Ergebnisse sind nicht in Tabellen 3 und 4 enthalten).

Ein Test der Solidaritätshypothese

Unsere Daten bestätigen, wie noch im einzelnen gezeigt wird, dass Wohnen im Mittleren Erzgebirgskreis, im Gegensatz zu Wohnen in Leipzig, ein Indikator für die Mitgliedschaft in einer solidarischen Gruppe ist, in der Identifikation einen negativen Effekt auf Protest hat. Wenn also Protest in dieser Region generell nicht als Handlungsalternative für die Lösung von Problemen angesehen wird, erwarten wir, dass „Wohnen im Mittleren Erzgebirgskreis" (mit den Werten „0" für „nein" – also Wohnen in Leipzig – und „1" für „ja") einen negativen Effekt auf Protest hat.

Die zweite Voraussage ist, dass Identifikation mit den Bewohnern von Leipzig und dem Mittleren Erzgebirgskreis unterschiedliche Wirkungen hat. Die Stadt Leipzig besteht aus einer relativ heterogenen Bevölkerung, und entsprechend fehlt eine starke Solidarität oder Kohäsion. Deshalb erwarten wir, dass die Identifikation mit Leipzig keinen oder einen positiven Effekt auf Protest hat. Wohnen im ländlichen Erzgebirgskreis dagegen sollte Protest vermindern oder zumindest einen niedrigeren Effekt haben als Identifikation mit Leip-

---

[99] Wir haben „Einfluss" von Welle 3 aus folgendem Grunde nicht in das Modell aufgenommen: die Variable hatte einen negativen Effekt auf Protest weil bei Einschluss dieser Variable eine simultane Rückwirkung von Einfluss und Protest von Welle 3 besteht. Aufgrund der typischen Multikollinearität bei solchen Rückwirkungen war der Koeffizient von Einfluss auf Protest negativ und der von Protest auf Einfluss nicht signifikant. Wenn man die Wirkung von Einfluss auf Protest eliminiert, ergibt sich ein positiver signifikanter Effekt von Protest auf Einfluss – wir werden hierauf später zurückkommen.

zig. Entsprechend ist ein (negativer) Interaktionseffekt jeder Identifikationsvariablen und der dichotomen Variablen „Wohnen im Mittleren Erzgebirgskreis" auf Protest zu erwarten. Also:

Voraussage 1: Die Variable „Wohnen im Mittleren Erzgebirgskreis" hat einen negativen Effekt auf Protest.

Voraussage 2: Bei Befragten, die in Leipzig wohnen, hat Identifikation mit Leipzig keinen oder einen schwachen positiven Effekt; bei Befragten, die im Mittleren Erzgebirgskreis wohnen, hat Identifikation mit ihrer Region einen negativen Effekt auf Protest (oder zumindest einen geringeren Effekt als Identifikation mit Leipzig bei den Leipziger Befragten). D.h. der Interaktionseffekt der beiden Identifikationsvariablen, jeweils multipliziert mit „Wohnen im Mittleren Erzgebirgskreis", ist negativ.

Wenn die Solidaritätshypothese zutrifft, dann müssten in unserer Stichprobe die Effekte der Identifikationsvariablen nahe null sein. Der Grund ist, wie gesagt, dass unsere Stichprobe aus Mitgliedern einer solidarischen und eher nicht solidarischen Gruppe besteht. D.h.:

Voraussage 3: Die Wirkungen von LE-Identifikation und Kosmopolitismus auf Protest sind nahe null.

Was spricht für die Annahme, dass der ländliche Bezirk einer solidarischen Gruppe entspricht. Wir behaupten, dass eine Gruppe dann mit hoher Wahrscheinlichkeit „solidarisch" ist, wenn die Kohäsion, die kulturelle Homogenität und die Stabilität sozialer Beziehungen hoch sind. In einer solchen Situation sind die Interaktionen zwischen verschiedenen Statusgruppen hoch; Protest ist keine Alternative, die in Betracht gezogen wird; Probleme werden durch Verhandlungen gelöst, deren Ergebnisse Kompromisse sind, die akzeptiert werden. Unsere Daten zeigen, dass der Mittlere Erzgebirgskreis – im Vergleich zu Leipzig – einer solidaririschen Gruppe nahe kommt.

(1) Unser Maß für *Kohäsion* bezieht sich auf die guten Beziehungen zu Nachbarn und Freunden, auf die Anzahl der Mitgliedschaften in nicht-politischen lokalen Gruppen und darauf, dass die Familien der Befragten eher in Sachsen als außerhalb von Sachsen wohnen. Die Indikatoren dieser Variablen, die durch Fragen in unserem Fragebogen gemessen wurden, korrelieren in jeder Welle positiv mit der Gebietsvariablen „Wohnen im Mittleren Erzgebirgskreis": die Koeffizienten für die Wellen 1 bis 3 sind 0,24, 0,28 und 0,36. Ein Indikator für Kohäsion auf der Makroebene ist der Prozentsatz der Einpersonen-

Haushalte: er beträgt 45,1 % in Leipzig und 27 % im Mittleren Erzgebirgskreis (Bundesinstitut für Bevölkerungsforschung 2003). All dies zeigt, dass die Kohäsion höher im ländlichen Gebiet als in Leipzig ist. (2) *Kulturelle Homogenität* erfasst die tägliche Kommunikation der Befragten in sächsischem Dialekt, die Selbsteinstufung als typischer Sachse und schließlich die Erfahrung normativer Erwartungen, sachsentypische Verhaltensweisen auszuführen wie Spenden zur Erhaltung sächsischer Kulturgüter. Die Korrelationen einer Skala aus diesen Indikatoren mit der Variable „Wohnen im Mittleren Erzgebirgskreis" sind positiv in jeder Welle (0,29, 0,29, 0,28 für Wellen 1, 2 und 3). Kulturelle Homogenität ist also höher im Mittleren Erzgebirgskreis als in Leipzig. (3) *Die Stabilität sozialer Beziehungen* ist relativ stark im ländlichen Gebiet: Bewohner der ländlichen Region sind häufiger in Sachsen geboren, haben mehr Zeit ihres Lebens in Sachsen verbracht und sind seltener umgezogen als Bewohner von Leipzig.

Es erscheint also gerechtfertigt, die Gebietsvariable als indirekter Indikatoren für die Mitgliedschaft in einer solidarischen Gruppe zu verwenden. Da es sich hier aber nicht um eine direkte Messung handelt, werden wir nur relativ schwache Beziehungen der Gebietsvariablen mit unseren abhängigen Variablen erwarten.

Um die Solidaritätshypothese zu prüfen, haben wir Modell 1 (siehe Tabellen VII.1.2 und VII.1.3) in folgender Weise geändert: wir eliminieren alle nicht signifikanten Variablen und fügen sowohl „Wohnen im Mittleren Erzgebirgskreis" als auch die Interaktionsterme, die aus dieser Variablen bestehen – multipliziert mit jeder der beiden Identifikationsskalen. Betrachten wir zuerst die bivariaten Korrelationen dieser neuen Variablen mit den Protestskalen von Welle 2 und 3 – siehe den untersten Teil der beiden Tabellen VII.1.2 und VII.1.3, Spalte 2. Alle Koeffizienten sind negativ und statistisch signifikant, obwohl ihre Größe nicht beeindruckend ist. Aber dies ist auch zu erwarten, da die Gebietsvariable nur ein indirektes Maß ist.

Die Ergebnisse der multivariaten Analysen finden sich als Modell 2 in den beiden genannten Tabellen. Für Protest von Welle 2 als abhängigen Variable hat die Gebietsvariablen den erwarteten negativen additiven Effekt: diejenigen, die im Mittleren Erzgebirgskreis wohnen, protestieren weniger häufig als diejenigen, die in Leipzig wohnen. Wir finden einen Interaktionseffekt mit Kosmopolitismus (Beta = -0,14) für Protest von Welle 2 als abhängige Variable. Das negative Vorzeichen des Interaktionsterms bedeutet, dass für diejenigen, die im ländlichen Gebiet wohnen, zunehmender Kosmopolitismus Protest vermindert. Dies entspricht der Solidaritätshypothese. Es besteht kein Interaktionseffekt bei dem Interaktionsterm, der aus der Identifikation niedriger Ordnung besteht. D.h. LE-Identifikation *und* Wohnen in Leipzig bzw. dem Mittleren Erzgebirgskreis hat keine Wirkung auf Protest.

Bei Protest von Welle 3 als abhängige Variable hat nur die Gebietsvariable einen statistisch bedeutsamen negativen Effekt. Der Interaktionsterm mit Kosmopolitismus hat wieder den erwarteten negativen Effekt, aber der Koeffizient liegt etwas unter der Signifikanzgrenze. In Welle 2 und in Welle 3 zeigt sich also, dass das Wohnen im ländlichen Gebiet Protest vermindert. Es liegt aber nur ein Interaktionseffekt vor.

Wir schätzten noch ein weiteres Modell für Protest von Welle 3 als abhängige Variable: anstatt Unzufriedenheit, Einfluss und „Unzufriedenheit • Einfluss" aus Welle 3 fügten wir die entsprechenden Variablen von Welle 2 ein. Alle anderen Variablen entsprechen denen von Modell 2. Modell 4 von Tabelle VII.1.3 zeigt diejenigen Variablen, die statistisch signifikant sind. Nur drei Variablen des oberen Teils der Tabelle bleiben signifikant: Unzufriedenheit von Welle 2, Protestnorm von Welle 3 und die zeitverzögerte abhängige Variable. Genau so wie in Modell 3 hat die Gebietsvariable einen signifikanten negativen Effekt. Aber dieses Mal hat „LE-Identifikation • Wohnen im Mittleren Erzgebirgskreis" den erwarteten negativen Effekt.

Obwohl Modell 4 mit dem Interaktionseffekt von LE-Identifikation und Wohngebiet eher unseren theoretischen Erwartungen entspricht als Modell 3, so ziehen wir doch Modell 3 vor. Der Grund ist dass dieses Modell theoretisch plausibler ist, weil es nicht nur einen additiven Effekt von Unzufriedenheit, sondern auch einen multiplikativen Effekt von Unzufriedenheit und Einfluss enthält. Wir können trotzdem Modell 4 als Beleg für die Existenz eines Interaktionseffekts von LE-Identifikation und Wohngebiet anführen.

Für die Solidaritätshypothese spricht weiter, dass der Effekt der Identifikationsvariablen insgesamt nur sehr gering ist (siehe Voraussage 3). Starke positive Effekte sind nur in einer nicht-solidarischen Gruppe zu erwarten.

Zur Beurteilung der Ergebnisse im Vergleich zu den theoretischen Hypothesen sollte in Betracht gezogen werden, dass die Gebietsvariable nur ein „proxy" ist. Ein idealer Test der Solidaritätshypothese erfordert individuelle Daten, die sich auf Protest als wahrgenommene Handlungsalternative beziehen und auf die Erreichbarkeit der Eliten, um Lösungen von Problemen gemeinsam zu erreichen. Ausgehend von den Problemen jeder „indirekten" Messung können wir resümieren, dass die Daten zumindest einige Evidenz für die Solidaritätshypothese liefern.

Wie verändert die Identifikation die Anreize für Protest?

Wir wollen uns nun mit den Wirkungen der Identifikationsvariablen auf die Anreize für Protest befassen. Hypothesen 6 und 7 behaupten, dass die Identifikationsvariablen einen positiven Effekt auf Unzufriedenheit haben und dass zunehmende LE-Identifikation generellen politischen Einfluss vermindert, wohingegen zunehmender Kosmopolitismus generellen politischen Einfluss erhöht. Zur Überprüfung dieser Hypothesen sind wir in folgender Weise vorgegangen.

Wir wählten als abhängige Variablen die Anreize für Protest (d.h. Unzufriedenheit, wahrgenommener Einfluss, Akzeptierung einer Protestnorm und Mitgliedschaft in politischen Gruppen) jeweils von Welle 2 (Tabelle VII.1.4) und Welle 3 (Tabelle VII.1.5). Wir prüfen also auch Wirkungen von Identifikation, die nicht Bestandteil unserer Hypothesen sind. Unabhängige Variablen sind die Identifikationsskalen und zusätzlich die anderen Anreize als Kontrollvariablen – soweit sie nicht abhängige Variablen sind. Wenn z.B. Unzufriedenheit von Welle 2 die abhängige Variable ist, dann enthält die entsprechende Regressionsgleichung die beiden Identifikationsskalen und zusätzlich Einfluss, Akzeptierung einer Protestnorm und Mitgliedschaft in politischen Gruppen von Welle 1 oder 2 als Kontrollvariablen; weiter beziehen wir, wie immer, die zeitverzögerte abhängige Variable ein (im Beispiel ist dies Unzufriedenheit von Welle 1). Tabelle VII.1.4 zeigt die Ergebnisse für die abhängigen Anreize von Welle 2, Tabelle VII.1.5 die Ergebnisse für die abhängigen Variablen von Welle 3. Abbildung VII.1.3 fasst die Ergebnisse über die Beziehungen zwischen Identifikation und Anreizen zusammen.

Hypothese 6, wonach beide Arten der Identifikation einen positiven Effekt auf Unzufriedenheit haben, wird bestätigt für Unzufriedenheit von Welle 2 als abhängige Variable; für Unzufriedenheit von Welle 3 hat nur Kosmopolitismus den erwarteten Effekt. Von den vier erwarteten Wirkungen werden also drei bestätigt. Der andere Teil der Hypothese – Kosmopolitismus, d.h. Identifikation mit Gruppen höherer Ordnung, hat einen geringeren Effekt auf Unzufriedenheit als LE-Identifikation – wird nicht bestätigt für Unzufriedenheit von Welle 2 als abhängige Variable: beide Koeffizienten sind sehr ähnlich (0,09 und 0,11). Bezüglich Unzufriedenheit von Welle 3 als abhängige Variable hat nur Kosmopolitismus einen Effekt; da LE-Identifikation keinen Effekt hat, ist die Wirkung von Kosmopolitismus höher als die von LE-Identifikation. Auch hier bestätigt sich also der zweite Teil von Hypothese 6 nicht.

Wir vermuteten weiter, dass LE-Identifikation eine negative Wirkung auf Einfluss hat (zur Erinnerung: dies ist ein allgemeines Einflussmaß), wohingegen Kosmopolitismus einen negativen Effekt hat (Hypothese 7). Der erwartete negative Effekt bestätigt sich sowohl für Einfluss von Welle 2 als auch für Einfluss von Welle 3 als abhängige Variable. Kosmopolitismus hat den erwarteten positiven Effekt nur auf Einfluss in Welle 3. D.h. drei der erwarteten vier Effekte sind bestätigt.

Tabelle VII.1.4: Indirekte Effekte von Identifikation auf die Anreizvariablen von Welle 2, bei Kontrolle der Anreizvariablen von Welle 1 und 2

Unabhängige Variablen Welle 1 (W1) oder Welle 2 (W2)	Abhängige Variablen: Anreize Welle 2			
	Unzufriedenheit W2	Einfluss W2	Protestnorm W2	Mitglied politischer Gruppen W2
Wohngebiet Leipzig/Mittlerer Erzgebirgskreis	-,06**	-,23**		
LE-Identifikation W1			-,05*	
LE-Identifikation W2	,09**			
Kosmopolitismus W2	,11**		,05*	
Unzufriedenheit W1	,46**			
Unzufriedenheit W2				,11**
Einfluss W1		,50**	,10**	
Einfluss W2	,12**			,07**
Akzeptierung einer Protestnorm W1		,09**	,37**	
Akzeptierung einer Protestnorm W2	,19**			
Mitglied politischer Gruppen W1	,08**	,05*	,07**	,47**
Mitglied politischer Gruppen W2				
Protest W1			,13**	
R^2	,40**	,40**	,25**	,28**

Anmerkung: N=1153. Das Gesamtmodell (mit Protest von Welle 2 and Welle 3 als abhängige Variable) wurde mittels "maximum likelihood" geschätzt.
*Signifikant auf dem 0,05 Niveau, einseitige Tests ($1,65 \prec t \leq 2,35$); ** signifikant auf dem 0,01 Niveau, einseitige Tests ($t \succ 2,35$).

Tabelle VII.1.5: Indirekte Effekte von Identifikation auf die Anreizvariablen von Welle 3, bei Kontrolle der Anreizvariablen von Welle 1 bis 3

Unabhängige Variablen Welle 1 (W1) oder Welle 2 (W2) oder Welle 3 (W3)	Abhängige Variablen: Anreize Welle 3		
	Unzufriedenheit W3	Einfluss W3	Protestnorm W3
Wohngebiet Leipzig/Mittlerer Erzgebirgskreis	-,05*		,14**
LE-Identifikation W3		-,10**	,17**
Kosmopolitismus W3	,14**	,10**	-,16**
Unzufriedenheit W1	,22**		
Unzufriedenheit W2	,56**		,09**
Einfluss W2	-,07**	,82**	
Einfluss W3			,21**
Akzeptierung einer Protestnorm W2			,64**
Mitglied in politischen Gruppen W2			
Mitglied in politischen Gruppen W3	,04*		,05*
Protest W2	,09**	,05*	,06*
Protest W3		,09**	
R^2	,55**	,41**	,14**

Anmerkung: N=1153. Das Gesamtmodell (mit Protest von Welle 2 and Welle 3 als abhängige Variable) wurde mittels "maximum likelihood" geschätzt.
* Signifikant auf dem 0,05 Niveau, einseitige Tests (1,65 < t ≤ 2,35); ** signifikant auf dem 0,01 Niveau, einseitige Tests (t > 2,35).

Abbildung VII.1.3: Beziehungen zwischen Identifikation und Anreizen

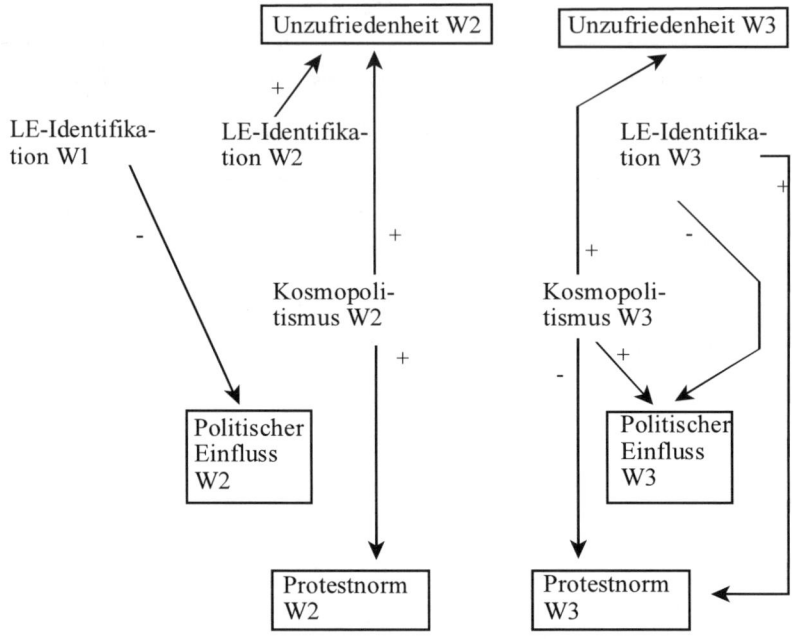

Gemäß Hypothese 8 hat Identifikation einen positiven Effekt auf die Akzeptierung einer Protestnorm. Hier zeigen die Daten einen unerwarteten negativen Effekt von Kosmopolitismus (Welle 3) auf die Akzeptierung einer Protestnorm (Welle 3). Die bivariate Korrelation ist 0,07. Das negative Vorzeichen dürfte durch Multikollinearität bedingt sein, so dass der negative Effekt nicht ernst genommen werden sollte. Weiter zeigt sich, dass nur LE-Identifikation positiv auf die Akzeptierung einer Protestnorm von Welle 2 und 3 wirkt.

Es ist unerwartet, dass die Gebietsvariable einen positiven Effekt auf die Akzeptierung einer Protestnorm in Welle 2, aber nicht in Welle 3 hat. Mit anderen Worten, Bewohner des Mittleren Erzgebirgskreises akzeptierten eine Protestnorm in relativ hohem Maße – im Gegensatz zu Bewohnern von Leipzig. Dies könnte durch Sozialisationsprozesse zu Zeiten der DDR bedingt sein. Es ist plausibel, dass persönliche Netzwerke, die dem Regime kritisch gegenüberstanden, stärker in ländlichen Gebieten verbreitet waren, so dass mit dem Entstehen einer „normativen Opposition" eher zu rechnen war.

Es könnte argumentiert werden, dass der positive Effekt der LE-Identifikation nicht konsistent mit einer solidarischen Gruppe ist, bei der Protest nicht als Alternative in Betracht gezogen wird. Dagegen ist einzuwenden, dass eine internalisierte Protestnorm nicht aktiviert werden muss, wenn Protest nicht als wirksam für die Realisierung der Ziele der Bewohner relevant erscheint. Trotzdem kann eine Protestnorm internalisiert sein.

Abbildung VII.1.3 fasst die Ergebnisse in übersichtlicher Weise zusammen. Wir zeigen nur die Wirkungen der Identifikationsvariablen auf die Anreize für Protest. Das generelle Ergebnis ist, dass klare Effekte der Identifikationsvariablen auf die Anreize bestehen: Identifikation hat Wirkungen auf Unzufriedenheit, politischen Einfluss und die Akzeptierung einer Protestnorm. D.h. die generelle These, dass Identifikation indirekte Wirkungen auf Protestverhalten – über die Anreize unseres Modells kollektiven Handelns – hat, wird bestätigt.

Protest und Anreize als Determinanten der Identifikation

Wir vermuteten, dass Protest nur geringe Wirkungen auf Identifikation hat, weil Proteste in demokratischen Gesellschaften meistens Handlungen mit niedrigen Kosten sind (Hypothese 9). Entsprechend sind auch keine besonders starken Wirkungen der Anreize von Protest auf Identifikation zu erwarten (Hypothese 10). Unsere Ergebnisse zum Test dieser Hypothesen werden in Tabelle VII.1.6 und Abbildung VII.1.4 dargestellt.

Beginnen wir mit den Wirkungen von Protest: wir finden nur einen einzigen Effekt, und zwar von Protest in Welle 1 auf LE-Identifikation von Welle 2, was mit Hypothese 9 übereinstimmt. Die Anreize haben häufiger Wirkungen auf Identifikation. Dies lässt vermuten, dass keine direkten Effekte von Protest auf Identifikation, sondern eher Effekte der Anreize sowohl auf Protest als auch auf Identifikation bestehen (Hypothese 10). Wir wollen nun diese Wirkungen genauer analysieren.

Unzufriedenheit hat drei positive Wirkungen: eine auf LE-Identifikation und zwei auf Kosmopolitismus. Politischer Einfluss hat vier Wirkungen: es bestehen zwei negative Wirkungen auf LE-Identifikation, eine positive und eine negative Wirkung auf Kosmopolitismus. Es sei daran erinnert, dass Identifikation einen positiven Effekt und Kosmopolitismus einen negativen Effekt auf unser allgemeines Einflussmaß hatte. Die Daten in der zuletzt genannten Tabelle und Abbildung zeigen, dass weiter eine Rückwirkung besteht: starker politischer Einfluss vermindert die Identifikation geringerer Ordnung und erhöht die Identifikation höherer Ordnung. Aber der negative Effekt von Einfluss auf Kosmopolitismus ist nicht konsistent mit diesem Befund. Die bivariate Korrelation von -0,09 zwischen diesen Variablen stimmt überein mit dem

Vorzeichen des Koeffizienten. Akzeptierung einer Protestnorm (Welle 2) hat positive Wirkungen auf LE-Identifikation und Kosmopolitismus; Mitgliedschaft in politischen Gruppen (Welle 3) hat positive Effekte auf dieselben abhängigen Variablen.

Tabelle VII.1.6: Wirkungen der Anreize auf Identifikation

Unabhängige Variablen Welle 1 (W1) oder Welle 2 (W2) oder Welle 3 (W3)	Abhängige Variablen: Identifikationen von Welle 2 und 3			
	LE-Identifikation W2	LE-Identifikation W3	Kosmopolitismus W2	Kosmopolitismus W3
Unzufriedenheit W1			,14**	
Unzufriedenheit W2		,05*		,07**
Einfluss W1	-,12**			
Einfluss W2	-,06*		-,07**	,12**
Akzeptierung einer Protestnorm W2		,08**		,07**
Mitglied in politischen Gruppen W3		,06**		,04*
Protest W1	,06**			
LE-Identifikation W1	,38**		,09**	
LE-Identifikation W2		1,04**		,08**
Kosmopolitismus W1	,09**		,44**	
Kosmopolitismus W2				,93**
Wohngebiet Leipzig/Mittlerer Erzgebirgskreis	,19**		,11**	
R^2	,33**	,36**	,30**	,32**

Anmerkung: N=1153. Das Gesamtmodell (mit Protest von Welle 2 and Welle 3 als abhängige Variable) wurde mittels "maximum likelihood" geschätzt.
* Signifikant auf dem 0,05 Niveau, einseitige Tests ($1,65 < t \leq 2,35$); ** signifikant auf dem 0,01 Niveau, einseitige Tests ($t > 2,35$).

Abbildung VII.1.4: Wirkungen der Anreize auf Identifikation

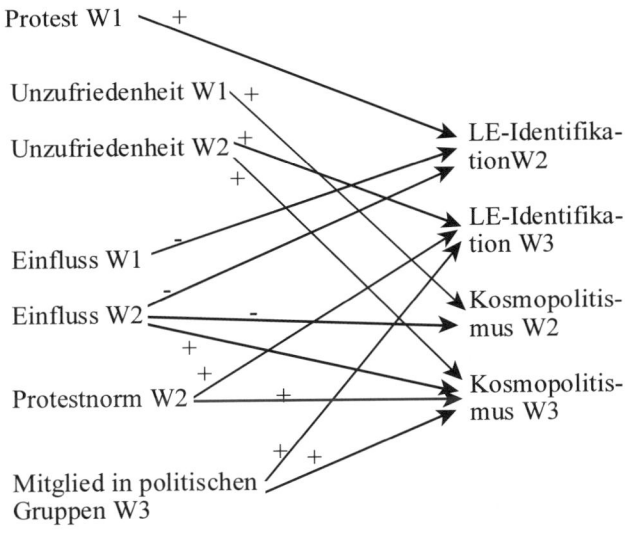

Bisher wurde angenommen, dass LE-Identifikation und Kosmopolitismus kausal unabhängig voneinander sind. Tabelle VII.1.6 zeigt jedoch, dass LE-Identifikation zwei positive Effekte auf Kosmopolitismus hat; Kosmopolitismus hat einen positiven Effekt auf LE-Identifikation. Es gibt kaum theoretische Hypothesen oder empirische Forschung, die sich mit den kausalen Interdependenzen hierarchischer Identifikationen befasst. In Kapitel V (basierend auf Opp 2005) wurden einige Hypothesen vorgestellt und mit unseren Daten überprüft. Diese können hier in folgender Weise angewendet werden. Zunächst bilden sich bei Kindern Einstellungen zu ihrer unmittelbaren Umwelt. Meistens sind diese Einstellungen positiv, da das Aufwachsen in einer Region meist mit positiven Erfahrungen verbunden ist. In einem nächsten Schritt werden diese Einstellungen auf Regionen höherer Ordnung übertragen. Dies würde eine positive kausale Wirkung von Identifikationen niedriger auf Identifikationen höherer Ordnung erklären. Wenn weiter eine Region höherer Ordnung wie zum Beispiel die Europäische Union neu gegründet wird, dann entwickelt sich eine Einstellung zu dieser Institution. Dies geschieht oft weitgehend unabhängig von den existierenden Einstellungen. In diesem Falle passen sich Identifikationen niedriger Ordnung an: es wäre dissonant wenn Einstellungen zu hierarchischen Regionen unterschiedlich sind. Dies erklärt den kausalen Effekt von Kosmopolitismus auf LE-Identifikation.

Wir sahen, dass LE-Identifikation einen geringen positiven direkten Effekt auf Protest hat (Tabelle VII.1.2). Die Befunde, die in diesem Abschnitt behandelt wurden, implizieren, dass eine Zunahme von Unzufriedenheit, der Akzeptierung einer Protestnorm und der Anzahl von Mitgliedschaften in politischen Gruppen zu steigender Identifikation – und somit indirekt zu mehr Protest – führen. Zunehmender Einfluss führt jedoch nicht zu mehr, sondern zu weniger LE-Identifikation und somit auch zu weniger Protest. Auch wenn Identifikation einen starken positive Effekt auf Protest hätte, dann würde eine Veränderung der Anreize für Protest nicht notwendigerweise zu einem Anstieg der Identifikation (und somit zu einem Anstieg von Protest) führen. Da jedoch der direkte Effekt von Identifikation auf Protest sehr gering ist, würde sogar ein starker Anstieg derjenigen Anreize, die einen positiven Effekt auf Identifikation haben, praktisch Protest kaum verändern. Mit anderen Worten: die indirekten Wirkungen der Anreize – über Identifikation – auf Protest sind sehr gering.

Weitere Analysen und die Qualität des Modells

Das Modell, das in diesem Kapitel vorgestellt wurde, ist sehr kompliziert: dies betrifft sowohl die Anzahl der Variablen als auch die Anzahl der Beziehungen zwischen den Variablen; weiter enthält das Modell Interaktionseffekte, die die Komplexität noch erhöhen. Es ist zu erwarten, dass die Qualität eines solchen Strukturgleichungsmodells, gemessen an den Fit-Indices der statistischen Programme wie Lisrel, nicht besonders gut ist. Dies zeigen auch die Fit-Indices für das Modell, das in diesem Kapitel behandelt wurde: Chi-Quadrat beträgt 1377,36 mit 151 Freiheitsgraden – p hat entsprechend den Wert null. RMSEA (Root Mean Square Error of Approximation) beträgt 0,084. Bei einem guten „Fit" sollte Chi-Quadrat höchstens dreimal so groß sein wie die Anzahl der Freiheitsgrade und der RMSEA-Wert sollte kleiner als 0,05 sein.

Es bereitet keine Schwierigkeiten, Modelle zu finden, die bezüglich der Fit-Indices weitaus besser als das vorgestellte Modell sind. Die im Lisrel-Programm ausgegebenen Modifikationsindices erleichtern die Formulierung von Modellen mit einem gutem „Fit". Wenn wir z.B. die zeitverzögerten Wirkungen durch simultane Wirkungen ersetzen, die Interaktionsterme mit den Identifikationsvariablen eliminieren und einige nicht-signifikante Beziehungen im Modell belassen, erhalten wir ein Chi-Quadrat von 518,34 mit 153 Freiheitsgraden und einem RMSEA-Wert von 0,046.

Die Literatur über Strukturgleichungsmodelle betont immer wieder, dass ein Modell theoretisch sinnvoll sein muss. Dies ist wichtiger als eine gute Modellanpassung. Wir sind davon überzeugt, dass das hier vorgestellte Modell theoretisch sinnvoll und den Modellen, die wir getestet haben und die bessere Fitz-Indices aufweisen, deutlich überlegen ist.

Wie wirkt Identifikation mit Regionen auf konventionelle Partizipation, Spenden für die Region und Mitarbeit in lokalen Gruppen?

Wir haben überprüft, inwieweit die Identifikationsvariablen drei weitere Arten von Engagement beeinflussen: konventionelle Partizipation, Spenden für die Region und Mitarbeit in lokalen Gruppen. Wenn Identifikation mit einer Region dazu führt, dass man sich für die Region einsetzt, dann ist zu erwarten, dass Identifikation nicht nur zu Protest für die Region führt, sondern auch konventionelle politische Partizipation wahrscheinlicher macht. Weiter ist zu erwarten, dass man sich auf nicht-politische Weise für die Region einsetzt: so erscheint es plausibel, dass diejenigen, die sich stark mit Leipzig oder dem Mittleren Erzgebirgskreis identifizieren, auch eher für die Region spenden und in lokalen Gruppen mitarbeiten.

Wir haben weiter geprüft, ob die Interaktionsterme, deren Einfluss wir für Protestverhalten untersuchten (siehe die vorangegangenen Tabellen VII.1.2 und VII.1.3), auch eine Wirkung auf die drei anderen Arten des Engagements für die Region haben.

Es fragt sich, welche weiteren Variablen – außer den Identifikationsvariablen und den mit diesen gebildeten Interaktionstermen – auf konventionelle Partizipation, Spenden für die Region und Mitarbeit in lokalen Gruppen wirken. Wir vermuten, dass dieselben Variablen, die auf Protest wirken, auch Determinanten der drei anderen Arten regionalen Engagements sind. Dies bedeutet: wenn jemand mit der Situation in der Region unzufrieden ist und glaubt, dass sein Engagement diese Situation ändert (d.h. wenn die Person sich als einflussreich wahrnimmt), wird generell Engagement für die Region wahrscheinlicher. Dies gilt auch, wenn man Mitglied in politischen Gruppen ist: vermutlich werden die Mitglieder dieser Gruppen generell Engagement für die Region positiv bewerten. Schließlich sind Erwartungen wichtiger Dritter wie z.B. von Freunden von Bedeutung. Dies betrifft zum einen die Erwartung, sich politisch zu engagieren (diese Variable wurde als Determinante für „Protest" und „konventionelle Partizipation" verwendet), weiter die Erwartung, für die Region zu spenden (dies ist eine Determinante für „Spenden für die Region") und schließlich die Erwartung, in regionalen Gruppen mitzuarbeiten (dies ist die Determinante für „Mitarbeit in lokalen Gruppen").

Wir haben – genau so wie für Protest – für jede der drei genannten Arten regionalen Engagements zwei Strukturgleichungsmodelle (mit dem Lisrel-Programm) berechnet: jeweils ein Modell mit der abhängigen Variablen von Welle 2 und ein anderes Modell mit der abhängigen Variablen für Welle 3 – siehe den Kopf der Tabelle VII.1.7. D.h. wir schätzten ein Modell für konventionelle Partizipation von Welle 2 und 3 als abhängige Variabel, ein weiteres Modell für

Spenden für die Region von Welle 2 und 3 als abhängige Variable und schließlich ein Modell für Mitarbeit in lokalen Gruppen von Welle 2 und 3 als abhängige Variable. Wir haben nur unabhängige Variablen in die Modelle aufgenommen, die in derselben Welle wie die abhängige Variable gemessen wurden. Der Grund ist, dass in den vorher berechneten Protestmodellen die Wirkungen der unabhängigen Variablen meist simultan waren. Darüber hinaus ist immer die zeitverzögerte abhängige Variable Bestandteil eines Modells.

Tabelle VII.1.7: Wirkungen von Identifikation auf konventionelle Partizipation, Spenden für die Region und Mitarbeit in lokalen Gruppen (standardisierte Koeffizienten)

Unabhängige Variablen	Abhängige Variablen					
	Konventionelle Partizipation		Spenden für die Region		Mitarbeit in lokalen Gruppen	
	Welle 2	Welle 3	Welle 2	Welle 3	Welle 2	Welle 3
LE-Identifikation W2	,09**					
Kosmopolitismus W3				,07**		
LE-Identifikation • Unzufriedenheit W2	,08**		,08**		,09*	
Kosmopolitismus • Einfluss W3		-,05*				
Wohngebiet • LE-Identifikation W2			,10**		-,13**	
Wohngebiet • Kosmopolitismus W3				,06**		

* Signifikant auf dem 0,05 Niveau, einseitige Tests (1.65 < t ≤ 2.35); ** signifikant auf dem 0,01 Niveau, einseitige Tests (t > 2.35).

Bei der Schätzung der Modelle haben wir zunächst *alle* genannten unabhängigen Variablen, einschließlich der beiden Identifikationsvariablen und der daraus gebildeten Interaktionsterme, in die Gleichungen aufgenommen. Jede Gleichung enthält weiter die zeitverzögerten Variablen. Sodann haben wir die nichtsignifikanten Variablen eliminiert und die Modelle erneut berechnet. Das Ergebnis sind also Modelle, in denen nur statistsch signifikante Variablen enthalten sind. Im Folgenden beziehen wir uns auf diese „getrimmten" Modelle.

Da im Mittelpunkt dieses Kapitels Protest steht, wollen wir keine detaillierten statistischen Analysen vorstellen, sondern wir berichten nur, inwieweit die Identifikationsvariablen, einschließlich der Interaktionsterme mit diesen Variablen, wirken. Tabelle VII.1.7 enthält alle standardisierten Koeffizienten der Identifikationsvariablen und der aus diesen gebildeten Interaktionsterme, die mindestens eine signifikante Wirkung auf eine der abhängigen Variablen haben. Die übrigen signifikanten Variablen der Modelle sind in der Tabelle nicht aufgeführt.

Betrachten wir die Ergebnisse im Detail. Wiederum hat Identifikation nur geringe Effekte: Nur LE-Identifikation von Welle 2 und Kosmopolitismus von Welle 3 haben jeweils einen Effekt. Die Koeffizienten sind zwar statistisch signifikant, aber mit Werten von 0,09 und 0,07 gering.

Wir finden einen einzigen relativ stabilen Interaktionseffekt: Wenn sich jemand mit der Region Leipzig-Mittlerer Erzgebirgskreis identifiziert, dann engagiert er sich in der Region um so stärker, je unzufriedener er mit der Situation in der Region ist. Dieser Interaktionsterm hat jeweils eine Wirkung auf konventionelle Partizipation, Spenden für die Region und Mitarbeit in lokalen Gruppen von Welle 2. Es besteht kein Effekt auf die abhängigen Variablen von Welle 3.

Ein anderer Befund ist inkonsistent: Wenn jemand im Mittleren Erzgebirgskreis wohnt, dann führt regionale Identifikation zu verstärkten Spenden für die Region, aber zu verminderter Mitarbeit in lokalen Gruppen (siehe in der Tabelle unten die Wirkungen von Wohngebiet • LE-Identifikation W2).

Insgesamt können wir sagen, dass die Identifikation mit einer Region kaum Effekte auf die genannten drei Arten des Engagements für die Region hat. Wenn Wirkungen vorliegen, dann sind diese relativ schwach. Im allgemeinen haben die anderen Modellvariablen stärkere Wirkungen als die Identifikationsvariablen.

Zusammenfassung der Ergebnisse

Basierend auf generellen theoretischen Überlegungen (Abbildung VII.1.1) haben wir in einem ersten Schritt Hypothesen über die Determinanten individueller Protestteilnahme entwickelt – dies ist das Protestmodell (Abbildung VII.1.2). Eine der Determinanten von Protest, die im Mittelpunkt dieses Kapitels steht, ist die Identifikation mit einer Gruppe. Die grundlegende Hypothese in der Literatur über soziale Bewegungen – die *Identitätshypothese* – lautet, dass die Identifikation mit einer Gruppe einen positiven Effekt auf Protest zugunsten der Gruppe hat, wenn die Gruppe in Schwierigkeiten ist. In der Literatur wird weiter behauptet, dass nicht nur Identifikation auf Protest wirkt, sondern dass Protest und dessen Determinanten auch die Identifikation mit einer Gruppe beeinflussen. Weiter könnte eine zunehmende Gruppenidentifikation die Determinanten von Protest verändern. Diese Annahmen sind genauer in Abbildung VII.1.1 dargestellt. In diesem Kapitel werden einige Hypothesen vorgeschlagen, die sich mit diesen Fragen befassen; sodann werden diese Hypothesen mittels unseres Panels überprüft.

Fassen wir zunächst unser theoretisches Modell zusammen, das in Abbildung VII.1.2 dargestellt ist. Das „Protestmodell" (siehe den oberen Teil der Abbildung) enthält die Determinanten von Protest. Eine dieser Determinanten ist die Identifikation mit einer Gruppe (siehe im einzelnen Hypothese 1 und Hypothese 5). Darüber hinaus wird angenommen, dass hohe Unzufriedenheit mit der Situation am Ort, hoher wahrgenommener politischer Einfluss, die Akzeptierung einer Protestnorm und die Mitgliedschaft in politischen Gruppen Protest wahrscheinlicher machen. Unzufriedenheit und Einfluss wirken interaktiv: d.h. die Wirkung der Unzufriedenheit ist um so stärker, je höher der wahrgenommene politische Einfluss ist.

Darüber hinaus vermuteten wir, dass die Wirkung von Identifikation von mehreren Faktoren abhängt, d.h. dass Identifikation interaktiv wirkt. So erscheint es plausibel, dass eine hohe Identifikation mit einer Gruppe einen besonders starken Effekt hat, wenn man in besonders hohem Maße mit der Situation der Gruppe unzufrieden ist und glaubt, durch seinen Protest die Situation der Gruppe verändern zu können (Hypothesen 3 und 4).

Führt die Identifikation mit einer Gruppe immer dazu, dass Protest zugunsten der Gruppe hoch ist oder gibt es Situationen, in denen Identifikation zu geringen Protesten führt? Man kann sich Gruppen vorstellen, in denen zwischen den Akteuren solidarische Beziehungen bestehen, in denen also bei Problemen in der Region Protest nicht als Alternative wahrgenommen wird. In solchen Gruppen, so lautet unsere Hypothese 5, ist damit zu rechnen, dass hohe Identifikation eher zu geringem Protest führt. Unsere Daten legen die Vermutung nahe, dass der Mittlere Erzgebirgskreis eine solche solidarische Gruppe ist. Hier müsste also gelten: hohe Identifikation mit der Region führt eher zu geringem Protest.

Das zweite „Modell mit Identifikation und Anreizen" (siehe den unteren Teil der Abbildung VII.1.2) befasst sich zuerst mit Determinanten der Identifikation: Wir behaupten, dass Protest dann, wenn er mit hohen Kosten verbunden ist, die Identifikation mit einer Gruppe verstärkt; zweitens wird angenommen, dass starke Protestanreize zu hoher Identifikation mit der Gruppe führen.

Der zweite Teil dieses Modells thematisiert die Wirkungen von Identifikation. Wir vermuten, dass eine starke Identifikation mit einer Gruppe zu hoher Unzufriedenheit, unter bestimmten Bedingungen zu hohem bzw. niedrigem wahrgenommenen Einfluss und schließlich in hohem Maße zur Akzeptierung einer Protestnorm führt.

Inwieweit werden diese Hypothesen bestätigt? Im Folgenden wollen wir die Ergebnisse unserer Untersuchung kurz zusammenfassen. Wir beginnen mit dem Protestmodell (Tabellen VII.1.2 und VII.1.3). Das wichtigste Ergebnis ist, dass Identifikation nur sehr schwache direkte Effekte auf Protest hat: Identifikation ist nur signifikant in dem Modell mit Protest von Welle 2 als abhängige Variable; außerdem ist der Wert des Betakoeffizienten mit 0,06 sehr gering. Die Wirkungen der Identifikationsvariablen gehören zu den niedrigsten in den geprüften Modellen.

Eine unserer Hypothesen lautete, dass Identifikation unter bestimmten Bedingungen verschiedene Wirkungen auf Protest hat. Ein wichtiges Ergebnis ist, dass Identifikation Protest in solidarischen Gruppen zu vermindern scheint, in denen Protest nicht als eine Handlungsalternative angesehen wird und in denen Möglichkeiten von Problemlösungen durch Verhandlungen gesehen werden. Allerdings sind die Wirkungen schwach. Wir erklären dies dadurch, dass die „Solidarität" einer Gruppe nicht direkt, sondern durch einen indirekten, d.h. empirischen, Indikator – nämlich das Wohngebiet – gemessen wird.

Wenden wir uns dem Modell mit Identifikation und Anreizen zu (siehe Abbildung VII.1.2). Abbildung VII.1.5 bietet eine *Synopse der Ergebnisse*: wir stellen die Wirkungen von Protest auf Identifikation dar, die Wirkungen der Identifikation auf die Anreize, die Wirkungen der Anreize auf die Identifikation und die gegenseitigen Abhängigkeiten der Identifikationsvariablen. Wir haben die Identifikationsvariablen in Abbildung VII.1.5 eingerahmt, so dass deren Effekte leichter zu erkennen sind. Die Abbildung enthält weiter die zeitverzögerten Effekte (z.B. die kausale Wirkung von Unzufriedenheit von Welle 1 auf Unzufriedenheit in Welle 2). Dies macht es leichter, die indirekten Effekte zu erkennen, die über zeitverzögerte Variablen verlaufen. So besteht kein direkter Effekt von LE-Identifikation W2 (Welle 2) auf Unzufriedenheit W3, aber ein indirekter Effekt auf Unzufriedenheit W3 über Unzufriedenheit W2.

Wirkt *Protest auf Identifikation*? Es wird häufig behauptet, dass die Teilnahme an Protesten eine neue „Identität" schafft. Wir vermuteten, dass dies nur dann zutrifft, wenn die ausgeführten Protesthandlungen sehr kostspielig sind. Wir erwarten also nur einen geringen Effekt von Protest auf Identifikation in unserer Untersuchung, da hier Protest nur mit geringen Kosten verbunden war. In der Tat hat nur Protest von Welle 1 eine Wirkung auf LE-Identifikation (d.h. Identifikation mit Leipzig bzw. dem Mittleren Erzgebirgskreis). Es besteht also kein Effekt von Identifikation auf Protest in Welle 3. Weiter wirkt Protest nicht auf unsere zweite Identifikationsvariable, nämlich kosmopolitische Identifikation (d.h. auf die Identifikation mit Gruppen höherer Ordnung).

Abbildung VII.1.5: Interdependenzen zwischen Identifikation, Anreizen und Protest

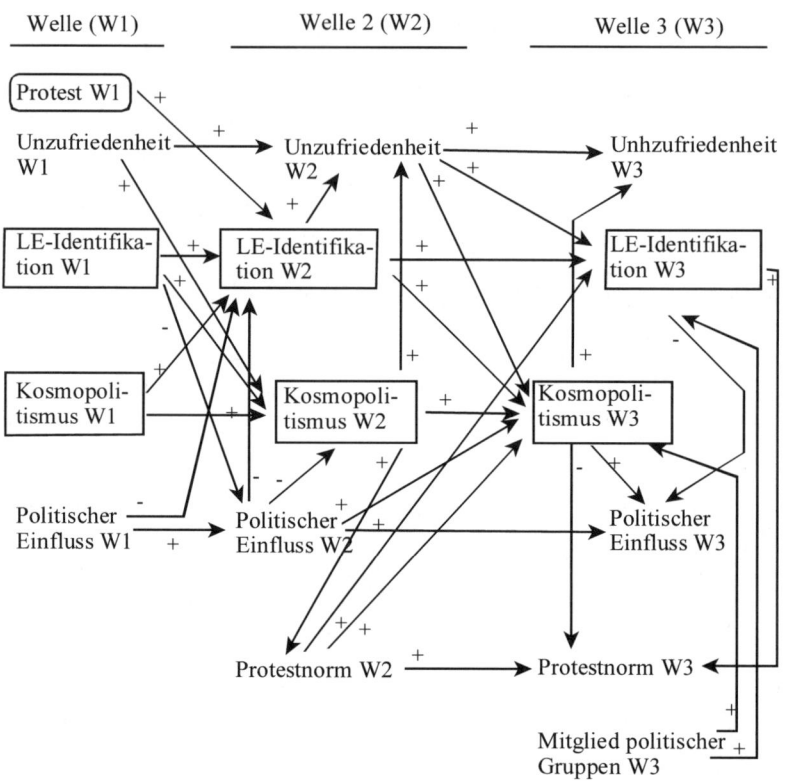

Ein wichtiges Ergebnis unserer Analysen ist, dass *Identifikation eine Wirkung auf die Anreize für Protest* hat. Identifikation ist somit eine wichtige Determinante von Protest, selbst wenn Identifikation nicht oder kaum auf Protest wirkt: eine Zunahme von Identifikation ändert Protest in der Weise, dass die Protestanreize und damit Protest beeinflusst werden.

Die indirekten Effekte der Identifikationsvariablen können leicht ermittelt werden, indem man die Pfeile sucht, die von den Identifikationsvariablen auf die Anreizvariablen zeigen. Es bestehen insgesamt neun direkte Wirkungen der Identifikationsvariablen auf die Anreizvariablen. Dabei sind sechs Wirkungen positiv und drei negativ. Dies bedeutet, dass eine Zunahme der Identifikation nicht notwendigerweise zu einem Ansteigen von Protest führt. Da es aber mehr positive als negative Wirkungen gibt und da die Stärke der negativen Effekte nicht deutlich größer als die der positiven ist, hat ein Anwachsen von Identifikation insgesamt eine Zunahme von Protest – über die Anreizvariablen – zur Folge.

Ein weiteres Ergebnis unserer Analysen ist, dass die *Anreize auf die Identifikationsvariablen wirken*. D.h. eine Veränderung der Anreize hat nicht nur direkte Effekte auf Protest, sondern auch indirekte Effekte über Identifikation. Da aber die direkten Effekte von Identifikation auf Protest gering sind, sind auch die indirekten Effekte von Anreizen – über Identifikation – gering. Wenn jedoch die Solidaritätshypothese gilt, dann hängt es von der Art der Gruppe ab, ob Identifikation Protest verstärkt oder vermindert. Damit werden dann auch die indirekten Effekte der Anreize über Identifikation auf Protest stärker.

Die Wirkungen der Anreize auf Identifikation kann man leicht ermitteln, indem man die Pfeile verfolgt, die von den Anreizvariablen auf die Identifikationsvariablen zeigen. Wir konnten sieben positive und zwei negative Wirkungen der Anreize auf Identifikation empirisch nachweisen. Insgesamt besteht also ein positiver Nettoeffekt der Anreize auf die Identifikation.

Abbildung VII.1.5 zeigt weiter *Kausalketten* mit drei oder mehr Variablen, in denen eine Variable indirekte Effekte auf Protest hat. So führt LE-Identifikation W1 zu LE-Identifikation W2, diese führt zu Unzufriedenheit W2, diese wiederum zu Protest W2 führt. Solche indirekten mehrstufigen Effekte sind jedoch im Allgemeinen gering, weil die Koeffizienten multipliziert werden müssen. Da die Koeffizienten meist nicht besonders groß und kleiner als 1 sind, wird das Produkt, das den indirekten Effekt ausdrückt, sehr klein.

Wie können unsere Ergebnisse angewendet werden, um die Dynamik sozialer Bewegungen und der Teilnahme an Protesten zu erklären? Dies ist einfach, wenn die Identifikation mit Gruppen gering ist. In diesem Falle können wir die Identifikationsvariable aus dem Basismodell (Abbildung VII.1.1) eliminieren, so dass nur die Anreize eine direkte Wirkung auf Protest haben. Wenn jedoch die Identifikation mit Gruppen stark ist, wird die Situation komplizierter: eine Änderung der Anreize – z.B. ein kritisches Ereignis führt zu einem Anstieg von Unzufriedenheit – hat nicht nur direkte Effekte auf Protest, sondern verändert auch die Identifikation mit Gruppe, die wiederum Protest erhöht oder vermindert, wenn die Solidaritätshypothese gilt. Weiter verändert die gestiegene Identifikation die Anreize. Eine Simulationsstudie scheint angemessen, um die Effekte

Wir haben uns weiter mit der Frage befasst, inwieweit die Identifikationsvariablen auf drei weitere Arten des Engagements für die Region wirken: *konventionelle Partizipation, Spenden für die Region* und *Mitarbeit in lokalen Gruppen*. Wir haben für jede dieser abhängigen Variablen ein Strukturgleichungsmodell geschätzt. Dabei enthielt ein Modell als abhängige Variable die Messung einer der genannten Arten des Engagements – z.B. von konventioneller Partizipation – von Welle 2 und von Welle 3. Die Ergebnisse sind in Tabelle VII.1.7 zusammengefasst. Das Resümee lautet, dass die Identifikationsvariablen nur sehr geringe Wirkungen auf die drei genannten Arten des Engagements haben. Bemerkenswert ist, dass der Interaktionsterm „LE-Identifikation • Unzufriedenheit" (gemessen in Welle 2) auf alle drei Arten des Engagements, gemessen in Welle 2, wirkt. D.h. die Identifikation mit Leipzig und dem Mittleren Erzgebirgskreis wirkt umso stärker auf die genannten Arten des Engagements, je unzufriedener man mit der Situation in der Region ist. Allerdings sind diese Effekte nicht besonders stark.

Diskussion der Ergebnisse

Im Mittelpunkt dieses Kapitels standen die Identitätshypothese und deren Weiterentwicklung. Insbesondere ging es um die Wirkungen der Identifikation mit der Region Leipzig-Mittlerer Erzgebirgskreis und um die Wirkungen kosmopolitischer Identifikation auf Protestverhalten. Hierauf beziehen sich auch unsere Ausführungen in diesem letzten Abschnitt. Unsere Daten bieten keine klare Bestätigung der Identitätshypothese. Die einfache Annahme, dass die Identifikation mit einer Gruppe zu Verhalten zugunsten der Gruppe führt, wenn die Gruppe in Schwierigkeiten ist, gilt nur unter bestimmten Bedingungen. Einerseits stützen zwar einige Ergebnisse die Identitätshypothese, aber die Wirkungen von Identifikation sind gering. Andererseits zeigt unsere Untersuchung aber auch, dass unter bestimmten Bedingungen negative Effekte von Identifikation auftreten, die der Identitätshypothese klar widersprechen. Ein anderer wichtiger Befund ist, dass Identifikation vor allem indirekte Wirkungen hat: Identifikation beeinflusst die Anreize für Protest, die wiederum direkt auf Protest wirken.

Eine zentrale Frage für die weitere Theoriebildung und Forschung besteht darin, Bedingungen zu finden, unter denen Identifikation eine positive, eine negative oder überhaupt keine Wirkung auf Protest oder generell auf Handlungen zugunsten einer Gruppe hat. Im Folgenden sollen einige Hypothesen zur Beantwortung dieser Frage vorgeschlagen werden.

(1) Betrachten wir zuerst Situationen, in denen ein starker positiver Effekt von Identifikation zu erwarten ist. Die Untersuchungen von Simon u.a. (1998), die vorher behandelt wurden, zeigten – im Gegensatz zu unserer eigenen Studie (Mühler und Opp 2004) – klare positive Effekte der Identifikation mit einer Gruppe. Die Gruppen in der Studie von Simon u.a. waren die Grauen Panther und organisierte Homosexuelle. Diese Gruppen haben klare Ziele und Deprivationen und sind klar identifizierbar. Weiter waren die Befragten aktive Mitglieder dieser Gruppen. Diese Eigenschaften liegen nicht vor bei Gruppen wie Leipziger, Deutsche oder Europäer. Warum sind die genannten Eigenschaften wichtig für die Wirkungen von Identifikation auf Protest? Das Kompatibilitätsprinzip („principle of compatibility") von Ajzen (1988) gibt zumindest teilweise eine Antwort auf diese Frage. Identifikation mit einer Gruppe ist eine Einstel-

lung gegenüber einer Gruppe. Das genannte Prinzip besagt, dass eine Einstellung dann zu dementsprechenden Verhalten führt, wenn die Einstellung dem Verhalten relativ ähnlich ist. Angenommen, zwei Einstellungen werden gemessen: (1) eine Einstellung gegenüber Umweltschutz und (2) eine Einstellung zur Abfalltrennung im Haushalt. Will man voraussagen, ob Personen den Abfall im Haushalt trennen, dann wird die Einstellung (2) eine bessere Voraussage erlauben als die Einstellung (1). Die „Kompatibilität" zwischen Einstellung und Verhalten ist hier größer (zu Einzelheiten siehe Ajzen 1988, Kap. 5). Dies ist auch plausibel aus der Sicht der Theorie rationalen Handelns: je spezifischer die empirisch ermittelten Präferenzen und Handlungsmöglichkeiten für eine Handlung sind, desto genauer kann die Handlung vorausgesagt werden.

Diese Überlegungen können angewendet werden, um die Wirkungen von Identifikation auf Protest zu erklären. Die Identifikation mit einer Gruppe ist eine sehr allgemeine Einstellung. Wenn z.B. eine positive Einstellung zu einer Gruppe wie dem Sierra Club (Ajzen 1988: 96-97) oder Deutschland besteht, dann hat diese Einstellung keinen Bezug zu Handeln. Aufgrund des Kompatibilitätsprinzips ist entsprechend zu erwarten, dass die Korrelation zwischen dieser Einstellung und einem Verhalten wie Protest zugunsten einer Gruppe gering ist. Eine stärkere Korrelation ist zu erwarten, wenn die Einstellung sich auf Protest bezieht: wenn eine positive Einstellung zu Protest für den Sierra Club oder für Leipzig oder für Deutschland besteht, wenn die Gruppen in Schwierigkeiten sind, wird man eine engere Korrelation zwischen der genannten Einstellung und Protest erwarten.

Wir vermuten also, dass die Identitätshypothese zutrifft, wenn Einstellungen existieren, die sich relativ klar auf Verhalten beziehen, d.h. wenn sich Identifikation nicht nur auf eine positive Einstellung zu einer Gruppe bezieht, sondern auf eine Einstellung zu einem Verhalten oder – noch besser – zu einem konkreten Verhalten wie Protest. Aktive Mitglieder der Grauen Panther haben vermutlich eine positive Einstellung gegenüber ihrer Gruppe, aber darüber hinaus auch zu Handlungen wie Protest oder unkonventionellem Verhalten generell zugunsten der Gruppe. Dasselbe gilt für die Homosexuellen in der Untersuchung von Simon u.a.: diese dürften nicht nur positive Einstellungen zu ihrer Gruppe und zu Homosexuellen allgemein haben, sondern wahrscheinlich auch zu Handlungen bzw. Protesten zugunsten ihrer Gruppe. Diese handlungsspezifischen Einstellungen wurden zwar in den oben diskutierten Studien nicht gemessen, wir vermuten aber, dass sie vorliegen, wenn Identifikation mit Verhalten korreliert.

Genau dies nimmt die Identitätshypothese implizit an, wenn behauptet wird, dass für diejenigen die sich mit einer Gruppe identifizieren, das Handeln zugunsten einer Gruppe belohnend ist. Dies impliziert, dass man eine Präferenz oder positive Einstellung zu *Handeln* zugunsten einer Gruppe und nicht nur eine positive Einstellung zu einer Gruppe hat.

Beide Einstellungen müssen keineswegs immer gemeinsam vorliegen. So mag man eine positive Einstellung zur Gruppe der Homosexuellen haben, aber gleichzeitig Proteste zugunsten der Gruppe ablehnen. Empirisch dürfte jedoch, wie gesagt, eine positive Einstellung zu einer Gruppe und zu Handlungen zugunsten einer Gruppe oft bei bestimmten Gruppen zusammengehen, bei anderen Gruppen wie Leipziger, Deutsche oder Europäer dagegen weniger.

Wir können diese Überlegungen nicht prüfen, weil wir die Einstellungen zu Handlungen nicht ermittelt haben. Es wäre wichtig, wenn in künftigen Untersuchungen beide Arten von Einstellungen gemessen würden.

(2) Eine große Anzahl empirischer Untersuchung zeigt, dass eine Identifikation mit einer Partei einen klaren positiven Effekt auf die Wahl dieser Partei hat (zu weiteren Literaturhinweisen siehe Clarke et al. (2004) und Evans (2004)). Wie kann dies erklärt werden? Bei Wahlen sind die positiven und negativen Anreize relativ gering und unterscheiden sich kaum für Wählen und Nicht-Wählen. Wählen ist eine Situation mit niedrigen Kosten und niedrigen Nutzen, die sich weitgehend ausgleichen.[100] Die Identifikation mit einer Partei ist dabei ein besonders starker Anreiz und hat somit eine besonders starke Wirkung auf die Wahl für eine bestimmte Partei.

Experimentelle Untersuchungen über soziale Dilemmata stehen im Einklang mit diesen Überlegungen. In zahlreichen Experimenten hat die Identifikation mit einer Gruppe einen starken Effekt auf Kooperation. Identifikation mit einer Eigengruppe wird dabei oft erzeugt, in dem man die Teilnehmer an den Experimenten zufällig unterschiedlichen Gruppen zuordnet. Dies fördert den „in-group favoritism", d.h. die positive Bewertung der Eigengruppe. Dies gilt besonders für Experimente, die Kommunikation zwischen den Gruppenmitgliedern erlauben: Kommunikation erhöht Kooperation. Es wird oft behauptet, dass Kommunikation auch Identifikation mit der Gruppe erzeugt.[101] Vermutlich sind diese experimentellen Situationen ebenfalls Situationen, in denen Verhalten mit niedrigen Kosten und Nutzen verbunden ist, und in denen der Hauptanreiz für das Engagement zugunsten einer Gruppe die Gruppenidentifikation in dem Sinne ist, dass man eine positive Einstellung zur Gruppe selbst und zu Engagement für die Gruppe hat.

---

[100] So ist zwar Wählen mit Opportunitätskosten verbunden (d.h. der Nutzen, auf den man verzichtet, wenn man wählt), aber auch mit Nutzen wie einem guten Gewissen und positiven sozialen Sanktionen; Nicht-Wählen führt zu einem schlechten Gewissen und zu negativen sozialen Sanktionen. Diese Kosten und Nutzen sind relativ niedrig und für beide Handlungsalternativen – Wählen und Nicht-Wählen – relativ ähnlich.

[101] Vgl. z.B. Brewer und Kramer (1986) sowie Kramer und Brewer (1986); siehe weiter das Feldexperiment von Sherif (1966) und die Experimente zur Theorie der Sozialen Identität von H. Tajfel und Koautoren (z.B. 1986). Zur weiteren Literatur siehe Chase (1992) und Kollock (1998). Zu den Wirkungen der Diskussion in Gruppen siehe z.B. Dawes, Van de Kragt und Orbell (1988), Bicchieri (2002) und Frey (2001, Kap. 8).

(3) In den bisher beschriebenen Situationen führt Protest dazu, dass sich die Gruppe besser steht. Dies sind Situationen, in denen die Identitätshypothese gilt, wenn nicht die Bedingungen (1) und (2) vorliegen. Wir haben ein Szenario beschrieben, in dem diese grundlegende Bedingung nicht zutrifft, nämlich in solidarischen Gruppen. Es wäre eine wichtige Aufgabe für die zukünftige Forschung, andere Szenarien zu beschreiben, in denen ein negativer Effekt der Identifikation mit einer Gruppe zu erwarten ist.

(4) Wir haben argumentiert, dass die Identitätshypothese aus der Theorie kollektiven Handelns abgeleitet werden kann (siehe Hypothese 1), die wiederum auf der Theorie rationalen Handelns beruht. Es zeigte sich jedoch, dass der erwartete direkte additive positive Effekt von Identifikation auf Protest und andere Arten von Engagement für die Region relativ gering bzw. nicht nachzuweisen ist. Ist dies eine Falsifikation der Theorie kollektiven Handelns und entsprechend eine Falsifikation der Theorie rationalen Handelns? Wie vorher gesagt, beim Test der Theorie rationalen Handelns muss empirisch bestimmt werden, was die Kosten und Nutzen für ein gegebenes Verhalten sind. Wenn die Identifikation mit einer Gruppe eine Art von Kosten bzw. Nutzen für Handlungen zugunsten einer Gruppe ist, dann könnten diese Kosten bzw. Nutzen so niedrig sein, dass sie keine Wirkung haben. Dies bedeutet aber keineswegs, dass die Theorie kollektiven Handelns und damit die Theorie rationalen Handelns widerlegt ist. Es impliziert nur, dass bestimmte Hypothesen über Kosten und Nutzen nicht bestätigt werden konnten. Die genannten Theorien würden dann falsifiziert, wenn alle Hypothese über Wirkungen von Kosten und Nutzen widerlegt würden. Wir haben jedoch einige – empirisch bestätigte – Hypothesen über Bedingungen formuliert, unter denen Identifikation bestimmte Wirkungen hat. Diese sind vereinbar mit der Theorie kollektiven und rationalen Handelns und haben sich bestätigt.

(4) Dieses Kapitel und das gesamte Buch gehen von einer bestimmten Definition von „Identität" bzw. „Identifikation" als emotionale Bindung an eine Gruppe aus. Wenn „Identität" anders definiert wird, wird man auch andere Wirkungen erwarten. Wenn sich z.B. Identität auf eine *Rolle oder Position*, bezieht, dann bedeutet eine „Identität" dass man bestimmte Rollenerwartungen übernimmt. Eine „Identität als Aktivist" heißt dann die Übernahme der Rolle eines Aktivisten – so übernehmen Aktivisten des „Freedom Summer" in den USA bestimmte Rollen (Downton und Wehr 1997; McAdam 1988). Das Innehaben einer Rolle oder Position ist verbunden mit einer ganzen Reihe von Anreizen für die Ausführung bestimmter Handlungen. Es ist nicht überraschend, wenn Identität, die in dieser Weise definiert wird, starke Effekte auf verschiedene Arten von Handlungen hat. Ein anderes Beispiel für die unterschiedliche Verwendung des Identitätsbegriffs findet man in den Schriften der Ökonomen Akerlof und Kranton (2000; 2005), die versuchen, „Identität" als eine Variable in das ökonomische Verhaltensmodell zu integrieren. Sie verwenden „Identität"

in anderer Weise als wir und auch in unterschiedlicher Weise im gleichen Aufsatz. Die Bedeutung reicht dabei von Identität als „soziale Kategorie" wie z.B. „Arbeiter" (Akerlof und Kranton 2005, S. 12) zu Normen (2005, S. 14) und Loyalität (2005, S. 22). „Identität" ist somit identisch mit einer ganzen Gruppe von Anreizen für ein bestimmten Verhalten. Bei einer solchen breiten Definition sind starke Effekte auf verschiedene Handlungsweisen zu erwarten. Es wäre eine interessante Aufgabe für die künftige Forschung, verschiedene Identitätsbegriffe zu messen und deren Wirkungen zu untersuchen.

(5) Angenommen, eine Person identifiziert sich in hohem Maße mit einer Gruppe wie z.B. mit einer sozialen Bewegung. Warum sollte die Person für die Gruppe protestieren? Die Person könnte andere Handlungsalternativen wählen, um die Gruppe zu unterstützen. So könnte man Geld für die Gruppe spenden, man kann Mitglied in der Gruppe werden, man könnte für die Gruppe Arbeit übernehmen oder Bekannte oder Freunde als Mitglieder werben. Warum sollte eine Person ausgerechnet für eine Gruppe protestieren? Die Literatur über soziale Bewegungen gibt hierzu keine Antwort. Wie kann man diese Frage beantworten? Eine wichtige Variable in einem Entscheidungsprozess ist die Überzeugung, welche Handlung am wirksamsten und moralisch am ehesten akzeptabel für die Erreichung der Ziele einer Gruppe ist. Eine andere Variable sind die persönlichen Ressourcen, über die das Individuum verfügt. So sind die Kosten einer Person mit hoher Bildung und viel freier Zeit bei der Übernahme einer Tätigkeit für eine Bewegung relativ niedrig. Wenn also eine solche Person denkt, dass die Übernahme einer Position in einer Gruppe deren Ziele am ehesten fördert, dann wird sie eher nicht protestieren. In der Literatur über soziale Bewegungen scheint implizit angenommen zu werden, dass Protest immer die beste Alternative ist, eine Gruppe zu unterstützen. In unserer Untersuchung haben wir dieselbe Annahme getroffen: Um Bewohner von Leipzig bzw. dem Mittleren Erzgebirgskreis zu unterstützen, wird im Allgemeinen eine Form von Protest als eine wirksame Alternative angesehen. Wir haben nicht ermittelt, inwieweit diese Annahme zutrifft. Es wäre wichtig, dieser Frage in weiteren Untersuchungen nachzugehen.

Die vorangegangene Diskussion und unsere Befunde lassen weitere Untersuchungen sinnvoll erscheinen. Dabei sollten zum einen die Hypothesen über die Bedingungen und Wirkungen der Identifikation mit Gruppen weiterentwickelt werden. Dies gilt insbesondere für Hypothesen über hierarchische Identifikationen und über Bedingungen für unterschiedliche Effekte von Identifikationen in unterschiedlichen Szenarios. Es wäre ideal, wenn diese Hypothesen wieder mittels Panelstudien geprüft würden. Vielleicht könnte man auch experimentelle Situationen schaffen, in denen unterschiedlich hohe Identifikationen erzeugt werden (siehe die vorher erwähnte Literatur) und in denen bestimmte Handlungen einer Gruppe nützen oder schaden.

2. Abwanderung, Widerspruch und die Loyalität zu regionalen Gruppen. Eine Erweiterung und ein Test der Theorie von Albert Hirschmann[102]

Eine allgemein akzeptierte These, die auch Gegenstand des vorigen Kapitels war, lautet, dass die Identifikation mit einer Gruppe zu Engagement für die Gruppe führt, wenn man mit der Situation der Gruppe unzufrieden ist. Bei dieser These geht man davon aus, dass den Akteuren zwei Handlungsalternativen zur Verfügung stehen: sich in irgendeiner Weise für die Gruppe engagieren oder sich nicht engagieren. Dabei blieb die Frage offen, was genau „sich nicht engagieren" bedeutet. Eine Möglichkeit ist, dass man überhaupt nichts tut, um die Situation der Gruppe zu verbessern. Eine andere nahe liegende Reaktion ist, die Gruppe zu verlassen. Ist die Gruppe eine Region, dann bedeutet „Verlassen" der Gruppe, dass man einen Ortswechsel vornimmt. Unter welchen Bedingungen wird man einen Ortswechsel vornehmen? Dies ist die erste Frage, mit der wir uns im Folgenden befassen wollen.

Wenn man davon ausgeht, dass bei Unzufriedenheit mit einer Gruppe sowohl Engagement für die Gruppe als auch Verlassen der Gruppe mögliche Handlungsalternativen sind, dann ist es erforderlich, sich nicht isoliert mit jeder dieser Handlungsalternativen zu befassen, sondern zu fragen, unter welchen Bedingungen Engagement für die Gruppe und unter welchen Bedingungen Verlassen der Gruppe gewählt wird. Dies ist die zweite Frage, die im Mittelpunkt dieses Kapitels steht.

Bei der Beantwortung dieser Fragen liegt es nahe, Albert Hirschmans Theorie anzuwenden, die er in seinem Buch „Exit, Voice, and Loyalty" (Hirschman 1970) formuliert hat. Ein Grund ist, dass diese Theorie genau die genannten Fragen nach den Bedingungen für das Verlassen einer Gruppe (in Hirschmans Terminologie: „exit", übersetzt als „Abwanderung") und für das Engagement zugunsten einer Gruppe (in Hirschmans Terminologie: „voice", übersetzt als „Widerspruch") behandelt. Die Theorie enthält weiter die zentrale Variable, die auch im Mittelpunkt dieses Buches steht: Identifikation mit einer Gruppe – in Hirschmans Terminologie: „Loyalität". Schließlich ist die Theorie für Gruppen generell formuliert, so dass sie auch für die Erklärung von „Abwanderung" und „Widerspruch" bei regionalen Gruppen gelten müsste.

Ein weiterer Grund für die Anwendung von Hirschmans Theorie ist, dass sie bereits zur Erklärung einer Vielzahl von verschiedenen Phänomenen angewendet wurde. Beispiele sind so unterschiedliche Sachverhalte wie die Erklärung der osteuropäischen Revolutionen und insbesondere der ostdeutschen Revolution (Hirschman 1993, Pfaff und Kim 2003), das Verhalten von Familien

---

[102] Verfasst von Karl-Dieter Opp.

(Gershuny, Bittman und Brice 2005; Katz 1997) oder das Verhalten von politischen Parteien bzw. Parteimitgliedern (Kato 1998). Entsprechend erscheint es Erfolg versprechend, die Theorie auch auf unsere Fragestellung anzuwenden. Wir befassen uns im Folgenden nicht, wie Hirschman, mit der faktischen Abwanderung, sondern mit der Abwanderungs*absicht*, d.h. mit der Absicht, den Wohnort zu wechseln. Der Grund hierfür ist nicht nur, dass in unserer Studie die tatsächliche Abwanderung nicht erhoben wurde. Selbst wenn man prinzipiell nur an der Erklärung von Abwanderung interessiert ist, ist es sinnvoll, sich mit der Abwanderungsabsicht zu befassen. Viele Untersuchungen haben gezeigt, dass generell eine Handlungsabsicht eine wichtige Determinante für die Ausführung der betreffenden Handlung ist (vgl. z.B. Ajzen 1996a). Entsprechend ist auch zu erwarten, dass Abwanderungsabsicht eine wichtige Bedingung für tatsächliche Abwanderung ist. Dabei wird davon ausgegangen, dass Abwanderung keine spontane Handlung, sondern geplant ist, d.h. erst ausgeführt wird, nachdem man eine ausdrückliche Entscheidung getroffen hat.[103] Wenn also regionale Identifikation dazu führt, dass die Wahrscheinlichkeit der Abwanderung abnimmt, dann ist auch zu erwarten, dass diejenigen, die sich in hohem Maße mit ihrer Region identifizieren, in geringem Maße die Absicht haben, die Region zu wechseln.

Die Verwendung der Variable „Abwanderungsabsicht" anstelle von „Abwanderung" ist vor allem aus folgendem Grund sinnvoll. Wir sagten, dass Engagement für die Region und Abwanderung Handlungsalternativen sind. Beide Alternativen schließen sich aus, d.h. sie können nicht gleichzeitig ausgeführt werden. Dies ist anders bei Engagement und Abwanderungs*absicht*: Man kann z.B. protestieren und gleichzeitig entscheiden (oder bereits entschieden haben) umzuziehen. Man kann auch entscheiden, die Region zu verlassen und trotzdem protestieren. Diese Kombinationen von Handlungsmöglichkeiten sind nicht möglich, wenn man Engagement und die tatsächliche Abwanderung als Handlungsalternativen verwendet. Es ist zwar denkbar, dass man z.B. von einer Stadt A in eine Stadt B abwandert und trotzdem in Stadt A weiter protestiert – etwa an Demonstrationen in A teilnimmt. Solche Fälle dürften aber kaum auftreten. In der Theorie Hirschmans ist dieser Fall auch nicht vorgesehen, weil man ja gerade abwandert, wenn Widerspruch keine Erfolgsaussichten hat. Mit „Abwanderungsabsicht" kann man also besser kausale Beziehungen zwischen unseren abhängigen Variablen (Abwanderungsabsicht und Engagement) prüfen als wenn man sich mit Engagement und tatsächlicher Abwanderung befasst.

Solche kausalen Beziehungen liegen nach Hirschman vor, und zwar zwischen tatsächlicher Abwanderung und Widerspruch. Allerdings scheint es, dass sich diese These eher oder zumindest auch auf die Makroebene bezieht. Dies

---

[103] Zu der Beziehung zwischen Abwanderung und Abwanderungsabsicht und zu dem Entscheidungsprozeß, der zu einem Umzug führt, siehe z.B. Kalter (1997), Kecskes (1994), Rossi (1955)

zeigt insbesondere die Anwendung der Theorie zur Erklärung der Revolution in der DDR im Jahre 1989 (Hirschman 1993). Als in der DDR 1989 Abwanderung stark zunahm, dann hat dies dazu beigetragen, dass die im Land Verbliebenen in stärkerem Maße gegen das Regime protestierten. Hier führt also Abwanderung bestimmter Gruppen zu einer Verhaltensänderung anderer Gruppen. Könnten solche Beziehungen auch auf der Mikroebene bestehen? Wenn sich jemand für eine Gruppe engagiert und wenn dies erfolglos ist, dann könnte die Person abwandern. Aber wenn die Person abgewandert ist, dürfte dies wohl kaum dazu führen, dass sie sich für die Gruppe engagiert, wie bereits ausgeführt wurde. Wenn wir aber anstatt „Abwanderung" die „Abwanderungs*absicht*" als Variable verwenden, dann ist es nicht unplausibel, dass man die Absicht hat, die Region zu verlassen und gleichzeitig bis zum Umzug noch protestiert – vielleicht könnte der Protest ja doch noch Erfolg haben. Weiter könnte es vorkommen, dass man protestiert und dann entscheidet, abzuwandern. Kausale Beziehungen zwischen Abwanderungsabsicht und Widerspruch erscheinen also plausibler als zwischen Abwanderung und Widerspruch.

Allerdings könnten die kausalen Beziehungen zwischen Abwanderung und Widerspruch auf der Mikroebene anderer Art sein: nicht die Handlungen selbst sind kausal abhängig, vielmehr führt die Veränderung bestimmter Anreize für eine Alternative dazu, dass die Wahrscheinlichkeit des Auftretens der anderen Alternative zu- oder abnimmt. Wenn z.B. Protest erfolglos ist, dann könnte dieser Anreiz – mangelnder Einfluss einer Person – dazu führen, dass Abwanderung wahrscheinlicher wird. Wir werden später sehen, dass Hirschmans Theorie genau dies behauptet: wenn sich die Anreize für eine Handlung ändern, dann ändert sich die Wahrscheinlichkeit, dass die andere Handlung ausgeführt wird.

Im Folgenden wird zunächst die Theorie Hirschmans diskutiert. Es wird sich dabei zeigen, dass eine Modifikation der Theorie sinnvoll erscheint. Sodann werden wir eine Integration der Theorie Hirschmans mit der Theorie kollektiven Handelns vorschlagen. Dies erscheint sinnvoll, da „Engagement für eine Gruppe" meist kollektives Handeln ist, so dass es nahe liegt zu fragen, inwieweit sich beide Theorien unterscheiden. Ausgehend von diesen generellen theoretischen Überlegungen werden wir Hypothesen über Abwanderungsabsicht und über die kausalen Beziehungen zwischen Abwanderungsabsicht und Engagement vorschlagen, die wir dann mittels unserer Panelstudie überprüfen werden.

Abwanderung und Widerspruch: Eine Rekonstruktion der Theorie von Albert Hirschman

Der Gegenstand von Hirschmans Theorie (Hirschman 1970)[104] sind Reaktionen auf eine Leistungsverschlechterung von Organisationen. Wie reagieren z.B. Kunden, wenn sich die Qualität des Produkts einer Firma verschlechtert? Hirschman behandelt zwei Reaktionen. Die erste Reaktion ist „exit" (d.h. Abwanderung) in dem Sinne, dass man sich einer anderen Organisation zuwendet, indem man z.B. Produkte einer anderen Firma kauft. „Voice" (d.h. Widerspruch) – die zweite Reaktion – ist „ any attempt at all to change, rather than to escape from, an objectionable state of affairs" (S. 30). „Voice" reicht von „faint grumbling to violent protest" (S. 16). Obwohl Hirschman vor allem die beiden genannten Reaktionen behandelt, erwähnt er weiter „indifference" (S. 31) oder „suffer in silence" (S. 38). Eine dritte Reaktion ist also Inaktivität.

Hirschmans Theorie bezieht sich auf Organisationen. Dieser Begriff wird in einem sehr weiten Sinne verwendet. Darunter fallen z.B. Firmen, freiwillige Vereinigungen, Gewerkschaften, politische Parteien, Familien und Staaten (S. 1, S. 3 und S. 33). Es kann also davon ausgegangen werden, dass der Gegenstand von Hirschmans Theorie generell Gruppen sind. Damit ist die Theorie auch auf regionale Gruppen anwendbar, die im Mittelpunkt dieses Buches stehen. Die Anwendung der Theorie Hirschmans auf Regionen erscheint auch theoretisch sinnvoll: wenn die Lebensverhältnisse in einer Region schlechter werden (d.h. wenn sich die „Qualität" der Region verschlechtert), dann stehen den Akteuren ebenfalls die beiden genannten Reaktionen zur Verfügung: man kann etwas gegen die Leistungsverschlechterung unternehmen („voice") oder auch die Region verlassen („exit"). Weiter kommt als Reaktion „Inaktivität" in Betracht. Es ist weiter plausibel, wie wir sehen werden, dass die von Hirschman genannten Bedingungen für Abwanderung und Widerspruch auch gelten, wenn man Abwanderung oder Widerspruch in Regionen erklären will.

---

[104] Die grundlegende Arbeit ist Hirschman 1970. Im Jahre 1974 befasst sich Hirschman weiter mit den Beziehungen zwischen „exit" und „voice" (Hirschman 1974). In einem späteren Aufsatz wendet Hirschman seine Theorie auf die osteuropäischen Revolutionen 1989/1990 an und modifiziert sie (Hirschman 1993). Siehe hierzu insbesondere die Diskussion bei Pfaff und Kim (2003). Die grundlegenden Hypothesen des Buches von 1970, die wir im Folgenden behandeln, werden jedoch nicht modifiziert, es werden vielmehr weitere Hypothesen über die Beziehungen zwischen „exit" und „voice" hinzugefügt. Unsere Darstellung und Diskussion bezieht sich deshalb auf die Schrift von 1970.

Abbildung VII.2.1: Bedingungen für Abwanderung und Widerspruch: Die Theorie von A. Hirschman

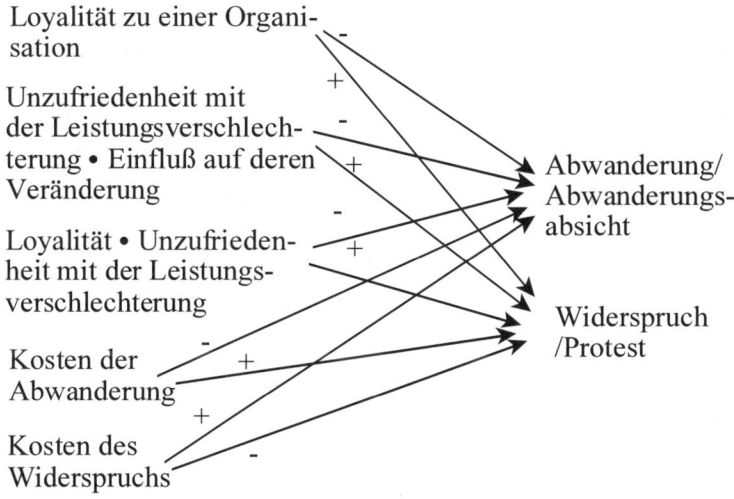

Unter welchen Bedingungen wählt man Abwanderung oder Widerspruch?[105] Die folgenden Überlegungen werden in Abbildung VII.2.1 zusammengefasst. Die hier interessierende Variable ist die Identifikation mit einer Region. Hirschmans Theorie enthält diese Variable, allerdings unter einem anderen Namen: *Loyalität*. Er definiert „Loyalität" zu einer Organisation als „attachment to an organization" (S. 77-78) oder „affection for an organization" (78). Diese Definition entspricht genau unserer Definition von „Identifikation". Hirschman befasst sich also mit der Frage, unter welchen Bedingungen die Identifikation mit einer Organisation oder, generell, mit einer Gruppe, zu Engagement für die Organisation oder zu Abwanderung führt.

Hirschman geht implizit von der Theorie rationalen Handelns aus: in seiner Argumentation wird immer wieder darauf verwiesen, dass die Entscheidung für Abwanderung oder Widerspruch von den mit diesen Handlungsalternativen verbundenen Kosten und Nutzen abhängt. Es fragt sich, was „Loyalität" mit Kosten und Nutzen zu tun hat. Wir haben uns mit dieser Frage bereits im

---

[105] Im Folgenden ist nicht beabsichtigt, die Theorie Hirschmans in allen Einzelheiten darzustellen oder zu diskutieren. Da hier die Wirkungen von Identifikation behandelt werden, wollen wir uns nur mit dem Teil der Theorie befassen, der diese Wirkungen zum Gegenstand hat. Hirschmans Theorie besteht z.T. aus Hypothesen, die sich auf die Makroebene beziehen. Siehe hierzu insbesondere Hirschman 1993 und die Erweiterung und Überprüfung der Makro-Version der Theorie bei Pfaff und Kim 2003. Da im Folgenden die Reaktionen individueller Akteure behandelt werden, bleibt dieser Teil der Theorie außer Betracht.

vorigen Kapitel befasst. Die dortigen Überlegungen seien hier kurz wiederholt. Hirschmans behauptet, dass bei hoher Loyalität die Kosten der Abwanderung hoch sind (S. 80). Loyalität ist eine „Bremse" für Abwanderung (S. 88). Die durch Loyalität entstehenden Kosten sind also direkte Kosten: wenn sich die Qualität des Produkts verschlechtert, wird eine loyale Person „unhappy" (S. 88), wenn sie der Organisation den Rücken kehrt. Mit anderen Worten: Loyalität ist eine „penalty for exit", die „internalized" ist (S. 98). Wenn man sich also mit einer Organisation identifiziert, dann ist Abwanderung kostspielig. Warum? Vermutlich besteht der Grund darin, dass bei Abwanderung die Organisation Schaden nimmt. Dies ist für Loyalisten intrinsisch kostspielig. „Loyalität" ist also eine Art *altruistische Motivation*: das Wohlergehen einer Organisation ist von intrinsischem Nutzen. Wenn es einer Organisation schlechter geht und wenn man dann die Organisation verlässt, dann treten *interne Bestrafungen* auf. Diese sind, so ist zu vermuten, umso größer, je stärker die Loyalität zu bzw. die Identifikation mit der Organisation ist.

Wenn bei hoher Loyalität die Kosten der Abwanderung hoch sind, dann ist zu erwarten: je größer die Loyalität zu einer Organisation (oder, generell, Gruppe) ist, desto geringer ist die Wahrscheinlichkeit von Abwanderung (S. 77). Weiter, so Hirschman, aktiviert Loyalität auch Widerspruch (S. 77-78): Personen, die eine emotionale Bindung an eine Organisation haben, wollen dieser sozusagen eine zweite Chance geben. Die zentrale Hypothese lautet also:

Hypothese 1: Je größer die Loyalität zu einer Gruppe ist, desto geringer ist die Wahrscheinlichkeit von Abwanderung und desto größer die Wahrscheinlichkeit von Widerspruch.

Allerdings hat Loyalität ihre Grenzen: loyale Individuen werden nicht unter allen Umständen einer Organisation treu bleiben (S. 79). Es ist also zu erwarten, dass neben der Loyalität auch andere Faktoren Abwanderung und Widerspruch beeinflussen.

Hirschman nimmt weiter an, dass die Wahrscheinlichkeit von Widerspruch sinkt, wenn Abwanderung relativ leicht ist, d.h. wenn die Kosten der Abwanderung gering sind (S. 83). Je größer also die Kosten der Abwanderung sind, desto wahrscheinlicher wird Widerspruch. Wenn z.B. eine Firma B ein deutlich besseres Produkt als eine Firma A anbietet, dann hat auch ein loyaler Kunde einen Anreiz, von Firma A zu Firma B zu wechseln, weil die Kosten der Abwanderung gering sind: man braucht in einem Supermarkt z.B. nur anstatt Margarine der Marke A Margarine der Marke B in den Einkaufswagen zu legen.

Die Kosten von Abwanderung hängen von der Art der Organisation ab. Bei Staaten oder anderen regionalen Einheiten ist Abwanderung, also ein Ortswechsel, mit relativ hohen Kosten verbunden. Hier wird entsprechend eher mit Widerspruch zu rechnen sein als z.B. in einem Markt, in dem mehrere Firmen

mit ähnlichen Produkten im Wettbewerb stehen und in dem ein Wechsel zwischen Produkten aus der Sicht des Käufers fast ohne Aufwand möglich ist. Bei einem Monopol ist Abwanderung dagegen unwahrscheinlicher (S. 33), da hier nicht die Möglichkeit besteht oder da es relativ kostspielig ist, auf ein anderes, ähnliches Produkt auszuweichen.
Diese Überlegungen fassen wir in einer Hypothese zusammen.

Hypothese 2: Je größer die Kosten der Abwanderung sind, desto wahrscheinlicher ist Widerspruch und desto unwahrscheinlicher ist Abwanderung.

Welches sind die anderen Faktoren, die von Bedeutung dafür sind, ob Abwanderung oder Widerspruch ausgeführt wird? Ein Faktor ist das Ausmaß der *Unzufriedenheit* mit der Leistungsverschlechterung (S. 31, S. 34). Bei einer Region bezieht sich die Leistungsverschlechterung auf das Angebot an Kollektivgütern. Abwanderung oder Widerspruch werden also wahrscheinlicher, wenn die *Unzufriedenheit* mit dem Angebot von Kollektivgütern in der Region steigt.

Die Leistungsverschlechterung muss reparabel sein (S. 4, S. 31), d.h. es muss die Chance bestehen, dass die Leistung verbessert wird. Bei einer irreparablen Leistungsverschlechterung ist entsprechend Widerspruch aus der Sicht eines Individuums nicht attraktiv. Was dies genau heißt, wird deutlicher bei der Diskussion der „voice"-Option. Dabei erwähnt Hirschman, dass Abwanderung zurückgestellt wird, wenn man davon überzeugt ist, dass Widerspruch *wirksam* ist (S. 37). Von Bedeutung ist also, inwieweit man glaubt, durch Widerspruch einen *Einfluss* auf die Verbesserung des Produkts ausüben zu können. In diesem Falle wird man eher nicht abwandern. Es lohnt sich, zunächst einmal mit dem schlechten Produkt vorlieb zu nehmen, um dann, wenn „voice" erfolgreich gewesen ist, wieder in den Genuss einer besseren Leistung zu kommen.[106] „Unzufriedenheit" und „Einfluss" haben also einen *Interaktionseffekt* (S. 39): die Wirkung von Unzufriedenheit hängt ab von dem Ausmaß, in dem sich Personen als einflussreich ansehen und umgekehrt. Wenn z.B. Personen unzufrieden sind, aber nicht glauben, dass Widerspruch eine Wirkung hat, werden sie nicht die „voice"-Option, sondern eher „Abwanderung" wählen.

Hirschman nimmt weiter an, dass hohe Unzufriedenheit und hohe Loyalität die Wahrscheinlichkeit von Widerspruch erhöhen (siehe insbesondere S. 86-92). Dies bedeutet, dass Unzufriedenheit und Loyalität (d.h. Identifikation mit einer

---

[106] Wenn man von der *wahrgenommenen* Wirksamkeit von Widerspruch als einer Bedingung für Widerspruch ausgeht, ist nicht klar, warum die vorher genannte Bedingung, dass die Leistungsverschlechterung objektiv reparabel sein muss, von Bedeutung ist. Vielleicht nimmt Hirschman an, dass die objektive Situation von den Individuen korrekt wahrgenommen wird. Wenn also objektiv die Chance besteht, dass ein Produkt wieder verbessert wird, dann wird Widerspruch als effektiv angesehen.

Organisation) einen *Interaktionseffekt* auf Widerspruch haben: die Wirkung der Unzufriedenheit auf Protest hängt ab von Größe der Loyalität: ist die Loyalität gering, wird Unzufriedenheit keinen besonders starken Effekt auf Protest haben. Das Vorzeichen des Interaktionseffekts auf Protest ist positiv. Entsprechend wird bei hoher Loyalität und hoher Unzufriedenheit die Wahrscheinlichkeit der Abwanderung gering sein. Wir können entsprechend zwei weitere Hypothesen formulieren:

> *Hypothese 3*: Je größer die Unzufriedenheit mit einer Leistungsverschlechterung und je größer der wahrgenommene Einfluss ist, durch Widerspruch eine Leistungsverschlechterung vermindern zu können, desto wahrscheinlicher ist Widerspruch und desto unwahrscheinlicher ist Abwanderung. (D.h. Unzufriedenheit und Einfluss haben einen multiplikativen Effekt.)

> *Hypothese 4:* Je größer die Unzufriedenheit mit einer Leistungsverschlechterung und je größer die Loyalität ist, desto wahrscheinlicher ist Widerspruch und desto weniger wahrscheinlich ist Abwanderung. (D.h. Unzufriedenheit und Loyalität haben einen multiplikativen Effekt.)

Wir werden später sehen, dass die beiden genannten Hypothesen wenig plausibel sind (siehe den Abschnitt „Ein Modell zur Erklärung der Abwanderungsabsicht").

Nicht nur Abwanderung, sondern auch Widerspruch ist mit Kosten verbunden. Hierzu gehören zum einen die Opportunitätskosten, d.h. der entgangene Nutzen, wenn man „Widerspruch" wählt. Zu den direkten Kosten von Widerspruch gehören z.B. der Aufwand an Zeit und finanziellen Ressourcen (S. 39). Diese Kosten sind beim Beispiel der Firma höher als die Kosten von Abwanderung (39-40). Wenn man aber z.B. einen Staat verlassen oder auch nur einen Ortswechsel vornehmen will, dann sind die Kosten von Widerspruch vermutlich geringer. Analog zu der Hypothese über die Kosten von Abwanderung (Hypothese 2) müsste für Widerspruch gelten:

> *Hypothese 5:* Je höher die Kosten für Widerspruch sind, desto wahrscheinlicher ist Abwanderung und desto unwahrscheinlicher ist Widerspruch.

Abbildung VII.2.1 fasst die bisherigen Hypothesen zusammen. Die in diesem Zusammenhang zentrale Variable ist Loyalität oder, in unserer Terminologie, Identifikation. Diese hat einen positiven additiven Effekt auf Widerspruch und einen negativen Effekt auf Abwanderung. Loyalität ist weiter Bestandteil eines

Interaktionsterms: Wenn man mit der Leistungsverschlechterung unzufrieden ist, wird man um so eher Widerspruch äußern, je loyaler die Einstellung zu einer Organisation ist. Ein weiterer Interaktionsterm besteht aus Unzufriedenheit und Einfluss. Schließlich sind die Kosten für Abwanderung und Widerspruch von Bedeutung. Von besonderer Wichtigkeit in diesem Modell ist, dass jeder Faktor entgegengesetzte Wirkungen auf Abwanderung und Widerspruch hat. Dies ist die „seesaw"-Hypothese (Hirschman) – also die Wippen- bzw. Schaukelhypothese. Wenn bei einer Wippe die eine Seite nach oben geht, senkt sich die andere Seite. Wenn also „exit" steigt, dann sinkt die Wahrscheinlichkeit von „voice" und umgekehrt. An anderer Stelle spricht Hirschman von einem hydraulischen Modell (1993, S. 176): Je mehr Druck auf ein Individuum durch „exit" entweicht, desto weniger Druck schürt „voice".

Welche *Folgerungen* ergeben sich aus dem Modell in Abbildung VII.2.1 für die Beziehung zwischen Abwanderung und Widerspruch? (1) Besteht zwischen den beiden Handlungsalternativen eine Korrelation? Zur Beantwortung dieser Frage betrachten wir zunächst die Struktur des Modells der Abbildung. Dieses Modell hat die Struktur einer Scheinkorrelation: bestimmte Faktoren wirken auf beide Variablen (Abwanderung und Widerspruch). Da die erklärenden Variablen positiv auf Abwanderung und negativ auf Widerspruch wirken, müsste eine *negative bivariate Korrelation zwischen Abwanderung und Widerspruch* bestehen. Diese Korrelation ist die Scheinkorrelation (siehe Abbildung VII.2.2). Wenn wir eine Regression mit Abwanderungsabsicht als abhängige Variable und Widerspruch als unabhängige Variable berechnen, werden wir einen „kausalen" Effekt ermitteln. Dies wird auch der Fall sein, wenn Widerspruch die abhängige und Abwanderungsabsicht die unabhängige Variable ist.

Abbildung VII.2.2: Die Struktur des Modells von Hirschman

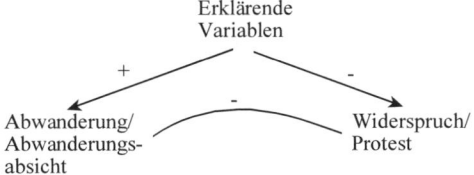

(2) Vor allem aus der vorangegangenen Abbildung wird deutlich, dass zwischen Abwanderung und Widerspruch *keine kausale Beziehung* besteht. Berechnen wir eine Regressionsanalyse mit Widerspruch als abhängiger Variablen und mit den erklärenden Variablen und mit Abwanderungsabsicht als unabhängigen Variablen, dann dürften nur die erklärenden Variablen eine Wirkung haben, aber nicht Abwanderung. Dasselbe gilt, wenn wir eine multivariate Analyse mit Abwanderung als abhängiger und den erklärenden Faktoren und Widerspruch als unab-

hängigen Variablen vornehmen. Wiederum dürfte Widerspruch keine Wirkung haben.

Die Annahme, dass zwischen Handlungen keine direkten kausalen Beziehungen bestehen, ist auch plausibel. Wenn kausale Beziehungen bestehen, dann sind sie vermutlich indirekt: bestimmte Handlungen A verändern z.B. Anreize anderer Handlungen B, und diese Anreize führen dann dazu, dass Handlungen B häufiger ausgeführt werden. So könnte die Teilnahme an Protesthandlungen zu einem bestimmten Zeitpunkt dazu führen, dass man sich als einflussreicher als vorher ansieht und Personen kennen lernt, die Protest ermutigen. Diese Anreize führen dann dazu, dass man an Protesten zu einem späteren Zeitpunkt teilnimmt. Hier liegt zwar eine Korrelation von Protest zu t_1 und Protest zu t_2 vor, aber kein kausaler Effekt. Es ist generell kaum anzunehmen, dass die bloße Tatsache, dass man eine Handlung ausführt, bewirkt, dass man eine andere Handlung ausführt.

(3) Nehmen wir an, wir haben in unserem Modell erklärende Variablen, die positiv auf die eine und negativ auf die andere abhängige Variable (Abwanderung bzw. Widerspruch) wirken, ausgelassen. Das Modell sei also unvollständig. In diesem Falle könnten wir aufgrund von multivariaten Analysen kausale Effekte ermitteln. Dies wird plausibel, wenn wir uns noch einmal an die erste Folgerung erinnern: wir sagten, dass ohne Einbeziehung jeglicher erklärender Variablen ein kausaler Effekt zwischen Abwanderung und Widerspruch ermittelt wird. Wenn wir nun nur einige erklärende Variablen einbeziehen, d.h. wenn wir nicht alle erklärenden Variablen „konstant halten", werden wir ebenfalls einen kausalen Effekt finden. Da kaum ein theoretisches Modell in den Sozialwissenschaften vollständig spezifiziert ist, ist zu erwarten, dass kausale Effekte zwischen Abwanderungsabsicht und Protest in den multivariaten Analysen bestehen. Diese Effekte dürften aber gering sein, da, so nehmen wir wenigstens an, die wichtigsten Variablen im Modell enthalten sind.

Hirschman diskutiert verschiedene mögliche Beziehungen zwischen Abwanderung und Widerspruch (siehe insbesondere Hirschman 1993). Allerdings handelt es sich hier um Hypothesen auf der Makroebene. Bedingungen die bei Individuen zu unterschiedlichen Sequenzen von Abwanderung (oder auch Abwanderungsabsicht) oder zu unterschiedlichen kausalen Beziehungen zwischen Abwanderung und Protest auf der individuellen Ebene führen und die Gegenstand dieses Kapitels sind, behandelt Hirschman nicht.

In einer ersten empirischen Untersuchung zu der Beziehung zwischen Abwanderung und Widerspruch (Orbell und Uno 1972) werden Abwanderungsabsicht, Widerspruch (genauer: in Betracht gezogene Handlungen, wenn ein Problem in der Region besteht) und Inaktivität als individuelle Eigenschaften betrachtet. Im Mittelpunkt der Untersuchung steht die Frage, inwieweit diese Reaktionen bedingt werden durch den sozialen Status von Personen, der Hautfarbe (weiß/schwarz) und der Art des Wohngebietes („urban", „suburban", „mixed") als Kontextmerkmal von Individuen. Vor allem ein Ergebnis ist in diesem Zusammenhang von Interesse: wenn Personen in städtischen und gemischten Gebieten wohnen und eine hohe Schulbildung haben, dann korrelieren Abwanderungsabsicht und Widerspruch positiv; in Vorstädten („suburban areas") gilt das Gegenteil: hier korrelieren Abwanderungsabsicht und Widerspruch hoch negativ. Es scheint also, dass Abwanderung bzw. Abwanderungsabsicht und Widerspruch je nach sozialen Bedingungen in sehr unterschiedlicher Weise zusammenhängen. Welches aber diese Bedingungen sind, ist offen. Es gibt eine Reihe weiterer Untersuchungen, die Hypothesen der Theorie Hirschmans auf der individuellen Ebene überprüfen (vgl. z.B. Kecskes (1994), van Vugt et al. (2003) und Withey und Cooper (1989); zu einer Übersicht und Diskussion der Literatur Dowding et al. (2000)). Eine Überprüfung des oben spezifizierten Modells ist uns aber nicht bekannt.

Eine Integration der Theorie Hirschmans und der Theorie kollektiven Handelns

Im Folgenden sollen Unterschiede und Gemeinsamkeiten der Theorie Hirschmans und der Theorie kollektiven Handelns, die im vorigen Kapitel ausführlich behandelt wurde, diskutiert werden. Es wird sich dabei zeigen, dass sich die Explananda der Theorien überschneiden und dass die Theorie Hirschmans durch Anreize, die in unserer Weiterentwicklung der Theorie kollektiven Handelns enthalten sind, ergänzt werden muss. Sodann entwickeln wir ein Modell, das im Detail die Anreize für Abwanderung, die in der Theorie Hirschmans fehlen, spezifiziert.

Wenn wir die Theorie Hirschmans mit der Theorie kollektiven Handelns, wie wir sie im vorigen Kapitel VII.1 dargestellt haben, vergleichen, dann lassen sich folgende Gemeinsamkeiten und Unterschiede feststellen, die in Tabelle VII.2.1 zusammengefasst sind.

(1) Die für die folgenden Überlegungen wichtigste Frage ist, ob sich die Theorien überhaupt vergleichen lassen, d.h. ob sie identische Sachverhalte erklären. Erklärt die Theorie Hirschmans kollektives Handeln? „Widerspruch" wird, wie wir sahen, definiert als „any attempt at all to change, rather than to escape from, an objectionable state of affairs" (Hirschman 1970, S. 30). Konkret reichen diese Versuche von „faint grumbling to violent protest" (S. 16). Da die Definition u.a. das gemeinsame Handeln von Personen zur Verbesserung des Angebotes von Kollektivgütern nicht ausschließt, gehört kollektives Handeln zu den Explananda der Theorie Hirschmans. Die zu erklärenden Tatbestände der Theorie Hirschmans und der Theorie kollektiven Handelns überschneiden sich also. Im Prinzip beziehen sich die Theorien also zumindest teilweise auf identische Explananda.

Tabelle VII.2.1: Unterschiede und Gemeinsamkeiten der Theorie Hirschmans und der Theorie kollektiven Handelns

Variablen	Hirschmans Theorie	Theorie kollektiven Handelns[1]
Abhängige Variablen		
Engagement für die Gruppe	Ja ("voice" umfasst kollektives Handeln)	Ja
Abwanderung	Ja	Nein
Rückwirkung der abhängigen Variablen auf deren Determinanten	Nein	Ja
Interdependenzen der Determinanten	Nein	Ja
Unabhängige Variablen		
Identifikation	= Loyalität (keine Hypothesen über hierarchische Identifikationen)	Ja, zusätzlich hierarchische Identifikationen (Kosmopolitismus)
Unzufriedenheit mit dem Angebot von Kollektivgütern	= Unzufriedenheit mit Leistungsverschlechterung	Ja
Einfluss	Ja	Ja
Einfluß · Kollektivgutpräferenz	Ja	Ja
Identifikation • Unzufriedenheit	Ja	Ja - wurde nicht bestätigt
Identifikation • Mitglied in solidarischen Gruppen	Nein	Ja
Anreize für Engagement	Kosten von Widerspruch	Protestnorm, Mitglied in politischen Gruppen
Anreize für Abwanderung	Kosten der Abwanderung	Nein

1 Siehe die erweiterte Fassung des vorigen Kapitels.

(2) Ein wichtiger Unterschied zwischen beiden Theorien besteht darin, dass die Theorie kollektiven Handelns „Abwanderung" nicht als Handlungsalternative modelliert. Entsprechend finden wir auch nur bei der Theorie Hirschmans Hypothesen über Determinanten von Abwanderung.

(3) Die Theorie Hirschmans ist lediglich ein zweistufiges Kausalmodell: Abwanderung und Widerspruch sind die abhängigen Variablen, die durch eine Reihe von unabhängigen Variablen erklärt werden. Wir finden also keine Hypothesen über Rückwirkungen der abhängigen Variablen auf die unabhängigen

Variablen; weiter fehlen Hypothesen über kausale Interdependenzen der unabhängigen Variablen. Wenn wir beide Theorien also kombinieren wollen, dann liegt es nahe zu versuchen, die Theorie kollektiven Handelns, wie wir sie im vorigen Kapitel entwickelt haben, durch Hypothesen von Hirschman zu ergänzen, wie wir noch im einzelnen sehen werden.

(4) Wie wir im vorigen Kapitel sahen, wird zwar in der Theorie kollektiven Handelns die Variable „Identifikation" nicht explizit erwähnt, sie gehört aber zu den selektiven Anreizen. Bei unserer Erweiterung der Theorie wurde diese Variable und auch kosmopolitische Orientierung in die Theorie integriert. In Hirschmans Theorie ist lediglich „Loyalität" enthalten. Es ist nicht klar, wie hierarchische Identifikationen wirken. So lassen sich keine Voraussagen z.B. bezüglich der Wirkungen der Identifikation mit Sachsen, Deutschland und Europa treffen. Wir werden hierauf zurückkommen.

(5) Wenn wir kollektives Handeln erklären wollen, dann ist von Bedeutung, inwieweit Unzufriedenheit mit der Bereitstellung von Kollektivgütern vorliegt. Diese Variable würde – bezogen auf „voice" als kollektives Handeln – eine Leistungsverschlechterung sein, die eine Gruppe von Personen betrifft. Bei der Erklärung kollektiven Handelns wäre also die „Unzufriedenheit mit der Leistungsverschlechterung" identisch mit der „Unzufriedenheit mit dem Angebot von Kollektivgütern". Hier scheint es sich also um einen rein terminologischen Unterschied zwischen den Theorien zu handeln. Gemeinsam ist dann den Theorien, dass jeweils ein Interaktionseffekt von „Unzufriedenheit mit dem Angebot an Kollektivgütern" und der Variable „Einfluss" und ein Interaktionseffekt von Identifikation und Unzufriedenheit behauptet wird. Beide Effekte wurden bereits für die abhängige Variable „Protest" überprüft (siehe das vorangegangene Kapitel). Im Gegensatz zu dem zuerst genannten Interaktionseffekt hat sich der Interaktionseffekt von Unzufriedenheit und Identifikation nicht bestätigt. Darüber hinaus fanden wir, dass unter bestimmten Bedingungen Identifikation unterschiedliche Effekte hat: von Bedeutung ist die Mitgliedschaft in solidarischen Gruppen (siehe das vorige Kapitel). Diesen Interaktionseffekt fügen wir in die Theorie ein, er ist in der Theorie von Hirschman nicht enthalten.

(6) Im Gegensatz zur Theorie Hirschmans werden in der Theorie kollektiven Handelns nicht nur generell „Kosten des Widerspruchs" (siehe Abbildung VII.2.1) behandelt. Die Anreize für eine Handlung bestehen nicht nur aus Kosten, sondern auch aus Nutzen. Um zu testbaren Hypothesen zu gelangen, ist es erforderlich, die Arten von Kosten und Nutzen zu spezifizieren.

Im Gegensatz zur Theorie Hirschmans behandelt die besprochene Theorie kollektiven Handelns die für Protest relevanten Anreize in detaillierter Weise. Diese Anreize bestehen – neben den Kollektivgutanreizen und der Identifikation – aus der wahrgenommenen Verpflichtung, sich zu engagieren (Akzeptierung einer Protestnorm) und der Mitgliedschaft in politischen Gruppen. Die

Theorie Hirschmans wird also in der Weise erweitert, dass konkret die Anreize für „Widerspruch" spezifiziert werden.

(7) Hirschman nennt als Determinanten für Abwanderung lediglich die Kosten der Abwanderung. Auch hier gilt, dass Abwanderung nicht nur kostspielig ist, sondern auch mit Nutzen verbunden ist. Um zu testbaren Hypothesen zu kommen, fragt es sich, welches genau diese Kosten und Nutzen sind. Hierzu gibt es mittlerweile eine umfangreiche Literatur.[107] Wir wollen im Folgenden einige Hypothesen zur Beantwortung dieser Frage vorschlagen, die auf der Theorie rationalen Handelns basieren.[108] Wir gehen dabei von unseren Überlegungen im ersten Band zu diesem Projekt aus (Mühler und Opp 2004, Kapitel VIII.2).

Ein Modell zur Erklärung der Abwanderungsabsicht

Wir unterscheiden zwei Arten von Anreizen: die erste Art von Anreizen macht das Verbleiben am Ort wahrscheinlicher, während die zweite Art zum Verlassen des Ortes beiträgt. In der Literatur spricht man von „pull"- und „push" Faktoren, also von Faktoren, die den Ort „anziehend" oder „abstoßend" machen. Tabelle VII.2.2 enthält in der ersten Spalte eine Aufzählung der im Folgenden beschriebenen Faktoren bzw. Anreize. In der zweiten Spalte sind die Indikatoren aufgeführt, mit denen die Faktoren gemessen wurden.

Tabelle VII.2.2: Die Messung von Abwanderungsabsicht und ihrer Determinanten

Name der Variablen	Bedeutung der Variablen, möglicher Wertebereich, Mittelwert, Standardabweichung
Abwanderungsabsicht: Die zu erklärende Variable	
Abwanderungsabsicht	Absicht, innerhalb der nächsten 12 Monate aus dem Ort wegzuziehen. Antwortmöglichkeiten: auf keinen Fall (1), vielleicht (2), auf jeden Fall (3). Die Antwort „habe noch nicht darüber nachgedacht" wurde als fehlender Wert behandelt; 1-3.
Kulturelle Integration	
Wahrnehmung als Sachse (positive Sachseneigenschaften/typischer Sachse)	Ausmaß, in dem sich Befragte typisch sächsische Eigenschaften (traditionsbewusst, gemütlich, verträglich) zuschreiben und sich als typischer Sachse bezeichnen; 1-5.
Beherrschung der sächsischen Sprache	Man spricht sächsisch: nein (0) ja (1); 0-1.

---

[107] Vgl. hierzu Betrell und Hollifield (2000), Castles und Miller (2003), Han (2005), Haug (2000; 2002), Massey et al. (1993; 1994).

[108] Vgl. hierzu bereits Esser (1980). Zu neuerer Literatur siehe die in der vorigen Fußnote zitierten Schriften und Kalter (1997) sowie Kecskes (1994).

Regionale Konsumorientierung	Ausmaß, in dem man beim Kauf auf die Herstellung des Produktes in Sachsen oder Ostdeutschland achtet und meint, prinzipiell sächsische Produkte kaufen zu sollen; 1-5.
Konfrontierung mit sachsen-spezifischen Erwartungen	Ausmaß, in dem wichtige Dritte ragionen-spezifisches Verhalten erwarten wie den Kauf sächsischer Produkte oder Mitarbeit in regionalen Vereinen; 1-5.

Wohndauer und Sozialisation

Wohndauer	Wohndauer am gegenwärtigen Wohnort in Jahren; 0-90.
Geboren und aufgewachsen in Sachsen	Durchschnitt von zwei Variablen: Geboren in Sachsen: nein (0) ja (1); die meiste Zeit bis zum 15. Lebensjahr nicht in Sachsen gewohnt (0) oder in Sachsen gewohnt (1). 0-1.
Häufigkeit des Umzugs	Häufigkeit des Umzugs in den letzten 10 Jahren; 0-14.
Wohnen im Eigentum	Befragter wohnt in Haus oder Eigentumswohnung, d.h. zur Miete (0) oder im Eigentum (1); 0-1.

Integration in soziale Netzwerke

Familie am Ort	Die meisten Familienangehörigen und Verwandten, die dem Befragten wichtig sind, wohnen außerhalb von Sachsen (1), nicht am Ort, aber in Sachsen oder (2) am Ort (3); 0-3.
Freunde am Ort	Die meisten Personen aus dem engeren Freundeskreis wohnen außerhalb von Sachsen (1), nicht am Ort, aber in Sachsen (2) oder am Ort (3); 0-3.
Gute Beziehungen zu Nachbarn	Anzahl der Nachbarn, denen man den Wohnungs- oder Hausschlüssel bei Verreisen anvertrauen würde oder die man schon mehr als zweimal nach Hause eingeladen hat. Antwortmöglichkeiten von keinen (1) bis alle (5). Aus beiden Indikatoren wurde eine additive Skala gebildet; 1-5.
Gute Beziehungen zu Arbeitskollegen	Anzahl der Arbeitskollegen, mit denen man im großen und ganzen gute Beziehungen hat; Antworten von mit keinem (1) bis mit allen (5) „Habe keine Arbeitskollegen" (N=1.652) wurde mit (1) kodiert, ist also identisch mit „mit keinem gute Beziehungen"; 1-5..
Mitglied in Gruppen	Anzahl von Mitgliedschaften in allen Gruppen; 0-10.

Unzufriedenheit am Ort und in der Region

Negative Bewertung sächsischer Kollektivgüter	Ausmaß, in dem man folgendes an Sachsen schlecht findet: Geschichte, Kultur, Wirtschaft, Wissenschaftliche Erfolge, Sprache, Traditionen und Brauchtum, sportliche Erfolge - jeweils mit Antworten von sehr gut (1) bis sehr schlecht (5). Aus diesen Indikatoren wurde eine additive Skala gebildet; 1-5.
Unzufriedenheit (d.h. Wichtigkeit örtlicher Lebensverhältnisse)	Wenn jemand bei vielen Lebensverhältnissen - z.B. Sportangebot, kulturelles Angebot, Einkaufsmöglichkeiten - meint, sie seien für ihn wichtig, dann wird er als relativ unzufrieden bezeichnet (d.h. die Werte der Skala sind hoch); 1-5.
Unzufriedenheit mit der Gesamtsituation am Ort	Frage, wie *alles in allem* die gegenwärtige Lebenssituation am Ort eingeschätzt wird. Antwortmöglichkeiten von sehr zufrieden (1) bis sehr unzufrieden (5); 1-5.
Unzufriedenheit mit Wohnsituation	Frage, wie zufrieden man alles in allem mit der gegenwärtigen Wohnsituation ist. Antwortmöglichkeiten von sehr zufrieden (1) bis sehr unzufrieden (5); 1-5.

Externe berufliche - Orientierung	Befragte haben in den letzten vier Wochen Angebote für eine Stelle außerhalb von Sachsen gelesen (0=nein, 1=ja). 0-1.
Ressourcen und Kontrollfaktoren	
Einkommen	Monatliches Haushalts-Nettoeinkommen; 497-12.000.
Schulbildung	Schulabschluss, entspricht der Anzahl der Schuljahre; 1-6.
Interne Kontrollüberzeugung	Ausmaß, in dem der Befragte glaubt, sich im Allgemeinen durchsetzen zu können. Messung erfolgte durch Zustimmung zu den Behauptungen, der Befragte übernehme gerne Verantwortung; meint, man sollte sich nicht auf das Schicksal verlassen und er finde in der Regel Mittel und Wege, sich durchzusetzen - fünf Antwortkategorien von stimme überhaupt nicht zu (1) bis stimme voll zu (5); 1-5.
Wahrgenommene Diskriminierung	Zustimmung zu den Behauptungen, man könne niemals das Gleiche wie Westdeutsche erreichen und werde schlecht von Westdeutschen behandelt. Antwortmöglichkeiten von stimme überhaupt nicht zu (1) bis stimme voll zu (5). Aus den beiden Indikatoren wurde eine additive Skala gebildet; 1-5.
Familienstand	nicht ledig (0) – Ledig (1). 0-1.

Zu den Variablen des Protestmodells siehe das vorige Kapitel.

Betrachten wir zunächst die „pull"-Faktoren, also die Anreize zum Verbleiben am Ort. Hierzu gehört, wie bereits ausgeführt, die *Identifikation* mit der Region. Wir haben zwei Arten der Identifikation unterschieden: die Identifikation mit der Wohnregion – in diesem Falle mit Leipzig oder dem Mittleren Erzgebirgskreis (LE-Identifikation) – und kosmopolitische Identifikation oder, gleichbedeutend, Kosmopolitismus (also Identifikation mit Deutschland und Europa). Hirschman unterscheidet nicht zwischen verschiedenen Arten der Identifikation bzw. Loyalität. Welche Wirkungen treten auf, wenn eine Person z.B. eine geringe „Loyalität" zu einer bestimmten Gruppe – etwa Leipzig – und eine stärkere Loyalität zu einer Gruppe höherer Ordnung – etwa Deutschland – aufweist? Wenn bei starker Bindung an eine bestimmte Region Abwanderung aus dieser Region kostspielig ist, dann ist zu erwarten, dass bei einer starken Bindung an eine übergeordnete Region Abwanderung aus der Region erster Ordnung weniger kostspielig ist. Wenn z.B. die LE-Identifikation hoch ist, wird man eher nicht aus Leipzig oder dem Mittleren Erzgebirgskreis abwandern. Ist die kosmopolitische Identifikation hoch, dann sind die Kosten der Abwanderung aus Deutschland bzw. Europa hoch, aber nicht die Kosten der Abwanderung aus Leipzig. Hoher Kosmopolitismus wird also Abwanderung aus Leipzig bzw. dem Mittleren Erzgebirgskreis eher wahrscheinlicher machen. Wir erwarten also, dass LE-Identifikation die Abwanderungsabsicht vermindert, während Kosmopolitismus die Abwanderungsabsicht erhöht.

Ein Anreiz, in einer Region zu verbleiben, liegt weiter vor, wenn eine Person in hohem Maße *kulturell integriert* ist. „Kulturelle Integration" bedeutet das Ausmaß, in dem alltägliches Verhalten sich an den speziellen kulturellen Mustern der Region orientiert. Hierzu gehört, dass man sächsisch spricht oder dass man sächsische Produkte kauft, obwohl sie teurer als andere Produkte sind. „Kulturelle Integration" liegt weiter vor, wenn man glaubt, sich in kulturspezifischer Weise verhalten zu müssen. Ein Indikator hierfür ist, wenn man Freunde hat, die „sachsenspezifische Erwartungen" – z.B. die Erwartung, sächsische Produkte zu kaufen – äußern. Wir vermuten: je stärker die kulturelle Integration ist, desto größer sind die Kosten eines Ortswechsels.

Wir vermuten weiter, dass lange *Wohndauer und Sozialisation* in der Region zu einer geringen Abwanderungsabsicht führt. D.h. wenn jemand bereits lange am Ort oder in der Region gewohnt hat und dort aufgewachsen ist, dann „fällt es schwer", den Ort zu verlassen. Dies gilt auch, wenn man in hohem Maße in *lokale soziale Netzwerke integriert* ist. D.h. wenn man gute Beziehungen zu Nachbarn hat, wenn Freunde und Familie in der Nähe wohnen, dann sind die Kosten der Abwanderung hoch.

Die bisherigen Faktoren beziehen sich auf positive Anreize für das Verbleiben am Ort. Die *Unzufriedenheit mit den Lebensbedingungen in der Region* gehört zu den negativen Anreizen, d.h. zu den Kosten des Verbleibens: je höher die genannte Unzufriedenheit ist, desto eher wird man beabsichtigen, die Region zu verlassen.

Angesichts der hohen Arbeitslosigkeit in Ostdeutschland ist die erwartete Chance, außerhalb des Wohnortes oder der Region einen Arbeitsplatz zu finden, von Bedeutung. Wir haben ermittelt, ob Befragte „in den letzten vier Wochen Angebote für eine Stelle außerhalb von Sachsen gelesen" haben (mit den Antwortmöglichkeiten „nein" und „ja"). Wir gehen davon aus, dass bei der Antwort „ja" Befragte prinzipiell bereit sind, eine Stelle außerhalb von Sachsen anzunehmen und damit zum Ausdruck bringen, dass sie außerhalb von Sachsen eine bessere berufliche Situation erwarten als am gegenwärtigen Wohnort. Hier liegt also eine *externe berufliche Orientierung* vor.

Ein Umzug ist mit finanziellem Aufwand verbunden. Außerdem sind andere persönliche Ressourcen von Bedeutung wie z.B. die Fähigkeit, mit Maklern, Behörden oder möglichen Arbeitgebern zu verhandeln. Diese Ressourcen wurden durch Indikatoren wie das monatliche Netto-Haushaltseinkommen und Kontrollüberzeugung gemessen. Diese Variable misst die wahrgenommenen Ressourcen. Diese dürften auf die Abwanderungsabsicht vielleicht noch stärker als die tatsächlichen Ressourcen wirken.

In Hirschmans Modell wird - gemäß unserer Rekonstruktion - u.a. angenommen, dass der wahrgenommene politische Einfluss einen negativen Effekt auf die Abwanderungsabsicht hat. Angenommen, der wahrgenommene Einfluss einer Person sinke, da z.B. vergangene Proteste erfolglos waren. Warum soll dadurch der direkte Nutzen eines Ortswechsels steigen? Es ist eher plausibel, dass die Abwanderungsabsicht deshalb stärker wird, weil der Nettonutzen von Protest sinkt. Aber ein direkter kausaler Effekt auf die Abwanderungsabsicht ist wenig plausibel. Wir werden trotzdem bei unseren statistischen Analysen prüfen, inwieweit der wahrgenommene politische Einfluss direkt auf Abwanderungsabsicht wirkt.

Es ist entsprechend wenig plausibel, dass der Interaktionsterm, bestehend aus Unzufriedenheit und Einfluss, einen negativen Effekt auf die Abwanderungsabsicht hat. Dies kann aufgrund der folgenden Gleichung verdeutlicht werden – der Wert -2 sei ein fiktiver unstandardisierter Regressionskoeffizient:

Abwanderungsabsicht = -2 · (Unzufriedenheit · Einfluss).

Angenommen, der wahrgenommene Einfluss habe den Wert 1. Nun steige die Unzufriedenheit - etwa von 1 auf 4. Dies würde zu einem Absinken der Abwanderungsabsicht führen. Genau dies wird ja nicht behauptet: steigende Unzufriedenheit soll die Abwanderungsabsicht vielmehr erhöhen. Ein solcher Interaktionseffekt ist also wenig plausibel.

Dasselbe gilt für den Interaktionseffekt „Identifikation · Unzufriedenheit". Dies wird klar, wenn man in der obigen Gleichung „Einfluss" durch „Identifikation" ersetzt. Bei gegebener Identifikation müsste dann bei steigender Unzufriedenheit die Abwanderungsabsicht sinken. Das Gegenteil soll der Fall sein.

Obwohl beide Interaktionseffekte wenig plausibel sind, werden wir sie empirisch überprüfen. Fassen wir unsere bisherigen Ausführungen in Form einer Hypothese zusammen:

> *Hypothese 6:* Je geringer die Identifikation mit der Region ist, je größer die kosmopolitische Identifikation ist, je schwächer die kulturelle Integration in der Region ist, je kürzer eine Person in der Region wohnt, je geringer die soziale Integration ist, je höher die Unzufriedenheit mit den Lebensbedingungen in der Region ist, je stärker die externe berufliche Orientierung ist, über je mehr persönliche Ressourcen eine Person verfügt, desto größer ist die Abwanderungsabsicht. Die Abwanderungsabsicht ist geringer bei Personen, die in der Region sozialisiert als bei Personen, die nicht in der Region sozialisiert wurden.

Wir haben bisher so argumentiert, dass bei Vorliegen der genannten Faktoren die Kosten des Wegzugs bzw. die Nutzen des Verbleibens hoch sind. Wir messen diese Nutzen nicht direkt, wir vermuten vielmehr, dass bei Vorliegen der genannten Faktoren hohe bzw. geringe Nutzen oder Kosten vorliegen. Diese Vermutung wird jedoch gestützt, wenn wir die Fishbein-Ajzen-Theorie (vgl. z.B. Ajzen 1988) anwenden. Wir haben uns bisher mit Sachverhalten befasst, die sich auf positive oder auch negative Eigenschaften des Wohnortes oder der Wohnregion beziehen. So sind kulturelle Integration und Integration in soziale lokale Netzwerke Sachverhalte, die von den betreffenden Personen positiv bewertet werden. Dagegen bezieht sich die Unzufriedenheit mit der Wohnregion auf negative Eigenschaften. Bei langer Wohndauer und Sozialisation in der Region nehmen wir an, dass „Gewohnheiten" und vielfältige Ortsbindungen entstehen, die ebenfalls eher positiv eingeschätzt werden. Gemäß der Fishbein-Ajzen-Theorie wird eine positive Einstellung zu einem Ort insgesamt entstehen, wenn diesem relativ viele positive Eigenschaften zugeschrieben werden. Es ist plausibel, dass dann, wenn ein Ort insgesamt relativ positiv bewertet wird, auch der Nutzen hoch ist, wenn man in diesem Ort wohnt.

Wann ist Abwanderung eine Alternative zu Protest?

Eine zentrale These von Hirschmann ist, dass dann, wenn die Nutzen von Abwanderung hoch und die Kosten gering sind, Widerspruch weniger attraktiv ist. Umgekehrt gilt: hohe Nutzen und geringe Kosten von Widerspruch verrindern die Wahrscheinlichkeit von Abwanderung. Mit anderen Worten: Protestanreize wirken auch auf Abwanderung, aber die Wirkungen sind entgegengesetzt; ebenso gilt: Abwanderungsanreize wirken auch auf Protest, aber die Wirkungen sind entgegengesetzt. Wenn dies zutrifft, dann müsste jeder der bisher diskutierten Anreize, die einen positiven (negativen) Effekt auf eine der Handlungsalternativen haben, einen negativen (positiven) Effekt auf die andere Alternative haben. Dies bringt Abbildung VII.2.3 zum Ausdruck: alle im oberen Teil der Abbildung aufgeführten Protestanreize wirken positiv auf Protest; entsprechend müssten sie negativ auf die Abwanderungsabsicht wirken. Ähnliches gilt für die Abwanderungsanreize, die im unteren Teil der Abbildung enthalten sind: sie wirken positiv auf die Abwanderungsabsicht und müssten gemäß der Hypothese von Hirschman negativ auf Protest wirken. Identifikation und Unzufriedenheit sind sowohl Bestandteile der Protest- als auch der Abwanderungsanreize. Sie sind deshalb getrennt von den anderen Anreizen auf der linken Seite der Abbildung aufgeführt. Identifikation hat entgegengesetzte Wirkungen auf Protest und Abwanderungsabsicht. Unzufriedenheit hat jedoch gleiche Wirkungen: hohe Unzufriedenheit macht Widerspruch und gleichzeitig Abwanderung (bzw. Abwanderungsabsicht) wahrscheinlicher.

Inwieweit ist die These der entgegengesetzten Effekte der Anreize auf die beiden Handlungsalternativen plausibel? Zur Beantwortung dieser Frage wollen wir ein einfaches Beispiel diskutieren, das zeigen soll, unter welchen Bedingungen man generell annehmen kann, dass die Anreize einer Handlung einen entgegengesetzten Effekt auf eine andere Handlung haben. Nehmen wir an, eine Person wolle eine Urlaubsreise zu den Hauptsehenswürdigkeiten von Australien buchen; ihr liegen zwei Angebote A und B vor, zwischen denen sie wählen will. Die Person vergleiche im Einzelnen die beiden Angebote. Jedes Angebot habe bestimmte „Vorteile" (Nutzen) und „Nachteile" (Kosten). Zunächst – also vor einem detaillierten Vergleich – seien die Nettonutzen (NN) der Angebote gleich, d.h. die Person kann sich nicht entscheiden. Diese Situation kann man so ausdrücken:

$$NN(\text{Angebot A}) = p_{AN} \text{ NUTZEN}_A - p_{AK} \text{ KOSTEN}_A$$
$$NN(\text{Angebot B}) = p_{BN} \text{ NUTZEN}_B - p_{BK} \text{ KOSTEN}_B$$
$$NN(\text{Angebot A}) = NN(\text{Angebot B}).$$

mit
p_{AN} = subjektive Wahrscheinlichkeit, dass die betreffenden Nutzen (N) bei Annahme von Angebot A (AN) auftreten.
p_{AK} = subjektive Wahrscheinlichkeit, dass die betreffenden Kosten (K) bei Annahme von Angebot A (AK) auftreten.
p_{BN}/p_{BK} = subjektive Wahrscheinlichkeit, dass die betreffenden Nutzen/Kosten bei Angebot B auftreten

Abbildung VII.2.3: Ein integriertes Modell zur Erklärung von Abwanderung und Protest

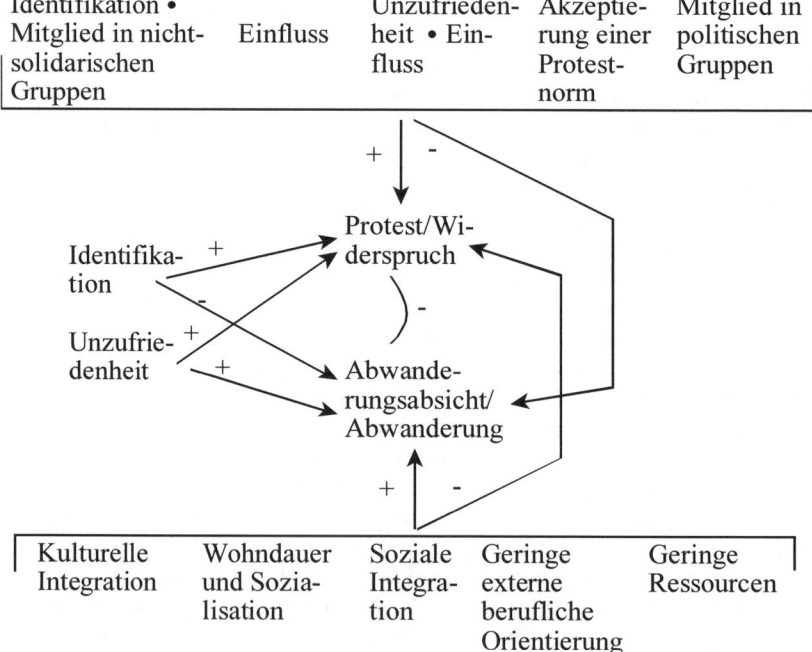

Gemäß der Wert-Erwartungstheorie wird dasjenige Angebot angenommen, das den höchsten Nettonutzen hat. Die Person vergleiche nun die beiden Angebote genauer und stelle fest, dass Angebot A Übernachtungen in besseren Hotels enthält, dass aber sonst die Angebote gleich sind. Damit steigt der Nutzen von A und so auch dessen Nettonutzen im Vergleich zu B. Angebot A wird also angenommen. In diesem einfachen Beispiel bestätigt sich also die These, dass der Anstieg der Nutzen einer Handlung die Ausführung einer anderen Handlung beeinflusst bzw. unwahrscheinlicher macht.

Diese Situation lässt sich allgemein so beschreiben: aus der Sicht einer Person liegen mehrere Handlungsalternativen vor, zwischen denen sich die Person entscheiden will. Jeder Vorteil (Nachteil) der einen Alternative beeinflusst sozusagen automatisch die Chance der Wahl der anderen Alternative. Wenn wir davon ausgehen, dass die Wahrscheinlichkeit der Wahl einer Handlung umso größer ist, je größer die Differenz zwischen dem Nettonutzen dieser und der zweiten Handlung ist, dann gilt:

Der Anstieg des Nettonutzens einer Handlung vermindert die Wahrscheinlichkeit, dass andere Handlungsalternativen ausgeführt werden.

In diesem Beispiel sinkt beim Anstieg des Nettonutzens einer Handlung sozusagen „automatisch" die Wahrscheinlichkeit der Wahl der anderen Alternative. „Automatisch" heißt, dass aus rein logischen der Nettonutzen einer Handlung sinken „muss", wenn der Nettonutzen einer anderen Handlung steigt: geht man von der Wert-Erwartungstheorie aus und nimmt an, dass der Nettonutzen einer Handlungsalternative steigt – „ceteris paribus" (d.h. die Nettonutzen der anderen Handlungen verändern sich nicht) – , dann folgt logisch, dass die Wahrscheinlichkeit des Auftretens der anderen Handlungsalternative sinkt. Die Wippen- bzw. Schaukelhypothese ist also genau so „notwendig" wie der Tatbestand, dass bei einer Wippe „automatisch" ein Teil der Schaukel unten ist, wenn der andere Teil oben ist. Es sei noch einmal darauf hingewiesen, dass bei dem hier betrachteten Beispiel zwei klar strukturierte, vom Akteur wahrgenommene Handlungsalternativen vorliegen.

Kann man sich auch eine Situation vorstellen, bei der die Veränderung der Nutzen oder Kosten einer Handlung *keinen* Einfluss auf eine bestimmte andere Handlung hat? Wird z.B. in unserem Beispiel die Wahl von Angebot A (oder B) wahrscheinlicher, wenn die Benzinpreise steigen und wenn sich damit der Nettonutzen des Autofahrens vermindert? Vermutlich wird hierdurch weder die Wahl von Angebot A noch von Angebot B beeinflusst. Warum nicht? Die Wahl eines Reiseangebotes und Handlungsalternativen, mit denen Akteure auf die steigenden Benzinpreise reagieren, werden nicht als Handlungsalternativen wahrgenommen. Gemäß der Wert-Erwartungstheorie wird *von den wahrgenommenen Handlungsalternativen* diejenige mit dem höchsten Nettonutzen ausgeführt.

Wenn die Benzinpreise steigen, werden vermutlich als Handlungsalternativen „seltenere Benutzung des Automobils", „häufigere Benutzung öffentlicher Verkehrsmittel" und „häufigere Benutzung eines Fahrrads" wahrgenommen, aber nicht, eine Australienreise buchen. Halten wir fest: wenn Handlungen nicht als Handlungsalternativen wahrgenommen werden, dann wird eine Veränderung des Nettonutzens einer Handlung die Nettonutzen der anderen Handlungen nicht beeinflussen.

Eine weitere Situation, in der die Änderung der Nutzen oder Kosten einer Handlungsalternative keinen Einfluss auf die Wahl einer anderen Alternative hat, liegt vor, wenn die Nettonutzen von wahrgenommenen Handlungsalternativen relativ starke Unterschiede aufweisen. Wenn etwa in unserem Beispiel das Angebot A deutlich besser als das Angebot B ist und wenn sich dann, kurz bevor die Person Angebot A buchen will, ein nicht allzu gravierender Nachteil von A oder Vorteil von B herausstellt, dann wird sich die Entscheidung der Person nicht ändern: sie wird A wählen. Hier werden zwar A und B als Handlungsalternativen wahrgenommen, aber aufgrund des hohen Nettonutzen-Unterschiedes wird eine Veränderung des Nettonutzens von A keine Änderung der Entscheidung nach sich ziehen.

Wie können wir diese Überlegungen auf die Wahl von Abwanderung und Widerspruch anwenden? Wenn die Akteure Abwanderung und Widerspruch nicht als Handlungsalternativen wahrnehmen, dann wird auch die Änderung des Nettonutzens der einen Alternative nicht dazu führen, dass die andere Alternative gewählt wird oder dass deren Wahl wahrscheinlicher wird. Wir vermuten, dass dieser Fall für Abwanderung und Widerspruch dann vorliegt, wenn es um die Abwanderung aus Regionen geht. Der Grund ist, dass Abwanderung im Vergleich zu Protest bei einer „Leistungsverschlechterung" der Lebensbedingungen in der Region mit sehr hohen Kosten verbunden ist. Deshalb werden viele wenn nicht die meisten Bürger die Alternative „Abwanderung" nicht in Betracht ziehen, wenn sich die Situation in ihrer Region verschlechtert.

Es ist weiter plausibel, dass viele Akteure zwar beide Handlungsalternativen in Betracht ziehen; da aber die Kosten von Abwanderung relativ hoch sind, sind die Nettonutzen von Abwanderung und Widerspruch extrem verschieden. Entsprechend wird also selbst eine deutliche Änderung der Kosten bzw. Nutzen von Protest oder auch Abwanderung an der Rangfolge der Nettonutzen der beiden Alternativen nichts ändern. Mit anderen Worten:

Hypothese 7: Für Regionen gilt: Abwanderung wird meist nicht als Alternative zu Widerspruch angesehen oder in Betracht gezogen, da die Kosten der Abwanderung relativ hoch sind.

Ist es aber nicht trotzdem zutreffend, dass im Prinzip die positiven Anreize für eine Alternative negative Anreize der anderen Alternative sind? D.h. wirken nicht z.B. die positiven Anreize für Protest negativ auf Abwanderung? Betrachten wir wieder unser Beispiel: bei der Wahl der beiden Reiseangebote muss keineswegs angenommen werden, dass alle Anreize einer Handlungsalternative entgegengesetzte Effekte auf die andere Handlungsalternative haben. Es wäre denkbar, dass identische Anreize zur Erhöhung des Nettonutzens beider Handlungsalternativen führen. So könnte unser Australienreisender bei seinen Recherchen herausfinden, dass die Hotels bei beiden Angeboten direkt am Meer liegen. Dabei sei „Lage am Meer" ein Nutzen, der bei beiden Handlungsalternativen von Bedeutung ist. Wenn also dieser Nutzen steigt, dann steigt der Nettonutzen beider Handlungsalternativen. Dies gilt auch für Abwanderung und Protest: wie wir sahen, gibt es zumindest einen Anreiz, der die Nettonutzen beider Handlungen erhöht, nämlich die Unzufriedenheit: sie wirkt positiv auf Abwanderungsabsicht und auf Protest.

Wenn die vorangegangenen Überlegungen zutreffen, dann ist eher nicht zu erwarten, dass die Anreize unseres Protestmodells den entgegengesetzten Effekt auf die Abwanderungsabsicht haben. Ebenso ist es unplausibel, dass die Anreize für die Abwanderungsabsicht den entgegengesetzten Effekt auf Protest haben. Die Ausnahme ist Unzufriedenheit: hohe Unzufriedenheit hat jeweils einen positiven Effekt auf Protest und Abwanderungsabsicht.

Wenn man einmal von der „Automatik" absieht, dass die Änderung der Anreize einer Alternative über die Änderung von deren Nettonutzen die Auftrittswahrscheinlichkeit der anderen Alternative ändert, könnte man auch argumentieren, dass viele Anreize *handlungsspezifisch* sind. So wird die Akzeptierung einer Protestnorm ein Anreiz für Protest sein und nicht direkt die Abwanderungsabsicht beeinflussen. Weiter wird die Verfügbarkeit von Ressourcen eher eine Restriktion für Abwanderung bzw. Abwanderungsabsicht sein, da zur Teilnahme an Protesten kaum besondere Ressourcen erforderlich sind. Wir vermuten, dass die Anreize unseres Protest- und Abwanderungsmodells handlungsspezifisch sind. Auch dies spricht dafür, dass die Anreize für Protest nicht auf Abwanderung und dass die Anreize für Abwanderung nicht auf Protest wirken – mit der Ausnahme von Unzufriedenheit, die einen positiven Effekt auf beide Handlungsalternativen hat.

Dieses Modell, das im Gegensatz zu dem auf der Theorie Hirschmans basierenden Modell (Abbildung VII.2.3) steht, zeigt Abbildung VII.2.4. Entsprechend unterscheiden wir drei Arten von Anreizen: Abwanderungsanreize (Anreize, die nur auf Abwanderung wirken), Protestanreize (Anreize, die nur auf Protest wirken) und gemeinsame Anreize (Anreize, die sowohl auf Abwanderung als auch auf Protest wirken.) Die „gemeinsamen Anreize" bestehen nur aus der Unzufriedenheit. Wiederum gibt es zwischen den Handlungen keine direkten kausalen Effekte. Da die Identifikation einen positiven Effekt auf die eine und einen negativen auf die andere abhängige Variable hat, ist mit einer –

allerdings sehr schwachen – negativen Korrelation zu rechnen, die aber nicht in der Abbildung enthalten ist, da sie, wie wir vermuten, nahe null ist.

Abbildung VII.2.4: Eine Modifikation des integrierten Modells zur Erklärung von Abwanderung und Protest

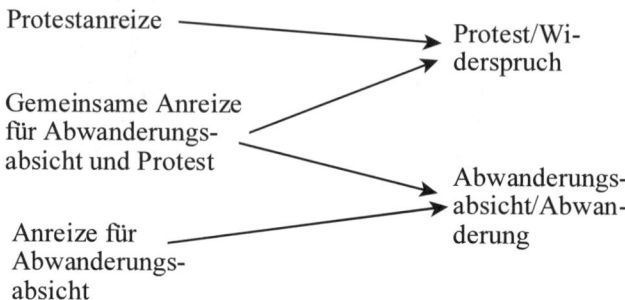

Fassen wir zusammen. Wir sahen, dass ein Mikromodell, das einer Wippe bzw. einer mechanischen Waage gleicht – d.h. wenn Protest steigt, dann sinkt Abwanderung und umgekehrt –, nur unter bestimmten Bedingungen gilt: (1) Beide Handlungen werden als Handlungsalternativen wahrgenommen. (2) Die Nettonutzen der als Handlungsalternativen wahrgenommenen Handlungen sind relativ ähnlich. (3) Die Anreize sind nicht handlungsspezifisch. Wir vermuten, dass diese Bedingungen nicht gegeben sind, wenn es sich bei den Gruppen um Regionen handelt.

Die Messung der Variablen

Tabelle VII.2.2 führt in der ersten Spalte die Variablen unseres Modells auf. Die zweite Spalte enthält die Indikatoren, mit denen die Variablen gemessen wurden.[109] Da im Mittelpunkt dieses Kapitels die Abwanderungsabsicht steht, soll deren Messung kurz erläutert werden. Wir haben die Befragten gebeten anzugeben, ob sie planen, innerhalb der nächsten 12 Monate aus dem Ort, in dem sie wohnen, wegzuziehen. Mögliche Antworten waren: auf keinen Fall (Kodierung 1), vielleicht (Kodierung 2), auf jeden Fall (Kodierung 3), habe noch nicht nachgedacht. Wenn die zuletzt genannte Antwort gegeben wurde, haben wir

---

[109] Wir haben weiter geprüft, ob die Unzufriedenheit mit dem Beruf und das Haushaltseinkommen Determinanten für die Abwanderungsabsicht waren. Da die erste Frage nur von 394 Befragten und die zweite von 880 Befragten (bei einer Stichprobengröße von 1153 Personen) beantwortet wurde, haben wir eine Korrelation zwischen diesen Variablen und der Abwanderungsabsicht berechnet. Da keine Korrelationen vorlagen, wurden beide Variablen nicht weiter berücksichtigt.

dem betreffenden Befragten für diese Variable einen fehlenden Wert zugewiesen. Insgesamt hatte die Variable im Panel (also bei 1153 Befragten) 36 (Welle 1), 22 (Welle 2) und 29 (Welle 3) fehlende Werte. In der gesamten Untersuchung (N=3005) haben 74 Personen in einer Welle einen fehlenden Wert, 5 Personen in zwei Wellen und nur eine Person hat in allen drei Wellen einen fehlenden Wert. Die fehlenden Werte bereiten bei insgesamt 1153 Befragten für alle drei Wellen keine Probleme.

Wie im Folgenden gezeigt wird, haben wir keine Skalen gebildet, sondern schrittweise geprüft, inwieweit die einzelnen Indikatoren die Abwanderungsabsicht beeinflussen. Die Messung der Protestanreize wurde im vorigen Kapitel behandelt.

Die Vorgehensweise bei der Überprüfung der Hypothesen

Wir wollen nicht nur unsere Hypothesen über die Determinanten der Abwanderungsabsicht prüfen, sondern auch, inwieweit es zutrifft, dass die Protestanreize nur auf Protest und die Abwanderungsanreize nur auf die Abwanderungsabsicht wirken, und ob Unzufriedenheit auf Protest und Abwanderungsabsicht einen positiven Effekt hat. Unsere Vorgehensweise bei der Überprüfung dieser Hypothesen wird in Tabelle VII.2.3 zusammengefasst. Wir beginnen mit der Abwanderungsabsicht, da dies die zentrale Variable in diesem Kapitel ist. Entsprechend prüfen wir zuerst, ob unsere Hypothesen über die Determinanten der Abwanderungsabsicht zutreffen. Hierzu verwenden wir die Abwanderungsabsicht von Welle 2 und von Welle 3 als abhängige Variablen. Wir prüfen also die Wirkungen der Abwanderungsanreize auf die Abwanderungsabsicht (Tabelle VII.2.3, Spalte 2). Wenn die Annahme der Theorie Hirschmans gilt, dass positive Anreize für eine Handlung gleichzeitig negative Anreize für eine andere Handlung sind, wäre zu erwarten, dass die Protestanreize ebenfalls die Abwanderungsabsicht beeinflussen. Wir prüfen entsprechend in einem zweiten Modell, inwieweit Protestanreize auf Abwanderungsabsicht wirken (Tabelle VII.2.3, Spalte 3).

Es wäre denkbar, dass die Protestanreize nur deshalb auf die Abwanderungsabsicht wirken, weil die Protestanreize und die Abwanderungsanreize miteinander korrelieren. Wenn also Protestanreize auf die Abwanderungsabsicht wirken (siehe das Modell in Spalte 3 von Tabelle VII.2.3), dann könnten diese Wirkungen dadurch bedingt sein, dass wir die Abwanderungsanreize nicht als Kontrollvariablen einbezogen haben. Wir müssen also ein Gesamtmodell prüfen, das die Protest- und die Abwanderungsanreize gleichzeitig als unabhängige Variablen enthält. Ein solches Modell prüfen wir in einem dritten Schritt (siehe Tabelle VII.2.3, Spalte 4).

Tabelle VII.2.3: Vorgehensweise bei der Prüfung der Hypothesen

	Abwanderungsabsicht als abhängige Variable			Protest als abhängige Variable		
1	2	3	4	5	6	7
Anreize für Abwanderungsabsicht	X		X		X	X
Anreize für Protest		X	X	X		X
Protest	X	X	X			
Abwanderungsabsicht				X	X	X

X bedeutet, dass das betreffende Modell mit den genannten Arten von Anreizen geschätzt wird. Die Modelle werden jeweils für Abwanderungsabsicht und Protest von Welle 2 und Welle 3 als abhängige Variablen geschätzt.

Weiter prüfen wir, ob kausale Beziehungen zwischen Protest und Abwanderungsabsicht bestehen. Dies ermitteln wir, indem wir in alle drei Modelle mit Abwanderungsabsicht als abhängiger Variable zusätzlich Protest als unabhängige Variable einbeziehen.

Zusammengefasst schätzen wir jeweils für Abwanderungsabsicht in Welle 2 und Welle 3 drei Modelle: (1) wir prüfen, welche Abwanderungsanreize wirken, (2) inwieweit Protestanreize wirken und (3) welche Wirkungen beide Arten von Anreizen haben. In allen Modellen wird geprüft, ob Protest einen Einfluss auf die Abwanderungsabsicht hat.

In derselben Weise verfahren wir für Protest als abhängige Variable – siehe hierzu ebenfalls Tabelle VII.2.3, Spalten 5, 6 und 7: wir schätzen zunächst ein Modell mit den Protestanreizen. Wir übernehmen dabei die Ergebnisse des vorigen Kapitels. Sodann prüfen wir, ob die Abwanderungsanreize auf Protest wirken. Schließlich wird ein integriertes Modell geschätzt, das die Abwanderungs- und Protestanreize enthält. In alle drei Modelle fügen wir die Abwanderungsabsicht als unabhängige Variable ein, um zu prüfen, ob Abwanderungsabsicht einen direkten Effekt auf Protest hat.

Wir gehen bei der Einbeziehung der unabhängigen Variablen in die einzelnen Modelle so vor, wie wir es früher beschrieben haben (siehe Kapitel III.5): wir prüfen zunächst ein Modell, in dem die unabhängigen Variablen der vorangegangenen Welle (also die zeitverzögerten Variablen) enthalten sind. Sind diese nicht signifikant, ersetzen wir die betreffende Variable durch dieselbe Variable der nächsten Welle. Wir prüfen also zuerst, ob eine unabhängige Variable einen zeitverzögerten Effekt hat; ist dies nicht der Fall, prüfen wir das Vorliegen eines simultanen Effekts. Liegt ein solcher Effekt ebenfalls nicht vor, wird die Variable eliminiert.

Ergebnisse

Wie prüfen unsere Hypothesen in folgender Reihenfolge. (1) Wir beginnen mit der Frage, inwieweit Abwanderung von den Befragten überhaupt in Betracht gezogen und als Alternative zu Protest angesehen wird. (2) Sodann prüfen wir, inwieweit Abwanderungsabsicht mit tatsächlicher Abwanderung zusammenhängt. (3) Schließlich untersuchen wir, inwieweit Protest- und Abwanderungsanreize nur auf die betreffenden Handlungsalternativen wirken. Hier geht es also um die Überprüfung der Modelle, die in Tabelle VII.2.3 zusammengefasst wurden.

Sind Abwanderungsabsicht und Protest Alternativen?

Die Vermutung, dass für relativ wenige Personen Abwanderung überhaupt in Betracht kommt, da die Kosten relativ hoch sind, wird durch unsere Daten gestützt. Tabelle VII.2.4 enthält die Verteilung der Variablen „Abwanderungsabsicht", also unserer abhängigen Variable, für die drei Wellen des Panels. Zwischen 89,7 % und 92,4 % der Befragten in den drei Wellen geben an, auf keinen Fall die Absicht zu haben, aus Leipzig bzw. aus ihrem Wohnort im Mittleren Erzgebirgskreis wegziehen zu wollen. Dagegen beträgt die Anzahl derjenigen, die auf jeden Fall vorhaben umzuziehen, 8 (Welle 1) und 18 (Welle 2 und 3), also 0,7 % und 1,6 %. Die Anzahl derjenigen, die angeben, noch nicht über einen Umzug nachgedacht zu haben, ist ebenfalls relativ gering: hier handelt es sich nur um 36, 22 und 29 Personen (Wellen 1 bis 3), also zwischen 1,9 % und 3,1 % der Befragten. Die Daten zeigen also: Fast jeder hat schon über Abwanderung nachgedacht. Allerdings wurde Abwanderung nicht ernsthaft in Betracht gezogen.

Gilt Ähnliches auch für Protest? Wieviele Personen ziehen Protest in Betracht und führen ihn aus? Unsere Protestskala besteht, wie wir im vorigen Kapitel sahen, aus Indikatoren für vier Handlungen (Eintragen in eine Unterschriftenliste, demonstrieren, mitarbeiten in einer Bürgerinitiative und Tragen von Plaketten - siehe im einzelnen Tabelle VII.1.1 im vorigen Kapitel). Zu jeder Handlung konnten vier Antworten gegeben werden: (1) kam für mich nicht in Frage, (2) habe das überlegt, aber nicht gemacht, (3) habe das einmal gemacht, (4) habe das mehrmals gemacht. Verglichen mit denen, die umgezogen sind, haben deutlich mehr Personen protestiert: der Prozentsatz derer, die von den 1153 Personen angegeben haben, ein- oder mehrmals bei allen vier Handlungen protestiert zu haben, beträgt zwischen 26,1 % (Welle 1) und 36,4 % (Welle 3). Für knapp 2/3 der Befragten oder mehr kam also Protest nicht in Frage oder man hat überlegt, sich zu engagieren, hat aber dann doch nichts unternommen. Deutlich mehr Personen haben also überlegt, an Protesten teilzunehmen als abzuwandern.

Tabelle VII.2.4: Haben Sie vor, innerhalb der nächsten 12 Monate aus Leipzig/diesem Ort wegzuziehen?

Antwortmöglichkeiten	Welle 1 (2000)		Welle 2 (2002)		Welle 3 (2003)	
Auf keinen Fall	1039	90,3%	1064	92,4%	1032	89,7%
Vielleicht	67	5,8%	47	4,1%	71	6,2%
Auf jeden Fall	8	0,7%	18	1,6%	18	1,6%
Habe noch nicht darüber nachgedacht	36	3,1%	22	1,9%	29	2,5%
Anzahl der Fälle (Fehlende Werte)	1153	100% (3)	1153	100% (2)	1153	100% (3)

Die Korrelation zwischen Abwanderungsabsicht und Protest

Diese Befunde sagen noch nichts darüber aus, ob Abwanderungsabsicht und Protest als Handlungsalternativen wahrgenommen werden. Wenn dies der Fall ist, müssten beide Variablen miteinander korrelieren. Um dies zu überprüfen, berechnen wir die bivariaten Pearsonschen Korrelationen zwischen Abwanderungsabsicht und Protest für alle drei Wellen. Tabelle VII.2.5 zeigt, dass es keine signifikanten negativen Korrelationen gibt. Wenn Korrelationen signifikant sind, dann sind sie positiv. Von den 9 berechneten Korrelationen sind nur 4 Korrelationen signifikant, und diese Koeffizienten sind relativ niedrig: der höchste ist r=,10, die anderen sind 0,07 und 0,06. Die Wippen-Hypothese von Hirschman, dass Abwanderung und Widerspruch negativ korrelieren, wird also durch unsere Daten klar widerlegt.

Wie sind die positiven Korrelationen zu erklären? Wenn zwei Variablen miteinander korrelieren und nicht - so haben wir angenommen - in einer kausalen Beziehung stehen, dann handelt es sich um eine Scheinkorrelation. Dies bedeutet, dass eine Reihe von Variablen sowohl auf die eine als auch auf die andere abhängige Variable in gleicher Weise - hier positiv - wirken. Betrachten wir die Ergebnisse unserer multivariaten Analysen, die weiter unten diskutiert werden, dann zeigt sich, dass es insgesamt sowohl positive als auch negative Effekte einiger Anreizvariablen auf beide abhängigen Variablen gibt. Es ist aber schwer zu sagen, welche dieser Variablen die positiven Korrelationen hervorrufen. Da die Korrelationen so niedrig sind, wollen wir diese Frage nicht weiter verfolgen. Festzuhalten ist, dass die Korrelationen zwischen den abhängigen Variablen sehr niedrig sind und meist ein positives Vorzeichen haben. Die Hirschman-Hypothese der negativen Korrelationen ist jedenfalls nicht mit den Daten vereinbar.

Tabelle VII.2.5: Korrelationen zwischen Abwanderungsabsicht und Protest, Wellen 1 bis 3

Protest	Abwanderungsabsicht		
	Welle 1 (2000)	Welle 2 (2002)	Welle 3 (2003)
Welle 1 (2000)	-,009	,10**	,04
Welle 2 (2002)	,04	,07*	,06*
Welle 3 (2003)	-,01	,06*	,02

Wie hängt die Abwanderungsabsicht mit der Abwanderung zusammen?

Wir sagten, dass eine Handlungsabsicht mit hoher Wahrscheinlichkeit zur Ausführung der betreffenden Handlung führt. Daraus folgt, dass diejenigen, die in unserer Umfrage äußerten, auf jeden Fall umzuziehen, auch mit hoher Wahrscheinlichkeit umziehen müssten. Entsprechend ist zu erwarten:

> Von denjenigen, die in der ersten Welle sagten, sie wollten „auf jeden Fall" umziehen, müssten relativ viele Personen nicht mehr an den Befragungen in den Wellen 2 und 3 teilgenommen haben.

Dies gilt, wenn wir von der plausiblen Annahme ausgehen, dass ein Teil der Nichtteilnehmer das Befragungsgebiet verlassen hat, also nicht aus anderen Gründen eine weitere Befragung verweigert hat. In der Tat sind die Ausfälle deutlich größer bei denen, die eine Abwanderungsabsicht äußerten: 73,1 % der Befragten, die in Welle 1 angaben, auf jeden Fall umziehen zu wollen, nahmen nicht mehr an der Befragung teil. Von denen, die „vielleicht" umziehen wollten, nahmen 49,9 % nicht mehr teil; deutlich geringer ist der Anteil der Personen, die die anderen Antworten gaben (die also auf keinen Fall umziehen wollten oder nicht über einen Umzug nachgedacht haben) und nicht mehr teilnahmen.

Weiter ist die die Anzahl derjenigen, die in allen drei Wellen angaben, „auf jeden Fall" umziehen zu wollen, von Interesse. Insgesamt 121 Personen, also nur 4 % der 3005 Befragten von Welle 1, gaben an, „auf jeden Fall" umziehen zu wollen. Nur 7 Personen gaben diese Antwort in zwei Wellen. Es gab keinen Befragten, der in allen drei Wellen diese Antwort gab. Diese Befunde bestätigen die Annahme, dass Abwanderungsabsicht mit hoher Wahrscheinlichkeit zu Abwanderung führt.

Determinanten der Abwanderungsabsicht

In diesem Abschnitt befassen wir uns mit drei Fragen: (1) Inwieweit treffen unsere Hypothesen über die Determinanten der Abwanderungsabsicht zu? (2) Inwieweit wirken die Protestanreize auf die Abwanderungsabsicht? (3) Wie wirken die beiden Arten von Anreizen gemeinsam auf die Abwanderungsabsicht? (4) In jedem dieser Modelle ist Protest als eine unabhängige Variable enthalten. Deren Wirkungen werden wir gesondert zum Schluss behandeln.

(1) Die Wirkung der Abwanderungsanreize auf die Abwanderungsabsicht. Wir haben verschiedene Arten von Determinanten der Abwanderungsabsicht unterschieden. Fast jede dieser Determinanten besteht jeweils aus mehreren Indikatoren, die im Fragebogen gemessen wurden. So ist eine Determinante die kulturelle Integration, die aus vier Indikatoren besteht (siehe Tabelle VII.2.2). Um zu prüfen, welche der Indikatoren eine Wirkung haben, sind wir schrittweise vorgegangen: Wir haben zuerst ein Modell mit den Indikatoren jeder Determinante geschätzt. So besteht ein Modell aus den Indikatoren der Determinante „kulturelle Integration", also z.B. aus den Indikatoren „Beherrschung der sächsischen Sprache" und „regionale Konsumorientierung". Wir haben also geprüft, inwieweit die Indikatoren, aus denen „kulturelle Integration" besteht, einen signifikanten Effekt auf die Abwanderungsabsicht haben. In einem weiteren Modell haben wir geprüft, inwieweit die unter „Wohndauer und Sozialisation" aufgeführten Indikatoren wirken. In dieser Weise haben wir insgesamt sechs Modelle geschätzt - siehe die Variablengruppen in Tabelle VII.2.2. Dabei besteht ein „Modell" nur aus der Variable „externe berufliche Orientierung".

Tabelle VII.2.6: Abwanderungsabsicht und Protest als abhängige Variablen von **Welle 2** (standardisierte Koeffizienten)

Art der Anreize	Abhängige Variable: Abwanderungsabsicht			Abhängige Variable: Protest		
1	2	3	4	5	6	7
Abwanderungsabsicht						
Reg. Konsumor. W1	-,09**		-,10**			
Gute Beziehg. zu Arbeitskollegen W1					,07**	
Unzufriedenheit Wohnsituation W2	,17**		,16**			
Externe berufliche Orientierung W2	,15**		,13**			
Ledig W1	,19**		,20**			
Abwanderungsabsicht W1	,15**	,17**	,15**			
Anreize für Protest						
Wohngebiet LE		,08**	,05*	-,07*		-,07**
Wohngebiet LE • Kosmopol. W2		-,10**		-12**		-,12**
Protestnorm W1				,07*		,07*
Protestnorm W2		-,05*		,23**		,22**
Mitglied politische Gruppen W2				,12**		,11**
Protest Welle 1	,07**	,09*	,09**	,14**	,22**	,14**
Gemeinsame Anreize						
Identifikation LE W2		-,11**		,05*	,10**	,05*
Unzufriedenheit W2		,06**		,17**	,26**	,17**

Fortsetzung der Tabelle auf der nächsten Seite

Fortsetzung der Tabelle von der vorigen Seite

Einfluss W2				,06*	,13**	,06*
Unzufriedenheit · Einfluss W2	,06*		,05*	,05*		,05*
R^2	,18**	,06**	,18**	,30**	,21**	,30**
RMSEA	0,032	0	0,039	0,037	0,047	0,036
Chi-Quadrat/df	30,52/ 14	2,90/ 6	43,26/ 16	33,55/ 13	27,88/ 8	34,32/ 14
p (Signifikanz)	0,007	0,82	0	0,001	0,001	0,002

* Signifikant auf dem .05 Niveau, einseitige Tests (1.65 ≺ t ≤ 2.35); ** signifikant auf dem .01 Niveau, einseitige Tests (t ≻2.35). RMSEA=Root Mean Square Error of Approximation. df = degrees of freedom.

Anmerkung: Es wurden zwei Modelle geschätzt: in einem Modell sind die Variablen Abwanderungsabsicht von Welle 2 und Welle 3 abhängige Variablen, in dem zweiten Modell die Variablen Protest von Welle 2 und 3.

Tabelle VII.2.7: Abwanderungsabsicht und Protest als abhängige Variablen von **Welle 3** (standardisierte Koeffizienten)

Art der Anreize	Abhängige Variable: Abwanderungsabsicht				Abhängige Variable: **Protest**		
	1	2	3	4	5	6	7
Abwanderungsabsicht							
Wahrnehmung als Sachse W3	-,09**		-,09**		-,10**	-,06*	
Mitgliedschaften in Gruppen W3	,07*		,08**		,07**		
Wohndauer W2	-,06**		-,07**				
Geboren/aufgew. in Sachsen W2	,08**		,09**				
Unzufriedenheit Wohnsituation W3	,09**		,08**		,05*		
Externe berufliche Orientierung W3	,10**		,10**				
Wahrgenommene Diskrimin. W2	,09**		,09**				
Ledig W1	,14**		,06*				
Abwanderungsabs. W1					-,05*	-,06*	-,06*
Abwanderungsabs. W2	,41**	1,14**	,59**				
Protest							
Wohngebiet LE · Kosmopolitismus W2							
Wohngebiet LE					-,15**		-,14**
Protestnorm W3					,20**		,19**

Fortsetzung der Tabelle auf der nächsten Seite

Fortsetzung der Tabelle von der vorigen Seite

Mitglied in politischen Gruppen W3	,05*		,06*			,06*
Protest W1		-,10*	-,06*			
Protest W2				,44**	,78**	,43**
Gemeinsame Anreize						
Identifikation LE W2	-,14**	-,08*	-,14**			
Kosmopolitismus W3	,05*		,06*			
Unzufriedenheit W3		,08**		,14**		,14**
Unzufriedenheit · Einfluss				,08**		,08**
R^2	,17**	-,63**	,07**	,30**	,11**	,30**
RMSEA	0,032	0	0,039	0,037	0,047	0,036
Chi-Quadrat / df	30,52/14	2,90/6	43,26/16	33,55/13	27,88/8	34,32/14
p (Signifikanz)	0,007	0,82	0,000	0,001	0,001	0,002

* Signifikant auf dem .05 Niveau, einseitige Tests (1.65 < t ≤ 2.35); ** Signifikant auf dem .01 Niveau, einseitige Tests (t >2.35). RMSEA=Root Root Mean Square Error of Approximation. df = degrees of freedom. **Anmerkung**: Es wurden zwei Modelle geschätzt: im ersten sind die Abwanderungsabsicht von Welle 2 und 3 abhängige Variablen, im zweiten die Variablen Protest von Welle 2 und 3.

Der Einfluss der Indikatoren wurde jeweils für Abwanderungsabsicht von Welle 2 und Welle 3 als abhängige Variablen ermittelt. Dabei haben wir, wie bereits ausgeführt, zunächst geprüft, ob die Indikatoren aus der vorangegangenen Welle signifikant waren; war dies nicht der Fall, wurden simultane Effekte geprüft. Falls kein Effekt signifikant war, wurden die betreffenden Indikatoren nicht weiter berücksichtigt. Sodann wurde aus den übrig gebliebenen Indikatoren ein Gesamtmodell geschätzt. Die Tabellen VII.2.6 und VII.2.7 enthalten nur diejenigen Indikatoren, die einen statistisch signifikanten Effekt auf die Abwanderungsabsicht von Welle 2 (Tabelle VII.2.6, Spalten 2 bis 4) und Welle 3 (Tabelle VII.2.7, Spalten 2 bis 4) haben. Betrachten wir nun im Einzelnen die Ergebnisse dieser Analysen. Die Tabellen sind so aufgebaut, dass zuerst die

Anreize für Abwanderungsabsicht, dann die Anreize für Protest und schließlich die Anreize, die beiden Modellen gemeinsam sind, aufgeführt wurden. Allerdings ist zu beachten, dass bei den gemeinsamen Anreizen unterschiedliche Effekte auf Abwanderungsabsicht und Protest zu erwarten sind, wie wir vorher sahen.

Welche Indikatoren wirken auf die Abwanderungsabsicht in Welle 2 – siehe Spalte 2 von Tabelle VII.2.6? Den stärksten Effekt hat der Familienstatus, der zu der Determinante „Ressourcen" gehört: es ist „leichter" umzuziehen, wenn man ledig ist. Von den verschiedenen Arten der Unzufriedenheit wirkt die Unzufriedenheit mit der Wohnsituation: je größer diese ist, desto größer ist auch die Absicht umzuziehen (Beta = ,17). Die Unzufriedenheit mit der Region – gemessen über die Einschätzung der Wichtigkeit einer Reihe von Lebensbedingungen (siehe das vorige Kapitel) – hat keinen additiven Effekt, sondern wirkt zusammen mit Einfluss. D.h. je unzufriedener man ist und je größer der politische Einfluss ist, desto größer ist die Abwanderungsbereitschaft (Beta = ,06). Dieser Effekt entspricht nicht den Erwartungen: wenn man unzufrieden ist und glaubt, politisch einflussreich zu sein, dann wäre zu erwarten, dass die Protestbereitschaft groß ist, aber nicht die Abwanderungsbereitschaft. Vermutlich ist aber für die Abwanderungsabsicht vor allem die Unzufriedenheit entscheidend, wie auch die positive Wirkung der Unzufriedenheit mit der Wohnsituation nahe legt. D.h. je unzufriedener man ist, desto größer ist die Absicht umzuziehen, selbst wenn man politisch einflussreich ist. Wichtig ist, dass Identifikation keinerlei Wirkung auf die Abwanderungsabsicht hat. Dies widerlegt zunächst einmal eine grundlegende These der Theorie Hirschmans.

Betrachten wir nun die Faktoren, die auf die in Welle 3 gemessene Abwanderungsabsicht wirken (siehe Tabelle VII.2.7, Spalte 2). Zunächst fällt auf, dass die Anzahl der Variablen, die auf die Abwanderungsabsicht in Welle 3 wirken, relativ groß ist, dass aber die Wirkung jeder Variable gering ist, verglichen mit den Faktoren, die auf die Abwanderungsabsicht von Welle 2 wirken: fast alle standardisierten Regressionskoeffizienten liegen zwischen -,10 und ,10. Auffallend ist weiter, dass für Welle 3 die „Loyalitätshypothese" bestätigt wird: hohe Identifikation mit der Region vermindert die Abwanderungsabsicht, während hohe kosmopolitische Identifikation die Abwanderungsabsicht erhöht. Dieser Effekt tritt nicht, wie gesagt, bei Abwanderungsabsicht von Welle 2 auf.

Es ist auffällig, dass nur wenige Variablen sowohl auf Abwanderungsabsicht von Welle 2 als auch auf Abwanderungsabsicht von Welle 3 wirken: es handelt sich um Unzufriedenheit mit der Wohnsituation, externe berufliche Orientierung und Familienstand.

(2) Die Wirkung der Protestanreize auf Abwanderungsabsicht. Wir haben jeweils alle Anreize unseres Protestmodells, das im vorigen Kapitel behandelt wurde, als unabhängige Variablen einbezogen - auch wenn sie nicht signifikant waren. Der Grund ist, dass die nicht signifikanten Protestanreize ja vielleicht zur Erklä-

rung von Abwanderungsabsicht beitragen könnten. Wir haben also als unabhängige Variablen verwendet: LE-Identifikation, Kosmopolitismus, Unzufriedenheit, Einfluss, Unzufriedenheit · Einfluss, Protestnorm, Mitgliedschaft in politischen Gruppen; weiter wurden die additive Variable Wohngebiet Leipzig/Erzgebirge und der Interaktionsterm „Wohngebiet LE · Kosmopolitismus" einbezogen.

Bei der Überprüfung der Wirkungen dieser unabhängigen Variablen sind wir wieder so vorgegangen, dass wir zuerst die Wirkung jeder zeitverzögerten unabhängigen Variablen geprüft haben. Wenn sich diese als nicht signifikant erwies, haben wir deren simultane Wirkung geprüft. Zeigte sich auch hier keine Signifikanz, wurde die Variable eliminiert.

Beginnen wir wieder mit der Abwanderungsabsicht von Welle 2 als abhängige Variable (Tabelle VII.2.6, Spalte 3). Wenn wir von der Identifikationsvariablen und der Unzufriedenheit absehen, die ja sowohl zu den Anreizen für Protest als auch für Abwanderungsabsicht gehören, dann sind die Effekte der Protestanreize gering. Zunächst ist das Wohngebiet von Bedeutung. Überraschend ist, dass die Gebietsvariable einen positiven Effekt hat, d.h. wenn man in dem ländlichen Gebiet des Mittleren Erzgebirgskreises wohnt, beabsichtigt man eher umzuziehen. Auch die bivariate Korrelation ist positiv, wenn auch sehr gering ($r = 0{,}05$). Wir haben erwartet, dass die Bewohner des Mittleren Erzgebirgskreises eher nicht die Absicht haben umzuziehen. Der Grund für den positiven Effekt dürfte sein, dass Erzgebirger in mancher Hinsicht unzufriedener sind als Leipziger. Dies gilt z.B., wie unsere Daten zeigen, für das Ausmaß, in dem man Arbeitslosigkeit „schlimm" findet, und für die Unzufriedenheit mit der Politik der Bundesregierung. Weiter ist der Anteil der Arbeitslosen unter den Erzgebirgern höher als unter den Leipzigern. Schließlich meinen Leipziger Befragte im Vergleich zu Erzgebirgern eher, dass insgesamt das Angebot an konkreten örtlichen Lebensbedingungen (wie z.B. Einkaufsmöglichkeiten oder Kindergärten) relativ groß ist. Alle diese Unzufriedenheiten haben keinen signifikanten Effekt auf die Abwanderungsabsicht. Fügt man sie aber in die Regressionsgleichung ein, ist die Gebietsvariable nicht mehr signifikant.

Der Interaktionsterm, gebildet aus „Kosmopolitismus" und „Gebiet", ist ebenfalls statistisch signifikant. Da dieser Interaktionsterm im Gesamtmodell nicht signifikant bleibt, wollen wir nicht weiter darauf eingehen.

Wie wirken Unzufriedenheit, Einfluss und der aus diesen Variablen gebildete Interaktionsterm? Nur Unzufriedenheit in Welle 2 hat einen Effekt: Unzufriedenheit erhöht die Abwanderungsabsicht. Der Interaktionseffekt von Unzufriedenheit und Einfluss wirkt nicht mehr. Die Akzeptierung einer Protestnorm hat einen negativen Effekt auf die Abwanderungsabsicht: wer der Meinung ist, es sei seine Pflicht, sich an Protestaktionen zu beteiligen, hat eher nicht die Absicht umzuziehen.

Betrachten wir nun die Abwanderungsabsicht von Welle 3 als abhängige Variable (Tabelle VII.2.7, Spalte 3). Der Interaktionsterm aus „Gebiet" und „Kosmopolitismus" ist nur signifikant, wenn „LE-Identifikation" (ob aus Welle 2 oder 3 macht keinen Unterschied) nicht in der Gleichung enthalten ist. Die Identifikationsvariable ist signifikant, wenn der genannte Interaktionsterm aus „Gebiet · Kosmopolitismus" nicht Bestandteil der Gleichung ist. Wir haben uns entschieden, die Identifikationsvariable im Modell zu belassen, da im Gesamtmodell (Spalte 4 von Tabelle VII.2.7) der genannte Interaktionsterm nicht mehr signifikant ist. Unzufriedenheit hat wieder einen positiven Effekt auf Abwanderungsabsicht – wie bei Abwanderungsabsicht in Welle 2 als abhängige Variable. Dieses Mal hat aber, im Gegensatz zu Abwanderungsabsicht von Welle 2, die Mitgliedschaft in politischen Gruppen einen Effekt auf die Abwanderungsabsicht. Auch dieser Effekt ist im Gesamtmodell nicht mehr signifikant. Insgesamt wirkt nur eine einzige unabhängige Variable des Protestmodells auf Abwanderungsabsicht in Welle 3, nämlich die Mitgliedschaft in politischen Gruppen. Allerdings ist diese nicht mehr signifikant, wenn wir das Gesamtmodell berechnen - wir werden hierauf zurückkommen.

Vergleichen wir die Wirkungen der Protestanreize auf die abhängige Variable der Abwanderungsabsicht in Welle 2 und Welle 3 mit der Wirkung der Abwanderungsanreize, dann zeigt sich, dass die Abwanderungsanreize die Abwanderung deutlich besser erklären als die Protestanreize. Dies demonstrieren insbesondere die erklärten Varianzen: für Welle 2 sind die erklärten Varianzen 0,18 für das Modell mit den Abwanderungsanreizen und .06 für das Modell mit den Protestanreizen. Ähnliches gilt für Abwanderungsabsicht in Welle 3: hier ist die erklärte Varianz für die Protestanreize sogar negativ.

(3) Die gemeinsame Wirkung von Abwanderungs- und Protestanreizen. Die Berechnung eines Gesamtmodells, das gleichzeitig Abwanderungs- und Protestanreize enthält, ist wichtig, weil die Protestanreize vielleicht nur deshalb auf die Abwanderungsabsicht wirken, weil Protest- und Abwanderungsanreize miteinander korrelieren. Ist dies der Fall? Vergleichen wir zunächst in Tabelle VII.2.6 die Spalten 3 und 4. In der Tat sind die Protestanreize von Spalte 3 (die nicht gleichzeitig Abwanderungsanreize sind) entweder nicht mehr signifikant oder ihre Wirkungen werden deutlich niedriger. Die Wirkung von Wohngebiet LE geht von 0,08 auf 0,05 zurück; die Akzeptierung einer Protestnorm und der Interaktionsterm sind nicht mehr signifikant. Die Situation in Welle 3 ist noch extremer, wie ein Vergleich der Spalten 3 und 4 von Tabelle VII.2.7 zeigt: kein Protestanreiz ist mehr signifikant.

Als *Resümee* können wir festhalten: Nur die Abwanderungsanreize und nicht die Protestanreize wirken auf die Abwanderungsabsicht. Schätzt man ein Modell, in dem allein die Protestanreize enthalten sind, dann finden wir nur deshalb Wirkungen, weil Protest- und Abwanderungsanreize korrelieren.

(4) Die Wirkung von Protest auf die Abwanderungsabsicht. Es gibt zwei Effekte von Protest auf die Abwanderungsabsicht. (1) Protest von Welle 1 wirkt positiv auf Abwanderungsabsicht in Welle 2 (Tabelle VII.2.6, Spalte 4). D.h. diejenigen, die häufig protestieren, haben auch oft die Absicht umzuziehen. Dieser Befund ist nicht vereinbar mit der Hypothese Hirschmans, die einen negativen Effekt vermuten lässt. Allerdings ist der Befund vereinbar mit den positiven Korrelationen von Protest und Abwanderungsabsicht, über die in Tabelle VII.2.5 berichtet wurde. (2) Protest wirkt dagegen negativ auf Abwanderungsabsicht in Welle 3 (Tabelle VII.2.7, Spalte 4). D.h. häufiger Protest führt dazu, dass man eher nicht beabsichtigt umzuziehen. Beide Effekte sind gering - dies gilt besonders für den negativen Koeffizienten. Außerdem ist der positive Effekt von Protest über die drei Modelle (Spalten 2, 4 und 4 in Tabelle VII.2.6) stabil. *Die Daten sprechen also eher für einen positiven Effekt von Protest auf Abwanderungsabsicht.*

Wir sagten, dass ein direkter kausaler Effekt einer Handlung auf eine andere Handlung unplausibel ist, sondern dass eher davon auszugehen ist, dass bestimmte Handlungen A (z.B. Protest) Anreize für andere Handlungen B (z.B. Abwanderung) verändern, und dass diese Anreize für B dann zur Ausführung von B. führen. Es liegen also indirekte Effekte von A auf B vor – über intervenierende Variablen. Wenn man nun intervenierende Variablen auslässt oder unvollständig misst, dann wird man einen kausalen Effekt von A auf B finden. Gibt es intervenierende Variablen, die in unserer Untersuchung vielleicht nicht oder unvollständig gemessen wurden? Wenn wir davon ausgehen, dass Proteste im allgemeinen wenig erfolgreich verlaufen, dann könnten vielleicht verschiedene Arten der Unzufriedenheit zugenommen haben, die wir unzureichend gemessen haben. Hierzu gehören insbesondere Unzufriedenheiten über die neuen Arbeitsmarktregulierungen, die in Ostdeutschland besonders groß waren. Die Proteste hiergegen waren erfolglos. Vielleicht hat diese Situation dazu beigetragen, dass eine Reihe von Befragten überlegt haben, nach Westdeutschland umzuziehen, wo wenigstens die Löhne und Gehälter höher sind. Inwieweit diese Vermutung stimmt, kann mit unseren Daten nicht geprüft werden.

Determinanten von Protest

Wir gehen genau so wie im vorigen Abschnitt vor. Die zu behandelnden Fragen lauten: (1) Inwieweit werden unsere Hypothesen, die Protest erklären, bestätigt? Hier gehen wir von den Ergebnissen des vorigen Kapitels aus. (2) Inwieweit wirken die Abwanderungsanreize auf Protest? (3) Wie wirken die beiden Arten von Anreizen gemeinsam auf Protest? (4) Hat die Abwanderungsabsicht einen direkten kausalen Effekt auf Protest?

(1) Die Wirkung der Protestanreize auf Protest. Wir beginnen mit den Modellen, die wir bereits im vorigen Kapitel besprochen haben.[110] Im Unterschied zu diesen Modellen prüfen wir aber zusätzlich, ob die Abwanderungsabsicht auf Protest wirkt. Die Ergebnisse werden weiter unten diskutiert.

(2) Die Wirkung der Abwanderungsanreize auf Protest. Für Protest von Welle 2 als abhängige Variable (Tabelle VII.2.6, Spalte 6) hat lediglich „gute Beziehungen zu Arbeitskollegen" einen relativ schwachen positiven Effekt auf Protest. Auf Protest von Welle 3 wirken drei Abwanderungsanreize: Wahrnehmung als Sachse - diese Variable hat einen negativen Effekt auf Protest -, Anzahl der Mitgliedschaften in Gruppen und Unzufriedenheit mit der Wohnsituation. Der schwache negative Effekt von Abwanderungsabsicht bleibt auch bei den weiteren Analysen bestehen.

(3) Die Wirkungen der Abwanderungs- und Protestanreize auf Protest. Spalte 7 der beiden Tabellen zeigt, dass einige der Abwanderungsanreize, die bei dem Modell, das nur die Abwanderungsanreize enthält, signifikant waren, nun im Gesamtmodell nicht mehr signifikant sind. Dies zeigt ein Vergleich der Spalten 6 und 7 der beiden Tabellen. In dem Modell mit Protest von Welle 2 als abhängiger Variable ist keiner der Abwanderungsanreize mehr signifikant. Im Modell mit Protest von Welle 3 als abhängiger Variable sind lediglich zwei Variablen übrig geblieben, die allerdings eine sehr schwache Wirkung haben.

(4) Die Wirkung von Abwanderungsabsicht auf Protest. Nur bei Protest von Welle 3 als abhängiger Variable finden wir einen schwachen negativen Effekt von Abwanderungsabsicht, gemessen in Welle 1. D.h. wer beabsichtigt umzuziehen, protestiert seltener. Wenn man dieses Modell mit und ohne Abwanderungsabsicht berechnet, bleiben die Koeffizienten fast identisch. Dies zeigt, dass die Abwanderungsabsicht nicht oder nur geringfügig mit den Protestanreizen korreliert.

Warum wirkt Abwanderungsabsicht auf Protest? Wenn wir davon ausgehen, dass diese Wirkung so zustande kommt, dass Abwanderungsabsicht auf bestimmte intervenierende Variablen wirkt, die dann wieder auf Protest wirken, dann fragt es sich, welches diese intervenierenden Variablen sein könnten. Wir können auch hier nur spekulieren. Wenn man die Entscheidung getroffen hat abzuwandern, könnten generell die Anreiz für Protest deshalb zurückgehen, weil man nicht mehr in den Genuss der Wirkungen von Protest kommt – wenn es solche Wirkungen gibt. Dies bedeutet, dass die Erwartung sinkt, Verbesserung im Angebot von Kollektivgütern nutzen zu können. Vielleicht gehen auch die sozialen Anreize Dritter für Engagement zurück: Freunde werden es z.B. für eigenartig halten, wenn man wegzieht und weiter protestiert. Diese Hypothesen müssten in neuen Untersuchungen überprüft werden.

---

[110] Kleinere Abweichungen zwischen den hier präsentierten Ergebnissen und denen im vorigen Kapitel dürften darauf zurückzuführen sein, dass die Protestmodelle im vorigen Kapitel gemeinsam mit anderen Gleichungen geschätzt wurden.

Sind Protest und Abwanderungsabsicht wechselseitig voneinander abhängig?

Wir haben bisher die verschiedenen Arten von Modellen – jeweils mit Protest und Abwanderungsabsicht als abhängige Variablen – getrennt überprüft. Der untere Teil der beiden Tabellen VII.2.6 und VII.2.7 zeigt, welche Gleichungen gemeinsam überprüft wurden: wenn die Kennzahlen für die Modellqualität - also RMSEA, Chi-Quadrat, df (Anzahl der Freiheitsgrade) und die Signifikanz p – gleich sind, dann wurden die entsprechenden Gleichungen simultan geschätzt. Kombinierte Modelle mit Abwanderungsabsicht und Protest ließen sich oft nicht testen, da die Matrix bestimmte erforderliche Eigenschaften nicht aufwies. Der Test getrennter Modelle könnte problematisch sein. Der Grund ist, dass mit dieser Vorgehensweise nicht ermittelt werden kann, inwieweit simultane Rückwirkungen zwischen Protest und Abwanderungsabsicht bestehen. Der Grund ist folgender. Wir haben zuerst geprüft, ob z.B. Protest von Welle 3 auf Abwanderungsabsicht von Welle 3 wirkt; sodann wurde in einem anderen Modell ermittelt, ob Abwanderungsabsicht von Welle 3 auf Protest von Welle 3 wirkt. Liegen simultane Rückwirkungen vor, dann müssen diese in einem einzigen Modell simultan geprüft werden, da sonst bestimmte Annahmen wie Nicht-Korrelation von Fehlertermen verletzt sind. Um dies zu vermeiden, müssen Modelle geprüft werden, die Abwanderungsabsicht und Protest gleichermaßen enthalten.

Fragen wir zuerst, ob aufgrund der bisherigen Analysen solche simultanen Rückwirkungen zu erwarten sind. Betrachtet man die Tabellen VII.2.6 und VII.2.7, so finden wir keine simultanen Rückwirkungen. Es ist z.B. nicht der Fall, dass Abwanderungsabsicht in Welle 2 auf Protest in Welle 2 wirkt oder, umgekehrt, dass Wirkungen von Protest in Welle 2 auf Abwanderungsabsicht in Welle 2 bestehen. Gleiches gilt für Welle 3.

Wir haben trotzdem geprüft, ob nicht doch solche simultanen Rückwirkungen vorliegen, wenn man Modelle mit Abwanderungsabsicht und Protest simultan prüft. Glücklicherweise ließ sich das Gesamtmodell mit Protest und Abwanderungsabsicht als abhängige Variablen in Welle 2 und Welle 3 (siehe in den beiden Tabellen jeweils die Spalten 4 und 7) simultan schätzen. Zusätzlich haben wir in jede Gleichung simultan die Abwanderungs- bzw. Protestvariable als unabhängige Variable eingefügt. So wurde für die Gleichung mit Protest von Welle 3 als abhängige Variable zusätzlich Abwanderungsabsicht als unabhängige Variable von Welle 3 aufgenommen. Die Struktur des geprüften Modells zeigt Abbildung VII.2.5.

Dieses Modell, dessen Ergebnisse mit denen der getrennten Modelle fast identisch sind, hat ein Chi-Quadrat von 145,76 mit 74 Freiheitsgraden; RMSEA betrug 0,029, p hatte den Wert 0. Wichtig ist, dass kein simultaner Effekt auch nur annähernd Signifikanz erreichte. Eliminiert man die genannten simultanen Variablen und prüft die Modelle mit den in den beiden Tabellen enthaltenen

Variablen, ergibt sich ein Chi-Quadrat von 149,13 mit 78 Freiheitsgraden; RMSEA beträgt 0,028, p ist nach wie vor 0. Diese Modelle sind insgesamt akzeptabel, obwohl sie nicht „gefittet" wurden: das Chi-Quadrat ist deutlich weniger als das Dreifache der Freiheitsgrade, und der RMSEA-Wert ist kleiner als 0,05.

Abbildung VII.2.5: Ein Modell zur Prüfung simultaner Rückwirkungen von Abwanderungsabsicht und Protest

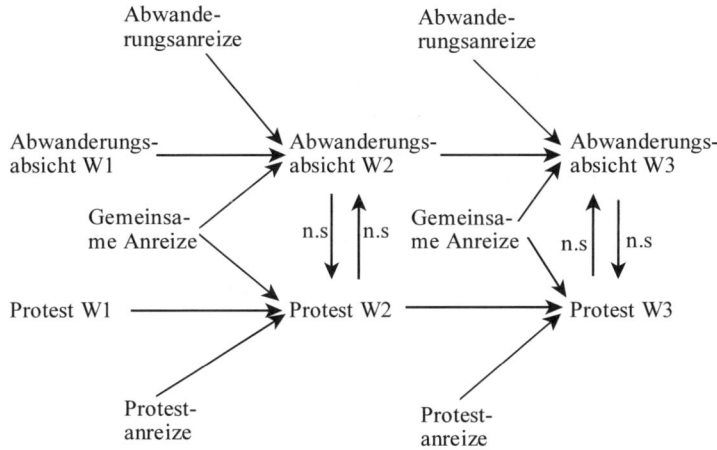

"ns" bedeutet "nicht signifikant".

Zusammenfassung und Diskussion der Ergebnisse

Im Mittelpunkt dieses Kapitels stehen zwei Fragen: (1) Inwieweit beeinflusst Identifikation mit einer Region, zusammen mit anderen Faktoren, die Absicht, die Region zu verlassen? (2) Inwieweit ist Abwanderungsabsicht eine Alternative zu Protest? Ausgangspunkt unserer Überlegungen ist die These von Albert Hirschman, wonach zwischen Abwanderung und Widerspruch eine negative Beziehung besteht. Die Ausgangssituation bei Hirschman ist eine Firma, deren Produktqualität sich verschlechtert. Dann gibt es zwei Möglichkeiten: man kann das Produkt einer anderen Firma kaufen („Abwanderung") oder versuchen, durch „Widerspruch" die Firma dazu zu bewegen, die Qualität des Produkts zu verbessern. Eine weitere These ist, dass hohe „Loyalität" zu einer Firma die Wahrscheinlichkeit erhöht, dass „Widerspruch" gewählt wird. „Loyalität" wird von Hirschman in derselben Bedeutung wie unser Begriff „Identifikation" verwendet. Diese Hypothesen lassen sich auch auf die Wirkung der Identifikation mit Regionen anwenden: ist die Identifikation mit einer Region hoch, dann ist Widerspruch wahrscheinlicher als Abwanderung. Weiter ist es plausibel, dass dann, wenn Protest Aussicht auf Erfolg hat, z.B. wenn die Bürger glauben, durch Protest die Lebensverhältnisse in der Region verbessern zu können, Abwanderung eher nicht gewählt wird. Unsere Rekonstruktion der Theorie von Hirschman ist in Abbildung VII.2.1 zusammengefasst.

Hirschmans Theorie erklärt u.a. Protest. Da wir uns im vorigen Kapitel ausführlich mit Protest auf der Grundlage der Theorie kollektiven Handelns befasst haben, ist es in einem nächsten Schritt sinnvoll zu fragen, in welcher Beziehung die Theorie kollektiven Handelns zu der Theorie Hirschmans steht. Das Ergebnis der Analyse ist in Tabelle VII.2.1 zusammengefasst. Zwei Sachverhalte sollen hier hervorgehoben werden. Erstens ist wichtig, wie bereits angedeutet, dass „Widerspruch" das Explanandum der Theorie kollektiven Handelns umfasst, nämlich Protest. Zweitens ist von Bedeutung, dass die Theorie kollektiven Handelns „Abwanderung" nicht modelliert. Hier könnte also die Theorie kollektiven Handelns durch die Theorie Hirschmans ergänzt werden.

Ein Mangel dieser Theorie ist, dass die konkreten Anreize für Abwanderung nicht im Einzelnen spezifiziert werden. Wir erklären allerdings nicht Abwanderung, sondern Abwanderungsabsicht, da nur diese in unserer Untersuchung gemessen wird. Da aber, wie die Forschung zeigt, eine Handlungsabsicht oft auch zur Ausführung der betreffenden Handlung führt, gilt unser Modell vermutlich auch für die Erklärung von Abwanderung. In einem nächsten Schritt schlagen wir - auf der Grundlage der Theorie Hirschmans - ein theoretisches Modell zur Erklärung von Abwanderungsabsicht vor. Die Faktoren sind in Abbildung VII.2.3 dargestellt. Wir vermuteten, dass bei hoher kultureller Integration, langer Wohndauer und Sozialisation in Sachsen, hoher Integration in soziale regionale Netzwerke, bei geringer Unzufriedenheit am Ort und in der Region, bei Nicht-Vorliegen externer beruflicher Orientierung und bei geringen persönlichen Ressourcen die Abwanderungsabsicht gering ist. Die meisten dieser Faktoren wurden durch mehrere Indikatoren gemessen.

Das Gesamtmodell, das sowohl Abwanderungsabsicht als auch Protest erklärt, wird in Abbildung VII.2.3 zusammengefasst. Folgendes ist von besonderer Wichtigkeit. Es gibt zwei Faktoren, die sowohl auf Protest als auch auf Abwanderungsabsicht wirken: Identifikation mit der Region und Unzufriedenheit. Dabei hat Unzufriedenheit dieselbe Wirkung auf Protest und Abwanderungsabsicht, während Identifikation einen positiven Effekt auf Protest und einen negativen Effekt auf Abwanderungsabsicht hat.

Eine zentrale These in Hirschmans Theorie ist, dass die Beziehung zwischen Protest und Abwanderung einer Wippe gleicht: Wenn Protest wahrscheinlicher wird, dann wird Abwanderung unwahrscheinlicher und umgekehrt. Beide Handlungen stehen also in einer negativen Beziehung zueinander.

Diese These von der negativen Beziehung kann zweierlei bedeuten. Zum einen könnte gemeint sein, dass dann, wenn der Nettonutzen einer Handlung steigt, alle alternativen Handlungen unwahrscheinlicher werden. Wenn also die Nutzen von Protest steigen, dann wird Abwanderungsabsicht „automatisch" unwahrscheinlicher. D.h. der Abstand zwischen den Nettonutzen von Protest und Abwanderungsabsicht verstärkt sich.

Weiter könnte folgendes gemeint sein. Nach dem Modell Hirschmans wirken die Anreize, die positiv auf Protest wirken, negativ auf Abwanderungsabsicht – siehe Abbildung VII.2.1. Die Korrelation zwischen Abwanderungsabsicht und Widerspruch ist also eine Scheinkorrelation (siehe hierzu Abbildung VII.2.2). Berechnet man die bivariate Korrelation (also ohne Kontrolle der kausalen Variablen) zwischen Abwanderungsabsicht und Protest, müsste sich eine negative Korrelation ergeben. In unserem modifizierten Modell (Abbildung VII.2.3) gibt es jedoch nur eine einzige Variable, die entgegengesetzte Wirkungen auf Abwanderungsabsicht und Protest hat. Entsprechend ist nur eine sehr geringe negative Korrelation zwischen den genannten Handlungsalternativen zu erwarten.

Ist dieses Modell plausibel? Die „Wippenhypothese", d.h. die Annahme, dass die Auftrittswahrscheinlichkeit einer Handlung „automatisch" steigt, wenn sich der Nettonutzen einer anderen Handlung vermindert, gilt nur, wenn beide Handlungen als Handlungsalternativen wahrgenommen werden. Dies, so behaupten wir, ist aber bei Abwanderung aus und Protest in Regionen wenig plausibel. Der Grund ist, dass Abwanderung sehr kostspielig ist. Wenn sich also die Lebensqualität einer Region verschlechtert und man in Betracht zieht, sich dagegen zu wehren, dann wird nicht ohne weiteres in Betracht gezogen, den Ort zu wechseln. Selbst wenn Abwanderung als Handlungsalternativen wahrgenommen wird, so sind die Unterschiede in den Nettonutzen beider Handlungsalternative relativ groß. In diesem Falle wird der Änderung des Nettonutzens einer Handlung keinen Effekt auf die Auftrittswahrscheinlichkeit der anderen Handlung haben. Schließlich erscheint es plausibel, dass die meisten Nutzen und Kosten handlungsspezifisch sind. So dürfte eine Protestnorm ein Anreiz für Protest und nicht für Abwanderungsabsicht sein. Wir vermuten, dass nur Identifikation und Unzufriedenheit Anreize sind, die sowohl für Protest als auch für Abwanderungsabsicht von Bedeutung sind. Dieses alternative Modell ist in Abbildung VII.2.4 dargestellt.

Bei der Überprüfung unserer Hypothesen sind wir in folgender Weise vorgegangen (siehe zusammenfassend Tabelle VII.2.3). Wir haben für jede abhängige Variable – jeweils Abwanderungsabsicht und Protest in Welle 2 und 3 – geprüft, inwieweit sowohl die Abwanderungs- als auch die Protestanreize auf die betreffende Variable wirken. So wurde ein Modell für Abwanderungsabsicht in Welle 2 als abhängige Variable berechnet, in dem die Abwanderungsanreize enthalten sind; in einem zweiten Modell wurde die Wirkung der Protestanreize auf diese Variable geprüft; ein drittes Modell enthielt beide Arten von Anreize. In allen drei Modellen ist Protest als unabhängige Variable enthalten, um zu prüfen, ob Protest einen kausalen Effekt hat. In derselben Weise wurde für Protest als abhängige Variable vorgegangen.

Inwieweit haben sich unsere Hypothesen bestätigt? Wir prüften zunächst, ob Abwanderungsabsicht und Protest als Handlungsalternativen wahrgenommen werden und inwieweit die Hypothese Hirschmans zutrifft, dass beide Handlungsalternativen negativ korrelieren. Unsere Daten zeigen, dass nur sehr wenige Personen beabsichtigen umzuziehen (Tabelle VII.2.4) – zwischen 0,7 % und 1,6 % in den drei Wellen. Wie häufig haben Personen an Protesthandlungen teilgenommen? Höchstens ein Drittel der Befragten hat in den drei Wellen wenigstens einmal protestiert. Überwiegend haben die Befragten Protest nicht in Betracht gezogen oder zwar daran gedacht, sich zu engagieren, aber schließlich doch nicht protestiert. Diese Befunde lassen schon vermuten, dass Abwanderung und Protest meist nicht als Alternativen wahrgenommen werden. In der Tat sind die Korrelationen äußerst gering – siehe Tabelle VII.2.5: wenn Korrelationen signifikant sind, dann sind sie positiv: eine Korrelation beträgt 0,10, die drei anderen signifikanten Korrelationen haben den Wert 0,07 und 0,06. Insgesamt wurden neun Korrelationen berechnet (Abwanderungsabsicht je Welle mit Protest je Welle).

Eine andere Hypothese war, dass diejenigen, die beabsichtigen abzuwandern, auch oft tatsächlich abwandern. Diese Annahme wird durch unsere Daten insofern bestätigt, als bei denjenigen, die die Absicht äußerten abzuwandern, relativ viele Personen nicht wieder befragt werden konnten. Wir vermuten, dass der Ausfallgrund hier der tatsächliche Ortswechsel war.

Wenden wir uns nun der Überprüfung der Abwanderungs- und Protestmodelle zu. Zunächst haben wir – ausgehend von der Theorie Hirschmans – unser modifiziertes Abwanderungsmodell (siehe zusammenfassend Abbildung VII.2.3) geprüft. Unsere statistischen Analysen zeigten, dass Abwanderungsabsicht in Welle 2 insbesondere hoch ist, wenn man mit der Wohnsituation unzufrieden ist, sich extern beruflich orientiert und ledig ist. Abwanderungsabsicht in Welle 3 ist insbesondere hoch, wenn man sich nicht als Sachse wahrnimmt, wenn man unzufrieden mit der Wohnsituation ist, sich extern beruflich orientiert und ledig ist (siehe genauer Tabellen VII.2.6 und VII.2.7). Wichtig ist, dass „Loyalität" bzw. Identifikation mit der Region nur in Welle drei den erwarteten negativen Effekt hat; Kosmopolitismus hat hier einen positiven Effekt. Identifikation hat auch nur in dieser dritten Welle einen positiven Effekt auf Protest.

Ein weiterer Befund ist, dass die These von der entgegengesetzten Wirkung der Anreize nicht zutrifft. Es ist also nicht der Fall, dass generell Anreize, die positiv auf eine Handlungsalternative (z.B. Protest) wirken, einen negativen Effekt auf die andere Alternative (z.B. Abwanderungsabsicht) haben. Mit Ausnahme der gemeinsamen Anreize „Identifikation" und „Unzufriedenheit" zeigte sich: die Protestanreize wirken auf Protest und die Abwanderungsanreize wirken auf Abwanderung.

Schließlich ist von Interesse, dass Protest zum einen schwachen positiven Effekt auf Abwanderungsabsicht in Welle 2, und zum anderen einen schwachen negativen Effekt auf Abwanderungsabsicht in Welle 3 hat. Der positive Effekt ist etwas stärker und konsistenter, so dass die Daten eher zeigen, dass Protest dazu führt, dass man beabsichtigt umzuziehen. Weiter fanden wir, dass Abwanderungsabsicht dazu führt, das man nicht protestiert – diesen Effekt fanden wir nur für Protest von Welle 3 als abhängige Variable. Auch hier ist der Effekt schwach (Beta = -0,06). Wir haben einige Hypothesen zur Erklärung dieser Effekte vorgeschlagen, die hier nicht wiederholt werden sollen, da sie mit unseren Daten nicht überprüft werden können.

Insgesamt sind die Wirkungen der Identifikation auf Abwanderung und Protest relativ schwach. Die Erklärungskraft anderer Variablen ist deutlich größer. Die zentralen Hypothesen der Theorie Hirschmans von einem „Wippen-Effekt", d.h. einer negativen Korrelation von Protest und Abwanderungsabsicht, haben sich nicht bestätigt. Dagegen hat sich die Voraussage unseres Modells, nach dem eher keine Korrelationen zwischen Protest und Abwanderung zu erwarten sind, bestätigt.

Es ist wichtig zu beachten, dass unsere Hypothesen für Abwanderung aus und Protest in Regionen überprüft wurden. Dies ist eine Situation, in der die Kosten der Abwanderung hoch und in der Abwanderung und Protest keine klaren Handlungsalternativen sind. Die Situation ist sicherlich anders, wenn es darum geht, bei der Qualitätsverschlechterung eines Produkts zu einem anderen Produkt bzw. zu einer anderen Firma zu wechseln. Allerdings dürfte in einer solchen Situation „Widerspruch" (d.h. Protest) mit relativ hohen Kosten verbunden sein, so dass wir vermuten: auch in diesem Falle wird keine negative Korrelation zwischen Protest und Abwanderungsabsicht bestehen. D.h. wenn ein Produkt schlechter wird, dürfte kaum in Betracht gezogen werden, etwas dagegen zu tun – etwa einen Brief an das Unternehmen zu schreiben, eine Verbraucherinitiative zu gründen oder eine Demonstration zu organisieren.

In künftigen Untersuchungen wäre es sinnvoll, detaillierter die Abwanderungsabsicht zu ermitteln. Es wäre z.B. von Interesse, wohin man genau ziehen will: in den Nachbarort, in ein anderes neues oder altes Bundesland oder ins Ausland. Da die Kosten eines Umzugs z.B. ins Ausland relativ groß sind, ist anzunehmen, dass nur umgezogen wird, wenn auch deutliche positive Anreize vorliegen. Dann dürfte Identifikation vermutlich die geringste Rolle spielen. D.h. für Migrationen zwischen Staaten ist vermutlich die Identifikation nicht mehr von Bedeutung. Es wäre weiter wichtig, die Anreize für Abwanderung genauer zu ermitteln. Dies gilt insbesondere für die „Pull-Faktoren": nicht nur die Situation am Ort ist von Interesse, sondern auch die Anreize, die von Zielorten ausgehen. Schließlich wäre es wichtig, zusätzlich das tatsächliche

Umzugsverhalten zu erheben. Dann könnten auch Hypothesen über tatsächliche Abwanderung, Abwanderungsabsicht und Protest geprüft werden.

3. Regionale Identifikation als Ursache und Wirkung der Mediennutzung[111]

Eine Grundannahme unseres Forschungsprojekts lautet, dass sich die Identifikation von Menschen mit ihrer Region auf ihr regionenbezogenes Verhalten auswirkt. Eine Möglichkeit für solches Verhalten ist die Nutzung regionaler Medien. Beispielsweise könnten Personen, die sich stark mit ihrer Region identifizieren, ein größeres Interesse für regionale Themen besitzen. Da solche Themen eher in regionalen als in überregionalen Medien behandelt werden, wäre die Nutzung der Regionalmedien die logische Schlussfolgerung. Eine positive Einstellung zur Region würde zur Rezeption regionaler Medien führen. Lässt sich ein solcher Zusammenhang tatsächlich nachweisen? Wirkt die Mediennutzung auch umgekehrt auf die Identifikation? Gelten die Zusammenhänge für alle Medien gleichermaßen? Diesen Fragen wollen wir im vorliegenden Abschnitt nachgehen. Bevor wir dazu kommen, wollen wir kurz beschreiben, wie häufig verschiedene Medien in unserem Erhebungsgebiet genutzt werden.

Deskriptive Ergebnisse

Zum Zeitpunkt der Ersterhebung im Jahr 2000 zeigt sich bei den Tageszeitungen ein großes Ungleichgewicht zwischen den regionalen Titeln Leipziger Volkszeitung und Freie Presse und den überregionalen Blättern. Rund drei Viertel unserer Befragten (n=2217) lesen mehrmals in der Woche oder täglich die Regionalzeitung. Demgegenüber kommt keine der fünf erfassten überregionalen Blätter auf einen Anteil von mehr als einem Prozent.[112] Damit bestätigt sich die bekannte Problematik, dass überregionale Tageszeitungen, die sämtlich in Westdeutschland oder in Berlin verlegt werden, in Ostdeutschland außerhalb von Berlin sehr geringe Reichweiten besitzen. Auch bei den Radiosendern gibt es eine Zweiteilung der Nutzungshäufigkeit, die aber weniger deutlich ist, wie bei den Tageszeitungen. Rund fünfzig Prozent regelmäßigen Hörern des regionalen Radiosenders MDR 1 (n=1470) stehen nur sechs Pro-

---

[111] Verfasst von Ralph Richter.
[112] Erfasst haben wir die Nutzung von fünf überregionalen Tageszeitungen (in Klammern die Anzahl regelmäßiger Nutzer in Welle 1): Süddeutsche Zeitung (n=24), Frankfurter Allgemeine Zeitung (n=30), tageszeitung (n=20), Die Welt (n=22), Frankfurter Rundschau (n=9).

zent Hörer des überregionalen Senders Deutschlandfunk (n=182) gegenüber. Beim Fernsehen ist das Bild komplett verschieden. Nicht nur die Reichweiten sind unter allen Medien am höchsten, auch der Unterschied zwischen regionalen und überregionalen Sendern fällt weg und kehrt sich sogar um. Den regionalen Fernsehsender des Mitteldeutschen Rundfunks (MDR) sehen drei von vier Befragten (n=2230) täglich oder mehrmals in der Woche. Die ARD kommt im Vergleich dazu auf über 80 Prozent (n=2417) Zuschauer, die den Sender täglich oder mehrmals in der Woche einschalten. Beim ZDF sind es nur unwesentlich weniger (n=2387). Wie gesagt, diese Angaben beziehen sich auf Welle 1 unserer Untersuchung.

Abbildung VII.3.1: Veränderung der Nutzungshäufigkeiten regionaler und überregionaler Medien im Zeitverlauf

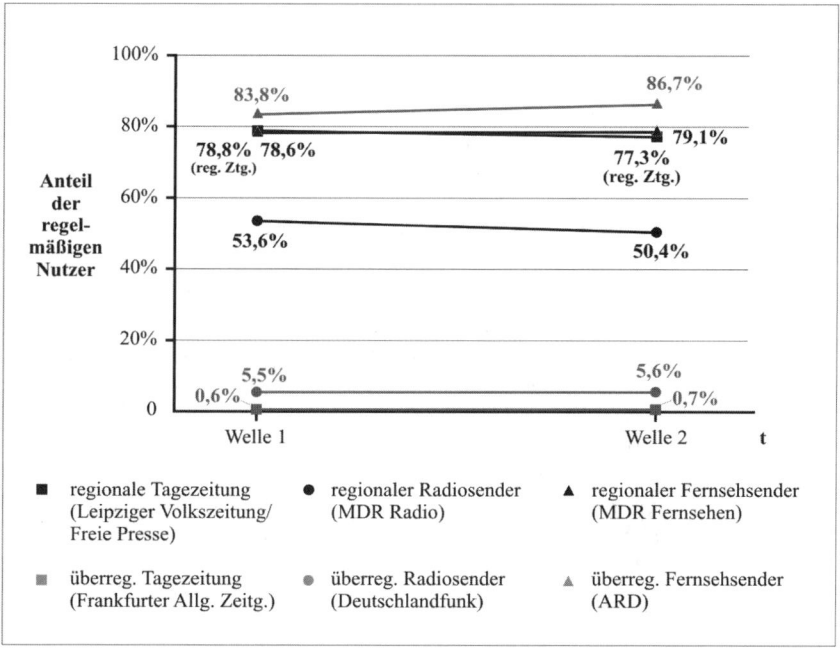

Wie verändert sich die Nutzung der Medien im Zeitverlauf? Abbildung VII.3.1 zeigt die Ergebnisse auf diese Frage. Grundlage hierfür ist unsere Panelstichprobe, d.h. berücksichtigt wurden nur Befragte, die an der ersten und an der zweiten Erhebung teilnahmen (n=1895).

335

Auffällig ist die hohe Stabilität der Nutzungshäufigkeiten.[113] Das Fernsehen gewinnt zwischen den Erhebungen 2000 und 2002 an Reichweite. Demgegenüber verlieren die regionalen Tageszeitungen und der Radiosender des MDR an Lesern bzw. Hörern, die die Medien mehrmals pro Woche oder täglich nutzen. Weiterhin fast ohne Leser und Hörer müssen die überregionalen Tageszeitungen und Radiosender im Erhebungsgebiet auskommen.

Theoretische Grundlagen

Wenn man sich den Zusammenhang zwischen Identifikation und Mediennutzung vergegenwärtigt, dann erscheinen beide Wirkungsrichtungen plausibel. Neben der Kausalrichtung von der Identifikation zur Mediennutzung ist gleichfalls denkbar, dass die Nutzung regionaler Medien zu einer intensiveren Wahrnehmung der Region führt und dann die Identifikation mit der Region nach sich zieht oder diese verstärkt. Allgemeiner formuliert stellt sich die Frage, ob eine Einstellung (Identifikation) erforderlich ist, um Verhalten (Mediennutzung) zu initiieren oder ob Verhalten unabhängig von Einstellungen stattfindet und erst in der Folge zur Ausbildung von Einstellungen führt.

Als erstes wollen wir uns der Frage nach der Hauptwirkungsrichtung auf theoretische Weise nähern. Grundlegende Aussagen zur Entstehung von Einstellungen und Verhalten enthält die sozialpsychologische Einstellungstheorie von Fishbein und Ajzen (1975). Diese soll kurz vorgestellt werden und eine erste Annäherung an das Problem ermöglichen. Darauf folgend wenden wir uns zwei theoretischen Ansätzen aus der Massenkommunikationsforschung zu. Der „Uses and Gratifications Approach" (u.a. Blumler und Katz 1974) auf der einen Seite und die „Agenda Setting" Hypothese (u.a. Funkhouser 1973; McCombs und Shaw 1972) auf der anderen Seite treffen zum Teil konkurrierende Aussagen über den Zusammenhang von Einstellungen und Mediennutzung. Sie liefern das theoretische Handwerkszeug, aus dem im nächsten Schritt Hypothesen entwickelt werden. Es folgt die Operationalisierung und die Überprüfung der Hypothesen anhand unserer empirischen Daten. Diese wurden in zwei Panelwellen erhoben und erlauben die Identifizierung der Hauptwirkungsrichtungen.

---

[113] Die Nutzungshäufigkeiten errechnen sich aus folgenden Fallzahlen der Panelstichprobe (Gesamtfälle w1, regelmäßige Rezipienten w1/Gesamtfälle w2, regelmäßige Rezipienten w2): Leipziger Volkszeitung/Freie Presse n=1888, n=1487/n=1885, n=1457; Frankfurter Allgemeine Zeitung n=1882, n=12/n=1836, n=12; MDR Radio n=1879, n=1007/n=1886, n=951; Deutschlandfunk n=1863, n=102/n=1871, n=104; MDR Fernsehen n=1894, n=1488/n=1887, n=1493; ARD n=1893, n=1586/n=1886, n=1635.

Die Einstellungstheorie

Mit Hilfe der sozialpsychologischen Einstellungstheorie von Fishbein und Ajzen lässt sich die Frage nach der Hauptwirkungsrichtung auf die Entstehung von Einstellungen und Verhalten zurückführen. Ihre Entstehung kann stark vereinfacht als Kausalkette beschrieben werden, an dessen Anfang die Informationen (beliefs) stehen, die eine Person einem Gegenstand mit einer gewissen Wahrscheinlichkeit zuordnet. (Vgl. Fishbein und Ajzen 1975, S. 12) Die Informationen werden beispielsweise durch Beobachtungen gewonnen, die noch nicht durch die spätere Einstellung hervorgerufen wurden. Unter der Voraussetzung, dass die Informationen für die Person wichtig (salient) sind, geht die Bewertung der Informationen auf den Gegenstand über. Die Person entwickelt eine Einstellung (attitude) und der Gegenstand wird zum Einstellungsobjekt. Im Folgenden bildet die Einstellung eine Art Schablone für Verhaltensweisen, die in Beziehung zum Einstellungsobjekt stehen. Je nachdem ob die Person eine positive oder negative Einstellung gegenüber dem Einstellungsobjekt besitzt, wird ihr Verhalten[114] diesem gegenüber konsistent positiv oder negativ sein. Wird ein auf das Einstellungsobjekt bezogenes Verhalten ausgeführt, können neue Informationen gewonnen werden, die wiederum die Einstellung beeinflussen. (Vgl. Fishbein und Ajzen 1975, S. 14f.)

Halten wir die für uns interessanten Aussagen fest: Während Einstellungen meist unabhängig von einstellungsrelevantem Verhalten entstehen, basiert konsistentes Verhalten gegenüber einem Einstellungsobjekt häufig auf der Einstellung diesem gegenüber. Die Hauptwirkungsrichtung weist mithin von der Einstellung zum Verhalten. Dennoch ist der Zusammenhang nicht monodirektional, denn das Verhalten kann Rückwirkungen auf die Wahrnehmung und auf die Einstellung haben. In der Folge entstünde ein dynamischer Prozess mit wechselseitigen Effekten.

Der "Uses and Gratifications Approach"

In der Massenkommunikationsforschung ist der „Uses and Gratifications Approach" (UGA) historisch in Konkurrenz zum „Stimulus Response" Ansatz entstanden. Im Mittelpunkt steht die Frage „What do people do with the media?" (Katz 1959, S. 2). Der UGA betont im Kommunikationsprozess die Perspektive der Rezipienten gegenüber derjenigen der Medien. In der neueren

---

[114] Fishbein und Ajzen sprechen von Verhaltensprädispositionen um zu zeigen, dass Einstellungen eher auf latente Verhaltensneigungen verweisen, denn konkrete Verhaltensweisen hervorrufen. (Vgl. Fishbein und Ajzen 1975, S. 6) Einstellungen erhöhen die Wahrscheinlichkeit für bestimmtes Verhalten. Damit dieses auftritt, müssen bestimmte Bedingungen hinzukommen, wie die Einstellungstheorie weiter zeigt.

Forschung zum UGA wird die Mediennutzung als eine Form sozialen Handelns verstanden. (Vgl. Bonfadelli 2001, S. 160; Renckstorf 1989, S. 314) Die zentrale Annahme lautet, dass sich Rezipienten dann bestimmten Medien zuwenden, wenn die Wahrscheinlichkeit hoch ist, dass die Medieninhalte ihre Bedürfnisse befriedigen. Die Mediennutzung führt in diesem Fall zu einer Art Belohnung (Gratifikation). (Vgl. Burkart 1998, S. 219) Der Rezipient handelt rational, indem er sich dem Medium zuwendet oder die nichtmediale Handlungsalternative wählt, die die subjektiv bestmögliche Gratifikation verspricht. Der UGA gilt daher als der Nutzenansatz in den Medienwissenschaften.

Von zentraler Bedeutung sind der Bedürfnisbegriff und die Frage nach der Funktionalität bestimmter Medien für die Befriedigung der Bedürfnisse. Katz et al. (1973) und später Bonfadelli (2001) entwickelten eine Typologie von medienrelevanten Bedürfnissen, wobei das *kognitive Bedürfnis* (Orientierungsbedürfnis in der Umwelt) und das *integrativ-habituelle Bedürfnis* in Beziehung zur vorliegenden Untersuchung gesetzt werden können. Beispielsweise beinhaltet das letztgenannte Bedürfnis den „...Wunsch nach Vertrauen, Geborgenheit und Sicherheit sowie Stabilität und Wertverstärkung bezüglich verschiedenster Referenzgruppen wie [...] Gemeinde, [...] Vaterland etc." (Bonfadelli 2001, S. 164) Wenn angenommen wird, dass eine hohe Identifikation mit der Region zu einem integrativ-habituellen Bedürfnis bezüglich der Referenzgruppe Region führt, dann könnte das zur Nutzung von Medien mit regionenbezogenen Inhalten führen, da diese hinsichtlich des genannten Bedürfnisses Gratifikation versprechen. Die Identifikation würde hier bedürfnisgenerierend wirken. Bei der Hypothesenbildung soll diese Annahme weiter ausgeführt werden.

Kann aufgrund der Betonung der Rezipientenperspektive geschlussfolgert werden, dass der UGA den Wirkungen des Rezipientenhandelns gegenüber den Medienwirkungen im Kommunikationsprozess eine größere Bedeutung beimisst? Theoretisch lässt sich aus der UAG dieser Schluss ziehen (vgl. Gerlach 1990; Katz, Blumler und Gurevitch 1974). Mit Blick auf „spärliche Befunde" will Schenk (1997, S. 161f.) dem aber nicht folgen. Unstrittig ist in jedem Fall, dass der Nutzenansatz nicht isoliert betrachtet werden darf. Palmgreen (1984) hat dem Rechnung getragen, indem er in seiner Erweiterung des UGA die Wirkungen von erhaltenen oder nicht erhaltenen Gratifikationen auf nachfolgende Bedürfnisse berücksichtigt. Dem wollen wir folgen, indem wir in unserem Modell auch Rückwirkungen berücksichtigen. Sprechen die Randbedingungen für die Anwendung des UGA, dann wollen wir entsprechend der Theorie die Hauptwirkungsrichtung vom Rezipienten und seinen bedürfnisgenerierenden Einstellungen zur Mediennutzung, respektive zum Verhalten, annehmen.

Die „Agenda Setting" Hypothese

Die „Agenda Setting" Hypothese (ASH) nimmt gegenüber dem UGA im Kommunikationsprozess eine umgekehrte Perspektive ein. Sie trifft Aussagen darüber, welche mittel- bis langfristigen Effekte Medieninhalte auf Menschen haben. In Abgrenzung zum klassischen Stimulus-Response-Modell und zum Persuasionsmodell sieht die ASH den Wirkungsschwerpunkt von Massenmedien in ihrer „Thematisierungsfunktion". (Vgl. Burkart 1998, S. 247) „While the mass media may have little influence on the direction or intensity of attitudes, it is hypothesized that the mass media set the agenda for each political campaign, influencing the salience of attitudes toward the political issues." (McCombs und Shaw 1972, S. 177) Demnach hätten Medieninhalte zwar einen geringeren Einfluss auf die Richtung und die Intensität von Einstellungen, aber sie können entscheidend dafür sein, für wie wichtig einstellungsrelevante Themen erachtet werden. Die theoretische und praktische Aussagekraft der Thematisierungsfunktion der ASH gilt jedoch als eher unbefriedigend. Viele Forscher beschäftigen sich deshalb mit der Frage, unter welchen Bedingungen Medieninhalte Wirkungen auf Einstellungen haben. Weiß (1989) beispielsweise sieht die größten Effekte bei konflikthaltigen Themen. Erbring, Goldenberg und Miller (1980) unterscheiden zwischen neuen und eingeführten Themen. Letztere wirken vor allem auf solche Rezipienten, die bei der Mediennutzung noch nicht für das Thema sensibilisiert waren. Weiterhin steigt die Wahrscheinlichkeit für „Agenda Setting" Effekte, wenn der Nutzer an ein Medium gebunden ist, statt verschiedene zu konsumieren. Ähnlich Erbring et al. sieht auch Eichhorn (1996) bei thematisch unentschlossenen Personen gute Bedingungen für „Agenda Setting" Effekte.

Eine Erweiterung der ASH um den so genannten „Priming" Effekt stammt von Iyengar und Kinder (1987), die die Wirkung von Medieninhalten auf die Wahlentscheidung im US-Wahlkampf untersucht haben. Die Idee ist, dass Medieninhalte indirekt die Bewertung von Politikern beeinflussen, weil sie über die Salienz ihrer Merkmale die Bewertungsgrundlage steuern. Iyengar und Kinder konnten zeigen, dass Politiker dann besonders positiv bewertet wurden, wenn die Themen, für die ihnen die höchste Kompetenz durch die Rezipienten zuerkannt wurde, die Medienagenda anführten. Watt et al. (1993, S. 416) stellen deshalb fest: „Salience, at the individual level, is a type of opinion." Und Bonfadelli (2001, S. 228) erklärt: „Die je spezifische Thematisierungsfunktion der Medien macht sich somit nicht nur auf der kognitiven Ebene bemerkbar, sondern beeinflusst indirekt auch die Einstellungen."

Es bleibt festzuhalten, dass die „Agenda Setting" Hypothese eine Hauptwirkungsrichtung postuliert, die vom Verhalten (Medienkonsum) zur Änderung der Salienz von Themen weist. Verschiedene Erweiterungen der ASH geben Bedingungen an, unter denen darüber hinaus durch Medieninhalte Einstellungen beeinflusst werden. Ebenso wie beim UGA gilt, dass die Medienwirkung nicht isoliert betrachtet werden kann, sondern auch Rückwirkungen auf die Mediennutzung möglich sind. Diese sollen in der nachfolgenden Untersuchung mit überprüft werden.

Die Hypothesen

Während sich aus der Einstellungstheorie und dem „Uses and Gratifications Approach" die Hauptwirkungsrichtung von der Einstellung zum Verhalten ableiten lässt, trifft die „Agenda Setting" Hypothese Aussagen für die umgekehrte Wirkungsrichtung. Welchem der „konkurrierenden" Konzepte sollen wir bei der Hypothesenbildung folgen und was soll für die Entscheidung ausschlaggebend sein? Zur Klärung dieser Frage wollen wir die konkreten Nutzungsbedingungen aus handlungstheoretischer Sicht beschreiben. In unserer empirischen Erhebung wurde die Nutzung von drei unterschiedlichen Mediengattungen erfasst: Tageszeitungen, Radio und Fernsehen. Wie sich zeigen wird, werden die elektronischen Medien Radio und Fernsehen auf der einen Seite und das Printmedium Tageszeitung auf der anderen Seite in ganz spezifischer Weise rezipiert. Die Hypothesenbildung soll aus diesem Grund getrennt nach Tageszeitungen und elektronischen Medien erfolgen.

Neben der regionalen Identifikation und der Nutzung von Regionalmedien wurde auch die Identifikation mit Deutschland und Europa und die Nutzung überregionaler Medien erhoben. Für den Zusammenhang zwischen überregionaler Identifikation und Mediennutzung wird eine dritte Hypothese entwickelt.

Regionale Tageszeitungen

Der überwiegende Teil der Leser regionaler Tageszeitungen bezieht diese im Abonnement.[115] Das setzt üblicherweise voraus, dass in der Vergangenheit eine Entscheidung für das Zeitungsabonnement getroffen wurde. Ausschlaggebend für die Initialentscheidung könnte eine hohe regionale Identifikation und ein damit verbundenes Interesse für die Region gewesen sein, das mit dem Lesen der Tageszeitung befriedigt werden soll. Es ist aber auch denkbar, dass die Entscheidung weitgehend unabhängig von der Einstellung zur Region getroffen wurde – sei es, weil das Lesen der Regionalzeitung ein Aspekt des regionalen Kulturverhaltens ist und die Nutzung daher nicht hinterfragt wird oder weil ein

---

[115] Auf die Frage „Wie häufig lesen Sie die Leipziger Volkszeitung/Freie Presse?" antworteten in der ersten Welle 1852 Befragte mit „täglich", 365 mit „mehrmals in der Woche", 239 mit „mehrmals im Monat" und 534 mit „nie". Es kann angenommen werden, dass der überwiegende Teil der täglichen Leser Abonnent ist.

grundsätzliches Informationsbedürfnis besteht. Weiterhin wird die einmal getroffene Wahl nicht mit jeder Nutzung neu bewertet. Das tägliche Lesen der Regionalzeitung ist weitgehend habitualisiert und bedarf keiner beständigen Kosten-Nutzenabwägungen. Halten wir also fest, dass es neben einer explizit positiven Einstellung zur Region weitere Gründe für die Initialentscheidung zur Nutzung der regionalen Tageszeitung gibt. Auch Personen mit geringer regionaler Identifikation und ohne spezielles Bedürfnis an regionalen Informationen entscheiden sich vermutlich für das Abonnement der Regionalzeitung. Wenn aber kein auf die Region bezogenes Bedürfnis vorliegt, dann fehlt eine Voraussetzung für die Anwendung des „Uses and Gratifications Approach". Dieses Konzept scheint sich hier für die Hypothesenbildung weniger zu eignen.

Betrachten wir als nächstes die Funktion regionaler Tagszeitungen. Es ist bekannt, dass regionale Tageszeitungen den Schwerpunkt ihrer Berichterstattung auf regionale und lokale Themen legen. Hier liegt ihre besondere Kompetenz, mit der sie sich von überregionalen Tageszeitungen abgrenzen. Regionale Tageszeitungen üben bei regionalen und lokalen Themen eine Orientierungsfunktion aus. Sie gelten als die wichtigste Instanz bei der Verbreitung regionaler Informationen. Gleichzeitig nutzen regionale Tageszeitungen ihre Stellung, indem sie durch das Setzen regionaler Themen eine hohe Bindung ihrer Leser herzustellen versuchen. Wir nehmen an, dass dies auch für die von uns untersuchten Regionalzeitungen gilt. Der durchschnittliche „Neuabonnent", der, wie wir oben gezeigt haben, über keine ausgeprägte regionale Identifikation verfügen muss, wird fortan täglich mit regionalen Informationen konfrontiert.

Das Beispiel enthält Voraussetzungen für die Anwendung der „Agenda Setting" Hypothese. Die zentrale Aussage der ASH betrifft die Bedeutungszunahme eines Themas für eine Person, wenn diese in Massenmedien häufig mit diesem konfrontiert wird. Ein solches Thema soll hier die Region sein. Anhand des „Priming" Effektes hatten wir weiterhin gesehen, dass eine hohe Salienz von Themen, die positiv oder negativ besetzt sind, die Einstellungen der Rezipienten beeinflussen können. Wenn die häufige oder zunehmende Nutzung der Regionalzeitung die Salienz regionaler Themen erhöht und die dargestellten Themen positiv oder negativ besetzt sind, dann kann das Auswirkungen auf die Einstellung zur Region haben. Hinzu kommt, dass gerade Neuabonnenten thematisch weniger vorgeprägt sind. Die abonnementbedingte starke Bindung an das Medium spricht zusätzlich für „Agenda Setting" Effekte. Keine Aussage treffen können wir bezüglich der Richtung möglicher Einstellungsänderungen. Dafür fehlt uns eine inhaltsanalytische Auswertung der betreffenden Tageszeitungen. Wir können zwar mit hoher Wahrscheinlichkeit annehmen, dass die Regionalzeitungen regionale Themen vermitteln. Wir wissen aber nicht, ob diese tendenziell eher positive oder negative Aspekte ansprechen, ob sie beim Rezipienten eher eine kritische Haltung oder Stolz erzeugen. Die Hypothese lautet daher:

Hypothese zur Wirkung regionaler Tageszeitungen: Je häufiger Personen die regionale Tageszeitung lesen, desto stärker unterscheidet sich ihre regionale Identifikation von Personen, die selten oder nie die regionale Tageszeitung lesen.

Regionale elektronische Medien

Die Nutzung von Radio- und Fernsehangeboten unterscheidet sich deutlich vom Gebrauch der regionalen Tageszeitung. Wird letztere üblicherweise im Abonnement bezogen, gilt das für Radio- und Fernsehangebote nicht. Der Radio- und Fernsehkonsument spürt daher keine Nutzungsverpflichtung auf Grund der Abonnementkosten. Die elektronischen Medien charakterisiert im Vergleich zur Tageszeitung eine größere Wahlfreiheit. Alternative Radio- und Fernsehangebote sind jederzeit verfügbar, und der Vergleich zwischen diesen erfordert keine hohen Kosten. Was nicht gefällt, wird abgestellt oder es wird zu anderen Sendern gewechselt. Wenn die Kosten für den Medienzugang und für die Wahl zwischen alternativen Angeboten gering sind, dann kommt den Nutzenaspekten bei Entscheidungen größere Bedeutung zu. Wir vermuten, dass für die Nutzung von Radio- und Fernsehinhalten individuelle Bedürfnisse und Einstellungen eine größere Rolle spielen, als das bei der Tageszeitung der Fall ist. Weiter wird angenommen, dass durch den fehlenden „Abonnementzwang" der Radio- und Fernsehkonsum weniger habitualisiert ist als das Lesen der Tageszeitung.

Wahlfreiheit und Medienkonsum zur Bedürfnisbefriedigung – die Nutzungssituation enthält Voraussetzungen für die Anwendung des „Uses and Gratifications Approach". Gleichzeitig scheint die Nutzung elektronischer Medien eher situationsabhängig zu sein, was gegen einen großen Einfluss der Medien und gegen die Anwendung der „Agenda Setting" Hypothese spricht.

Das Ausmaß der regionalen Identifikation kann auf verschiedene Weise zu einem Bedürfnis nach regionalen Medieninhalten führen. Zum einen kann mit der Stärke der Identifikation das Bedürfnis nach konsonanten Informationen über die Region zunehmen. Konsonante Informationen erzeugen im Mediennutzer ein positives Gefühl, weil dieser in seiner Einstellung bestärkt wird. Außerdem erfüllen Informationen über die Region ein Orientierungsbedürfnis, das mit steigender Identifikation größer wird. In der Typologie von Bonfadelli entspricht das dem kognitiven Bedürfnis. Weiter unterschied Bonfadelli das integrativ-habituelle Bedürfnis und meinte damit den Wunsch nach Vertrautheit und Integration bezüglich einer Referenzgruppe. Wir wollen annehmen, dass eine hohe regionale Identifikation das Bedürfnis nach Vertrautheit und Integration in der Referenzgruppe Region stärkt und dass regionale Medieninhalte dieses Bedürfnis befriedigen können.

Der „Uses and Gratifications Approach" besagt, dass sich Menschen solchen Medien zuwenden, von denen sie sich die beste Bedürfnisbefriedigung versprechen. Welche Radio- und Fernsehsender können das in unserem Fall sein? Vermutlich solche, die viel über regionale Themen berichten. In aller Regel sind das die regionalen Radio- und Fernsehsender und nicht die überregionalen Sender. Entsprechend formulieren wir die zweite Hypothese.

Hypothese zur Ursache regionaler Radio- und Fernsehnutzung: Je stärker sich Personen mit ihrer Region identifizieren, desto mehr nutzen sie regionale Radio- und Fernsehangebote.

Überregionale elektronische Medien[116]

Wenn wir annehmen, dass eine positive Einstellung zur eigenen Region im Zusammenhang steht mit der Nutzung regionaler Medien, weshalb sollte ein solcher Zusammenhang nicht ebenso für die überregionale Orientierung existieren? Wir nehmen an, dass dies der Fall ist und leiten eine empirisch überprüfbare Hypothese her.

Die charakteristische Nutzungsweise elektronischer Medien haben wir zuvor beschrieben. Die Entscheidung für einen bestimmten Medieninhalt entspricht einer „Low-Cost"-Situation, so dass der Nutzen respektive die erwartete Bedürfnisbefriedigung einen entscheidenden Einfluss hat. Auch hier kommt der „Uses and Gratifications Approach" zur Anwendung.

Welche Art von Bedürfnis ist auf Grund der Identifikation mit Deutschland und Europa zu erwarten? Anders als bei der Identifikation mit der Region, die viele unhinterfragt bejahen, ist die überregionale Identifikation vermutlich expliziterer Natur. Weil die überregionale Orientierung weniger selbstverständlich ist, bedarf sie einer bewussteren Entscheidung. Das kann anhand der Identifikations-Frage „Wie stark fühlen Sie sich als Sachse/Europäer?" verdeutlicht werden. Die Antwortskala reicht von „sehr stark" bis „sehr schwach". Während viele der sächsischen Befragten aus dem Bauch heraus angeben, sich sehr stark als Sachse zu fühlen, dürfte die Antwort „fühle mich sehr stark als Europäer" eher der Ausdruck einer bewussten Entscheidung und einer betont überregionalen Orientierung sein. Es kann vermutet werden, dass das Bedürfnis nach

---

[116] Bei der Untersuchung der überregionalen Medien beschränken wir uns auf die Radio- und Fernsehangebote. Der Grund liegt darin, dass nur etwa ein Prozent unserer Befragten regelmäßig überregionale Tageszeitungen lesen. Bei den geringen Fallzahlen ist es nicht sinnvoll, die überregionalen Tageszeitungen als abhängige Variablen zu untersuchen.

überregionalen Informationen, zu denen man ohne die Medien keinen Zugang hätte, bei der Suche nach Gratifikationsmöglichkeiten entscheidend ist. Weiter dürfte aus der überregionalen Identifikation auch ein Orientierungsbedürfnis und ein integrativ-habituelles Bedürfnis erwachsen. Letzteres kann als Ausrichtung des Verhaltens nach überregionalen Wertvorstellungen in Abgrenzung zu regional gültigen Werten interpretiert werden.

Bei der Abwägung, welche Medien das Bedürfnis nach überregionalen Inhalten am besten befriedigen, wird der potenzielle Rezipient nicht an den überregionalen Radio- und Fernsehsendern vorbeikommen. Zwar berichten auch die Regionalsender über Themen aus Europa und der Welt, aber eben immer aus der Sicht des Regionalen, die der Kosmopolit überwinden will.

Hypothese zur Ursache überregionaler Radio- und Fernsehnutzung: Je stärker sich Personen überregional identifizieren, desto mehr nutzen sie überregionale Radio- und Fernsehangebote.

Die Operationalisierung

In den beiden ersten Wellen unserer Panelerhebung wurden die Gewohnheiten bei der Nutzung von regionalen und überregionalen Medien abgefragt. Konkret ging es darum anzugeben, wie häufig der Befragte verschiedene Tageszeitungen, Radio- und Fernsehsender konsumiert. Weiter wurde erhoben, wie häufig bestimmte Themen im Radio und Fernsehen gehört bzw. gesehen werden. Leider stehen uns aber keine Angaben über die Medieninhalte im betreffenden Zeitraum zur Verfügung, da für diese zusätzlich eine Inhaltsanalyse notwendig gewesen wäre. Weshalb es sich dennoch lohnt, mit unseren Daten nach einem Zusammenhang zwischen der Identifikation mit Regionen und der Nutzung von Medien zu suchen, ist die klar abgegrenzte inhaltliche Ausrichtung der Medien. Für regionale Themen besitzen die regionalen Tageszeitungen, Radio- und Fernsehsender üblicherweise die größte Kompetenz. Wer dagegen überregional orientiert ist, wird daraus erwachsendes Interesse nicht durch Regionalmedien stillen, sondern zu überregionalen Anbietern mit entsprechenden Kompetenzen greifen. Wir wollen erstens davon ausgehen, dass die hier untersuchten regionalen und überregionalen Medien inhaltlich diesem Schema entsprechen. Zweitens nehmen wir an, dass die Nutzer die Funktionalität von Medien für ihr Bedürfnis nach regionalen oder überregionalen Informationen gut einschätzen können.

Die zu testenden Hypothesen beschränken sich auf einfache Ursache-Wirkungszusammenhänge mit nur jeweils einer unabhängigen und einer abhängigen Variable. Das hat vor allem inhaltlich-theoretische Gründe. Man könnte beispielsweise fragen, weshalb im Modell zur Nutzung regionaler Radio- und Fernsehsender als erklärende Variable nicht auch die überregionale Identifikation berücksichtigt wurde. Aus Sicht des „Uses and Gratifications Approach" erscheint das aber nicht sinnvoll, weil das hieße, dass aus überregionaler Orientierung ein auf regionale Medieninhalte bezogenes Bedürfnis entstehen würde. Das inhaltliche Argument gilt auch für die Frage, weshalb im vorliegenden Beispiel nicht überregionale Medien als abhängige Variablen berücksichtigt wurden. Aus dem UGA lässt sich keine Annahme ableiten, weshalb aus einem durch regionale Identifikation hervorgerufenen Bedürfnis nach regionalen Medieninhalten eine Wirkung auf überregionale Mediennutzung entstehen soll. Das soll nicht heißen, dass es diesen Effekt nicht gibt. Nur ist er durch die hier verwendeten Theorien nicht begründbar. Als Kontrollvariablen für regionale Medienmodelle sind die überregionalen Medien jedoch enthalten, wie auch das überregionale Medienmodell die regionale Mediennutzung als exogene Variable enthält. Auf diese Weise können beispielsweise die Vielnutzer des Regionalfernsehens MDR von den Vielnutzern jedweden Fernsehsenders unterschieden werden.

Eine Reihe sozio-demografischer Kontrollvariablen werden zusätzlich in den Modellen berücksichtigt, um theoretisch nicht begründete Effekte zu reduzieren. Eine Kontrollvariable ist die Mobilitätsneigung. Diese zählt nicht zu den „klassischen" Kontrollvariablen, erwies sich aber in den Modellen als nicht zu vernachlässigen. Offenbar misst die Mobilitätsneigung eine Art regionale Bindung, die sowohl auf die Identifikation als auch auf die Nutzung von Regionalmedien wirkt. Ein Problem trat bei der Kontrollvariable Einkommen auf. Es zeigte sich, dass diese sehr viele fehlende Werte produzierte. Das liegt daran, dass rund ein Viertel der Befragten nicht bereit war, ihr Einkommen anzugeben. Die Gefahr besteht, dass die Ausfälle systematisch sind. Ein probates aber nicht unumstrittenes Mittel, um die Ausfälle zu vermeiden, ist das Ersetzen der fehlenden Werte durch den Mittelwert der gemessenen Einkommen. So genannte Flagvariablen markieren zusätzlich die imputierten Fälle und werden im Regressionsverfahren berücksichtigt.[117] Zur weiteren Kontrolle wurden die Modelle zudem mit den fehlenden Werten und paarweisem Fallausschluss berechnet. Die Koeffizienten werden in den Fußnoten der Tabellen angegeben.

Bisher war in diesem Abschnitt immer von regionaler und überregionaler Identifikation die Rede. In der folgenden Auswertung werden Variablen verwendet, die Identifikationen mit verschiedenen Regionen messen. Bei der regionalen Identifikation sind das Leipzig/Mittlerer Erzgebirgskreis, Sachsen und Ostdeutschland, während sich die überregionale Identifikation auf Deutschland und Europa bezieht. Für diese Variablen gibt es zur besseren Unterscheidung die sprachliche Konvention, zum einen von Regionalismus

---

[117] Das geschilderte Imputationsverfahren kommt auch bei der Analyse der Befragtenausfälle zum Einsatz und wird dort detaillierter erklärt. Siehe Abschnitt II.6.

oder regionalistischer Orientierung und zum anderen von Kosmopolitismus oder kosmopolitischer Orientierung zu sprechen. Da wir in der Auswertung mit diesen Variablen arbeiten, werden wir nachfolgend der sprachlichen Konvention folgen. Tabelle VII.3.1 zeigt, auf welche Weise die Modellvariablen gemessen wurden.

Tabelle VII.3.1: Ursache und Wirkung der Mediennutzung: Operationalisierung der Variablen

Name der Variablen	Bedeutung der Variablen, Wertebereich
Identifikation mit regionalen und mit überregionalen Gebieten (abhängige und unabhängige Variablen)	
Regionalismus	Enthält sechs additiv zusammengefügte Variablen, die die Zugehörigkeit und die Einstellung zu verschiedenen regionalen Gebieten messen. Skalenwert 1-5. Wie stark fühlen Sie sich als Leipziger bzw. Erzgebirger/als Sachse/als Ostdeutscher? Wie stolz sind Sie Leipziger bzw. Erzgebirger zu sein/Sachse zu sein/Ostdeutscher zu sein? (Siehe im einzelnen Kapitel III.)
Kosmopolitismus	Enthält vier additiv zusammengefügte Variablen, die die Zugehörigkeit und die Einstellung zur Bundesrepublik und zu Europa messen. Skalenwert 1-5. Wie stark fühlen Sie sich als Bundesbürger/als Europäer? Wie stolz sind Sie Bundesbürger zu sein/Europäer zu sein? (Siehe im einzelnen Kapitel III.)
Mediennutzung (abhängige und unabhängige Variablen)	
Nutzung der regionalen Tageszeitung	Können Sie uns sagen, wie häufig Sie folgende Tageszeitungen lesen? Leipziger Volkszeitung/Freie Presse. Skalenwerte (rekodiert): nie (1), mehrmals im Monat (2), mehrmals in der Woche (3), täglich (4). Letzteres dürfte mehrheitlich Abonnementnutzer betreffen.
Nutzung überregionaler Tageszeitungen	Können Sie uns sagen, wie häufig Sie folgende Tageszeitungen lesen? Süddeutsche Zeitung/Frankfurter Allgemeine Zeitung/tageszeitung/ Die Welt/Frankfurter Rundschau. Skalenwerte (rekodiert): nie (1), mehrmals im Monat (2), mehrmals in der Woche (3), täglich (4). Die Skala entspricht den Werten jener überregionalen Tageszeitung, die am häufigsten genutzt wird.
Nutzung regionaler Radio- und Fernsehangebote	Ist additiv zusammengesetzt aus einer Variablen zur Nutzung regionaler Radioangebote und aus einer Variablen zur Nutzung des regionalen Fernsehsenders MDR. Regionalradio: Wie oft hören Sie zu regionalen Themen Sendungen im Radio? Skalenwerte (rekodiert): nie (1), mehrmals im Monat (2), mehrmals in der Woche (3), täglich (4). Regionalfernsehen: Wie häufig sehen Sie folgende Sender? MDR. Skalenwerte (rekodiert): nie (1), mehrmals im Monat (2), mehrmals in der Woche (3), täglich (4).

Nutzung überregionaler Radio- und Fernsehangebote	Ist additiv zusammengesetzt aus Variablen zur Nutzung überregionaler Radioangebote und aus Variablen zur Nutzung überregionaler Fernsehsender. Überregionales Radio: Wie oft hören Sie die folgenden Radiosender? Deutschlandfunk, Deutschlandradio Berlin; Skalenwerte (rekodiert): nie (1), manchmal (2.5), regelmäßig (4). Überregionales Fernsehen: Wie häufig sehen Sie folgende Sender? ARD, ZDF. Skalenwerte (rekodiert): nie (1), mehrmals im Monat (2), mehrmals in der Woche (3), täglich (4).
Kontrollvariablen (unabhängige Variablen)	
Gebiet	Wohnort des Befragten. Leipzig (0), Mittlerer Erzgebirgskreis (1)
Alter	Alter der/des Befragten zum Zeitpunkt der ersten Welle.
Schulbildung	Welchen allgemeinbildenden Schulabschluss haben Sie? Ohne Abschluss (1), Volks- Hauptschulabschluss (2), Mittlere Reife (3), Fachhochschul-/Hochschulreife (4).
Einkommen	Wie hoch ist Ihr eigenes monatliches Nettoeinkommen?
Mobilitätsneigung	Misst die Mobilitätsneigung einer Person. Die Variable ist additiv gebildet aus der Umzugsbereitschaft einer Person (Haben Sie vor, innerhalb der nächsten 12 Monate aus ihrem Ort wegzuziehen? Auf keinen Fall (1), vielleicht (2), auf jeden Fall (3)) und der Anzahl der Umzüge dieser Person in den letzten 10 Jahren. (kein Mal (1), ein Mal (2), öfter als ein Mal (3)).

Die Ergebnisse

Das Ziel der Untersuchung ist es, das Vorliegen von Zusammenhängen entsprechend unserer Hypothesen zu prüfen und die Wirkungsrichtungen der Relationen zu ermitteln. In einem ersten Schritt haben wir die Modelle im Regressionsverfahren getestet. Zunächst wurde die zeitverzögerte Wirkung der in Welle 1 gemessenen erklärenden Variable auf das Explanandum in Welle 2 geprüft. Die Zeitverzögerung gibt dabei Aufschluss über die Wirkungsrichtung, da immer nur zeitlich eher gemessene Sachverhalte auf spätere wirken können, nie umgekehrt. Das Verfahren wird wiederholt, wobei dieses Mal das Explanandum zur erklärenden Variable in Welle 1 wird und dessen Wirkung auf die vormalige erklärende Variable und das jetzige Explanandum in Welle 2 geprüft wird. Treten wechselseitige Effekte auf, dann entscheidet die Effektstärke über die Hauptwirkungsrichtung. Nachfolgend werden nur die Modelle mit den Haupteffekten berichtet. Im Anschluss werden für jede Mediengattung Mehrgleichungsmodelle aufgestellt, wodurch die Ergebnisse der Regressionsverfahren gegengeprüft werden. Weiterhin erlauben die Mehrgleichungsmodelle zusätzlich das Testen von simultanen Effekten und Rückwirkungen. Im letzten

Schritt werden die einzelnen Modelle zu einem Gesamtmodell für alle Mediengattungen zusammengefasst.

Tabelle VII.3.2: Ursachen für die Nutzung der regionalen Tageszeitung

Unabhängige Variablen in Welle 1 (w1) und in Welle 2 (w2)	Abhängige Variable: Nutzung der regionalen Tageszeitung in Welle 2		
	r	1	2
Nutzung reg. Tageszeitung w1	,47**	,44**	,44**
Regionalismus w1	,10**	,06*	,06**
Überreg. Tagezeitung w1	,01	,03	
Überreg. Tagezeitung w2	-,04	-,06**	-,05*
Gebiet	,04	,02	
Alter	,16**	,08**	,08**
Schulbildung	,04	,05*	,06*
Einkommen w1	,13**	,02 [1]	
Einkommen w2	,13**	,11** [2]	,12** [3]
Mobilität w1	-,18**	-,05	-,07**
Mobilität w2	-,17**	-,04	
Angepasstes R^2 N (einbezogene Fälle)		**0,26** 1684	**0,26** 1717

Alternativ wurden die Modelle ohne imputierte Einkommenswerte aber mit paarweisem Fallausschluss berechnet. Dann werden folgende Regressionskoeffizienten ausgegeben:
[1] ,02;   [2] ,13**;   [3] ,14**.

In der Hypothese über die Wirkung der regionalen Tageszeitung hatten wir angenommen, dass die regelmäßige Konfrontation mit regionalen Themen beim Rezipienten dazu führt, dass er dem Regionalen größere Bedeutung zuschreibt und dies zur Änderung der regionalen Identifikation bzw. regionalistischen Orientierung führt. Dieser Zusammenhang konnte für die zeitverzögerten Effekte nicht nachgewiesen werden. Der standardisierte Regressionskoeffizient für die Nutzung der regionalen Tageszeitung als erklärende Variable ist in unserem Modell nahe Null und nicht signifikant. Unerwartet wurde stattdessen ein Effekt in der umgekehrten Wirkungsrichtung, also von der regionalistischen Orientierung zur Nutzung der Regionalzeitung, ermittelt. Verwendet wird das lineare Regressionsverfahren. In Tabelle VII.3.2 sind von links nach rechts die bivariaten Korrelationen, die standardisierten Regressionskoeffizienten für das

Gesamtmodell und die standardisierten Regressionskoeffizienten für das signifikante Modell abgetragen. In diesem wie in den nachfolgenden Verfahren wird jeweils zuerst das Gesamtmodell errechnet und ausgegeben. Danach werden schrittweise die nicht signifkanten Modellvariablen ausgeschlossen bis wir ein signifikantes Modell erhalten.

Vom Regionalismus in Welle 1 geht ein signifikanter, wenn auch nicht sehr starker Effekt auf die Nutzung der regionalen Tageszeitung aus. Je stärker die regionalistische Orientierung ist, desto häufiger wird die regionale Tageszeitung in der Folge gelesen. Dieser Befund wird im Mehrgleichungsmodell[118] bestätigt. Unter den Effekten, die sich auch im Mehrgleichungsmodell behaupten, haben das Alter und das Einkommen die größte Vorhersagekraft für die Nutzung der Regionalzeitung. Der zeitverzögerte Mobilitätseffekt im Regressionsmodell wird im Mehrgleichungsmodell durch die simultane Wirkung der Mobilität ersetzt. Die überregionale Tageszeitung hat lediglich Kontrollfunktion. Insgesamt lässt sich feststellen, dass die regionale Tageszeitung um so häufiger gelesen wird, je älter eine Person ist, je höher ihr Einkommen ist, je sesshafter sie ist, je stärker sie regionalistisch orientiert ist und je höher ihre Schulbildung ist. Das Ergebnis scheint nicht überraschend zu sein. Beachtenswert ist aber, dass sich alle fünf Effekte auch unter der Kontrolle der jeweils anderen behaupten.

In der Hypothese zur Ursache regionaler Radio- und Fernsehnutzung nahmen wir an, dass mit der Stärke der regionalen Identifikation die Nutzung regionaler Radio- und Fernsehangebote zunimmt. Auch diese Hypothese muss auf der Grundlage der Regressionsergebnisse verworfen werden. Der Regionalismus als erklärende Variable erreicht zwar einen signifikanten Koeffizienten von 0,09**. Da aber der zeitverzögerte Effekt in der umgekehrten Wirkungsrichtung stärker ist, kann die Hypothese nicht gestützt werden. Die Ergebnisse sind in Tabelle VII.3.3 dargestellt.

Die Nutzung regionaler Radio- und Fernsehangebote in Welle 1 hat einen deutlich positiven Effekt auf den Regionalismus in Welle 2. Das heißt, je häufiger eine Person regionale Radio- und Fernsehangebote konsumiert, desto höher ist ihre regionalistische Orientierung. Auf dieses bemerkenswerte Ergebnis werden wir nachfolgend noch zu sprechen kommen. Darüber hinaus zeigt sich das Gebiet am wirkungsstärksten. Der Einkommens-Effekt ist im Mehrgleichungsmodell nicht mehr identifiziert. Insgesamt kann man sagen, dass die regionalistische Orientierung einer Person um so stärker ist, je häufiger sie regionale Radio- und Fernsehangebote nutzt, je weniger überregionale Radio- und Fernsehsender sie konsumiert, je sesshafter sie ist und wenn sie in einem ländlichen statt in einem städtischen Umfeld lebt.

---

[118] Das Mehrgleichungsmodell zur Nutzung der regionalen Tageszeitung wird nicht separat dargestellt. Stattdessen verweisen wir auf die anschließenden Erläuterungen des Gesamtmodells sowie auf Abbildung VII.3.2.

Tabelle VII.3.3: Ursachen für den Regionalismus

Unabhängige Variablen in Welle 1 (w1) und in Welle 2 (w2)	Abhängige Variable: Regionalismus in Welle 2		
	r	1	2
Regionalismus w1	,51**	,41**	,43**
Nutzung regionaler Radio- und Fernsehangebote w1	,21**	,13**	,12**
Nutzung überregionaler Radio- und Fernsehangebote w1	-,05*	-,08**	-,08**
Gebiet	,32**	,13**	,15**
Alter	,07**	,01	
Schulbildung	-,15**	-,03	
Einkommen w1	-,08**	-,06* [1]	-,05* [3]
Einkommen w2	-,05*	,04 [2]	
Mobilität w1	-,16**	,02	
Mobilität w2	-,16**	-,06*	-,06**
Angepasstes R^2		**,33****	**,31****
N (einbezogene Fälle)		1638	1734

Alternativ wurden die Modelle ohne imputierte Einkommenswerte aber mit paarweisem Fallausschluss berechnet. Dann werden folgende Regressionskoeffizienten ausgegeben: [1] -,09**; [2] ,07*; [3] -,05*.

Die Hypothese zur Ursache überregionaler Radio- und Fernsehnutzung lautet zusammengefasst, dass eine starke kosmopolitische Orientierung zur häufigen Nutzung überregionaler Radio- und Fernsehangebote führt. Das Regressionsverfahren stützt diese Annahme. Ein umgekehrter Effekt von der Nutzung überregionaler Medien zum Kosmopolitismus konnte nicht ermittelt werden. Die Hauptwirkungsrichtung entspricht damit unserer Hypothese. Tabelle VII.3.4 gibt die Ergebnisse wider.

Die überregionale Identifikation hat einen zeitverzögerten, positiven Effekt auf die Nutzungshäufigkeit überregionaler Radio- und Fernsehsender. Je stärker sich eine Person mit der Bundesrepublik und mit Europa identifiziert, desto öfter wird sie überregionale Radio- und Fernsehsender hören bzw. sehen. Im Mehrgleichungsmodell wird das Ergebnis gestützt, wobei ein zusätzlicher simultaner Effekt von der kosmopolitischen Orientierung in Welle 2 auf die Nutzung überregionaler Radio- und Fernsehsender in Welle 2 hinzu kommt. Da sowohl der zeitverzögerte als auch der simultane Effekt im Modell erhalten bleiben, haben wir es offenbar mit einer besonders stabilen Wirkung zu tun. Im

Mehrgleichungsmodell erhalten bleiben auch die Effekte von Gebiet und von Alter. Die Variablen zur Nutzung regionaler elektronischer Medien haben wiederum nur eine kontrollierende Funktion. Insgesamt lässt sich konstatieren, dass überregionale Radio- und Fernsehangebote von einer Person um so häufiger konsumiert werden, je stärker die Person kosmopolitisch orientiert ist, je älter sie ist und wenn sie in einem städtischen statt in einem ländlichen Umfeld lebt.

Tabelle VII.3.4: Ursachen für die Nutzung überregionaler elektronischer Medien

Unabhängige Variablen in Welle 1 (w1) und in Welle 2 (w2)	Abhängige Variable: Nutzung überregionaler Radio- und Fernsehangebote in Welle 2		
	r	1	2
Nutzung überregionaler Radio- und Fernsehangebote w1	,47**	,42**	,41**
Kosmopolitismus w1	,15**	,13**	,13**
Nutzung regionaler Radio- und Fernsehangebote w1	,20**	-,10**	-,09**
Nutzung regionaler Radio- und Fernsehangebote w2	,30**	,27**	,25**
Gebiet	-,19**	-,09**	-,10**
Alter	,23**	,06*	,05*
Schulbildung	,02	,02	
Einkommen w1	,05*	,05* [1]	
Einkommen w2	-,01	-,04 [2]	
Mobilität w1	-,07**	-,01	
Mobilität w2	-,08**	,01	
Angepasstes R^2 N (einbezogene Fälle)		,32** 1587	,30** 1690

Alternativ wurden die Modelle ohne imputierte Einkommenswerte aber mit paarweisem Fallausschluss berechnet. Dann werden folgende Regressionskoeffizienten ausgegeben: [1] ,09*; [2] -,08*.

In einem letzten Schritt wurden die Einzelmodelle in einem Gesamtmodell zusammengefasst. Dabei trat das Problem auf, dass sich die Modellschätzung mit der Integration der überregionalen elektronischen Medien als abhängige Variable deutlich verschlechterte. Unter Einbeziehung des simultanen Effektes vom Kosmopolitismus konnte das Modell überhaupt nicht mehr berechnet werden. Aus diesen Gründen werden die überregionalen elektronischen Medien im Gesamtmodell nur als erklärende Variable berücksichtigt. Das Gesamtmodell ist in Abbildung VII.3.2 dargestellt. Die Haupteffekte sind mit dicken Pfadlinien gezeichnet, während die Effekte der Kontrollvariablen dünn dargestellt sind. Im Folgenden werden wir uns auf die Auswertung der Haupteffekte konzentrieren. Die Ergebnisse der Kontrollvariablen hatten wir bereits bei den Regressionen erläutert. Weiterhin werden im Gesamtmodell nur solche Pfade berücksichtigt, die auch anhand unserer Theorien begründbar sind. Das heißt insbesondere, dass außer den Stabilitäten keine Wirkungen von unabhängigen Medienvariablen auf abhängige Medienvariablen integriert werden. Wie die teils hohen Koeffizienten in den Regressionsmodellen vermuten lassen und wie erste Mehrgleichungsmodelle ergaben, hätten diese zusätzlichen Pfade die Modellschätzung teilweise verbessert. Aber, wie gesagt, durch die fehlende theoretische Begründung haben wir darauf verzichtet.

Zunächst kann festgestellt werden, dass das Gesamtmodell mit einem RMSEA-Wert von 0.036 ausreichend gut angepasst ist. Aus den erklärenden Variablen lassen sich die beobachteten abhängigen Variablen schätzen. Für den Zusammenhang zwischen dem Lesen der regionalen Tageszeitung und der regionalen Identifikation bestätigt sich das Ergebnis des Regressionsverfahrens. Regionalismus wirkt positiv auf die Nutzung regionaler Tageszeitungen. Während allerdings im Regressionsverfahren ein zeitverzögerter Effekt ermittelt wurde, ergibt sich im Mehrgleichungsmodell eine stärkere simultane Wirkung. Durch die Berücksichtigung des simultanen Effektes schwächt sich der zeitverzögerte Effekt ab, so dass er unterhalb der Signifikanzschwelle bleibt und aus dem Modell herausfällt. Insgesamt ist die Wirkung von der regionalistischen Orientierung auf die Nutzung der Regionalzeitung eher schwach. Erwähnenswert ist darüber hinaus, dass die Nutzung überregionaler Tageszeitungen, die im Modell als Kontrollvariable enthalten ist, einen Effekt auf den Regionalismus hat. Demnach sinkt mit steigender Nutzung überregionaler Tageszeitungen die regionalistische Orientierung. Dieser Effekt ist nur simultan nachweisbar und deshalb nicht sehr stabil. Es zeigt sich aber, dass dem Zusammenhang zwischen regionenbezogenen Einstellungen und der Nutzung von Tageszeitungen keine eindeutige Wirkungsrichtung zuzuordnen ist. Unsere Hypothese, die eine Wirkung von der Nutzung der Regionalzeitung zur regionalistischen Orientierung reklamierte, muss verworfen werden.

Ebenfalls nicht gestützt wird die Hypothese zur Ursache regionaler Radio- und Fernsehnutzung. Wir hatten angenommen, dass die Hauptwirkung von der regionalen Identifikation bzw. vom Regionalismus zur Radio- und Fernsehnutzung weist. Tatsächlich ist diese Wirkungsrichtung im Mehrgleichungsmodell beim zeitverzögerten Effekt nachweisbar. Ursächlich für die häufige Nutzung regionaler Radio- und Fernsehsender ist also eine hohe regionalistische Orientierung. Die simultane Rückwirkung ist jedoch deutlich stärker. Mit dem zunehmenden Konsum des Regionalradios und des Regionalfernsehens treten Verstärkereffekte auf, die eine Zunahme der regionalistischen Orientierung bewirken. Es handelt sich also um einen selbstverstärkenden Wirkungskreislauf. Leider kann dieses Ergebnis nicht anhand der dritten Panelwelle überprüft werden, da die Mediennutzung nur in zwei der drei Befragungswellen erhoben wurde. Noch zu erwähnen ist der negative Effekt von der Nutzung überregionaler Radio- und Fernsehsender zum Regionalismus. Es entspricht den Erwartungen, dass mit zunehmendem Konsum überregionaler Radio- und Fernsehsender die regionalistische Orientierung abnimmt.

Abbildung VII.3.2: Gesamtmodell Ursachen und Wirkungen der Mediennutzung

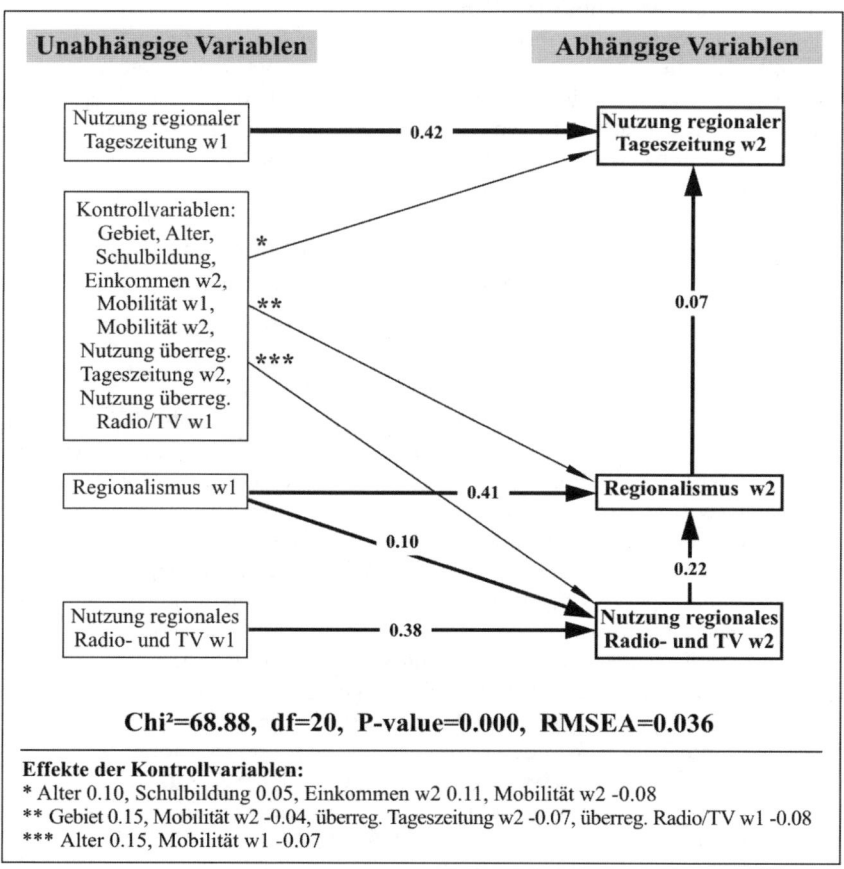

Chi^2=68.88, df=20, P-value=0.000, RMSEA=0.036

Effekte der Kontrollvariablen:
* Alter 0.10, Schulbildung 0.05, Einkommen w2 0.11, Mobilität w2 -0.08
** Gebiet 0.15, Mobilität w2 -0.04, überreg. Tageszeitung w2 -0.07, überreg. Radio/TV w1 -0.08
*** Alter 0.15, Mobilität w1 -0.07

Können sich die Medienvariablen auch in anderen Modellen zur Erklärung der regionalen Identifikation behaupten? Um diese Frage zu beantworten, haben wir die Variable der regionalen elektronischen Mediennutzung und die Variable der überregionalen elektronischen Mediennutzung in das Gesamtmodell zur Ursache regionaler Identifikation (siehe Abschnitt VI.5) eingefügt. Es zeigt sich, dass die beiden Medienvariablen erkennbar zur Verbesserung der Modellschätzung beitragen. Die Nutzung regionaler Radio- und Fernsehangebote hat eine positive Wirkung auf die regionale Identifikation, die Nutzung überregionaler Radio- und Fernsehangebote wirkt negativ auf die regionale Identifikation. Neben diesen direkten zeitverzögerten Effekten gibt es einen stärkeren indirekten Effekt über die Diskriminierungswahrnehmung. Demnach führt die häufige Nutzung regionaler Radio- und Fernsehangebote zu einer stärkeren Wahrnehmung, von Fremdgruppen diskriminiert zu werden. Im konkreten Fall betrifft das die Wahrnehmung der Ostdeutschen, gegenüber Westdeutschen benachteiligt zu sein. Befragte, die demgegenüber häufig überregionale Radio- und Fernsehangebote nutzen, fühlen sich weniger diskriminiert. Die Stärke der Diskriminierung hat wiederum einen positiven Effekt auf die regionale Identifikation. Das Ergebnis ist aber nicht direkt mit dem hier dargestellten vergleichbar, da sich die Variable regionale Identifikation im Gegensatz zur Regionalismusskala nur auf Sachsen bezieht. Die kurze Erläuterung dieses zusätzlichen Ergebnisses soll deshalb genügen.

Zusammenfassung und Diskussion

Führt die Identifikation mit der Region zur Nutzung regionaler Medien oder sind es die Medieninhalte, die beim Rezipienten zu einer Identifikation mit der Region führen, so lautete die Frage am Beginn dieses Beitrags. Unsere Ergebnisse liefern Belege für beide Wirkungsrichtungen. Doch der Reihe nach.

Eingangs berichteten wir deskriptiv über die Nutzung verschiedener Tageszeitungen, Radio- und Fernsehsender. Auffällig war die geringe Reichweite überregionaler Tageszeitungen und Radiosender sowie die große Stabilität der Nutzungshäufigkeit im Zeitverlauf.

Der theoriegeleitete Teil des Abschnitts begann mit der Suche nach theoretischen Ansätzen, die Aussagen über die Wirkungsrichtung treffen. Neben der sozialpsychologischen Einstellungstheorie stießen wir auf zwei Ansätze der Massenkommunikationsforschung, den „Uses and Gratifications Approach" und die „Agenda Setting" Hypothese. Während der erste Ansatz vom „starken Rezipienten" ausgeht, der Medieninhalte u.a. anhand von Einstellungen auswählt, trifft die „Agenda Setting" Hypothese Aussagen für die Wirkung von Medieninhalten auf Einstellungen. In beiden Theorierichtungen wird aber betont, dass die Wirkungen zwischen Rezipienten und Medien nicht isoliert betrachtet werden dürfen. Dem trugen wir Rechnung, indem in der Untersuchung auch Rückwirkungen überprüft wurden. Anhand der spezifischen Nutzungsmuster der untersuchten Medien suchten wir nach Übereinstimmungen der empirischen Randbedingungen mit den theoretisch beschriebenen. Auf diese Weise ordneten wir die theoretischen Ansätze unseren Medien zu und entwickelten drei Hypothesen, je eine für die regionale Tageszeitung, für regionale Radio- und Fernsehsender und für überregionale Radio- und Fernsehsender. Die Hypothesen treffen jeweils Aussagen für die aus den Theorien abgeleiteten Hauptwirkungsrichtungen.

Die Ergebnisse entsprechen in zwei von drei Fällen nicht unseren Hypothesen. Hatten wir angenommen, dass die Nutzung der regionalen Tageszeitung über „Agenda Setting" Prozesse zu einer Erhöhung der regionalen Identifikation führt, so wiesen wir stattdessen eine entgegengesetzte Wirkungsrichtung von der Identifikation zur Zeitungsnutzung nach. Weiter weist die Hauptwirkungsrichtung der zweiten Hypothese nicht wie erwartet von der regionalistischen Orientierung zur Nutzung regionaler Radio- und Fernsehsender. Wirkungsstärker ist stattdessen ein positiver Effekt vom Konsum der Regionalsender zur regionalistischen Orientierung. Es zeigt sich aber, dass unsere Überlegungen nicht gänzlich verfehlt sind, denn eine starke regionalistische Orientierung führt zeitverzögert zu einer häufigeren Nutzung der Regionalsender. Da von letzterer aber ein stärkerer simultaner Effekt zurück zum Regionalismus weist, kann auch die zweite Hypothese nicht gestützt werden. Weiterhin demonstriert das Beispiel den besonderen Nutzen von Mehrgleichungsmodellen. Während wir mit dem Regressionsverfahren lediglich den Haupteffekt ermittelten, erlaubt das Mehrgleichungsmodell die Unterscheidung zwischen zeitverzögerten und simultanen Effekten wie auch die Differenzierung nach Wirkungen und Rückwirkungen.

Lediglich die vorhergesagte Wirkung der überregionalen Identifikation auf die Nutzung überregionaler Radio- und Fernsehangebote liefert im Regressionsverfahren wie auch im Mehrgleichungsmodell das erwartete Ergebnis. Je stärker sich eine Person überregional identifiziert bzw. kosmopolitisch orientiert ist, desto häufiger schaltet sie überregionale Radio- und Fernsehsender ein. Wir können entsprechend dem „Uses and Gratifications Approach" annehmen, dass die kosmopolitische Orientierung zu einem Bedürfnis nach überregionalen Medieninhalten führt und deshalb verstärkt überregionale Sender genutzt werden.

Was können Gründe dafür sein, dass die Hypothesen für die Regionalmedien widerlegt wurden? Der wahrscheinlichste Grund besteht darin, dass wir bei der Beschreibung der Nutzungssituation von falschen Annahmen ausgegangen sind. So hatten wir bei der regionalen Tageszeitung erwartet, dass der Entscheidung zum regelmäßigen Lesen keine hohe regionale Identifikation vorausgehen muss. Das Mehrgleichungsmodell zeigt nun, dass die Stärke der Identifikation einen Effekt auf die Nutzungshäufigkeit hat. Daraus kann geschlussfolgert werden, dass die regelmäßige Nutzung der Regionalzeitung tatsächlich auf einer Entscheidung beruht, die u.a. auf Grund einer hohen Identifikation mit der Region getroffen wird.

Paradox erscheint es, dass trotz der Wahlfreiheit bei der Nutzung elektronischer Medien die Regionalsender den größten Einfluss auf die Rezipienten haben. Eine Erklärung wäre, dass die Nutzung der Regionalsender stärker habitualisiert ist als zunächst vermutet. So kann auch das Ergebnis des Mehrgleichungsmodells interpretiert werden. Der zeitverzögerte Effekt vom Regionalismus zeigt, dass die Nutzungsentscheidung, wie vorhergesagt, von der Stärke der regionalistischen Orientierung mitbestimmt ist. Das führt zu einer häufigeren Nutzung der Regionalsender, die mit ihren regionalen Inhalten dann einen verstärkenden, persuasiven Effekt auf den Regionalismus haben. Da der Nutzung der Regionalsender aber ein gewisses Maß an regionalistischer Orientierung voraus geht, haben wir es hier weniger mit einem „Agenda Setting" Effekt als vielmehr mit einem Verstärkereffekt auf schon vorhandene Einstellungen zu tun. Für den Zusammenhang von regionaler Identifikation und der Nutzung von Radio- und Fernsehangeboten rückt damit die so genannte Verstärkerhypothese in den Blick, die den Massenmedien, abgesehen von der Stimulation vorhandener Neigungen und der Verstärkung bestehender Einstellungen, nur eine geringe Wirkungsstärke zubilligt. (Vgl. Burkart 1998, S. 219)

Ein weiteres Ergebnis ist, dass offenbar nicht die Mediengattung entscheidend ist für die vorherrschende Wirkungsrichtung. Wenn dies der Fall wäre, dann müsste der Konsum überregionaler Radio- und Fernsehsender auf die kosmopolitische Orientierung wirken. Das Gegenteil hat sich aber herausgestellt. Je höher die kosmopolitische Orientierung ist, desto mehr werden überregionale Radio- und Fernsehsender genutzt. Eine Erklärung kann sein, dass es im Gegensatz zu regionalen Inhalten kaum explizite überregionale Themen gibt, die eine Wirkung auf die kosmopolitische Orientierung entfalten können.

Insgesamt kann konstatiert werden, dass deutliche Ursache-Wirkungs-Zusammenhänge zwischen der Identifikation mit Regionen und der Nutzung von Medien bestehen. Die Wirkungsrichtungen sind weder einheitlich noch können sie losgelöst von den Rückwirkungen im Kommunikationsprozess betrachtet werden. Das Ergebnis des überregionalen Medienmodells kann als Beleg für den „Uses and Gratifications" Ansatz interpretiert werden. Die Wirkung der regionalen Radio- und Fernsehsender ist weniger als Hinweis auf „Agenda Setting" Effekte denn als Verstärkereffekt zu deuten.

4. Die Wirkungen von regionaler Identifikation auf die Einstellung zu Ausländern[119]

In diesem Kapitel soll die Wirkung von *regionaler und überregionaler Identifikation* auf die *Einstellung zu Ausländern* untersucht werden. Diese Phänomene sind sich sehr ähnlich. Deshalb sollte zunächst klar gemacht werden, worin sich diese beiden Phänomene unterscheiden. Die Identifikation mit einer Region wurde hier als die *Bewertung einer Gruppe von Menschen* definiert. Diese Menschen sind in Bezug auf bestimmte Merkmale ähnlich. Diese Merkmale wiederum sollen einen regionalen – also einen geographischen – Bezug haben (Geburt in einer Region, Wohnort in einer Region und ähnliches; siehe Kapitel I.1). Wichtig ist noch, dass es sich bei der Gruppe um eine Eigengruppe handelt – also eine Gruppe, der sich die Person zugehörig fühlt.

Wie definieren wir den Begriff *Einstellung zu Ausländern*? Auch hier handelt es sich um die *Bewertung einer Gruppe von Menschen*. Auch diese Menschen sind sich in Bezug auf bestimmte geographische Merkmale ähnlich. Ausländer sollen hier die Menschen heißen, die *nicht* als Deutsche oder Deutscher bezeichnet werden[120]. Für den Begriff „deutsch" hatten wir in Kapitel I.3 eine empirische Bedeutungsanalyse vorgestellt.

Bei der regionalen und nationalen Identifikation und bei der Einstellung zu Ausländern handelt es sich also um die Bewertung von Gruppen. Wer als Mitglied in diesen Gruppen angesehen wird, hängt, wie gesagt, von einer Reihe von Merkmalen mit geographischem Bezug ab. Der zentrale Unterschied zwischen der regionalen und nationalen Identifikation einerseits und der Einstellung zu Ausländern andererseits ist, dass es sich bei den ersten beiden um die Bewertung einer *Eigen*gruppe und beim dritten Fall um die Bewertung einer *Fremd*gruppe handelt.

In diesem Kapitel soll also untersucht werden, wie die Bewertung von regionalen Eigengruppen auf die Bewertung einer Fremdgruppe (den Ausländern) wirkt. Unsere Frage lautet also: Führt die Identifikation mit regionalen Eigengruppen zu negativen Einstellungen gegenüber Ausländern?

In der Literatur wird oft ein direkter Effekt der Identifikation mit sozialen Gruppen auf die Einstellung zu Fremdgruppen behauptet (Beispiele sind: Brown et al. 1986; Perreault und Bourhis 1999). Wir leiten hier jedoch aus einer allgemeinen Theorie her, dass ein solcher Effekt nicht plausibel ist. Wir nutzen diese Theorie aber auch, um Thesen über indirekte Effekte abzuleiten. Diese Thesen wurden mit unseren Daten getestet.

---

[119] Verfasst von Michael Mäs.
[120] Wir gehen davon aus, dass die von uns befragten Personen, die gleiche Bedeutung für den Begriff „Ausländer" verwenden.

Die im Folgenden präsentierten theoretischen Überlegungen und empirischen Ergebnisse wurden bereits von Michael Mäs (2005) in dem Buch *Regionalismus, Nationalismus und Fremdenfeindlichkeit* vorgestellt. Einige Passagen aus dem Buch sind mit Änderungen in dieses Kapitel übernommen worden. Hier sollen nur die zentralsten Thesen und Ergebnisse vorgestellt werden. Die von Michael Mäs verwendete Theorie beschäftigt sich teilweise mit der Erklärung von Phänomenen, die in dem vorliegenden Buch deutlich ausführlicher behandelt werden (z.B. Umzug, politischer Protest). Aus diesem Grund sollen diese Themen in diesem Kapitel nur am Rande behandelt werden.

Die abhängige Variable(n)

Wie gesagt, soll hier die Einstellung zu Ausländern erklärt werden. Besonders interessiert uns die Wirkung der regionalen Identifikation auf die Einstellung zu Ausländern. Eine allgemeine Theorie, die zur Erklärung von Einstellungen entwickelt wurde, ist Fishbeins Attitüden-Theorie (Fishbein und Ajzen 1975). Diese allgemeine Theorie ist auch hier anwendbar. Fishbein behauptete, dass eine Person genau dann eine Einstellung zu einem Objekt entwickelt, wenn sie bezüglich des Objekts mindestens ein sog. „*belief*" besitzt. Ein „*belief*" ist eine Information über das Objekt[121]. Sie ordnet dem Objekt ein Attribut i (= Merkmal) zu. Diese Zuordnung geschieht mit einer bestimmten Wahrscheinlichkeit b_i.

Sobald also eine Person einem Objekt ein Merkmal zuschreibt, entwickelt sie eine Einstellung zu diesem Objekt. Dies passiert „automatically and simultaneously" (Fishbein und Ajzen 1975, S. 216). Ob die Person eine positive oder negative Einstellung zu diesem Objekt ausbildet, ist abhängig davon, wie das Merkmal i bewertet wird. Formal lässt sich der Zusammenhang von Einstellungen und Merkmalszuschreibung zu einem Objekt folgendermaßen darstellen:

$$A = \frac{1}{n} \cdot \sum_{i=1}^{n} b_i \cdot e_i \qquad (1)$$

Dieser Ansatz wird „Expectancy-Value Model" genannt. A repräsentiert den Wert der Einstellung, e_i die Bewertung des salienten[122] Merkmals i und b_i die

---

[121] Die Begriffe „*belief*", *Information* und später auch *Stereotyp* werden hier synonym verwendet.
[122] Es wird hier eine eingeschränkte menschliche Fähigkeit zur Verwendung der Informationen angenommen. Nur eine kleine Zahl von Informationen wird zur Bildung der Einstellung verwendet. Diese werden als *saliente Informationen* bezeichnet. Welche der mitunter vielen Informationen aus dem Gedächtnis eines Menschen salient für die Entwicklung einer Einstellung sind, ist individuell und situational verschieden. Fishbein und Ajzen gehen davon aus, dass normalerweise nur zwischen 5 und 9 Informationen zur Bildung einer Einstellung verwendet werden.

subjektive Wahrscheinlichkeit dafür, dass das saliente Merkmal i auch wirklich dem Objekt zugeordnet werden kann (Fishbein und Ajzen 1975, S. 223). A kann positive und negative Werte annehmen ($-1 \leq A \leq 1$). Ein Wert unter (über) Null bedeutet eine negative (positive) Einstellung zum Objekt. Die Variable b_i kann nur Werte über oder gleich Null und kleiner oder gleich 1 annehmen. Ein hoher Wert bedeutet, dass dem Objekt das Merkmal i mit hoher Wahrscheinlichkeit zugeschrieben wird. Der Wert Null bedeutet, dass dem Objekt das Merkmal i nicht zugeschrieben werden kann. e_i kann genau wie A sowohl positive, als auch negative Werte annehmen. Nimmt e_i einen Wert über Null an, dann wird das Merkmal i positiv bewertet. Nimmt e_i einen negativen Wert an, dann wird das Merkmal i negativ bewertet. Ein Wert von genau Null bedeutet eine neutrale Einstellung zum Merkmal i.

Laut dieser Theorie entsteht die Einstellung zu *Ausländern* aus der Zuschreibung von Merkmalen zu den Ausländern (b_i) und der Bewertung dieser Merkmale (e_i). Die Zuschreibung von Merkmalen zu Ausländern nennen wir im Folgenden *Stereotype gegenüber Ausländern*. Wenn wir also sagen, dass eine Person ein Stereotyp gegenüber Ausländern besitzt, dann meinen wir damit, dass diese Person der Gruppe der Ausländer ein bestimmtes Merkmal zuschreibt. Es handelt sich dann um ein *negatives* Stereotyp, wenn das Merkmal i, das den Ausländern zugeschrieben wird, *negativ* bewertet wird ($e_i<0$). Wird ein *positiv* bewertetes Merkmal zugeschrieben, dann handelt es sich um ein *positives* Stereotyp.

Der Unterschied zwischen der Einstellung zu Ausländern und Stereotypen zu Ausländern ist folgender. Während die Einstellung zu Ausländern die Gesamtbewertung dieser Gruppe von Menschen ist, sind Stereotype einzelne Merkmalzuschreibungen. Beim Ersten handelt es sich um eine Gesamtbewertung und beim Zweiten um einzelne Merkmalszuschreibungen.

Diese beiden Phänomene sind aber kausal eng verbunden. Laut Fishbeins Attitüden-Theorie (siehe Formel 1) haben die Stereotype einen kausalen Effekt auf die Einstellung zu Ausländern. Dementsprechend lautet unsere erste Hypothese:

Hypothese 1: Je stärker Personen Ausländern einzelne negative Stereotype zuschreiben, desto negativer ist ihre Gesamteinstellung zu Ausländern[123].

---

[123] Wir testen hier nicht den von Fishbein erwarteten Interaktionseffekt zwischen dem belief (b_i) und der Bewertung des Merkmals (e_i). Das ist hier nicht möglich, weil die Bewertung des Merkmals nur mit großem Aufwand erhoben werden kann (Mäs 2005), der hier nicht betrieben werden konnte. Die Bewertung der Merkmale wurde in Hypothese 1 nur insofern aufgenommen, dass von *negativen* Stereotypen gesprochen wird.

Aber auch ein Effekt in umgekehrter kausaler Richtung ist plausibel. Fishbein und Ajzen schreiben, dass „once established, an attitude may influence the formation of new beliefs"(1975, S. 15). Ist also einmal eine Einstellung zu einer Gruppe existent, dann hat sie Einfluss darauf, welche Stereotype in der Folgezeit ausgebildet werden.

Wie kann das begründet werden? Heider behauptete in seinem klassischen Artikel, in dem er seine Balance Theorie vorstellte, dass Menschen nach einem balancierten Zustand ihrer Kognitionen streben (Heider 1967). Kognitionen sind die schon erwähnten Einstellungen (Heider nennt sie „Liking-relations") und „beliefs" (Heider nennt sie „Unit-relations").

Nehmen wir an, eine Person – ihr Name ist Paul – mag Bier. Hierbei handelt es sich um eine „Liking-relation" zwischen der Person Paul und einem Objekt Bier (Heiders Formalisierung: p L x[124]). Diese „Liking-relation" ist positiv, weil Paul ein positives Gefühl gegenüber dem Objekt hat. Nehmen wir weiter an, dass Paul meint, Bayern würden viel Bier brauen. Dies ist eine „Unit-relation" (o U x), welche die Gruppe der Bayern mit einem Objekt (Bier) verbindet. Hat Paul nun eine negative Einstellung zu den Bayern (p −L o), dann würde dieses kognitive System aus zwei positiven und einer negativen Kognition bestehen. Heider bezeichnete solche kognitiven Systeme als *un*balanciert, schließlich ordnet Paul einem *negativ* bewerten Objekt (den Bayern) ein *positiv* bewertetes Merkmal (Bier) zu. Ist ein kognitives System unbalanciert, dann entstehen psychische Kosten (Opp 1984).

Dies kann auf die Einstellung und Stereotype gegenüber Ausländern übertragen werden: Haben Menschen gegenüber Ausländern eine negative Einstellung ausgebildet, dann entstehen ihnen psychische Kosten, wenn sie den Ausländern in der Folgezeit positiv bewertete Merkmale (positive Stereotype) zuschreiben. Aus der „Rational Choice"-Theorie folgt, dass Menschen eine Handlungsalternative umso seltener wählen, je höher die Kosten sind, die bei der Wahl dieser Handlung entstehen würden (ceteris paribus). Aus diesem Grund erwarten wir, dass Menschen mit einer negativen (positiven) Einstellung zu Ausländern in der Folgezeit vermehrt negative (positive) Stereotype haben werden.

Hypothese 2: Je negativer die Einstellung gegenüber Ausländern zu einem Zeitpunkt t, desto stärker werden Ausländern in der Folgezeit negative Stereotype zugeschrieben.

Die Hypothesen 1 und 2 befassen sich beide mit dem Zusammenhang von Stereotypen gegenüber Ausländern und der Einstellung gegenüber Ausländern.

---

[124] Dabei steht p für die Person Paul, x für das Objekt Bier und L symbolisiert die „Liking-relation".

Hypothese 1 behauptet, dass Stereotype einen Einfluss auf die Einstellung haben. Hypothese 2 behauptet einen umgekehrten Zusammenhang. Der wichtige Unterschied zwischen den beiden Thesen ist, dass die abhängige und die unabhängige Variable von Hypothese 2 aus zwei unterschiedlichen Zeitpunkten stammen, während Hypothese 1 einen simultanen[125] Effekt, also einen Zusammenhang zwischen zwei Variablen aus der gleichen Erhebungswelle, behauptet. Diese Zusammenhänge lassen sich durch folgendes Pfaddiagramm (siehe Abbildung VII.4.1) darstellen. Dieses Modell heißt im Folgenden *Basismodell.*

Abbildung VII.4.1: Das Basismodell

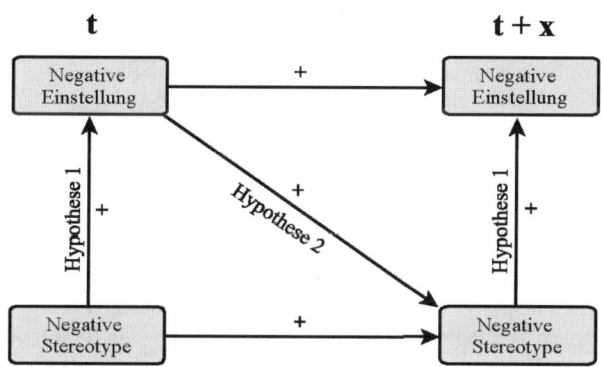

Die waagerechten Pfeile stellen die zeitliche Stabilität der Variablen dar. Die senkrechten Pfeile entsprechen Hypothese 1. Der diagonale Pfeil entspricht Hypothese 2. Alle dargestellten Effekte sind positiv (dargestellt durch ein +). Das bedeutet, dass eine Erhöhung des Wertes der Variable, bei der ein Pfeil

---

[125] Wir leiten einen *kausalen* Effekt der Stereotype auf die Einstellung zu Ausländern her und behaupten, dass dieser Effekt *simultan* ist. Dies widerspricht sich in dem Sinne, dass zwischen Ursache und Wirkung eine gewisse Zeit vergehen muss. Somit ist es streng genommen ausgeschlossen, dass ein simultaner Effekt vorliegt. Wir gehen aber davon aus, dass die Wirkung der Stereotype auf die Einstellung sehr schnell eintritt (Fishbein und Ajzen 1975). Da zwischen den Erhebungswellen unserer Untersuchung aber relativ viel Zeit verging, ist zu erwarten, dass wir diesen eigentlich zeitverzögerten Effekt nicht mit unseren Daten modellieren können. Es ist aber möglich, solche Effekte als simultane Effekte zu behandeln (siehe Kapitel III.6). Wenn wir also von einem simultanen Effekt sprechen, dann bedeutet das, dass die Zeit, die zwischen Ursache und Wirkung verging, sehr kurz ist und das wir deshalb diesen Effekt zwischen Variablen aus einer Erhebungswelle getestet haben und nicht erwarten, zeitverzögerte statistische Effekte zu finden.

beginnt, auch zu einer Erhöhung des Wertes der Variable, bei der der Pfeil endet, führt.

Fishbein und Ajzen nehmen an, dass „attitudes [...] can be influenced only indirectly by changing one or more beliefs" (Fishbein und Ajzen 1975, S. 389). Sie behaupten also, dass eine Einstellung (A in Formel 1) nur durch einen Veränderung der „beliefs" (b_i), auf denen die Einstellung beruht und deren Bewertungen (e_i) beeinflusst werden[126]. Diese Annahme übernehmen wir. Im Folgenden soll deshalb nicht untersucht werden, ob Wirkungen auf die Einstellung zu Ausländern vorliegen, sondern ob Wirkungen auf die Stereotype vorliegen. Diese sollen dann einen direkten Effekt auf die Einstellung haben (siehe Hypothese 1).

Es muss aber darauf hingewiesen werden, dass wir in unseren statistischen Modellen auch weitere direkte Effekte auf die Einstellung zu Ausländern zulassen. Der Grund ist, dass wir auf die Messung der Bewertung der Stereotype verzichten mussten und somit auch direkte statistische Effekte in den Modellen enthalten sein können (siehe dazu Mäs 2005).

Das allgemeine Erklärungsmodell

In dem nun folgenden Abschnitt stellen wir ein allgemeines Modell zur Erklärung von Einstellungen zu *Fremdgruppen* vor. Dieses allgemeine Modell wird dann genutzt, um spezielle Hypothesen zur Wirkung von regionaler und überregionaler Identifikation auf die Stereotype gegenüber *Ausländern* herzuleiten.

Wir gehen davon aus, dass Menschen gezielt Einfluss auf ihre Einstellungen ausüben. Ist das der Fall, dann kann Art und Ausmaß des Einflusses mit Hilfe der „Rational Choice"-Theorie (RCT) erklärt werden. RCT ist eine allgemeine Theorie, die individuelles Handeln in Entscheidungssituationen erklärt. Eine Entscheidungssituation liegt dann vor, wenn der jeweilige Akteur zwischen mindestens zwei Handlungsalternativen entscheiden kann.

Drei Hypothesen bilden die Grundlage einer „Rational Choice"-Erklärung (als Überblick: Diekmann und Voss 2004; Opp 1999a; Pindyck und Rubinfeld 2001). Zum Ersten wird angenommen, dass Akteure *Präferenzen* haben. Wenn wir behaupten, dass eine Person ein Gut A gegenüber einem Gut B präferiert, dann bedeutet das, dass diese Person dem Gut A einen höheren subjektiven Wert zuspricht als dem Gut B. Aus diesem Präferenz-Begriff wurde der Nutzen-Begriff abgeleitet. Man kann an Stelle von „A wird gegenüber B präferiert" auch sagen: „A stiftet einen höheren Nutzen als B". Die beiden Aussagen haben die gleiche Bedeutung.

---

[126] Zu welchen überraschenden Vorhersagen diese Annahme führen kann, zeigen Urbig und Malitz (2005).

Die RCT nimmt weiter an, dass Menschen *Ressourcen* haben. Jedes Objekt, das Menschen als Mittel zur Befriedigung ihrer Präferenzen nutzen können, ist eine Ressource. Liegt eine Ressource nicht vor, spricht man auch von Restriktionen.

Der vierte Baustein sind die *Entscheidungsregeln*. Das sind mehr oder weniger komplexe Regeln, die die Akteure nutzen, um zu entscheiden, welche Handlungsalternative sie bei gegebenen Präferenzen und Restriktionen wählen. Mittlerweile wurde eine sehr große Zahl von Entscheidungsregeln vorgestellt (Gigerenzer, Todd und ABC-Research-Group 1999). Es ist eine zu testende Hypothese, welche Entscheidungsregel die Akteure in der jeweiligen Entscheidungssituation nutzen.

Die RCT lässt sich kurz zusammenfassen: Die Entscheidung von Akteuren ist eine Funktion von Präferenzen und wahrgenommenen Restriktionen der Akteure. Die Art der Funktion wird durch die Entscheidungsregel beschrieben. Wir nehmen hier an, dass Menschen ihren erwarteten Nettonutzen maximieren. Das bedeutet, dass sie Nutzen und Kosten, die sie bei jeder wahrgenommenen Handlungsalternative antizipieren, gegeneinander abwägen und die Handlungsalternative wählen, bei der die Differenz von erwartetem Nutzen und erwarteten Kosten am höchsten ist (Green und Shapiro 1999; von Neumann und Morgenstern 1944). Im Folgenden stellen wir die Präferenzen und Restriktionen, die unserer Ansicht nach relevant für das hier behandelte Thema sind, vor. Aus dem daraus entstanden RCT-Modell werden dann Thesen zu den Wirkungen von regionaler Identifikation auf die Einstellung zu Ausländern abgeleitet.

Die Präferenz

Wir übernehmen hier eine zentrale Annahme von Tajfel und Turners „Social Identity"-Theorie[127] (SIT) (Tajfel und Turner 1979; Tajfel und Turner 1986). Dort wird behauptet, dass Menschen nach einem *positiven* Selbstbild streben. Der Begriff Selbstbild wird von uns definiert als die *Einstellung, die eine Person zu sich selbst hat*. Es handelt sich dabei also auch um eine Bewertung. Wir erweitern die Annahme, dass Menschen nach einem positiven Selbstbild streben, indem wir behauten, dass Menschen nach einem möglichst *hohen* Selbstbild streben.

---

[127] Eine ausführliche Kritik der „Social Identity"-Theorie findet der Leser bei Mäs (2005). Die SIT ist vor allem deshalb zu kritisieren, weil ihr Informationsgehalt zu gering ist. Aus ihr kann nicht präzise deduziert werden, wie Menschen auf ein negatives Selbstbild reagieren. Außerdem sind die zentralen Begriffe der SIT nicht ausreichend klar definiert. Die hier vorgestellte Theorie wurde mit dem Anspruch formuliert, diese Fehler der SIT zu vermeiden. Vor allem soll die neue Theorie einen höheren Informationsgehalt aufweisen und klarere Begriffe enthalten. Diese Theorie greift aber auf einige zentrale Annahmen der SIT zurück.

Mit anderen Worten: Menschen haben einen Nutzen von einem hohen Selbstbild und dieser Nutzen ist umso größer, je positiver das Selbstbild ist.

Wir gehen darauf aufbauend davon aus, dass der Nutzen, den das Selbstbild stiftet, davon abhängt, wie das Selbstbild entstanden ist. Im Folgenden stellen wir deshalb eine Theorie zur Erklärung des Selbstbildes einer Person vor.

Das Selbstbild einer Person wurde definiert als die *Einstellung*, die diese Person zu sich selbst hat. Eine allgemeine Theorie, die zur Erklärung von *Einstellungen* entwickelt wurde, ist die oben vorgestellte Attitüden-Theorie von Fishbein (siehe Formel 1). Diese Theorie wenden wir nun auch zur Erklärung des Selbstbildes einer Person an.

Das Selbstbild einer Person entsteht laut Fishbeins Theorie, indem die Person sich selbst eine Reihe von Merkmalen zuschreibt (b_i) und aus der Bewertung dieser Merkmale (e_i). Wir unterscheiden zwei Arten von Merkmalen, die sich Menschen zuschreiben: persönliche Merkmale[128] und Gruppenmitgliedschaften[129]. Nehmen wir einmal an, dass sich eine bestimmte Person fünf Merkmale zuschreibt. Die ersten drei sind persönliche Merkmale, die anderen beiden sind Gruppenmerkmale. Das Selbstbild setzt sich dann wie in Formel 2 gezeigt zusammen. Der Teil des Selbstbildes, der aus der Zuschreibung von persönlichen Merkmalen entsteht, nennen wir *persönliche Identität*. Den Teil, der aus Gruppenmitgliedschaften besteht, nennen wir *soziale Identität*. Das Selbstbild einer Person setzt sich also additiv aus sozialer und persönlicher Identität zusammen.

$$\text{Selbstbild} = \underbrace{(b_1 \cdot e_1 + b_2 \cdot e_2 + b_3 \cdot e_3) : 3}_{\text{persönliche Identität}} + \underbrace{(b_4 \cdot e_4 + b_5 \cdot e_5) : 2}_{\text{soziale Identität}} \quad (2)$$

Betrachten wir zunächst die *soziale Identität* (sozID) genauer. Diese entsteht, indem sich die betreffende Person k ($k \leq n$) Gruppenmitgliedschaften zuschreibt und aus der Bewertung dieser Gruppen. Formel 3 fasst das zusammen.

$$\text{sozID} = \frac{1}{k} \cdot \sum_{j=1}^{k} b_j \cdot e_j^e \quad (3)$$

b_j nennen wir die *subjektive Stärke der Mitgliedschaft in Gruppe* j (siehe dazu Bollen und Hoyle 1990). Wie jedes „belief" kann diese Variable Werte zwischen 0 und 1 annehmen. Hohe Werte bedeuten, dass die Person sich in hohem Maße als Mitglied der Gruppe j ansieht. Nimmt b_j den Wert Null an, dann sieht sie sich

---

[128] Beispiele: „Ich habe rote Haare."; „Ich bin sehr faul"; „Ich bin oft krank."
[129] Beispiele: „Ich bin Mitglied im Fußballclub"; „Ich bin Deutscher."

nicht als Mitglied an (Vgl.: Hale 2004). e_j^e steht für die Bewertung der Eigengruppe j. Dabei handelt es sich, laut unserer Definition, um die *Identifikation mit einer Eigengruppe*.

Eine weitere Annahme der SIT soll nun zur Erklärung des Selbstbildes herangezogen werden. Tajfel und Turner hatten angenommen, dass Menschen ihre Eigengruppen mit Fremdgruppen vergleichen. Geht der Vergleich zu Gunsten der Eigengruppe aus, dann soll das einen positiven Einfluss auf das Selbstbild der Person haben. Formel 4 zeigt, wie diese Annahme in unser Modell aufgenommen werden kann.

$$\text{sozID} = \frac{1}{k} \cdot \sum_{j=1}^{k} b_j \cdot (e_j^e - e_j^f) \qquad (4)$$

Formel 4 enthält zusätzlich den Term e_j^f. Hierbei handelt es sich um die Bewertung der zum Vergleich mit der Eigengruppe j herangezogenen Fremdgruppe. Wird die Fremdgruppe höher bewertete als die Eigengruppe, dann nimmt der Term ($e_j^e - e_j^f$) einen Wert unter Null an. Laut Formel 4 hat das einen negativen Effekt auf die soziale Identität und somit auch auf das Selbstbild der Person.

Auch die Bewertungen der Eigen- und Fremdgruppen (e_j^e und e_j^f) sind Einstellungen und können demnach mit Fishbeins Theorie erklärt werden (siehe die Formeln 5 und 6).

$$e_j^e = \frac{1}{h} \cdot \sum_{z=1}^{h} b_{jz}^e \cdot e_{jz} \qquad (5)$$

$$e_j^f = \frac{1}{h} \cdot \sum_{z=1}^{h} b_{jz}^f \cdot e_{jz} \qquad (6)$$

Der Eigen- und der Fremdgruppe werden h Merkmale zugeschrieben. In beiden Fällen geschieht auch das mit einer bestimmten Wahrscheinlichkeit (b_{jz}^e bzw. b_{jz}^f). Auch hier wird jedes der h Merkmale bewertet (e_{jz}). Setzt man die Formeln 5 und 6 in Formel 4 ein und vereinfacht, erhält man Formel 7. Dabei handelt es sich um eine allgemeine Theorie zur Erklärung der sozialen Identität von Menschen.

$$\text{sozID} = \frac{1}{k} \cdot \sum_{j=1}^{k} \left(b_j \cdot \frac{1}{h} \cdot \sum_{z=1}^{h} \left(e_{jz} \left(b_{jz}^e - b_{jz}^f \right) \right) \right) \tag{7}$$

Betrachten wir nun den zweiten Teil des Selbstbildes: die *persönliche Identität* (persID). Diese entsteht, indem sich die Person m (m=n-k) persönliche Merkmale zuschreibt (siehe Formel 8). Wieder geschieht dies mit einer bestimmten Wahrscheinlichkeit (b_o^s). e_o steht für die Bewertung der Merkmale.

$$\text{persID} = \frac{1}{m} \cdot \sum_{o=1}^{m} b_o^s \cdot e_o \tag{8}$$

Wieder nehmen wir an, dass Menschen Vergleiche anstellen: Sie vergleichen sich selbst mit bestimmten Referenzpersonen (Deschamps und Devos 1998). Formel 9 nimmt diese These auf. Formel 9 ist eine allgemeine Theorie zur Erklärung der persönlichen Identität von Menschen.

$$\text{persID} = \frac{1}{m} \cdot \sum_{o=1}^{m} \left(e_o \cdot \left(b_o^s - b_o^a \right) \right) \tag{9}$$

Vergleicht man die Erklärung für die soziale Identität (Formel 7) mit der für die persönliche Identität (Formel 9), dann erkennt man, dass in beiden Fällen Vergleiche anhand von „beliefs" durchgeführt werden. Bei der sozialen Identität wird verglichen, in welchem Maße Eigen- und Fremdgruppe bestimmte Merkmale zugeordnet werden. Die persönliche Identität wird von einem Vergleich von Merkmalszuschreibungen zu sich selbst und zu einer Referenzperson bestimmt. Der Unterschied zwischen den beiden Teilen des Selbstbildes besteht darin, dass bei der sozialen Identität über die Gruppenmitgliedschaften summiert wird. Dies kann nicht auf die persönliche Identität übertragen werden, weil Menschen normalerweise nur eine Identität haben.

Wir hatten angenommen, dass soziale und persönliche Identität in der Summe das Selbstbild einer Person bilden. Die Formeln 7 und 9 addieren sich also zum Selbstbild (siehe Formel 10). Formel 10 könnte man als Produktionsfunktion bezeichnen. Sie zeigt, wie Menschen ein Gut (ein hohes Selbstbild) herstellen können.

$$\text{Selbstbild} = \frac{1}{k} \cdot \sum_{j=1}^{k} \left(b_j \cdot \frac{1}{h} \cdot \sum_{z=1}^{h} \left(e_{jz} \left(b_{jz}^e - b_{jz}^f \right) \right) \right) + \frac{1}{m} \cdot \sum_{o=1}^{m} \left(e_o \cdot \left(b_o^s - b_o^a \right) \right) \qquad (10)$$

Wir gehen davon aus, dass Menschen die Zusammenhänge, die in dieser Formel zusammengefasst sind, kennen. Das bedeutet nicht, dass sie diese Formel kennen. Wir meinen jedoch, dass sie zum Beispiel wissen, dass es einen negativen Einfluss auf ihr Selbstbild hat, wenn sie sich selbst ein negativ bewertetes Merkmal zuschreiben.

Eine zentrale Frage ist noch offen. Welche Elemente nutzen Menschen in der jeweiligen Situation zur Bildung ihres Selbstbildes? Genauer: Welche Eigengruppen spielen eine Rolle? Mit welchen Fremdgruppen werden diese verglichen? Anhand welcher Merkmale wird verglichen? Und in Bezug auf die persönliche Identität: Welche persönlichen Merkmale ziehen Menschen zum Vergleich heran und mit wem vergleichen sich Menschen?

Diese Fragen suchen nach Randbedingungen unserer allgemeinen Theorie. Da es sich um eine allgemeine Theorie handelt, ist es nicht möglich, Randbedingungen für alle möglichen Anwendungen zusammenzutragen. Will man diese Theorie anwenden, dann muss man nach theoretischen oder empirischen Hinweisen danach suchen, welche Randbedingungen in der jeweiligen Situation vorliegen. Hier nur so viel: Wir nehmen an, dass die Situation einen Einfluss darauf hat, welche Elemente bei der Bildung des Selbstbildes eine Rolle spielen.

Kommen Menschen in eine neue Situation, dann wollen sie wissen, was passiert. Das ist sehr wichtig, denn nur, wenn sie die Situation korrekt wahrnehmen[130], können sie die für sie beste Entscheidung treffen. Menschen versuchen deshalb, die Situation zu beschreiben. Dabei ordnen sie der Situation bestimmte Merkmale zu. Mit anderen Worten: Sie bilden „beliefs" aus. Wir nehmen nun an, dass je stärker sie einer Situation ein bestimmtes Merkmal zuordnen (je höher der Betrag des „beliefs" ist), desto eher wird dieses Merkmal eine Rolle bei der Bildung des Selbstbildes spielen (Mäs 2005).

Kommen wir nun zu unseren Annahmen über die Präferenzen der Menschen zurück. Wir hatten zunächst behauptet, dass Menschen eine Präferenz für ein hohes Selbstbild haben. Da sich dieses aus sozialer und persönlicher Identität zusammensetzt, kann man auch sagen, dass Menschen nach einer hohen sozialen und persönlichen Identität streben. Wir gehen darüber hinaus aber davon aus, dass es sich bei den beiden Teilen der sozialen Identität um *substituierbare Güter* (als Überblick: Wagner 1997) handelt. Das bedeutet, dass beide Güter einen positiven Nutzen stiften und dass der Nutzenverlust, der entsteht, wenn von einem Gut zu einem Zeitpunkt t weniger zur Verfügung steht als zu

---

[130] Dazu gehört, dass sie ihre Handlungsalternativen und die Restriktionen ihres Handelns erkennen. Außerdem müssen sie abschätzen, welche Konsequenzen und externen Effekte ihre Handlungen haben könnten.

t-1, durch einen höheren Konsum des anderen Gutes kompensiert werden kann (ceteris paribus). Hat also eine Person zu einem Zeitpunkt eine bestimmte *soziale* Identität und nimmt dieser Wert nun ab, dann entsteht ihr ein Nutzenverlust. Dieser Nutzenverlust könnte durch eine Erhöhung der *persönlichen* Identität ausgeglichen werden. Umgekehrt gilt das Gleiche: Der Nutzenverlust einer gesunkenen persönlichen Identität kann durch ein Ansteigen der sozialen Identität kompensiert werden. Formel 11 zeigt, wie diese Überlegungen formal dargestellt werden können.

$$u(\text{Selbstbild}) = f(\text{sozID}, \text{persID}) = \text{sozID}^\lambda \cdot \text{persID}^\mu \qquad (11)$$

mit $0 \leq \lambda \leq 1$ und $0 \leq \mu \leq 1$

Formel 11 ist eine Nutzenfunktion. Sie gibt an, welcher Nutzen einer Person entsteht, wenn sie eine bestimmte soziale und persönliche Identität hat. Wichtig ist die Annahme, dass die beiden Nutzenbeitragselastizitäten λ und μ nur Werte zwischen 0 und 1 annehmen können. Dahinter verbirgt sich die Annahme des *sinkenden Grenznutzens*. Diese besagt, dass der Nutzen umso größer ist, je mehr von einem bestimmten Gut konsumiert wird. Gleichzeitig ist aber der Nutzen, den eine zusätzliche Einheit des Gutes stiftet, davon abhängig, wie viel Einheiten des Gutes die Person bereits konsumiert hat. In Bezug auf die persönliche und die soziale Identität bedeutet das, dass der Nutzenzuwachs, der entsteht, wenn sich einer der beiden Teile des Selbstbildes erhöht, umso kleiner ist, je höher der jeweilige Teil des Selbstbildes bereits ist.

Es ist also wie bei vielen anderen Gütern: Ein Person, die schon viele Anzüge besitzt, wird sich zwar über einen weiteren freuen, aber der Zuwachs an Nutzen, den dieser Anzug bringt, wird kleiner sein als der Nutzenzuwachs einer Person, die ihren ersten Anzug bekommt.

Betrachten wir noch einmal Formel 4. Die Variable e_j^f repräsentiert die Einstellung zu der Fremdgruppe, die mit der Eigengruppe j verglichen wird. Wie jede Einstellung kann auch diese Werte zwischen -1 und 1 annehmen, wobei man bei Werten unter (über) Null von einer negativen (positiven) Einstellung spricht. Welchen Effekt hat die Variable e_j^f laut Formel 4 auf die soziale Identität und somit auf das Selbstbild? Man erkennt, dass hier ein negativer Effekt vorliegt. Das heißt: Je positiver die Einstellung, die eine Person zu einer salienten Fremdgruppe hat, desto geringer ist die soziale Identität und somit auch das Selbstbild der Person. Oder: Die negative Einstellung zu Fremdgruppen führt zu einer höheren sozialen Identität. Da Letztere einen Nutzen stiftet (siehe Formel 11) gilt auch, dass negative Einstellungen zu Fremdgruppen einen

Nutzen stiften. Das ist eine wichtige Erkenntnis, denn das bedeutet, dass *Menschen auch danach streben, negative Einstellungen zu Ausländern zu haben.*

$$\text{sozID} = \frac{1}{k} \cdot \sum_{j=1}^{k} b_j \cdot (e_j^e - e_j^f) \qquad (4)$$

Natürlich haben Menschen noch viele andere Möglichkeiten, ihr Selbstbild zu erhöhen. Beispielsweise könnte *politischer Protest* dazu führen, dass sich die Einstellung zu einer Eigengruppe e_j^e verbessert. Das hätte einen positiven Effekt auf das Selbstbild und stiftet somit einen Nutzen. Auch kann das *Verlassen einer Eigengruppe*, die im Vergleich zu einer Fremdgruppe schlecht abschneidet, zu einer Erhöhung des Selbstbildes führen, wenn diese Gruppenmitgliedschaft nicht länger salient ist.

Hier sind wir aber vor allem an negativen Einstellungen zu Fremdgruppen interessiert. Zu weiteren Handlungsalternativen findet der Leser bzw. die Leserin in den anderen Kapiteln (vor allem in den Kapiteln VII.1 und VII.2) und im Buch von Michael Mäs (2005) einige Hinweise und auch eine Reihe von Literaturhinweisen. Zunächst muss festgehalten werden, dass Menschen einen Nutzen davon haben, wenn sie gegenüber Ausländern eine negative Einstellung haben. Im nächsten Abschnitt zeigen wir, dass es aber mit Kosten verbunden sein kann, negative Einstellungen zu Fremdgruppen zu entwickeln.

Die Restriktionen der Abwertung von Fremdgruppen

Welche Kosten entstehen Menschen, wenn sie eine Einstellung zu einem Objekt ändern? Wie schon gesagt, gehen wir davon aus, dass Menschen ihre Einstellungen nur durch Änderungen der Determinanten (siehe Formel 1) ändern können. Die Frage ist also, welche Kosten entstehen, wenn Menschen ihre „beliefs" ändern.

Zunächst gehen wir davon aus, dass jede Veränderung von Kognitionen kostspielig ist. Jede geistige Aktion ist mit psychischem Aufwand verbunden und ist ermüdend. Diese Kosten sind umso höher, je stärker die Kognitionen verändert werden (Hogg und Vaughan 1998; Holyoak und Spellman 1993).

Die Änderung von „beliefs" kann aber auch zu weiteren psychischen Kosten führen. Angenommen, eine Person ordnet einer Fremdgruppe ein positiv bewertetes Merkmal stärker zu als ihrer Eigengruppe. Das führt, wie oben gezeigt, zu einem geringen Selbstbild. Um dieses zu erhöhen, könnte die Person „beliefs" ändern. Zum Ersten könnte die Person ihrer Eigengruppe das Merkmal verstärkt zuschreiben. Zum Zweiten könnte die Person der Fremdgruppe das Merkmal weniger stark zuschreiben. Auch hier erwarten wir, dass Kosten entstehen. Warum? Fishbein und Ajzen (1975) tragen drei Quellen von „beliefs" zusammen. Menschen beziehen „beliefs" durch *Beobachtung*, durch *externe Quellen* (wie Freunde oder Medien) und durch *Schlüsse* aus schon vorhandenen „beliefs".

Manipuliert eine Person ein „belief", das durch eigene *Beobachtung* gewonnen wurde, dann stellt die Person damit ihre eigene Fähigkeit zur korrekten Wahrnehmung der Realität in Frage. Somit ordnet sich die Person durch die Manipulation indirekt ein negativ bewertetes Merkmal zu. Das hat einen negativen Effekt auf das Selbstbild und ist somit mit Kosten verbunden.

Ähnliches gilt für „beliefs", die von *externen Quellen* bezogen wurden. Werden solche „beliefs" manipuliert, wird die Güte der externen Quelle in Frage gestellt. Wird die Quelle (z.B. gute Freunde, oder die Nachrichtensendung, die man seit Jahren schaut) positiv bewertet, dann entsteht ein Zustand kognitiver Unbalanciertheit, was mit psychischen Kosten verbunden ist (siehe oben).

Und auch „beliefs", die aus schon vorhandenen Informationen geschlossen wurden, können nicht wahllos geändert werden. Neue psychologische Modelle von kognitiven Beziehungen haben die Annahme bestätigt, dass Menschen zwischen „beliefs" kausale Beziehungen herstellen (Holyoak und Spellman 1993; Ranney und Schank 1998; Read und Miller 1994; Simon, Snow und Read 2004; Spellman, Ullman und Holyoak 1993; Thagard 1989). Auch in diesen Systemen von „beliefs" stellt sich ein Zustand der Balanciertheit ein. Wird nun ein „belief" aus diesem System geändert, dann ist das Gesamtsystem nicht länger balanciert. Dieser Zustand muss nun durch einen aufwendigen Prozess wiederhergestellt werden. Dabei werden auch die anderen „beliefs" des Systems verändert. Es entstehen also auch hier Kosten.

Wir nehmen an, dass die Kosten, die bei der Änderung eines „beliefs" entstehen, umso höher sind, je stärker die „beliefs" geändert werden. Es ist also relativ „billig", wenn die Zuschreibung eines Merkmales zu einem Objekt weiter erhöht wird oder wenn man einem Objekt, dem man ein Merkmal ohnehin nur in geringem Maß zugeschrieben hat, dieses Merkmal nun komplett abspricht. Auf der anderen Seite ist es sehr kostenintensiv, wenn man einem Objekt, ein bestimmtes Merkmal zuschreibt, welches vorher nie diesem Objekt zugeschrieben wurde.

Eine weitere mögliche Restriktion bei der Manipulation von „beliefs" sind *Normen*. Normen können sich auch auf „beliefs" beziehen (Opp 2001). Sie schreiben Menschen vor, welche „beliefs" sie anerkennen sollen. Zu unterscheiden sind hier soziale Normen (Erwartungen einer Person an eine andere Person) und moralische Normen (also internalisierte Normen). Diese Normen sind dann eine Restriktion, wenn bei Zuwiderhandeln eine Sanktion erfolgt. Bei sozialen Normen erfolgt die Sanktion durch eine Person. Beispielsweise ist es in Deutschland verboten, den Holocaust zu leugnen. Tut man das öffentlich, wird man bestraft. Bei moralischen Normen entstehen psychischen Kosten, wenn nicht gemäß der Norm gehandelt wird. Die betreffende Person bekommt ein schlechtes Gewissen.

Wir haben gezeigt, dass Menschen einen Nutzen davon haben, wenn sie Fremdgruppen negative Merkmale zuschreiben. Gleichzeitig entstehen ihnen aber bestimmte Kosten, wenn sie ihre Kognitionen ändern. Wir gehen davon aus, dass Menschen diese Nutzen und Kosten gegeneinander abwägen. Dabei versuchen sie erstens einen möglichst hohen Nutzen aus ihrem Selbstbild zu ziehen und zweitens keine zu hohen Kosten durch Änderungen ihrer Kognitionen zu haben.

Im nächsten Abschnitt wird diese allgemeine Theorie auf die Erklärung von negativen Einstellungen zu Ausländern übertragen. Es werden Thesen zum Zusammenhang von regionaler und nationaler Identifikation einerseits und der Einstellung zu Ausländern andererseits hergeleitet.

Die Wirkungen regionaler und nationaler Identifikation auf die Einstellung zu Ausländern

Die Frage, die in diesem Abschnitt behandelt wird, lautet: Haben die regionale und die nationale Identifikation Wirkungen auf die Variablen des Basismodells? Zunächst wird untersucht, ob direkte Effekte der regionalen und der nationalen Identifikation auf das Basismodell plausibel sind. Danach werden Thesen über indirekte Effekte hergeleitet. Diese Thesen sollen später empirisch getestet werden.

Sind direkte Effekte plausibel?

In der Literatur wird mitunter behauptet, dass die Identifikation mit Eigengruppen einen negativen direkten Effekt auf Einstellungen zu Fremdgruppen hat (Beispiele: Brown et al. 1986; Perreault und Bourhis 1999). Es wird also behauptet, dass die positive Einstellung zu einer Eigengruppe zu einer Abwertung bestimmter Fremdgruppen beziehungsweise zur Zuschreibung von negativen Merkmalen zu Fremdgruppen führt. Diese These widerspricht, wie wir nun zeigen werden, der oben vorgestellten allgemeinen Theorie.

Warum halten wir direkte Effekte der Identifikation mit Eigengruppen auf die Zuschreibung von negativen Stereotypen zu Fremdgruppen nicht für plausibel? Betrachten wir dazu das oben vorgestellte Model zur Erklärung des Selbstbildes (siehe Formel 10). Formel 4 ist ein Ausschnitt aus diesem Modell.

$$\text{sozID} = \frac{1}{k} \cdot \sum_{j=1}^{k} b_j \cdot (e_j^e - e_j^f) \qquad (4)$$

$$\text{Selbstbild} = \frac{1}{k} \cdot \sum_{j=1}^{k} \left(b_j \cdot \frac{1}{h} \cdot \sum_{z=1}^{h} \left(e_{jz} \left(b_{jz}^e - b_{jz}^f \right) \right) \right) + \frac{1}{m} \cdot \sum_{o=1}^{m} \left(e_o \cdot \left(b_o^s - b_o^a \right) \right) \qquad (10)$$

Die Variablen, deren Zusammenhang hier untersucht wird, sind beide in den Formeln enthalten. In Formel 4 steht der Term e_j^e für die Identifikation mit der Eigengruppe j. b_{jz}^f aus Formel 10 ist das Zeichen für das Stereotyp z, welches der (zum Vergleich mit einer Eigengruppe j herangezogenen) Fremdgruppe zugeschrieben wird.

Lässt sich aus diesen Formeln ein direkter Effekt herleiten? Nehmen wir einmal an, dass eine Person eine sehr *positive* Einstellung zu einer ihrer Eigengruppen besitzt. Aus Formel 4 folgt, dass dies einen positiven Effekt auf das Selbstbild der Person hat[131]. Dieses Selbstbild ist dann also hoch und stiftet somit einen relativ *hohen* Nutzen.

Aus der Annahme des sinkenden Grenznutzens (siehe oben) folgt weiterhin, dass nun eine Erhöhung des Selbstbildes um einen bestimmten Wert zwar einen positiven Nutzenzuwachs zur Folge hat, dieser Nutzenzuwachs aber relativ gering ist. Er wäre dann höher, wenn die Person ein geringeres Selbstbild hätte. Das heißt: Je höher das Selbstbild einer Person, desto geringer ist der Nutzen*zuwachs*, der durch eine Verbesserung des Selbstbildes entsteht.

Das Selbstbild kann unter anderem durch eine vermehrte Zuschreibung von negativen Stereotypen zu Fremdgruppen erhöht werden. Dadurch entsteht ein positiver Nutzen. Gleichzeitig – auch das hatten wir gezeigt – entstehen durch die *vermehrte* Zuschreibung von negativen Stereotypen zu Fremdgruppen auch bestimmte Kosten. Diese sind von der Höhe des Selbstbildes unabhängig.

Fassen wir zusammen. Menschen, die sich in hohem Maße mit einer Eigengruppe identifizieren, haben tendenziell ein hohes Selbstbild. Eine weitere Erhöhung des Selbstbildes (z.B. durch eine vermehrte Zuschreibung von negativen Stereotypen zu Fremdgruppen) stiftet zwar einen positiven Nutzen, der Nutzenzuwachs ist aber relativ gering. Außerdem ist die Erhöhung des Selbstbildes mit Kosten verbunden.

Wenn Menschen nun ihren erwarteten Nettonutzen maximieren, dann folgt daraus, dass Menschen, die sich mit einer Eigengruppe stark identifizieren, eher

---

[131] Das folgt natürlich auch aus Formel 10. Dort ist das Formelzeichen für die Einstellung zu einer Eigengruppe aber nicht mehr enthalten, sondern wurde durch Formel 5 ersetzt.

nicht versuchen, ihr Selbstbild zu erhöhen, denn dies würde nur wenig Nutzen stiften aber trotzdem Kosten mit sich bringen.

Dieses allgemeine Ergebnis trifft auch auf regionale und nationale Identifikation und die Einstellung zu Ausländern zu. Menschen, die sich stark mit einer Region und/oder einer Nation identifizieren, haben tendenziell einen geringen Nutzen davon, Ausländer abzuwerten. Da aber positive Kosten entstehen, ist davon auszugehen, dass sie es deshalb nicht tun.

Sind indirekte Effekte plausibel?

Ein indirekter Effekt läge dann vor, wenn die Bewertung der Eigengruppe ein bestimmtes Phänomen beeinflussen würde, welches wiederum einen Effekt auf die Bildung von Stereotypen gegenüber Fremdgruppen hat.

Zwei Fälle sollen nun unterschieden werden. Der *erste* Fall liegt vor, wenn die Eigengruppe (hier: die Region und die Nation) mit der Fremdgruppe (hier: die Ausländer) verglichen wird. Was bedeutet das? Angenommen, in einer Situation sind für eine Person zwei Gruppenmitgliedschaften relevant. Die Eigengruppe a wird mit der Fremdgruppe b verglichen. Die Eigengruppe c wird mit der Fremdgruppe d verglichen.

$$\text{sozID} = \left(b_a \left(e_a^e - e_b^f \right) + b_c \left(e_c^e - e_d^f \right) \right) : 2 \qquad (4a)$$

Formel 4a zeigt, wie die soziale Identität in diesem Fall entstehen würde. b_a ist die subjektive Stärke der Mitgliedschaft in Gruppe a. b_c ist die subjektive Stärke der Mitgliedschaft in Gruppe c. e_a^e, e_b^e, e_c^e und e_d^e sind die Bewertungen der jeweiligen Gruppe. Der erste Fall liegt bei dem Verhältnis der Gruppen a und b (und c und d) vor. Diese beiden Gruppen werden miteinander verglichen. Für den Effekt von regionaler Identifikation (e_a) auf die Einstellung zu Ausländern (e_b) heißt das, dass der erste Fall dann vorliegt, wenn die betreffende Person ihre regionale Gruppe (a) mit den Ausländern (b) vergleicht.

Der *zweite* Fall liegt vor, wenn eine andere Gruppe mit der Eigengruppe verglichen wird. Bei Formel 4a liegt der zweite Fall bei den Gruppen a und d (und c und b) vor. Beide Gruppen sind zwar salient für die Bildung des Selbstbildes, sie werden aber nicht miteinander verglichen. Für den Effekt von Regionalismus auf Fremdenfeindlichkeit heißt das, dass der zweite Fall dann vorliegt, wenn die betreffende Person ihre regionale Gruppe mit einer anderen sozialen Gruppe (z.B. den Christen oder einer fremden Nation) vergleicht.

Betrachten wir zunächst einmal nur die Wirkungen der regionalen Identifikation. Auf die der nationalen Identifikation gehen wir weiter unten ein.

Kommen wir zum **ersten Fall**: die regionale Eigengruppe wird mit den Ausländern verglichen. Welchen indirekten Effekt erwarten wir? Wir gehen erstens davon aus, dass sich Menschen, die sich mit einer Eigengruppe stark identifizieren (e_i^e in Formel 4 ist hoch), verstärkt als Mitglied dieser Gruppe ansehen (b_j in Formel 4 ist hoch). Mit den Worten von Heiders Balance-Theorie heißt das: Die Existenz einer „Liking-relation" führt zur Bildung einer „Unit-relation" (Heider 1967). Wie erklären wir das?

Besteht eine kognitive Struktur einer Person aus zwei Elementen (einer Person p und einem Objekt) und sind diese beiden Elemente über eine „Liking"- und eine „Unit-relation" miteinander verbunden, dann existiert genau dann ein *un*balancierter Zustand, wenn die beiden Beziehungen unterschiedliche Vorzeichen haben (Heider 1967).

Erweitert man – analog zu Fishbein – Heiders Theorie um die Annahme, dass „beliefs" („Unit-relations") und Einstellungen („Liking-relations") nicht nur die drei Ausprägungen positiv, negativ und neutral annehmen können, sondern auch Abstufungen von positiven und negativen Beziehungen zwischen kognitiven Elementen möglich sind, dann lässt sich Folgendes annehmen: Wenn eine Person eine bestimmte *Eigen*gruppe hoch bewertet und sich selbst nur in *geringem* Maße als Mitglied dieser Gruppe ansieht, dann ist ihre kognitive Struktur *un*balanciert. Dies ist mit psychischen Kosten verbunden. Diese Kosten sind umso höher, je höher die Bewertung der Eigengruppe und je niedriger die subjektive Stärke der Mitgliedschaft ist.

Um diesen Kosten zu entgehen, gibt es zwei Möglichkeiten. Entweder die „Liking-relation" wird abgeschwächt oder die „Unit-relation" wird gestärkt. Das heißt, dass entweder die Eigengruppe (e_i^e) abgewertet wird oder die subjektive Stärke der Mitgliedschaft (b_j) steigt. Ich erwarte, dass Menschen, die sich mit einer Eigengruppe identifizieren, eher die zweite Handlungsalternative wählen – also die „Unit-relation" erhöhen. Schließlich beinhaltet die Identifikation mit einer Gruppe schon die Mitgliedschaft – auch wenn diese zunächst nur schwach ist. Wir nehmen an, dass Personen sich um so mehr als Mitglied ihrer Eigengruppe ansehen, je höher die psychischen Kosten des unbalancierten Zustandes sind[132].

In Bezug auf die Wirkung von regionaler Identifikation lässt sich folgende These formulieren.

---

[132] Vergleichbare Annahmen finden sich auch bei Homans (1950).

Hypothese 3: Je stärker die regionale Identifikation einer Person, desto stärker ist die subjektive Gruppenmitgliedschaft in dieser regionalen Gruppe. Mit anderen Worten: Je höher eine Person eine regionale Gruppe bewertet, desto stärker sieht sie sich als Mitglied in dieser Gruppe.

Also: die Bewertung einer Eigengruppe hat einen positiven Effekt auf die Stärke der subjektiven Mitgliedschaft in dieser Gruppe.

Weiterhin gehen wir davon aus, dass die subjektive Mitgliedschaft einen Effekt auf die Zuschreibung von Stereotypen zu der zum Vergleich herangezogenen Fremdgruppe hat. Wie erklären wir diesen Zusammenhang?

$$\text{sozID} = \frac{1}{k} \cdot \sum_{j=1}^{k} b_j \cdot (e_j^e - e_j^f) \qquad (4)$$

Dazu betrachten wir erneut Formel 4. Man erkennt, dass dort die subjektive Mitgliedschaft (b_j) eine besondere Rolle spielt. Sie gewichtet das Ergebnis des Vergleiches von Eigen- und Fremdgruppe. Nimmt die Stärke der subjektiven Mitgliedschaft einen hohen Wert an, dann hat das Ergebnis des Vergleiches von Eigen- und Fremdgruppe einen größeren Einfluss auf das Selbstbild. Ist die Stärke der subjektiven Mitgliedschaft aber gering, dann ist der Einfluss, den das Ergebnis des Vergleiches von Eigen- und Fremdgruppe auf das Selbstbild hat, gering. Somit gilt: Wenn die subjektive Mitgliedschaft (b_j) hoch ist, dann stiftet ein positiver Ausgang des Vergleiches von Eigen- und Fremdgruppe einen besonders hohen Nutzen. Da außerdem gilt, dass durch die Zuschreibung von negativen Stereotypen zu der Fremdgruppe der Vergleich zwischen der Eigen- und der Fremdgruppe besser für die Eigengruppe ausgeht, gilt auch: Der Nutzen, der durch die Zuschreibung von negativen Stereotypen zu Fremdgruppen entsteht, ist umso höher, je mehr sich Menschen als Mitglied der mit der Fremdgruppe verglichenen Eigengruppen ansehen. Wenn der Nutzen einer Handlungsalternative steigt, wird sie laut der Theorie rationalen Handelns verstärkt gewählt. Es folgt Hypothese 4:

Hypothese 4: Je stärker die subjektive Gruppenmitgliedschaft in einer regionalen Gruppe (z.B. Sachsen), desto stärker werden Ausländern negative Stereotype zugeschrieben[133].

---

[133] In manchen Veröffentlichungen wird die Identifikation mit einer Gruppe nicht wie hier als die Bewertung der Gruppe, sondern als die subjektive Stärke der Mitgliedschaft in der Gruppe definiert (Ellemers 1993; Hale 2004; Turner 1999). In diesem Fall entspricht die Aussage, dass die Identifikation mit Gruppen einen direkten Effekt auf die Zuschreibung von Stereotypen zu Fremdgruppen hat, genau der Hypothese 4.

Es muss noch einmal betont werden, dass Hypothese 4 nur unter der Annahme gilt, dass bei der Bildung des Selbstbildes die regionale Eigengruppe mit der Gruppe der Ausländer verglichen wird.

Was erwarten wir beim **zweiten Fall**? Ist ein indirekter Effekt der Identifikation mit einer Eigengruppe auf die Zuschreibung von Stereotypen zu einer Fremdgruppe plausibel, wenn die beiden Gruppen nicht miteinander verglichen werden?

In der Literatur wird oft von einem Phänomen berichtet, das als „Poor White Racism" bezeichnet wird (Hogg und Abrams 1988; Hogg und Vaughan 1998). Dabei liegt genau der zweite Fall vor. Es wird berichtet, dass Mitglieder einer Gruppe mit hohem Status, die aber in dieser Gruppe eine niedrige Position einnehmen (z.B.: weiße Arbeiter in den USA zu Beginn des 20. Jahrhunderts[134]) gegenüber Mitgliedern von Fremdgruppen ein besonders hohes Maß an Ablehnung zeigen. Auch dieses Phänomen kann mit dem oben entwickelten Modell erklärt werden. Eine Annahme war ja, dass der Nutzen*zuwachs* einer Erhöhung der sozialen Identität umso größer ist, je geringer die soziale Identität ist. Mit anderen Worten: bei einer niedrigen sozialen Identität ist der Nutzenzuwachs einer Verbesserung der sozialen Identität um eine Einheit größer, als wenn es bei einer hohen sozialen Identität zu einer gleichen Erhöhung kommt. Es folgt aus dem vorgestellten Modell, dass Personen mit einer niedrigen sozialen Identität vermehrt eine der Strategien zur Verbesserung des Selbstbildes nutzen (ceteris paribus). Mitglieder einer Gruppe mit hohem Status, die aber in dieser Gruppe eine niedrige Position einnehmen, haben eine geringe soziale Identität. Somit sind die Strategien zur Verbesserung des Selbstbildes bei solchen Personen häufiger beobachtbar.

Beim „Poor White Racism" wurde weiterhin beobachtet, dass Menschen in diesem Fall besonders die Ausbildung von negativen Stereotypen gegenüber Fremdgruppen als Handlungsalternative zur Verbesserung des Selbstbildes nutzen. Auch Hinkle et al. schreiben: „The creation of new comparison dimensions as a path to positive social identity is a strategy of obvious motivational significance." (1998, S. 167)

Wir nehmen an, dass es in der derzeitigen Situation in Deutschland zu einem vergleichbaren Phänomen kommen kann. Mummendey et al. schreiben: „West Germans are a highly salient and relevant reference group for East Germans. At the same time, for the latter, nearly every intergroup comparison with the former results in a negative outcome (e.g., economic situation or living standard). In an opinion poll conducted in 1990 [...], as well as follow-up polls [...], East Germans evaluated themselves as inferior to West Germans."(1999b,

---

[134] Weiße Arbeiter gehören zwei Eigengruppen an: der Gruppe der Weißen und der Gruppe der Arbeiter. Die Gruppe der Weißen hat im Vergleich zur Gruppe der Schwarzen einen hohen Status. Die Gruppe der Arbeiter hat zum Beispiel im Vergleich zur Gruppe der Unternehmer einen niedrigen Status.

S. 230) Wenn Ostdeutsche also ihre Eigengruppe mit der Gruppe der Westdeutschen vergleichen, dann wird dieser Vergleich zu Ungunsten der Eigengruppe ausgehen. Das hat einen negativen Effekt auf das Selbstbild der Ostdeutschen (siehe oben). Nehmen wir einmal an, dass für Ostdeutsche nur zwei Eigengruppen relevant sind – die Eigengruppe der Ostdeutschen und die Eigengruppe der Deutschen. Außerdem sei angenommen, dass die Eigengruppe der Ostdeutschen mit der Gruppe der Westdeutschen verglichen wird. Zum Vergleich mit den Deutschen wird die Gruppe der Ausländer herangezogen. Die soziale Identität eines Ostdeutschen würde dann, wie in Formel 4b gezeigt, entstehen.

$$\text{sozID} = \frac{1}{k} \cdot \sum_{j=1}^{k} b_j \cdot (e_j^e - e_j^f) \qquad (4)$$

$$\text{sozID} = \left(b_o \cdot (e_o^e - e_o^f) + b_d \cdot (e_d^e - e_d^f) \right) : 2 \qquad (4b)$$

b_o ist die subjektive Stärke der Mitgliedschaft in der Eigengruppe der Ostdeutschen (o). b_d ist dementsprechend die subjektive Stärke der Mitgliedschaft in der Eigengruppe der Deutschen (d). e_o^e ist die Einstellung zur Eigengruppe der Ostdeutschen; e_o^f ist die Einstellung zur Gruppe der Westdeutschen; e_d^e ist die Einstellung zur Eigengruppe der Deutschen und e_d^f ist die Bewertung der Ausländer.

Stimmt die Beobachtung von Mummendey et al., dann nimmt ($e_o^e - e_o^f$) einen negativen Wert an. Dies führt zu einer geringen (evt. sogar negativen) sozialen Identität. Es ist nicht zu erwarten, dass Ostdeutsche das Ergebnis dieses Vergleiches einfach ignorieren, schließlich gilt: „West Germans are a highly salient and relevant reference group for East Germans"(ebd.) Eine Erhöhung der sozialen Identität (um eine Einheit) stiftet einen hohen Nutzen.

Eine Möglichkeit, die soziale Identität zu erhöhen, ist die vermehrte Zuschreibung von negativen Stereotypen zu Ausländern. Dies würde zu einer negativeren Einstellung zu Ausländern (e_d^f sinkt) führen. Dies wiederum führt zu einer Erhöhung von ($e_d^e - e_d^f$) und laut Formel 5a zu einer höheren sozialen Identität.

Wir nehmen an, dass dies besonders dann zu beobachten sein wird, wenn der Statusunterschied zu den Westdeutschen als stabil wahrgenommen wird. Wird die Stabilität des Statusunterschiedes als gering betrachtet, dann ist zu erwarten, dass Menschen eher eine andere Reaktion auf eine geringe soziale Identität wählen und zum Beispiel protestieren (siehe Kapitel VII.1), denn politischer Protest ist dann ja Erfolg versprechend. Es besteht also ein Interaktionseffekt zwischen der Stärke des wahrgenommenen Statusunterschiedes und der wahrgenommenen Stabilität dieses Statusunterschieds auf die Zuschreibung von Stereotypen.

Hypothese 5: Je negativer der Vergleich von Ostdeutschen und Westdeutschen für die Eigengruppe ausgeht und je stabiler dieser Statusunterschied wahrgenommen wird, desto stärker werden Ausländern negative Stereotype zugeschrieben.

Wir gehen also davon aus, dass die Wahrnehmung eines Statusunterschieds und die Einschätzung dessen Stabilität einen Einfluss auf die Zuschreibung von Stereotypen zu Ausländern haben.

Gibt es denn theoretische Hinweise darauf, dass eine dieser beiden Variablen durch regionale Identifikation beeinflusst wird? Wir erwarten, dass Personen, die eine Eigengruppe sehr positiv bewerten und gleichzeitig einen hohen Statusunterschied zu einer Fremdgruppe wahrnehmen, diesen Statusunterschied als besonders stabil einschätzen. Warum? Wieder hilft Heiders Balance-Theorie. Wenn eine Person eine Eigengruppe hoch bewertet, liegt eine positive „Likingrelation" vor (p L o). Ordnet die Person der Gruppe das Merkmal ‚niedriger Status' zu, dann handelt es sich um eine „Unit-relation" (o U x). Dieses Merkmal wird von der Peron negativ bewertet (p –L x). Dieses kognitive System besteht aus zwei positiven und einer negativen Beziehung und ist laut Heider unbalanciert, was zu psychischen Kosten für die Person führt.

Eine Möglichkeit, die psychischen Kosten, die dieser Zustand zur Folge hat, zu senken, ist, den Zustand als besonders stabil wahrzunehmen. Damit befindet sich zwar das kognitive System weiterhin in einem unbalancierten Zustand. Die Personen nehmen es aber als nur schwer änderbar hin. ‚Schwer änderbar' bedeutet, dass sich der Statusunterschied nur mit sehr hohen Kosten ausgleichen lässt. Wenn diese Kosten höher sind als der Nutzen, der durch den Wegfall der psychischen Kosten entsteht, dann werden Menschen diese Kosten nicht auf sich nehmen. Ich erwarte also einen Interaktionseffekt der Identifikation mit einer Eigengruppe und der Stärke eines wahrgenommenen Statusunterschieds zwischen dieser Eigengruppe und einer Fremdgruppe auf die Stärke der wahrgenommenen Stabilität dieses Statusunterschieds.

Was das für den Fall Sachsen bedeutet, wird in Hypothese 6 zusammengefasst.

Hypothese 6: Je höher die regionale Identifikation von Personen und je stärker sie einen negativen Statusunterschied ihrer Region wahrnehmen, desto stabiler nehmen sie den Statusunterschied wahr.

Die Hypothesen 5 und 6 behaupten also einen zweiten indirekten Effekt von regionaler Identifikation auf die Zuschreibung von negativen Stereotypen zu Ausländern. In Abbildung VII.4.2 sind die hergeleiteten Zusammenhänge zwischen der regionalen Identifikation und der Einstellung zu Ausländern zusammengefasst.

Abbildung VII.4.2: Die erwarteten Effekte der regionalen Identifikation auf die Einstellung zu Ausländern

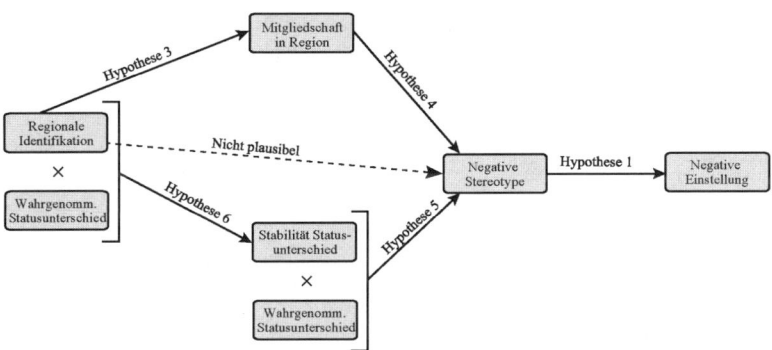

Die Aussagen, die in diesem Abschnitt zum Zusammenhang zwischen regionaler Identifikation und der negativen Einstellung zu Ausländern behauptet wurden, sind aus einem allgemeinen Modell abgeleitet. Dieses ist für alle Gruppen und Gruppenbeziehungen anwendbar. Regionale Gruppen und Nationen sind spezielle Fälle von Gruppen. Dementsprechend müssten von nationaler Identifikation die gleichen Wirkungen auf die Einstellung zu Ausländern ausgehen wie von regionaler Identifikation.

Das bedeutet erstens, dass auch bei der nationalen Identifikation *kein* positiver direkter Effekt auf die Einstellung zu Ausländern plausibel ist. Denn auch hier gilt, dass Personen mit einem hohen Maß an nationaler Identifikation ein hohes Selbstbild haben und somit nur einen geringen Anreiz haben, die Kosten einer Erhöhung des Selbstbildes zu tragen. Weiterhin übertragen wir die Hypothesen 3 und 4 auf die nationale Identifikation.

Hypothese 7: Je stärker die nationale Identifikation einer Person, desto stärker ist die subjektive Gruppenmitgliedschaft in der Nation. Mit anderen Worten: Wenn eine Person ihre Nation hoch bewertet, dann sieht sie sich verstärkt als Mitglied dieser Nation.

Hypothese 8: Je stärker die subjektive Gruppenmitgliedschaft in der Nation, desto stärker werden Ausländern negative Stereotype zugeschrieben.

Auch hier gilt, dass die Hypothese 8 nur dann plausibel ist, wenn die betreffende Person ihre Nation mit der Gruppe der Ausländer vergleicht. Es muss weiterhin darauf hingewiesen werden, dass unser Datensatz nicht über einen Indikator für die subjektive Gruppenmitgliedschaft in der Nation verfügt. Deshalb kann der indirekte Effekt nicht empirisch getestet werden. Es kann aber getestet werden, ob die Identifikation mit der Nation auf die Variablen des Basismodells wirkt. Findet sich ein solcher direkter Effekt, dann ist das eine Bestätigung der Thesen 7 und 8.

Die Hypothesen 5 und 6 übertragen wir nicht auf die nationale Identifikation. Der Grund dafür ist, dass wir keine Hinweise dafür finden konnten, dass die von uns befragten Personen einen Statusunterschied zwischen ihrer nationalen Eigengruppe und einer anderen Gruppe wahrnehmen. Somit fehlt eine Randbedingung, die für die Ableitung der Thesen nötig gewesen wäre.

Weitere Ursachen von negativen Einstellungen zu Ausländern

Wir gehen davon aus, dass weitere Variablen einen Einfluss auf die Einstellung zu Ausländern haben. Die Wirkungen dieser Variablen sollen an dieser Stelle nicht untersucht werden. Trotzdem müssen auch diese Variablen in unser Modell aufgenommen werden. Würde man das nicht tun, dann würden die statistischen Modelle, die wir schätzen, fehlspezifiziert sein, was zu verzerrten Schätzern führt (Griffiths, Hill und Judge 1993; Gujarati 2003). Im Folgenden sollen deshalb kurz weitere Variablen, die die Einstellung zu Ausländern beeinflussen sollen, aufgeführt werden.

Zu Beginn dieses Kapitels hatten wir uns damit beschäftigt, wie das Selbstbild von Menschen entsteht. Das Ergebnis hatten wir mit einer Produktionsfunktion zusammengefasst (Formel 10). Wir hatten dann gezeigt, dass die Höhe des Selbstbildes eines Menschen einen Einfluss darauf hat, ob Menschen negative Einstellungen zu Ausländern entwickeln. Daraus folgt, dass die Determinanten des Selbstbildes einen Effekt auf die Einstellung zu Ausländern haben.

Eine Variable, welche die persönliche Identität beeinflussen soll, ist die *Kontrollüberzeugung* von Menschen. Die Kontrollüberzeugung einer Person "refers to beliefs in one's capabilities to organize and execute the courses of action required to produce given attainments." (Bandura 1997, S. 3). Die Kontrollüberzeugung bewegt sich auf einer Skala zwischen externaler und internaler Kontrollüberzeugung. Ist eine Person external kontrollüberzeugt, dann schätzt sie den Einfluss, den ihr Handeln auf die Erreichung seiner Ziele hat, als gering ein. Ist sie internal kontrollüberzeugt, dann schätzt sie den Einfluss als hoch ein. Es ist davon auszugehen, dass eine externale Kontrollüberzeugung einen negativen Effekt auf die persönliche Identität und somit auf das Selbstbild hat.

Ähnliches gilt für die *politische Kontrollüberzeugung* von Menschen. „Because of increasing complexity in the economic, technological, and social realities of life, governmental agencies perform many functions that were formerly carried out by other social systems. Therefore, if people are to have some command of their lives, they must exercise influence over the political process." (Bandura 1997, S. 482) Meinen Menschen, nur geringen Einfluss auf politische Entscheidungen zu haben, dann kann auch das zu einer geringen persönlichen Identität führen.

Weiterhin erwarten wir, dass die *Unzufriedenheit mit den Lebensumständen in der Region* einen negativen Einfluss auf das Selbstbild hat (Mäs 2005).

Wie gesagt, kann durch eine vermehrte Zuschreibung von negativen Stereotypen auf ein geringes Selbstbild reagiert werden. Dementsprechend erwarten wir, dass eine externale Kontrollüberzeugung, eine geringe politische Kontrollüberzeugung und eine hohe Unzufriedenheit mit den Lebensumständen in der Region zu mehr negativen Stereotypen gegenüber Ausländern führt (siehe die Hypothesen 9 bis 11).

Hypothese 9: Je höher die internale (und je geringer damit die externale) Kontrollüberzeugung einer Person, desto weniger werden Ausländern negative Stereotype zugeschrieben.

Hypothese 10: Je geringer die politische Kontrollüberzeugung einer Person, desto stärker werden Ausländern negative Stereotype zugeschrieben.

Hypothese 11: Je größer die Unzufriedenheit mit den Lebensverhältnissen in der Region, desto stärker werden Ausländern negative Stereotype zugeschrieben.

Zusätzlich soll getestet werden, ob die Integrationsnorm einen Effekt auf die Einstellung zu Ausländern hat. Eine Integrationsnorm existiert dann, wenn eine Person meint, dass wichtige Dritte (z.B. Familie, Freunde, Nachbarn und Arbeitskollegen) von ihr erwarten, Mitglieder einer Fremdgruppe in die Eigengruppe zu integrieren. Diese Erwartung impliziert, dass nicht-normkonformes Handeln – wenn es bemerkt wird – zu einer Sanktionierung führt (Coleman

1991). Diese Norm schafft also einen sozialen Anreiz (Olson 1998, S. 60 Fußnote 17), ein bestimmtes Handeln auszuführen.

Warum hat aber die Integrationsnorm einen Einfluss auf die Zuschreibung von negativen Stereotypen? Die Integrationsnorm verlangt eine Aufnahme von Fremdgruppenmitgliedern in die Eigengruppe. Eine Aufnahme bedeutet, dass den Fremdgruppenmitgliedern bestimmte Eigenschaften der Eigengruppe zugeschrieben werden. Diese Eigenschaften werden laut dem oben vorgestellten Modell positiv bewertet und stehen somit im Gegensatz zu negativen Stereotypen. Es würde also ein unbalancierter Zustand im Sinne von Heider entstehen, wenn Menschen einerseits konform zu einer Integrationsnorm handeln und andererseits gegenüber den integrierten Fremdgruppenmitgliedern negative Stereotype ausbildeten. Da nicht zu erwarten ist, dass Personen ihrer Eigengruppe negative Attribute zuschreiben, erwarten wir, dass Personen, die meinen, dass wichtige Dritte von Ihnen verlangen, Fremdgruppenmitglieder aufzunehmen, diesen Fremdgruppenmitgliedern *weniger* negative Stereotype zuschreiben.

Hypothese 12: Je stärker Menschen eine Integrationsnorm wahrnehmen, desto weniger werden Ausländern negative Stereotype zugeschrieben.

Weiterhin sollen noch Effekte der folgenden drei demographischen Variablen kontrolliert werden: Alter, Geschlecht und Herkunft (Leipzig oder Erzgebirge) der Befragten. In der Literatur wird oft nach Effekten dieser Variablen gesucht (Coenders und Scheepers 2003; Hoffmeyer-Zlotnik 2000; Silbermann und Hüsers 1995; Stolz 2000). Wir kennen jedoch keine überzeugenden theoretischen Argumente, die einen direkten Effekt dieser demographischen Variablen auf die Einstellung zu Ausländern begründen können. Dementsprechend erwarten wir keine direkten Effekte der Kontrollvariablen auf die abhängigen Variablen des Basismodells.

Die Messung der Variablen

Die folgende Tabelle fasst zusammen, wie die Variablen, zwischen denen wir in diesem Kapitel Zusammenhänge hergeleitet haben, gemessen wurden. Eine ausführlichere Darstellung findet sich bei Mäs (2005).

Es sollte darauf hingewiesen werden, dass bei der Skalenbildung immer Hauptkomponenten- und Reliabilitätsanalysen durchgeführt wurden. Es wurden nur solche Skalen gebildet, bei denen alle Einzelindikatoren in allen Erhebungswellen auf den gleichen Faktor luden.

Leider enthält der Fragebogen keine Messinstrumente für die Bewertung der Stereotype gegenüber Ausländern (siehe e_i in Formel 1). Das führt dazu, dass in den statistischen Modellen auch direkte Effekte auf die Einstellung zu Ausländern zugelassen werden müssen, denn hat eine Variable einen Effekt auf die Bewertung der Stereotype gegenüber Ausländern und wirkt diese, wie von Fishbein behauptet, auf die Einstellung zu Ausländern, dann müsste sich ein direkter Effekt auf die Einstellung zu Ausländern zeigen, wenn die Bewertung der Stereotype gegenüber Ausländern nicht im statistischen Modell enthalten sind (Mäs 2005).

Tabelle VII.4.1: Die Messung der abhängigen und unabhängigen Variablen

Name der Variablen	Bedeutung der Variablen, möglicher Wertebereich
Abhängige Variablen	
Zuschreibung negativer Stereotype zu Ausländern	Die Befragten wurden mit Aussagen über Ausländer konfrontiert und sollten angeben, ob sie überhaupt nicht zustimmten (1); nicht zustimmten (2); teils/teils zustimmten (3); zustimmten (4) oder voll zustimmten (5). Die Aussagen bezogen sich unter anderem auf Probleme auf dem Arbeitsmarkt, die durch in Deutschland lebende Ausländer entstehen, und auf die von Ausländern ausgehende Kriminalität. Hohe Werte der additiven Skala bedeuten, dass der Befragte Ausländern negativ bewertete Merkmale zuschreibt, also negative Stereotype hat. Die Skala kann Werte zwischen 1 und 5 annehmen.
Negative Einstellungen zu Ausländern	Die Befragten wurden mit Aussagen darüber konfrontiert, wie auf die Existenz von Ausländern in Deutschland reagiert werden soll und sollten angeben, ob sie überhaupt nicht zustimmten (1); nicht zustimmten (2); teils/teils zustimmten (3); zustimmten (4) oder voll zustimmten (5). Beispielsweise wurde behauptet, dass die in der Bundesrepublik lebenden Ausländer ihre Ehepartner unter ihren eigenen Landsleuten auswählen sollten und, dass sich Ausländer politisch frei betätigen können sollten. Je weniger Freiheiten und Rechte den Ausländern vom Befragten zugebilligt wurden, desto negativer wurde seine Einstellung zu Ausländern bewertet und desto höher war der Wert, der dem Befragten bei dieser additiven Skala zugeordnet wurde. Die Skala kann Werte zwischen 1 und 5 annehmen.
Unabhängige Variablen	
Regionale und nationale Identifikation	Für die regionale Identifikation wurde die Identifikationsskala für die Region *Sachsen* verwendet. Für die nationale Identifikation wurde die Identifikationsskala für die *Bundesrepublik* genutzt. Wie diese gebildet wurden, kann in Kapitel III nachgelesen werden. (Wertebereich: 1-5)
Subjektive Stärke der Mitgliedschaft in der Region	Wir fragten: „Alles in allem: Würden Sie sich als typischer Sachse bzw. als typische Sächsin bezeichnen?" Auch hier gab es fünf Antwortmöglichkeiten (von „auf jeden Fall" bis „auf gar keinen Fall"). Hohe Werte bedeuten eine hohe subjektive Stärke der Mitgliedschaft. (Wertebereich: 1-5)

Stärke des Statusunterschieds zwischen Ost- und Westdeutschland	„Über die allgemeine Situation in Ostdeutschland im Vergleich zu der in Westdeutschland kann man unterschiedlicher Meinung sein. Bitte geben Sie an, wie es Ihrer Meinung nach den Ostdeutschen im Vergleich zu den Westdeutschen geht?" Es gab drei Antwortmöglichkeiten: schlechter, besser und gleich gut. (Wertebereich: 1-3)
Wahrgenommene Stabilität des Statusunterschieds	Hier gab es zwei Indikatoren. Es sollte gesagt werden, ob folgenden Aussagen zugestimmt wird: „Ein Ostdeutscher kann sich anstrengen wie er will, er wird niemals das Gleiche erreichen wie ein Westdeutscher"; „Wenn man sieht, wie wir Ostdeutschen behandelt werden, platzt einem allmählich der Kragen". Die beiden Indikatoren wurden addiert und durch zwei dividiert. Hohe Werte bedeuten, dass der Statusunterschied als stabil wahrgenommen wird. (Wertebereich: 1-5)
Internale Kontrollüberzeugung	Es wurden 6 Aussagen zur Bewertung vorgelegt. Ein Beispiel: „Ich übernehme gern Verantwortung." Es wurde gefragt, ob die Befragten überhaupt nicht zustimmten (1); nicht zustimmten (2); teils/teils zustimmten (3); zustimmten (4) oder voll zustimmten (5). Die additive Skala wurde so gebildet, dass hohe Werte einer hohen internalen Kontrollüberzeugung entsprechen. (Wertebereich: 1-5)
Politische Kontrollüberzeugung (= politischer Einfluss)	Vier Aussagen zum wahrgenommenen Einfluss auf politische Entscheidungen wurden zur Bewertung vorgelegt. Ein Beispiel: „Leute wie ich haben so oder so keinen Einfluß darauf, was die Regierung tut." Die additive Skala wurde so kodiert, dass hohe Werte eine hohe politische Kontrollüberzeugung bedeuten. (Wertebereich: 1-5)
Unzufriedenheit mit den Lebensverhältnissen in der Region.	Die Befragten sollten angeben, wie zufrieden sie mit der Bereitstellung einer Reihe von Kollektivgütern (u.a. Höhe der Lebenshaltungskosten, Bildungsmöglichkeiten) in der Region sind. Es gab eine 5-stufige Antwortskala von „sehr zufrieden" bis „sehr unzufrieden" vorgegeben. Bei der additiven Skala bedeuten hohe Werte eine hohe Unzufriedenheit. (Wertebereich: 1-5)
Integrationsnorm	Die Befragten sollten angeben, in welchem Maße sie von wichtigen Personen die Erwartung wahrnehmen, eine Partei zu wählen, die für mehr Rechte der Ausländer, die hier in Deutschland leben, eintritt. Die Antwortmöglichkeiten waren: „in sehr hohem Maße"; „in hohem Maße"; „in mittleren Maße"; „in geringem Maße" und „in geringem Maße oder überhaupt nicht". Hohe Werte bedeuten eine starke Wahrnehmung der Erwartung. (Wertebereich: 1-5)

Ergebnisse des Hypothesentests

Im Folgenden stellen wir das Endmodell unserer statistischen Analysen vor. Dieses enthält Beziehungen zwischen 33 Variablen: 10 Variablen zwischen denen Effekte theoretisch hergeleitet wurden – jeweils zu drei Zeitpunkten gemessen – und drei unveränderliche Kontrollvariablen.

Das Endmodell hat sehr gute Fit-Indizes. Der P-Wert ist zu klein. Da er aber bei großer Variablenanzahl immer zu kleine Werte annimmt, sollte er bei einem so komplexen Modell nicht interpretiert werden. Der RMSEA-Wert liegt aber deutlich unter 0,05. Das spricht klar für das Modell.

$\chi^2 = 409{,}66$ df = 284 P = 0,00000 RMSEA = 0,020

Das Endmodell ist zu komplex, um es in einer Abbildung oder Tabelle darstellen zu können. Deshalb werden im Folgenden einzelne Ausschnitte daraus getrennt dargestellt. Eine ausführlichere Betrachtung des Endmodells findet man im Buch von Michael Mäs (2005).

Betrachten wir nun die zentralen Thesen des Modells im Einzelnen. Zunächst zu den Hypothesen des Basismodells: Hypothese 1 behauptet einen simultanen positiven Effekt der negativen Stereotype gegenüber Ausländern auf die negative Einstellung zu Ausländern. Laut Hypothese 2 erwarten wir einen zeitverzögerten Effekt in der entgegengesetzten Richtung. Abbildung VII.4.3 zeigt alle direkten Effekte zwischen der negativen Einstellungen zu Ausländern und den Stereotypen gegenüber Ausländern, die im Endmodell enthalten sind.

Die beiden vertikalen Pfeile bestätigen Hypothese 1. Wie vorhergesagt, finden wir einen positiven Effekt der negativen Stereotype auf die negative Einstellung zu Ausländern. Das bedeutet, dass Menschen mit negativen Stereotypen gegenüber Ausländern auch eine negative Einstellung gegenüber Ausländern haben. Die standardisierten Koeffizienten nehmen mit 0,46 und 0,42 sehr hohe Werte an. Simultane Effekte in der entgegengesetzten Richtung sind nicht signifikant.

Abbildung VII.4.3: Das Basismodell

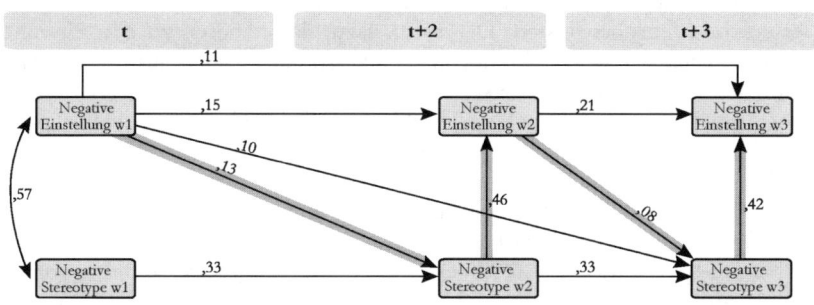

Die drei diagonalen Pfeile in Abbildung VII.4.3 bestätigen Hypothese 2, denn auch hier haben die Koeffizienten die erwarteten Vorzeichen. Haben die Befragten eine negative Einstellung zu Ausländern, dann schreiben sie in den Folgewellen Ausländern vermehrt negative Stereotype zu.

Das theoretische Basismodell wird also von den Daten eindrucksvoll bestätigt. Es zeigen sich die erwarteten simultanen Effekte der Stereotype auf die

Einstellung und die zeitverzögerten Effekte in der Gegenrichtung. Das ist eine klare Bestätigung für Fishbeins Attitüden-Theorie.

Im Folgenden soll untersucht werden, welche weiteren Effekte auf die Variablen des Basismodells vorliegen. Wir hatten angenommen, dass die Einstellung gegenüber Ausländern nicht direkt beeinflusst werden kann (Fishbein und Ajzen 1975) und nur Effekte auf die Stereotype gegenüber Ausländern existieren. Auch wenn wir diese Annahme weiter beibehalten, so mussten wir in den statistischen Analysen auch direkte Effekte auf die Einstellung zu Ausländern zulassen, da, wie beschrieben, die Bewertung der Stereotype nicht gemessen wurde.

Welche Effekte hat die regionale Identifikation auf die Variablen des Basismodells? Wir hatten hergeleitet, dass die regionale Identifikation keine direkten Effekte auf die Variablen des Basismodells hat. Jedoch konnten wir zwei indirekte Effekte theoretisch begründen (siehe die Hypothesen 3 bis 6).

Zunächst muss darauf hingewiesen werden, dass wir mit unseren Daten die beiden Interaktionseffekte, die in den Hypothesen 5 und 6 behauptet werden, nicht testen können. Der Grund ist, dass nahezu alle Befragten angaben, einen Statusunterschied zwischen Ost- und Westdeutschland wahrzunehmen. Auf die Frage ob es den Ostdeutschen besser, gleich gut oder schlechter als den Westdeutschen geht, antworteten in allen drei Wellen wenigstens 82% der Befragten mit ‚schlechter'. In der zweiten Welle gaben das sogar 90,5% der Befragten an. In allen Wellen gaben weniger als 2% der Befragten an, dass es ihrer Meinung nach den Ostdeutschen besser ginge als den Westdeutschen. Somit enthält unser Datensatz kaum Informationen über Menschen, die diesen Statusunterschied nicht wahrnehmen. Dementsprechend können wir auch keine Thesen über solche Menschen testen. Das führt dazu, dass Thesen zu den Ursachen und Wirkungen der Wahrnehmung eines Statusunterschieds mit unseren Daten nicht testbar sind. Das ist aber kein Mangel der Theorie oder unserer Untersuchung. Vielmehr ist es logisch ausgeschlossen, diese Thesen an dem von uns gewählten Fall der Realität zu testen. Aus diesem Grund schlossen wir die Variable ‚Wahrnehmung eines Statusunterschieds zwischen Ost- und Westdeutschen' von unseren Analysen aus und testeten nur Effekte der wahrgenommenen Stabilität des Statusunterschieds.

Um zu testen, ob die von uns erwarteten indirekten Effekte der regionalen Identifikation auf die Variablen des Basismodells vorliegen, haben wir im ersten Schritt sehr einfache Mehrgleichungsmodelle geschätzt (siehe Tabelle VII.4.2). In diesen Modellen sind nur die Variablen des Basismodells und jeweils eine der drei genannten Variablen enthalten. Alle Modelle haben sehr gute Fit-Indizes, wie aus Tabelle VII.4.2 hervorgeht.

In Modell 1 wurde untersucht, welche Effekte die regionale Identifikation auf die Einstellung zu Ausländern hat. Es zeigen sich vier signifikante Effekte – alle haben ein positives Vorzeichen und vergleichsweise hohe Koeffizienten.

Modell 2 wurde geschätzt, um die Effekte der subjektiven Stärke der Mitgliedschaft in der Region zu untersuchen. Hier zeigen sich fünf positive Effekte. Jedoch sind die Beträge der Koeffizienten im Durchschnitt geringer als die in Modell 1. Die kräftigsten Effekte sind in Modell 3 enthalten. Die wahrgenommene Stabilität des Statusunterschieds hat fünf starke positive Effekte.

Die Frage ist nun, ob sich die Stärke der berichteten Effekte von der regionalen Identifikation auf die Variablen des Basismodells verringert, wenn wir alle drei Variablen gleichzeitig in ein Modell aufnehmen. Wir erwarten das, denn wir hatten ja indirekte Effekte der regionalen Identifikation über die subjektive Stärke der Mitgliedschaft in der Region und die wahrgenommene Stabilität des Statusunterschieds hergeleitet.

In Abbildung VII.4.4 ist wieder ein Ausschnitt aus dem Endmodell dargestellt. Hier sind alle Effekte der wahrgenommenen Stabilität des Statusunterschieds, der regionalen Identifikation und der subjektiven Stärke der Mitgliedschaft in der Region auf die Variablen des Basismodells dargestellt. In dieser Abbildung sind wegen der Übersichtlichkeit die Stabilitäten[135] der Variablen und die Effekte zwischen den Variablen des Basismodells (siehe dazu Abbildung VII.4.3) nicht aufgenommen.

Sind denn im Endmodell noch Effekte der regionalen Identifikation auf das Endmodell enthalten? In Modell 1 aus Tabelle VII.4.2 waren noch vier Effekte signifikant. Im Endmodell findet sich nur noch ein simultaner Effekt auf die negative Einstellung zu Ausländern in der zweiten Welle. Somit sind drei der vier relativ starken Effekte nicht länger signifikant. Auch der Koeffizient des verbliebenen Effekts hat sich im Vergleich zum Modell 1 leicht abgeschwächt. Dadurch sehen wir unsere Hypothese, dass die regionale Identifikation keine direkten Effekte auf die Variablen des Basismodells hat, als bestätigt an. Trotzdem findet sich noch ein signifikanter direkter Effekt. Wir gehen aber davon aus, dass auch dieser Effekt durch die Aufnahme weiterer erklärender Variablen abgeschwächt werden kann.

Werden denn die Thesen zu den indirekten Effekten bestätigt? Betrachten wir zunächst die Hypothesen 3 und 4 (siehe den oberen Teil von Abbildung VII.4.2). Im Endmodell finden sich zwei simultane Effekte der regionalen Identifikation auf die subjektive Stärke der Mitgliedschaft in der Region (siehe Abbildung VII.4.4). Beide Effekte haben das laut Hypothese 3 erwartete Vorzeichen und haben relativ große Koeffizienten (0,31 und 0,12). Es bestätigt sich also, dass Menschen, die ihre regionale Eigengruppe hoch bewerten, sich auch verstärkt als Mitglied in dieser Gruppe ansehen (siehe dazu auch Abbildung III.2.).

---

[135] Alle Stabilitäten zwischen Variablen sind signifikant und haben positive Koeffizienten.

Tabelle VII.4.2: Effekte der regionalen Identifikation, der subjektiven Stärke der Mitgliedschaft in der Region und der wahrgenommenen Stabilität des Statusunterschieds auf das Basismodell ohne Kontrolle der Wirkungen anderer Variablen; standardisierte Koeffizienten

Unabhängige Variablen	Abhängige Variablen											
	Modell 1				Modell 2				Modell 3			
	negative Stereotype w2	negative Stereotype w3	Negative Einstellung w 2	Negative Einstellung w 3	negative Stereotype w2	negative Stereotype w3	Negative Einstellung w 2	Negative Einstellung w 3	negative Stereotype w2	negative Stereotype w3	Negative Einstellung w 2	Negative Einstellung w3
Regionale Identifikation w1	,15											
Regionale Identifikation w2	,17	,18										
Regionale Identifikation w3				,08								
Mitgliedschaft in Region w1					,10		,08					
Mitgliedschaft in Region w2						,09	,05					
Mitgliedschaft in Region w3								−,05				
Stabilität Statusunterschied w1									,26			
Stabilität Statusunterschied w2										,07	,23	
Stabilität Statusunterschied w3										,31		,18
χ^2/df/P/RMSEA	16,75/15/,33400/,010				10,87/11/,45392/,000				13,09/12/,36279/,009			

388

Abbildung VII.4.4: Die Effekte der regionalen Identifikation auf die Variablen des Basismodells

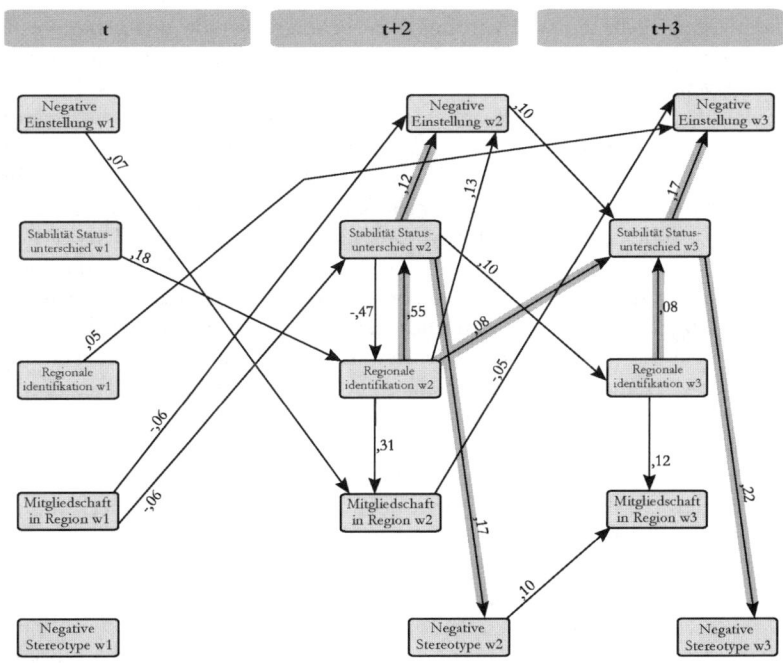

Hypothese 4 wird aber nicht bestätigt. Im Endmodell findet sich nur ein sehr schwacher Effekt der subjektiven Stärke der Mitgliedschaft in der Region aus der zweiten Welle auf die negative Einstellung zu Ausländern in der dritten Welle. Der Koeffizient hat außerdem ein negatives – also unerwartetes – Vorzeichen.

Wie kann das begründet werden? Wir hatten darauf hingewiesen, dass Hypothese 4 nur unter bestimmten Bedingungen gilt, nämlich nur dann, wenn bei der Bildung des Selbstbildes die regionale Eigengruppe (hier die Sachsen) mit der Gruppe der Ausländer verglichen wird. Es ist leider kaum möglich, mit Methoden der Umfrageforschung zu erheben, ob das tatsächlich der Fall ist. Die Widerlegung von Hypothese 4 kann aber damit erklärt werden, dass genau diese Bedingung nicht gegeben ist. Anscheinend vergleichen die befragten Personen ihre Eigengruppe der Sachsen nicht mit den Ausländern. Somit folgt aus unserer Theorie auch kein Zusammenhang zwischen der subjektiven Stärke der Mitgliedschaft in der Region und den Variablen des Basismodells.

Ist diese Interpretation problematisch? Wir hatten eine These hergeleitet und gesagt, dass diese nur unter bestimmten Randbedingungen gültig ist. Dann haben wir die These empirisch widerlegen können und erkennen dann die Widerlegung nicht an, weil wir davon ausgehen, dass von uns genannte Randbedingungen nicht gegeben sind. Ist das nicht eine Immunisierung der Theorie gegen empirische Tests?

Es handelt sich hier *nicht* um eine Immunisierung. Eine Immunisierung läge dann vor, wenn man die Nichtanerkennung der Widerlegung mit nicht testbaren Sätzen (sog. Ad-hoc-Sätzen) begründen würde. Das ist aber hier nicht der Fall. Wir haben eine theoretische Erklärung vorgestellt, die prinzipiell empirisch testbar ist und die den Informationsgehalt der gesamten Theorie erhöht (Popper 1972, Kapitel 5). Es wäre sogar ein Fehler, eine Theorie, die widerlegt wurde, sofort zu verwerfen. Es besteht immer die Möglichkeit, dass man falsche Randbedingungen angenommen und deshalb einen falschen Satz deduziert hat. Die Wissenschaftsgeschichte hat gezeigt, dass gerade durch die Anzweiflung der verwendeten Randbedingungen neue Entdeckungen gelungen sind. (Beispielsweise beschreibt Popper (2000), wie auf dieses Weise der Planet Neptun entdeckt wurde)

Zukünftige Forschung sollte aber diese These erneut testen und vor allem untersuchen, ob die hier verwendete Begründung für die Nichtanerkennung der Widerlegung haltbar ist.

Findet sich der zweite indirekte Effekt in den Daten? Hergeleitet hatten wir zwei Interaktionseffekte. Zum Ersten erwarten wir einen Interaktionseffekt zwischen der regionalen Identifikation und der Wahrnehmung eines Statusunterschieds zwischen Ost- und Westdeutschland auf die wahrgenommene Stabilität dieses Statusunterschieds (Hypothese 6). Zweitens erwarten wir einen Interaktionseffekt zwischen der Wahrnehmung des Statusunterschieds zwischen Ost- und Westdeutschland und der wahrgenommenen Stabilität dieses Statusunterschieds auf die Zuschreibung von Stereotypen gegenüber Ausländern (Hypothese 5).

Wie schon beschrieben, können wir diese Interaktionseffekte nicht testen, da die Variable „Wahrnehmung eines Statusunterschieds" dazu keine ausreichende Streuung aufweist. Wir können aber testen, ob die Variablen die mit der Wahrnehmung eines Statusunterschieds interagieren sollen, Effekte haben. Betrachten wir zunächst Hypothese 6: Findet sich in den Daten ein Effekt der regionalen Identifikation auf die wahrgenommene Stabilität des Statusunterschieds zwischen Ost- und Westdeutschland (siehe Abbildung VII.4.4.)?

Im Endmodell sind drei Effekte enthalten – zwei simultane und ein zeitverzögerter. Alle drei haben das erwartete Vorzeichen. Somit gilt, dass Befragte mit hoher regionaler Identifikation den von ihnen wahrgenommenen Statusunterschied zwischen Ost- und Westdeutschland als besonders stabil einschätzen[136]. Somit ist Hypothese 6 durch die Daten bestätigt.

Gleiches gilt für Hypothese 5. Im Endmodell sind zwei kräftige, simultane Effekte der wahrgenommenen Stabilität des Statusunterschieds auf die Zuschreibung von negativen Stereotypen gegenüber Ausländern enthalten. Beide Effekte haben das erwartete Vorzeichen. Außerdem finden sich zwei simultane Effekte auf die Einstellung zu Ausländern. Wird der Statusunterschied als stabil wahrgenommen, dann werden vermehrt negative Stereotype ausgebildet.

Fassen wir kurz zusammen, welche Effekte die regionale Identifikation auf die Einstellung zu Ausländern hat. In einem Mehrgleichungsmodell, in dem nur die Wirkungen der regionalen Identifikation auf das Basismodell untersucht werden (siehe Modell 1 aus Tabelle VII.4.2), hat die regionale Identifikation vier teilweise sehr starke Effekte. Durch Aufnahme der indirekten Effekte werden aber drei dieser direkten Effekte auf die Variablen des Basismodells insignifikant. Nur einer verbleibt im Modell. Das ist ein klarer Hinweis darauf, dass unsere These, dass kein direkter Effekt vorliegt, zutrifft. Der erste erwartete *in*direkte Effekt liegt nicht vor. Es findet sich zwar ein Effekt der regionalen Identifikation auf die subjektive Stärke der Mitgliedschaft in der Region. Diese hat aber keine Effekte auf die Variablen des Basismodells. Letzteres erklären wir damit, dass die von uns behauptete Bedingung für diesen Zusammenhang – nämlich dass die Befragten die Eigengruppe der Sachsen mit den Ausländern vergleichen – nicht vorliegt. Der zweite *in*direkte Effekt der regionalen Identifikation auf die Variablen des Basismodells lässt sich in den Daten sehr gut rekonstruieren. Die regionale Identifikation hat starke Effekte auf die wahrgenommene Stabilität des Statusunterschieds zwischen Ost- und Westdeutschland. Und diese hat kräftige Wirkungen auf die Variablen des Basismodells. Diese Ergebnisse sehen wir als klare Bestätigungen der vorn vorgestellten allgemeinen Theorie zur Erklärung von negativen Einstellungen zu Fremdgruppen an.

Welche Wirkungen hat die *nationale Identifikation* auf die Variablen des Basismodells? Betrachten wir dazu Tabelle VII.4.3. Dort sind alle direkten Effekte der unabhängigen Variablen auf das Basismodell zusammengefasst.

Wir hatten schon erwähnt, dass der indirekte Effekt der nationalen Identifikation auf das Basismodell, der in den Hypothesen 7 und 8 erwartet wird, hier nicht getestet werden kann, da unser Fragebogen kein Messinstrument für die

---

[136] Im Endmodell findet sich auch ein starker negativer Effekt der wahrgenommenen Stabilität des Statusunterschieds auf die regionale Identifikation (siehe Welle 2). Die hohe Stärke dieses Effektes und der Fakt, dass gleichzeitig eine starke simultane Rückwirkung besteht, lässt vermuten, dass dieser Effekt das Resultat hoher Multikollinearität ist. Stabilitätsanalysen (Mäs 2005) haben aber gezeigt, dass die Aufnahme dieses Effektes weder die Signifikanz noch die Vorzeichen der Koeffizienten anderer Effekte im Modell nicht beeinflusst. Deshalb und weil die regionale Identifikation in diesem Kapitel nur als unabhängige Variable interessant ist, haben wir diesen Effekt im Modell belassen.

subjektive Stärke der Gruppenmitgliedschaft in der Nation enthält. Liegt dieser indirekte Effekt aber vor, dann müssten wir einen direkten Effekt finden können.

Im Endmodell sind vier signifikante Effekte enthalten. Zunächst wirkt die nationale Identifikation aus der ersten Welle auf die negative Einstellung zu Ausländern der dritten Welle. Außerdem verstärkt die nationale Identifikation aus Welle 2 die negativen Stereotype aus Welle 3. Beide Effekte haben das erwartete positive Vorzeichen – die Koeffizienten sind aber nicht sehr hoch.

Weiterhin finden wir zwei simultane Effekte in der dritten Welle: Die nationale Identifikation wirkt hier sowohl auf die negativen Stereotype als auch auf die negative Einstellung. Diese beiden Effekte haben negative Koeffizienten. Das bedeutet, dass die nationale Identifikation hier eher positiv auf die Einstellung zu Ausländern wirkt.

Es finden sich also nur Effekte auf die Stereotype und die Einstellung in der dritten Welle. Außerdem sind die Effekte schwach und haben unterschiedliche Vorzeichen. Besonders im Vergleich zu den starken Effekten der regionalen Identifikation hat die nationale Identifikation sehr geringe Wirkungen. Insgesamt müssen wir feststellen, dass damit die Hypothesen 7 und 8 nicht bestätigt werden.

Wir vermuten, dass das darauf zurückzuführen ist, dass die Mitgliedschaft in der Nation für die Befragten nicht salient für die Bildung ihres Selbstbildes ist. Das könnte damit erklärt werden, dass sich Ostdeutsche noch nicht als Mitglieder der Bundesrepublik ansehen, was wiederum auf den schon angesprochenen wahrgenommenen Statusunterschied zu den Westdeutschen zurückzuführen sein könnte.

Hypothese 9 behauptet, dass die internale Kontrollüberzeugung einen Effekt auf die Variablen des Basismodells hat: Je stärker Menschen internal kontrollüberzeugt sind, desto positiver ist ihre Einstellung zu Ausländern. Im Endmodell (siehe Tabelle VII.4.3) findet sich ein signifikanter Effekt, der diese These bestätigt: In der dritten Welle liegt ein relativ schwacher simultaner Effekt mit dem erwarteten negativen Vorzeichen vor. Der Effekt der Kontrollüberzeugung auf die Einstellung zu Ausländern ist aber insgesamt gering.

Sehr deutliche Bestätigung findet sich aber für Hypothese 10. Befragte, die ihren politischen Einfluss als gering einschätzen, erhöhen ihre negative Einstellung zu Ausländern. Im Endmodell sind fünf, teilweise sehr kräftige, Effekte enthalten. Vor allem die beiden simultanen Effekte auf die Einstellung zu Ausländern in der zweiten und dritten Welle haben relativ hohe Koeffizienten. Alle Koeffizienten haben das erwartete negative Vorzeichen.

Finden wir Bestätigung für Hypothese 11? Die Unzufriedenheit mit den Lebensumständen in der Region hat eine große Zahl von Effekten auf die Variablen des Basismodells. Jedoch sind die Vorzeichen der Koeffizienten unterschiedlich. Dabei zeigt sich aber ein interessantes Muster. Im Endmodell finden sich drei negative Effekte der Unzufriedenheit mit der Region aus der ersten Welle auf die Variablen des Basismodells. Dabei handelt es sich ausschließlich um *zeitverzögerte* Effekte. In zweiten und dritten Welle findet sich jeweils ein positiver *simultaner* Effekt auf die Stereotype gegenüber Ausländern. Dieses Bild zeigt sich auch bei einfachen OLS-Regressionen (Mäs 2005). Außerdem ist das Ergebnis nicht davon abhängig, aus welcher Erhebungswelle die in den OLS-Regressionen aufgenommenen Variablen stammen. Immer finden sich starke negative zeitverzögerte und starke positive simultane Effekte. Dieses Ergebnis (insbesondere die zeitverzögerten Effekte) ist unerwartet und sollte besonders wegen seiner Robustheit und der Stärke der Effekte zukünftige Forschung nach sich ziehen. Momentan fehlt eine Erklärung für dieses Ergebnis.

Hypothese 12 behauptete einen negativen Effekt der Wahrnehmung einer Integrationsnorm auf die Variablen des Basismodells. Auch diese These wird bestätigt. Die in der dritten Welle gemessene Integrationsnorm hat einen negativen simultanen Effekt auf die negativen Stereotype. Jedoch ist auch der Effekt der Integrationsnorm relativ gering.

Drei demographische Variablen wurden zur Kontrolle aufgenommen. Das Geschlecht der Befragten hat keine direkten Effekte. Keinen direkten Einfluss hat auch die Variable „Erhebungsgebiet". Signifikante direkte Effekte hat nur das Alter der Befragten. Zwei Effekte sind im Endmodell enthalten. Jedoch haben beide Effekte relativ kleine Koeffizienten und unterscheiden sich auch in ihren Vorzeichen. Insgesamt ist also der Einfluss der demographischen Variablen gering. Auch das spricht für die Güte der vorgestellten theoretischen und statistischen Modelle.

Tabelle VII.4.3: Die Wirkungen auf die negativen Stereotype gegenüber Ausländern und die Einstellung zu Ausländern (Ausschnitt aus dem Endmodell); standardisierte Koeffizienten

	Unabhängige Variablen	Abhängige Variablen			
		Negative Stereotype		Negative Einstellung	
		Welle 2	Welle 3	Welle 2	Welle 3
Welle 1	Regionale Identifikation				,050
	Nationale Identifikation				,054
	Stabilität Statusunterschied				
	Mitgliedschaft in Region			-,064	
	Unzufriedenheit mit der Region	-,124	-,141		-,103
	Internale Kontrollüberzeugung				
	Politischer Einfluss		-,068		
	Integrationsnorm				
Welle 2	Regionale Identifikation			,128	
	Nationale Identifikation		,103		
	Stabilität Statusunterschied	,174		,116	
	Mitgliedschaft in Region				-,048
	Unzufriedenheit mit der Region	,131			
	Internale Kontrollüberzeugung				
	Politischer Einfluss	-,100	-,096	-,176	
	Integrationsnorm				
Welle 3	Regionale Identifikation				
	Nationale Identifikation		-,081		-,060
	Stabilität Statusunterschied		,218		,166
	Mitgliedschaft in Region				
	Unzufriedenheit mit der Region		,153		
	Internale Kontrollüberzeugung		-,081		
	Politischer Einfluss				-,118
	Integrationsnorm		-,084		
	Alter		-,055	,058	
	Erhebungsgebiet				
	Geschlecht				
	R^2	,325	,599	,528	,643

Anmerkungen: Alle aufgenommen Koeffizienten sind mindestens auf dem 0,5-Niveau signifikant.
n ≤ 1153

Zusammenfassung

Zunächst ist zu betonen, dass wir klare theoretische und empirische Hinweise darauf vorgestellt haben, dass die Identifikation mit Regionen nicht direkt zu negativen Einstellungen zu Ausländern führt. Wenn also Personen regionale und nationale Eigengruppen hoch bewerten, dann führt das nicht direkt zur Abwertung von Fremdgruppen. Dies wurde vor allem durch die geringen und teilweise sogar positiven statistischen Effekte der nationalen Identifikation auf die Variablen des Basismodells bestätigt.

Es lassen sich aber indirekte Effekte theoretisch begründen und auch teilweise empirisch bestätigen. Vor allem dann, wenn Menschen einen Statusunterschied zu einer Fremdgruppe wahrnehmen, führt regionale Identifikation zu mehr Abwertung von Fremden. Unsere empirischen Analysen zeigen, dass dieser Effekt umso stärker ist, je stabiler Menschen diesen Statusunterschied wahrnehmen. Statistisch hat die wahrgenommene Stabilität des Statusunterschieds die stärksten Effekte auf die negative Einstellung zu Ausländern. Daraus lässt sich eine Maßnahme zur Verminderung von negativen Einstellungen gegenüber Fremdgruppen ableiten. Zunächst sollte daran gearbeitet werden, dass Menschen geringere Statusunterschiede (zu ihren Ungunsten) zu Fremdgruppen wahrnehmen. Für die von uns befragten Sachsen bedeutet das, dass daran gearbeitet werden muss, dass sie den Statusunterschied zwischen Ost- und Westdeutschen weniger stark wahrnehmen. Vor allem ist es wichtig, dass sie diesen Statusunterschied als weniger stabil wahrnehmen. Den Menschen in Ostdeutschland muss also gezeigt werden, dass die Unterschiede zwischen Ost- und Westdeutschland in Zukunft geringer werden. Das wird positive Effekte auf ihr Selbstbild haben und sie werden Fremde positiver bewerten.

Weiterhin haben wir starke Effekte der politischen Kontrollüberzeugung gefunden. Menschen, die meinen, keinen Einfluss auf politische Entscheidungen nehmen zu können, haben deutlich negativere Einstellungen gegenüber Ausländern als Menschen mit hoher politischer Kontrollüberzeugung. Auch auf diese Wahrnehmungen kann Einfluss genommen werden.

Trotz einiger widerlegten Thesen haben sich doch die wichtigsten Hypothesen unserer Theorie bestätigt. Vor allem haben wir klare Hinweise dafür gefunden, dass die regionale Identifikation keine direkten Effekte auf die Einstellung zu Fremdgruppen hat. Das sehen wir als Bestätigung der allgemeinen Theorie an.

VIII. Resümee[137]

In diesem Kapitel wollen wir einige Probleme diskutieren, die unsere Vorgehensweise und unsere empirische Untersuchung aufwerfen. Weiter befassen wir uns mit Möglichkeiten für die weitere Forschung.

1. Theorieorientierung

Wir gehen in unserem Buch von einer klaren methodologischen Grundposition aus. Es geht uns um die theoretische Herleitung von Hypothesen und deren empirische Prüfung. Es ist uns bewusst, dass es verschiedene wissenschaftstheoretische Standpunkte in den Sozialwissenschaften gibt. Die als Positivismusstreit in die Wissenschaftsgeschichte eingegangene Kontroverse weist auf eine gewisse Verhärtung von Standpunkten hin. Wir halten es für unabdingbar, dass in den Sozialwissenschaften problemorientiert gearbeitet wird und empirisch prüfbare Hypothesen aus Theorien abgeleitet werden. Aus diesem Grund erlauben wir uns, Forschungsarbeiten, die eine grundsätzlich andere methodologische Position einnehmen, nicht in unsere Darstellung des Forschungsstandes aufzunehmen oder bei der Durchführung unserer Untersuchung zu berücksichtigen. Dies gilt dann, wenn diese alternativen theoretischen Annahmen nicht zumindest einigermaßen klar expliziert sind oder sich empirisch nicht prüfen lassen. Die Nichtberücksichtigung von Schriften alternativer Ansätze ist durchaus üblich, insbesondere auch bei Vertretern dieser alternativen Ansätze selbst, die typischerweise Arbeiten, die ihren Ansatz in Zweifel ziehen oder von anderen methodologischen Annahmen ausgehen, ignorieren.

Ein Ausweg aus dieser nicht sehr befriedigenden Position besteht darin, verschiedene methodologische Positionen miteinander zu vereinen. Dies wäre aber die Aufgabe eines spezifischen Theorienvergleichs. Dieser kann in einem Buch, das sich auf ein substantielles Problem bezieht, nicht geleistet werden.

Die Problematik eines solchen Vergleichs alternativer Positionen lässt sich bereits daraus erkennen, dass nicht wenige ehrgeizige Projekte dieser Art nur geringe Aufmerksamkeit erhielten. Das Gleiche trifft auf Forschungen zu, die zwar empirisch angelegt sind, aber, im Sinne der Bezeichnung von H. Esser, variablensoziologisch vorgehen. Wir halten es für unabdingbar, Hypothesen aus Theorien abzuleiten. Diese Vorgehensweise wird in der Literatur nicht immer einheitlich angewendet. Wir meinen damit nicht Ad-hoc-Begründungen für

---

[137] Verfasst von Michael Mäs, Kurt Mühler und Karl-Dieter Opp.

Annahmen, sondern die Verwendung einer Theorie, um aus ihr problembezogene Hypothesen abzuleiten und nach Möglichkeit diese Theorie weiterzuentwickeln. Ad-hoc-Begründungen lassen sich meist nicht zu Theorien zusammenführen, sondern bleiben isoliert in ihrem Forschungskontext gefangen.

Im vorliegenden Buch befassen wir uns mit zwei Problemen: mit den Ursachen für die Entstehung regionaler und überregionaler Identifikation und mit deren Wirkungen auf Verhalten und Einstellungen. Um für diese beiden Problemgegenstände Hypothesen zu entwickeln, greifen wir auf etablierte Theorien in den Sozialwissenschaften und der Sozialpsychologie zurück. Das bedeutet, dass wir keine spezielle Theorie der Entstehung und Wirkung regionaler und überregionaler Identifikation aufstellen, die isoliert von anderen Theorien formuliert wird.[138] Wir wollen vielmehr allgemeine sozialwissenschaftliche Theorien um ein Anwendungsgebiet erweitern und auch diese allgemeinen Theorien weiterentwickeln. In dieser Vorgehensweise – also nicht die Entwicklung spezifischer (ad-hoc-) Theorien, sondern die Anwendung und Erweiterung bestehender Theorien zur Erklärung unserer Forschungsgegenstände – sehen wir den methodologischen Kern unseres Buches.

Dies sei hier nur skizzenhaft an zwei Beispielen illustriert. In Kapitel VI beschäftigen wir uns mit der Entstehung regionaler Identifikation. Die Plausibilität bezüglich der Ursachen für die Identifikation mit kleineren Räumen verweist auf Sozialisationstheorien. Es geht uns also nicht darum, eine originäre Theorie der Entstehung regionaler Identifikation auszuarbeiten, sondern bestehende Basistheorien auf ihre Anwendbarkeit zu prüfen. Aus der Vielzahl von Sozialisationstheorien haben wir für unsere Arbeit zwei Klassen von Sozialisationstheorien unterschieden: Theorien mit dem Schwerpunkt der Internalisierung von Werten und Normen in der Primärsozialisation (Talcott Parsons, Pierre Bourdieu) einerseits und andererseits Theorien mit dem Schwerpunkt der Verhaltens- oder Einstellungsverstärkung durch intensive Interaktion (George Homans, Karl-Dieter Opp, Werner Correll). Damit sind klare theoretische Alternativen angesprochen, in deren Folge regionale Identifikation also entweder eine Orientierung darstellt, die sich im Heranwachsen eines Menschen in einer Region ausbilden kann und lebenslang erhalten bleibt, oder die den Verstärkungsprozessen einer Biographie folgt. Demzufolge wären das Vorhandensein und die Intensität regionaler Identifikation ein sich lebenslang formender Prozess. Unsere Hypothesen und deren Überprüfung leisten damit einen Beitrag zur generellen Theoriediskussion und zu einem konkreten Anwendungsgebiet einer Theorie. Darüber hinaus gilt unser Gegenstand als eine Domäne von Theorien der Primärsozialisation. Es werden also Geburt und Aufwachsen in einer Region als entscheidende Bedingungen für die Erklärung

---

[138] Früher hätte man von „Theorien mittlerer Reichweite" gesprochen.

der Entstehung und Intensität regionaler Identifikation angesehen. Es scheint, als könnten Verstärkertheorien, denen auch das Etikett anhaftet, eher etwas zur Erklärung von Kleingruppenprozessen beizutragen bzw. aufgrund der erforderlichen Lern- bzw. Verstärkungsbiographie für die Anwendung von Massendaten ungeeignet zu sein, keinen Beitrag leisten, die Entstehung regionaler Identifikation zu erklären. Wir haben versucht, einen Nachweis dafür zu erbringen, dass verstärkertheoretische Annahmen auch auf Einstellungen angewendet werden können und sich mithilfe großer Datensätze prüfen lassen.

Von praktischer Relevanz ist diese Anwendung von Sozialisationstheorien, weil damit auch ein Standpunkt zur Beurteilung der Offenheit bzw. Geschlossenheit regionaler Identifikation argumentativ entwickelt werden kann.

Im Kapitel VII prüfen wir, welche Wirkungen regionale und überregionale Identifikation auf Verhalten oder Einstellungen aufweist. Aus den dort vorgestellten Theorien soll auch hier nur ein skizzenhafter Verweis erfolgen. Von zentraler Bedeutung ist für uns die Frage, aufgrund welcher Theorie zu erwarten ist, dass „Identität" politisches Handeln beeinflusst. Unser Ausgangspunkt ist die Theorie kollektiven Handelns von Mancur Olson. Zunächst geht es hier darum, diese allgemeine Theorie kollektiven Handelns dahingehend zu prüfen, ob sie einen Erklärungsbeitrag für die Wirkung regionaler Identifikation leisten kann. Deshalb führen wir zunächst den Nachweis, dass die „Identitätshypothese" in die Theorie kollektiven Handelns integriert werden kann. In der Literatur sind, ganz generell festgestellt, zwei Annahmen sehr verbreitet, die wir versuchen weiterzuentwickeln: zum einen, dass die Wirkung von Identifikation auf Protest additiv ist, d.h. Interaktionseffekte werden selten berücksichtigt; zum anderen, dass Identifikation immer einen positiven Effekt auf Protest hat.

Zur Gewinnung von Interaktionseffekten haben wir weitere bestehende Theorien herangezogen, z.B. die Loyalitätstheorie von Albert Hirschman. Seine Annahme impliziert, dass Loyalität ein besonders starker Anreiz für Protest („voice") ist, wenn die Gruppe sich in einer problematischen Situation befindet. Mit anderen Worten, die Wirkung der Identifikation auf Protest hängt ab von dem *Ausmaß*, in dem eine Gruppe bedroht oder ungerecht behandelt wird. Dies impliziert, dass ein *Interaktionseffekt* von Identifikation und politischer Unzufriedenheit angenommen wird: die Wirkung der Identifikation auf politisches Handeln ist umso stärker, je größer die Unzufriedenheit mit der Situation der Gruppe ist. Zugleich impliziert diese Annahme die in der Literatur verbreitete Auffassung, wonach Identifikation eine positive Wirkung auf Protest aufweist. Es ist aber auch theoretisch begründbar, dass die Identifikation mit einer Gruppe nicht zu Protest führt, nämlich, wenn es sich um solidarische Gruppen handelt. Hier begründen wir im Gegenteil eine negative Wirkung.

Um es noch einmal zu verdeutlichen, es geht uns nicht in erster Linie darum, neue und spezifische Theorien zu entwickeln, die auf einen ganz bestimmten Gegenstand hin ausgearbeitet sind und vielleicht auch weiter in ihrem

Geltungsbereich eingeschränkt sind, sondern bestehende allgemeine und bewährte Theorien problemspezifisch zu konkretisieren und nach Möglichkeit zu erweitern.

Wir vertreten die Ansicht, dass dieses Vorgehen fruchtbarer ist. Zum Ersten deshalb, weil Wissenschaftler an allgemeinen Theorien interessiert sind. Sie suchen Theorien, die für möglichst alle Fälle der Realität anwendbar sind. Theorien, die nur Aussagen zu einem bestimmten Ausschnitt der Realität enthalten, sind weniger informativ.

Zweitens spricht für unser Vorgehen, dass die Anwendung von allgemeinen Theorien auf Sachverhalte, die bisher nicht mit diesen Theorien in Verbindung gebracht wurden, ein neuer Test der allgemeinen Theorie ist. Beispielsweise haben wir uns in Kapitel VII.4 mit den Wirkungen regionaler Identifikation auf die Einstellung zu Ausländern beschäftigt. Zur Herleitung unserer Hypothesen haben wir eine allgemeine Handlungstheorie, die Theorie rationalen Handelns, verwendet. Mit Hilfe dieser allgemeinen Theorie haben wir hergeleitet, dass die Identifikation mit Regionen keine direkten positiven Effekte auf die Einstellung zu Fremdgruppen hat. Diese Hypothese ist neu und widerspricht Thesen, die aus psychologischen Theorien (zum Beispiel aus der „Social Identity"-Theorie) abgeleitet wurden (eine ausführlicher Theorienvergleich findet sich bei Mäs 2005).

Indem wir die Theorie rationalen Handelns also auf einen neuen Sachverhalt angewendet haben, wurde sie gleichzeitig mit konkurrierenden Theorien konfrontiert. Dabei handelt es sich um einen strengen Test der Theorie (Popper 2002). Dass sich unsere Hypothesen dabei bewährt haben, bestätigt die allgemeine Theorie.

Interessant wäre aber auch das gegenteilige Ergebnis gewesen. Hätte sich gezeigt, dass die Theorie rationalen Handelns nicht zur Erklärung von Sachverhalten wie der Einstellung zu Ausländern beitragen kann, dann hätte man sich fragen müssen, warum das so ist. Hat man eine Begründung dafür gefunden, dann hätte man die Theorie rationalen Handelns so umformulieren müssen, dass sie doch die Ableitung „wahrer" Aussagen erlaubt. Die umformulierte Theorie würde evt. auch in anderen Bereichen der Wissenschaft bessere Vorhersagen erlauben als ihr Vorgänger. Somit wäre durch die Umformulierung ein wissenschaftlicher Fortschritt möglich gewesen.

2. Klassifikation oder Theorie?

In der Literatur zu raum- bzw. gruppenbezogenen Identifikationsprozessen sind auch Klassifikationen anzutreffen. So sind Vorschläge ausgearbeitet worden, verschiedene Kombinationen von Identifikationsebenen zusammenzufügen, etwa Personen, die sich lokal und national identifizieren, oder Personen, die sich nur mit Europa identifizieren oder mit allen Ebenen (multiple Identifikation). Weiter hat man nach empirischen Belegen für die Existenz von „Identifikationstypen" gesucht. Welchen Nutzen bergen solche Klassifikationen? Über Klassifikationen gibt es in den Sozialwissenschaften immer schon eine Kontroverse. Ein Haupteinwand besteht darin, dass sie nichts erklären, sondern einen Gegenstand lediglich ordnen, strukturieren. Wir meinen, dass dies für bestimmte Zwecke durchaus sinnvoll ist. Aber die Gewinnung von solchen Typen sollte auf einer theoretischen Grundlage geschehen. Max Weber hat z.B. seine Klassifikation der Idealtypen legitimer Herrschaft auf der Grundlage eines theoretisch hergeleiteten Legitimationsgrunds ausgearbeitet. Aufgrund dieses Kriteriums lassen sich also Typen legitimer Herrschaft unterscheiden. Der Zweck dieser Klassifikation lag in einer Warum-Frage: Warum sind Menschen bereit, sich ohne äußeren Zwang zumindest minimal einem fremden Willen unterzuordnen, Herrschaft anzuerkennen? Robert Merton entwickelte sein Anomieschema auf der Grundlage der Konstellation von verfügbaren legitimen Mitteln und kulturell akzeptierten Zielen. Auf dieser Grundlage generierte er verschiedene Typen mit je spezifischen Konstellationen. Seine Warum-Frage richtete sich darauf zu erklären, warum das Aufkommen an Devianz schichtspezifisch ungleich verteilt ist. Wir beobachten also bei diesen Klassifikationen, dass sie aus einem klaren Zweck und aufgrund eines theoretisch begründeten Kriteriums abgeleitet sind. Eine solche Vorgehensweise konnten wir bei besagten Identifikationstypen nicht feststellen. Wir haben deshalb auf eine Aufstellung von Identifikationstypen verzichtet und stattdessen eine theoretische Annahme entwickelt, die die verschiedenen Identifikationsebenen nicht als Gegensätze oder freie Kombinationsmöglichkeiten betrachtet. Wir gehen stattdessen davon aus, dass raumbezogene Identifikationen aufeinander aufbauen und von der räumlich-sozialen Aktivität eines Menschen, die er im Laufe seines Lebens entwickelt, abhängen. Unsere Daten und auch andere Untersuchungen zeigen nämlich, dass nur sehr wenige Menschen keine raumbezogene Identifikation entwickeln und dass verschiedene Ebenen raumbezogener Identifikation nicht exklusiv zueinander stehen. Darüber hinaus halten wir es für nutzbringender, die Wirkung verschiedener Ebenen räumlicher Identifikation und ihrer Beziehung zueinander auf ein bestimmtes Verhalten, z.B. Protest, zu prüfen. Dies haben wir im Kapitel VII.1 theoretisch begründet.

3. Zur Generalisierbarkeit unserer Ergebnisse

Unsere Paneluntersuchung wurde in der Stadt Leipzig und dem Mittleren Erzgebirgskreis durchgeführt. Die Befragten wurden durch Zufallsstichproben ausgewählt. Da beide Erhebungsgebiete in Sachsen liegen, könnte man meinen, dass es sich um eine sächsische Regionalstudie handelt. Ein weiterer Einwand könnte sein, dass die Untersuchung in Ostdeutschland stattfand und die ostdeutsche Mentalität eine Gültigkeitseinschränkung unserer Aussagen darstelle. Zum einen halten wir von der Auffassung, es gäbe eine spezifische ostdeutsche Mentalität, wissenschaftlich nicht sehr viel. Zum anderen geht es uns in erster Linie um die empirische Prüfung theoretisch begründeter Zusammenhänge. Diese Zusammenhänge haben wir aus allgemeinen Theorien abgeleitet. Wenn diese allgemeinen Theorien wahr sind, dann sollten unsere Aussagen auch in anderen Regionen zutreffend sein. Unser Ziel war es nun, die hergeleiteten Aussagen einem empirischen Test zu unterziehen. Dazu haben wir eine Auswahl von Personen befragt und ihre Antworten ausgewertet. Wenn sich nun zeigt, dass wir eine Aussage nicht widerlegen konnten, dann ist das als Hinweis darauf zu verstehen, dass die allgemeine Theorie wahr ist. Somit ist es zusätzlich ein Hinweis darauf, dass diese Aussage auch in anderen Regionen gilt.

Wenn jemand behauptet, dass unsere Ergebnisse bei einer anderen Stichprobe nicht aufgetreten wären, dann wird er dafür eine Begründung haben. Man sollte nun so vorgehen, dass man, ausgehend von dieser Begründung, eine Hypothese dazu formuliert, unter welchen Randbedingungen unsere Ergebnisse und unter welchen Randbedingungen andere Ergebnisse zu erwarten sind. Diese Hypothese sollte dann einem empirischen Test unterzogen werden.

Gelegentlich wird darauf verwiesen, dass die Ostdeutschen z.B. ein spezifisches Verhältnis zur deutschen Nation haben und dies ihre Identifikation beeinflusst. Der Grund sei ein wahrgenommener Ost-West-Gegensatz, weshalb in Ostdeutschland gewonnene Ergebnisse nicht oder nur sehr bedingt verallgemeinert werden können. Zunächst möchten wir feststellen, dass wir *die* Ostdeutschen für ein theoretisch unfruchtbares Konstrukt halten, ebenso wie *die* Franzosen oder *die* Bayern. Wenn z.B. durch einen Vergleich von Häufigkeitsverteilungen, und dies ist eine nicht gerade selten anzutreffende empirische Praxis, ost- und westdeutscher Befragter herausgefunden wird, dass die ostdeutschen Befragten mehrheitlich eine andere Meinung zur nationalen Identifikation haben, dann ist dies vielleicht ein demoskopisch akzeptables Resultat. Etwas ganz anderes ist es, eine solche Differenz zum Anlass zu nehmen, um von einer besonderen ostdeutschen Mentalität zu sprechen. Allerdings, so meinen wir, würden sich die meisten dieser Spezifika als instabil erweisen, wenn eine theoretisch begründete solide Drittvariablenkontrolle durchgeführt würde. So sollte z.B. stets der sozioökonomische Status bei einem solchen Vergleich kontrolliert werden.

Uns geht es darum herauszufinden, warum manche Ostdeutsche sich mit der Bundesrepublik identifizieren und andere wiederum nicht. Wir wollen die Wirkung von Mechanismen erklären, warum sich Menschen mit einer Region oder Nation identifizieren. Dafür ist es grundsätzlich unerheblich, ob es sich um Basken, Südschweden oder Ostdeutsche handelt. Wenn sich herausstellt, dass ein gefundener Zusammenhang in einer Region empirisch nicht nachweisbar ist, dann muss nach weiteren Bedingungen zur Erweiterung der angewendeten Theorie gesucht werden.

Ein anderer Einwand könnte sein, dass es spezifische Entstehungsgründe regional oder national geprägter Identifikation gibt: z.B. für militante Basken oder nationalistische Franzosen. Deshalb könne man aus den Befragungen einer Region keine Generalisierung für eine andere Region treffen. Wir sind anderer Meinung. Es gibt auch militante oder nationalistische Ostdeutsche. Wir sagen aber nicht, die Ostdeutschen sind militant oder nationalistisch, sondern wir fragen, welche Bedingungen dazu führen können. Wenn Militanz oder Nationalismus relevante Bedingungen für die Ausbildung von Identifikation darstellen, dann muss man sie auch dort prüfen können, wo sie nicht so stark ausgeprägt sind. Ausschlaggebend für uns ist eine klare Problemformulierung und die genaue Explikation zu untersuchender Zusammenhänge. Dass dabei auch kulturelle Randbedingungen modifizierende Effekte aufweisen können, ist unbestreitbar, aber daraus eine Generalisierungsschranke zu konstruieren, halten wir nicht für gerechtfertigt. Es geht also nicht darum, dass bestimmte Ergebnisse „generalisiert" werden. Die Frage ist vielmehr, ob in einer konkreten Situation bestimmte theoretisch relevante Randbedingungen vorliegen, die auch in anderen Situationen gegeben sind. Es geht also überhaupt nicht um eine „Generalisierung" von Ergebnissen.

Zusammenfassend geht es uns also darum, bestimmte Hypothesen genereller Art zu prüfen. Dabei muss immer – bei der Anwendung der Methode des Interviews – eine bestimmte Population ausgewählt werden. Diese besteht in unserem Falle aus den Bewohnern von Leipzig und dem Mittleren Erzgebirgskreis. Ob unsere Ergebnisse für andere Gruppen gelten, hängt davon ab, ob in diesen Gruppen die gleichen Randbedingungen wie bei unserer Stichprobe vorliegen.

Damit haben wir die Frage behandelt, ob unsere Ergebnisse auch auf andere Regionen übertragbar sind. Es stellt sich aber weiterhin die Frage, ob sie auch auf andere Arten von sozialen Gruppen übertragbar sind. Beispielsweise identifizieren sich Menschen auch mit Fußballvereinen, politischen Parteien oder Religionsgruppen. Erlaubt unsere Studie auch Aussagen zu den Ursachen und Wirkungen der Identifikation mit diesen Gruppen? Wieder können wir darauf verweisen, dass wir unsere Hypothesen aus allgemeinen Theorien abgeleitet haben. Diese allgemeinen Theorien erlauben Aussagen zu allen Arten von sozialen Gruppen. Liegen in anderen Gruppen die gleichen Randbedingungen vor, wie bei den hier untersuchten regionalen Gruppen, dann erwarten wir dementsprechend dort die gleichen Zusammenhänge wie die, die in diesem Buch beschrieben wurden. Wieder gilt, dass die Bestätigung unserer Hypothesen ein Hinweis darauf ist, dass die allgemeine Theorie wahr ist. Somit ist das auch ein Hinweis darauf, dass in anderen Gruppen die gleichen Hypothesen bestätigt werden würden, wenn man dort eine vergleichbare Studie durchführt.

4. Die Auswahl der Messinstrumente

Wir haben uns dafür entschieden, die einschlägige Literatur sowie Skalendatenbanken daraufhin zu prüfen, ob sie Instrumente enthalten, die für die Operationalisierung unserer Hypothesen geeignet sind. Von besonderer Wichtigkeit ist dabei die empirische Erhebung von regionaler und überregionaler Identifikation. Deshalb setzen wir uns in Kapitel III besonders intensiv und umfassend mit international und national angewendeten Instrumenten zur Messung von Identifikation auseinander.

Bei der Konstruktion der Instrumente geht es uns nicht darum, neue Interviewfragen auszudenken und möglichst ein eigenes Instrument zu verwenden. Auch hier setzen wir auf Bewährtes, sofern es einer kritischen theoretischen Auseinandersetzung standhält. Nicht zuletzt haben wir uns an dem Ziel orientiert, eine Vergleichbarkeit mit anderen Untersuchungen zu ermöglichen. Leider mussten wir feststellen, dass bei den existierenden empirischen Untersuchungen zu verschiedenen Ebenen raumbezogener Identifikation eine sehr große Heterogenität der Instrumente besteht. Das finden wir bedauerlich, weil damit die verschiedenen empirischen Ergebnisse nebeneinander stehen und nicht miteinander verglichen werden können. Auch eine Hypothesenprüfung mit verschiedenen Datensätzen ist leider nicht möglich.

5. Weitere Forschung

Bereits wenn man mit der Auswertung einer Untersuchung beginnt und erst recht wenn man ein Buchmanuskript fertig gestellt hat, weiß man, was man hätte besser machen können. In diesem Abschnitt wollen wir auf einige Möglichkeiten hinweisen, die Forscher bei künftigen Untersuchungen berücksichtigen könnten.

Wie lang sollten die Abstände zwischen Panelwellen sein?

Bei der Konzipierung unserer Studie bestand ein wichtiges Problem darin festzulegen, wie lang der Abstand zwischen den einzelnen Erhebungen unseres Panels sein soll. Weder die Literatur noch Gespräche mit Kollegen ergaben hierzu verlässliche Informationen. In einer Reihe von Paneluntersuchungen zu politischem Protest haben wir ungefähr zwei Jahre als Abstand gewählt. Dieser Abstand hatte aber eher praktische Gründe. So wird man die Daten einer Welle erst gründlich auswerten wollen, um evtl. den Fragebogen für die nächste Welle durch neue Fragen zu erweitern. Diese Auswertung und die Konzipierung des neuen Fragebogens kosten Zeit. Zuweilen ist auch noch die Zeit für eine neue Antragstellung zu berücksichtigen. Insgesamt ist dabei ein Abstand von ca. zwei Jahren zwischen den Wellen eines Panels zweckmäßig. Ist aber ein solcher Abstand auch für den Test unserer Hypothesen sinnvoll?

Fragen wir zunächst warum der „richtige" zeitliche Abstand zwischen Panelwellen wichtig ist. Angenommen, wir erheben die Werte der unabhängigen Variable X zu t_1 – dies sei die Variable X_{t1}. Ein Beispiel sei die Unzufriedenheit mit den Lebensverhältnissen in der Region. In der ersten Welle des Panels werden also die Werte von X erhoben. Diese Variable wirke nun zum Zeitpunkt t_2 auf die abhängige Variable Y (d.h. auf Y_{t2}) – z.B. auf Protest. Nun verändere sich X zu t_3 durch den Einfluss von Drittvariablen, d.h. es liege X_{t3} vor. Bei diesen Drittvariablen könnte es sich u.a. um die Ansiedlung neuer Firmen in der Region handeln, die zur Entstehung von Erwartungen eines wirtschaftlichen Aufschwungs in der Region beiträgt. Dies führt zu einer Veränderung von Y zu t_4, d.h. zu Y_{t4}. Die Verringerung der Unzufriedenheit könnte z.B. zu einer Verringerung von Protest führen. Dies sei der Messzeitpunkt der zweiten Panelwelle. Abbildung VIII.1 stellt diese kausale Struktur dar.

Das Problem besteht nun darin, dass sich X_{t3} durch die Wirkung von Variablen Z so verändern könnte, dass keine positive Korrelation zwischen X_{t1} und Y_{t4} mehr vorliegt. So könnten die statistischen Analysen zeigen, dass hohe Unzufriedenheit mit der Situation in der Region zu geringem Protest führt. Es wäre also denkbar, dass sich X zu Zeitpunkt 3 so ändert, dass sich eine negative Korrelation ergibt. In diesem Beispiel liegt also faktisch eine positive kausale Wirkung einer Variable X auf eine Variable Y vor; aber durch die gewählten Messzeitpunkte und aufgrund der Änderungen von X innerhalb der Messperiode wird der positive kausale Effekt nicht ermittelt, sondern überhaupt kein Effekt oder sogar ein negativer Effekt. Diese Probleme treten nicht auf, wenn (1) die Daten der zweiten Welle zum Zeitpunkt t_2 gemessen werden oder wenn (2) die Werte von X im Zeitablauf konstant bleiben oder sich (3) in der Weise verändern, dass die tatsächlichen kausalen Effekte auch ermittelt werden.

Abbildung VIII.1: Probleme beim zeitlichen Abstand zwischen Panelwellen, demonstriert an einem Beispiel

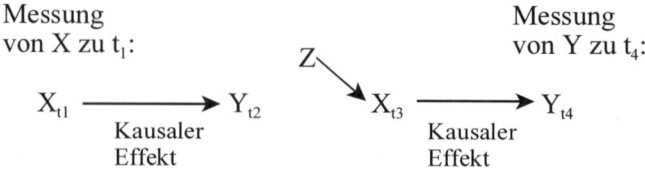

Problem: X_{t3} könnte sich durch den Einfluss von Drittvariablen Z so verändern, daß X_{t1} und Y_{t4} nicht mehr positiv korrelieren.

Um solche Probleme in unserer Untersuchung zu vermeiden, müssten wir wissen, ob sich unsere unabhängigen Variablen zwischen den Messzeitpunkten so verändert haben, dass die Datenanalysen zu verzerrten Ergebnissen führen. Solche Informationen liegen jedoch nicht vor.

Eine Hypothese über mögliche Veränderungen der unabhängigen Variablen innerhalb zweier Messzeitpunkte könnte sein, dass Änderungen der unabhängigen Variablen umso wahrscheinlicher sind, je länger die Zeitabstände zwischen den Messungen sind. Aufgrund dieser Hypothese haben wir die Abstände zwischen den Wellen variiert: der Abstand zwischen Welle 1 und 2 beträgt zwei Jahre, der zwischen Welle 2 und 3 nur 1 Jahr. Die genannte Hypothese ist insofern bestätigt, als die Stabilitäten zwischen Welle 1 und 2 insgesamt schwächer sind als zwischen Welle 2 und 3 (siehe Kapitel IV, Tabelle IV.2). Aber unsere Analysen in den anderen Kapiteln zeigen nicht, dass sich Ergebnisse der Panelanalysen von Welle 1 und 2 einerseits und Welle 2 und 3 andererseits systematisch unterscheiden. „Systematisch" bedeutet, dass die Effekte zwischen zwei unterschiedlichen Variablen im einen Fall (zwischen Welle 1 und 2) z.B. generell stärker oder schwächer als im anderen Fall (zwischen Welle 2 und 3) sind.

Wenn tatsächlich kurze Perioden zwischen Messzeitpunkten zu bevorzugen sind, entsteht folgendes Problem. Sind die Veränderungen zwischen den Messzeitpunkten zu gering, dann bedeutet dies, dass die Stabilitäten sehr hoch sind. So beträgt die bivariate Korrelation zwischen Regionalismus in Welle 2 und 3 0,72 (Tabelle IV.2). Bei so hohen Korrelationen bleibt für die anderen Variablen nicht mehr viel Varianz, die erklärt werden kann.

Vielleicht wäre ein geeigneter Untersuchungsplan, dass man wartet, bis ein „kritisches Ereignis" auftritt, bei dem sich die Werte einer Reihe von unabhängigen Variablen für ein Explanandum relativ stark ändern. Ein Beispiel ist der Reaktorunfall in Tschernobyl am 26.4.1986. Dieser änderte vermutlich eine Reihe von Anreizvariablen, die für Proteste von Bedeutung sind. Man könnte dann nach dem Auftreten des Ereignisses in kurzen Zeitabständen ermitteln, wie sich die Werte der abhängigen Variablen – im Beispiel Protestverhalten – ändern (wobei gleichzeitig die Werte der unabhängigen Variablen ermittelt werden). Allerdings dürfte es schwierig sein, solche Situationen zu finden und rechtzeitig einen Forschungsantrag für ein entsprechendes Panel genehmigt zu bekommen.

Vielleicht lässt sich aber auch gar keine generelle Regel für den Abstand zwischen Messzeitpunkten aufstellen. Dies dürfte dann der Fall sein, wenn z.B. bei einem kritischen Ereignis nach der Änderung bestimmter unabhängiger Variablen die Effekte bei unterschiedlichen Gruppen unterschiedlich lange dauern. So werden bei einem Reaktorunfall bestimmte Gruppen sofort demonstrieren. Andere Gruppen werden erst dann an Demonstrationen teilnehmen, wenn bereits große Demonstrationen stattgefunden haben. Um mit diesem Problem umgehen zu können, müsste man Theorien zur Schnelligkeit von Effekten entwickeln. Solche Theorien liegen heute aber nicht vor.

Eine realistische Lösung des Problems der Zeitabstände könnte deshalb darin bestehen, dass man Wellen mit langen und relativ kurzen Zeitabständen erhebt. In unserem Falle wäre vielleicht noch eine nächste Welle mit einem noch kürzeren Zeitabstand – etwa einem halben Jahr – sinnvoll gewesen. Sodann müssten Hypothesen darüber entwickelt werden, welche der gefundenen Effekte zwischen den Wellen den tatsächlichen kausalen Beziehungen entsprechen.

Wir haben versucht, das Problem der Zeitabstände mit statistischen Mitteln zu lösen. Wir haben in Kapitel III.6 beschrieben, dass Effekte, die sehr kurzfristig wirken, durch die Aufnahme von simultanen Effekten in die statistischen Modelle getestet werden können. Somit können Wirkungen, die zwischen den Erhebungswellen auftraten und nicht von uns erfasst werden konnten, trotzdem in die statistischen Modelle aufgenommen werden.

Aber die Einbeziehung simultaner unabhängiger Variablen ist nur die zweitbeste Lösung. Wenn kausale Effekte vorliegen, dann möchte man diese über zeitverzögerte Wirkungen ermitteln. Somit ist das zwar eine elegante Lösung, das eigentliche Problem der Zeitabstände ist dadurch aber noch nicht gelöst. Der Umstand, dass in unseren statistischen Modellen relativ viele simultane Effekte vorkommen, deutet darauf hin, dass die Abstände zwischen den Erhebungswellen in zukünftigen Studien verkleinert werden sollten.

Alternative Messungen von „Identifikation"

Im vorangegangenen Abschnitt 4 wurde ausgeführt, dass die Begriffe „Identifikation" oder auch „Identität" in sehr unterschiedlicher Weise gemessen werden (Kapitel III.4). Weiter sagten wir, dass wir es nicht für sinnvoll halten, ein weiteres, neues Messinstrument zu erfinden, sondern es vorziehen, eine „bewährte" Operationalisierung zu verwenden. Inwieweit hat sich unsere Messung bewährt? Man kann argumentieren, dass es sich bei unserem Identifikationsbegriff um eine Einstellung handelt; zur Erklärung der Entstehung und Wirkungen von Einstellungen gibt es gut bestätigte Theorien; somit ist also unser Begriff der Identifikation theoretisch fruchtbar. Dies schließt aber nicht aus, dass andere Begriffe ebenfalls theoretisch fruchtbar sind. So ist eine Variable der Fishbein-Ajzen-Theorie die Verhaltensabsicht. Entsprechend wäre es ebenfalls theoretisch fruchtbar, wenn man z.B. „Identifikation" als Absicht, sich für die Ziele eine Gruppe einzusetzen, definiert.

Sind also verschiedene Begriffe der Identifikation oder Identität theoretisch fruchtbar? Die Forschung zeigt, dass Einstellungen Verhalten relativ schlecht erklären, dass aber die Verhaltensabsicht mit dementsprechenden Verhalten normalerweise relativ eng korreliert. Entsprechend könnte man sagen, dass „Identifikation", verstanden als Absicht, die Ziele einer Gruppe zu fördern, theoretisch fruchtbarer in dem Sinne ist, dass mehr erklärt wird.

Wie ist die theoretische Fruchtbarkeit anderer Begriffe, die in dem genannten Kapitel III.4 diskutiert wurden, zu beurteilen? Es wäre zu prüfen, inwieweit diese Begriffe Bestandteile von Theorien sind und welche Voraussagen sie vermutlich erlauben. Eine solche Diskussion fehlt bisher.

Die Messung negativer Identifikation

Wir haben regionale und überregionale Identifikation so gemessen, dass sich eine Person von „sehr stark" bis „sehr schwach" als Europäer etc. fühlen kann, und dass eine Person von „sehr stolz" bis „überhaupt nicht stolz" sein kann, Europäer etc. zu sein (siehe Kapitel III). Allgemein gesagt, haben wir gemessen, inwieweit man sich mehr oder weniger stark mit einer Region identifiziert. D.h. die Identifikation kann positiv sein oder nicht vorliegen. Inwieweit Personen aber eine *negative Identifikation* – d.h. eine *Distanzierung* von Gruppen - entwickelt haben, wurde nicht gemessen.

Wie könnte eine solche Identifikation gemessen werden? Mit den beiden genannten Arten von Antwortkategorien dürfte dies kaum möglich sein. Man kann sich nur mehr oder weniger als Mitglied einer Gruppe fühlen, oder nur mehr oder weniger stolz sein, Mitglied zu sein. Ein „negatives" Gefühl oder ein „negativer" Stolz ist sprachlich nicht möglich. Für die Messung von negativer Identifikation müssten also andere Antwortkategorien verwendet werden. So könnte man Befragte bitten anzugeben, inwieweit sie es mehr oder weniger *schlimm* finden, Leipziger, Erzgebirger, Deutscher etc. zu sein. Eine andere Möglichkeit ist zu fragen, wie *zufrieden bzw. unzufrieden* man ist, Leipziger, Erzgebirger, Deutscher etc. zu sein. Diese Antwortskala hätte den Vorteil, dass man sowohl positive als auch negative Identifikation auf derselben Skala erfasst.

Es wäre wichtig, in künftigen Untersuchungen nicht nur positive, sondern auch negative Identifikation zu messen. Vielleicht sind die Wirkungen der Identifikation mit regionalen Gruppen stärker, wenn wir Skalen verwenden, die auch einen negativen Pol haben können. Die relativ hohen Mittelwerte bei den Identifikationsskalen, die in Kapitel IV berichtet wurden, deuten aber darauf hin, dass die von uns befragten Personen vor allem positive Identifikationen haben.

Wie definieren Personen regionale Kategorien?

Wir haben in Kapitel I über die Ergebnisse einer Vignettenanalyse berichtet, mit der ermittelt wurde, unter welchen Bedingungen Befragte eine Person als „deutsch" einstufen. Ein interessantes Ergebnis war, dass Befragte diesen Begriff keineswegs einheitlich verwenden. Es wäre weiter von Interesse, ob dies auch der Fall bei anderen Regionenbegriffen wie „Europäer" oder „Sachse" ist. Der faktorielle Survey ist für die Ermittlung der Bedeutung solcher Begriffe unseres Erachtens eine geeignete Methode.

Dabei ist eine weitere Frage wichtig, die wir nicht beantwortet haben: warum verwenden Personen eine Kategorie in bestimmter Weise? Warum betrachten viele als „deutsch" z.B. eher solche Personen, die durch Geburt mit einem Land verbunden sind, während andere das Kriterium der Integration in die Gruppe (etwa Beherrschung der deutschen Sprache) verwenden? Es müsste weiter genauer diskutiert werden, ob es in einer wissenschaftlichen Arbeit wirklich legitim ist, einfach von der Definition der Befragten auszugehen, ohne zu wissen, wie genau diese regionalen Kategorien verwendet werden. Würde sich an den theoretischen Hypothesen und an deren Überprüfung etwas ändern, wenn wir über genauere Informationen darüber verfügten, wie welche Befragten Begriffe wie „deutsch" oder „sächsisch" verwenden?

Wie wirkt die europäische Identifikation auf das „Überleben" von Europa?

Wir haben im Vorwort Politiker zitiert, die der europäischen „Identität" eine zentrale Bedeutung für das Zusammenwachsen und den Bestand von Europa zuschreiben. Wir haben diese Äußerungen dahingehend kritisiert, dass Begriffe wie „Überleben" oder „Handlungsfähigkeit" so unklar sind, dass die entsprechenden Behauptungen nicht prüfbar sind. Hierzu müssten also die genannten Begriffe präzisiert werden.

Vielleicht besteht aber eine Möglichkeit, diese Begriffe so zu präzisieren, dass sich testbare Hypothesen ergeben. Wie wir andeuteten, ist ein Mechanismus, der von der Identifikation der Bürger zum „Überleben" von Europa führt, der Einfluss von Meinungen der Bevölkerung über Europa auf die Entscheidungen von Regierungen, in den Aufbau von Europa zu investieren; denn Begriffe wie das „Überleben" oder die „Handlungsfähigkeit" von Europa hängen definitorisch von bestimmten Entscheidungen von Regierungen ab. Gehen wir davon aus, dass Regierungen das Ziel haben, wiedergewählt zu werden und somit eine möglichst große Unterstützung ihrer Bürger wünschen. Wenn nun die Meinung der Bürger zu Europa relativ positiv ist, dann besteht für Regierungen ein Anreiz, sich stärker für Europa einzusetzen. D.h. Politiker werden die Wünsche der Bürger zu Europa aufgreifen. Dies wäre eine Präzisierung der These, dass die Identifikation der Bevölkerung mit Europa z.b. für ein „Überleben" von Europa von Bedeutung ist. „Überleben" und ähnliche Begriffe werden aber hier genauer verstanden als Investition von Regierungen in Europa (z.B. in Form finanzieller Beiträge zu Europa oder die Formulierung von Initiativen zu der Veränderung der Politik europäischer Institutionen).

Ist die These, dass die Meinungen der Bevölkerung zu Europa von Regierungen umgesetzt werden, wirklich zutreffend? Die Frage ist, wie groß Regierungsmitglieder den Zuwachs an Unterstützung einschätzen, der durch Investitionen in Europa gewonnen werden kann. Vielleicht gibt es andere Möglichkeiten, Wählerunterstützung zu gewinnen?

Es wäre interessant, dieser Frage durch weitere theoretische Überlegungen und empirische Forschungen nachzugehen. Eine Möglichkeit bestünde darin, Länder mit unterschiedlichen Einstellungen der Bevölkerung (die z.B. durch das Eurobarometer ermittelt werden könnten) daraufhin zu untersuchen, inwieweit Regierungen dieser Länder in Europa investieren. Dabei müsste versucht werden, die Einschätzung von Regierungen über die Wichtigkeit der Europafrage zu ermitteln. Vielleicht gibt es ja – wie im deutschen Politbarometer – Untersuchungen zur Wichtigkeit einzelner Problembereiche (etwa Arbeitslosigkeit, Umweltschutz und Europa) aus der Sicht der Bevölkerung. Ausgehend von solchen Umfragen wäre dann die Bedeutung der Einstellungen der Bevölkerung für Regierungsentscheidungen zu gewichten.

Die Wirkungen der sozialen Netzwerke

Unsere theoretischen und empirischen Untersuchen haben gezeigt, dass soziale Netzwerke einen starken Einfluss auf die Höhe der Identifikation mit Regionen haben. Nun wäre aber auch ein Effekt in umgekehrter Richtung plausibel. Es könnte doch sein, dass Menschen, die sich stark mit einer bestimmten Region identifizieren, auch bevorzugt soziale Beziehungen zu Menschen aufbauen, die sich mit der gleichen Region identifizieren (Byrne 1971; Byrne 1997; Lazarsfeld und Merton 1954; McPherson, Smith-Lovin und Cook 2001). Aus diesen beiden Mechanismen könnte sich ein Prozess entwickeln, der zu einer Gruppenbildung führt. Diese Gruppen bestehen jeweils aus Personen, die sich sehr stark mit ihrer Gruppe identifizieren und weniger stark mit anderen Gruppen. Es liegen bereits einige formale Modelle vor, die solche Prozesse beschreiben. Das bekannteste dürfte das Modell von Axelrod (1997) sein. Mit diesen Modellen wird untersucht, unter welchen Bedingungen solche Gruppen entstehen. Damit kann man auch Thesen dazu entwickeln, unter welchen Bedingungen die Kontakte zwischen Mitgliedern unterschiedlicher Gruppen abbrechen und als eine Folge Konflikte zwischen diesen Gruppen entstehen.

In diesen Modellen wurde bisher nicht betrachtet, welche Effekte die Identifikationen mit Gruppen haben. Besonders interessant wäre dies bei sozialen Gruppen, die sich überschneiden. Dies ist bei den hier untersuchten Regionen der Fall, denn Sachsen ist zum Beispiel ein Teil der Bundesrepublik und diese ein Teil von Europa. Nun könnte man erwarten, dass zum Beispiel die Identifikation mit sehr kleinen Regionen (Leipzig/Erzgebirge) die Gruppenbildung fördert. Hingegen könnte die Identifikation mit großen Gruppen (Bundesrepublik) die Gruppenbildung verlangsamen.

Leider konnten solche Hypothesen hier nicht getestet werden, da wir die sozialen Netzwerke in unserer Befragung nur sehr grob gemessen haben. Die umfassende Erhebung von sozialen Netzwerken ist sehr aufwendig und hätte einen anderen Forschungsplan erfordert. Die Untersuchung von Gruppenbildungen als Wirkung der Identifikation mit bestimmten regionalen Gruppen wäre aber eine wichtige Frage für die künftige Forschung.

IX. Anhang: Skalenbildung[139]

Im folgenden Abschnitt werden alle von uns gebildeten und in den einzelnen Kapiteln verwendeten Skalen noch einmal ausführlicher erläutert. Zuerst legen wir dar, wie wir die Identifikationsskalen bildeten, danach werden die übrigen Skalen behandelt. Um die Skalen leicht auffinden zu können, werden diese alphabetisch angeordnet. Die verwendeten Skalen sind mit jenen Bezeichnungen, die in den Modellen, Tabellen und den einzelnen Kapiteln Verwendung finden, hier kursiv – sowohl in den Überschriften als auch in den textlichen Verweisungen – geschrieben. Weiter werden in den einzelnen Kapiteln die jeweils verwendeten Skalen in Form von Tabellen zusammengefasst.

Generell haben wir die Indikatoren, aus denen eine Skala bestand, addiert und durch die Anzahl der Indikatoren dividiert. Alle Skalen wurden einer Faktorenanalyse oder Hauptkomponentenanalyse unterzogen. Auch die Reliabilitäten wurden ermittelt. Aus Raumgründen werden jedoch diese Ergebnisse nicht präsentiert.

Dieses Kapitel ist zum großen Teil identisch mit Kapitel X des ersten Bandes zu unserer Studie (Mühler und Opp 2004). D.h. in der ersten Welle, auf der dieser Band basiert, haben wir weitgehend dieselben Skalen wie bei der Panelanalyse verwendet.

1. Arten regionaler und überregionaler Identifikation

Da die Messung unserer zentralen Variablen ausführlich in Kapitel III behandelt wurde, wird sie hier nur kurz zusammengefasst. Wir unterscheiden fünf verschiedene Arten der Identifikation mit regionalen Gruppen, und zwar mit Leipzig oder dem Mittleren Erzgebirgskreis, mit Sachsen, Ostdeutschland, der Bundesrepublik und Europa. Jede dieser fünf Skalen setzt sich additiv aus zwei Skalen zusammen. So misst eine Skala, ob sich jemand als Erzgebirger fühlt und die andere, ob er stolz darauf ist, Erzgebirger zu sein. Beide Indikatoren wurden zu einer Skala zusammengefügt. Die fünf Identifikationsskalen bestehen also jeweils aus zwei Indikatoren. Diese Vorgehensweise ist sinnvoll, weil, wie in Kapitel III ausführlich gezeigt wurde, die beiden Indikatoren („fühlen als" und „stolz sein"), eng miteinander korrelieren. Die Bildung dieser Skalen ist weiter sinnvoll, weil jede dieser fünf Identifikationsebenen ein wichtiges Explanandum darstellt: ein zentrales Anliegen dieses Buches ist es, die Ursachen regionaler

---

[139] Verfasst von Michael Mäs, Kurt Mühler, Karl-Dieter Opp und Ralph Richter.

und überregionaler Identifikation und die Wirkungen dieser Identifikationen zu erklären.

Konkret wurde jede dieser fünf Skalen so gebildet, dass für jeden Befragten die Werte der beiden Skalen (fühlen als und stolz sein) addiert und durch zwei dividiert wurde. Hat der Befragte z.B. bei der ersten Frage den Wert 3 und bei der zweiten Frage den Wert 5 angegeben, dann wird ihm der Wert 4 zugeordnet. Bei der Skalenbildung haben wir für jede der beiden Interviewfragen die Antworten so rekodiert, dass „sehr stark" und „sehr stolz" jeweils den höchsten Wert 5 erhielten; den Kategorien „sehr schwach" und „überhaupt nicht stolz" wurde der Wert 1 zugeordnet. Die übrigen Kategorien erhielten dazwischen liegende Werte. Hohe Werte bedeuten also hohe Identifikation.

Auf diesen fünf Skalen basierend haben wir zwei weitere Skalen gebildet: die Skala *regionalistische* und die Skala *kosmopolitische Orientierung* bzw. *Identifikation* oder, gleichbedeutend, *Regionalismus* und *Kosmopolitismus*. Die Regionalismus-Skala wurde konstruiert, indem für jeden Befragten die Werte der ersten sechs Indikatoren (also der Fühlen-als- und Stolz-sein-Indikatoren für Leipzig/Mittlerer Erzgebirgskreis, Sachsen und Ostdeutschland) addiert und durch sechs dividiert wurden. Die Kosmopolitismus-Skala haben wir in derselben Weise aus den Indikatoren, die sich auf Deutschland und Europa bezogen, gebildet.

Die *Wichtigkeit Sachse zu sein* wurde mit einer Interviewfrage ermittelt. Dabei ging es um die Einschätzung, ob es für jemanden überhaupt eine Rolle spielt, Sachse zu sein. Die Frage enthält keine weiteren Erläuterungen, außer dass es für manche Menschen wichtig sein kann, dass man sie als Bayer, Rheinländer oder Sachse bezeichnet.

Eine weitere Skala misst, mit welcher Intensität ein Befragter Sachsen als Heimat bezeichnet. Die Variable *Sachsen als Heimat* wird im Zusammenhang mit der Prüfuung von Hypothesen zu den Ursachen regionaler Identifikation verwendet. Mit dieser Variablen sollen Aufschlüsse darüber erhalten werden, ob der gleiche Entstehungsmeachnismus, der zur Steigerung der Intensität regionaler Identifikation führt auch entscheidend für die Verursachung des Heimatgefühls ist.

2. Die Messung der übrigen Variablen

Aufgewachsen in Sachsen

Der Erhebungszusammenhang dieser Variablen wird unter *Wohndauer und Sozialisation* dargestellt. Hier wird die Skalenkonstruktion erläutert. Es wurde direkt danach gefragt, wo der Befragte die meiste Zeit bis zu seinem 15. Lebensjahr verbracht hat. Es sollte der Ort sowie das Bundesland oder Land angegeben werden. Rekodiert wurde die Variable danach, ob ein Befragter in Sachsen aufgewachsen ist (1) oder nicht (0). Mit der frühen Sozialisation in Sachsen, vorausgesetzt, es haben sich positive Assoziationen mit dem regionalen Kindheitsmilieu ausgebildet, verbinden wir die Annahmen, dass sich sowohl die Intensität regionaler Identifikation verstärkt als auch die Mobilitätsabsicht verringert.

Beruflicher Erfolg

Selbst wenn eine negative Einschätzung des Funktionierens der Institutionen in der Bundesrepublik beobachtbar ist, nehmen wir an, dass der Effekt auf die Diskriminierungswahrnehmung durch beruflichen Erfolg vermindert werden kann. Wir vermuten also, dass die Variablen des beruflichen Erfolgs eine andere Wirkungsrichtung auf Diskriminierungswahrnehmung aufweisen. Operationalisiert wird Berufserfolg durch den Prestigewert (Magnitude-Prestigeskala) des ausgeübten bzw. zuletzt ausgeübten Berufs. Der Prestigewert kann im Prinzip als komplexer Indikator für Berufserfolg bezeichnet werden. Er enthält implizit neben dem sozialen Ansehen sowohl Aspekte der Bildung als auch des Einkommens. Verwendet werden die Skalenwerte der angegebenen Berufe aus der Magnitude-Prestigeskala von Wegener (Wegener 1988). Eine Besprechung der Konstruktion unter Einbeziehung eines Vergleichs mit anderen verbreiteten Prestigemessungen nimmt Wolf vor (Wolf 1995). Wir vermuten: je erfolgreicher jemand ist, desto wahrscheinlicher fühlt er sich nicht diskriminiert.

Einstellungen zu Europa

Mit der Skala Entwicklung der Europäischen Union wird die Bewertung der bisherigen Entwicklung der Europäischen Union gemessen. Das geschieht auf einer 5stufigen Skala (1) sehr schlecht und (5) sehr gut. In einer weiteren Skala wird danach gefragt, ob die Einigung Europas schon zu weit gegangen sei oder noch nicht weit genug gegangen ist. Schließlich wurde danach gefragt, ob es für den Befragten bedauerlich wäre, wenn morgen berichtet würde, dass die Europäische Union gescheitert ist.

Diese drei Variablen sowie Variablen aus der *Positiven Bewertung europäischer Institutionen* sowie *Positive Bewertung europäischer Politik* werden im Kapitel VI. einzeln als Einstellungen der Befragten zu Europa verwendet. Mit Hilfe dieser Skalen sollen Aufschlüsse darüber gewonnen werden, ob sich empirisch zwei alternative Varianten regionaler Identifikation nachweisen lassen.

Erreichbarkeit

Die Variable misst die Erreichbarkeit von Personen in ihrer Wohnung. Die additive Skala beruht auf drei demografischen Variablen. Erstens enthält sie die Angabe, ob eine Person in einem Ein-, Zwei- oder Mehrpersonenhaushalt lebt, zweitens, welchen Familienstand sie hat und drittens, ob sie in der Stadt oder in einem ländlichen Lebensumfeld lebt. Aus der Literatur über die Ausfälle von Befragten wird die Annahme übernommen, dass ledige Städter, die alleine wohnen, schwerer erreichbar sind als verheiratete Landbewohner in Mehrpersonenhaushalten.

Erwartung von Mitarbeit in regionalen Gruppen

Der Erhebungszusammenhang der Skala ist erläutert unter *Sachsenspezifische Erwartungen*. Hier wird die Skalenkonstruktion erläutert. Die Skala geht aus der Frage nach Erwartungen von für den Befragten wichtigen Personen hinsichtlich seiner Mitarbeit in regionalen Vereinen hervor. Die Skalenwerte reichen von (1) in sehr geringem Maße oder überhaupt nicht bis (5) in sehr hohem Maße (es erfolgte eine Rekodierung der ursprünglichen Variable).

Externe Kontrollüberzeugung

Siehe Interne und externe Kontrollüberzeugung

Externe berufliche Orientierung

Eine Interviewfrage lautet: „Haben Sie in den letzten vier Wochen Angebote für eine Stelle außerhalb von Sachsen gelesen?" Zwei Antwortmöglichkeiten wurden vorgegeben: nein (Kodierung 0) und ja (Kodierung 1).

Geboren in Sachsen

Der Erhebungszusammenhang dieser Variablen wird unter *Wohndauer und Sozialisation* dargestellt. Hier wird die Skalenkonstruktion erläutert. Es wurde direkt nach dem Geburtsort sowie nach dem Bundesland bzw. Land gefragt. Rekodiert wurde die Variable danach, ob ein Befragter in Sachsen geboren wurde (1) oder nicht (0). Mit dieser Variablen verbinden sich vor allem die Annahmen, dass dann, wenn der Geburtsort in Sachsen liegt, mit einer verstärkenden

Wirkung auf die regionale Identifikation und mit einer Verringerung der Mobilitätsabsicht zu rechnen ist.

Gute wahrgenommene örtliche Lebensbedingungen

Der Erhebungszusammenhang der Skala und deren Konstruktion sind erläutert unter *Zufriedenheit mit den Lebensverhältnissen am Ort*.

Hohes Anspruchsniveau an die Lebensbedingungen

Der Erhebungszusammenhang der Skala und deren Konstruktion sind erläutert unter *Zufriedenheit mit den Lebensverhältnissen am Ort*.

Institutionenalternative

Diese Variable wurde erhoben, indem danach gefragt wurde, ob die Befragten den Sozialismus für eine im Grunde gute Idee halten, die lediglich schlecht verwirklicht wurde. Die Skalierung der Variable war identisch mit den Fragen zur politischen Entfremdung (siehe hierzu weiter unten).

Integration in soziale Netzwerke / soziales Kapital

Das Ausmaß, in dem eine Person in soziale Netzwerke eingebunden ist, kann sowohl seine regionale Identifikation verstärken als auch deren Mobilitätsabsicht verringern. Es ist anzunehmen, dass dann, wenn *Verwandte* und *Freunde* am Ort wohnen, wenn man gute *Beziehungen zu Nachbarn* und *Arbeitskollegen* hat und wenn man in vielen *Gruppen Mitglied* ist, der Nutzen, in der Region zu bleiben, hoch ist. Wir erwarten also, dass die Intensität der regionalen Identifikation hoch und die Mobilitätsabsicht gering ist, wenn man in hohem Maße in soziale Netzwerke integriert ist.

Wir wollen nun die Messung etwas genauer erläutern. Zur Messung der Variablen *Familie am Ort* und *Freunde am Ort* wurde den Befragten folgende Frage gestellt: „Nun einige Fragen zu Ihren Verwandten und Freunden innerhalb und außerhalb Ihres Ortes. Uns interessieren diejenigen *Familienangehörigen* und *Verwandten*, die Ihnen *persönlich wichtig* sind. Wo wohnen die meisten davon?" Antwortkategorien waren: (1) hier am Ort, (2) außerhalb des Ortes, aber in Sachsen, (3) außerhalb von Sachsen. Befragten, die angaben, sie haben keine Angehörigen, wurde die Kategorie 4 zugeordnet.

Eine weitere Frage lautete: „Denken Sie nun einmal an Ihren *engeren Freundeskreis*. Wo wohnen die meisten davon?" Die Antwortmöglichkeiten entsprechen denen der vorangegangenen Frage.

Für beide Fragen wurden die Antworten so kodiert: (1) wohnen außerhalb von Sachsen; (2) wohnen nicht am Ort, aber in Sachsen; (3) wohnen am Ort. Kategorie 4 wurde in einen fehlenden Wert umgewandelt.

Es folgen zwei Fragen zu den *Beziehungen des Befragten zu seinen Nachbarn*: (1) „Kommen wir zu den Leuten in Ihrer *Nachbarschaft*. Angenommen, Sie verreisen. Wie vielen Leuten aus Ihrer Nachbarschaft würden Sie die Schlüssel Ihrer Wohnung bzw. Ihres Hauses anvertrauen?" (2) „Wie viele Leute aus Ihrer Nachbarschaft haben Sie schon mehr als zweimal zu sich nach Hause eingeladen?" Für beide Fragen lauteten die möglichen Antwortkategorien: (1) keinem, (2) weniger als der Hälfte, (3) ungefähr der Hälfte, (4) mehr als der Hälfte, (5) allen. Aus beiden Indikatoren wurde eine additive Skala gebildet.

Es folgten die Fragen nach den *Beziehungen zu den Arbeitskollegen*: „Wie steht das mit Ihren *Arbeitskollegen*: mit wie vielen haben Sie im großen und ganzen gute Beziehungen?" Es wurden dieselben Antwortkategorien verwendet wie vorher.

Die Messung der *Mitgliedschaft in Gruppen* wird weiter unten behandelt. Dort wird auch über eine Faktorenanalyse berichtet, in der die in diesem Abschnitt behandelten Arten sozialer Netzwerke und die Gruppenmitgliedschaft enthalten sind.

Integrationsnorm bzw. Erwartungen wichtiger Dritter

Diese Variable misst auch, inwiefern die Befragten eine Erwartung, die andere Personen haben, wahrnehmen. Der Indikator ist Teil einer Fragebatterie, die bei der Variablen *Sachsenspezifische Erwartungen* vorgestellt wird.

Hier wurde nur der Indikator für die Erwartung eine Partei zu wählen, die für mehr Rechte der Ausländer, die in Deutschland leben, eintritt, verwendet. Die Skalenwerte reichen von (1) in sehr geringem Maße oder überhaupt nicht bis (5) in sehr hohem Maße. Somit bedeuten hohe Werte eine starke Wahrnehmung der Integrationsnorm.

Interne und externe Kontrollüberzeugung

Die Messung der Kontrollüberzeugung erfolgte mittels sechs Indikatoren:

a) Ich übernehme gern Verantwortung;
b) Es hat sich für mich als gut erwiesen, selbst Entscheidungen zu treffen, anstatt mich auf das Schicksal zu verlassen;

c) Bei Problemen und Widerständen finde ich in der Regel Mittel und Wege, um mich durchzusetzen;
d) Erfolg ist oft weniger von Leistung, sondern vielmehr von Glück abhängig;
e) Ich habe häufig das Gefühl, dass ich wenig Einfluss darauf habe, was mit mir geschieht;
f) Bei wichtigen Entscheidungen orientiere ich mich oft an dem Verhalten anderer.

Die Befragten konnten hier auf einer Skala von 1 „stimme überhaupt nicht zu" bis 5 „stimme voll zu" antworten.

Aus den Indikatoren a bis c wurde die Skala *interne Kontrollüberzeugung* und aus den Indikatoren d bis f die Skala *externe Kontrollüberzeugung* gebildet.

In Kapitel VII.4 wurde *eine* Gesamtskala (Bandura 1997) verwendet. Dazu wurden alle Indikatoren so umkodiert, dass hohe Werte einer hohen internalen bzw. einer geringen externalen Kontrollüberzeugung entsprechen. Dann wurden alle Indikatoren addiert und durch 6 dividiert. Hohe Werte dieser Skala bedeuten also eine hohe internale und eine geringe externale Kontrollüberzeugung.

Konfrontierung mit sachsen-spezifischen normativen Erwartungen

Die Skala geht aus sechs Variablen hervor, die sich aus der Frage nach Erwartungen von für den Befragten wichtigen Personen ergeben: in regionalen Vereinen mitarbeiten, sich politisch engagieren (z. B. Teilnahme an Demonstrationen oder Unterschriftensammlungen für die Region), für die Erhaltung regionaler Kulturgüter spenden, sächsische Produkte kaufen, an regionalen Festen und Feierlichkeiten teilnehmen und sächsisch sprechen. Die Skalenwerte reichen von (1) in sehr geringem Maße oder überhaupt nicht bis (5) in sehr hohem Maße und wurden aus der ursprünglichen Erfassung der Variable rekodiert.

Die Skala wird aus drei Variablen gebildet, die sich aus der Frage nach Erwartungen von für den Befragten wichtigen Personen ergeben: sächsische Produkte kaufen, an regionalen Festen oder Feierlichkeiten teilnehmen und sächsisch sprechen. Die Skalenwerte reichen von (1) in sehr geringem Maße oder überhaupt nicht bis (5) in sehr hohem Maße und wurden aus der ursprünglichen Erfassung der Variable gedreht.

Kontaktfreude

Die Variable misst das Vorhandensein von Freunden vor Ort sowie von Nachbarschaftsbeziehungen und von Beziehungen zu Arbeitskollegen. Die Annahme ist, dass viele soziale Kontakte außerhalb der Familie auf hohe Kontaktfreude hindeuten und dies die Bereitschaft zur Teilnahme an der Panelbefragung begünstigt. Auf der anderen Seite wird ein Zusammenhang zwischen wenigen sozialen Kontakten, geringer Kontaktfreude und Teilnahmeablehnung vermutet. Die Skala wurde additiv aus drei Variablen gebildet. Die Fragen und die Antwortvorgaben dazu waren: „Wie viele Leute aus Ihrer Nachbarschaft haben Sie schon mehr als zweimal zu sich nach Hause eingeladen?" Die Antwortoptionen lauteten: „keinen" (1), „weniger als die Hälfte" (2), „ungefähr die Hälfte" (3), „mehr als die Hälfte" (4) und „alle" (5). Die zweite Frage war: „Wie steht das mit Ihren Arbeitskollegen: mit wie vielen haben Sie im großen und ganzen gute Beziehungen?" Die Antwortmöglichkeiten waren: „mit keinem" (1), „mit weniger als der Hälfte" (2), „mit ungefähr der Hälfte" (3), „mit mehr als der Hälfte" (4), „mit allen"(5) und „habe keine Arbeitskollegen"(6). Bei der letzten Antwort wurden fehlende Werte zugewiesen. Die dritte Frage lautete: „Denken Sie nun mal an Ihren engeren Freundeskreis. Wo wohnen die meisten davon?" Mögliche Antworten waren: „hier am Ort" (1), „außerhalb des Ortes, aber in Sachsen" (2), „außerhalb von Sachsen" (3). Nicht vorgelesen wurde die Antwortvorgabe „habe keine engeren Freunde" (4). Der letzten Angabe wurden bei der Skalenbildung fehlende Werte zugeordnet.

Konventionelle Partizipation

Wir haben ermittelt, inwieweit sich die Befragten an sechs politischen Handlungen beteiligt haben. Die ersten vier Handlungen beziehen sich auf Formen politischen Protests, die beiden letzten dagegen auf eher konventionelle politische Beteiligung. Die Handlungen sind:

a) Sammeln von Unterschriften oder Eintragen in eine Unterschriftenliste;
b) Organisation von oder Teilnahme an Demonstrationen;
c) Mitarbeit in oder Gründung einer Bürgerinitiative;
d) Tragen von Plaketten, Aufklebern etc. mit politischem Inhalt;
e) Sich im Wahlkampf für eine Partei oder einen Kandidaten einsetzen;
f) In einer Partei aktiv mitarbeiten.

Die vorgegebenen Antwortkategorien lauteten: kam für mich nicht in Frage; habe ich überlegt, aber nicht gemacht; habe ich einmal gemacht; habe ich mehrmals gemacht. Die Antwortkategorien erhielten Werte von 1 bis 4, so dass der Wert vier dann zugewiesen wird, wenn die betreffende Handlung mehr als einmal ausgeführt wurde.

Die Skala *politischer Protest* – oder einfach *Protest* – besteht aus den Indikatoren a bis d, die Skala *konventionelle Partizipation* aus den Indikatoren e und f.

Kulturelle Integration

Die rekodierten Skalen dieser Gruppe werden insbesondere im Modell zur Erklärung der Mobilitätsabsicht verwendet. Zu dem Nutzen des Verbleibens am Ort gehört u.a. die *kulturelle Integration* oder, gleichbedeutend, die *Verwurzelung in der Kultur Sachsens*. Damit meinen wir das Ausmaß, in dem die Kultur der Region zum Bestandteil des täglichen Lebens geworden ist. Für Personen, die sehr stark in der Kultur einer Region verwurzelt sind, ist die Bindung an die Region stark. Wir vermuten: je stärker die kulturelle Integration ist, desto geringer ist die Mobilitätsabsicht. Zu der kulturellen Integration gehört zum einen das Ausmaß, in dem man glaubt, typische positive sächsische Eigenschaften zu haben, und in dem man sich als typischer Sachse bezeichnet. Siehe hierzu weiter unten die Erläuterung der Skala *Wahrnehmung als Sachse*. Weiter liegt ein hohes Ausmaß kultureller Integration vor, wenn eine Person sächsisch spricht (vgl. die Skala *Beherrschung der sächsischen Sprache*).

Eine besondere Bindung an Ostdeutschland und insbesondere an Sachsen liegt auch dann vor, wenn man beim Kauf von Produkten besonders darauf achtet, dass diese in Ostdeutschland oder Sachsen hergestellt sind, und wenn man der Meinung ist, dass man grundsätzlich sächsische Produkte kaufen sollte, selbst wenn diese etwas teurer sind. Je stärker eine solche *regionale Konsumorientierung* ist, so vermuten wir, desto geringer wird die Mobilitätsabsicht sein.

Angenommen, jemand wird in hohem Maße mit normativen Erwartungen konfrontiert, die sich im weitesten Sinne auf die Förderung der Region beziehen. So könnten Personen, die für die Befragten wichtig sind, erwarten, dass man sächsische Produkte kauft, sächsisch spricht oder in regionalen Vereinen mitarbeitet. Wenn solche Erwartungen von Bezugspersonen gestellt werden, dann ist zu vermuten, dass Befragte diese Erwartungen auch akzeptieren. Diese sind also ein Bestandteil der Kultur Sachsens. In je höherem Maße man also mit *sachsen-spezifischen normativen Erwartungen* konfrontiert ist, desto weniger wird man beabsichtigen, einen Ortswechsel vorzunehmen (vgl. die Skala *Konfrontierung mit sachsen-spezifischen Erwartungen*)

Diese vier Skalen – Wahrnehmung als Sachse, Beherrschung der sächsischen Sprache, regionale Konsumorientierung und Konfrontierung mit sachsen-spezifischen Erwartungen – messen also die kulturelle Integration.

Lebenseinstellung

Die Variable misst die Zufriedenheit einerseits mit der persönlichen Lebenssituation und andererseits mit der gesellschaftlichen Situation. Sie dient der Überprüfung einer Annahme, die der Literatur über Befragtenausfälle entnommen ist. Danach besteht zwischen einer positiven Lebenseinstellung und der Chance auf die Befragungsteilnahme ein positiver Zusammenhang. Nach vormaliger Prüfung mittels Faktorenanalyse wurde die Skala additiv aus einer Reihe von Fragen gebildet, wobei die persönliche Lebenszufriedenheit mit dem selben Gewicht in der Skala berücksichtigt wurde, wie die gesellschaftliche Zufriedenheit. Die Fragen lauteten:

a) „Sind Sie [mit ihrer gegenwärtigen Lebenssituation] insgesamt eher zufrieden oder eher unzufrieden?"
b) „Würden Sie sich persönlich als Gewinner oder Verlierer der Wende bezeichnen?"
c) „Wie zufrieden oder unzufrieden sind Sie... (a) mit der Höhe der Lebenshaltungskosten in Sachsen (b) mit dem, was in Sachsen gegen die Arbeitslosigkeit getan wird?"
d) „Wie zufrieden oder unzufrieden sind Sie... (a) mit der Höhe der Lebenshaltungskosten in der Bundesrepublik (b) mit dem, was in der Bundesrepublik gegen die Arbeitslosigkeit getan wird?"
e) „Wie sehr stimmen Sie der folgenden Aussage zu?... (a) Die sächsische Landesregierung vertritt konsequent die Interessen der Bürger Sachsens (b) Die Politiker in Berlin vertreten konsequent die Interessen der Bevölkerung in den neuen Ländern (c) Die Gerichte in der Bundesrepublik garantieren einen fairen Prozess."

Mitarbeit in lokalen Gruppen bzw. Engagement in Gruppen

Unser Fragebogen enthält zwei Fragen, die ermitteln sollten, inwieweit sich die Befragten in Gruppen engagieren. Es ging dabei nicht um bloße Mitgliedschaft, sondern darum, inwieweit man in den Gruppen, in denen man Mitglied ist, Zeit verbringt oder sich auch finanziell engagiert. Dies wurde durch zwei Fragen gemessen:

(1) Wie viele Stunden im Monat verbringen Sie in der oder den Gruppen durchschnittlich?
(2) Wie viel kostet Sie Ihre Mitgliedschaft in der(n) Gruppe(n)? Denken Sie nicht nur an Ihren finanziellen Beitrag, sondern auch an andere Ausgaben, die mit Ihrer Mitgliedschaft verbunden sind (Kleidung, technische Ausstattung, Lehrgänge etc.).

Bei der ersten Frage gaben die Befragten die Anzahl der Stunden, bei der zweiten einen DM-Betrag an.
Wir haben beide Variablen auf den gleichen Wertebereich transformiert und durch 2 dividiert. Siehe auch Tabelle VII.1.1

Mitgliedschaft in Gruppen

Bei der Messung der *Mitgliedschaft in Gruppen* wurde für jede der im Folgenden aufgezählten Gruppen ermittelt, ob der Befragte kein Mitglied (0) oder Mitglied (1) ist:

Gewerkschaft, Berufs-, Standes- oder Interessenorganisation, Gesangsverein, Sportverein, Fitnessclub, Sonstige Hobbyvereinigung (z.B. Jäger-, Schützen-, Gartenverein), Heimat- und Bürgerverein, Sonstige gesellige Vereinigungen, Kirchlicher, religiöser Verein oder Verband, Karitativer Verein, Verband, Jugendorganisation, Studentenverband oder –vereinigung, Politische Partei, Bürgerinitiative, Automobilclub, Umweltgruppe, Friedensgruppe, sonstige alternative Gruppen.

Die Variable „Mitgliedschaft in Gruppen" ist gleich der Anzahl der Mitgliedschaften in diesen Gruppen.

Mitgliedschaft in politischen Gruppen

Den Befragten wurde eine Liste von Gruppen vorgegeben mit der Bitte anzugeben, in welchen Gruppen Sie Mitglied sind (Kodierung 1) oder nicht (Kodierung 0). Folgende Gruppen wurden als politische Gruppen klassifiziert – d.h. es wurde angenommen, dass in diesen Gruppen politische Partizipation gefördert wird: Gewerkschaft, Sportverein; kirchlicher, religiöser Verein; Studentenverband oder –vereinigung; politische Partei; Bürgerinitiative; Automobilclub; Umweltgruppe, Friedensgruppe, sonstige alternative Gruppen. Einige Gruppen wurden als „politisch" eingestuft, weil vor der Wende viele Mitglieder dieser Gruppen der Opposition zugehörten und weil sich diese Tradition zum Teil erhalten hat. Die Skala *Mitgliedschaft in politischen Gruppen* ist gleich der Anzahl der genannten Gruppen, in denen ein Befragter Mitglied ist.

Mobilitätsabsicht

Zur Messung der Mobilitätsabsicht haben wir die Befragten gebeten anzugeben, ob sie planen, innerhalb der nächsten 12 Monate aus dem Ort, in dem sie wohnen, wegzuziehen. Mögliche Antworten waren: auf keinen Fall (Kodierung 1), vielleicht (Kodierung 2), auf jeden Fall (Kodierung 3), habe noch nicht nachgedacht. Wenn die zuletzt genannte Antwort gegeben wurde, haben wir einen fehlenden Wert zugewiesen. Es sollte beachtet werden, dass es sich bei dieser Variable um die Absicht handelt, einen Ortswechsel vorzunehmen. Es wurde nicht ermittelt, welche Umzugspläne genau bestanden, d.h. in welchen Ort oder in welche Region man zu welchem Zeitpunkt umziehen wollte.

Mobilitätsneigung

Im Gegensatz zur Mobilitätsabsicht, wo es um den bekundeten Willen zum Fortzug geht, berücksichtigt die Mobilitätsneigung zusätzlich das Mobilitätsverhalten in der Vergangenheit. Der Gedanke ist, dass die Absicht umso wahrscheinlicher zu Verhalten führt, je häufiger eine Person in der Vergangenheit das Verhalten bereits gezeigt hat. Weiterhin soll angenommen werden, dass die Mobilitätsneigung Ausdruck für die Stärke der Bindung bzw. der Bindungslosigkeit an den Wohnort ist. Die Variable ist additiv gebildet aus der Umzugsbereitschaft einer Person und ihrer Umzugshäufigkeit in der Vergangenheit. Die erste Frage lautete: „Haben Sie vor, innerhalb der nächsten 12 Monate aus ihrem Ort wegzuziehen? Die Antwortmöglichkeiten sind „auf keinen Fall" (1), „vielleicht" (2), „auf jeden Fall" (3) und „habe noch nicht darüber nachgedacht" (4). Bei der letztgenannten Antwort wurde ein fehlender Wert zugewiesen. Die zweite Frage lautete: „Wie oft sind Sie in den letzten 10 Jahren schon umgezogen?". Hier wurden keine Antwortvorgaben gemacht.

Negative Einstellung gegenüber Ausländern

Wir haben diese Variable gemessen, in dem wir die Befragten mit Aussagen zu „diskriminierenden" Handlungen konfrontierten. Vier Aussagen wurden in die Fragebögen aufgenommen.

a) Die in der Bundesrepublik lebenden Ausländer sollten genau so leben können wie in ihrer Heimat;
b) Die in der Bundesrepublik lebenden Ausländer sollten ihre Ehepartner unter ihren eigenen Landsleuten auswählen;
c) Wenn Ausländer in der Bundesrepublik leben, sollten sie sich auch politisch frei betätigen können;
d) Ein Unternehmer, der Personal abbauen muss, sollte zuerst die ausländischen Arbeitnehmer entlassen.

Diese Behauptungen konnten die Befragten auf einer Skala von 1 „stimme überhaupt nicht zu" bis 5 „stimme voll zu" beantworten.
    Mit diesen vier Indikatoren wurden Faktorenanalysen durchgeführt. Zusätzlich wurden die Indikatoren zur Messung der negativen Stereotype in die Faktorenanalysen aufgenommen. Dabei ergab sich über die drei Erhebungswellen kein einheitliches Bild. Wir entschieden deshalb, nur die Indikatoren zur

Messung der Einstellung zu Ausländern zu verwenden, die in allen drei Wellen auf einen Faktor luden und die nie auf den gleichen Faktor luden, wie die Indikatoren für die negativen Stereotype. Das waren die Indikatoren b und d. Diese wurden addiert und durch zwei dividiert. Hohe Werte der Skala bedeuten eine negative Einstellung zu Ausländern.

Es ist zu betonen, dass sich die Indikatoren für die Einstellung zu Ausländern deutlich von den Indikatoren für die Zuschreibung von Stereotypen zu Ausländern unterscheiden. Während die Indikatoren für die Stereotype Behauptungen zu Eigenschaften von Ausländern enthalten, machen die Indikatoren für die Einstellung zu Ausländern Aussagen zu Restriktionen gegenüber Ausländern (Lüdemann 2000a).

Negative Stereotype

Als Instrumente für die Messung der Variablen *Stereotype* verwenden wir Indikatoren, die sich hauptsächlich an die Einstellungsfragen des ALLBUS 1996 anlehnen. Diese erfragen, inwiefern Ausländern bestimmte Eigenschaften zugeschrieben werden. Wieder geschah dies, indem den Ausländern eine Reihe von Aussagen vorgelegt wurde:

a) Die in der Bundesrepublik lebenden Ausländer tragen zur Sicherung der Renten bei;
b) Die in der Bundesrepublik lebenden Ausländer sind eine Belastung für das soziale Netz;
c) Die in der Bundesrepublik lebenden Ausländer sind eine Bereicherung für unsere Kultur;
d) Die in der Bundesrepublik lebenden Ausländer machen diejenigen Arbeiten, die Deutsche nicht machen wollen;
e) Die Anwesenheit von Ausländern in der Bundesrepublik führt zu Problemen auf dem Wohnungsmarkt;
f) Die in der Bundesrepublik lebenden Ausländer nehmen den Deutschen Arbeitsplätze weg;
g) Ausländer können nie voll akzeptierte Mitglieder der deutschen Gesellschaft werden;
h) Ausländer in der Bundesrepublik begehen öfter Straftaten als Deutsche.

Die drei Indikatoren a, c und d bezeichnen hierbei *positive* Stereotype, wohingegen mit den anderen fünf Indikatoren b, e, f, g und h eher *negative* Stereotype abgefragt werden. Die erste Art der erfassten Stereotype zielt hierbei auf die „Gewinndimension" der Anwesenheit von Ausländern, wohingegen die zweite eher die Dimension „Verlust" bzw. „Bedrohung" problematisiert. Bei jeder Behauptung konnten die Befragten auf einer Skala von 1 „stimme überhaupt nicht zu", 2 „stimme nicht zu", 3 „teils/teils", 4 „stimme zu" und 5 „stimme voll zu" antworten.

Zur Skalenbildung verwendeten wir die Fragen b, e, f, g und h. Die anderen wurden ausgeschlossen, weil sie nicht in allen Erhebungswellen auf den gleichen Faktor luden oder auf den gleichen Faktor luden, wie Indikatoren für die Einstellung zu Ausländern. Zusätzlich wurde noch der Indikator „*Glauben Sie, es gibt hier zu viele oder zu wenige Ausländer?*" aufgenommen. Hier konnte auf einer Skala von 1 „zu wenig" bis 5 „zu viele" geantwortet werden. Die Skala wurde so kodiert, dass hohe Werte eine starke Zuschreibung von negativ bewerteten Merkmalen zu Ausländern bedeuten.

Normative Erwartungen an regionorientiertes Alltagsverhalten

Der Erhebungszusammenhang der Skala ist erläutert unter *Sachsenspezifische Erwartungen*. Hier wird die Konstruktion der Teilskala dargestellt. Sie geht aus drei Variablen hervor, die sich aus der Frage nach Erwartungen von für den Befragten wichtigen Personen ergeben: sächsische Produkte kaufen, an regionalen Festen oder Feierlichkeiten teilnehmen und sächsisch sprechen. Die Skalenwerte reichen von (1) in sehr geringem Maße oder überhaupt nicht bis (5) in sehr hohem Maße und wurden aus der ursprünglichen Erfassung der Variable gedreht. Die Skalen wurden auf der Grundlage einer Faktorenanalyse zusammengefasst, welche hinsichtlich der Gesamtheit wahrgenommener normativer Erwartungen insgesamt drei Faktoren ergab. Mit der rekodierten Skala wird die Annahme geprüft, wonach starke Erwartungen an regionalpolitisches Engagement zu einer Stärkung regionaler Identifikation führen.

Normative Erwartungen an regionalpolitisches Engagement

Der Erhebungszusammenhang der Skala ist erläutert unter *Sachsenspezifische Erwartungen*. Die Skala geht aus drei Variablen hervor, die sich aus der Frage nach Erwartungen von für den Befragten wichtigen Personen ergeben: in regionalen Vereinen mitarbeiten, sich politisch engagieren (z. B. Teilnahme an Demonstrationen oder Unterschriftensammlungen für die Region) und für die Erhaltung regionaler Kulturgüter spenden. Die Skalenwerte reichen von (1) in sehr geringem Maße oder überhaupt nicht bis (5) in sehr hohem Maße und wurden aus der ursprünglichen Erfassung der Variable gedreht.

Normative Erwartungen an überregionales politisches Engagement

Der Erhebungszusammenhang der Skala ist erläutert unter *Sachsenspezifische Erwartungen*. Die Skala geht aus drei Variablen hervor, die sich aus der Frage nach Erwartungen von für den Befragten wichtigen Personen ergeben: hochdeutsch sprechen, an politischen Wahlen teilnehmen und eine Partei wählen, die für mehr Rechte der Ausländer die hier in Deutschland leben, eintritt. Die Skalenwerte reichen von (1) in sehr geringem Maße oder überhaupt nicht bis (5) in sehr hohem Maße und wurden aus der ursprünglichen Erfassung der Variable gedreht.

Nutzung der regionalen Tageszeitung

Erhoben wurde die Nutzungshäufigkeit der regionalen Tageszeitungen Leipziger Volkszeitung (erscheint in Leipzig) und Freie Presse (erscheint im Mittleren Erzgebirgskreis). Die Frage lautete: „Können Sie uns sagen, wie häufig Sie folgende Tageszeitungen lesen?" Die Antwortmöglichkeiten waren „täglich"(1), „mehrmals in der Woche" (2), „mehrmals im Monat" (3) und „nie" (4).

Nutzung regionaler Radio- und Fernsehangebote

Die Art der Nutzung von elektronischen Medien ist hinsichtlich der Wahlfreiheit und des Zugangs vergleichbar. Aus diesem Grund und nach vorausgehender Faktorenanalyse wurden die Einzelvariablen zur Nutzungshäufigkeit regionaler Radioangebote und des regionalen Fernsehsenders MDR additiv zusammengefasst. Für das Regionalradio lautet die Frage: „Wie oft hören Sie zu regionalen Themen Sendungen im Radio?" Die Antwortskala beinhaltete „täglich" (1), „mehrmals in der Woche" (2), „mehrmals im Monat" (3) und „nie" (4). Die Frage für das Regionalfernsehen war: „Wie häufig sehen Sie folgende Sender?" Zur Auswahl stand nur das Fernsehen des MDR. Die Antwortmöglichkeiten waren wiederum „täglich" (1), „mehrmals in der Woche" (2), „mehrmals im Monat" (3) und „nie" (4).

Nutzung überregionaler Radio- und Fernsehangebote

Die Skala wurde aufgrund des vergleichbaren Nutzungsverhaltens und nach der Überprüfung mittels Faktorenanalyse additiv aus der Nutzung überregionaler Radio- und Fernsehsender gebildet. Für die überregionalen Radioangebote wurde gefragt: „Wie oft hören Sie die folgenden Radiosender?" Zur Auswahl standen der Deutschlandfunk und Deutschlandradio Berlin. Die Antwortmöglichkeiten waren „nie" (1), „manchmal" (2) und „regelmäßig" (3). Für das überregionale Fernsehen lautete die Frage: „Wie häufig sehen Sie folgende Sender?" Zur Auswahl standen ARD und ZDF. Als Antwortoptionen standen zur Verfügung „täglich" (1), „mehrmals in der Woche" (2), „mehrmals im Monat" (3) und „nie" (4).

Nutzung überregionaler Tageszeitungen

Für fünf überregionale deutsche Tageszeitung wurde die Häufigkeit der Nutzung erhoben. Die Frage lautete: „Können Sie uns sagen, wie häufig Sie folgende Tageszeitungen lesen?" Zur Auswahl standen die Süddeutsche Zeitung, die Frankfurter Allgemeine Zeitung, die tageszeitung (taz), Die Welt und die Frankfurter Rundschau. Die Antwortmöglichkeiten waren „täglich" (1), „mehrmals in der Woche" (2), „mehrmals im Monat" (3) und „nie" (4). Für die Skalenbildung wurde nur die überregionale Tageszeitung mit der größten Nutzungshäufigkeit berücksichtigt. Wurde keine der zur Auswahl stehenden Zeitungen gelesen, dann wurde der kleinste Wert zugewiesen. Gegen die Alternative einer additiven Skalenbildung sprach die dann zu erwartende sehr schiefe Verteilung. Um den höchsten Nutzungswert „täglich" zu erhalten, hätte ein Befragter alle fünf überregionalen Zeitungen täglich lesen müssen, was fast nie vorkommt.

Partizipationsnorm

Der Erhebungszusammenhang der Skala ist erläutert unter *Sachsenspezifische Erwartungen*. Hier wird die Skalenkonstruktion erläutert. Die Skala geht aus der Frage nach Erwartungen von für den Befragten wichtigen Personen, sich politisch zu engagieren (z.B. Teilnahme an Demonstrationen oder Unterschriftensammlungen für die Region), hervor. Die Skalenwerte reichen von (1) in sehr geringem Maße oder überhaupt nicht bis (5) in sehr hohem Maße und wurden aus der ursprünglichen Erfassung der Variable gedreht.

Politischer Einfluss

Wir haben den wahrgenommenen, persönlichen politischen Einfluss mit vier Indikatoren gemessen, die in vielen Umfragen verwendet werden. Dabei werden den Befragten folgenden Behauptungen vorgegeben, denen sie mehr oder weniger zustimmen können:

a) Die Politiker kümmern sich nicht viel darum, was Leute wie ich denken.

b) Neben dem Wählen gibt es keinen anderen Weg, um Einfluss darauf zu nehmen, was die Regierung tut.
c) Leute wie ich haben so oder so keinen Einfluss darauf, was die Regierung tut.
d) Die ganze Politik ist so kompliziert, dass jemand wie ich gar nicht versteht, was vorgeht.

Zu jedem Indikator konnten die Befragten ihre Zustimmung oder Ablehnung zum Ausdruck bringen, indem sie eine der folgenden Kategorien ankreuzten: 1 (trifft voll zu) bis 5 (trifft überhaupt nicht zu).

Die Skala wird einmal so verwendet, dass hohe Werte geringen Einfluss und einmal so, dass hohe Werte hohen Einfluss bedeuten. Der Grund dafür ist die Art der zu prüfenden Hypothesen. Die jeweilige Skala ist entsprechend benannt. Ihre Verwendung wird in den einzelnen Kapiteln deutlich.

Politische Entfremdung

In dieser Skala haben wir Äußerungen zu vier Standpunkten zusammengefasst. Die erhobenen Indikatoren eignen sich gut für die Bildung einer Gesamtskala. Die Befragten wurden gebeten einzuschätzen, ob die Politiker in Berlin die Interessen der Bevölkerung vertreten, die Gerichte der Bundesrepublik faire Prozesse garantieren, die grundlegenden Rechte der Bürger geschützt sind und sie der Demokratie positiv gegenüberstehen. Geantwortet werden konnte auf einer Skala von (1) für stimme voll zu bis (5) für stimme überhaupt nicht zu. Je höher die Ablehnung dieser Standpunkte ist, desto größer, so nehmen wir an, ist die politische Entfremdung.

Politisches Interesse

Bei der Messung des *politischen Interesses* wurden die Befragten gebeten anzugeben, wie stark sie sich für Politik interessieren. Die fünf Antwortmöglichkeiten reichten von „in sehr geringem Maße oder überhaupt nicht" bis „in sehr hohem Maße".

Positive (negative) Bewertung sächsischer Kollektivgüter

Es wurde ermittelt, was die Befragten an der Region Sachsen positiv oder negativ finden. Dabei ging es um Geschichte, Kultur, Wirtschaft, Sprache, Wissenschaft, Tradition und Sport. Es wurde gefragt, inwieweit weit man die Geschichte etc. 1 (sehr gut) bis 5 (sehr schlecht) einschätzt.

Die Skalenwerte wurden rekodiert, so dass ein hoher Skalenwert für eine hohe *positive* Bewertung steht. Die sechs Variablen wurden additiv zusammengefügt und durch ihre Anzahl dividiert. Je nach theoretischem Zusammenhang wird auch die Variable *negative* Bewertung sächsischer Kollektivgüter verwendet (Kapitel VII.2). Entsprechend wurden die genannten Indikatoren so kodiert, dass hohe Werte eine negative Bewertung bedeuten.

Positive Bewertung der sächsischen Sprache

Die *positive Bewertung der sächsischen Sprache* bleibt aufgrund der Ergebnisse einer im Zusammenhang mit der Skala *Positive Bewertung sächsischer Kollektivgüter* erläuterten Faktorenanalyse als Einzelvariable bestehen. Die Skalenwerte wurden so kodiert, dass ein hoher Skalenwert bedeutet, dass die sächsische Sprache (Dialekt) positiv bewertet wird.

Positive Bewertung europäischer Institutionen

Wir ermittelten in den Wellen 2 und 3: „Was finden Sie gut und was finden Sie schlecht an Europa?" Die folgenden Indikatoren beziehen sich auf europäische *Institutionen*: (1) Die Arbeit des Europäischen Parlaments; (2) das Ausmaß, in dem Entscheidungen in Brüssel die deutsche Politik beeinflussen. Bei beiden Indikatoren wurden fünf Antwortmöglichkeiten vorgegeben, und zwar von „sehr gut" bis „sehr schlecht". Die Kodierung erfolgte so, dass hohe Werte eine positive Bewertung bedeuteten. Außerdem konnten die Befragten angeben: „kann ich nicht beurteilen". Diese Antwort wurde als fehlender Wert kodiert. Siehe hierzu im Einzelnen Kapitel V. (3) Weiter wurde gefragt: „Es wird oft behauptet, dass der Beamtenapparat in Brüssel zuviel kostet. Andererseits wird behauptet, dass ein so komplizierter Prozess wie die Europäische Einigung einen hohen Personalaufwand erfordert. Was ist Ihre Meinung?" Hier reichten die fünf Antwortmöglichkeiten von „auf jeden Fall gerechtfertigt" bis „auf gar keinen Fall gerechtfertigt". Hohe Werte wurden einer positiven Bewertung zugeschrieben – d.h. bei hohen Werten wird der Personalaufwand eher als gerechtfertigt angesehen. Der Antwortmöglichkeit „kann ich nicht beurteilen" wurde wieder ein fehlender Wert zugeordnet (siehe wiederum Kapitel V). Aus den drei Indikatoren wurde eine additive Skala gebildet – die positive Bewertung europäischer Institutionen. Diese drei Variablen werden darüber hinaus im Kapitel VI. einzeln als Einstellungen zu Europa verwendet. Mit Hilfe dieser Skalen sollen Aufschlüsse darüber gewonnen werden, ob sich empirisch zwei alternative Varianten regionaler Identifikation nachweisen lassen.

Positive Bewertung europäischer Politik

In derselben Weise wie die Bewertung der europäischen Institutionen – siehe die vorher behandelte Skala – wurde die Bewertung europäischer *Politik* ermittelt. Wir fragten, wie gut oder schlecht die Befragten Folgendes finden: (1) Die einheitliche Währung des Euro; (2) die offenen Grenzen Deutschlands gegenüber den Nachbar-Staaten der Europäischen Union und (3) die Ost-Erweiterung der EU. Die Antwortmöglichkeiten entsprachen denen der Skala „positive Bewertung europäischer Institutionen" (siehe vorher). Aus den genannten Indikatoren wurde wieder eine additive Skala gebildet, bei der hohe Werte eine positive Bewertung bedeuten. Die „kann ich nicht beurteilen"-Antworten wurden als fehlende Werte deklariert (siehe Kapitel V). Die Variablen (2) und (3) werden darüber hinaus im Kapitel VI. einzeln als Einstellungen zu Europa verwendet. Mit Hilfe dieser Skalen sollen Aufschlüsse darüber gewonnen werden, ob sich empirisch zwei alternative Varianten regionaler Identifikation nachweisen lassen.

Positive Sachseneigenschaften

Insgesamt wurden sechs Eigenschaften dahingehend abgefragt, ob sie für typisch sächsisch gehalten werden. Der Konstruktionsgedanke sah drei eher positive (traditionsbewusst, gemütlich, verträglich) und drei eher negative (prahlerisch, eigenbrötlerisch, hinterwäldlerisch) Merkmale vor. Zu jeder Eigenschaft konnte zum Ausdruck gebracht werden (Antwortkategorien von 1 „stimme voll zu" bis 5 „stimme überhaupt nicht zu"), inwieweit diese Eigenschaften typisch für Sachsen sind. Eine Faktorenanalyse ergibt zwei Faktoren, die mit diesen beiden Variablengruppen identisch sind. In die Skala wurde nur die erste Variablengruppe aufgenommen. Zu diesem Zweck wurden die Skalenwerte so rekodiert, dass hohe Werte Zustimmung repräsentieren. Die drei Variablen wurden addiert und durch ihre Anzahl dividiert.

Protest

Siehe konventionelle Partizipation.

Regionale Konsumorientierung

Der Erhebungszusammenhang dieser Variablen wird unter *kulturelle Integration* dargestellt. Hier wird die Skalenkonstruktion erläutert. Die Befragten wurden gebeten, anzugeben, worauf sie bei ihrem letzten Wochenendeinkauf besonders geachtet haben. Vorgegeben waren folgende Produkteigenschaften: Preis, Qualität, Herstellungsort Sachsen, Herstellungsort Deutschland, Umweltverträglichkeit. Die Antwortmöglichkeiten reichten von „in sehr geringem Maße oder überhaupt nicht" (1) bis „in sehr hohem Maße" (5). Darüber hinaus wurde eine Stellungnahme zu der Behauptung erbeten, man solle grundsätzlich sächsische Produkte kaufen, auch wenn sie, bei gleicher Qualität, etwas teurer sind. Die Befragten konnten mehr oder weniger zustimmen (Kodierung 1 für „stimme überhaupt nicht zu" bis 5 „stimme voll zu").

Sachsenspezifische Erwartungen

Die Befragten wurden gebeten anzugeben, inwieweit Personen, die ihnen wichtig sind – wie z.B. Familie, Freunde Nachbarn und Arbeitskollegen – bestimmte Erwartungen an den Befragten haben, und zwar:

a) sich politisch engagieren (z. B. Teilnahme an Demonstrationen oder Unterschriftensammlungen für die Region) (*Partizipationsnorm*);
b) für die Erhaltung regionaler Kulturgüter spenden (*Spenden für die Region*);
c) in regionalen Vereinen mitarbeiten (*Erwartung von Mitarbeit in regionalen Gruppen*);
d) sächsisch sprechen (*Sprachnorm*);
e) eine Partei wählen, die für mehr Rechte der Ausländer, die hier in Deutschland leben, eintritt (*Integrationsnorm*);
f) hochdeutsch sprechen;
g) an politischen Wahlen teilnehmen;
h) in regionalen Vereinen mitarbeiten;
i) an regionalen Festen teilnehmen;
j) sächsische Produkte kaufen.

Folgende Antwortmöglichkeiten wurden vorgegeben: in sehr hohem Maße, in hohem Maße, in mittlerem Maße, in geringem Maße, in sehr geringem Maße oder überhaupt nicht – mit Kodierungen von 1 bis 5. Die ursprünglichen Skalenwerte wurden gedreht, damit hohe Werte starke normative Erwartungen bedeuten. Die kursiven Bezeichnungen sind Skalenbenennungen. Sie sind unter dieser Bezeichnung in diesem Abschnitt zu finden.

Aus diesen Variablen wurden im Zusammenhang mit den konkreten Erklärungsproblemen verschiedene Skalen rekodiert. Diese sind näher beschrieben als *Erwartung von Mitarbeit in regionalen Gruppen, Partizipationsnorm, Spenden für die Region, Konfrontierung mit sachsen-spezifischen Erwartungen, Normative Erwartungen* an *überregionales politisches Engagement,* an *regionalpolitisches Engagement,* an *regionorientiertes Alltagsverhalten* sowie *Sprachnorm* und *Integrationsnorm.*

Soziales Kapital

Siehe unter Integration in soziale Netzwerke.

Spenden für die Region

Das Ausmaß, in dem Befragte für die Region spenden, wurde durch folgende Frage ermittelt: Es gibt Leute die für sächsische kulturelle Einrichtungen spenden, z. B. für die Dresdner Frauenkirche, für Theater und Museen oder auch für zoologische Gärten. Andere Leute meinen, dass das Aufgabe des Staates sei. Wie sieht das bei Ihnen aus. Haben Sie bisher noch nie gespendet, haben Sie schon einmal oder oft gespendet oder spenden Sie regelmäßig?
Die Antwortkategorien – kodiert von 1 bis 5 – lauteten: nie, schon einmal, manchmal, oft, regelmäßig.

Stabilität des wahrgenommenen Statusunterschieds zwischen Ost- und Westdeutschland

Hier verwendeten wir die gleichen Indikatoren wie bei der Messung der wahrgenommenen Diskriminierung durch Westdeutsche (siehe vorn).

Statusunterschied zwischen Ost und Westdeutschland

Es sollte gemessen werden, ob die Befragten einen Statusunterschied zwischen Ost- und Westdeutschland wahrnehmen. Dazu fragten wir:

„Über die allgemeine Situation in Ostdeutschland im Vergleich zu der in Westdeutschland kann man unterschiedlicher Meinung sein. Bitte geben Sie an, wie es Ihrer Meinung nach den Ostdeutschen im Vergleich zu den Westdeutschen geht?"

Es gab drei Antwortmöglichkeiten: schlechter, besser und gleich gut. Diese Variable wies eine sehr geringe Varianz auf (fast alle der Befragten gaben an, dass es den Ostdeutschen schlechter geht) und wurde deshalb nicht in die statistischen Modelle aufgenommen.

Subjektive Stärke der Mitgliedschaft in der Region

Hier sollte gemessen werden, inwiefern die Befragten sich selbst als Sachsen bezeichnen. Dazu fragten wir: „Alles in allem: Würden Sie sich als typischer Sachse bzw. als typische Sächsin bezeichnen?" Auch hier gab es fünf Antwortmöglichkeiten (von „auf jeden Fall" bis „auf gar keinen Fall"). Die Variable wurde so kodierte, dass hohe Werte eine hohe subjektive Stärke der Mitgliedschaft in der Region Sachsen bedeuten.

Teilnahme an Welle 2

Gemessen wird, ob eine Person, die an der Erstbefragung teilgenommen hat, auch in Welle 2 befragt werden konnte.

Teilnahme an Welle 3

Enthält die Angabe, ob eine Person, die an der Zweitbefragung teilgenommen hat, auch in Welle 3 befragt werden konnte.

Teilnahmeverhalten

Die Variable misst die Bereitschaft, auf sensible Fragen eine Antwort zu geben. Gemessen wurden dafür die fehlenden Werte auf die Fragen „Wie hoch ist Ihr monatliches Nettoeinkommen?" und „Wenn am nächsten Sonntag Bundestagswahl wäre, welche Partei würden Sie dann wählen?". Es wird angenommen, dass Personen, die auf sensible Fragen nicht antworten, ein geringeres Vertrauen in die Interviewsituation haben und deshalb an Wiederholungsbefragungen seltener teilnehmen. In der Literatur gilt die Nichtbeantwortung von Fragen („item-nonresponse") als untrügliches Zeichen für spätere Ausfälle („unit-nonresponse").

Umzugsverhalten

Wir haben folgende Frage gestellt: „Wie oft sind Sie in den letzten zehn Jahren umgezogen?" Die Antworten variierten zwischen 0 und 14.

Unzufriedenheit mit dem Beruf

Die Frage „Wie zufrieden sind Sie augenblicklich mit Ihrer beruflichen Situation *insgesamt?*" wurden mit den Antwortmöglichkeiten (1) sehr zufrieden, (2) zufrieden, (3) teils zufrieden/teils unzufrieden, (4) unzufrieden, (5) sehr unzufrieden kodiert. Denjenigen Befragten, die nicht berufstätig waren, wurde der Wert 1 zugeordnet.

Unzufriedenheit mit der Gesamtsituation am Ort

Die Skala geht aus der gleichen Variable hervor wie *Zufriedenheit mit der Gesamtsituation am Ort*. Lediglich die Polarisierung der Skalenwerte ist entgegengesetzt. Dies erfolgte im Zusammenhang mit der Hypothesenbildung. Die Skala *Unzufriedenheit mit der Gesamtsituation am Ort* wird in den Modellen zur Erklärung der Teilnahme an Protest und der Mobilitätsabsicht verwendet. Gefragt wurde: Alles in allem: wie würden Sie ganz allgemein Ihre gegenwärtige Lebenssituation in Leipzig/am Ort einschätzen? Sind Sie insgesamt eher zufrieden oder eher unzufrieden? Die Skala weist fünf Skalenwerte zwischen (1) sehr zufrieden und (5) sehr unzufrieden auf.

Unzufriedenheit mit den Lebensverhältnissen in der Region

Eine weitere wichtige Variable in unserem theoretischen Modell bildet die Zufriedenheit mit den Lebensverhältnissen in der Region. Hierzu wurden die Befragten unter anderem gebeten anzugeben, wie zufrieden sie mit den folgenden Aspekten in ihrer Region sind:

a) mit der Höhe der Lebenshaltungskosten;
b) mit der Asylpolitik ins Sachsen;
c) mit der Sicherheit vor Kriminalität in Sachsen;
d) mit der Anzahl von Ausländern in Sachsen;
e) mit dem, was in Sachsen gegen die Arbeitslosigkeit getan wird; und
f) mit der Bildung und Weiterbildung in Sachsen.

Folgende Antwortmöglichkeiten wurden vorgegeben: 1 „sehr zufrieden"; 2 „zufrieden"; 3 „teils zufrieden/teils unzufrieden"; 4 „unzufrieden"; 5 „sehr unzufrieden". Die Skala wurde so kodiert, dass hohe Werte eine hohe Unzufriedenheit bedeuten.

Unzufriedenheit mit Sachsen

Die im Zusammenhang mit der Skalenbildung *Positive Bewertung sächsischer Kollektivguter* dargestellten sieben Variablen (Geschichte, Kultur, Wirtschaft, Wissenschaftliche Erfolge, Sächsische Sprache, Traditionen und Brauchtum, sportliche Erfolge) werden hier ohne Ausnahme additiv zusammengefasst und durch ihre Anzahl geteilt. Die ursprüngliche Polarität der Skalenwerte bleibt erhalten. Hohe Skalenwerte repräsentieren eine hohe Unzufriedenheit mit den erfragten Variablen.

Unzufriedenheit mit der Wohnsituation

Der Fragebogen enthielt folgende Frage: „Alles in allem: wie zufrieden sind Sie mit Ihrer gegenwärtigen Wohnsituation?" Die vorgegebenen fünf Antwortmöglichkeiten reichten von „sehr zufrieden" bis „sehr unzufrieden".

Verlierer der Wende

Die Selbstwahrnehmung als Verlierer der Wende reflektiert ein indirektes Unzufriedenheitsurteil. Wenn Befragte sich als Verlierer der Wende verstehen, dann besteht die Wahrscheinlichkeit, dies auch mit den Lebensbedingungen in einer Region zu verbinden und damit eine geringe oder keine regionale Identifikation auszubilden. Gefragt wurde: Würden Sie sich persönlich eher als Gewinner oder als Verlierer der Wende bezeichnen? Kodiert wurden die Antworten zwischen (1) Gewinner und (5) Verlierer.

Wahrgenommene Diskriminierung durch Westdeutsche/Konflikt mit Westdeutschen

Für die Messung der wahrgenommenen Diskriminierung durch Westdeutsche wurden die Indikatoren „Ein Ostdeutscher kann sich anstrengen wie er will, er wird niemals das Gleiche erreichen wie ein Westdeutscher" und „Wenn man sieht, wie wir Ostdeutschen behandelt werden, platzt einem allmählich der Kragen" verwendet. Geantwortet werden konnte auf einer Skala von 1 (stimme überhaupt nicht zu) bis 5 (stimme voll zu).

Wahrnehmung als Sachse

Der Erhebungszusammenhang dieser Variablen wird unter *kulturelle Integration* dargestellt. Hier wird die Skalenkonstruktion erläutert. Die Befragten wurden gebeten, sich zu insgesamt sechs Eigenschaften dahingehend zu äußern, inwieweit diese „typisch für Sachsen" sind (traditionsbewusst, prahlerisch, gemütlich, eigenbrötlerisch, verträglich, hinterwäldlerisch). Weiter wurden die Befragten gebeten anzugeben, inwieweit sie sich als typischer Sachse bzw. als typische Sächsin bezeichnen – mit den Antwortkategorien 1 (auf gar keinen Fall) bis 5 (auf jeden Fall).

Wohndauer

Der Erhebungszusammenhang dieser Variable wird unter *Wohndauer und Sozialisation* dargestellt. Hier wird die Skalenkonstruktion erläutert. Gefragt wurde: Seit wann wohnen Sie schon an diesem Ort (Leipzig/mittleren Erzgebirgskreis)? Kodiert wurde die Anzahl der Jahre. Wohndauer wird sowohl als Langzeitsozialisation im Sinne von Sekundär- und Tertiärsozialisation verwendet, welche die Intensität regionaler Identifikation verstärkt, als auch als spezieller Bindungs- oder Gewöhnungsfaktor, welcher die Mobilitätsabsicht senkt.

Wohndauer und Sozialisation

Wohndauer und Sozialisation wurden von uns als Grundvariable zur Erklärung der Intensität regionaler Identifikation herangezogen. Sie können aber auch als eigenständige Bindungsfaktoren aufgefasst werden, wenn es um die Erklärung der Mobilitätsabsicht geht.

Wir haben z.B. die *Wohndauer* des Befragten am Befragungsort ermittelt. Zum einen liegt die Vermutung nahe, dass von der Wohndauer, im Sinne einer Langzeitkonditionierung im Sinne von Sekundär- und Tertiärsozialisation, die Intensität regionaler Identifikation verstärkt wird; ebenso dürften im allgemeinen Personen eine um so stärkere Bindung an einen Ort haben, je länger sie am Ort wohnen. In diesem Falle wird Wohndauer als eigenständige Variable verwendet. „Wohndauer" misst dabei diese Bindung nicht direkt, vielmehr wird empirisch angenommen, dass Wohndauer mit der Bindung an eine Region und an einen Ort korreliert. Weiter dürfte die Bindung an die Region relativ stark sein, wenn der *Geburtsort in Sachsen* liegt und wenn man die *meiste Zeit bis zum 15. Lebensjahr* – also die vermutlich persönlichkeitsprägenden Jahre – in Sachsen verbracht hat. Wir nehmen weiter an, dass dann, wenn Personen *häufig umgezogen* sind, keine starke Bindung an einer Region oder einen Ort entwickelt wird. Schließlich gehen wir davon aus, dass die Bindung an eine Region stark ist, wenn man im *Eigentum* wohnt, d.h. in einer eigenen Wohnung oder in einem eigenen Haus.

Die *relative Wohndauer* wurde, wie bereits ausgeführt, aus der Differenz zwischen Lebensalter und Wohndauer gebildet. Die Werte wurden gerundet und anschließend gedreht; ein hoher Wert bedeutet somit eine hohe relative Wohndauer in der Region.

Zufriedenheit mit der Behandlung von Ausländern in Deutschland

Bei der Ermittlung der Zufriedenheit bzw. Unzufriedenheit mit der Situation in Sachsen wurde u.a. gefragt, wie zufrieden oder unzufrieden die Befragten mit der Asylpolitik in Sachsen und mit der Anzahl von Ausländern in Sachsen sind. Je Indikatore wurden fünf Antwortkategorien vorgegeben, die von „sehr zufrieden" bis „sehr unzufrieden" reichten. Hohe Zufriedenheit erhielt hohe Werte, so dass insgesamt hohe Skalenwerte hohe Zufriedenheit bedeuten.

Zufriedenheit mit der Gesamtsituation am Ort

Die Variable zur Einschätzung der *Zufriedenheit mit der Gesamtsituation am Ort* wird als Einzelvariable verwendet. Wir nehmen an, dass von dieser Variable im Rahmen des Modells der größte zu vermutende Einfluss auf die Intensität regionaler Identifikation ausgeht. Gefragt wurde: Alles in allem: wie würden Sie ganz allgemein Ihre gegenwärtige Lebenssituation in Leipzig/am Ort einschätzen? Sind Sie insgesamt eher zufrieden oder eher unzufrieden? Die Skala weist fünf Skalenwerte zwischen (1) sehr unzufrieden und (5) sehr zufrieden auf.

Zufriedenheit mit den Lebensverhältnissen am Ort

Insgesamt wurden 16 Variablen zur Wahrnehmung der Lebensbedingungen am Ort (vgl. Skala *Gute wahrgenommene örtliche Lebensbedingungen*) und 16 Variablen zur subjektiven Wichtigkeit dieser Bedingungen (vgl. Skala *Hohes Anspruchsniveau an die Lebensbedingungen*) erhoben. Dabei handelt es sich um Interviewfragen, in denen für eine Vielzahl von Lebensbedingungen wie z.B. das Sportangebot oder Kinderspielplätze erstens ermittelt wurde, inwieweit jede dieser Lebensbedingungen nach Meinung der Befragten in der Region *existiert* und zweitens, inwieweit jede der Lebensbedingungen für den Befragten persönlich *wichtig* ist. Die Frage nach der Existenz und Wichtigkeit wurde für insgesamt 16 Lebensbedingungen gestellt: Sportangebot, Kulturelles Angebot (Theater, Kino etc.), Gesundheitsversorgung, Freizeitangebot (Restaurants, Kirmes, Wochenmärkte), Öffentliche Verkehrsmittel, Einkaufsmöglichkeiten, Angebot an preiswerten Wohnungen, Möglichkeiten, nette Leute kennen zu lernen, Möglichkeiten, eine bessere Arbeitsstelle zu finden, Bildungsmöglichkeiten (z.B.: Grundschulen, weiterführende Schulen), Kinderspielplätze, Kindertagesstätten, Alten- und

Pflegeeinrichtungen, Hinreichende Polizeipräsenz, für öffentliche Sicherheit, Lärmfreiheit, Saubere Luft.

Zur Messung der *Existenz* waren folgende Kategorien vorgegeben: in sehr hohem Maße, in hohem Maße, in mittlerem Maße, in geringem Maße, in sehr geringen Maße – kodiert von 1 bis 5. Bei den Indikatoren zur *Wichtigkeit* wurden folgenden Kategorien vorgegeben: sehr wichtig, wichtig, teils wichtig/teils unwichtig, unwichtig, sehr unwichtig – ebenfalls kodiert von 1 bis 5. Beide ursprüngliche Skalen haben wir dahingehen rekodiert, dass die jeweils höchsten Werte das ausgeprägteste Vorhandensein einer Lebensbedingung sowie die höchste Stufe der Wichtigkeit dieser Lebensbedingung repräsentieren. Für jede einzelne Lebensbedingung wurde nun zunächst ein Produkt gebildet aus den Werten für (wahrgenommene) Existenz und Wichtigkeit. Ein hoher Wert eines solchen Produktes bedeutet also, dass die betreffende Lebensbedingung in hohem Maße als vorhanden wahrgenommen wird und vom Befragten als sehr wichtig bezeichnet wird.

Wir gehen von der Annahme aus, dass auch die bloße Existenz einer entwickelten Infrastruktur, welche die verschiedensten Bedürfnisse der Bewohner eines Ortes befriedigt, bereits einen Einfluss auf die regionale Identifikation hat. Menschen haben auch unabhängig von ihrer aktuellen persönlichen Präferenzstruktur Vorstellungen über eine gut oder weniger gut entwickelte Infrastruktur. Es erfüllt die Bewohner mit Zufriedenheit im Sinne von Stolz, wenn ihr Wohnort gut entwickelt ist. Wenn Menschen demnach die Lebensbedingungen ihres Wohnortes als gut entwickelt wahrnehmen, dann verstärkt dies ihre Identifikation mit der Region, unter Umständen auch wenn ihr Anspruchsniveau an die örtlichen Bedingungen weniger ausgeprägt ist. Unsere Grundannahme besteht darin, dass die Wirkung auf regionale Identifikation sich verstärkt, wenn sowohl Wahrnehmung als auch Wichtigkeit der Lebensbedingungen sehr ausgeprägt sind.

3. Kontrollvariablen

Alter

Alter bezieht sich auf das Alter in Jahren und Monaten, umgewandelt in eine Dezimalzahl.

Einkommen

Die Frage lautete „Wie hoch ist Ihr eigenes monatliches Nettoeinkommen?" Zur Beantwortung erhielten die Befragten einen „Kurzfragebogen zum Selbstausfüllen". Dadurch wurde gegenüber dem Interviewer Anonymität gewahrt. Trotzdem waren in Welle 1 735 Personen nicht bereit, ihr Einkommen anzugeben. In Welle 2 betraf das 423 und in Welle 3 241 Befragte. Die Modelle in Abschnitt 2.6 und 7.3 wurden einmal mit den fehlenden Einkommenswerten berechnet. Das Problem hierbei ist, dass fehlende Einkommenswerte systematisch auftreten können und dann die Ergebnisse verzerren. Um dem vorzubeugen, wurden die Modelle anschließend erneut geprüft, wobei die fehlenden Werte durch den Mittelwert der angegebenen Einkommen ersetzt wurden. Zusätzlich wurden hier zur Kontrolle sogenannte flag-Variablen aufgenommen. Dieses Vorgehen ist in Abschnitt 2.6 näher beschrieben. In den Tabellen sind die Ergebnisse für die Einkommensvariablen mit den fehlenden Werten und mit den imputierten Werten angegeben.

Gebiet

Diese Variable bezeichnet das Wohngebiet des Befragten. Die Kodierung ist 0 für Leipzig und 1 für das Erzgebirge.

Geschlecht

Die Variabel heißt *weiblich* – 0 für männlich und 1 für weiblich.

Schulbildung

Durch eine Frage wurde der allgemeinbildende Schulabschluss ermittelt. Diese Variable entspricht der Anzahl der Schuljahre.

Literaturverzeichnis

Ajzen, Icek. 1988. Attitudes, Personality, and Behavior. Milton Keynes: Open University Press.
—. 1991. "The Theory of Planned Behavior." Organizational Behavior and Human Decision Processes 50, S. 179-211.
—. 1996a. "The Directive Influence of Attitudes on Behavior." S. 385-403 in The Psychology of Action: Linking Motivation and Cognition to Behavior, hrsg. von P.M. Gollwitzer und J.A. Burgh. New York: Guilford Press.
—. 1996b. "The Social Psychology of Decision Making." S. 297-325 in Social Psychology. Handbook of Basic Principles, hrsg. von E.T. Higgins und A.W. Kruglanski. New York and London: Guilford Press.
Ajzen, Icek und Martin Fishbein. 1980. Understanding and Predicting Social Behavior. Englewood Cliffs, N.J.: Prentice Hall.
Ajzen, Icek und J. Sexton. 1999. "Depth of Processing, Belief Congruence, and Attitude-Behavior Congruence." S. 117-138 in Dual-Process Theories in Social Psychology, hrsg. von S Chaiken und Y. Trope. New York: Guilford.
Akerlof, George A. und Rachel E. Kranton. 2000. "Economics and Identity." Quarterly Journal of Economics 115 (CXV), S. 715-753.
—. 2005. "Identity and the Economics of Organizations." Journal of Economic Perspectives 19, S. 9-32.
Allardt, Erik. 1993. "The Nation State and Nationalism with Different Forms of Technology." S. 87-193 in The Future of the Nation State in Europe, hrsg. von Jyrki Iivonen. Eldershot: Edwared Elgar.
Allbus, Wissenschaftlicher Beirat. 2000. "Fragebogen zum Capi-survey. Allbus." Köln und Mannheim.
Anderson, N.H. 1965. "Primacy effects in personality impression formationusing a generelized order effect paradigm." Journal of Personality and Social Psychology 2, S. 1-9.
Anthony, Denise. 2005. "Cooperation in Microcredit Borrowing Groups: Identity, Sanctions, and Reciprocity in the Production of Collective Goods." American Sociological Review 70, S. 496-515.
Aronson, Elliot und Judson Mills. 1959. "The Effects of Initiation on Liking for a Group." Journal of Abnormal and Social Psychology 59, S. 177-181.
Axelrod, R. 1997. "The dissemination of culture - A model with local convergence and global polarization." Journal of Conflict Resolution 41, S. 203-226.

Bandura, Albert. 1997. Self-Efficacy. The Exercise of Control. New York: W. H. Freeman and Company.
Banús, Enrique. 2002. "Cultural Policy in the EU and the European Identity." S. 158-183 in European Integration in the 21st Century, hrsg. von Mary Farrell, Stefano Fella und Michael Newman. London: Sage.
Beck, Michael und Karl-Dieter Opp. 2001. "Der faktorielle Survey und die Messung von Normen." Kölner Zeitschrift für Soziologie und Sozialpsychologie 53, S. 283-306.
Becker, Gary S. 1976. The Economic Approach to Human Behavior. Chicago and London: Chicago University Press.
Berger, Peter L. und Thomas Luckmann. 1991. Die gesellschaftliche Konstruktion der Wirklichkeit. Frankfurt a.M.
Bicchieri, Cristina. 2002. "Covenants without Swords. Group Identity, Norms, and Communication in Social Dilemmas." Rationality & Society 14, S. 192-228.
Bierhoff, Hans-Werner. 2000. Sozialpsychologie. Stuttgart: Verlag W. Kohlhammer.
Billiet, Jaak, Bart Maddens, und Roeland Beerten. 2003. "National Identity and attitude Toward Foreigners in a Multinational State: A Replication." Political Psychology 24, S. 241-257.
Blank, Thomas. 1997. "Wer sind die Deutschen? Nationalismus, Patriotismus, Identität - Ergebnisse einer empirischen Längsschnittstudie." Aus Politik und Zeitgeschichte B13/97, S. 38-46.
—. 2003. "Determinants of National Identity in East and West Germany: An Emprical Comparison of Theories on the Significance of Autoritarism, Anomie, and General Self-Esteem." Political Psychology 24 /2, S. 259 - 288.
Blank, Thomas und Peter Schmidt. 2003. "National Identity in a United Germany: Nationalism or Patriotism? An Empirical Test With Representative Data." Political Psychology 24, S. 289-312.
Blumler, Jay G. und Elihu Katz (Hrsg). 1974. The Uses of Mass Communications. Current Perspectives on Gratifications Research. Beverly Hills, London.
Bollen, Kenneth A. und Rick H. Hoyle. 1990. "Perceived Cohesion: A Conceptual and Empirical Examination." Social Forces 69, S. 479-504.
Bonfadelli, Heinz. 2001. Medienwirkungsforschung I. Grundlagen und theoretische Perspektiven. Konstanz: UVK.
Bornewasser, Manfred und Roland Wakenhut. 1999. "Nationale und regionale Identität: Zur Konstruktion und Entwicklung von Nationalbewußtsein und sozialer Identität." S. 41-64 in Ethnisches und nationales Bewußtsein - Zwischen Globalisierung und Regionalisierung, hrsg. von Manfred Bornewasser und Roland Wakenhut. Frankfurt: Lang.

Bourdieu, Pierre. 1991. Die feinen Unterschiede. Frankfurt a.M.: Suhrkamp Verlag.
Brettell, Caroline und James F. Hollifield (Hrsg). 2000. Migration Theory. London: Routledge.
Brewer, Marilyn B. und Roderick M. Kramer. 1986. "Choice Behavior in Social Dilemmas: Effects of Social Identity, Group Size, and Decision Framing." Journal of Personality and Social Psychology 50, S. 543-549.
Brown, Rupert, Susan Condor, Audrey Mathews, et al. 1986. "Explaining intergroup differentiation in an industrial organization." Journal of Occupational Psychology 59, S. 273-286.
Brusis, Martin. 2001. "Europäische und nationale Identität in den Beitrittsdiskursen Mittel- und Osteuropas." Forschungsjournal Soziale Bewegungen 14, S. 53-60.
Bullmann, Udo. 1997. "The Politics of the Third Level." S. 3-19 in The Regional Dimension of the European Union: Towards a Third Level in Europe? hrsg. von Charlie Jeffery. London: Frank Cass.
Bundesinstitut für Bevölkerungsforschung. 2003. Gutachten demographische Entwicklung im Freistaat Sachsen. Analyse und Strategien zur Familien- und Bevölkerungspolitik. Wiesbaden: Bundesinstitut für Bevölkerungswissenschaft.
Burgess, R.L. und R.L. Akers. 1966. "A differential association-reinforcement theory of criminal behavior." Social Problems 14, S. 128-147.
Burkart, Roland. 1998. Kommunikationswissenschaft. Wien, Köln, Weimar: Böhlau.
Byrne, Donn. 1971. The Attraction Paradigm. New York: Academic Press.
—. 1997. "An Overview (and Underview) of Research And Theory Within The Attraction Paradigm." Journal of Social and Personal Relationships 14, S. 417-431.
Calhoun, Craig. 1991. "The Problem of Identity in Collective Action." S. 51-75 in Macro-Micro Linkages in Sociology, hrsg. von Joan Huber. Newbury Park: Sage.
Castles, Stephen und Mark J. Miller. 2003 (3rd ed.). The Age of Migration. New York: Guilford Press.
Chase, Jonathan. 1992. "The Self and Collective Action: Dilemmatic Identities." S. 101-127 in Social Psychology of Identity and the Self Concept, hrsg. von Glynis M. Breakwell. London and San Diego: Surrey University Press/Harcourt Brace Janovich.
Chong, Dennis. 1991. Collective Action and the Civil Rights Movement. Chicago: Chicago University Press.
Clarke, Harold D., David Sanders, Marianne C. Stewart, und Paul Whitely. 2004. Political Choice in Britain. Oxford: Oxford University Press.

Clarke, Ronald V. 1995. "Situational Crime Prevention." S. 91-150 in Building a Safer Society. Crime and Justice: A Review of Research, vol. 19, hrsg. von Michael Tonry und David Farrington. Chicago: University of Chicago Press.

Coenders, Marcel und Peer Scheepers. 2003. "The Effect of Education on Nationalism and Ethnic Exclusionism: An International Comparison." Political Psychology 24, S. 313 - 343.

Cohen, Jean. 1985. "Strategy or Identity: New Theoretical Paradigms and Contemporary Social Movements." Social Research 52, S. 663-716.

Coleman, James S. 1991. Grundlagen der Sozialtheorie. Band 1. München: Oldenbourg.

Correll, Werner. 1978. Lernen und Verhalten. Frankfurt a.M.

Dawes, Robyn M., Alphons J.C. Van de Kragt, und John M. Orbell. 1988. "Not Me or Thee but We: The Importance of Group Identity in Eliciting Cooperation in Dilemma Situations: Experimental Manipulations." Acta Psychologica 68, S. 83-97.

de Weerd, Marga und Bert Klandermans. 1999. "Group Identification and Political Protest: Farmers' Protest in the Netherlands." European Journal of Social Psychology 29, S. 1073-1095.

Dekker, Henk, Darina Malová, und Sander Hoogendoorn. 2003. "Nationalism and its Explanations." Political Psychology 24, S. 345-376.

Deschamps, Jean-Claude und Thierry Devos. 1998. "Regarding the Relationship Between Social Identity and Personal Identity." S. 1 - 12 in Social Identity. International Perspectives, hrsg. von Stephen Worchel, J. Francisco Morales, Dario Páez und Jean-Claude Deschamps. London, Thousand Oakes, New Dehli: Sage Publications.

Diekmann, Andreas. 1995. Empirische Sozialforschung. Grundlagen, Methoden, Anwendungen. Reinbek bei Hamburg: Rowohlt Verlag.

Diekmann, Andreas und Thomas Voss. 2004. "Die Theorie rationalen Handelns. Stand und Perspektiven." S. 13 - 29 in Rational-Choice-Theorie in den Sozialwissenschaften. Anwendungen und Probleme, hrsg. von Andreas Diekmann und Thomas Voss. München: Oldenburg.

Diewald, Martin, Johannes Huinink, Heike Solga, und et al. 1995. "Umbrüche und Kontinuitäten - Lebensverläufe und die Veränderungen von Lebensbedingungen seit 1989." in Kollektiv und Eigensinn, hrsg. von Johannes Huinink; Karl Ulrich Mayer. Berlin: Akademieverlag.

DJS, Deutsches Jugendinstitut. 2004. "Fragebogen des Jugendsurveys vom Deutschen Jugendinstitut e.V." http://213.133.108.158/surveys/docs/3/46/frabo16_29b.pdf.

Dowding, Keith, Peter John, T Mergoupis, und Mark van Vugt. 2000. "Exit, Voice and Loyalty: Analytic and Empirical Developments." European Journal of Political Research 37, S. 469-495.

Downton, James jr. und Paul Wehr. 1997. The Persistent Activist: How Peace Commitment Develops and Survives. Boulder, CO: Westview.
Eagly, Alice H. und Shelly Chaiken. 1993. The Psychology of Attitudes. Forth Worth: Harcourt.
Eichhorn, Wolfgang. 1996. Agenda-Setting Prozesse: eine theoretische Analyse individueller und gesellschaftlicher Themenstrukturierung. München: Verlag Reinhard Fischer.
Eisinger, Peter K. 1973. "The Conditions of Protest Behavior in American Cities." American Political Science Review 67, S. 11-28.
Ellemers, Naomi. 1993. "The Influence of socio-structural Variables on Identity Management Strategies." European Journal of Social Psychology 4, S. 27-57.
Engel, Uwe. 1998. Einführung in die Mehrebenenanalyse. Grundlagen, Auswertungsverfahren und praktische Beispiele. Opladen und Wiesbaden: Westdeutscher Verlag.
Epikur. 1973. "Epikur." S. 229-377 in Griechische Atomisten. Texte und Kommentare zum materialistischen Denken der Antike, hrsg. von Ernst Günther Schmidt Fritz Jürss; Reimar Müller. Leipzig: Verlag Philipp Reclam jun. Leipzig.
Erbring, Lutz, Edie N. Goldenberg, und Arthur Miller. 1980. "Front-Page News and Real World Cues: A New Look at Agenda-Setting by Mass Media." American Journal of Political Science 24, S. 16-49.
Esser, Elke, Paul B. Hill, und Rainer Schnell. 1995. Methoden der empirischen Sozialforschung. München, Wien: Oldenbourg Verlag.
Esser, Hartmut. 1980. Aspekte der Wanderungssoziologie. Assimilation und Integration von Wanderern, ethnischen Gruppen und Minderheiten. Eine handlungstheoretische Analyse. Neuwied: Luchterhand.
—. 1986. "Über die Teilnahme an Befragungen." ZUMA-Nachrichten 18, S. 38-47.
—. 1987. "Lokale Identifikation im Ruhrgebiet. Zur allgemeinen Erklärung einer speziellen Angelegenheit." Informationen zur Raumentwicklung, S. 109-118.
—. 1990. "'Habits', 'Frames' und 'Rational Choice'." Zeitschrift für Soziologie 19, S. 231-247.
—. 1991a. Soziologie. Allgemeine Grundlagen. Frankfurt a. M. und New York: Campus Verlag.
—. 1991b. Alltagshandeln und Verstehen. Tübingen: Mohr/Siebeck.
—. 1993a. "Response Set: Habit, Frame or Rational Choice?" S. 293-314 in New Directions in Attitude Measurement, hrsg. von Dagmar Krebs und Peter Schmidt. Berlin and New York: Walter de Gruyter.
—. 1993b. Soziologie. Spezielle Grundlagen, vol. Band 1: Situationslogik und Handeln. Frankfurt a.M. und New York: Campus Verlag.

—. 1996. "Die Definition der Situation." Kölner Zeitschrift für Soziologie und Sozialpsychologe 48, S. 1-34.
—. 2001. Soziologie. Spezielle Grundlagen. Band 6: Sinn und Kultur. Frankfurt: Campus.
Evans, Jocelyn A. J. 2004. Voters and voting. An Introduction. London: Sage.
Fazio, Russell H. 1986a. "How Do Attitudes Guide Behavior?" S. 204-243 in The Handbook of Motivation and Cognition: Foundations of Social Behavior, hrsg. von R.M. Sorrentino und E.T Higgins. New York: Guilford Press.
—. 1986b. "On the automaticactivation of attitudes." Journal of Personality and Social Psychology 50, S. 227-238.
—. 1990. "Multiple Processes by Which Attitudes Guide Behavior: The Mode Model as an Integrative Framework." S. 75-109 in Advances in Experimental Social Psychology, hrsg. von Mark P. Zanna. San Diego: Academic Press.
Festinger, Leon. 1957. A Theory of Cognitive Dissonance. Stanford: Stanford University Press.
Finkel, Steven E. 1995. Causal Analysis with Panel Data, hrsg. von Michael S. Lewis-Beck. Thousand Oaks, London, New Dehli: Sage.
Finkel, Steven E. und Edward N. Muller. 1998. "Rational Choice and the Dynamics of Collective Political Action." American Political Science Review 92, S. 37-49.
Finkel, Steven E., Edward N. Muller, und Karl-Dieter Opp. 1989. "Personal Influence, Collective Rationality, and Mass Political Action." American Political Science Review 83, S. 885-903.
Finkel, Steven E. und Karl-Dieter Opp. 1991. "Party Identification and Participation in Collective Political Action." Journal of Politics 53, S. 339-371.
Fishbein, Martin und Icek Ajzen. 1975. Belief, Attitude, Intention and Behavior. An Introduction to Theory and Research. Reading, Menlo Park, London, Amsterdam, Don Mills, Sydney: Addison-Wesley Publishing Company.
Frey, Bruno. 1990. Ökonomie ist Sozialwissenschaft. Die Anwendung der Ökonomie auf neue Gebiete. München: Verlag Franz Vahlen.
Frey, Bruno S. 2001. Inspiring Economics. Human Motivation in Political Economy. Cheltenham, UK: Edward Elgar.
Friedman, Debra und Doug McAdam. 1992. "Collective Identity and Activism. Networks, Choices, and the Life of a Social Movement." S. 156-173 in Frontiers of Social Movement Theory, hrsg. von Aldon D. Morris und Carol McClurg Mueller. New Haven and London: Yale University Press.
Friedman, Milton. 1953. "The Methodology of Positive Economics." S. 3-43 in Essays in Positive Economics, hrsg. von Milton Friedman. Chicago: University of Chicago Press.

Funkhouser, G.R. 1973. "The Issues of the Sixties: An Exploratory Study in the Dynamics of Public Opinion." Public Opinion Quarterly 37, S. 62-75.
Gabriel, Oskar W. 1996. "Politische Orientierungen und Verhaltensweisen." S. 231-312 in Politisches System. Berichte zum sozialen und politischen Wandel in Ostdeutschland, vol. Bd. 3, hrsg. von Max Kaase. Opladen: Leske + Budrich.
Gamson, William A. 1992. "The Social Psychology of Collective Action." S. 53-76 in Frontiers in Social Movement Theory, hrsg. von Aldon D. Morris und Carol McClurg Mueller. New Haven and London: Yale University Press.
Gerhards, Jürgen. 2000. "Regionale Identifikation und Loyalität zu Gruppennormen: Empirische Befunde aus der Umfrageforschung." S. 115-136 in Normen und Institutionen: Entstehung und Wirkungen, hrsg. von Regina Metze, Kurt Mühler und Karl-Dieter Opp. Leipzig: Leipziger Universitätsverlag.
Gerlach, Peter. 1990. Rundfunksystemstrukturen und Rezipientengratifikationen in Kanada. Frankfurt/Main, Bern, New York, Paris: Verlag Peter Lang.
Gershuny, Jonathan, Michael Bittman, und John Brice. 2005. "Exit, Voice, and Suffering: Do Couples Adapt to Changing Employment Paterns?" Jourrnal of Marriage and the Family 67, S. 656-665.
Gibson, Martha Liebler. 1991. "Public Goods, Alienation, and Political Protest: The Sanctuary Movement as a Test of the Public Goods Model of Collective Rebellious Behavior." Political Psychology 12, S. 623-651.
Gigerenzer, Gerd, Peter M. Todd, und the ABC-Research-Group. 1999. "Fast and Frugal Heuristics. The Adaptive Toolbox." S. 3 - 34 in Simple Heuristics That Make Us Smart, hrsg. von Gerd Gigerenzer, Peter M. Todd und the ABC Research Group. New York, Oxford: Oxford University Press.
Graham, Brian. 1998. "The Past in Europe's Present: Diversity, Identity and the Construction of Place." S. 19-52 in Modern Europe. Place, Culture and Identity, hrsg. von Brian Graham. London: Arnold.
Green, Donald und Ian Shapiro. 1999. Pathologien der Rational Choice Theorie. München: Oldenbourg.
Griffiths, William E., R. Carter Hill, und George G. Judge. 1993. Learning and Practicing Econonometrics. New York: John Wiley & Sons.
Groves, Robert M., Stanley Presser, und Sarah Dipko. 2004. "The Role of Topic Interest in Survey Participation Decisions." Public Opinion Quarterly 68, S. 2-31.
Guervina, Roberta. 2002. Europe. History, Ideas, Ideologies. London: Arnold.
Gujarati, Damodar. 1999. Essentials of Econometrics, vol. 2 nd edition. Boston u.a.: McGraw-Hill.

—. 2003. Basis Econometrics. Boston, Burr Ridge, Dubuque and others: Mc Graw Hill.
Hale, Henry E. 2004. "Explaining Ethnicity." Comparative Political Studies 37, S. 458-485.
Han, Petrus. 2005. Soziologie der Migration. Erklärungsmodelle, Fakten, Politische Konsequenzen, Perspektiven. Stuttgart: Lucius & Lucius.
Harmon-Jones, Eddie und Judson Mills (Hrsg). 1999. Cognitive Dissonance. Washington, D.C.: American Psychological Association.
Haug, Sonja. 2000. "Klassische und neuere Theorien der Migration." Mannheimer Zentrum für Europäische Sozialforschung, Mannheim.
—. 2002. "Kettenmigration am Beispiel italienischer Arbeitsmigranten in Deutschland 1955-2000." Archiv für Sozialgeschichte 42, S. 123-143.
Heider, Fritz. 1958. The Psychology of Interpersonal Relations. New York: Wiley.
—. 1967. "Attitudes and Cognitive Organization." S. 39-41 in Readings in Attitude Theory and Measurement, hrsg. von Martin Fishbein. New York, London, Sydney: John Wiley and Sons, Inc.
Hempel, Carl G. 1965. Aspects of Scientific Explanation and other Essays in the Philosophy of Science. New York and London: Free Press.
Hinkle, Steve, Laurie A. Taylor, Lee Fox-Cardamone, und Pamela G. Ely. 1998. "Social Identity and Aspects of Social Creativity: Shifting to New Dimensions of Intergroup Comparison." S. 166-179 in Social Identity. International Perspectives, hrsg. von Stephen Worchel, J. Francisco Morales, Dario Páez und Jean-Claude Deschamps. London, Thousand Oakes, New Dehli: Sage.
Hirschman, Albert O. 1970. Exit, Voice, and Loyalty. Responses to Decline in Firms, Organizations, and States. Cambridge, Mass.: Harvard University Press.
—. 1974. "Exit, Voice, and Loyalty: Further Reflections and a Survey of Recent Contributions." S. 7-26 in Social Science Information, vol. 13.
—. 1993. "Exit, Voice, and the Fate of the German Democratic Republic: An Essay in Conceptual History." World Politics 45, S. 173-203.
Hoag, Wendy. 1981. "Realisierte Stichproben bei Panels: Eine vergleichende Analyse." ZUMA-Nachrichten 9, S. 6-18.
Hoffmeyer-Zlotnik, Jürgen H. P. 2000. "Der Einfluß der Region auf die Einstellung zu Ausländern." in Deutsche und Ausländer: Freunde, Fremde oder Feinde? Empirische Befunde und theoretische Erklärungen, hrsg. von Alba. Richard; Schmidt. Peter & Wasmer. Martina. Wiesbaden: Westdeutscher Verlag.
Hogg, Michael A. und Graham M. Vaughan. 1998. Social Psychology, vol. 2nd edition. Glasgow: Bath Press Colourbooks.

Hogg, Michael und Dominic Abrams. 1988. Social Identification: A Social Psychology of Intergroup Relations and Group Processes. London: Routledge.
Holyoak, Keith J. und Barbara A. Spellman. 1993. "Thinking." Annual Review of Psychology 44, S. 265-315.
Homans, George. 1972. Grundfragen soziologischer Theorie. Opladen.
Homans, George, C. 1950. The Human Group. New York: Harcourt Press.
Hong, Ying-Yi, Chi-Yue Chiu, Grace Yeung, und Yuk-Tue Tong. 2003. "Social Comparison During Political Transition: Interaction of Identity Versus Incremental Beliefs and Social Identies." Internatinal Journal of Intercultural Relations 23/2, S. 257-279.
Hox, Joop J., Ita G. G. Kreft, und Piet L. Hermkens. 1991. "The Analysis of Factorial Surveys." Sociological Methods & Research 19, S. 493-510.
Huber, P.J. 1967. "The Behavior of Maximum Likelihood Estimates Under Non-Standard Conditions." S. 221-233 in Proceedings of the Fifth Berkeley Symposium on Mathematical Statistics and Probability. Berkeley, CA: University of California Press.
Hübner, A. 2000. "Einflußfaktoren auf die soziale Integration rußlanddeutscher Einwanderer in Deutschland." Magisterarbeit Thesis, Institut für Soziologie, Universität Leipzig, Leipzig.
Huici, Carmen, María Ros, Ignacio Cano, et al. 1997. "Comparative Identity and Evaluation of Socio-Political Change: Perceptions of the European Community as a Function of the Salience of Regional Identities." European Journal of Social Psychology 27, S. 97-113.
Hunt, Scott A. und Robert Benford. 2004. "Collective Identity, Solidarity, and Commitment." S. 433-457 in The Blackwell Companion to Social Movements, hrsg. von David A. Snow, Sarah A. Soule und Hanspeter Kriesi. Oxford: Blackwell.
Huntington, S. P. 1996. Kampf der Kulturen. Die Neugestaltung der Weltpolitik im 21. Jahrhundert. München: Europa-Verlag.
Hurrelmann, Klaus. 1990. Einführung in die Sozialisationstheorie. Weinheim und Basel: Beltz Verlag.
Inglehart, Ronald. 1977. The Silent Revolution: Changing Values and Political Styles Among Western Publics. Princeton: Princeton Univ.Press.
The National Institute. 1993. "The National Institute's Gloabal and Natural Convergences and Divergences." S. 17-46 in The European Challenges Post-1992. Shaping Factors, hrsg. von Alexis Jacquemin und David Wright. Aldershot: Edward Elgar.
Iyengar, Shanto und Donald R. Kinder. 1987. News that Matters: Television and American Opinion. Chicago: University of Chicago Press.
Jacobs, Dirk und Robert Maier. 1998. "European Identity: Construct, Fact and Fiction." S. 13-33 in A United Europe. The Quest for a Multifaceted

Identity, hrsg. von Marja Gastelaars und Arie de Ruijter. Maastricht: Shaker Publishing.
Jasso, Guillermina. 1988. "Whom Shall We Welcome? Elite Judgments of the Criteria for the Selection of Immigrants." American Sociological Review 53, S. 919-932.
Jasso, Guillermina und Karl-Dieter Opp. 1997. "Probing the Character of Norms: A Factorial Survey Analysis of the Norms of Political Action." American Sociological Review 62, S. 947-964.
Jasso, Guillermina und Peter H. Rossi. 1977. "Distributive Justice and Earned Income." American Sociological Review 42, S. 639-651.
Jenkins, Brian. 2000. "The Europe of Nations and Regions." S. 48-66 in Contemporary Europe, hrsg. von Richard Sakwa und Anne Stevens. New York: St. Martin's Press.
Johnston, Ruth. 1969. The Assimilation Myth. A Study of Second Generation Polish Immigrants in Western Australia. The Hague: Martinus Nijhoff.
Jones, Barry. 1995. "Conclusion." S. 289-296 in The European Union and the Regions, hrsg. von Barry Jones und Michael Keating. Oxford: Clarendon Press.
Jonsson, Fan Yang. 1998. "Modelling Interaction and Nonlinear Effects: A Step-by-Step LISREL Example." S. 17 - 42 in Interaction and Nonlinear Effects in Structural Equation Modeling, hrsg. von Schumacker Randall E. und George A. Marcoulides. Mahwah, New Jersey, London: Lawrence Erlbaum Associates, Publishers.
Jorgensen, Knud Erik, Thomas Christiansen, und Antje Wiener. 2001. The Social Construction of Europe. London: Sage.
Kalter, Frank. 1997. Wohnortwechsel in Deutschland. Opladen: Leske+Budrich.
Kato, Junko. 1998. "When the Party Breaks up: Exit and Voice Among Japanese Legislators." American Political Science Review 92, S. 857-870.
Katz, Elihu. 1959. "Mass Communications Research and the Study of Popular Culture." Studies in Public Communication 2, S. 1-6.
Katz, Elihu, Jay G. Blumler, und M. Gurevitch. 1974. "Utilization of Mass Communication by the Individual." in The Uses of Mass Communications. Current Perspectives on Gratifications Research, hrsg. von Jay G. Blumler und Elihu Katz. Beverly Hills, London.
Katz, Elihu, M. Gurevitch, und H. Hass. 1973. "On the Use of Mass Media for Important Things." American Sociological Review 2, S. 164-181.
Katz, Elizabeth. 1997. "The Intra-Household Economics of Voice and Exit." Feminist Economics 3, S. 25-46.
Keating, Michael. 1998. The New Regionalism in Western Europe. Territorial Restructuring and Political Change. Cheltenham: Edward Elgar.

Kecskes, R. 1994. "Abwanderung, Widerspruch, Passivität. Oder: Wer zieht wann um?" Zeitschrift für Soziologie 23, S. 129-144.
Kelly, Caroline und Sara Breinlinger. 1996. The Social Psychology of Collective Action: Identity, Injustice and Gender. London 1996.
Kelly, Caroline und John Kelly. 1994. "Who Gests Involved in Collective Action? Social Psychological Determinants of Individual Participation in Trade Unions." Human Relations 47, S. 63-89.
Kessler, Ronald C. und David F. Greenberg. 1981. Linear Panel Analysis. Models of Quantitative Change. New York, London, Toronto, Sydney, San Francisco: Academic Press.
Kitts, James A. 2000. "Mobilizing in Black Boxes: Social Networks and Participation in Social Movement Organizations." Mobilization 5, S. 241-257.
Klandermans, Bert. 1984. "Mobilization and Participation: Social Psychological Expansions of Resource Mobilization Theory." American Sociological Review 49, S. 583-600.
—. 1992. "The Social Construction of Protest and Multiorganizational Fields." S. 77-103 in Frontiers in Social Movement Theory, hrsg. von Aldon D. Morris und Carol McClurg Muleler. New Haven and London: Yale University Press.
—. 2002. "How Group Identification Helps to Overcome the Dilemma of Collective Action." American Behavioral Scientist 45, S. 887-900.
—. 2004. "The Demand and Supply of Participation: Social-Psychological Correlates of Participatoin in Social Movements." S. 360-379 in The Blackwell Companion to Social Movements, hrsg. von David A. Snow, Sarah A. Soule und Hanspeter Kriesi. Oxford: Blackwell.
Kohlberg, Lawrence. 1974. Zur kognitiven Entwicklung des Kindes. Frankfurt a.M.
Kohli, M. 1973. Studium und berufliche Laufbahn. Über den Zusammenhang von Berufswahl und beruflicher Sozialisation. Stuttgart.
Kollock, Peter. 1998. "Social Dilemmas: The Anatomy of Cooperation." Annual Review of Sociology 24, S. 183-214.
Kramer, R.M. und M.B. Brewer. 1986. "Social Group Identity and the Emergence of Cooperation in Resources Conservation Dilemmas." S. 1044-1057 in Experimental Social Dilemmas, vol. 46, hrsg. von H. Wilke, D.M. Messick und C.G. Rutte. Frankfurt: Lang.
Kreft, Ita und Jan de Leeuw. 1998. Introducing Multilevel Modeling. London: Sage.
Kropp, Per B. 1998. Berufserfolg im Transformationsprozeß. Eine theoretisch-empirische Studie über Gewinner und Verlierer der Wende in Ostdeutschland. Utrecht: Universitätsverlag Utrecht.
Kropp, Per B., Kurt Mühler, und Reinhard Wippler. 2001. "Berufserfolg in Ostdeutschland." S. 183-214 in Der Wandel nach der Wende. Gesell-

schaft, Wirtschaft, Politik in Ostdeutschland, hrsg. von Hartmut Esser. Opladen: Westdeutscher Verlag.

Langer, Wolfgang. 2004. Mehrebenenanalyse. Eine Einführung für Forschung und Praxis. Wiesbaden: VS Verlag für Sozialwissenschaften.

Lazarsfeld, Paul F. 1959. "Problems in Methodology." in Sociology Today. Problems and Prospects, hrsg. von Robert K. Merton, Leonhard Broom und Leonhard S. Cottrell. New York: Harper & Row.

Lazarsfeld, Paul F. und Robert K. Merton. 1954. "Friendship and Social Process: A Substantive and Methodological Analysis." S. 18-66 in Freedom and Control in Modern Society, hrsg. von Morroe Berger, Theordore Abel und Charles H. Page. New York, Toronto, London: Van Nostrand.

Lehr, Ursula. 1978. "Kontinuität und Diskontinuität im Lebenslauf." in Die menschlichen Lebensalter, hrsg. von L. Rosenmayr. München und Zürich.

Lilli, Waldemar und Michael Diehl. 1999. "Regionale Identität in der Kurpfalz und in Südhessen: Untersuchungen zur Raumwahrnehmung, Raumbindung und Bewahrung regionaler Identität." S. 101-121 in Ethnisches und nationales Bewußtsein - Zwischen Globalisierung und Regionalisierung, hrsg. von Manfred Bornewasser und Roland Wakenhut. Frankfurt: Lang.

Lindenberg, Siegwart. 1989. "Social Production Functions. Deficits, and Social Revolutions: Pre-revolutionary France and Russia." Rationality&Society 1, S. 51-77.

—. 1993a. "Framing, Empirical Evidence, and Applications." S. 11-38 in Jahrbuch für Neue Politische Ökonomie, Band 12, vol. 12, hrsg. von P. Herder Dorneich, K.-E. Schenk und D. Schmidtchen. Tübingen: Mohr.

—. 1993b. "Utility and Morality." Kyklos 36, S. 450-468.

Loughlin, John. 1997. "Representing Regions in Europe: The Committee of Regions." S. 147-165 in The Regional Dimension of the European Union: Towards a Third Level in Europe? hrsg. von Charlie Jeffery. London: Frank Cass.

Lüdemann, Christian. 2000a. "Die Erklärung diskriminierender Einstellungen gegenüber Ausländern, Juden und Gastarbeitern in Deutschland. Ein Test der allgemeinen Attitüdentheorie von Fishbein." in Deutsche und Ausländer: Freunde, Fremde oder Feinde? Empirische Befunde und Theoretische Erklärungen, hrsg. von Richard Alba, Peter Schmidt und Martina Wasmer. Wiesbaden: Westdeutscher Verlag.

—. 2000b. "Normen, Sanktionen und soziale Kontrolle in der Theorie rationalen Handelns von James Coleman." S. 87-110 in Soziale Kontrolle, hrsg. von Helge Peters. Opladen: Westdeutscher Verlag.

MacCallum, Robert C., Duane T. Wegener, Bert N. Uchino, und Leandre R. Fabrigar. 1993. "The Problem of Equivalent Models in Applications of Covariance Structure Analysis." Psychological Bulletin 114, S. 185-199.

Macy, Michael W. 1997. "Identity, Interest and Emergent Rationality: An Evolutionary Synthesis." Rationality & Society 9, S. 427-449.

Mannheim, Karl. 1928. "Das Problem der Generationen." Kölner Vierteljahreshefte für Soziologie 3, S. 309-330.

Marwell, Gerald und Ruth E. Ames. 1979. "Experiments on the Provision of Public Goods. I. Resources, Interest, Group Size, and the Free-Rider Problem." American Journal of Sociology 84, S. 1335-1360.

Mäs, Michael. 2005. Regionalismus, Nationalismus und Ausländerfeindlichkeit. Wiesbaden: VS Verlag für Sozialwissenschaften.

Mäs, Michael, Kurt Mühler, und Karl-Dieter Opp. 2005. "Wann ist man deutsch? Empirische Ergebnisse eines faktoriellen Surveys." Kölner Zeitschrift für Soziologie und Sozialpsychologie 1, S. 112-134.

Massey, Douglas S., Joaquín Arango, Graeme Hugo, et al. 1993. "Theories of International Migration: A Review and Appraisal." Population and Development Review 19, S. 431-466.

—. 1994. "An Evaluation of International Migration Theory: The North American Case." Population and Development Review 20, S. 699-751.

McAdam, Doug. 1988. Freedom Summer. Oxford: Oxford University Press.

McAdam, Doug und Ronnelle Paulsen. 1993. "Social Ties and Activism: Towards a Specification of the Relationship." American Journal of Sociology 99, S. 640-667.

McCombs, Maxwell E. und Donald L. Shaw. 1972. "The Agenda-Setting Function of Mass Media." Public Opinion Quarterly 36, S. 176-187.

McPherson, Miller, Lynn Smith-Lovin, und James M. Cook. 2001. "Birds of a Feather: Homophily in Social Networks." Annual Review of Sociology 27, S. 415-444.

Melucci, Alberto. 1989. Nomads of the Present: Social Movements and Individual Needs in Contemporary Society. Philadelphia: Temple University Press.

Merton, Robert. 1995. Soziologische Theorie und soziale Struktur. Berlin; New York: de Gruyter.

Miall, Hugh. 1994. "Wider Europe, Fortress Europe, Fragmented Europe?" S. 1-16 in Redefining Europe. New Patterns of Conflict and Cooperation. London and New York: Pinter Publishing.

Mika, Tatjana. 2002. "Wer nimmt teil an Panel-Befragungen? Untersuchung über die Bedingungen der erfolgreichen Kontaktierung für sozialwissenschaftliche Untersuchungen." ZUMA-Nachrichten 51, S. 38-48.

Milburn, Thomas W. und Daniel J. Christie. 1990. "Effort Justification as a Motive for Continuing War: The Vietnam Case^." S. 236-251 in Psychological Dimensions of War, hrsg. von Betty Glad. Newbury Park: Sage.

Miller, David. 2001. Citizenship and National Identities. Cambridge: Polity Press.

Mitchell, Mark und Dave Russell. 1988. "Nationalism, National Identity and Citizenship in the New Europe." S. 163-177 in European Societies. Fusion or Fission? hrsg. von Thomas P. Boje, Bart van Steenbergen und Sylvia Walby. London and New York: Routledge.

Moe, Terry M. 1980. The Organization of Interests. Incentives and the Internal Dynamics of Political Interest Groups. Chicago & London: University of Chicago Press.

Morrow, James D. 1994. Game Theory for Political Scientists. Princeton, N.J.: Princeton University Press.

Mühler, Kurt. 2005. "Sozialisation, Konfliktwahrnehmung und regionale Identifikation." S. 193-206 in Region und Vision: Regionalprogramme im Vergleich, hrsg. von Wolfgang Fach und Wolfgang Luutz. Leipzig: Leipziger Universitätsverlag.

Mühler, Kurt und Steffen H. Wilsdorf. 1995. "Über den Umgang mit den neuen Körperschaften im ostdeutschen Alltag." S. 19-28 in Mensch Gesellschaft! Lebenschancen und Lebensrisiken in der neuen Bundesrepublik, hrsg. von Heine von Alemann. Opladen: Westdeutscher Verlag.

Mühler, Kurt und Karl-Dieter Opp, unter Mitarbeit von Jan Skrobanek und Christian Werner. 2004. Region und Nation. Zu den Ursachen und Wirkungen regionaler und überregionaler Identifikation. Wiesbaden: VS Verlag für Sozialwissenschaften.

Muller, Edward N. 1979. Aggressive Political Participation. Princeton, N.J.: Princeton University Press.

Muller, Edward N. und Karl-Dieter Opp. 1986. "Rational Choice and Rebellious Collective Action." American Political Science Review 80, S. 471-489.

Mummendey, Amélie, Andreas Klink, Rosemarie Mielke, et al. 1999a. "Socio-Structural Characterisitcs of Intergroup Relations and Identity Management Strategies: Results from a Field Study in East Germany." European Journal of Social Psychology 29, S. 259-285.

Mummendey, Amélie, Thomas Kessler, Andreas Klink, und Rosemarie Mielke. 1999b. "Strategies to Cope with Negative Social Identity: Predictions by Social Identity Theory and Relative Deprivation Theory." Journal of Personality and Social Psychology 76, S. 229-245.

Mummendey, Amélie, Andreas Klink, und Rupert Brown. 2001. "Nationalism and Patriotism: National identification and out-group rejection." British Journal of Social Psychology 40, S. 159-172.

Neumann, John von und Oskar Morgenstern. 1944. Theory of Games and Economic Behavior. Princeton: Princeton University Press.

Noelle-Neumann, Elisabeth. 1995. "Rechtsbewußtsein im wiedervereinigten Deutschland." Zeitschrift für Rechtssoziologie 16, S. 121-155.

Olsen, Johan P. 1996. "Europeanization and Nation-State Dynamics." S. 245-285 in The Future of The Nation-State. Essays on Cultural Pluralism and Political Integration, hrsg. von Sverker Gustavsson und Leif Lewin. London: Routledge.

Olson, Mancur. 1965. The Logic of Collective Action. Cambridge, Mass.: Harvard University Press.

—. 1998. Die Logik des Kollektiven Handelns - Kollektivgüter und die Theorie der Gruppen. Tübingen: Mohr Siebeck.

Opp, Karl-Dieter. 1972. Verhaltenstheoretische Soziologie. Reinbeck b. Hamburg: Rowohlt.

—. 1974. Abweichendes Verhalten und Gesellschaftsstruktur. Darmstadt und Neuwied.

—. 1984. "Balance Theory: Progress and Stagnation of a Social Psychological Theory." Philosophy of the Social Sciences 14, S. 27-50.

—. 1986. "Soft Incentives and Collective Action. Participation in the Anti-Nuclear Movement." British Journal of Political Science 16, S. 87-112.

—. 1988. "Grievances and Participation in Social Movements." American Sociological Review 53, S. 853-864.

—. 1997a. "Can identity theory better explain the rescue of jews in nazi europe than rational actor theory?" Research in Social Movements, Conflict and Change 20, S. 223-253.

—. 1997b. ""Limited Rationality" and Crime." in Rational choice and situational crime prevention, hrsg. von Greame Newman Karl-Dieter Opp, Ronald V. Clarke, S. Giora Shoham. Ashgate: Aldershot at al.

—. 1998. "Does Antiregime Action Under Communist Rule Affect Political Protest After the Fall? Results of a Panel Study in East Germany." The Sociological Quarterly 39, S. 189-214.

—. 1999a. "Contending Conceptions of the Theory of Rational Action." Journal of Theoretical Politics 11, S. 171-202.

—. 1999b. Methodologie der Sozialwissenschaften. Opladen/Wiesbaden: Westdeutscher Verlag.

—. 2001. "How Do Norms Emerge? An Outline of a Theory." Mind and Society 3, S. 101-128.

—. 2003. "Die Identifikation der Bürger mit Europa. Einige Hypothesen und ihre empirische Überprüfung." S. 475-497 in Entstaatlichung und soziale Sicherheit. Verhandlungen des 31. Kongresses der Deutschen Gesellschaft für Soziologie in Leipzig 2002. 2 Bände, vol. 1, hrsg. von Jutta Allmendinger. Opladen: Leske + Budrich.

—. 2005. "Decline of the Nation State? How the European Union Creates National and Sub-National Identifications." Social Forces 84, S. 653-680.

Opp, Karl-Dieter und Christiane Gern. 1993. "Dissident Groups, Personal Networks, and Spontaneous Cooperation: The East German Revolution of 1989." American Sociological Review 58, S. 659-680.

Opp, Karl-Dieter, Peter Hartmann und Petra Hartmann. 1989. The Rationality of Political Protest. A Comparative Analysis of Rational Choice Theory. Boulder, Colorado: Westview Press.

Opp, Karl-Dieter und Peter Schmidt. 1976. Einführung in die Mehrvariablenanalyse. Reinbek: Rowohlt Taschenbuch Verlag GmbH.

Orbell, John M. und Toru Uno. 1972. "A Theory of Neighborhood Problem Solving: Political Action vs. Residential Mobility." American Political Science Review, S. 471-489.

Palmgreen, Philip. 1984. "Der "Uses and Gratifications Approach". Theoretische Perspektiven und praktische Relevanz." Rundfunk und Fernsehen 1, S. 51-62.

Parsons, Talcott. 1999. Sozialstruktur und Persönlichkeit. Frankfurt a.M.: Verlag Dietmar Klotz.

Passy, Florence. 2001. "Socialization, Connection, and the Structure/Agency Gap: A Specification of the Impact of Networks on Participation in Social Movements." Mobilization 6, S. 173-192.

Paxton, Pamela und James Moody. 2003. "Structure and Sentiment: Explaining Emotional Attachment to Group." Social Psychology Quarterly 66/1, S. 34-47.

Perreault, Stèphane und Richard Y. Bourhis. 1999. "Ethnocentrism, Social Identification, and Discrimination." Personality and Social Psychology Bulletin 25, S. 92-103.

Petschauer, Hanna. 1998. "Migrationserwartungen und ihre Modifizierung im Integrationsprozeß am Beispiel jüdischer Zuwanderer aus der ehemaligen Sowjetunion in der Stadt Leipzig." Diplomarbeit Thesis, Institut für Soziologie der Universität Leipzig, Leipzig, Leipzig.

Pfaff, Steven und Hyong Kim. 2003. "Exit-Voice Dynamics in Collective Action: An Analysis of Emigration and Protest in the East German Revolution." American Journal of Sociology 109, S. 401-444.

Piaget, Jean. 1973. Das moralische Urteil beim Kinde. Frankfurt a.M.

Pindyck, Robert S. und Daniel L. Rubinfeld. 2001. Microeconomics. Upper Saddle River, N.J.: Prentice Hall.

Pizzorno, Alessandro. 1978. "Political Exchange and Collective Identity in Industrial Conflict." S. 277-298 in The Resurgence of Class Conflict in Western Europe since 1968, hrsg. von C. Crouch und A Pizzorno. New York: Holmes and Meier.

Polletta, Francesca und James M. Jasper. 2001. "Collective Identity and Social Movements." Annual Review of Sociology 27, S. 283-305.

Popper, Karl R. 1972. Objective Knowledge. An Evolutionary Approach. Oxford: The Clarendon Press.
—. 1994. "Ein langer Exkurs über den Essentialismus: Was mich von den meisten zeitgenössischen Philosophen trennt." in Ausgangspunkte. Meine intellektuelle Entwicklung, vol. 1. Auflage, hrsg. von Karl R. Popper. Hamburg: Hoffmann und Campe Verlag.
—. 2000. "Das Abgrenzungsproblem." S. 103-116 in Karl Popper Lesebuch, hrsg. von David Miller. Tübingen: Mohr Siebeck.
—. 2002. Logik der Forschung. Tübingen: Mohr Siebeck.
Rabbie, J.M., F. Benoist, H. Osterbaan, und L. Visser. 1974. "Differential power and effects of expected competitive and cooperative intergroup interaction on intragroup and outgroup attitudes." Journal of Personality and Social Psychology 30, S. 46-56.
Ranney, Michael und Patricia Schank. 1998. "Toward an Integration of the Social and the Scientific: Observing, Modeling, and Promoting the Explanatory Coherence of Reasoning." S. 245-274 in Connectionist models of social reasoning and social behavior, hrsg. von Stephan J. Read und L. Miller. Mahwah, NJ: Lawrence Erlbaum.
Raudenbush, Stephen W. und Anthony S. Bryk. 2002(2. Aufl.). Hierarchical Linear Models. Applications and Data Analysis Methods. London: Sage Publications.
Read, Stephan J. und Lynn Carol Miller. 1994. "Dissonance and Balance in Belief Systems: The Promise of Parallel Constraint Satisfaction Processes and Connectionist Modeling Approaches." S. 209-235 in Beliefs, Reasoning and Decision Making. Psycho-Logic in Honor of Bob Abelson, hrsg. von Roger C. Schank und Ellen Langer. Hillsdale, New Jersey: Lawrence Erlbaum Associates, Publishers.
Renckstorf, Karsten. 1989. "Mediennutzung als soziales Handeln. Zur Entwicklung einer handlungstheoretischen Perspektive der empirischen (Massen-) Kommunikationsforschung." S. 314-336 in Massenkommunikation. Theorien, Methoden, Befunde, vol. 30, Sonderheft der Kölner Zeitschrift für Soziologie und Sozialpsychologie, hrsg. von Max Kaase und Winfried Schulz. Opladen: Westdeutscher Verlag.
Rendtel, Ulrich. 1990. "Teilnahmebereitschaft in Panelstudien: Zwischen Beeinflussung, Vertrauen und sozialer Selektion." Kölner Zeitschrift für Soziologie und Sozialpsychologie 2, S. 280-299.
—. 1995. Lebenslagen im Wandel: Panelausfälle und Panelrepräsentativität. Frankfurt/Main, New York: Campus Verlag.
Riker, William H. und Peter C. Ordeshook. 1973. An Introduction to Positive Political Theory. Englewood Cliffs, N.J.: Prentice Hall.

Rippl, Susanne. 2003. "Kompensation oder Konflikt. Zur Erklärung negativer Einstellung zur Zuwanderung." Kölner Zeitschrift für Soziologie und Sozialpsychologie 55, S. 231-252.

Rosenmayr, L. 1978. "Fragmente zu einer sozialwissenschaftlichen Theorie der Lebensalter." in Die menschlichen Lebensalter, hrsg. von L. Rosenmayr. München und Zürich.

Rossi, Peter H. 1955 (2. Aufl. 1980). Why Families Move. Beverly Hills: Sage.

—. 1979. "Vignette Analysis: Uncovering the Normative Structure of Complex Judgments." S. 176-185 in Qualitative and Quantitative Social Research. Papers in Honor of Paul F. Lazarsfeld, hrsg. von Robert K. Merton, James S. Coleman und Peter H. Rossi. New York: Free Press.

Rossi, Peter H. und Andy B. Anderson. 1982. "The Factorial Survey Design. An Introduction." S. 15-67 in Measuring Social Judgments. The Factorial Survey Approach, hrsg. von Peter H. Rossi und Steven L. Nock. Beverly Hills: Sage Publications.

Rossi, Peter H. und Steven L. Nock (Hrsg). 1982. Measuring Social Judgments. The Factorial Survey Approach. Beverly Hills: Sage Publications.

Rossi, Peter H., William A. Sampson, William A. Sampson, et al. 1974. "Measuring Household Social Standing." Social Science Research 3, S. 169-190.

Sakwa, Richard und Anne Stevens (Hrsg). 2000. Contemporary Europe. New York: St. Martin's Press.

Schenk, Michael. 1997. "Massenkommunikation und ihre Wirkungen." in Massenkommunikation. Ergebnisse und Perspektiven, hrsg. von Hermann Fünfgeld und Claudia Mast. Opladen: Westdeutscher Verlag.

Schimank, Uwe. 2000. Handeln und Strukturen. Einführung in die akteurtheoretische Soziologie. Weinheim und München: Juventa Verlag.

Schnell, Rainer. 1986. "Missing-Data-Probleme in der empirischen Sozialforschung." S. Dissertation.

Schütz, Alfred und Talcot Parsons. 1977. Zur Theorie des sozialen Handelns. Ein Briefwechsel. Frankfurt a.M.

Schützenmeister, Falk. 2002. "Die Bereitschaft sich wieder befragen zu lassen in postalischen Erhebungen." Zeitschrift für Soziologie 2, S. 138-154.

Sherif, Muzafer. 1967. Group conflict and co-operation: Their social psychology. London: Routledge & Kegan Paul.

Sherif, Muzafer. 1966. Group Conflict and Cooperation. New York: St. Martin's Press.

Silbermann, Alphons und Francis Hüsers. 1995. Der 'normale' Hass auf die Fremden. München: Quintessenz.

Simon, Bernd, Michael Loewy, Stefan Stürmer, et al. 1998. "Collective Identification and Social Movement Participation." Journal of Personality and Social Psychology 74, S. 646-658.

Simon, Dan, Chadwick Snow, J., und Stephan J. Read. 2004. "The Redux of Cognitive Consistency Theories: Evidence Judgements by Constraint Satisfaction." Journal of Personality and Social Psychology 86, S. 814 - 837.

Simon, Herbert A. 1979. "Rational Decision Making in Business Organizations." American Economic Review 69, S. 493-513.

Skinner, Burrhas F. 1978. Was ist Behaviorismus? Reinbeck b. Hamburg: Rowohlt.

Skrobanek, Jan. 2004. Regionale Identifikation, negative Stereotypisierung und Eigengruppenbevorzugung. Das Beispiel Sachsen. Wiesbaden: Verlag für Sozialwissenschaften.

Snijders, Tom und Roel Bosker. 1999. Multilevel Analysis. An Introduction to Basic and Advanced Multilevel Modeling. London: Sage.

Spellman, Barbara A., Jodie B. Ullman, und Keith J. Holyoak. 1993. "A Coherence Model of Cognitive Consistency: Dynamics of Attitude Change During the Persian Gulf War." Journal of Social Issues 49, S. 147-165.

Statistisches Landesamt des Freistaates Sachsen. "<http://www.statistik.sachsen.de/Index/22kreis/unterseite22.htm> (06.04.2004)."

Statistisches Landesamt des Freistaates Sachsen, [Hrsg.]. 2000, 2002, 2003. "Statistische Berichte. Bevölkerung und Erwerbstätigkeit, Haushalte und Familien in den Kreisen des Freistaates Sachsen."

—. 2001, 2003, 2004. "Statistisches Jahrbuch Sachsen."

Stolz, Jörg. 2000. Soziologie der Fremdenfeindlichkeit. Frankfurt, New York: Campe.

Sutherland, E.H. 1968. "Die Theorie der differentiellen Kontakte." S. S. 395-399 in Kriminalsoziologie, hrsg. von Fritz Sack u. René König. Frankfurt a.M.

Tajfel, Henri (Hrsg). 1982. Social Identity and Intergroup Relations. Cambridge: Cambridge University Press.

Tajfel, Henri und John C. Turner. 1979. "An Integrative Theory of Intergroup Conflict." S. 33 - 47 in The Social Psychology of Intergroup Relations, hrsg. von William G. Austin und Stephen Worchel. Monterey, California: Brooks/Cole Publishing Company.

Tajfel, H. und J.C. Turner. 1986. "The Social Identity Theory of Intergroup Behavior." S. 7-24 in Psychology of Intergroup Relations, hrsg. von S. Worchel und W. Austin. Chicago: Nelson-Hall.

Teske, Nathan. 1997. Political Activists in America: The Identity Construction Model of Political Participation. Cambridge: Cambridge University Press.

Thagard, Paul. 1989. "Explanatory coherence." Behavioral and Brain Sciences 12, S. 435-502.

Treinen, Heiner. 1965a. "Symbolische Ortsbezogenheit. Eine soziologische Untersuchung zum Heimatproblem." Kölner Zeitschrift für Soziologie und Sozialpsychologie 17, S. 73-97.

—. 1965b. "Symbolische Ortsbezogenheit. Eine soziologische Untersuchung zum Heimatproblem (Fortsetzung)." Kölner Zeitschrift für Soziologie und Sozialpsychologie 17, S. 254-297.

Turner, John C. 1999. "The Social Identity Perspective." S. 8-34 in Social Identity: Context, Commitment, Content, hrsg. von Naomi Ellemers, Russell Spears und Bertjan Doosje. Malden, Massachusetts: Blackwell Publishers.

Urban, Dieter. 1993. Logit-Analyse. Statistische Verfahren zur Analyse von Modellen mit qualitativen Response-Variablen. Stuttgart, Jena, New York: G. Fischer Verlag.

Urbig, Diemo und Robin Malitz. 2005. "Dynamics of Structured Attitudes and Opinions." S. 206-212 in Representing Social Reality. Pre-Procedings of the Thrid Conference of the European Social Simulation Association, hrsg. von Klaus G. Troitzsch. Koblenz: Dietmar Fölbach.

van Vugt, Mark, Keith Dowding, Peter John, und Eric Dijk. 2003. "The Exit of Residential Mobility or the Voice of Political Action? Strategies for Problem Solving in Residential Communities." Journal of Applied Social Psychology 33, S. 321-338.

Wagner, Adolf. 1997. Mikroökonomik. Volkswirtschaftliche Strukturen I. Stuttgart: Lucius & Lucius.

Wallace, William. 1995. "Rescue or Retreat? The Nation State in Western Europe, 1945-1993." S. 52-76 in Contemporary Crisis of the Nation State? hrsg. von John Dunn. London: Blackwell.

Watt, James H., Mary Mazza, und Leslie Snyder. 1993. "Agenda-Setting Effects of Television News Coverage and the Effects Decay Curve." Communication Research 20, S. 408-435.

Wegener, Bernd. 1988. Kritik des Prestiges. Opladen: Westdeutscher Verlag.

Weichart, Peter. 1990. Raumbezogene Identität. Bausteine zu einer Theorie räumlich-sozialer Kognition und Identifikation. Stuttgart: Franz Steiner Verlag.

Weiß, Hans-Jürgen. 1989. "Öffentliche Streitfragen und massenmediale Argumentationsstrukturen. Ein Ansatz zur Analyse der inhaltlichen Dimension im Agenda-Setting Prozess." S. 473-489 in Massenkommunikation. Theorien, Methoden, Befunde, vol. 30, Sonderheft der Kölner Zeitschrift für Soziologie und Sozialpsychologie, hrsg. von Max Kaase und Winfried Schulz. Opladen: Westdeutscher Verlag.

Weiss, Hilde. 2003. "A Cross-National Comparison of Nationalism in Austria, the Czech and Slovac Republics, Hungary and Poland." Political Psychology 24/2, S. 377 - 401.

Wilkinson, Leland and the Task Force on Statistical Methods in Psychology Journals. 1999. "Statitistical Methods in Psychology Journals." The American Psychologist 54, S. 584-604.
Wilson, Thomas M. 2000. "Agendas in Conflict: Nation, State and Europe in the Northern Ireland Borderlands." S. 137-158 in An Anthropology of the European Union, hrsg. von Irène Bellier und Thomas M. Wilson. Oxford and New York: Berg Publishers.
Wilson, Timothy D. 2002. Strangers to Ourselves. Discovering the Adaptive Unconscious. Cambridge, Mass.: Belknap Press.
Wistrich, Ernest. 1994. The United States of Europe. London: Routledge.
Withey, Michael J. und William H. Cooper. 1989. "Predicting Exit, Voice, Loyalty, and Neglect." Administrative Science Quarterly 34, S. 521-539.
Wolf, Christof. 1995. "Sozio-ökonomischer Status und berufliches Prestige. Ein kleines Kompendium sozialwissenschaftlicher Skalen auf der Basis der beruflichen Stellung und Tätigkeit." ZUMA-Nachrichten 37, S. 102-136.
Wrong, Dennis. 1973. "Das übersozialisierte Menschenbild in der modernen Soziologie." in Symbolische Interaktion, hrsg. von Heinz Steinert. Stuttgart.
Zetterberg, Hans L. 1957. "Compliant Actions." Acta Sociologica 2, S. 179-202.

Sozialstruktur

Peter A. Berger /
Volker H. Schmidt (Hrsg.)
**Welche Gleichheit –
welche Ungleichheit?**
Grundlagen der Ungleichheitsforschung
2004. 244 S. mit 4 Abb. Sozialstruktur-
analyse, Bd. 20. Br. EUR 26,90
ISBN 3-8100-4200-5

Matthias Drilling
Young urban poor
Abstiegsprozesse in den Zentren
der Sozialstaaten
2004. 339 S. mit 41 Abb. und 57 Tab.
Br. EUR 29,90
ISBN 3-531-14258-5

Ronald Hitzler / Stefan Hornbostel /
Cornelia Mohr (Hrsg.)
Elitenmacht
2004. 351 S. Soziologie der Politik, Bd. 5.
Br. EUR 32,90
ISBN 3-8100-3195-X

Stefan Hradil
**Die Sozialstruktur Deutschlands
im internationalen Vergleich**
2004. 304 S. Br. EUR 24,90
ISBN 3-8100-4210-2

Monika Jungbauer-Gans /
Peter Kriwy (Hrsg.)
**Soziale Benachteiligung
und Gesundheit bei Kindern
und Jugendlichen**
2004. 205 S. mit 33 Abb. und 33 Tab.
Br. EUR 29,90
ISBN 3-531-14261-5

Gunnar Otte
**Sozialstrukturanalysen
mit Lebensstilen**
Eine Studie zur theoretischen
und methodischen Neuorientierung
der Lebensstilforschung
2004. 400 S. mit 35 Abb. und 50 Tab.
Sozialstrukturanalyse, Bd. 18.
Br. EUR 34,90
ISBN 3-8100-4161-0

Rudolf Richter
Die Lebensstilgesellschaft
2005. 163 S. Br. EUR 19,90
ISBN 3-8100-3953-5

Marc Szydlik (Hrsg.)
Generation und Ungleichheit
2004. 276 S. Sozialstrukturanalyse,
Bd. 19. Br. EUR 24,90
ISBN 3-8100-4219-6

Erhältlich im Buchhandel oder beim Verlag.
Änderungen vorbehalten. Stand: Juli 2005.

www.vs-verlag.de

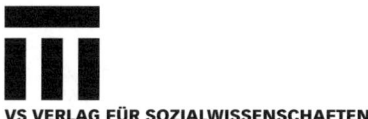

VS VERLAG FÜR SOZIALWISSENSCHAFTEN

Abraham-Lincoln-Straße 46
65189 Wiesbaden
Tel. 0611.7878-722
Fax 0611.7878-400

Neu im Programm Soziologie

Rolf Becker /
Wolfgang Lauterbach (Hrsg.)
Bildung als Privileg?
Erklärungen und Befunde zu den
Ursachen der Bildungsungleichheit
2004. 451 S. Br. EUR 39,90
ISBN 3-531-14259-3

Manuel Castells
Die Internet-Galaxie
Internet, Wirtschaft und Gesellschaft
2005. 297 S. Br. EUR 24,90
ISBN 3-8100-3593-9

Jürgen Gerhards
Kulturelle Unterschiede in der Europäischen Union
Ein Vergleich zwischen Mitgliedsländern,
Beitrittskandidaten und der Türkei
Unter Mitarbeit von Michael Hölscher
2005. 316 S. Br. EUR 27,90
ISBN 3-531-14321-2

Ronald Hitzler / Thomas Bucher /
Arne Niederbacher
Leben in Szenen
Formen jugendlicher
Vergemeinschaftung heute
2. Aufl. 2005. 239 S. Erlebniswelten.
Br. EUR 20,90
ISBN 3-531-14512-6

Aldo Legnaro / Almut Birenheide
Stätten der späten Moderne
Reiseführer durch Bahnhöfe, shopping
malls, Disneyland Paris
2005. 304 S. Erlebniswelten.
Br. EUR 36,90
ISBN 3-8100-3725-7

Michaela Pfadenhauer (Hrsg.)
Professionelles Handeln
2005. 266 S. Br. EUR 27,90
ISBN 3-531-14511-8

Georg Vobruba
Die Dynamik Europas
2005. 147 S. Br. EUR 17,90
ISBN 3-531-14393-X

Andreas Wimmer
Kultur als Prozess
Zur Dynamik des Aushandelns
von Bedeutungen
2005. 225 S. mit 1 Abb. und 4 Tab.
Geb. EUR 24,90
ISBN 3-531-14460-X

Erhältlich im Buchhandel oder beim Verlag.
Änderungen vorbehalten. Stand: Januar 2005.

www.vs-verlag.de

VS VERLAG FÜR SOZIALWISSENSCHAFTEN

Abraham-Lincoln-Straße 46
65189 Wiesbaden
Tel. 0611.7878-722
Fax 0611.7878-400